Dieter Medicus   Bürgerliches Recht   14. Auflage

D1721609

ACADEMIA IURIS

LEHRBÜCHER DER RECHTSWISSENSCHAFT

Carl Heymanns Verlag KG · Köln · Berlin · Bonn · München

Bürgerliches Recht

Eine nach Anspruchsgrundlagen geordnete Darstellung zur Examensvorbereitung

von Prof. Dr. Dieter Medicus, München

14., neubearbeitete Auflage

Carl Heymanns Verlag KG · Köln · Berlin · Bonn · München

CIP-Titelaufnahme der Deutschen Bibliothek

Medicus, Dieter:
Bürgerliches Recht : eine nach Anspruchsgrundlagen geordnete
Darstellung zur Examensvorbereitung / von Dieter Medicus. —
14., neubearb. Aufl. — Köln ; Berlin ; Bonn ; München :
Heymann, 1989.
(Academia iuris)
ISBN 3-452-21367-6

© Carl Heymanns Verlag KG · Köln · Berlin · Bonn · München 1989

ISBN 3-452-21367-6

Gesetzt von Fotosatz Böhm GmbH, Köln

Gedruckt von Grafik + Druck, München

Vorwort zur 14. Auflage

Auch in dieser Neuauflage sind wieder verhältnismäßig viele Änderungen nötig gewesen. Sie beruhen überwiegend auf neuer Rechtsprechung, seltener auf neuer Literatur und nur in wenigen Fällen auf Aktivitäten des Gesetzgebers. Zudem habe ich abermals an vielen Stellen den Text zu verdeutlichen gesucht. Mit Ausnahme der Zusätze ist der Gegenstand der Randnummern erhalten geblieben.

Die Neuauflage bringt das Buch auf den Stand von Anfang September 1988.

Auch hier sei wieder für zahlreiche freundliche Zuschriften gedankt.

Tutzing, im September 1988   *Dieter Medicus*

Aus dem Vorwort zur 1. Auflage (1968)

Dieses Buch setzt ein bestimmtes Grundlagenwissen im bürgerlichen Recht voraus. Adressat ist also der Vorgerückte: Ihm soll die Möglichkeit gegeben werden, im Examen besonders häufig vorkommende Einzelfragen auf knappem Raum beieinander zu finden. Dazu war naturgemäß eine Auswahl nötig, die durch meine eigenen Vorstellungen und Erfahrungen beeinflußt worden ist. Konzentriert habe ich mich vor allem auf die Fragen, deren Lösung dem Gesetzeswortlaut nicht ohne weiteres entnommen werden kann. Gerade deshalb aber bildet das Gesetz die unentbehrliche Basis für das Verständnis des Buches: Das sorgfältige Nachschlagen der angeführten Vorschriften kann dem Leser nicht warm genug ans Herz gelegt werden.

Meine Ziele sind Wiederholung und Vertiefung. Der Vertiefung insbesondere soll es dienen, daß der Stoff ohne Rücksicht auf die Einteilung des BGB und mit Übergriffen in das Handelsrecht dargeboten wird. Dadurch ergeben sich Parallelen und Vergleichsmöglichkeiten zwischen Institutionen, die im Gesetz und deshalb oft auch in den systematischen Vorlesungen und Lehrbüchern weit voneinander entfernt stehen.

Zur Veranschaulichung sollen die zahlreichen eingestreuten Fälle dienen, die ich möglichst der neueren Rechtsprechung entnommen habe. Aber diese Fälle sind immer nur als Beispiele zu verstehen: Mir scheint die Gefahr allzu groß, daß die oft nur dunkle Erinnerung an den irgendwo schon einmal gehörten oder gelesenen Fall den Blick auf das Gesetz verstellt. Die nicht seltene Erscheinung, daß sich die in den Klausuren erzielten Noten mit fortschreitendem Studium verschlechtern, dürfte hiermit zusammenhängen. Daher habe ich mich bemüht, auch die systematischen Zusammenhänge hervortreten zu lassen.

Bei den Zitaten aus der Rechtsprechung habe ich die Sachverhalte, die den besprochenen Entscheidungen zugrunde liegen, vielfach vereinfacht und bisweilen auch geändert. Das war nötig, um die Sachfragen klarer hervortreten zu lassen.

Dieter Medicus

Inhalt

X

Abkürzungen

Paragraphen ohne Gesetzesangabe sind solche des BGB

A., Anm.	Anmerkung
aaO.	am angegebenen Ort
Abs.	Absatz
AbzG	Gesetz betreffend die Abzahlungsgeschäfte v. 16. 5.1984
AcP	Archiv für die civilistische Praxis
AG	Aktiengesellschaft, in Zitaten Amtsgericht
AGB	Allgemeine Geschäftsbedingungen
AGBG	Gesetz zur Regelung des Rechts der Allgemeinen Geschäfts-bedingungen v. 31.10.1976
AktG	Aktiengesetz
AnfG	Gesetz, betreffend die Anfechtung von Rechtshandlungen eines Schuldners außerhalb des Konkursverfahrens
Art.	Artikel
AtomG	Bundesgesetz über die friedliche Verwendung der Kernenergie und den Schutz gegen ihre Gefahren idF v. 15.7.1985
Aufl.	Auflage
BAG(E)	Bundesarbeitsgericht (Entscheidungssammlung)
Baur	*Fritz Baur,* Lehrbuch des Sachenrechts, 14. Aufl. 1987
BayObLG	Bayerisches Oberstes Landesgericht
BB	Der Betriebsberater
BBeamtenG	Bundesbeamtengesetz
BeamtenRRG	Beamtenrechtsrahmengesetz
Betr.	Der Betrieb
BFH	Bundesfinanzhof
BGB	Bürgerliches Gesetzbuch
BGH(Z)	Bundesgerichtshof (Entscheidungen des Bundesgerichtshofs in Zivilsachen, herausgegeben von den Mitgliedern des BGH und der Bundesanwaltschaft)
BImSchG	Bundesimmissionsschutzgesetz v. 15.3.1974
BinnSchG	Gesetz, betreffend die privatrechtlichen Verhältnisse der Binnen-schiffahrt v. 15.6.1895 idF v. 15.6.1898
BJagdG	Bundesjagdgesetz idF v. 29.9.1976
Blomeyer	*Arwed Blomeyer,* Allgemeines Schuldrecht, 4. Aufl. 1969
BNotO	Bundesnotarordnung v. 24.2.1961
Brox	*Hans Brox,* Erbrecht, 11. Aufl. 1988
Brox AT	*Hans Brox,* Allgemeiner Teil des BGB, 11. Aufl. 1987
Brox-Walker	*Hans Brox - Wolf-D. Walker,* Zwangsvollstreckungsrecht, 2. Aufl. 1988
BSozHilfeG	Bundessozialhilfegesetz idF v. 24.5.1983
Bsp.	Beispiel

BVerfG(E)	Bundesverfassungsgericht (Entscheidungssammlung)
BVerwG	Bundesverwaltungsgericht
Canaris	*Claus-Wilhelm Canaris,* Die Vertrauenshaftung im deutschen Privatrecht, 1971
c.i.c.	culpa in contrahendo
ders., dies.	derselbe, dieselbe
DJT	Deutscher Juristentag
EBV	Eigentümer-Besitzer-Verhältnis
EGBGB	Einführungsgesetz zum Bürgerlichen Gesetzbuch
Enneccerus-Nipperdey	*Enneccerus-Kipp-Wolff,* Lehrbuch des bürgerlichen Rechts, Allgemeiner Teil, 15. Aufl. 1959 von *Hans Carl Nipperdey*
Esser-Eike Schmidt	*Josef Esser-Eike Schmidt,* Schuldrecht I, Allgemeiner Teil, 6. Aufl. 1984
Esser-Weyers	*Josef Esser-Hans-Leo Weyers,* Schuldrecht II, Besonderer Teil, 6. Aufl. 1984
EV	Eigentumsvorbehalt
f. (ff.)	folgende (mehrere folgende) Seiten oder Paragraphen
FamRZ	Ehe und Familie im privaten und öffentlichen Recht. Zeitschrift für das gesamte Familienrecht
FGG	Gesetz über die Angelegenheiten der freiwilligen Gerichtsbarkeit
Fikentscher	*Wolfgang Fikentscher,* Das Schuldrecht, 7. Aufl. 1985
Flume	*Werner Flume,* Allgemeiner Teil des bürgerlichen Rechts II: Das Rechtsgeschäft, 3. Aufl. 1979
Flume, JurPers	*Werner Flume,* Allgemeiner Teil des bürgerlichen Rechts I 2: Die juristische Person, 1983
Flume, PersGes	*Werner Flume,* Allgemeiner Teil des bürgerlichen Rechts I 1: Die Personengesellschaft, 1977
G	Gesetz
GBO	Grundbuchordnung
GenG	Gesetz betr. die Erwerbs- und Wirtschaftsgenossenschaften
Gernhuber	*Joachim Gernhuber,* Lehrbuch des Familienrechts, 3. Aufl. 1980
Gernhuber, BR	*Joachim Gernhuber,* Bürgerliches Recht, ein systematisches Repetitorium für Fortgeschrittene, 2. Aufl. 1983
GewO	Gewerbeordnung idF v. 1.1.1978
GG	Grundgesetz für die Bundesrepublik Deutschland
GG (nur im §7)	Geschäftsgrundlage
GmbH	Gesellschaft mit beschränkter Haftung
GmbHG	Gesetz betreffend die Gesellschaften mit beschränkter Haftung
GoA	Geschäftsführung ohne Auftrag
GS	Großer Senat für Zivilsachen
GVG	Gerichtsverfassungsgesetz
GWB	Gesetz gegen Wettbewerbsbeschränkungen idF v. 24.9.1980
HaftpflG	Haftpflichtgesetz v. 4.1.1978
Halbs.	Halbsatz
HausTWG	G über den Widerruf von Haustürgeschäften und ähnlichen Geschäften v. 16.1.1986

Heck, SchuldR (SaR)	*Philipp Heck,* Grundriß des Schuldrechts, 1929, Nachdruck 1958; Grundriß des Sachenrechts, 1930, Nachdruck 1960
HGB	Handelsgesetzbuch
h.M.	herrschende Meinung
Hübner, AT	*Heinz Hübner,* Allgemeiner Teil des BGB, 1985
idF	in der Fassung
JA	Juristische Arbeitsblätter
JGG	Jugendgerichtsgesetz
JR	Juristische Rundschau
Jura	Juristische Ausbildung
JuS	Juristische Schulung
JZ	Juristenzeitung
Kipp-Coing	*Enneccerus-Kipp-Wolff,* Lehrbuch des bürgerlichen Rechts, Erbrecht, 13. Bearbeitung 1978 von *Helmut Coing*
KG	Kommanditgesellschaft, in Zitaten Kammergericht
KO	Konkursordnung
Koppensteiner-Kramer	*Hans-Georg Koppensteiner-Ernst A. Kramer,* Ungerechtfertigte Bereicherung, 1975
KTS	Zeitschrift für Konkurs-, Treuhand- und Schiedsgerichtswesen
Heinr. Lange-Kuchinke	*Heinrich Lange-Kurt Kuchinke,* Lehrbuch des Erbrechts, 2. Aufl. 1978
Larenz AT	*Karl Larenz,* Allgemeiner Teil des deutschen bürgerlichen Rechts, 6. Aufl. 1983
Larenz I, II 1, II	*Karl Larenz,* Lehrbuch des Schuldrechts I: Allgemeiner Teil, 14. Aufl. 1987; II 1: Besonderer Teil, Halbband I, 13. Aufl. 1986; II: Besonderer Teil, 12. Aufl. 1981
LG	Landgericht
LM	*Lindenmaier-Möhring,* Nachschlagewerk des Bundesgerichtshofs in Zivilsachen
LohnfortzahlungsG	Gesetz über die Fortzahlung des Arbeitsentgelts im Krankheitsfalle v. 27.7.1969
LuftVG	Luftverkehrsgesetz idF v. 14.1.1981
MDR	Monatsschrift für Deutsches Recht
Medicus, AT	*Dieter Medicus,* Allgemeiner Teil des BGB, 3. Aufl. 1988
Medicus, SAT	*Dieter Medicus,* Schuldrecht I: Allgemeiner Teil, 4. Aufl. 1988
Medicus, SBT	*Dieter Medicus,* Schuldrecht II: Besonderer Teil, 3. Aufl. 1987
Mot.	Motive zum BGB
MünchKomm (-Bearbeiter)	*Kurt Rebmann-Franz-Jürgen Säcker,* Münchener Kommentar zum BGB, 1978 ff., Bd. I, II, III 1/2, IV 2. Aufl. 1984 ff.
Mugdan	*Mugdan,* die gesammten Materialien zum Bürgerlichen Gesetzbuch, 1899/1900
n.F.	neue Fassung
NJW	Neue Juristische Wochenschrift
NJW-RR	NJW Rechtsprechungsreport Zivilrecht
Nr.	Nummer

OGH(Z)	Oberster Gerichtshof für die britische Zone (Entscheidungen in Zivilsachen, herausgegeben von den Mitgliedern des Gerichtshofes und der Staatsanwaltschaft beim OGH)
OHG	Offene Handelsgesellschaft
OLG(Z)	Oberlandesgericht (Entscheidungen der Oberlandesgerichte in Zivilsachen, herausgegeben von *Deisenhofer* und *Jansen)*
OVG	Oberverwaltungsgericht
Palandt (-Bearbeiter)	*Otto Palandt,* Bürgerliches Gesetzbuch, 47. Aufl. 1988
pr.	principium (= am Anfang, also vor dem ersten Zeichen der Untergliederung)
pV	positive Vertragsverletzung
RabelsZ	Zeitschrift für ausländisches und internationales Privatrecht, begründet von *Ernst Rabel*
Rdnr.	Randnummer(n)
RG(Z)	Reichsgericht (Entscheidungen des Reichsgerichts in Zivilsachen, herausgegeben von den Mitgliedern des Gerichtshofes und der Reichsanwaltschaft)
Rspr.	Rechtsprechung
RVO	Reichsversicherungsordnung v. 19.7.1911 idF v. 15.12.1924
S.	Seite; bei Gesetzeszitaten Satz
Schlechtriem, SBT	*Peter Schlechtriem,* Schuldrecht Besonderer Teil, 1987
K. Schmidt, HaR	*Karsten Schmidt,* Handelsrecht, 1980, 3. Aufl. 1987
SGB X	Sozialgesetzbuch Teil X (zehn)
SiG	Sicherungsgeber
SiGS	Sicherungsgrundschuld
SiN	Sicherungsnehmer
SiÜ	Sicherungsübereignung
SiZess.	Sicherungszession
Staudinger (-Bearbeiter)	*J. von Staudingers* Kommentar zum BGB, 12. Aufl. 1978 ff.
StGB	Strafgesetzbuch
StPO	Strafprozeßordnung
StVG	Straßenverkehrsgesetz
StVO	Straßenverkehrsordnung
StVZO	Straßenverkehrszulassungsordnung
UrheberRG	Gesetz über Urheberrecht und verwandte Schutzrechte v. 9.9.1965
UWG	Gesetz gegen den unlauteren Wettbewerb
v.	von (vom)
VersR	Versicherungsrecht (Zeitschrift)
vgl.	vergleiche
VSP	Verkehrssicherungspflicht
VVG	Versicherungsvertragsgesetz v. 30.5.1908
WEG	Gesetz über Wohnungseigentum und Dauerwohnrecht v. 15.3.1951

Westermann	*Harry Westermann,* Sachenrecht, 5. Aufl. 1966 mit Nachtrag 1973, als Studienausgabe 1974
WG	Wechselgesetz
WHG	Wasserhaushaltsgesetz idF v. 23.9.1986
WM	Wertpapiermitteilungen
Wolff-Raiser	*Enneccerus-Kipp-Wolff,* Lehrbuch des bürgerlichen Rechts, Sachenrecht, 10. Bearbeitung 1957 von *Martin Wolff* und *Ludwig Raiser*
z.B.	zum Beispiel
ZGR	Zeitschrift für Unternehmens- und Gesellschaftsrecht
ZHR	Zeitschrift für das gesamte Handelsrecht und Wirtschaftsrecht
ZIP	Zeitschrift für Wirtschaftsrecht (früher: Zeitschrift für die gesamte Insolvenzpraxis, daher die Abkürzung)
ZPO	Zivilprozeßordnung
ZS	Zivilsenat
ZVG	Gesetz über die Zwangsversteigerung und die Zwangsverwaltung
ZZP	Zeitschrift für Zivilprozeß

Einleitung   Aufbaufragen

Aufbaufragen sollen hier aus zwei Gründen vorweg kurz besprochen werden:
Einmal weil sich die Gliederung dieses Buches an der Reihenfolge orientiert, in
der die Fragen des materiellen Rechts im Rahmen des Anspruchsaufbaus auftauchen. Zum anderen und vor allem aber deshalb, weil die wahre Grundlage
der Aufbauschemata allzu oft verkannt wird: Diese Grundlage bildet **das materielle Recht selbst.**

§ 1   Der Anspruchsaufbau

Welche Überlegungen zur Lösung einer juristischen Aufgabe nötig sind, folgt   1
aus der **Frage am Ende der Fallerzählung** (des Sachverhalts). Wenn sich diese
Frage auf ein Ziel richtet, das Gegenstand eines Anspruchs sein kann (z. B.
Herausgabe, Schadensersatz, Lieferung usw.), ist der sogenannte »Anspruchsaufbau« angebracht. Für ihn ist zweierlei kennzeichnend: Erstens geht die
Erörterung von einer **Anspruchsnorm** (Anspruchsgrundlage) aus, und zweitens sollen mehrere Anspruchsnormen in einer bestimmten **Reihenfolge** geprüft werden.

Großfeld, NJW 1985, 1577/1578 wendet gegen die Anspruchsmethode ein, sie über-
steigere das »Gegeneinander« im Recht, obwohl dieses »in erster Linie eine Ordnung des
Miteinander« sei. Aber die juristischen Übungs- und Examensaufgaben werden nun einmal nicht von Leuten bevölkert, die »sich vertragen«. Vielmehr geht es dort überwiegend
um Streit, und dieser ist regelmäßig nach Ansprüchen zu entscheiden.

I. Die Anspruchsnorm als Ausgangspunkt

1. Ziel des Anspruchsaufbaus

Die Erörterung soll stets von einer Anspruchsnorm ausgehen, damit die Tatbe-   2
standsmerkmale dieser Norm die zu erörternden Einzelfragen abstecken, also
die »entscheidungserheblichen Umstände« bestimmen können. Hierdurch
wird die Prüfung von Dingen vermieden, welche die Beantwortung der Fallfrage nicht fördern.

Bsp.: Es ist falsch (weil vielleicht überflüssig), die Prüfung eines Schadensersatzanspruchs wegen nachträglicher Unmöglichkeit mit der Frage nach dem Verschulden zu beginnen. Denn etwa der Schuldner im Verzug haftet nach § 287 S. 2 regelmäßig auch für eine durch Zufall eingetretene Unmöglichkeit. Wer richtig von den §§ 280, 287 S. 2 ausgeht, braucht daher nur zu prüfen, ob der Schuldner den Verzugseintritt zu vertreten hat (§ 285).

2. Das Finden der Anspruchsnorm

3   a) Welche Normen sich im Einzelfall als Anspruchsgrundlage eignen, hängt in erster Linie von der Rechtsfolge ab, auf die sich die Fallfrage richtet. Wenn etwa nach Schadensersatz gefragt ist, kommen nur Normen mit der Rechtsfolge »Schadensersatz« in Betracht. Die erste Vorauswahl der zu prüfenden Normen geht also logisch nicht von der Tatbestands-, sondern von der **Rechtsfolgeseite** aus[1].

Für einen Herausgabeanspruch etwa eignen sich von der Rechtsfolgeseite her Ansprüche aus Vertrag (z. B. § 604) oder ähnlicher Sonderverbindung (etwa § 2130), die §§ 681 S. 2, 667, weiter die §§ 2018, 985, 861, 1007, aber auch die §§ 823 (mit § 249 S. 1) und 812 (condictio possessionis).

Eine weitere Auswahl muß dann von der **Tatbestandsseite** der Norm her erfolgen. Dabei werden von den Normen mit passender Rechtsfolge diejenigen ausgeschieden, deren Tatbestandsmerkmale im Sachverhalt nicht vorliegen. Diese Prüfung ist die eigentliche »Subsumtion«.

4   b) Das eben geschilderte Verfahren, das erst die Rechtsfolge und dann den Tatbestand der Norm berücksichtigt, ist aber nur ein **Ideal.** Nach ihm kann nämlich nur vorgehen, wer alle Anspruchsnormen mit einer bestimmten Rechtsfolge kennt. Das wäre aber eine unnötige und unvernünftige Belastung des Gedächtnisses. Man wird daher in der Wirklichkeit den Tatbestand schon früher ins Spiel bringen.

Man wird also, wenn etwa nach Herausgabe gefragt ist, zwar *zunächst* von der Rechtsfolge her an einige typische Herausgabenormen denken (z. B. §§ 667, 681 S. 2, 2018, 985, 861, 1007, 812). Man wird sich dann aber weiter **vom Sachverhalt her** fragen, welche speziellen Rechtsinstitute vorliegen können.

---

1   Vgl. für Ansprüche auf Geld *Medicus*, JuS 1985, 897 ff.; *K. Schmidt*, JuS 1984, 737 ff.; für Ansprüche auf Herausgabe *Medicus*, JuS 1985, 657 ff.; für Ansprüche auf Schadensersatz *ders.*, JuS 1986, 665 ff.

Und man wird endlich die gesetzliche Regelung dieser Institute daraufhin durchsehen, ob sich dort noch andere Anspruchsnormen mit der gewünschten Rechtsfolge finden. So wird man etwa in einem Fall, in dem die Beteiligten Nacherbe und Vorerbe sein können, bei der Durchsicht der §§ 2100 ff. auf § 2130 stoßen.

3. Mehrheit von Anspruchszielen

Häufig beschränkt sich aber die Fallfrage nicht auf eine bestimmte Rechtsfolge, sondern lautet etwa: » *Was kann G von S verlangen?* « Hier ist zunächst zu prüfen, welche **wirtschaftlichen Ziele** für G dem S gegenüber in Betracht kommen. Dann muß man diese Ziele zu Rechtsfolgen konkretisieren. Endlich sind für diese Rechtsfolgen die passenden Anspruchsnormen zu suchen.   5

Bsp. einer Aufgabe: Infolge grober Fahrlässigkeit seines Architekten A hat N sein Haus 1 m auf das Nachbargrundstück des E hinübergebaut. Was kann E von N verlangen?

Hier kann E wirtschaftlich zwei Ziele verfolgen: den Überbau zu beseitigen oder ihn sich nutzbar zu machen. Juristisch eignet sich für das erste Ziel ein Beseitigungsanspruch (§§ 1004, 862, aber Duldungspflicht des E aus § 912 I?). Für das zweite Ziel kommen mehrere Wege in Betracht: die Feststellung, daß der überbaute Hausteil dem E gehört (vgl. unten Rdnr. 18), sowie Ansprüche auf Geldrente (§ 912 II), Abkauf (§ 915 I), Schadensersatz (§ 823 I) oder Wertersatz (§ 812 I 1 Fall 2 — Eingriffskondiktion — mit § 818 II).

4. Die Frage nach der Rechtslage

Bei noch allgemeineren Fragen (etwa »Wie ist die Rechtslage?«) muß die Lösung zunächst durch eine **Aufgliederung in Zweipersonenverhältnisse** vorbereitet werden. Man muß also fragen, welche im Sachverhalt genannte Person von welcher anderen überhaupt etwas wünschen kann.   6

Bsp.: In der eben genannten Aufgabe möge die Fallfrage lauten: Wie ist die Rechtslage? Dann ist zu bedenken: »Angegriffen« ist zunächst E; er kann Ansprüche haben gegen N und A. N seinerseits kann Ansprüche gegen A haben (auf Schadensersatz), aber möglicherweise auch Gegenansprüche gegen E (auf Verwendungsersatz, wenn E Eigentümer des überbauten Hausteils geworden ist). Für A endlich kommen wenigstens zunächst keine Ansprüche in Betracht.

Nach dieser Zerlegung in Zweipersonenverhältnisse müssen dann für jedes die **denkbaren Anspruchsziele** und die **geeigneten Anspruchsnormen** gefunden werden. Über den möglichen weiteren Inhalt der Frage nach der Rechtslage vgl. unten Rdnr. 19.

Insgesamt ergibt sich also eine **dreifache Gliederung:** in Zweipersonenverhältnisse, nach Anspruchszielen und nach Anspruchs- oder Einwendungsnormen. Davon bedeuten die beiden ersten Stufen eine Aufbereitung des Stoffes für den Zivilprozeß (vgl. *Medicus,* AcP 174, 1974, 313/314 ff.): Dieser findet als Zweipersonenprozeß (zwischen Kläger und Beklagtem) über bestimmte, die Ziele des Klägers bezeichnende Anträge (§ 253 II Nr. 2 ZPO) statt. Das sind die Ansprüche im Sinne der ZPO, die ihrerseits den Streitgegenstand ergeben (vgl. dazu *K. H. Schwab,* JuS 1976, 69/71 ff.). Die Anspruchs- und Einwendungsnormen des materiellen Rechts bestimmen dann schließlich, inwieweit die Parteien »Recht haben«, also ihre Anträge begründet sind.

II. Die Reihenfolge der Prüfung von Anspruchsnormen

1. Ziel der Reihenfolge

7 In welcher Reihenfolge die nach dem eben bezeichneten Verfahren ermittelten Anspruchsnormen geprüft werden, ist zwar für das Ergebnis ohne Bedeutung. Für die Einhaltung einer bestimmten Reihenfolge spricht aber ein Gesichtspunkt der Zweckmäßigkeit: Es soll vermieden werden, daß Fragen aus dem Bereich einer Anspruchsnorm weithin zu Vorfragen für eine andere werden, so daß sich die Prüfung verschachtelt. Mit anderen Worten: Die Erörterung soll möglichst **unbelastet von Vorfragen** bleiben.

Bsp.: V hat eine Sache, die er für H unentgeltlich verwahrt, leicht fahrlässig beschädigt. Wer hier mit dem Deliktsanspruch H—V aus § 823 I beginnt, würde dabei auf die Frage stoßen müssen, ob V deliktisch auch dann für jede Fahrlässigkeit haftet, wenn er unentgeltlicher Verwahrer ist. Damit würden die Fragen der vertraglichen Haftung (§§ 690, 277) zur Vorfrage der Deliktshaftung, weil ein milderer vertraglicher Haftungsmaßstab regelmäßig (vgl. unten Rdnr. 639 f.) auch eine konkurrierende Deliktshaftung beeinflußt. Man müßte also schon bei dem Deliktsanspruch praktisch alles prüfen, was der Fall überhaupt enthält: Ob zwischen H und V ein Verwahrungsvertrag oder nur ein Gefälligkeitsverhältnis besteht; wie sorgfältig V in eigenen Angelegenheiten ist (wenn der Sachverhalt dazu Angaben enthält); gegebenenfalls ob § 690 (oder der Gedanke von §§ 521, 599) auch bei einem Gefälligkeitsverhältnis mit Verwahrungscharakter gilt (vgl. unten Rdnr. 365 ff.). Das alles verwirrt bei § 823 I nur den Aufbau.

2. Regeln für die Reihenfolge

8 Dieser Zweckmäßigkeitsgesichtspunkt ergibt für die Reihenfolge bei der Prüfung der häufigsten Anspruchsnormen folgendes (nicht erwähnt sind hier z.B. Aufopferungs- und Unterhaltsansprüche):

a) Vertrag

An erster Stelle sind vertragliche Anspruchsnormen zu prüfen. Denn der Vertrag, der ihre Grundlage bildet, kann auf alle anderen Anspruchsnormen einwirken:

aa) Für Ansprüche aus *Geschäftsführung ohne Auftrag* ist er Vorfrage, weil § 677 erfordert, daß der Geschäftsführer das Geschäft im Verhältnis zum Geschäftsherrn unbeauftragt und auch sonst unberechtigt führt. Daran fehlt es, wenn ein wirksamer Vertrag (oder ein gesetzliches Schuldverhältnis, z. B. die elterliche Vermögenssorge nach § 1626 I 2) über die Geschäftsführung vorliegt.

bb) Gegenüber *Ansprüchen aus den §§ 985 ff.* sind Verträge vorrangig, weil sie ein Recht zum Besitz (§ 986) geben können: Es fehlt an der sog. *Vindikationslage* (vgl. unten Rdnr. 582 f.). Dann ist § 985 selbst mit allen seinen Folgeansprüchen aus §§ 987 ff. ausgeschlossen. Sogar ein — etwa durch Rücktritt — beendeter Vertrag kann hier noch die §§ 987 ff. verdrängen (vgl. unten Rdnr. 587 ff.).

cc) Im Verhältnis zu *Deliktsansprüchen* können Verträge das Maß des rechtlich erheblichen Verschuldens beeinflussen (vgl. oben Rdnr. 7). Sie können auch einen Rechtfertigungsgrund bilden: § 548 etwa rechtfertigt die durch den vertragsmäßigen Gebrauch herbeigeführten Verschlechterungen der Mietsache.

dd) Gegenüber *Bereicherungsansprüchen* endlich ist der Vorrang des Vertrages besonders deutlich: Dieser kann Rechtsgrund für eine Vermögensverschiebung sein. Sogar von Anfang an unwirksame Verträge haben hier Bedeutung: Sie bestimmen nämlich, ob und im Verhältnis zwischen welchen Personen eine Leistung vorliegt. Damit werden die Parteien der Leistungskondiktion festgelegt (unten Rdnr. 666 ff.), und eine Kondiktion wegen Bereicherung in sonstiger Weise kann durch das Leistungsverhältnis ausgeschlossen sein (unten Rdnr. 727 ff.).

b) culpa in contrahendo

Nach den Vertragsansprüchen kann man gleich Schadensersatzansprüche aus culpa in contrahendo prüfen: Der dafür nötige Eintritt in Vertragsverhandlungen wird ja regelmäßig bei der Prüfung von Vertragsansprüchen schon erörtert worden sein. C. i. c. muß jedenfalls vor dem Deliktsrecht erörtert werden, weil eine mildere Haftung auch aus einem bloß beabsichtigten und nicht wirksam abgeschlossenen Vertrag den deliktischen Haftungsmaßstab zu beeinflussen vermag (vgl. unten Rdnr. 199).

8a

c) Geschäftsführung ohne Auftrag

9   An nächster Stelle stehen Ansprüche aus Geschäftsführung ohne Auftrag.
     Denn die berechtigte Geschäftsführung wirkt ganz ähnlich wie ein Vertrag: Sie
     kann ein Recht zum Besitz und einen Rechtfertigungsgrund geben; § 680 be-
     einflußt die Deliktshaftung (unten Rdnr. 433); Geschäftsführung ohne Auf-
     trag kann einen Rechtsgrund für Vermögensverschiebungen bilden oder ein
     Leistungsverhältnis kennzeichnen (vgl. unten Rdnr. 414).

> *Bsp.:* Der Arzt A behandelt den bewußtlosen B nach einem Unfall leicht fahrlässig
> falsch. Wer hier mit Schadensersatzansprüchen B—A aus § 823 I beginnt, muß wegen
> § 680 die §§ 677 ff. schon in diesem Zusammenhang prüfen. Umgekehrt dürfte im Ver-
> hältnis A—B nicht mit einem Vergütungsanspruch aus § 812, 818 II begonnen werden.
> Denn damit würde die Frage verfehlt, ob Dienstleistungen Aufwendungen sind, so daß
> die §§ 683, 670 ausnahmsweise einen Vergütungsanspruch zulassen (vgl. unten
> Rdnr. 430).

d) Dingliche Ansprüche

10   An dritter Stelle stehen üblicherweise die sogenannten »dinglichen Ansprü-
     che« (vgl. unten Rdnr. 436, zur Terminologie unten Rdnr. 452). Diese Einrei-
     hung ist jedenfalls für die §§ 2018 ff., 985 ff., 1007 richtig: Diese enthalten für
     Schadensersatz und Nutzungen eine Spezialregelung, welche die allgemeinen
     Regeln in §§ 823 I, 812 weithin ausschließt (vgl. unten Rdnr. 595 ff.). Für einige
     andere Ansprüche, die gleichfalls hier geprüft zu werden pflegen (etwa aus
     §§ 861 f.), besteht ein solcher Vorrang gegenüber dem Delikts- und Bereiche-
     rungsrecht zwar nicht. Aber sie hier zu erörtern ist deshalb sachgerecht, weil
     auch sie von der dinglichen Rechtslage abhängen.

e) Delikt und ungerechtfertigte Bereicherung

11   Übrig sind Ansprüche aus Delikt (im weitesten Sinn, also einschließlich der Ge-
     fährdungshaftung) und aus ungerechtfertigter Bereicherung. Diese beiden An-
     spruchsgruppen beeinflussen sich gegenseitig nicht, so daß zwischen ihnen
     auch kein Verhältnis der Vorrangigkeit besteht. Man beginnt hier mit derjeni-
     gen Anspruchsgrundlage, die am ehesten vorliegt. Das wird bei Schadenser-
     satzansprüchen das Deliktsrecht und bei Herausgabeansprüchen das Bereiche-
     rungsrecht sein.

3. Mehrere Normen in einer Gruppe

12   a) Innerhalb jeder dieser Hauptgruppen können wieder mehrere Normen als
     Anspruchsgrundlage in Betracht kommen. Auch insoweit kann das materielle
     Recht für die Prüfung eine bestimmte **Reihenfolge** als zweckmäßig ergeben.

So ist ein Anspruch aus Bereicherung durch Leistung vor einem Anspruch aus Bereicherung in sonstiger Weise zu erörtern (vgl. unten Rdnr. 727 ff.). Und im Deliktsrecht werden regelmäßig die beiden Absätze des § 823 vor dem schwieriger zu begründenden § 826 geprüft, bei § 823 oft auch Abs. 1 vor Abs. 2 (jedenfalls sind diese beiden Absätze streng getrennt zu halten!).

b) Umstritten ist, wie weit **nach Bejahung eines Anspruchs** noch **andere** 13 **Anspruchsgrundlagen mit demselben Ziel zu prüfen** sind. Das ist jedenfalls dann nötig, wenn der weitere Anspruch mehr bringen kann, z. B. der Deliktsanspruch im Gegensatz zum Vertragsanspruch auch Schmerzensgeld oder umgekehrt der Vertragsanspruch eine dem Gläubiger günstigere Verjährung. Für die Notwendigkeit einer Prüfung spricht auch, daß der weitere Anspruch tatsächlich weniger voraussetzt, z. B. der Deliktsanspruch weder einen Vertrag noch den Eintritt in Vertragsverhandlungen. Sonst aber wird man wenigstens in Klausuren solche »nutzlosen« weiteren Ansprüche am ehesten weglassen dürfen (z. B. oft § 823 II in Verbindung mit einem Schutzgesetz gegenüber § 823 I). Vgl. dazu *H. Westermann*, Schwerpunkte BGB AT (5. Aufl. 1983) § 21 II 2 d: Jedenfalls darf die Behandlung voraussetzungs- und ergebnisgleicher Ansprüche nicht dazu führen, daß die Zeit zur Erörterung wichtigerer Fragen fehlt. Nicht selten muß der Prüfer geradezu den Eindruck gewinnen, die nutzlosen Ausführungen zu konkurrierenden Ansprüchen sollten »Seiten füllen«, weil sich der Kandidat zu den schwierigeren Fragen der Aufgabe noch nicht entscheiden kann.

Derselbe ungünstige Eindruck eines Mangels an Entscheidungsvermögen droht übrigens auch bei denjenigen Arbeiten, die zunächst seitenlang offensichtlich nicht zutreffende Anspruchsgrundlagen behandeln (z. B. Vertrag und Geschäftsführung ohne Auftrag bei reinen Deliktsfällen). Dieses Vorgehen ist nur dramaturgisch, aber nicht juristisch zweckmäßig: Es läßt nämlich darauf schließen, daß dem Bearbeiter der Blick für das Wesentliche fehlt.

4. Probleme beim Vertragstyp

Nicht selten fällt es schwer, einen als Anspruchsgrundlage in Betracht kommenden Vertrag dem Typ nach einzuordnen. Dann kann man notfalls die Frage 14 nach dem Typ offenlassen und statt dessen begründen, daß der Anspruch bei jeder in Betracht kommenden Einordnung besteht (oder nicht besteht). Auch die Praxis verfährt bisweilen so.

BGH NJW 1972, 150 ff.: Die Ehefrau F stellt zum Einkaufen den Pkw Jaguar ihres Mannes M in der Tiefgarage des Warenhauses W ab. Der von F einem Automaten entnommene Parkschein schließt die Haftung von W aus und verweist auf eine Versicherung. F findet den Pkw zerkratzt wieder. Die Versicherung ersetzt 200,— DM. M fordert von W aus eigenem Recht und aus abgetretenem Recht der F weitere 1700,— DM für von der Versicherung nicht zu ersetzende Mietwagenkosten und ähnliches.

Hier hat der BGH nicht nur die Frage nach der Wirksamkeit des Haftungs-ausschlusses vermieden (Wirkung gegen M? Wurde M von F wirksam vertre-ten? Jetzt wäre zudem an § 11 Nr. 7 AGBG zu denken). Das Gericht hat auch offengelassen, ob der von F und W geschlossene Vertrag *Miete* (dann Haftung von W höchstens für die Eignung des Stellplatzes, § 538) *oder Verwahrung* war (dann Haftung wegen schuldhafter Verletzung einer Aufsichtspflicht denk-bar): Jedenfalls habe W eine etwa bestehende Pflicht durch den Abschluß der (im allgemeinen ausreichenden) Versicherung mit einem Anspruch des Kunden direkt gegen den Versicherer erfüllt.

5. Logischer Vorrang von Tatbestandsmerkmalen

15 Für die Reihenfolge der Darstellung kann endlich noch der logische Vorrang ei-nes Tatbestandsmerkmals Bedeutung haben. So darf man etwa bei § 823 I das Verschulden erst feststellen, wenn zuvor die Rechtswidrigkeit bejaht worden ist. Doch findet sich ein solcher Vorrang nur selten. Und auch wo er vorliegt, braucht man ihn dann nicht zu beachten, wenn man das logisch nachrangige Tatbestandsmerkmal *verneinen* will. Denn mit einer solchen recht schnellen Verneinung gewinnt man Zeit für die übrigen Probleme der Aufgabe.

Bsp.: Beim Eingriff in den eingerichteten und ausgeübten Gewerbebetrieb bereitet die Feststellung von objektivem Tatbestand und Rechtswidrigkeit oft große Schwierigkei-ten. Man kann einen Anspruch aus § 823 I dann gegebenenfalls einfacher mit der Begrün-dung verneinen, es fehle jedenfalls am Verschulden des Eingreifenden. Freilich wird sich das meist schwer feststellen lassen, wenn man nicht zuvor die Pflichten des möglichen Schuldners ermittelt hat.

Oder auch: *Joch,* JuS 1969, 285 ff. bringt einen Fall, in dem eine Bürgschaft nach § 418 I 1 erloschen ist. Hier sollte man die mit der Entstehung der Bürgenschuld zusam-menhängenden Fragen bestenfalls kurz erwähnen (anders *Joch* aaO. 287 A. 12): Sofern die Anwendbarkeit von § 418 I 1 sicher ist, kann es auf diese Fragen nicht ankommen. Wenn ein verständiger Prüfer sie behandelt sehen will, wird er den Fall so stellen, daß sie erheblich sind.

In manchen Examensaufgaben findet sich der Hinweis, es sei »zu allen auf-geworfenen Fragen Stellung zu nehmen« oder ähnlich. Auch damit wird aber die Erörterung von Fragen, auf die es nicht ankommt, nur ausnahmsweise ver-langt, nämlich wenn die Aufgabe ohne ein Hilfsgutachten von Problemen ent-leert würde (vgl. die redaktionelle Anmerkung in Jura 1979, 260 f.). Zudem ist stets auf das Parteivorbringen einzugehen. In weiterem Umfang rechtfertigt der Hinweis die Erörterung unerheblicher Rechtsfragen aber nicht: Gerade in der Trennung des Erheblichen vom Unerheblichen besteht ein guter Teil der Auf-gabe des Juristen; die unerheblichen Fragen sind eben durch die Aufgabe nicht »aufgeworfen«!

III. Die Prüfung von Einwendungen

Bisweilen liegen die Schwierigkeiten einer Aufgabe statt bei den Anspruchs-   **16**
grundlagen teilweise oder auch ganz bei den Einwendungen (dazu unten
Rdnr. 731 ff.). So verhält es sich stets, wenn die Aufgabe einen Anspruch als
entstanden oder gar bestehend angibt. Dann beschränkt sich die Prüfung auf
die Verteidigungsmöglichkeiten des Schuldners, nämlich auf **rechtsvernichtende und rechtshemmende** Einwendungen.

Rechtshindernde Einwendungen dagegen kommen hier nicht in Betracht.
Denn sie führen dazu, daß der Anspruch erst gar nicht entsteht (so z. B. die
Nichtigkeitsgründe für Vertragsansprüche). Sie betreffen also die Anspruchsgrundlage und können nicht vorliegen, wenn die Aufgabe den Anspruch als
entstanden angibt.

Bestimmte Regeln für eine Reihenfolge bei der Prüfung mehrerer Einwendungen gibt es kaum. Man kann höchstens sagen, das dem Schuldner **günstig-
ste Verteidigungsmittel** solle zuerst erörtert werden. Unter diesem Gesichtspunkt kann eine (dauernd) rechtshemmende Einwendung auch einmal gegenüber einer rechtsvernichtenden vorrangig sein: Die Aufrechnung (rechtsver-
nichtend) etwa kostet den Schuldner seine Forderung, während die Erhebung der (rechtshemmenden) Verjährungseinrede ihm kein Opfer abver-
langt; hier ist also zunächst die Verjährung zu prüfen. Soweit es zur Ausübung
der Verteidigungsmöglichkeit einer Handlung bedarf (z. B. einer Anfech-
tungs- oder Aufrechnungserklärung), ist deren Vornahme bei solchen »ein-
wendungsbetonten« Aufgaben stets anzunehmen (vgl. unten Rdnr. 19).

§ 2   Grenzen des Anspruchsaufbaus

Das eben geschilderte Verfahren ist nur da geeignet, wo sich das Ziel der Fall-   **17**
frage mit Ansprüchen erreichen läßt. Ungeeignet ist der Anspruchsaufbau dagegen, wo die Fallfrage auf etwas anderes abzielt. Auch prozessuale Vorfragen
stehen außerhalb des Anspruchsaufbaus.

I. Andere Fallfragen

1. Fragen nach der dinglichen Rechtslage

Bisweilen zielen Fallfragen auf die dingliche Rechtslage ab, etwa: *» Wer ist Ei-*   **18**
gentümer?«, »Ist das Grundbuch richtig?«, » Wer ist Erbe?«. Der in solchen Fäl-

len regelmäßig anzuwendende **Aufbau** wird als der »historische« bezeichnet. Bei ihm wählt man sich zunächst einen zeitlichen Ausgangspunkt, für den die Rechtslage feststeht. Von dort aus werden dann die Änderungen der Rechtslage in ihrem historischen Ablauf verfolgt. Auch hier darf aber keineswegs alles, was die Fallerzählung als geschehen angibt, ziellos hintereinander untersucht werden. Vielmehr wird der Rahmen stets durch die Fallfrage abgesteckt: Zu prüfen ist nur, was für die erfragte Rechtsfolge erheblich sein kann.

> *Bsp.:* Die Aufgabe möge sagen, daß E seine Sache an K veräußert und diese Veräußerung später angefochten hat; gefragt sei nach dem Eigentum. Hier ist der Ausgangspunkt mit bestimmter Rechtslage die Zeit vor der Veräußerung: Zu dieser Zeit war E Eigentümer. Zu prüfen ist dann, ob E dieses Eigentum durch die Veräußerung verloren und ob er es durch die folgende Anfechtung zurückgewonnen hat. Wäre die Sache vor der Anfechtung durch einen Dritten D beschädigt worden, so hätte das für die Eigentumsfrage außer Betracht zu bleiben. Denn es gibt keinen rechtlichen Gesichtspunkt, unter dem die Beschädigung die Eigentumsverhältnisse geändert haben könnte.

An die Stelle der Anspruchsnormen treten hier also diejenigen Vorschriften, deren Rechtsfolge eine Änderung des zu untersuchenden Rechts in der fraglichen Richtung darstellt: beim Eigentum also etwa die Vorschriften über Eigentumserwerb und Eigentumsverlust.

Diese historische Methode eignet sich insbesondere auch für **dingliche Vorfragen im Rahmen des Anspruchsaufbaus,** nämlich wenn die dingliche Rechtslage zum Tatbestand einer Anspruchsnorm gehört (etwa bei §§ 894, 985). Denn auch hier lautet das Denkschema: Hat der, dessen Anspruch aus dinglichem Recht in Frage steht, dieses Recht einmal gehabt (oder erworben)? Hat er es später verloren? Hat er es endlich vielleicht wiedergewonnen?

Bei der **Frage nach der Erbenstellung** ist freilich zu beachten: Weil das gewöhnliche Testament den Erblasser nicht bindet, wird die Rechtslage hier regelmäßig erst durch den Erbfall fixiert. Man braucht also von mehreren Testamenten nicht zunächst das älteste und dann die in zeitlicher Folge jüngeren zu erörtern. Vielmehr erledigt ein wirksames jüngeres Testament, soweit seine Regelung reicht, nach §§ 2253 f. alle älteren. Eine Ausnahme gilt nur für Erbverträge (§ 2289 I 2, II) und das bindend gewordene gemeinschaftliche Testament (§ 2271): Sie gehen jüngeren Verfügungen von Todes wegen vor. Danach ist für den Aufbau zu unterscheiden. Für die Zeit nach dem Erbfall jedoch können die späteren Veränderungen der Rechtslage durch Ausschlagung, Anfechtung usw. ohne Einschränkung chronologisch geprüft werden.

2. Rechtsgestaltung und -durchsetzung

19 **a)** Manchmal lautet die Fallfrage: » *Was kann X unternehmen?* « oder » *Was ist X zu raten?* «. Bisweilen ist hiermit nur die Geltendmachung von Ansprüchen oder Einreden gemeint, weil andere Mittel für X nicht in Betracht kommen.

Dann ist der gewöhnliche Anspruchsaufbau zu verwenden. Häufig zielen solche Fragen jedoch ab auf eine erst noch herbeizuführende Veränderung der Rechtslage, insbesondere auf die **Ausübung eines Gestaltungsrechts** durch einen der Beteiligten.

Auch die allgemeine **Frage nach der Rechtslage** (vgl. oben Rdnr. 6) deutet nicht selten darauf hin, daß solche Gestaltungsrechte berücksichtigt werden sollen. Überhaupt ist auf eine Gestaltungsmöglichkeit immer dann einzugehen, wenn sie für die Lösung erheblich ist. Auch wenn die Fallfrage bloß auf Ansprüche gerichtet ist, wäre es falsch, etwa die Vertragsansprüche G—S darzustellen, aber zu verschweigen, daß S den ihn belastenden Vertrag nach § 119 anfechten kann. Nur legt eine Frage wie »Was kann X unternehmen?« das Bestehen einer solchen Möglichkeit noch besonders nahe.

Auch bei Bestehen einer Gestaltungsmöglichkeit ist aber zunächst zu prüfen, wie sich die Rechtslage des Gestaltungsberechtigten vor der Ausübung seines Rechts darstellt. Hierfür ist der gewöhnliche Anspruchsaufbau zu wählen, wenn sich die Rechtslage in Ansprüchen erschöpft; andernfalls der historische Aufbau. Es darf also nicht gleich unterstellt werden, das Gestaltungsrecht sei bereits ausgeübt. Erst aus der Prüfung der früheren Situation wird sich in der Regel auch ergeben, wogegen das Gestaltungsrecht zu richten und ob seine Ausübung zweckmäßig ist.

Bsp.: Der Verkäufer V hat den Käufer K über eine Eigenschaft der Kaufsache getäuscht. Hier wäre eine Anfechtung des Kaufvertrags durch K nach § 123 unzweckmäßig: Sie würde den Vertrag und damit den Vertragsanspruch des K auf das positive Interesse aus § 463 zerstören; K könnte nur noch nach §§ 823 II BGB, 263 StGB einen dem negativen Interesse entsprechenden Schadensersatz fordern.

b) Mit der Frage »Was kann X unternehmen?« kann aber auch auf **andere Möglichkeiten** abgezielt werden als auf die Ausübung von Gestaltungsrechten. Insbesondere kann damit die **prozessuale Durchsetzung** erfragt werden einschließlich der Möglichkeit, einen Anspruch durch Arrest oder einstweilige Verfügung zu sichern. Wenn zwei Fallbeteiligte gegenüber einem Dritten einig sind, kann auch einmal der Abschluß oder die Aufhebung eines Vertrages gemeint sein. Das muß sich stets aus der besonderen Situation des Falles ergeben; Regeln lassen sich hierfür nicht aufstellen.

II. Prozessuale Vorfragen

1. Zulässigkeit und Begründetheit

Nicht selten gibt die Fallerzählung an, ein Beteiligter habe mit einem bestimmten Antrag Klage erhoben; die Fallfrage lautet dann: » *Wie ist zu entscheiden?«.* Bei solchen Aufgaben brauchen nicht immer prozessuale Vorfragen behandelt

20

zu werden, nämlich dann nicht, wenn der Sachverhalt keine Tatsachen zu ihrer Entscheidung mitteilt.

Bsp.: Ausführungen über die örtliche oder sachliche Zuständigkeit etwa sind sinnlos, wenn der Sachverhalt nicht sagt, bei welchem Gericht die Klage erhoben worden ist. Hier bleibt nur die materiellrechtliche Frage zu prüfen, ob die Klage begründet ist. Diese Prüfung erfolgt dann in der Form des Anspruchsaufbaus.

Soweit sich aber tatsächliche Angaben finden, die für die Zulässigkeit der Klage erheblich sein können, ist die **Zulässigkeit regelmäßig vor der Begründetheit** zu prüfen. Denn die Zulässigkeit der Klage entscheidet darüber, ob die Sachfragen überhaupt erörtert werden dürfen (darum heißen die Zulässigkeitserfordernisse auch »Sachurteilsvoraussetzungen«). Daran ist mit *Berg,* JuS 1979, 123 ff. gegen etwa von *Rimmelspacher* und *Grunsky* vertretenen Ansichten festzuhalten[1]. Doch kann z. B. vor Zuständigkeitsfragen zu erörtern sein, um welche Art von Anspruch es sich handelt (etwa wegen § 32 ZPO). Und bei Rechtsmittelklausuren (bei denen schon eine Entscheidung vorliegt und sich die Aufgabe auf ein hiergegen gerichtetes Rechtsmittel bezieht) ist vor den allgemeinen Sachurteilsvoraussetzungen die Zulässigkeit des Rechtsmittels zu prüfen[2].

21   In Klausuren kommen relativ häufig vor die Fragen nach der Zulässigkeit des eingeschlagenen **Rechtsweges** (dazu *Lüke,* JuS 1980, 644 ff.) sowie nach der sachlichen und örtlichen **Zuständigkeit** des angerufenen Gerichts (dazu *E. Schumann,* JuS 1984, 865 ff. mit Fortsetzungen). Insbesondere bei Feststellungsklagen ist zudem stets auf das **Rechtsschutzbedürfnis** zu achten: Dieses fehlt regelmäßig, wenn die Möglichkeit zur Leistungsklage besteht und vom Beklagten nicht zu erwarten ist, daß er schon auf ein Feststellungsurteil hin leistet. Zulässig ist eine Feststellungsklage dagegen, solange sich ein Schaden noch in der Entwicklung befindet (*BGH* NJW-RR 1988, 445).

Ob bei der Prüfung verschiedener Sachurteilsvoraussetzungen eine **bestimmte Reihenfolge** beachtet werden muß[3], ist streitig. *A. Blomeyer,* ZivilprozeßR (1963) § 39 III, will nur die Frage nach der Zulässigkeit des eingeschlagenen Rechtswegs vorweg erörtern. *Pohle,* ZZP 81 (1968) 161 ff. vertritt folgende Reihenfolge: Zunächst sei zu prüfen die ordnungsmäßige Klageerhebung. Dann sei auf die eine Partei und anschließend auf die das Gericht betref-

---

1   So ausführlich *H.-J. Sauer,* Die Reihenfolge der Prüfung von Zulässigkeit und Begründetheit einer Klage im Zivilprozeß (1974), dazu *Lindacher,* ZZP 90 (1977) 289 ff., gegen *Rimmelspacher* auch *Jauernig,* Festschr. Schiedermair (1976) 69 f.; *Baumgärtel,* Der Zivilprozeßrechtsfall (6. Aufl. 1979) 95; 122 f. — Seltene Ausnahmen bei *P. Schlosser,* Jura 1981, 648, 658.
2   Vgl. *E. Schumann,* Die ZPO-Klausur (1981) § 38.
3   Dazu *Schmitz,* JuS 1976, 441 ff.; 731 ff.; 1977, 33 ff.; *E. Schumann* aaO. §§ 37 ff.

fenden Sachurteilsvoraussetzungen einzugehen; danach seien alle übrigen zu erörtern. *Berg,* JuS 1969, 123 (126 f.) teilt die Sachurteilsvoraussetzungen ein in *allgemeine* (vor allem deutsche Gerichtsbarkeit, ordnungsmäßige Klageerhebung und ggf. Rechtsmitteleinlegung, Partei- und Prozeßfähigkeit, gesetzliche Vertretung und Postulationsfähigkeit) und *qualifizierte* (etwa Rechtsweg, örtliche und sachliche Zuständigkeit, Zulässigkeit einer Klageänderung oder einer besonderen Prozeßart). Dabei sollen die allgemeinen vor den qualifizierten Sachurteilsvoraussetzungen zu prüfen sein, zumal bei den qualifizierten oft der Klagegrund zu erörtern sei.

Diese Verschiedenheit der vertretenen Ansichten legt nahe, daß es wirklich zwingende Gründe für einen Vorrang nicht gibt. *Harms,* ZZP 83 (1970) 167 ff. hat das ausführlich begründet; elastisch formulieren jetzt auch *Baumgärtel,* Der Zivilrechtsfall aaO. 95 f.; *E. Schumann,* Die ZPO-Klausur §§ 44 f.; *P. Schlosser,* Jura 1981, 648, 658 f.

2. Die unzulässige Klage

Eine andere Frage ist, ob man sich in der schriftlichen Arbeit mit dem Ergebnis 22 zufriedengeben darf, eine Klage sei als unzulässig abzuweisen. Das wird jedenfalls dann nicht genügen, wenn — wie häufig — eine Heilung des prozessualen Mangels möglich ist (etwa durch Verweisung an das zuständige Gericht, § 281 ZPO). Hier wird man zunächst darlegen, welche Heilungsmöglichkeiten bestehen, und sie gegeneinander abwägen (vgl. *E. Schumann,* aaO. Rdnr. 37 ff.; 151). Auf dieser Grundlage wird man dann oft eine der Heilungsmöglichkeiten empfehlen können.

Wo aber die Aufgabe ersichtlich darauf abzielt, daß auch die materiellrechtlichen Fragen behandelt werden, reicht die prozessuale Erörterung allein noch nicht aus. Man sollte dann, wenn der Zulässigkeitsmangel behoben werden kann, die nächstliegende Heilungsmöglichkeit unterstellen. So kann man die Aufgabe bis zum Sachurteil weiter verfolgen. Und bei Fehlen einer Heilungsmöglichkeit darf man sich mit einem Eventualgutachten für den Fall behelfen, daß das Gericht in der Zulässigkeitsfrage zu einem anderen, nämlich positiven Ergebnis gelangt.

3. Vorrangige materiellrechtliche Fragen

Ausdrücklich gewarnt sei endlich noch vor dem Irrglauben, alle prozessualen 23 Fragen müßten gegenüber den materiellrechtlichen vorrangig sein. Das ist etwa dann nicht richtig, wenn zwar ein rechtskräftiges Urteil bereits vorliegt, dieses sich aber nur auf eine **Vorfrage** des nun zu entscheidenden Streites bezieht.

Hier hindert die Rechtskraft eine neue Sachentscheidung keinesfalls, sondern fördert diese sogar. Denn die rechtskräftige Entscheidung über jene Vorfrage vermag den neuen Prozeß zu entlasten.

Bsp.: Der Käufer K hat gegen den Verkäufer V ein rechtskräftiges Urteil auf Lieferung eines gekauften Pkw erzielt. Später klagt K auf den Ersatz von Verzugsschaden: Infolge verspäteter Lieferung durch V habe er, K, sich einen Ersatzwagen mieten müssen. Hier ist der gewöhnliche Anspruchsaufbau zu wählen, also von § 286 I auszugehen. Nur muß eine Prüfung der Frage, ob V dem K wirklich den Pkw schuldete, durch einen Hinweis auf das rechtskräftige Urteil ersetzt werden.

Die **Interventionswirkung** (§§ 68, 74 III ZPO), die im Umfang meist weiter reicht als die Bindung an ein rechtskräftiges Urteil, kann einem erneuten Sachurteil sogar nie im Wege stehen; sie bereitet dieses immer nur vor.

Vollends bei der »**Anwaltsklausur**« (im Gegensatz zur »Richterklausur«: Erfragt wird keine richterliche Enscheidung, sondern was ein Anwalt raten oder unternehmen wird) ist das materielle Recht regelmäßig vor dem Prozeßrecht zu prüfen: Der Anwalt muß ja zunächst die materielle Rechtslage klären, ehe er den besten Weg für die prozessuale Durchsetzung suchen kann (vgl. etwa *E. Schumann*, Die ZPO-Klausur, Rdnr. 27).

I. Abschnitt   Ansprüche aus Vertrag

Auch bei der Prüfung von Vertragsansprüchen ist stets von einer An-   **24**
spruchsnorm auszugehen (z. B. von § 280, vgl. oben Rdnr. 2). Die Vorschriften
über das Zustandekommen von Verträgen sind als »Hilfsnormen« also erst im
Rahmen dieser »Hauptnorm« zu prüfen. Daß ich im folgenden trotzdem das
Zustandekommen von Verträgen (unten Rdnr. 45 ff.) vor den vertraglichen
Anspruchsgrundlagen (unten Rdnr. 204 ff.) behandle, soll nur eine allzu weite
Abweichung vom Üblichen vermeiden und so das Verständnis erleichtern:
Entsprechend dem BGB-System wird auch hier das Allgemeine, nämlich die
Regelung des Vertragsabschlusses, »vor die Klammer« gezogen, in der die An-
sprüche aus den besonderen Schuldverträgen und dem allgemeinen Schuld-
recht stehen.

§ 3   Verpflichtende und verfügende Verträge

Beim Anspruchsaufbau wird üblicherweise gesagt, an erster Stelle seien An-   **25**
sprüche aus Verträgen zu prüfen (oben Rdnr. 8). Dabei ist aber mit »Vertrag«
nicht jede Vereinbarung zwischen zwei Personen gemeint, sondern nur der verpflichtende Vertrag **(Schuldvertrag)**. Er unterscheidet sich scharf von der **Verfügung** (geläufige Definition: Veräußerung, Aufgabe, Belastung oder Inhalts-
änderung eines Rechts; nicht dagegen der Erwerb!). Viele Verfügungen werden
zwar auch als »dinglicher Vertrag« bezeichnet. Sie sind aber nur ganz ausnahmsweise Anspruchsgrund. Insbesondere die »dinglichen Ansprüche« (unten Rdnr. 436) beruhen nicht auf dem dinglichen Vertrag, sondern auf einem
dinglichen Recht: so der Herausgabeanspruch aus § 985 auf dem Eigentum.
Dieses Recht kann aber außer durch dinglichen Vertrag auch auf andere Weise
(durch Gesetz oder Staatsakt) erworben werden.

Als Anspruchsgrundlagen aus einer Verfügung kommen ausnahmsweise bloß die
§§ 402, 403 in Betracht: Für die dort geregelten Ansprüche des Neugläubigers gegen den
Altgläubiger kann man wirklich sagen, sie stammten aus der Abtretung, also aus einer
Verfügung.

I. Unterschiede zwischen Verpflichtung und Verfügung

1. Schuldrecht und Sachenrecht

26   Anfänger setzen den Gegensatz Verpflichtung — Verfügung oft mit dem Gegensatz Schuldrecht — Sachenrecht gleich. Das mag daran liegen, daß die Regeln über die Verfügung meist in der Vorlesung und den Lehrbüchern zum Sachenrecht behandelt werden (vgl. etwa *Baur* § 4). In Wahrheit gibt es aber auch im Schuldrecht zahlreiche Verfügungen, wie etwa Erlaß, Aufrechnung, Forderungsabtretung und nach einer Ansicht überdies die Leistungsannahme (Verfügung über die Forderung; dagegen *Esser-Eike Schmidt* § 17 II 2).

Auch diese Verfügungen des Schuldrechts sind abstrakt, und auch für sie gilt das **Spezialitätsprinzip** (Bestimmtheitsgrundsatz). Das zeigt sich etwa bei der Kreditsicherung: Die Sicherungszession ist ebenso unwirksam wie die Sicherungsübereignung, wenn sich ihr Gegenstand (die zedierte Forderung) nicht bestimmen läßt. Vgl. unten Rdnr. 521 ff.

Nur eine Regel ist den sachenrechtlichen Verfügungen eigentümlich: das — in der Rechtswirklichkeit freilich stark aufgeweichte — **Publizitätsprinzip**. Nach ihm muß zu der Einigung noch mindestens ein weiterer Umstand (etwa Übergabe oder Eintragung) hinzutreten, damit die Verfügung vollendet ist.

Bisweilen grenzt freilich das Gesetz die schuldrechtliche Verfügung etwas willkürlich von der sachenrechtlichen ab. So ist die Abtretung einer Forderung im Schuldrecht geregelt, ihre Verpfändung dagegen im Sachenrecht: Für die Abtretung reicht nach § 398 die Einigung zwischen Alt- und Neugläubiger, für die Verpfändung ist nach § 1280 zudem als Publizitätselement die Anzeige an den Schuldner nötig. Das hat dazu geführt, daß die Sicherungszession die Verpfändung von Forderungen weithin verdrängt hat, vgl. unten Rdnr. 492.

2. Die materiellrechtliche Zuständigkeit

27   **a)** Für **Verfügungen** kennt das Gesetz eine Zuständigkeit, die als **Verfügungsbefugnis** bezeichnet wird. Diese steht regelmäßig dem Inhaber des Rechtes zu, über das verfügt werden soll. Ausnahmsweise kann freilich statt des Rechtsinhabers oder neben ihm auch ein anderer zu Verfügungen berechtigt sein; Rechtsinhaberschaft und Verfügungsbefugnis können also auseinanderfallen. So bleibt im Konkurs die Rechtsinhaberschaft beim Gemeinschuldner, während die Verfügungsbefugnis dem Konkursverwalter zusteht (vgl. § 6 KO).

Das prozessuale Gegenstück zur Verfügungsbefugnis ist die **Prozeßführungsbefugnis**: Das ist die rechtliche Zuständigkeit zur Prozeßführung im eigenen Namen. Auch sie trennt sich nur ausnahmsweise von der (hier angeblichen) Rechtsinhaberschaft. Bei einer solchen Trennung spricht man von **Prozeßstandschaft.** Ein Beispiel hierfür sind die §§ 1368, 1369 III: Auch derjenige Ehegatte, der nicht Rechtsinhaber ist, kann die Rechte gerichtlich geltend machen, die sich aus der Unwirksamkeit einer Verfügung des anderen Ehegatten ergeben. Außerhalb einer gesetzlichen Anordnung kann eine **gewillkürte Prozeßstandschaft** bei Vorliegen eines eigenen berechtigten Interesses des Ermächtigten an der Durchsetzung des fremden Rechts auch durch Vereinbarung begründet werden, vgl. etwa *BGH* NJW 1988, 1585/1586.

Fehlt dem Verfügenden die Verfügungsbefugnis, so ist seine Verfügung regelmäßig unwirksam. Sie kann aber wirksam sein oder werden, wenn die Voraussetzungen von § 185 oder für den redlichen Erwerb vom Nichtberechtigten (dazu unten Rdnr. 536) vorliegen.

Dabei behandelt § 185 seinem Wortlaut nach nur die Verfügung eines Nichtberechtigten, nicht auch die Verfügung des Berechtigten ohne Verfügungsbefugnis. § 185 wird aber auf diesen Fall entsprechend angewendet.

Bsp.: Der durch die Einsetzung eines Verwaltungsvollstreckers (§ 2205) beschränkte Erbe verfügt über eine Nachlaßforderung durch Abtretung. Diese Verfügung ist zunächst nach § 2211 I unwirksam. Sie kann aber entsprechend § 185 II 1 Fall 1 wirksam werden, wenn der Testamentsvollstrecker sie genehmigt.

b) Für **Verpflichtungen** dagegen gibt es keine besondere rechtliche Zuständigkeit: Verpflichten kann sich jeder (ob er es durch eigene Willenserklärung kann, hängt freilich ebenso wie die Wirksamkeit einer Verfügung von der Geschäftsfähigkeit ab). Hier stellt das Gesetz nur die ganz andere Frage, ob dem Schuldner die Erfüllung der Verpflichtung **möglich** ist. Und selbst wenn dieses Leistungsvermögen fehlt, braucht die Verpflichtung keineswegs unwirksam zu sein. Vielmehr wird dann sehr häufig eine Haftung auf Schadensersatz wegen Nichterfüllung eintreten, die bei Verfügungen kein Gegenstück kennt. 28

Bsp.: G glaubt irrig, eine Forderung gegen S zu haben. G verkauft diese Forderung dem Z und »überträgt« sie ihm. Hier ist die Verfügung (§ 398) unwirksam. Die Verpflichtung (Kaufvertrag) dagegen ist wirksam. Das zeigt sich daran, daß G dem Z nach §§ 437 I, 440 I, 325 auf Schadensersatz wegen Nichterfüllung haftet (vgl. unten Rdnr. 281 f.).

Von manchen wird die Zulässigkeit einer **Verpflichtungsermächtigung** behauptet[1]. Danach soll eine Ermächtigung mit der Folge möglich sein, daß der 29

---

1 Dazu ausführlich *Doris,* Die rechtsgeschäftliche Ermächtigung bei Vornahme von Verfügungs-, Verpflichtungs- und Erwerbsgeschäften (1974) 81 ff., ein Überblick über die Erweiterungen des § 185 bei *Medicus* AT Rdnr. 1005 ff.

Ermächtigte den Ermächtigenden durch Handeln im eigenen Namen verpflichten kann. Das würde bedeuten, daß man § 185 I auf die Verpflichtung so
anwendet, als gäbe es eine Zuständigkeit zur Verpflichtung: Diese Zuständigkeit würde mit Hilfe der Verpflichtungsermächtigung auf den Ermächtigten erstreckt.

Bsp.: Der Vermieter V sagt dem Mieter M, dieser solle bestimmte Reparaturen an der
Mietwohnung ausführen lassen. M schließt im eigenen Namen einen entsprechenden
Vertrag mit dem Klempner K ab. Kann K die ihm geschuldete Vergütung direkt von V ver-
langen?

Die Frage wäre zu bejahen, wenn V den M wirksam ermächtigt hätte, ihn —
also den V — dem K gegenüber zu verpflichten. Die h. M. lehnt aber die Möglichkeit einer solchen Verpflichtungsermächtigung mit Recht ab[2]. Denn nach
dieser besteht kein Bedürfnis. Wenn der Handelnde (im Bsp. M) nicht selbst
verpflichtet werden will, mag er sich Vertretungsmacht einräumen lassen und
dann in fremdem Namen auftreten. Bei Handeln in eigenem Namen dagegen
wird er selbst verpflichtet (und auch berechtigt). Wenn sein ihn selbst verpflich-
tendes Handeln fremden Interessen dient, muß der Ausgleich dem Innenverhältnis zu dem Interessierten überlassen bleiben (**mittelbare Stellvertretung**).
Alles andere würde die vom Gesetz streng eingehaltene Grenze zwischen der
unmittelbaren und der mittelbaren Stellvertretung verwischen. Die Beachtung
dieser Grenze ist — anders als bei Verfügungen über einen bestimmten Gegenstand — bei Verpflichtungen auch sinnvoll (vgl. *Flume* aaO.).

So kann etwa im Bsp. M aus Auftrag (§ 670; unter Umständen auch schon aus § 547)
von V Ersatz dessen verlangen, was er an K zahlen mußte. Nach § 257 kann M von V auch
fordern, daß dieser ihn von seiner Verbindlichkeit dem K gegenüber befreie. Endlich
hätte M von V sogar nach § 669 einen Vorschuß verlangen können.

30   **c)** Nicht mit der Verpflichtungsermächtigung zu verwechseln ist die **Einziehungsermächtigung** (vgl. *Rüßmann,* JuS 1972, 169 ff.; *Henckel,* 1. Festschr.
Larenz 1973, 643 ff.). Sie ist sicher in dem Sinne wirksam, daß der Gläubiger einen Dritten ermächtigen kann, die Leistung vom Schuldner mit befreiender
Wirkung anzunehmen. Das folgt schon aus § 185 I, wenn man die Leistungsannahme als Verfügung über die Forderung ansieht, jedenfalls jedoch aus § 362 II.

Das Problem bei der Einziehungsermächtigung besteht aber darin, ob sie
auch Maßnahmen zur Durchsetzung der Forderung (wie Mahnung und Ein-
klagung) decken soll. Diese Handlungen sind gewiß selbst keine Verfügungen.
Und praktische Bedenken gegen eine derart weite Einziehungsermächtigung

---

2   *Flume* § 57, 1 d; *Gernhuber,* BR § 5 V 2 c, etwas anders *Larenz* I § 17 IV.

ergeben sich daraus, daß man so zu einer **Verdoppelung der Gläubigerstellung** kommt: Der Ermächtigende hat ja nicht aufgehört, Gläubiger zu sein. Der Schuldner sähe sich also praktisch zwei Gläubigern gegenüber, was nach §§ 398 ff. nicht eintreten kann.

Entgegen der h. M.[3] halte ich daher eine über die Empfangsermächtigung (§§ 362 II, 185) hinausgehende Einziehungsermächtigung regelmäßig für unwirksam: Wer eine Forderung durch einen anderen einziehen lassen will, soll ihm entweder Vertretungsmacht erteilen oder ihm die Forderung durch Inkassozession abtreten. Bei dem häufigsten Fall der Einziehungsermächtigung gelten meine Bedenken freilich nicht, nämlich bei der Einziehungsermächtigung im Rahmen des **verlängerten Eigentumsvorbehalts:** Der Vorbehaltsverkäufer ermächtigt den Vorbehaltskäufer zur Geltendmachung der im voraus abgetretenen Forderung aus dem Weiterverkauf. Denn da der Schuldner dieser Forderung (der Zweitkäufer) von der Abtretung nichts weiß, hält er den Ermächtigten ohnehin noch für seinen Gläubiger und darf das auch (§ 407 I). Und mit der Offenlegung der Abtretung erlischt regelmäßig auch die Einziehungsermächtigung. Vgl. ausführlich *Medicus* AT Rdnr. 1009.

3. Die Bindung

Ein weiterer wesentlicher Unterschied zwischen Verfügung und Verpflichtung besteht hinsichtlich der durch sie erzeugten Bindung. 31

a) Die **Einigung über einen Schuldvertrag** ist nach § 305 — und zwar bei Fehlen einer Sondervorschrift formlos — bindend: Wenn nicht besondere Gründe — etwa für Rücktritt oder Kündigung — vorliegen, kann sich keine Partei einseitig von dem Vertrag lösen. Schon die Vorstufe des Schuldvertrages, nämlich der **Antrag,** kann eine ähnliche Bindung erzeugen (§§ 145 bis 148). Und selbst nach Ablauf der Zeit für diese Bindung an den Antrag bleibt noch der in § 149 angeordnete Rest, den man mit dem Pflichtenrest nach Ablauf eines Vertrages vergleichen kann (*Schulbsp.:* Der Vermieter muß das Hinweisschild auf die neue Anschrift des ausgezogenen Arztes dulden). Die Verletzung dieses Pflichtenrestes wird oft als culpa post contractum finitum bezeichnet (vgl. unten Rdnr. 308).

---

[3] Etwa *BGHZ 4, 153/164 f.; Larenz* I § 34 V c; *Esser-Eike Schmidt* § 37 I 5 c (dort als Gewohnheitsrecht angesehen), ähnlich *Gernhuber,* Die Erfüllung und ihre Surrogate (1983) § 24 I 2.

32   b) Ganz anders verhält es sich bei der **Verfügung:** Diese bindet nicht für die Zukunft, sondern **sie wirkt.** So kann man etwa bei der Forderungsabtretung regelmäßig nicht die Frage stellen, ob der Altgläubiger an sie gebunden sei. Denn wenn die (unbedingte und unbefristete) Einigung über die Zession einer bestehenden Forderung einmal zustande gekommen ist, geht die Forderung auf den Neugläubiger über. Einer Bindung des Altgläubigers bedarf es hier regelmäßig nicht, weil die Einigung sich mit ihrem Zustandekommen verwirklicht hat: Sie hat die Zuständigkeit des Altgläubigers für die Forderung beendet.

Abweichendes gilt freilich für die **Vorauszession** einer künftigen Forderung: Diese Zession kann ja erst mit der späteren Entstehung der Forderung wirken. Trotzdem soll aber nach *BGHZ 32, 367 ff.* die Einigung sofort binden.

Die Frage nach einer **Bindung des Verfügenden** kann nur da auftauchen, wo zwischen der Einigung und dem Wirksamwerden der Verfügung eine gewisse Zeit vergeht. Das trifft vor allem zu bei den sachenrechtlichen Verfügungen (vgl. oben Rdnr. 26), für deren Wirkung außer der Einigung noch ein Publizitätsvorgang nötig ist: Liegt hier die Einigung vor der Erfüllung dieses weiteren Erfordernisses, so kann man sinnvoll fragen, von welchem Zeitpunkt an die Einigung bindet.

Das Gesetz beantwortet diese Frage für das **Immobiliarsachenrecht** hinsichtlich des Verhältnisses Einigung — Eintragung in § 873 II. Für das **Mobiliarsachenrecht** deutet § 929 S. 1 die Antwort (keine Bindung) dadurch an, daß er das Einigsein auf den Zeitpunkt der Übergabe bezieht. Endlich läßt § 956 I 2 die **Aneignungsgestattung** nur bindend sein, solange der Gestattungsempfänger den ihm überlassenen Besitz der Muttersache hat und der Gestattende zu der Gestattung verpflichtet ist.

33   c) Während die Bindung an die Einigung in den §§ 873 II, 956 I 2 klar geregelt ist, besteht **für § 929 S. 1 Streit,** weil diese Vorschrift sich weniger eindeutig ausdrückt.

aa) *Westermann* § 38, 4 hält im Anschluß an *Heck,* SaR § 55, 7 den nichtbindenden Charakter der dinglichen Einigung für eine Fehlentscheidung des Gesetzgebers, die bei § 929 berichtigt werden könne: Die einmal erklärte Einigung sei hier auch vor Übergabe schon für bindend zu halten. Wenn eine Verpflichtung zur Einigung fehle, könne diese aber kondiziert werden.

34   bb) Die h. M. (etwa *Baur* §§ 5 III 1 b; 51 II 2) glaubt sich an die Entscheidung des Gesetzes gebunden, die sich dem Wortlaut von § 929 S. 1 und dem Gegenschluß aus §§ 873 II, 956 I 2 entnehmen lasse. Sie hält daher auch bei § 929 die Einigung in dem Sinne für nicht bindend, als diese bis zur Übergabe soll widerrufen werden können; der Widerruf müsse freilich dem anderen Teil erkennbar sein (*BGH* NJW 1978, 696/697; gemeint ist wohl Zugang der Widerrufserklärung). Ein solcher Widerruf wird selbst dann für möglich gehalten, wenn er gegen eine schuldrechtliche Verpflichtung verstößt.

BGHZ 7, 111/115 folgert hieraus, daß es auch für die Sittenwidrigkeit der Einigung auf den Zeitpunkt der Übergabe ankomme: Die Sicherungsübereignung künftig anzuschaffender Sachen müsse daher nach der Situation im Zeitpunkt der Anschaffung daraufhin beurteilt werden, ob sie zur Knebelung oder Gläubigertäuschung führe.

Später hat der BGH zwar die Sittenwidrigkeit eines Rechtsgeschäfts nicht mehr nach den Verhältnissen im Zeitpunkt seines Wirksamwerdens beurteilt (so *BGHZ 20, 71 ff.* für das Testament: Es soll für § 138 auf die Verhältnisse zur Zeit der Errichtung ankommen, auch *BGHZ 72, 308/314* für die Sicherungsabtretung). Aber gegen diese Ansicht spricht: Erstens bewertet sie anstelle des Rechtsgeschäfts das Verhalten der Parteien (vgl. *Flume* § 18, 1; 2a; 6). Und zweitens führt sie in Fällen der folgenden Art zu einem unannehmbaren Ergebnis: M ist mit F verheiratet und hat G als Geliebte; diese setzt er als Alleinerbin ein. Später stirbt F; M heiratet G. Hier kann nach dem BGH, weil er auf den Zeitpunkt der Errichtung abstellt, das Testament nichtig sein, obwohl es bei dem Tod des M eine Erbeinsetzung seiner Ehefrau bedeutet!

Freilich wird nach der neueren Rspr. zum **Mätressentestament** ein sexuelles Motiv für die Zuwendung nicht mehr vermutet, *BGHZ 53, 369, 375 ff.; BGH* NJW 1973, 1645 (gegen *BGH* JZ 1968, 466). Auch das Testament zugunsten der Geliebten ist daher häufig wirksam, sofern sich nicht Sittenwidrigkeit aus der Art der Zurücksetzung naher Angehöriger des Erblassers ergibt.

cc) Vereinzelt hat das RG (*RGZ 83, 230*, vgl. unten Rdnr. 392) das Erfordernis des Einigseins in § 929 S. 1 sogar noch strenger ausgelegt: Die Einigung sei nicht nur widerruflich, sondern müsse faktisch noch bei der Übergabe vorhanden sein (ähnlich *Wolff-Raiser* § 66 I 4). **35**

In dem vom RG entschiedenen Fall sollte nach Ansicht des RG eine Einigungsofferte des Erblassers mit dessen Tod unwirksam werden, wenn der Erbe, ohne einen Widerruf auszusprechen, bloß tatsächlich mit der Übereignung nicht einverstanden war.

dd) Nach meiner Ansicht wird zwar die h. M. (oben Rdnr. 34) durch die Ausführungen von *Schödermeier-Woopen*, JA 1985, 622 ff. mit guten Gründen in Frage gestellt. Insbesondere überzeugt der von der h. M. verwendete Gegenschluß aus § 873 II nicht: Dort kann die Bindung auch bloß deshalb an besondere Voraussetzungen geknüpft sein, weil den Immobilien Übereilungsschutz gewährt werden sollte. Trotzdem läßt sich die h. M. halten: Für sie spricht nicht bloß der Wortlaut des § 929 S. 2 (*Einigsein* statt Einigung), sondern auch der Umstand, daß die §§ 932 ff. für das Erfordernis des guten Glaubens gleichfalls regelmäßig auf den Zeitpunkt der Übergabe abstellen. Diesem kommt also doch besondere Bedeutung zu. **36**

Aus der h. M. folgt für die Sicherungsübereignung erst künftig anzuschaffender Sachen, daß sie bis zur Anschaffung einseitig widerrufen werden kann, also praktisch keinen Schutz gewährt (so im Ergebnis auch *BGHZ 7, 115*).

II. Verpflichtung, Verfügung und causa

1. Der Ausgangspunkt

37   In grober Vereinfachung kann man sagen: Der **Schuldvertrag** schafft eine Verpflichtung zu einer Leistung. Daß der Schuldner diese Verpflichtung mit seiner Leistung erfüllt, berechtigt den Gläubiger zum Behalten des Leistungsgegenstandes. Der Anspruch aus dem Schuldvertrag verwandelt sich also mit seiner Erfüllung in eine causa für das Behaltendürfen.

Die **Verfügung** dagegen schafft weder eine causa noch einen Anspruch. Sie ist auch in ihrer Wirkung davon unabhängig, ob mit ihr ein Anspruch erfüllt worden ist und ob der Empfänger einen Grund für das Behaltendürfen des durch die Verfügung Erworbenen hat: Die Verfügung ist abstrakt. Soweit die Verfügung eine Leistung darstellt, bedarf sie jedoch zu ihrer bereicherungsrechtlichen Beständigkeit einer causa. Diese folgt vielfach aus einem Schuldvertrag (oder aus einem anderen Schuldverhältnis). Die durch die Verfügung erfüllte Verpflichtung bildet also den Rechtsgrund der Verfügung.

2. Korrekturen

Dieses grobe Schema bedarf aber in mehrfacher Hinsicht der Ergänzung.

a) Schuldverträge ohne klagbare Erfüllungsansprüche

38   Nicht jeder Schuldvertrag erzeugt (klagbare) Ansprüche. Vielmehr gibt es einige Ausnahmen:

aa) Beim **Bargeschäft (Handgeschäft)** fallen Verpflichtung und Erfüllung zeitlich zusammen. Man kann den Unterschied zwischen dem Bargeschäft und dem gewöhnlichen Schuldvertrag dadurch konstruktiv beseitigen, daß man zwischen Verpflichtung und Erfüllung eine »juristische Sekunde« einschiebt. Ohne diesen Kunstgriff aber entspricht das Bargeschäft regelmäßig von vornherein einem erfüllten Verpflichtungsgeschäft: Der Schuldvertrag bildet nur eine causa für das Behaltendürfen. Daneben zeigt sich jedoch die verpflichtende Funktion auch des sofort erfüllten Schuldvertrages bei Erfüllungsmängeln: Gewährleistungsansprüche wegen Lieferung einer mangelhaften Sache etwa gibt es beim Barkauf genauso wie bei jedem anderen Kauf.

bb) Einige Schuldverträge erzeugen von vornherein nur eine »unvollkom- **39** mene« (oder gar keine) Verbindlichkeit. Diese Fälle werden bisweilen — terminologisch oft nicht einheitlich — als **Naturalobligationen** bezeichnet. Hier sind die Erfüllungsansprüche zumindest nicht klagbar. Werden sie dennoch erfüllt, kann aber das Geleistete nicht als indebitum kondiziert werden. So etwa §§ 656, 762, 764; hier ist auch eine Sicherung (z. B. durch Bürgschaft oder Pfand) unmöglich und ein abstraktes Schuldversprechen oder -anerkenntnis unwirksam. Gleiches muß für das Verbot in § 115 II GewO gelten, wonach ein Arbeitgeber seinen Arbeitern Waren nicht auf Kredit verkaufen darf[4]. Stärker wirkt insoweit die Ausfallforderung nach beendetem Zwangsvergleich: Hier bleiben die Sicherheiten erhalten, § 193 KO.

Alle diese Fälle unterscheiden sich hinsichtlich des Behaltendürfens von dem bloßen Kondiktionsausschluß bei einer gewöhnlichen Nichtschuld durch § 814 Fall 1: Bei §§ 656 usw. kann das Geleistete auch dann nicht kondiziert werden, wenn der Leistende sich irrtümlich für verpflichtet gehalten hat; § 814 Fall 1 dagegen läßt dann die Kondiktion zu.

cc) Ähnlich sind diejenigen **formunwirksamen Schuldverträge, die durch** **40** **Erfüllung wirksam werden** (vor allem §§ 313 S. 2, 518 II, 766 S. 2 BGB, 1 a III AbzG): Hier kann der Gläubiger gleichfalls nicht auf Erfüllung klagen. Er darf aber die Leistung (aufgrund des als causa wirksam gewordenen Schuldvertrages) selbst dann behalten, wenn der Leistende sich für verpflichtet gehalten hat.

dd) Steht einem Anspruch eine **dauernde Einrede** (z. B. §§ 821, 853, be- **41** schränkte Erbenhaftung) entgegen, so kann der Schuldner die Geltendmachung des Anspruchs durch Erhebung der Einrede verhindern. Und regelmäßig kann er auch kondizieren, was er in Unkenntnis der Einrede (§ 814 gilt entsprechend!) geleistet hat, § 813 I 1. Schwächer ist insoweit nur die Einrede der Verjährung: Ihr Bestehen begründet die Kondiktion des gleichwohl Geleisteten nicht, § 813 I 2. Denn die Verjährung soll Rechtsfrieden schaffen und nicht umgekehrt eine schon durch Erfüllung »beruhigte« Rechtslage wieder in Frage stellen.

ee) In den genannten Fällen gilt der Ausschluß von Ansprüchen aber zu- **42** nächst nur wegen der *Erfüllung.* **Ansprüche wegen Schlechtleistung** sind dagegen in den Fällen aa), cc) und dd) unbedenklich möglich. Der BGH hat sie sogar auch bei bb) zugelassen.

---

4 Vgl. *BAG* NJW 1974, 1887 f.; Betr. 1979, 1848 ff., zum Gesetzeszweck *Zöllner,* ArbeitsR § 15 VII 2: Zusammenhang mit dem »Truckverbot«, also dem Verbot der Entlohnung in Naturalien und insbesondere in den eigenen Produkten des Arbeitgebers (weil sonst der Arbeitnehmer mit deren Absatz belastet würde).

BGHZ 25, 124 ff.: Der Ehemakler E hatte seine Klientin K mit einem mehrfach — darunter wegen Bigamie — vorbestraften Metzger M bekanntgemacht. K hatte dem M ihre Ersparnisse anvertraut und diese so eingebüßt. Deswegen klagt K gegen E, der die Vorstrafen des M gekannt hatte, auf Schadensersatz. Der BGH hat die Klage teilweise (§ 254!) für begründet gehalten: § 656 verhindere nur Ansprüche auf Erfüllung und Schadensersatz wegen Nichterfüllung, nicht aber wegen Schlechterfüllung. — Ähnlich auch *OLG Düsseldorf,* NJW 1980, 1966: Bei nicht durch § 58 BörsenG gedeckten Warentermingeschäften gelte der Differenzeinwand (§ 764) nicht gegenüber Schadensersatz- und Rückgewähransprüchen.

Ansprüche wegen **Verzuges** freilich müssen ausgeschlossen sein: Wer kraft Gesetzes nicht zu erfüllen braucht, kann auch nicht in Schuldnerverzug geraten.

b) Abstrakte Verpflichtungen

43   Zwar bildet jeder Schuldvertrag eine causa für die Leistungen, die zu seiner Erfüllung erbracht worden sind. Es gibt aber auch abstrakte Schuldverträge, das sind solche, **die ihrerseits noch einer causa bedürfen.** Die bekanntesten und häufigsten Fälle dieser Art sind Schuldversprechen und Schuldanerkenntnis nach §§ 780, 781 sowie die forderungsrechtlichen Wertpapiere: Die durch sie begründete weitere (§ 364 II) Verbindlichkeit ist zwar in dem Sinne abstrakt, daß sie auch dann entsteht, wenn der Schuldner zu ihrer Eingehung nicht verpflichtet war. Diese weitere Verbindlichkeit kann aber regelmäßig kondiziert werden, wenn ein Rechtsgrund für sie fehlt. Denn wenn nach § 812 II schon die bloße Anerkennung des Bestehens einer Verbindlichkeit eine kondizierbare Leistung darstellt, muß das erst recht für die Eingehung einer abstrakten Verbindlichkeit gelten.

Bsp.: K schuldet dem V 100 DM als Kaufpreis. Für diesen Betrag akzeptiert K einen von V ausgestellten Wechsel. Dann ist die Kaufpreisschuld durch das Wechselakzept im Zweifel noch nicht erfüllt, § 364 II. V muß freilich zunächst versuchen, sich aus dem Wechsel zu befriedigen; auf seine Kaufpreisforderung kann er jedenfalls nur dann zurückgreifen, wenn er den Wechsel zurückgibt.

Ist hier die Kaufpreisforderung nicht entstanden oder (etwa durch Rücktritt oder Wandlung) wieder weggefallen, so steht der Wechselforderung zumindest[5] die Einrede aus § 821 entgegen. Denn causa für das Wechselakzept sollte

---

5   Ob gegenüber einer Wechsel- oder Scheckforderung direkt auf Einreden aus dem Grundverhältnis zurückgegriffen werden kann, ist str.: bejahend *BGHZ 85, 345 ff.* für §§ 320, 322 und *BGH* NJW 1986, 1872 f. für § 478. Dieser letzten Entscheidung stimmt zu *Tiedtke,* ZIP 1986, 953 ff. Dagegen hält *Canaris,* JZ 1986, 684 ff. mit guten Gründen nur die Bereicherungseinrede für gegeben, anders *Flume,* NJW 1986, 2482 f.

die Sicherung der Kaufpreisforderung sein, und diese besteht nicht mehr. Überdies kann man regelmäßig sogar den Vereinbarungen zwischen V und K entnehmen, daß V den Wechsel zurückgeben soll, wenn K zahlt. Auch hierauf kann K sich einredeweise berufen (exceptio pacti). Die abstrakten Verpflichtungen sind also nicht wegen ihrer Abstraktheit gefährlich. Denn diese bewirkt nicht, daß dauernde Einreden verlorengehen. Vielmehr können solche Einreden zumindest auf dem Umweg über das Bereicherungsrecht auch gegen die abstrakte Verpflichtung gerichtet werden, wenn nicht § 814 Anspruch und Einrede aus ungerechtfertigter Bereicherung ausschließt. Sonst vermag der Umweg über das Bereicherungsrecht daher allenfalls eine **Umkehrung der Beweislast** zu bewirken: Gegenüber der abstrakten Verpflichtung muß regelmäßig der Schuldner beweisen, daß der Rechtsgrund fehlt. Gefährlich sind abstrakte Verpflichtungen vielmehr hauptsächlich deshalb, weil ihre Übertragung regelmäßig die meisten Einreden abschneidet. Vgl. dazu unten Rdnr. 760 ff.

c) Bloße Zweckabreden

Causa für eine dieser gewöhnlich abstrakten Verpflichtungen braucht aber nicht stets ein Schuldvertrag zu sein. Vielmehr kommt auch eine (selbst keine Ansprüche erzeugende) Zweckabrede in Betracht. **44**

BGHZ 45, 210 ff.: G klagt gegen S aus Wechseln, die dieser akzeptiert hat. S wendet ein: Er habe die Wechsel als Sicherheit für eine Forderung des G gegen einen Dritten gegeben. Den Wechseln liege also eine Bürgschaft zugrunde. Seine Bürgschaftserklärung sei nicht schriftlich erteilt worden und daher formnichtig; deshalb sei G um die Wechsel ungerechtfertigt bereichert.

Der BGH hat der Klage mit Recht stattgegeben und damit den Bereicherungseinwand des S verworfen (vgl. *Rehfeldt*, JuS 1967, 203): Rechtsgrund für die Wechselakzepte sollte hier nicht eine Bürgschaft sein, aus der sich G auch ohne die Akzepte an S hätte halten können. Vielmehr liegt eine die Wechselschuld einschränkende Zweckabrede vor. Deren Wirkung hätte sich etwa gezeigt, wenn der Dritte seine Schuld bei G beglichen hätte: Dann hätte S die Wechsel von G kondizieren können. Da der Dritte aber nicht gezahlt hatte, konnte S aus der Zweckabrede nichts für sich herleiten. Fraglich konnte nur sein, ob die Verabredung des Bürgschaftszweckes nicht entsprechend § 766 der Schriftform bedurft hatte. Das hat der BGH mit Recht verneint, weil die Einhaltung der Wechselform mindestens einen gleichwertigen Übereilungsschutz gewährt wie § 766.

Bei einer Verpflichtung mit der Zweckabrede einer **Schenkung** wäre freilich anders zu entscheiden. Und zwar braucht man das nicht erst daraus zu folgern, daß die Form des Schenkungsversprechens (§ 518 I) strenger ist als die Wechselform und daher durch diese nicht ersetzt werden kann. Vielmehr ergibt sich das Formerfordernis für eine schenkweise eingegangene Verbindlichkeit aus §§ 518 I 2, 2301 I 2. So verlangt *BGHZ 64, 340 ff.* für die Gültigkeit der schenkweisen Hingabe eines Schecks mit Recht die notarielle Beurkundung des Begebungsvertrags; Vollzug (§ 518 II) sei erst die Einlösung des Schecks. Vgl. unten Rdnr. 373.

1. Kapitel   Das Zustandekommen von Schuldverträgen

§ 4   Der Vertragsschluß

Die Grundregeln über den Abschluß von Schuldverträgen darf ich vorausset- **45** zen: Nötig sind regelmäßig Antrag und rechtzeitige Annahme. Beide müssen die Voraussetzungen einer wirksamen Willenserklärung erfüllen. Zudem müssen sie sich decken. Ob diese **Kongruenz** vorliegt, wird nötigenfalls durch **Auslegung** ermittelt. Die Auslegung erfolgt vom **Empfängerhorizont** her, also nach dem, was der Empfänger bei verständiger Würdigung als den Willen des Erklärenden auffassen konnte (vgl. *Medicus* AT Rdnr. 323 ff.). Fehlt die Kongruenz, so ist offener oder versteckter Dissens gegeben, §§ 154, 155; zur Abgrenzung vom Irrtum vgl. unten Rdnr. 125.

Neuestens stellt *Leenen* (AcP 188, 1988, 381 ff.) eine andere Sicht der Dinge vor: Neben der Vertragsschlußtechnik durch Antrag und Annahme gebe es noch eine weitere. Bei dieser werde von den Kontrahenten (z. B. Großunternehmen) zunächst (z. B. durch die Rechtsabteilungen) ein Vertragsentwurf ausgearbeitet. Der Vertragsschluß erfolge dann durch die beiderseitige **Zustimmung** der Unternehmensorgane zu diesem Entwurf. Diese Beobachtung ist sicher richtig. Dagegen scheint mir die Folgerung fraglich, die *Leenen* daran knüpft: Die §§ 145—153 paßten nur für den durch Antrag und Annahme und die §§ 154, 155 nur für den durch beiderseitige Zustimmung geschlossenen Vertrag. Offenbar gelangt man so zu erheblichen Gesetzeslücken. Hierüber muß noch diskutiert werden.

Weitere Schwierigkeiten bereiten mehrere Einzelfragen, die im Gesetz nicht ausreichend geregelt sind. Von ihnen sei auf die folgenden eingegangen (vgl. auch unten Rdnr. 77—81 zum Boten):

I. Zugangsprobleme

1. Zugangserfordernisse

Willenserklärungen, also auch Antrag und Annahme, sind in der Regel einem **46** anderen gegenüber abzugeben. Wirksam werden sie in diesem Fall **bei Abwesenheit des Empfängers** erst dann, wenn sie diesem zugegangen sind, § 130 I 1. »Zugang« erfordert jedenfalls weniger als Kenntnisnahme: Nach h. M. genügt, daß die Erklärung in den Bereich des Empfängers gelangt ist und von ihm nach der Verkehrsauffassung die Kenntnisnahme erwartet werden konnte. Ein Brief, der in einem Geschäftsraum am Samstag eingeworfen wird, geht demnach regelmäßig erst am Morgen des folgenden Montag zu, wenn nicht der Adressat ihn schon vorher zur Kenntnis nimmt (vgl. *Medicus*, AT Rdnr. 276).

Demgegenüber will *Flume* § 14, 3 b trennen: Der Zugang soll schon mit dem Eintritt in den Empfängerbereich vollendet sein; nur für Fragen der Rechtzeitigkeit soll zusätzlich der Zeitpunkt der zumutbaren Kenntnisnahme beachtet werden. Danach könnte der am Samstagnachmittag eingeworfene Brief nicht mehr durch einen zweiten, am Sonntag eingeworfenen widerrufen werden (§ 130 I 2). Ich sehe hierzu aber keine Notwendigkeit.

2. Erklärung unter Anwesenden

47 § 130 I 1 bestimmt das Zugangserfordernis nur für Willenserklärungen an einen Abwesenden. Für Willenserklärungen an einen Anwesenden fehlt eine gesetzliche Regelung. Auch hier kann aber die Frage nach dem Wirksamwerden auftreten.

RGZ 61, 414 ff.: G will dem S seine Schuld stunden, wenn sich F, die Ehefrau des S, verbürgt. F unterzeichnet daraufhin eine Bürgschaftsurkunde. In diesem Augenblick erschießt sich S im Nebenzimmer. G entfernt sich bestürzt, ohne die auf einem Tischchen liegende Urkunde an sich genommen zu haben. Diese bleibt später verschwunden.

Hier hielt F der Klage des G aus der Bürgschaft entgegen, ihre Bürgschaftserklärung sei nicht zugegangen. Das RG ist dem beigetreten: § 130 sei auch auf Erklärungen unter Anwesenden anwendbar; der Zugang setze die tatsächliche Verfügungsgewalt des Adressaten über das die Erklärung enthaltende Schriftstück voraus. Dem ist zuzustimmen.

3. Nichtverkörperte Erklärungen

48 Besonderes gilt jedoch für die *nichtverkörperte Willenserklärung*, (*John*, AcP 184, 1984, 385/403 ff. spricht von »Speicherung«). Hierhin gehört insbesondere das (auch telefonisch) gesprochene, nicht auf Tonband aufgenommene Wort. Hier soll es nach einer verbreiteten Ansicht (vgl. *Flume* § 14, 3 f.) nicht ausreichen, daß vom Empfänger zu erwarten war, er werde das Gesagte hören. Vielmehr soll die Erklärung nur insoweit wirksam werden, als der Empfänger sie *akustisch* wirklich *vernommen* hat (etwas weitergehend *Brox* AT Rdnr. 159: Es genüge schon, daß der Erklärende vernünftigerweise an dem Vernehmen durch den Empfänger nicht zweifeln könne). Auch diese Voraussetzung für das Wirksamwerden kann man Zugang nennen. Dann gilt auch für nichtverkörperte Willenserklärungen der Satz, daß sie erst durch Zugang wirksam werden.

Bsp.: A erklärt am Telefon, er wolle verkaufen. B versteht, A wolle kaufen, und sagt zu. Hier gilt nichts: Daß A verkaufen wolle, ist nicht zugegangen; daß A kaufen wolle, ist nicht erklärt.

4. Zugang und Auslegung

Der Unterschied zwischen verkörperter und nichtverkörperter Willenserklä- 49
rung ist wichtig für die Auslegung. Denn ihr Gegenstand kann ja immer nur
sein, was erklärt und durch Zugang wirksam geworden ist. Die Frage nach dem
Zugang geht daher der Auslegung vor! Auszulegen ist also bei der verkörperten Willenserklärung die zugegangene verkörperte Erklärung (etwa der
Text des Briefes), bei der nichtverkörperten dagegen das, was der Adressat von
dem Gesagten vernommen hat.

Zugang und Auslegung müssen schon deswegen getrennt werden, weil bei beiden ein
verschiedener Maßstab gilt: Auf das, was hätte verstanden werden können, kommt es
nach h. M. nur für die Auslegung an.

5. Zugangsverzögerung

Praktisch wichtig ist die Zugangsverzögerung: Die Kündigung etwa erreicht 50
den Adressaten verspätet, weil er verzogen ist. Hier hat man früher mit einer
Zugangsfiktion gearbeitet: Die Erklärung sollte als zugegangen gelten, sobald
sie den Empfänger ohne das von ihm geschaffene Hindernis erreicht hätte.
Heute wird jedoch überwiegend eine andere Ansicht vertreten (vgl. *Flume* § 14,
3 e; *Larenz*, AT § 21 II b): Zugegangen ist die Erklärung erst, *wenn sie wirklich
in den neuen Bereich des Empfängers gelangt ist;* jedoch **kann der Empfänger
sich auf die von ihm selbst verursachte Verspätung des Zugangs nicht berufen.** Der wesentliche Unterschied zwischen beiden Ansichten ist: Nach der älteren ist die Erklärung kraft der Fiktion des Zugangs in jeder Hinsicht wirksam
geworden; der Erklärende ist also gebunden. Nach der neueren Ansicht ist der
Erklärende dagegen zunächst Herr seiner Erklärung geblieben: Er kann sich
entweder weiter um wirklichen Zugang bemühen (*BGH* LM Nr. 1 zu § 130
BGB), der dann hinsichtlich der Rechtzeitigkeit zurückwirkt; er kann aber
auch auf weitere Bemühungen verzichten und so die Erklärung ungeschehen
sein lassen.

Bsp.: Mieter M kündigt dem Vermieter V durch Einschreiben; der Brief kommt aber,
weil V verreist ist, zurück. Nach der älteren Auffassung wäre die Kündigung wirksam;
nach der neueren liegt es bei M, ob er sie (mit Rückwirkung) wirksam werden lassen will.
Will er das, muß er sich freilich erneut um Zugang bemühen.

Ob die Zugangsverzögerung **verschuldet** ist, spielt regelmäßig keine Rolle. 51
Doch wird man einerseits den Erklärenden im Einzelfall für verpflichtet halten
dürfen, auf ein ihm bekanntes Zugangshindernis auf Seiten des Empfängers
Rücksicht zu nehmen (z. B. Kündigung eines Arbeitnehmers im Urlaub; hier
wird der Arbeitgeber mit der Kündigungserklärung warten müssen, bis der Arbeitnehmer wieder erreichbar ist: *BAG* NJW 1981, 1470). Umgekehrt kann es
aber auch dem Empfänger nach § 242 obliegen, ein für ihn bei der Post hinter-

legtes — und damit zunächst nicht zugegangenes — Schriftstück abzuholen. Unterläßt er das, obwohl er mit einer solchen Mitteilung zu rechnen hatte, muß er sich so behandeln lassen, als sei sie zugegangen (*BGH* BB 1977, 67).

II. Das Schweigen nach bürgerlichem Recht

52   Schweigen ist in der Regel weder Zustimmung noch Ablehnung; es ist **überhaupt keine Willenserklärung.** Rechtliche Bedeutung erlangt die Frage nach der Qualität des Schweigens als Willenserklärung erst, wo das Gesetz ausnahmsweise an das Schweigen Rechtsfolgen knüpft. Dann wird nämlich fraglich, ob die Vorschriften über Willenserklärungen (§§ 104 ff., 116 ff.) auf das Schweigen direkt oder entsprechend anwendbar sind. Für die Antwort ist zu unterscheiden (vgl. *Flume* § 10, 2):

1. Das Schweigen als Ablehnung

53   Wo das Schweigen als Ablehnung gilt (z. B. in §§ 108 II 2, 177 II 2, 415 II 2), wirken Mängel der Geschäftsfähigkeit des Schweigenden nach § 131: Die Frist, nach deren Ablauf das Schweigen Ablehnung bedeutet, beginnt ja erst mit dem Zugang einer Erklärung der anderen Partei. Und soweit diese Frist nach § 131 erst seit dem Zugang an den gesetzlichen Vertreter läuft, spielt vorher das Schweigen keine Rolle.

Im übrigen sind nach richtiger Ansicht die Regeln über Willenserklärungen nicht einmal entsprechend anwendbar: Die Rechtsfolge des Schweigens tritt unvermeidbar auch dann ein, wenn ein erklärtes »Nein« nichtig oder anfechtbar wäre. Denn auch die Nichtigkeit oder Anfechtung eines ausdrücklich erklärten »Nein« würden noch kein »Ja« bedeuten, sondern erst den Weg dahin frei machen. Zu einem »Ja« ist es aber in den gesetzlich geregelten Fällen nach Ablauf der Frist zu spät.

2. Das Schweigen als Zustimmung

54   In wenigen Ausnahmefällen gilt das Schweigen als Zustimmung (vgl. ausführlich *Kramer,* Jura 1984, 235 ff.): so in §§ 416 I 2, 496 S. 2, 516 II 2; nach der Rspr. des BAG gehört hierhin auch der Fall von § 613 a, weil ein Widerspruch des Arbeitnehmers den Übergang des Arbeitsverhältnisses auf den Betriebserwerber soll hindern können, vgl. etwa *BAG* NJW 1978, 1653 f.

Im Unterschied zu den Fällen von oben Rdnr. 53 wird man auf das Schweigen mit Zustimmungsbedeutung die Regeln über Willenserklärungen entsprechend anwenden können: Es ist nicht einzusehen, warum der Schweigende an sein Schweigen stärker gebunden sein soll als der Redende an ein ausdrücklich erklärtes »Ja«. Für den praktisch wichtigsten Fall des rechtserheblichen Schweigens (**Erbschaftsannahme** durch Verstreichenlassen der Ausschlagungsfrist) ist die Anfechtbarkeit in § 1956 sogar ausdrücklich angeordnet. Nur kann eine Irrtumsanfechtung nicht darauf gegründet werden, daß der Schweigende die seinem Schweigen vom Gesetz zuerkannte Bedeutung nicht gekannt habe. Denn § 119 will den fehlerfreien *Willen* zur Geltung bringen (vgl. unten Rdnr. 123); die *gesetzlich* angeordnete Rechtsfolge des Schweigens beruht aber gerade nicht auf dem Willen des Schweigenden (vgl. auch unten Rdnr. 129). — Soweit in solchen Fällen Nichtigkeit oder Anfechtbarkeit vorliegen, beziehen sie sich nicht auf das Schweigen selbst, sondern auf das Rechtsgeschäft, das durch Schweigen zustande gekommen ist (*Flume* § 36, 7).

3. Sonderfälle

Nicht in diesen Zusammenhang gehört das Schweigen auf einen Antrag in den §§ 151, 663.   55

In § 151 bringt nicht schon das Schweigen den Vertrag zustande. Vielmehr bedarf es einer Annahmeerklärung; nur verzichtet das Gesetz auf zweierlei: Darauf, daß die Annahme*erklärung* an den Antragenden gerichtet ist, und darauf, daß sie ihm zugeht (h. M.; anders *Flume* § 35 II 3, der schon den nicht erklärten Entschluß zur Annahme genügen läßt). Sonst sind die Vorschriften über Willenserklärungen aber unbeschränkt — und zwar direkt — anwendbar.

§ 663 dagegen hat überhaupt nichts mit einer Willenserklärung zu tun. Vielmehr bestimmt die Vorschrift nur eine Obliegenheit zur Ablehnung des Antrags. Die Folgen ihrer Verletzung sind also nicht das Zustandekommen eines Vertrages. Gegeben ist vielmehr ein Fall des Verschuldens bei Vertragsverhandlungen. Rechtsfolge ist deshalb ein Anspuch auf Schadensersatz, und zwar des negativen Interesses, bei Vertretenmüssen. Daher sind die §§ 104 ff., 116 ff. hier nicht einmal entsprechend anwendbar.

III. Das Schweigen im Handelsrecht

1. Schweigen mit Erklärungswirkung

Bei § 362 HGB gilt Schweigen (anders als bei § 663 BGB) als Annahme des Antrags (dazu *K. Schmidt*, HaR § 18 II 2). Ähnlich gilt nach §§ 75 h, 91 a HGB (anders § 177 II 2 BGB) das Schweigen des unberechtigt Vertretenen als Genehmigung. Fraglich ist die Wirkung von Willensmängeln auf das nach diesen Vor-   56 schriften rechtserhebliche Schweigen. Bedeutsam wird diese Frage etwa, wenn der Kaufmann auf einen Antrag schweigt (und ihn so annimmt), weil er ihn nur oberflächlich gelesen und daher eine falsche Vorstellung von seinem Inhalt hat.

Auch hier ist es wenig sinnvoll, den schweigenden Kaufmann fester zu binden als denjenigen, der ausdrücklich mit »Ja« geantwortet hat. Denn das Schweigen kann bei der anderen Partei kein stärkeres Vertrauen erwecken als die ausdrückliche Bejahung. Daher muß man wenigstens das oben Rdnr. 54 Gesagte ins Handelsrecht übernehmen. Man kann aber auch die Anfechtung eines ausdrücklichen »Ja« noch einschränken. Dazu gibt es zwei Möglichkeiten:

57   a) *Flume* § 21, 9 c (ihm folgend *Kramer*, Jura 1984, 235, 249) will dem Kaufmann ganz allgemein, also auch über die §§ 75 h, 91 a, 362 HGB hinaus, die Berufung auf einen durch sorgfältiges Lesen vermeidbaren Irrtum verwehren. Aber ein Handelsbrauch dieses Inhalts, auf den sich *Flume* zur Begründung beruft, wird kaum nachweisbar sein; für Anfechtbarkeit auch *K. Schmidt*, HaR § 18 II 2 e bb und die h. M.

58   b) Jedoch scheint mir bedeutsam, daß die §§ 75 h, 91 a, 362 HGB von dem Kaufmann eine **unverzügliche Antwort** verlangen. Damit soll die andere Partei so schnell Gewißheit erhalten, wie das ohne Verschulden des Kaufmanns möglich ist. Daraus möchte ich folgern: Bei den genannten Vorschriften berechtigt ein schuldhafter Irrtum weder bei ausdrücklichem »Ja« noch bei Schweigen zur Anfechtung. Denn diese Anfechtung würde es dem Kaufmann in beiden Fällen erlauben, trotz seines Verschuldens der anderen Partei ihre schon begründete Gewißheit des »Ja« wieder zu nehmen, und das widerspricht dem Gesetzeszweck. Ebenso hat *BGH* NJW 1972, 45 für den Spezialfall des Schweigens auf ein kaufmännisches Bestätigungsschreiben entschieden (s. sofort).

2. Schweigen auf ein kaufmännisches Bestätigungsschreiben

59   Wichtigster unkodifizierter Fall des rechtserheblichen Schweigens ist das Schweigen auf ein kaufmännisches Bestätigungsschreiben[1]. Folge dieses Schweigens ist, daß der Vertrag mit dem Inhalt als abgeschlossen gilt, den das unwidersprochen gebliebene Bestätigungsschreiben angibt. Doch soll nach *BGHZ 67, 378/381* der Nachweis weiterer, dem Bestätigungsschreiben nicht widersprechender Abreden dem Absender offenstehen (zweifelhaft, vgl. auch unten Rdnr. 66).

---

1 Dazu ausführlich *Diederichsen*, JuS 1966, 129 ff.; *Flume* § 36; *K. Schmidt* HaR § 18 III, ablehnend *Kramer*, Jura 1984, 235, 246 ff.

Hinsichtlich der Wirkung des Bestätigungsschreibens ist es müßig zu fragen, wie das Unterlassen des Widerspruchs den Vertrag zustande bringt oder seinen Inhalt ändert (vgl. *Flume* § 36, 3; *Diederichsen* aaO.): Die Frage, ob der Vertrag schon vorher bestanden hat oder zunächst einen anderen Inhalt hatte, soll nach dem Zweck der Regelung (Klarheit) gerade nicht mehr gestellt werden dürfen.

Voraussetzungen für den Eintritt dieser Rechtsfolge sind im einzelnen: 60

a) Es müssen **Verhandlungen vorausgegangen** sein, deren Ergebnis das Schreiben als endgültigen Vertragsschluß wiedergibt (*BGH* NJW 1972, 820 f.). Meist werden diese Verhandlungen mündlich, telefonisch, telegrafisch oder fernschriftlich sein, also derart, daß Unklarheiten über ihr Ergebnis entstehen können, die das Bestätigungsschreiben ausräumen soll. Dagegen ist es bei schriftlichem Vertragsschluß unnötig, weil dort der Vertragsinhalt ohnehin festliegt.

BGHZ 54, 236 ff. betrifft den Grenzfall eines Bestätigungsschreibens von der Partei, deren **telefonische Offerte schriftlich angenommen** worden war. Der BGH wendet auch hier die Regeln über das kaufmännische Bestätigungsschreiben an. Denn das Bedürfnis nach Klarstellung bestehe jedenfalls für die Partei, die sich bisher noch nicht schriftlich geäußert habe: Die einseitige schriftliche Erklärung der Gegenpartei genüge nicht, um den Vertragsinhalt ausreichend festzulegen.

Dieser Entscheidung hat *Lieb* (JZ 1971, 135 ff.) mit Recht entgegengehalten: Entweder hat der Absender der Bestätigung geglaubt, das Annahmeschreiben der Gegenpartei decke sich mit dem telefonischen Antrag. Dann war der Vertragsinhalt schon durch das Annahmeschreiben fixiert, und für ein Bestätigungsschreiben blieb kein Raum mehr. Oder der Absender der Bestätigung hat eine Differenz zwischen seinem Antrag und der Annahme erkannt. Dann konnte er den Vertrag nicht für geschlossen halten (§ 150 II) und hatte gleichfalls keinen Anlaß für eine Bestätigung. Richtig ist die Ansicht des BGH daher nur, wenn das Annahmeschreiben nach Meinung seines Empfängers den Inhalt des telefonischen Antrags nur unvollständig wiedergibt (Extremfall: Es lautet einfach »Ja«): Dann ist es sinnvoll, auch den Rest noch schriftlich festzuhalten.

Zweifelsfrei kein kaufmännisches Bestätigungsschreiben ist die Annahme   61 eines Antrags, auch wenn sie als »Auftragsbestätigung« bezeichnet wird: Hier wird der Vertrag nicht als geschlossen vorausgesetzt, sondern er soll erst geschlossen werden. Wo eine solche Annahme vom Antrag abweicht (§ 150 II), ist also kein Widerspruch nötig, *BGHZ 18, 212 ff.* Doch sind Grenzfälle denkbar, nämlich wenn ein Vertragsabschluß zweifelhaft ist; dann gelten die Regeln über das kaufmännische Bestätigungsschreiben (*BGH* NJW 1974, 991 ff.).

b) Der **Absender** des Schreibens **muß redlich sein**, das heißt, er muß glau-   62 ben und glauben dürfen, daß das Schreiben die Vereinbarungen korrekt wiedergibt oder doch nur solche Abweichungen enthält, die der Empfänger billigt (vgl. *Walchshöfer,* BB 1975, 719 ff.). Insbesondere kann daher eine Eigenschaftszusicherung durch einen in dem Bestätigungsschreiben erklärten Gewährleistungsausschluß nicht unwirksam gemacht werden, *BGHZ 93, 338, 343. BGHZ 40, 42 ff.* rechnet dem Absender mit Recht das Wissen seines Vertreters zu.

63   c) Der **Empfänger** des Schreibens **muß Kaufmann sein.** *BGHZ 11, 1 ff.* läßt offen, ob Minderkaufmannschaft stets genügt; ausreichen soll jedenfalls, daß der Minderkaufmann »einen Betrieb führt, der in größerem Umfang am Verkehrsleben teilnimmt«. Auch ein Architekt kommt als Empfänger in Betracht (*OLG Köln,* OLGZ 1974, 8 ff.).

64   d) Die nötige **Qualifikation des Absenders** ist fraglich. Hier kann jedenfalls ein großzügigerer Maßstab angelegt werden als beim Empfänger, weil dem Absender ja keine Pflicht auferlegt wird. *BGHZ 40, 42 ff.* verlangt, daß der Absender wenigstens ähnlich einem Kaufmann am Geschäftsleben teilnimmt. Entsprechend § 362 HGB will *Flume* § 36, 2 sogar jedermann genügen lassen. Hiergegen wendet jedoch *K. Schmidt* HaR § 18 III 2 b ein, erforderlich sei jedenfalls die »spezifisch handelsrechtliche Verkehrsschutzsituation«.

65   e) Dem Schreiben darf **nicht unverzüglich widersprochen** worden sein. Dabei sind an einen Kaufmann strenge Anforderungen zu stellen. So hält *RGZ 105, 389 f.* einen Widerspruch acht Tage nach Eingang des Schreibens schon für verspätet, obwohl der Empfänger gerade während dieser acht Tage verreist war (er hätte für Nachsendung oder Vertretung sorgen müssen). Für die entsprechende Anwendung der Vorschriften über Willenserklärungen auf das Schweigen gilt das oben Rdnr. 56—58 Gesagte: Insbesondere berechtigt ein schuldhafter Irrtum nicht zur Anfechtung.

Teilweise anders *Diederichsen,* JuS 1966, 136 f.: Der Schweigende soll anfechten können, wenn er etwa wegen flüchtigen Lesens über den Inhalt des Schreibens (und damit auch des Vertrages) im Irrtum war; dagegen nicht, wenn er dessen Inhalt trotz Zugangs nicht erfahren hatte. Aber mir scheint es sachgerechter, beide Fälle gleich zu behandeln und über die Anfechtbarkeit das Verschulden entscheiden zu lassen.

66   f) Ein Sonderproblem entsteht bei **sich kreuzenden Bestätigungsschreiben:** Beide Parteien bestätigen sich gegenseitig den Abschluß, aber mit verschiedenem Inhalt. Dann ist regelmäßig kein Widerspruch nötig: Jede Partei weiß ja schon aus dem Schreiben der anderen, daß diese einen abweichenden Vertragsinhalt behauptet.

BGH NJW 1966, 1070 f.: V hatte an K ein gebrauchtes Kraftfahrzeug verkauft. V und K sandten sich gegenseitig Bestätigungsschreiben; dasjenige des V enthielt einen Ausschluß der Sachmängelhaftung, das des K nicht. Der *BGH* hat hier ausnahmsweise angenommen, bei Nichtwiderspruch des K werde der Haftungsausschluß wirksam: Beide Schreiben hätten nicht in »offenem Widerspruch« zueinander gestanden; das Schreiben des V habe lediglich einen »zusätzlichen Vorbehalt« enthalten. Daß K mit diesem nicht einverstanden gewesen sei, habe sich seinem Schreiben nicht entnehmen lassen.

Ich halte diese Entscheidung für bedenklich: Wenn K den Haftungsausschluß nicht erwähnt hatte, meinte er offenbar einen Kauf nach der gesetzlichen Regelung. Und demgegenüber ist der Ausschluß im Schreiben des V nicht nur ein »zusätzlicher Vorbehalt«, sondern das glatte Gegenteil. Daher ergeben die Bestätigungsschreiben hier keine Einigung hinsichtlich der Sachmängelhaftung. Insoweit ist Vertragsinhalt also das ursprünglich Vereinbarte, das mit anderen Mitteln bewiesen werden muß. Allerdings breiten sich in der Praxis immer stärker sog. **konstitutive Bestätigungsschreiben** aus (vgl. *K. Schmidt* HaR § 18 III 3): Bei ihnen soll nach dem Parteiwillen überhaupt nur das schriftlich Bestätigte gelten.

IV. Allgemeine Geschäftsbedingungen

1. Problematik und Anwendungsbereich des AGBG

Allgemeine Geschäftsbedingungen (AGB) sind vorformulierte Regelungsent- **67** würfe für eine Vielzahl von Einzelverträgen. Die AGB sollen dort das dispositive Gesetzesrecht durch Bestimmungen ersetzen, die den Bedürfnissen des Verwenders besser entsprechen. Das kann legitim sein, weil die Typenverträge des BGB sehr verschiedene Möglichkeiten umfassen und sich nicht für alle Verträge in gleicher Weise eignen. Das wird am deutlichsten beim Werkvertrag: Was für einen Vertrag über den Bau eines Hauses paßt, kann für den (gleichfalls den §§ 631 ff. unterfallenden) Beförderungsvertrag ganz unangemessen sein. Aber etwa auch beim Kauf bedarf es oft einer stärkeren Differenzierung, als das BGB sie vornimmt: Nach ihm werden Tomaten und Diesellokomotiven nach denselben Vorschriften verkauft!

AGB sind aber nicht bloß zu dieser legitimen Differenzierung verwendet, sondern auch zu rücksichtsloser einseitiger Interessenverfolgung mißbraucht worden (etwa durch die Einfügung von Haftungsausschlüssen oder Befugnissen zu einseitiger Preiserhöhung). Das gelingt schon deshalb besonders leicht, weil die andere Partei von den Einzelheiten umfangreicher AGB meist nicht Kenntnis nimmt. Doch hat die Rspr. solchem Mißbrauch zunehmend Widerstand geleistet, und zwar im wesentlichen auf zwei Wegen: Erstens sollten besonders unbillige (und daher »überraschende«) Klauseln nur unter sehr engen Voraussetzungen Vertragsinhalt werden. Und zweitens sind seit *BGHZ 22, 90 ff.* AGB nicht bloß nach § 138 auf ihre Sittenwidrigkeit hin geprüft, sondern nach § 242 noch einer eigenen **Billigkeitskontrolle** unterworfen worden.

68   Seit dem 1. 4. 1977 gilt für den überwiegenden Teil der schuld- und sachenrechtlichen Verträge (vgl. § 23 I AGBG) eine gesetzliche Regelung durch das
AGBG v. 9. 12. 1976. Dieses Gesetz beruht weithin auf den schon vorher von
der Rspr. erarbeiteten Regeln. Sachlich gilt es (was vorher zweifelhaft war) nicht
bloß für die außerhalb des eigentlichen Vertragstextes (etwa auf der Rückseite)
stehenden AGB. Vielmehr erfaßt das Gesetz auch **Formularverträge,** bei denen die Individualvereinbarungen in einen gedruckten Text eingefügt werden
(z. B. Mietvertragsformulare). Weiter unterfallen dem Gesetz auch Anschläge,
sogar ganz kurze (z. B. »Haftung ausgeschlossen«). Nur gegenüber dem indi-
viduell Vereinbarten ist das AGBG unanwendbar (§ 1 AGBG). Nach
BGH NJW 1977, 624 ff. soll es für die Umwandlung eines vorformulierten
Textes in eine Individualvereinbarung unnötig sein, daß dieser Text äußerlich
sichtbar geändert oder ergänzt worden ist. Vielmehr soll schon die dem anderen
Vertragsteil bewußte Bereitschaft des Verwenders genügen, den Text abzuän-
dern. Diese Entscheidung ist durchweg abgelehnt worden, weil sie den Anwendungsbereich des AGBG zu stark beschränke (vgl. *Palandt-Heinrichs,* § 1
AGBG Anm. 4 c mit weiteren Angaben). Vorsichtiger formulieren auch *BGHZ
85, 305/308; BGH* NJW 1979, 367/368; ZIP 1986, 1466/1477: Ein »Aushandeln« soll nur bejaht werden können, wenn der Verwender den »gesetzes-
fremden Kerngehalt« seiner AGB inhaltlich zur Diskussion stellt; es müsse
auch dem Gegner möglich sein, »die inhaltliche Ausgestaltung der Vertragsbe-
dingungen zu beeinflussen«. Zudem erfaßt das »Aushandeln« dann nicht die
ganzen AGB, sondern nur die Klauseln, hinsichtlich derer die genannten Voraussetzungen erfüllt sind. Ganz ungenügend ist eine Aufforderung im Text des
Formulars, nicht gewollte Passagen zu streichen (*BGH* NJW 1987, 2011): Eine
solche Aufforderung kann ja nur wirken, wenn sie wirklich gelesen worden ist.

2. Einführung in den Einzelvertrag

69   **a)** Nach § 2 AGBG erfordert die Einbeziehung von AGB in den Einzelvertrag
dreierlei: Der Gegner des Verwenders muß auf die AGB — regelmäßig ausdrücklich — **hingewiesen werden;** er muß von ihrem **Inhalt Kenntnis nehmen
können;** er muß mit ihrer Geltung **einverstanden sein.** Aber auch bei Erfüllung dieser Voraussetzungen sind **überraschende Klauseln** ausgenommen (§ 3
AGBG), und **Individualvereinbarungen** gehen vor (§ 4 AGBG). Entgegen
§ 139 führt das Nichtwirksamwerden der AGB oder einzelner Klauseln aber
nicht zur Unwirksamkeit des ganzen Vertrages. Vielmehr gilt dieser regelmäßig
zu den Bedingungen des Gesetzesrechts (§ 6 AGBG). Nach h. M. (*BGH* NJW
1984, 48) ist auch eine **geltungserhaltende Reduktion** unwirksamer Klauseln
regelmäßig ausgeschlossen: Etwa ein nach § 11 Nr. 7 AGBG unzulässiger Haftungsausschluß kann also auch nicht insoweit aufrechterhalten werden, als er
nach dieser Vorschrift zulässig wäre.

BGHZ 96, 18/25 f. (dazu *Prölss*, JZ 1986, 345 ff.) hat dies bestätigt: Eine unwirksame Freizeichnungsklausel könne durch ergänzende Vertragsauslegung nur dann zu einer anderen als der gesetzlichen Haftungsverteilung führen, wenn diese wegen besonderer Umstände unangemessen sei. Das ist verneint worden für einen Fahrerlehrgang »mit Gefahrentraining und Antischleuderschule«.

§ 2 AGBG gilt nach § 23 II Nr. 1 AGBG nicht für bestimmte **Beförderungsbedingungen.** Hier, wo regelmäßig die öffentliche Hand beteiligt ist (die auch sonst mit ihren Benutzungsbedingungen ein schlechtes Vorbild gegeben hat; man denke an die weitreichenden Haftungsausschlüsse der Bundespost!), kann also die bisher übliche nachlässige Publikationspraxis fortgesetzt werden. Immerhin bleibt hier aber eine gewisse (Ausnahme nur § 23 II Nr. 3 AGBG) Inhaltskontrolle möglich. Vgl. auch unten Rdnr. 191 zum »erhöhten Beförderungsentgelt«.

§ 2 AGBG gilt nach § 24 Nr. 1 AGBG gleichfalls nicht für **Kaufleute** (auch Minderkaufleute, anders etwa § 8 AbzG mit §§ 4 I, 29 HGB). Aber deswegen werden AGB auch gegenüber einem Kaufmann nicht ohne weiteres Vertragsinhalt. Vielmehr gelten hier die Voraussetzungen der **allgemeinen Rechtsgeschäftslehre:** Der Verwender muß dem Kaufmann erkennbar (vgl. oben Rdnr. 45) erklärt haben, er wolle die AGB in den Vertrag einführen, und das Verhalten des Kaufmanns muß das Einverständnis hiermit bedeuten. Dabei hat es die ältere Rspr. genügen lassen, wenn im Rahmen einer auf Dauer angelegten kaufmännischen Geschäftsverbindung die eine Partei in ihren Rechnungen mehrfach auf die AGB hingewiesen und die andere Partei hierzu geschwiegen hatte.

BGH NJW 1978, 2243 f. zweifelt aber mit Recht, ob das auch weiter anzuerkennen sei. Jedenfalls genügten solche Hinweise nicht auf Lieferscheinen, da diese häufig nicht zur Kenntnis der für den Abschluß weiterer Verträge zuständigen Personen gelangten. Dem ist zuzustimmen.

b) Aber auch soweit die AGB Vertragsinhalt geworden sind, gilt für ihre Auslegung die **Unklarheitenregel** (ambiguitas contra stipulatorem, § 5 AGBG, ein Bsp. in *BGH* NJW 1969, 1708/1710: Ein Haftungsausschluß eines Automobilhändlers bezog sich nicht deutlich auch auf ein Verschulden bei der Ablieferungsinspektion): Solche Unklarheiten oder Widersprüche gehen zu Lasten des Verwenders, der sie hätte vermeiden sollen. **70**

3. Inhaltskontrolle der AGB

a) Für die Inhaltskontrolle der AGB gilt außer den allgemeinen Vorschriften in §§ 134, 138 nach den §§ 9—11 AGBG eine strengere Regelung. Diese unterscheidet zwischen einer umfangreichen Aufzählung *einzelner verbotener* **71**

Klauseln in den §§ 10, 11 AGBG und einer recht unbestimmten *Generalklausel* in § 9 AGBG. Dabei wird man regelmäßig zuerst die spezielleren Klauselverbote in den §§ 10, 11 AGBG prüfen und erst, wenn man dort nichts gefunden hat, die Generalklausel erwägen. **Kaufleute** werden allerdings nach § 24 AGBG durch die §§ 10, 11 AGBG nicht geschützt; hier bleibt also nur § 9 AGBG. Doch stellt § 24 S. 2 AGBG klar, daß auch eine in den §§ 10, 11 AGBG speziell verbotene Klausel noch unter das allgemeine Verbot in § 9 AGBG fallen kann. So darf nach *BGHZ 95, 170/182 f.* auch im kaufmännischen Verkehr die Haftung für Dritte nicht ohne Einschränkung ausgeschlossen werden.

72   **b)** Für die **speziellen Klauselverbote** ist zu erwähnen: Hier ist mit der Prüfung der genauer bestimmten Klauseln in *§ 11 AGBG* zu beginnen (*Löwe*, JuS 1977, 421/425). Bedeutsam sind dort vor allem:

Nr. 1 (Ausschluß von Preiserhöhungen für vier Monate; wichtig im Kfz-Handel!), vgl. *BGHZ 82, 21 ff.* zur »Tagespreisklausel«,

Nr. 5/6 (Beschränkung der Zulässigkeit von Schadenspauschalierungen und Vertragsstrafenversprechen),

Nr. 7 (die Haftung für Vorsatz und grobe Fahrlässigkeit sogar eines Erfüllungsgehilfen kann nicht ausgeschlossen werden; anders §§ 276 II, 278 S. 2). Unter Umständen ist nach Nr. 8 und 9 aber auch die Haftung für leichte Fahrlässigkeit nicht ausschließbar (Abgrenzung oft schwierig, *M. Wolf*, NJW 1980, 2433 ff.),

Nr. 10/11 (Erhaltung der Gewährleistungsrechte und — bei Zusicherung — der Schadensersatzansprüche).

73   Dagegen sind manche der in *§ 10 AGBG* ausgesprochenen Klauselverbote unbestimmter, weil sie wertende Begriffe enthalten (»unangemessen lang«, »nicht hinreichend bestimmt«, »sachlich gerechtfertigter Grund«, »zumutbar« usw.). Hier gerät man also schon in die Nähe der Generalklausel des § 9 AGBG.

74   **c)** Diese **Generalklausel** verbietet Bestimmungen, die den anderen Teil »entgegen den Geboten von Treu und Glauben unangemessen benachteiligen«. Das wird durch zwei Vermutungen des § 9 II AGBG konkretisiert: Unter den dort genannten — etwas bestimmter, aber immer noch generalklauselartig umschriebenen — Voraussetzungen soll im Zweifel Unangemessenheit vorliegen. Das ist keine reine Beweislastregel im sonst üblichen Sinn, weil der durch § 9 II AGBG zu behebende Zweifel nicht im (dem Beweis zugänglichen) tatsächlichen Bereich liegen muß, sondern auch die Wertung betreffen kann. Maßstab der Wertung ist nach § 9 II Nr. 1 das **dispositive Gesetzesrecht**: Dieses soll eine

Ordnungs- oder Leitbildfunktion haben. § 9 II Nr. 2 fügt dem — wesentlich unbestimmter — die »**Natur des Vertrages**« hinzu. Das paßt vor allem für atypische Verträge, für die es kein vertragsspezifisches dispositives Gesetzesrecht gibt. Doch werden durch die Nr. 2 auch bei Typenverträgen die **vertragswesentlichen Pflichten** (auch: **Kardinalpflichten**) einer Abbedingung durch AGB entzogen.

4. Die beiderseitige Verwendung Allgemeiner Geschäftsbedingungen

Es bleibt noch ein durch das AGBG nicht berührtes Problem. Vor allem im Ver-   75
kehr unter Kaufleuten versuchen nämlich oft beide Seiten, ihre eigenen AGB in den Einzelvertrag einzuführen[2]: K bestellt etwa »zu seinen Einkaufsbedingungen«, V liefert daraufhin »zu seinen Verkaufsbedingungen«. Hier würde es an der Wirklichkeit vorbeigehen, mit **Dissens** zu arbeiten, soweit die beiden AGB nicht übereinstimmen. Denn wenn V liefert und K die Lieferung annimmt, zeigen beide, daß sie den Streit um die unterschiedlichen AGB nicht austragen, sondern sich so verhalten wollen, als liege eine Einigung vor.

Ebensowenig sollte man, wie die Rspr. es früher getan hat, § 150 II anwenden, also die Annahme zu den abweichenden eigenen AGB als neuen Antrag ansehen. Denn diese Ansicht zwingt die Parteien zu ständig neuen Protesten gegen die AGB der anderen, obwohl letztlich beide einen wirksamen Vertrag wollen.

Zuzustimmen ist vielmehr *Flume* § 37, 3: Bei dem nicht ausgetragenen Streit um einander widersprechende AGB gelten diese jeweils nur insoweit, als sie der anderen Partei günstig sind (z. B. der Verkäufer räumt dem Käufer Skonto ein) oder sich nicht auf den Schuldvertrag beziehen (z. B. ein Eigentumsvorbehalt, über den ja keine Einigung nötig ist, vgl. *BGH* NJW 1982, 1749 f., dazu *Lousanoff*, ebenda 1727 ff.)[3]. Im übrigen gilt das **dispositive Gesetzesrecht**; vgl. auch § 6 II AGBG. Letztlich ist das ein Anwendungsfall der Regel von der Unwirksamkeit einer **protestatio facto contraria**: Das Faktum der Ausführung des Vertrages wiegt rechtlich schwerer als der bloß verbale Streit darum, wessen AGB gelten sollen (doch vgl. unten Rdnr. 191).

Auch der BGH (*BGHZ 61, 282 ff.;* BB 1974, 1136 f.) hat inzwischen diese Auffassung im wesentlichen übernommen: Allerdings falle die durch den Hin-

---

2 Dazu etwa *Flume* § 37, 3; *Schlechtriem,* Festschr. Wahl (1973) 67 ff.; *von Westphalen,* Betr. 1976, 1317 ff.; *Striewe,* JuS 1982, 728 ff.
3 Vgl. zu dem Sonderfall, daß der Käufer in seinen AGB eine »Abwehrklausel« hat, *BGH* NJW 1985, 1838 und *de Lousanoff,* ebenda 2911 ff.

weis auf eigene AGB modifizierte »Auftragsbestätigung« (= Annahme) noch
unter § 150 II und bringe daher allein den Vertrag noch nicht zustande. Aber
durch die Vertragsausführung zeigten die Parteien, daß sie den Bestand des Vertrages nicht an der Frage scheitern lassen wollten, wessen AGB gelten sollten.
Daher müsse der Vertrag nach dem dispositiven Gesetzesrecht erfüllt werden.

§ 5   Die Stellvertretung*

76 Eine beim Vertragsabschluß häufig vorkommende Variante ist die Einschaltung eines Stellvertreters. Die rechtliche Beurteilung kompliziert sich dann insofern, als der Konsens zwischen dem Vertreter und dem Geschäftspartner allein nicht ausreicht, um die Vertragswirkungen für und gegen den Vertretenen
eintreten zu lassen. Vielmehr müssen zusätzlich noch Entstehung, Ausübung
und Rechtsbeständigkeit der Vertretungsmacht geprüft werden.

I. Abgrenzung der Stellvertretung

1. Botenschaft

77 Die übliche Formel zur Abgrenzung der Stellvertretung von der Botenschaft
lautet: Der Vertreter erklärt eigenen Willen, der Bote übermittelt eine fremde
Willenserklärung.

Das ist besonders deutlich bei der *verkörperten* Willenserklärung: Der Vertreter
schreibt den Brief selbst, der Bote überbringt meist (aber nicht notwendig) einen fremden.

Der Vertreter hat also regelmäßig einen eigenen Beurteilungsspielraum, der
Bote nicht. Daher ist für den Vertreter im Gegensatz zum Boten wenigstens beschränkte Geschäftsfähigkeit nötig, § 165. Ob im Einzelfall Stellvertretung
oder Botenschaft vorliegt, entscheidet die h. M. nicht nach dem Innenverhältnis, sondern nach dem erkennbaren Auftreten; vgl. *Flume* § 43, 4; *Larenz*, AT
§ 30 I c. Dabei sind folgende **Komplikationen** denkbar:

---

* Dazu *Gernhuber*, BR § 5; *R. Hoffmann,* Grundfälle zum Recht der Stellvertretung,
JuS 1970, 179 ff.; 234 ff.; 286 ff.; 451 ff.; 570 ff.; *Lüderitz,* Prinzipien des Vertre-
tungsrechts, JuS 1976, 765 ff.; *P. Schwerdtner,* Jura 1979, 51 f.; 107 f.; 163 f.; 219 f.;
T. Honsell, Die Besonderheiten der handelsrechtlichen Stellvertretung, JA 1984,
17 ff.; *Smid,* Botenschaft und Stellvertretung, JuS 1986 Heft 2 Lernbogen 9 ff.

a) Der **Bote geriert sich als Vertreter.** Erklärt er das, was ihm aufgetragen 78
ist, wird man seine Erklärung dem Auftraggeber zurechnen dürfen. Weicht er
aber von dessen Weisung ab, so gelten nicht die Regeln über den Boten ohne
Botenmacht (unten Rdnr. 80), sondern die §§ 177 ff. direkt.

b) Der **Vertreter geriert sich als Bote.** Auch hier wird man die Erklärung 79
des als Bote Auftretenden dem Vertretenen zurechnen dürfen, wenn sie durch
die Vertretungsmacht gedeckt wäre. Ist diese dagegen überschritten, gelten die
Regeln über den Boten ohne Botenmacht (unten Rdnr. 80), nicht die §§ 177 ff.
direkt.

2. Einzelheiten zur Falschübermittlung durch Boten

a) Übermittelt der **Erklärungsbote** etwas anderes als das ihm Aufgetragene 80
(dazu gehört auch die Übermittlung an eine falsche Person), so gibt das Gesetz
eine Regel nur in § 120: Das Übermittelte wirkt zunächst, kann aber durch Anfechtung beseitigt werden. Diese Regelung ist jedoch nicht erschöpfend. Denn
§ 120 setzt voraus, daß der, von dem die Erklärung angeblich stammt, den angeblichen Boten wirklich zur Übermittlung verwendet hat. Wird der »Bote«
ohne solche Veranlassung tätig, so kann seine Erklärung unzweifelhaft keiner
anderen Person zugerechnet werden. Doch schränkt die h. M. den Anwendungsbereich des § 120 — wohl teils zu Unrecht — noch weiter ein: Die Vorschrift soll nur gelten, wenn der Bote subjektiv richtig übermittelt[1]. Danach ist § 120 unanwendbar, wenn der angebliche Bote gar keine Botenmacht
hat oder wissentlich falsch übermittelt. Hier wirkt demnach die Erklärung
nicht gegen den angeblichen Absender; es bedarf keiner Anfechtung. Der getäuschte Empfänger kann den angeblichen Absender allenfalls aus Delikt oder
culpa in contrahendo mit § 278 auf Schadensersatz in Anspruch nehmen. Ob
der falsche Bote selbst entsprechend § 179 haftet, ist streitig, aber wohl zu bejahen.

b) Bei falscher Übermittlung durch den **Empfangsboten** ist zu unterschei- 81
den: Hat der Empfangsbote eine nicht verkörperte Willenserklärung akustisch
nicht richtig verstanden, so ist die Erklärung nicht zugegangen (oben
Rdnr. 48). In allen anderen Fällen liegt Zugang vor, wenn nur der Bote Botenmacht durch den Empfänger hat. Der Empfänger muß dann also die zugegangene Willenserklärung gegen sich gelten lassen, obwohl er von ihr womöglich
nichts erfahren hat. § 120 ist hier unanwendbar, weil die Vorschrift eine den Erklärenden (nicht den Erklärungsempfänger) bindende Falschübermittlung

---

1 *Flume* § 23, 3; *Larenz*, AT § 20 II a, dagegen mit überwiegenden Gründen *Marburger*, AcP 173 (1973) 137 ff., ihm teils folgend MünchKomm-*Kramer* § 120 Rdnr. 3.

voraussetzt. Eine Irrtumsanfechtung durch den Empfänger kommt also erst dann in Betracht, wenn er selbst auf Grund des falsch Übermittelten eine Erklärung abgibt.

> *Bsp.:* V erklärt: »Ich will für hundert verkaufen.« Der Empfangsbote des K übermittelt diesem: »V will für fünfzig verkaufen.« K erklärt nun an V: »Ich nehme an.« Damit ist ein Kaufvertrag zum Preis von hundert zustande gekommen. K kann aber seine Annahmeerklärung nach § 119 I Fall 1 (Inhaltsirrtum) anfechten.

3. Handeln unter fremdem Namen

82   Gegenüber dem Handeln unter fremdem Namen ist die Stellvertretung wie folgt abzugrenzen: Der Vertreter macht regelmäßig deutlich, daß er für einen anderen handeln will, also daß er mit dem anderen nicht identisch ist (Handeln in fremdem Namen). Daran fehlt es aber schon, wenn der Vertreter mit dem Namen des Vertretenen unterschreibt, ohne auf die Nichtidentität hinzuweisen. In diesen Fällen, in denen der Vertreter den Anschein erweckt, als sei er der Vertretene, spricht man von Handeln unter fremdem Namen. Auf dieses werden die Regeln über die Stellvertretung direkt oder entsprechend angewendet. *BGHZ 45, 193 ff.* wendet sie dann nur entsprechend an, wenn ein Vertretungswille des Handelnden fehlt. Doch dürfte der bloß interne Wille des Handelnden für die Stellvertretung überhaupt unerheblich sein; man kommt dann stets zur direkten Anwendung *(Flume* § 44 IV, mit Einschränkungen auch *Larenz,* AT § 30 II b).

> *RGZ 145, 87 ff.:* Der Geschäftsführer G hatte das Akzept seines Dienstherrn D gefälscht und die Wechsel mit diesem gefälschten Akzept bei B diskontieren lassen. B fragt bei D an, ob die Wechsel in Ordnung seien. D bejaht das, damit der gute Ruf seines Hauses nicht durch die Aufdeckung der Fälschungen leide. Hierin liegt eine Genehmigung der gefälschten Akzepte nach § 177; D muß die Wechsel einlösen. Bloßes Schweigen des D auf die Anfrage von B wäre dagegen regelmäßig keine Genehmigung. *BGHZ 47, 110 ff.* erwägt aber einen Schadensersatzanspruch B—D aus § 826.

4. Handeln unter falscher Namensangabe

83   Beim Handeln unter falscher Namensangabe ist der Name rechtlich gleichgültig; es kommt nur auf die Person des Handelnden an. Dieser wird ohne weiteres berechtigt und verpflichtet; der Namensträger kann das Geschäft nicht nach § 177 an sich ziehen.

> *Bsp.:* A bestellt im Hotel für sich ein Zimmer, gibt seinen Namen aber als B an. Dann steht der Anspruch auf das Zimmer unentziehbar dem A zu; § 177 ist unanwendbar.

5. Die Organschaft

Die Organschaft reicht weiter als die Stellvertretung: Der juristischen Person 84
werden nicht nur Willenserklärungen ihrer Organe zugerechnet (vgl. § 164 I 1),
sondern etwa auch Vertragsverletzungen und Delikte (vgl. unten Rdnr. 779).
Soweit aber das Organ Willenserklärungen für die juristische Person abgibt
oder empfängt, besteht zur Stellvertretung kein prinzipieller Unterschied
(Gernhuber, BR § 9 IV 2 d). Insbesondere sind die §§ 177 bis 179 anwendbar,
wenn die »Organmacht« fehlt oder überschritten wird.

6. Die Partei kraft Amtes

Ob die »Partei kraft Amtes« überhaupt anzuerkennen ist, bildet den Gegen- 85
stand einer bekannten Kontroverse (z. B. für den Konkursverwalter oder den
Testamentsvollstrecker). Aber auch die Anhänger dieser Rechtsfigur behaupten keinen Unterschied zur Stellvertretung, soweit die Bindung des Vertretenen
durch die Willenserklärungen des Amtswalters in Frage steht.

Auch in anderer Hinsicht können Vertretungsvorschriften auf die Partei kraft Amtes
wenigstens entsprechend anwendbar sein. So etwa *BGHZ 51, 209/213 ff.:* Ein Testamentsvollstrecker hatte sich mit der Stimme des zum Nachlaß gehörenden Geschäftsan-
teils selbst zum Geschäftsführer einer GmbH gewählt und auch über den Inhalt seines
Anstellungsvertrages mitgestimmt. Der BGH wendet § 181 analog an: Die Stimmabgabe
in eigener Angelegenheit sei durch das Amt nur bei besonderer Gestattung durch den
Erblasser oder die Erben gedeckt.

II. Der Offenheitsgrundsatz

1. Die Regel

Die direkte Stellvertretung des BGB[2] ist regelmäßig offene Stellvertretung: Der 86
Vertreter muß ausdrücklich erklären oder es muß sich aus den Umständen ergeben, daß die Erklärung des Vertreters im Namen des Vertretenen erfolgen soll,
§ 164 I. Eine wichtige Fallgruppe, in der sich die Fremdwirkung aus den Umständen ergibt, bilden die **Geschäfte mit dem Inhaber eines Gewerbebetriebs**
(Gernhuber, BR § 5 V 3 b: unternehmensbezogene Geschäfte).

---

2 Zu der vor allem im Handelsrecht häufigen indirekten oder mittelbaren Stellvertretung *Schwark,* JuS 1980, 777 ff.

OLG Bremen, NJW 1970, 1277 f. mit Anm. *E. Lorenz:* M, der später geschiedene Ehemann der F, bestellt bei V Backwaren. Diese werden an das Geschäft der F geliefert. M bezahlt die an ihn gerichtete Rechnung des V nicht. Daher klagt V seinen Kaufpreisanspruch gegen F ein.

Für solche Fälle ist seit *RGZ 30, 77 ff.*[3] anerkannt: Wer für einen Gewerbebetrieb auftritt (also etwa für den Betrieb bestellt oder aus dem Betrieb verkauft), handelt dabei regelmäßig namens des Inhabers. Deutlich zu machen braucht er nicht diesen Regelfall, sondern die Ausnahme des Handelns für sich selbst. Unschädlich sind auch falsche Vorstellungen des Geschäftspartners über den Inhaber des Gewerbebetriebs: Selbst wenn V den M für den Inhaber gehalten hätte, würde ihm doch der Wille zum Kontrahieren mit dem wirklichen Inhaber (der F) unterstellt.

In dem Fall von *OLG Bremen* aaO. scheitert eine Verpflichtung der F also nicht an dem Offenheitsgrundsatz. Vielmehr hängt sie nur von der Vertretungsmacht des M für F ab: Bei Vertretungsmacht (etwa durch die Duldung früherer Bestellungen des M, vgl. unten Rdnr. 98) ist F verpflichtet; andernfalls haftet M aus § 179.

87 Regelmäßig gilt jedoch: Wird das Vertreterhandeln nicht als solches offengelegt, so tritt keine Fremdwirkung ein. Vielmehr treffen die Folgen allein den Handelnden. Das wird durch § 164 II nicht etwa noch einmal wiederholt, sondern verschärft: Der Mangel des Willens zum Eigenhandeln soll überhaupt unerheblich sein, also auch nicht durch Anfechtung geltend gemacht werden können.

Bsp.: A hat als Vertreter für B einen Kaufvertrag schließen wollen, aber seinen Willen, für B zu handeln, nicht deutlich gemacht. Dann ist A, wie schon aus § 164 I zu folgern ist, selbst verpflichtet. Nach § 164 II kann er aber auch nicht mit der Begründung anfechten, er habe sich über den Inhalt seiner Erklärung (§ 119 I), nämlich darüber geirrt, daß er seinen Willen zum Fremdhandeln nicht deutlich genug erklärt habe.

2. Abweichungen

88 Ausnahmsweise treten aber Rechtsfolgen einer Willenserklärung für einen Dritten auch ohne Offenlegung eines Vertretungsverhältnisses ein.

---

3 Vgl. etwa noch *RGZ 67, 148 f.; BGHZ 64, 11 ff.; BGH* NJW 1984, 1347 f.; 1986, 1675; *OLG Köln,* BB 1977, 467 f.; *OLG Stuttgart,* NJW 1973, 629 f.; *Flume* § 44; *K. Schmidt* HaR § 5 III 1.

a) § 1357 BGB

Solche Offenlegung ist unnötig, wenn nach § 1357 ein Ehegatte bei »Geschäften zur angemessenen Deckung des Lebensbedarfs der Familie« den anderen Ehegatten mitverpflichtet und mitberechtigt.

BGHZ 94, 1/5 ff. versteht diesen Lebensbedarf weit im Sinne des Unterhalts der §§ 1360, 1360 a. Insbesondere wird eine Beschränkung auf Geschäfte des täglichen Lebens, über die eine Verständigung der Ehegatten gewöhnlich als unnötig angesehen werde, abgelehnt. Daher soll § 1357 auch Verträge über kostspielige ärztliche Behandlungen umfassen können (vgl. weiter *KG NJW 1985, 682*).

Bei § 1357 bedarf es im Gegenteil gerade der Offenlegung, wenn die Fremdwirkung im Einzelfall nicht eintreten soll, § 1357 I 2 am Ende. Nach *BGHZ 94, 1/4* soll dazu nicht schon genügen, daß der eine Ehegatte nicht im eigenen Namen aufgetreten ist, sondern von vornherein als Vertreter des anderen (zweifelhaft, vgl. *Holzhauer*, JZ 1985, 684). Allerdings ist § 1357 schon deshalb, weil die Geschäftswirkungen auch den Handelnden treffen, kein echter Fall der (direkten) Stellvertretung. Auch als »Organ der Familie« (so *Büdenbender*, FamRZ 1976, 662/666) wird man den handelnden Ehegatten kaum bezeichnen können. Am ehesten bestimmt § 1357 eine Fremdwirkung eigener Art.

Die jetzt geltende Neufassung des § 1357 ist hervorgegangen aus der »Schlüsselgewalt«. Diese hatte zunächst nur der Ehefrau zugestanden, der nach § 1356 a. F. die Haushaltsführung übertragen war: Durch die dazu nötigen Geschäfte sollte sie den Ehemann verpflichten können (ursprünglich allein, seit dem GleichberechtigungsG mit subsidiärer Eigenhaftung der Frau). Als die Doppelverdienerehen und die Ehen mit Rollentausch häufiger wurden, ist dann fraglich geworden, ob eine entsprechende Schlüsselgewalt auch dem den Haushalt führenden Ehemann zustehen solle (Darstellung in der 7. Aufl.). Dieser Streit ist durch die Neufassung des § 1357 beendet worden: Die (nach dem neuen § 1356 nun nicht mehr vom Gesetz vorgegeben, sondern einverständlich zu regelnde) Rollenverteilung bei der Haushaltsführung spielt jetzt für den Eintritt der Fremdwirkung keine Rolle mehr. 89

Dabei hat sich zugleich die **Funktion des** § 1357 tiefgreifend (und rechtspolitisch zweifelhaft: *Gernhuber*, Neues Familienrecht 1977, 130 ff.) geändert: Statt der Ehefrau zu einer gewissen Eigenständigkeit bei der Haushaltsführung zu helfen, dient § 1357 jetzt einem (in diesem Umfang übertriebenen) **Gläubigerschutz**: Der Gläubiger erhält nämlich, ohne daß er es wollen oder auch nur von der Ehe wissen müßte, einen weiteren Schuldner. Auf die Eigentumsvermutung aus § 1362 ist der Gläubiger dann letzten Endes nicht mehr angewiesen, weil er einen Titel gegen beide Ehegatten erwirken und dann auch die Zwangsvollstreckung gegen beide richten kann. Welchem der Ehegatten die Sache gehört, in die vollstreckt werden soll, bleibt deshalb gleich.

Trotz dieses Gläubigerschutzes muß andererseits die Handlungsfreiheit jedes Ehegatten erhalten bleiben. Das bringt Besonderheiten für die nach §§ 1357 I 2, 427, 421 eintretende **gesamtschuldnerische Haftung:** Entgegen der Regel von § 425, nämlich der dort bestimmten Einzelwirkung, wird man den Ehegatten, der an der Begründung des Schuldverhältnisses unbeteiligt war, nicht dem handelnden Ehegatten gleichstellen können. Vielmehr ist mit *Gernhuber* § 19 IV 7 nur demjenigen Gatten, von dem das Schuldverhältnis stammt, eine Einwirkungsbefugnis auf dieses (etwa durch Widerruf nach § 1 b AbzG) einzuräumen. Der andere Ehegatte haftet ohne solche Befugnis nur gleichsam akzessorisch.

Für die nach § 1357 I 2 auf der Gläubigerseite eintretende **Mitberechtigung** der Ehegatten ist streitig, ob sie eine Gesamtgläubigerschaft nach § 428 oder eine Mitgläubigerschaft nach § 432 bewirkt[4]. Der Unterschied zeigt sich insbesondere bei der Erfüllung: Nach § 428 kann diese problemlos an den handelnden Ehegatten allein erfolgen; dieser erwirbt dann auch allein den Erfüllungsgegenstand (wenn nicht § 1370 eingreift). Dagegen müßte nach § 432 regelmäßig an beide Ehegatten gemeinsam geleistet werden. Daraus wäre im Zweifel gemeinschaftlicher Erwerb zu folgern (hiergegen *Walter*, JZ 1981, 601 ff.). Erfüllung durch Leistung an einen Gatten allein käme nur in Betracht, soweit dieser (mit Vertretungsmacht oder kraft § 1357) auch bei der Leistungsannahme für den anderen handeln kann. — Ich selbst ziehe mit der jetzt wohl h. M. § 428 vor: Die Gesamtgläubigerschaft ist hier einfacher. Auch vermeidet sie im gesetzlichen Güterstand den Konflikt mit § 1363 II 1, nach dem der Erwerb eines Ehegatten gerade nicht gemeinschaftlich werden soll (was natürlich erst recht für die Gütertrennung gilt).

b) Geschäft für den, den es angeht

90 Das »Geschäft für den, den es angeht« ist eine außerhalb des Gesetzes entwickelte Ausnahme vom Offenheitsgrundsatz. Dieser Geschäftstyp wird allerdings von *Flume* § 44 II für den Fall, daß nicht bloß die Person des Vertretenen offenbleibt, prinzipiell abgelehnt (vgl. auch *Larenz*, AT § 30 II b).

Erscheinungsformen des »Geschäftes für den, den es angeht« lassen sich auch im **Schuldrecht** finden. So ist etwa der Kauf in Warenhäusern anonym: Eine Festlegung der Person des Käufers findet nicht statt, und das Verkaufspersonal würde sich für die Offenlegung eines Vertretungsverhältnisses auch gar nicht interessieren. Hier wird vielmehr als Käufer behandelt, wer Ware und Kassenzettel hat: Er kann also wandeln. Insoweit ist das »Geschäft für den, den es angeht« nur eine Erklärungshilfe für das, was sich in der Praxis anstandslos vollzieht.

---

4 Vgl. *Gernhuber* § 19 IV 8; *Wacke*, FamRZ 1980, 13 ff. *Medicus*, JuS 1980, 697, 702 f.

Erörtert wird das »Geschäft für den, den es angeht« durchweg im **Sachenrecht** (etwa *Baur* § 51 VII 3, *Westermann* § 42 IV 3): Bei Bargeschäften des täglichen Lebens soll das Eigentum nicht von dem Handelnden erworben werden, sondern unmittelbar von dem, für den der Handelnde erwerben will. Dabei vermittelt das »Geschäft für den, den es angeht« freilich nur die Einigung zwischen dem Veräußerer und dem »Hintermann« des Handelnden. Weitere Voraussetzung für den Eigentumserwerb des Hintermannes ist dann, daß dieser Besitz erhält (durch ein Besitzmittlungsverhältnis mit dem Handelnden oder weil dieser sein Besitzdiener ist).

Wenn diese Voraussetzungen vorliegen, wird regelmäßig auch ein indirekter Erwerb des Hintermannes möglich sein: Zumindest mittelbaren Besitz hat er ja. Und eine Einigung zwischen dem Handelnden und dem Hintermann könnte entweder schon vorliegen (antizipierte Einigung) oder durch erlaubtes Selbstkontrahieren des Handelnden (§ 181) zustande kommen. So könnte das zunächst vom Handelnden erworbene Eigentum sofort weiter auf den Hintermann übertragen werden. Das »Geschäft für den, den es angeht« dient also nicht dazu, dem Hintermann den Eigentumserwerb überhaupt erst zu ermöglichen. Vielmehr wird damit nur vermieden, daß der Handelnde zunächst Durchgangseigentum erwirbt. Folglich ist das »Geschäft für den, den es angeht« nur dort von Bedeutung, wo es auf Durchgangseigentum ankommt.

Bsp.: Der Mieter M kauft gegen bar einen ihm an der Wohnungstür angebotenen Staubsauger. Er tut das für seine Tochter T und in deren Auftrag. Bei indirektem Erwerb der T könnte der Staubsauger in der »juristischen Sekunde«, in der er dem M gehört, von einem Vermieterpfandrecht nach §§ 559 und 580 erfaßt werden, bei Direkterwerb der T dagegen nicht, wenn diese nicht auch selbst Mieterin ist.

Das Bsp. zeigt aber schon, daß der Fall nicht oft vorkommen wird: Sachen, die man für einen anderen erwerben soll, werden kaum je an der Haustür angeboten. Hätte M den Staubsauger dagegen in einem Laden gekauft, so hätte auch indirekter Erwerb der T schon stattfinden können, bevor M das Gerät in die Mietwohnung eingebracht hatte.

c) Dingliche Surrogation

Endlich findet Eigentumserwerb durch einen Hintermann in den Fällen der 91 dinglichen Surrogation statt, ohne daß der als Erwerber Auftretende ein Vertretungsverhältnis offenlegen müßte. Indessen sind dies meist schon deshalb keine Fälle der Stellvertretung, weil die Fremdwirkung sogar gegen einen etwa beim Erwerb erklärten Willen des Handelnden kraft Gesetzes eintritt. Hierhin gehören im Sachenrecht z. B. die §§ 949 S. 2, 3; 1075; 1247 S. 2; 1287, im Recht der Zugewinngemeinschaft § 1370 und im Erbrecht die §§ 2019; 2041; 2111 (vgl. unten Rdnr. 603 a ff.). Anders liegt es bei der **Mittelsurrogation** nach § 1646: Eltern erwerben mit Mitteln des Kindes bewegliche Sachen. Hier wird das Kind Eigentümer, wenn nicht die Eltern (erkennbar) für sich selbst erwerben wollen. Bei § 1646 muß also anders als bei § 164 I nicht der Wille zum Handeln mit Fremdwirkung offengelegt werden, sondern der zum Handeln mit Eigenwirkung.

III. Die Vertretungsmacht

92   Das Bestehen von Vertretungsmacht ist neben der Offenlegung das zweite Erfordernis dafür, daß die Willenserklärungen des Vertreters für den Vertretenen wirken. Vertretungsmacht kann **auf Gesetz oder auf Rechtsgeschäft** beruhen; im zweiten Fall heißt sie **Vollmacht,** § 166 II 1. Aus dem Problemkreis der Vertretungsmacht sollen hier fünf häufiger auftauchende Spezialfragen behandelt werden, die freilich mit Ausnahme der letzten beiden regelmäßig nur bei der Vollmacht vorkommen.

1. Erteilung und Erlöschen der Vollmacht

93   Je nach dem Adressaten der Bevollmächtigung sind zu unterscheiden:

a) Die Innenvollmacht wird durch Erklärung des Vertretenen an den Vertreter erteilt, § 167 I Fall 1. Hier verläßt sich der Dritte also für das Bestehen der Vollmacht regelmäßig (Ausnahmen unten Rdnr. 95) auf das Wort des Vertreters. Daher kann die Vollmacht auch unbedenklich ohne Sichtbarmachung nach außen erlöschen (§ 168). Nur kann der Vertreter selbst wegen § 179 II schutzbedürftig sein, wenn die Vollmacht anders als durch eine an ihn gerichtete Erklärung endet. Diesen Schutz bewirken die §§ 674, 729: Sie lassen das Grundverhältnis (nämlich die Geschäftsführungsbefugnis aus Auftrag oder Gesellschaft) und damit auch die Vollmacht (vgl. § 169) für den redlichen Vertreter fortbestehen. Nach § 169 soll daraus jedoch ein unredlicher Dritter keinen Vorteil ziehen: Ihm gegenüber bedarf der Vertreter keines Schutzes, weil er nach § 179 III 1 nicht als falsus procurator haftet.

Bsp.: E hat seinen Anwalt A zur Vermögensverwaltung beauftragt; dieser Auftrag soll auf die Lebenszeit des E begrenzt sein. Dann erlischt die mit dem Auftrag verbundene Innenvollmacht regelmäßig mit dem Tod des E, § 168 S.1. Solange A davon nichts wissen kann, bestehen jedoch Auftrag (§ 674) und Vollmacht fort. Kontrahiert aber A für E mit D, der den Tod des E und die Begrenzung der Vollmacht kennt, so bleibt das Geschäft wirkungslos, wenn die Erben des E es nicht nach § 177 I genehmigen: Die Erben haften mangels Vertretungsmacht des A nicht, und dieser selbst ist wegen § 179 III 1 nicht verpflichtet.

94   **b) Die Außenvollmacht** verlangt eine Erklärung des Vertretenen an den Dritten, § 167 I Fall 2. Hier hat der Dritte also das Wort des Vertretenen selbst.

Daher endet die Vollmacht auch erst durch Anzeige an den redlichen (§ 173) Dritten, § 170.

c) Ein Sonderfall ist schließlich **die nach außen kundgemachte Innenvoll-**   95 **macht,** §§ 171 I, 172 I. Sie ist unproblematisch, wenn die Kundmachung richtig ist, also wenn die Innenvollmacht wirklich vorliegt. Bei Fehlen der Innenvollmacht, also bei Unrichtigkeit der Kundmachung, wird der redliche (§ 173 analog) Dritte dagegen durch die §§ 171 I, 172 I geschützt. Und gleichen Schutz gewähren ihm die §§ 171 II, 172 II für die Beendigung der Vollmacht: Diese kann mit Wirkung gegen Dritte nur durch einen Konträrakt in gleicher Form wie die Kundmachung erfolgen.

2. Willensmängel bei der Bevollmächtigung

a) Die ausgeübte Innenvollmacht

Da Innen- und Außenvollmacht durch empfangsbedürftige Willenserklärung   96 erteilt werden, müßte eine Anfechtung nach § 143 III 1 jeweils gegenüber dem Erklärungsgegner erfolgen. Das ist bedenklich bei der *Innenvollmacht,* wenn der Vertreter sie schon zum Geschäftsabschluß mit einem Dritten verwendet hat. Denn hier scheint es, als könne der Vertretene die Vollmacht durch Anfechtung gegenüber dem Vertreter rückwirkend (§ 142 I) beenden. Damit würde dem Dritten, ohne daß er davon erfahren müßte, sein schon begründeter Anspruch gegen den Vertretenen entzogen.

Bsp.: E erteilt dem V schriftlich Innenvollmacht. Dabei vergißt die Sekretärin des E jedoch den von diesem diktierten Zusatz »bis zum Betrag von 1000,— DM«, und E übersieht das Fehlen dieses Zusatzes bei seiner Unterschrift. V kontrahiert daraufhin namens des E mit D über 5000,— DM. Nach §§ 143 III 1, 119 I scheint E dem V gegenüber anfechten zu können, wenn dieser die Vollmachturkunde dem D nicht vorgelegt hat (sonst § 172).

Folgen hat das insofern, als jetzt E nur dem V (und nicht dem D) nach § 122 I zum Ersatz des Vertrauensschadens verpflichtet ist. Freilich muß V seinerseits dem D nach § 179 II Ersatz leisten[5]. Aber diese »Anspruchskette« D (§ 179 II) — V (§ 122 I) — E versagt, wenn V oder E in Konkurs geraten: Fällt E in Konkurs, dann erhält V von ihm nur die Quote und muß voll an D zahlen. Und fällt V in Konkurs, dann kann sein Konkursverwalter voll von E fordern und braucht an D nur die Quote zu zahlen.

---

5   Anders *Flume* § 47, 3 c: Der Vertreter sei nicht ersatzpflichtig, wenn der Mangel der Vertretungsmacht nicht in seiner Sphäre liege; ähnlich *Ostheim,* AcP 169 (1969) 193/ 203 ff.; *Hübner,* AT Rdnr. 647. Dagegen aber *Larenz,* AT § 32 II; § 31 II am Ende.

Diese Konsequenz vermeidet *Flume* § 52, 5 c: Ein Angriff gegen die Vollmacht, aufgrund derer der Vertreter bereits ein Geschäft abgeschlossen habe, bedeute rechtlich einen Angriff gegen dieses Geschäft. Dem ist zu folgen. Daher muß E *im Bsp.* dem D gegenüber anfechten und hat ihm den Vertrauensschaden zu ersetzen: Die Innenvollmacht wird hier wie eine Außenvollmacht behandelt (im Ergebnis ebenso *Larenz,* AT § 31 II am Ende). Daß darüber hinaus die »betätigte« Vollmacht weithin überhaupt nicht soll angefochten werden können, vertreten mit guten Gründen *Eujen-Frank,* JZ 1973, 232 ff., ähnlich *Brox* AT Rdnr. 528.

b) Die kundgemachte Innenvollmacht

97 Zweifelhaft ist auch die Wirkung von Willensmängeln bei der Kundmachung einer Innenvollmacht (vgl. oben Rdnr. 95).

Bsp.: E teilt seinen Kunden mit, er habe V Vollmacht erteilt. Daraufhin kontrahiert D mit V, der namens des E abschließt. Kann E seine Mitteilung wegen Irrtums anfechten? Wie verhält es sich, wenn E bei Bevollmächtigung und Mitteilung unerkennbar geisteskrank war?

Streng genommen ist diese Mitteilung nicht **Willens**erklärung, sondern **Wissens**erklärung. Daher trennen manche die Kundmachung nach §§ 171, 172 streng von der Außenvollmacht und erklären die Verpflichtung des Vertretenen nach diesen Vorschriften als Rechtsscheinhaftung[6]. Manche verneinen deshalb die Anfechtbarkeit der Mitteilung. Und bei Geisteskrankheit des E gelangen sie zu der zweifelhaften Frage, ob nur der zurechenbar veranlaßte Rechtsschein wirkt (dazu *Nitschke,* JuS 1968, 541 ff.). Dagegen stellt *Flume* § 49, 2 c die unrichtige Mitteilung von der erteilten Innenvollmacht der Erteilung einer Außenvollmacht gleich.

Im Ergebnis ist *Flume* zu folgen[7]: Es wäre sinnlos, den Empfänger einer Kundmachung nach §§ 171, 172 stärker zu schützen als denjenigen, dem gegenüber Außenvollmacht erteilt worden ist. Daher muß auch die Kundmachung dann wirkungslos oder anfechtbar sein, wenn eine Außenvollmacht dies wäre.

---

6 So *Enneccerus-Nipperdey* § 184 II 3; *Larenz,* AT § 33; *Canaris* S. 33 ff.
7 Ebenso wohl *Hübner,* AT Rdnr. 662 und trotz teils anderen Ausgangspunkts auch *Larenz,* AT § 33 I a; *Canaris* S. 35, 435 ff.; *Frotz,* Verkehrsschutz im Vertretungsrecht (1972) 325.

3. Vollmacht, Rechtsschein und Verschulden

a) Gleichsetzung von Duldungs- und Anscheinsvollmacht

Nach einer verbreiteten Ansicht (etwa *BGH* NJW 1966, 1915 ff.) soll in be- **98**
stimmten Fällen zugunsten eines redlichen Dritten die fehlende Vollmacht
durch einen Rechtsscheintatbestand ersetzt werden. Dabei unterscheidet man:
Eine **Duldungsvollmacht** soll vorliegen, wenn der Vertretene weiß, daß ein anderer für ihn handelt, aber zurechenbarerweise nichts dagegen unternimmt
(also das Auftreten des Dritten bewußt duldet).

> *Bsp.* dafür *BGH* aaO.: Die Ehefrau hat sich von ihrem Kohlenhandel zurückgezogen;
> sie duldet aber, daß ihr Ehemann, der den Offenbarungseid geleistet hat und daher nicht
> selbst hervortreten will, den Handel unter ihrem Namen weiterführt. Dagegen genügt es
> nach *BGH* NJW 1988, 1199 f. nicht, daß bloß einer von mehreren gesamtvertretungsbe-
> rechtigten Geschäftsführern einer GmbH das unberechtigte Auftreten kennt und duldet.

Eine **Anscheinsvollmacht** soll vorliegen, wenn der Vertretene das Auftreten **99**
des anderen zwar nicht kennt, es aber bei pflichtgemäßer Sorgfalt hätte kennen
und verhindern können, und wenn so für einen Dritten der Schein entsteht, der
Vertretene kenne und dulde dieses Auftreten.

> Jedenfalls viel zu weit geht aber *OLG Köln,* NJW 1973, 1798 ff. mit abl. Anm. *Picker:*
> Der redliche Rechtsverkehr sehe in der Beauftragung eines Architekten den Rechtsschein
> einer Vollmachtserteilung zum Abschluß der im Rahmen des Bauvorhabens liegenden
> Bauverträge. Dem steht schon entgegen, daß der übliche Einheitsvertrag für Architekten
> gerade keine solche Vollmacht enthält.

Diese Ansicht versieht also Duldungsvollmacht und Anscheinsvollmacht
mit den gleichen Rechtsfolgen: In beiden Fällen liege keine wirkliche Vollmacht
vor. Der Vertretene müsse sich aber so behandeln lassen, als habe er eine Vollmacht erteilt.

b) Die neuere Unterscheidung

Ganz anders *Flume* § 49, 3; 4. Er trennt zwischen Duldungsvollmacht und **100**
Anscheinsvollmacht: Die **Duldungsvollmacht** bedeute Vollmachtserteilung
durch konkludentes Verhalten; sie sei wie die Vollmachtskundgabe nach §§ 171,
172 entsprechend der Außenvollmacht zu behandeln. Demgegenüber liege bei
der **Anscheinsvollmacht** kein einer Vollmachtserteilung gleichzusetzendes
Verhalten des Vertretenen vor, sondern nur Nachlässigkeit. Diese könne die
Vollmachtserteilung nicht einfach ersetzen: Verschulden sei noch keine Willenserklärung. Die von der bisher h. M. unter dem Stichwort »Anscheinsvollmacht« zusammengefaßten Fälle seien daher nicht nach dem Recht der Vollmacht zu behandeln, sondern nach den Regeln der culpa in contrahendo.

Das bedeutet: Nur bei der Duldungsvollmacht kommt ein Vertrag zwischen dem Vertretenen und dem Dritten zustande; nur hier erhält also der Dritte Erfüllungsansprüche gegen den Vertretenen. In den Fällen der Anscheinsvollmacht dagegen ist der Dritte auf Ansprüche gegen den Vertreter aus § 179 und gegen den Vertretenen aus culpa in contrahendo beschränkt. Dieser Anspruch gegen den Vertretenen geht nur auf das negative Interesse und ist gegebenenfalls einer Kürzung nach § 254 ausgesetzt.

101   Diese Ansicht *Flumes* ist vorzugswürdig[8]. Das gilt zunächst für die Behandlung der Duldungsvollmacht. Denn wenn man die Vollmachtskundgabe nach §§ 171, 172 der Außenvollmacht gleichsetzt (oben Rdnr. 97), ist es nur konsequent, den Schutz durch die Duldungsvollmacht nicht weiter reichen zu lassen: Wer bloß geduldet hat, kann nicht unvermeidlich an die Vollmacht gebunden sein, wenn eine ausdrücklich erteilte Außenvollmacht wegen eines Willensmangels anfechtbar oder nichtig wäre. Sachgerecht ist auch die Ungleichbehandlung von Duldungsvollmacht und Anscheinsvollmacht: Willenserklärung und Verschulden sind verschiedene Kategorien. Nur die Willenserklärung führt zu vertraglichen Primäransprüchen auf Erfüllung; das Verschulden bei Vertragsverhandlungen dagegen führt auch sonst nur zur Haftung auf Schadensersatz. Es gibt keinen stichhaltigen Grund dafür, bei der Anscheinsvollmacht beide Kategorien zu vermengen und aus culpa in contrahendo regelwidrig einen Erfüllungsanspruch zu folgern. Eine Ausnahme gilt außer im Privatversicherungsrecht (vgl. etwa *BGH* VersR 1986, 329 f.) nur für das **Handelsrecht:** Dort führt veranlaßter Rechtsschein in weiterem Umfang zur Erfüllungshaftung (ebenso insbesondere *Canaris* 191 ff., vgl. unten Rdnr. 106 f.).

c) Zusammenfassung

102   Danach ergibt sich folgende Zusammenfassung der Reihe von Tatbeständen, die in Verbindung mit der Vollmacht gebracht werden:

Innen- und Außenvollmacht sind unzweifelhaft Willenserklärungen.

---

8   Im Ergebnis weithin ähnlich auch *BGHZ 65, 13* (ausführlicher in NJW 1975, 2101); *Larenz,* AT § 33 I a; *Canaris* S. 48 ff.; kritisch aber *Lüderitz,* JuS 1976, 765/769 f. mit weiteren Angaben, dazu noch *F. Peters,* AcP 179 (1979) 214 ff. Nicht deutlich *BGHZ 86, 273* (dazu *Herrmann,* NJW 1984, 471, ähnlich *BGHZ 97, 224/230*): Dort werden zwar bei Anscheinsvollmacht Vertretungswirkungen bejaht (daher soll die Eigenhaftung des Vertreters nach § 179 ausgeschlossen sein). Doch ergibt die Entscheidung nicht klar, wann eine Anscheinsvollmacht angenommen werden soll. Noch anders *Hübner,* AT Rdnr. 667: Im bürgerlichen Recht sollen Vertretungsfolgen nur bei grobfahrlässiger Verursachung eines Anscheins eintreten. Aber das BGB kennt das Kriterium der groben Fahrlässigkeit im Vertretungsrecht nicht.

Die **Vollmachtskundgabe** nach §§ 171, 172 ist nicht *Willens*erklärung, sondern ausdrückliche *Wissens*erklärung. Die wohl h. M. behandelt die Haftung des Kundgebenden bei Unrichtigkeit der Kundgabe als Rechtsscheinhaftung. Nach *Flume* dagegen ist die Bindung des Kundgebenden an seine unrichtige Kundgabe auf eine konkludent erteilte Außenvollmacht zurückzuführen. Sie ist also ebenso wie diese nichtig oder anfechtbar (insoweit im Ergebnis zustimmend *Larenz* und andere).

Die **Duldungsvollmacht** entsteht aus bewußter Duldung des Vertreterhandelns durch den Vertretenen. Die *h. M.* nimmt auch hier Rechtsscheinhaftung an; *Flume* stellt die Duldungsvollmacht der Außenvollmacht gleich.

Die **Anscheinsvollmacht** beruht auf unbewußt fahrlässiger Duldung. Viele behandeln die Anscheinsvollmacht ebenso wie die unrichtige Vollmachtskundgabe und die Duldungsvollmacht, kommen also über Rechtsscheinhaftung zu einem Erfüllungsanspruch gegen den Vertretenen. *Flume* lehnt hier Vollmachtswirkungen ab; gegen den Vertretenen sollen nur Ansprüche aus culpa in contrahendo (auf das negative Interesse) gegeben sein. Das findet in der Literatur wenigstens für die Fälle außerhalb des Handelsrechts einigen Beifall.

4. Handelsrechtlicher Vertrauensschutz

Mehrere Sonderregeln gelten im Handelsrecht. Allerdings beschränken sie sich nicht auf Fragen der Vertretungsmacht, sondern erfassen auch andere Umstände (etwa die Zugehörigkeit zu einer OHG mit der Haftungsfolge aus § 128 HGB). Da es aber bei den handelsrechtlichen Regeln häufig um die Vertretungsmacht geht, seien sie hier kurz dargestellt[9]. **103**

a) Scheinkaufmann

Im Anschluß an § 5 HGB ist der Satz entwickelt worden (etwa *BGHZ 17, 13 ff.*): Wer den Anschein erweckt, er sei Kaufmann (Vollkaufmann, Gesellschafter einer OHG), muß sich von redlichen Dritten so behandeln lassen, als **104**

9 Vgl. dazu *K. Schmidt,* HaR § 14; *ders.,* Sein — Schein — Handelsregister, JuS 1977, 209 ff.; *P. Hofmann,* Das Handelsregister und seine Publizität, JA 1980, 264 ff.; *Kreutz,* Die Bedeutung der Handelsregistereintragung und Handelsregisterbekanntmachung im Gesellschaftsrecht, Jura 1982, 626 ff.; *M. Reinicke,* Sein und Schein bei § 15 Abs. 1 HGB, JZ 1985, 272 ff.; *Schilken,* Abstrakter und konkreter Vertrauensschutz im Rahmen des § 15 HGB, AcP 187 (1987) 1 ff.

entspräche dieser Schein der Wirklichkeit. Wer dem Scheine nach Vollkaufmann ist, kann also etwa wegen § 350 HGB aus einer formlosen Bürgschaft in Anspruch genommen werden (einschränkend aber *K. Schmidt,* HaR § 10 VIII).

> Dagegen ist der sehr viel engere § 5 HGB selbst kein Fall des Vertrauensschutzes: Er setzt kein Vertrauen des Dritten voraus und wirkt nach h. M. überdies sogar auch zugunsten des fälschlich Eingetragenen.

b) Negative Publizität des Handelsregisters

105 Nach § 15 I HGB kann einem redlichen Dritten eine eintragungsbedürftige Tatsache nicht entgegengehalten werden, solange Eintragung ins Handelsregister und Bekanntmachung nicht erfolgt sind. Dies ist die sogenannte »negative Publizität« des Handelsregisters: Seinem Schweigen darf man trauen, nicht aber seinem Reden. Nach h. M. (etwa *OLG Stuttgart,* NJW 1973, 806) soll dieser Schutz bei einer Veränderung eintragungspflichtiger Umstände sogar dann gelten, wenn schon der unveränderte Umstand selbst nicht eingetragen worden war (z. B. soll sich ein Gesellschafter einer OHG auf sein nicht eingetragenes Ausscheiden selbst dann nicht berufen dürfen, wenn sein Eintritt in die Gesellschaft nicht eingetragen worden war; dagegen mit Recht *Canaris* 152: Hier fehlt ein Vertrauenstatbestand; differenzierend *John,* ZHR 140, 1976, 234 ff.). Ähnlich soll nach *BGH* NJW 1983, 2258 ff. (mit abl. Anm. *K. Schmidt)* die unbeschränkte Haftung des Kommanditisten aus § 176 II HGB selbst dann eintreten, wenn dieser den Anteil durch Abtretung erworben hatte und daher selbst nicht eingetragen war. Trotz dieser h. M. ist der durch § 15 I HGB bewirkte Verkehrsschutz aber sehr eng, insbesondere viel enger als beim Grundbuch.

> *Bsp.:* Der unerkannt geschäftsunfähige Kaufmann K bestellt P zum Prokuristen; die Prokura wird eingetragen und bekanntgemacht (vgl. § 53 HGB). Der redliche D schließt im Vertrauen auf diese Eintragung mit P, der für K handelt, einen Vertrag: kein Schutz des D nach § 15 I HGB. Geschützt wäre D nur, wenn der Widerruf (§ 52 I HGB) einer zunächst wirksam erteilten Prokura nicht eingetragen worden wäre.

c) Ergänzendes Gewohnheitsrecht

106 Wegen dieser Schwäche von § 15 I HGB hatte sich zu seiner Ergänzung folgende Regel entwickelt: Wer eine ihn betreffende unrichtige Eintragung ins Handelsregister veranlaßt hat, soll sich von redlichen Dritten so behandeln lassen müssen, als wäre die Eintragung richtig. Dasselbe soll für den gelten, der zurechenbarerweise die Beseitigung einer ihn betreffenden unrichtigen Eintragung im Handelsregister versäumt hat. Diese letzte Regel hat Bedeutung wegen § 130 II FGG: Eintragungen ins Handelsregister werden dem (hier: angeblichen) Antragsteller mitgeteilt, so daß er regelmäßig ihre Löschung veranlassen kann.

Damit war im Ergebnis eine gewisse positive Publizität der Eintragungen ins Handelsregister gesichert: Wer etwa die Eintragung einer Prokura (§ 53 HGB) veranlaßt hatte, konnte gutgläubigen Dritten nicht das Fehlen einer wirksamen Vollmacht entgegenhalten. Damit gelangte das Handelsrecht auch in Fällen der Anscheinsvollmacht (und sogar noch darüber hinaus, weil Verschulden unnötig ist) zu einem Erfüllungsanspruch gegen den Vertretenen. *Canaris* 191 ff. will daher im Handelsrecht in allen Fällen der Anscheinsvollmacht den Erfüllungsanspruch gewähren, diese also insoweit der Duldungsvollmacht gleichstellen. Mich hat das überzeugt.

d) Positive Publizität des Handelsregisters

Seit dem 1. 9. 1969 ist in § 15 III HGB die positive Publizität auch gesetzlich angeordnet. Aber diese Regelung, die auf eine EG-Richtlinie zurückgeht, ist vor allem aus zwei Gründen mißglückt: Erstens knüpft § 15 III HGB den Vertrauensschutz nur an die Bekanntmachung und nicht (auch) an die Eintragung, und zweitens geht dieser Schutz viel zu weit: Er tritt nämlich nach dem Gesetzeswortlaut auch dann ein, wenn der Betroffene weder die Bekanntmachung veranlaßt hat noch ihr überhaupt entgegentreten konnte. **107**

Freilich ist etwa auch der Redlichkeitsschutz durch das **Grundbuch** unabhängig von Veranlassung oder Hinderungsmöglichkeit. Aber durch Grundbuchfehler kann man schlimmstenfalls sein Immobiliarsachenrecht verlieren. Wer dagegen fälschlich als Gesellschafter einer OHG bekanntgemacht wird oder eine Prokura gegen sich gelten lassen muß, kann in Schulden von unbegrenzter Höhe geraten.

Angesichts dessen besteht weitgehend Einigkeit darüber, daß § 15 III HGB einschränkend auszulegen ist; grundlegend *von Olshausen*, BB 1970, 137 ff. Die am stärksten vertretene, beifallswürdige Ansicht setzt dafür bei folgender Formulierung des § 15 III HGB an: Das Bekanntgemachte soll demjenigen entgegengehalten werden können, »in dessen Angelegenheiten die Tatsache einzutragen war«. Einzutragen sei, so sagt die h. M., nur in dessen Angelegenheit etwas, **der einen Antrag gestellt hat.** § 15 III HGB wirkt also nicht gegen den, der keine Eintragung beantragt oder sonstwie veranlaßt hat[10].

---

10 So etwa *von Olshausen* aaO; *Canaris* S. 165 ff.; insoweit auch *Beuthien*, Festschr. Reinhardt (1972) 199/201, etwas anders *Steckhan*, DNotZ 1971, 211 ff., ihm folgend *K. Schmidt*, HaR § 14 III 2 d: § 15 III HGB betreffe nur wirklich registerpflichtige Unternehmen.

So verstanden bringt die Vorschrift gegenüber der alten gewohnheitsrechtlichen Regel (oben Rdnr. 106) nur eine geringfügige Verschärfung: Nach dieser Regel mußte die Veranlassung gerade durch einen *unrichtigen* Antrag erfolgt sein, während nach § 15 III HGB auch ein *richtiger* Antrag genügt (der dann erst durch einen Fehler des Registergerichts zu einer unrichtigen Eintragung geführt hat). Aber diese Verschärfung ist tragbar: Wer überhaupt einen Antrag zum Handelsregister gestellt hat, mag die daraufhin erfolgende Bekanntmachung auf ihre Richtigkeit kontrollieren. Daher halte ich eine weiterreichende Einschränkung des § 15 III HGB (vgl. *Beuthien* aaO. 204 f. A. 23) für unbegründet. Doch dürfte der Schutz des nicht voll Geschäftsfähigen dem Schutz durch § 15 III HGB vorgehen (z. B. bei Fehlen der nach § 1822 Nr. 11 zu einer Prokura-Erteilung nötigen vormundschaftsgerichtlichen Genehmigung, vgl. *Baumbach-Duden-Hopt*, HGB 27. Aufl. 1987 § 15 Anm. 4 C b).

Neben dieser Vorschrift braucht man die **alte Regel** (oben Rdnr. 106) noch hauptsächlich in zwei Fallgruppen: Erstens, wenn nur die (von § 15 III HGB nicht erfaßte) *Eintragung unrichtig* ist. Und zweitens, wenn der von der unrichtigen Bekanntmachung Betroffene zwar keinen Antrag gestellt hatte, aber doch diese Bekanntmachung *hätte verhindern oder korrigieren können.*

Bsp.: P hat durch Fälschungen erreicht, daß er als Prokurist des K ins Handelsregister eingetragen worden ist. K erhält nach § 130 II FGG die Mitteilung über diese Eintragung, unternimmt aber nichts dagegen. Der redliche D schließt mit P ein Geschäft, aus dem er K in Anspruch nehmen will: K haftet.

e) Unterschiede zwischen Eintragung und Bekanntmachung

108 Daß *Eintragung und Bekanntmachung voneinander abweichen,* hindert einen Redlichkeitsschutz nicht. Vielmehr gilt hier dasselbe wie im Handelsrecht auch sonst beim Widerspruch zwischen mehreren Rechtsscheinträgern.

BGH JZ 1971, 334 f. (dazu *Gotthardt*, JZ 1971, 312 ff.): A erweckt den Anschein, als sei er persönlich haftender Gesellschafter einer KG. In Wahrheit ist A nur Geschäftsführer der Komplementär-GmbH in der KG; A haftet also für die Schulden der KG nicht persönlich. Das ist auch richtig im Handelsregister eingetragen und bekanntgemacht. Kann angesichts dessen ein Dritter D noch auf den Schein einer persönlichen Haftung des A vertrauen?

Der BGH hat diese Frage mit Recht bejaht. Jedoch sollen erheblicher Umfang des beabsichtigten Geschäfts und Mehrdeutigkeit des Verhaltens des A zu einer Prüfungsobliegenheit des D führen. Ihre Mißachtung schließe den Redlichkeitsschutz aus. Nach *BGH* BB 1976, 1479 f. soll aber ein solcher Schutz vereinzelt selbst da in Betracht kommen, wo § 15 II HGB Kenntnis oder fahrlässige Unkenntnis der eingetragenen und bekanntgemachten Tatsache unwiderleglich vermutet. Andererseits braucht nach *BGH* Betr. 1981, 2018 f. bei mündlichen Abschlüssen der GmbH-Zusatz nicht stets verwendet zu werden.

f) Die Firma der GmbH & Co. KG

Praktisch sehr wichtig ist die Firmenfortführung durch eine GmbH & Co. KG. **108a** Fraglich waren vor allem die Umwandlung oder Übernahmen eines Einzelhandelsgeschäfts oder einer echten Personengesellschaft (OHG, KG) in oder durch eine GmbH & Co. KG. Hier scheint nach §§ 22, 24 HGB Firmenkontinuität vor Firmenwahrheit zu gehen, so daß die Gesellschaft die veränderten Haftungsverhältnisse nicht durch einen Zusatz klarzustellen bräuchte. Dem hat höchstrichterlich erstmals *BGHZ 62, 216 ff.* widersprochen: Die GmbH & Co. KG sei nur »der Form nach« eine Personengesellschaft, sachlich stehe sie der GmbH näher (aaO. S. 227). Daher müsse auf sie § 4 II GmbHG entsprechend angewendet werden, der für die Angabe der Gesellschaftsform einschränkungslos Firmenwahrheit fordert. Allerdings hat der BGH diese (beifallswerte) richterliche Rechtsfortbildung für die Vergangenheit noch keinen Rechtsschein erzeugen lassen: Wegen der bis dahin entgegenstehenden h. M. habe sich niemand auf die erst jetzt als unrichtig erkannte Firmierung verlassen können (aaO. S. 228). Nach Bekanntwerden von *BGHZ 62, 216* und einer gewissen Übergangszeit ist diese Rechtsscheinhaftung aber seit spätestens März 1975 begründet: *BGHZ 71, 354/357*. Seit dem 1.1.1981 gilt für solche Fälle ohnehin § 19 V HGB: Die Firma einer Gesellschaft, bei der keine natürliche Person persönlich haftender Gesellschafter ist, muß entgegen der Regel der Firmenkontinuität die Haftungsbeschränkung kennzeichnen.

g) Die Vertretungsmacht von Ladenangestellten

Außer durch die Genehmigungsfiktionen in §§ 75 h, 91 a HGB schützt das **109** Handelsrecht das Vertrauen auf das Bestehen von Vertretungsmacht schließlich noch durch § 56 HGB: Der Ladenangestellte soll als zu den gewöhnlichen »Verkäufen und Empfangnahmen« (nicht auch Ankäufen: *BGH* BB 1988, 1207 f.) ermächtigt gelten. Die Auslegung beschränkt diesen Schutz auf den redlichen Partner (§ 54 III HGB analog): So kann etwa der Schein einer Ermächtigung zur Zahlungsannahme durch das Vorhandensein einer besonderen Kasse ausgeschlossen sein (*Canaris* 190). Dann befreit in einem Warenhaus nur eine Zahlung an der Kasse und nicht an eine anderswo tätige Verkaufsperson.

h) Erklärung an die Öffentlichkeit?

Soweit die genannten Fälle des handelsrechtlichen Vertrauensschutzes (oben **110** a—e) nicht auf dem Handelsregister beruhen, sind sie früher vielfach auf eine »Erklärung an die Öffentlichkeit« zurückgeführt worden. Eine solche Erklärung sollte gegen Anfechtungs- und Nichtigkeitsgründe beständig sein; *RGZ 123, 102 ff.* hat sogar dem Bewucherten den Schutz versagt. Bloß der nicht voll Geschäftsfähige sollte nicht haften, *RGZ 145, 155/159.*

Die dogmatische Einreihung als »Erklärung an die Öffentlichkeit« ist entbehrlich; sie beruht auf einer abzulehnenden Fiktion (*Canaris* 153 ff.). Jedenfalls aber sind die genannten Fälle scharf zu scheiden vom sog. »faktischen Vertrag« (vgl. unten Rdnr. 193): Dieser wirkt auch (und gerade) im Innenverhältnis, etwa zu den übrigen Gesellschaftern. Dagegen betrifft die Erklärung an die Öffentlichkeit nur das Außenverhältnis. Und auch dort beschränkt sich der Vertrauensschutz im wesentlichen auf den rechtsgeschäftlichen Verkehr, ähnlich wie beim redlichen Erwerb vom Nichtberechtigten (unten Rdnr. 548 f.). So haftet etwa der Scheingesellschafter regelmäßig nicht für neu entstandene Steuerschulden der OHG (*BFH* NJW 1978, 1944) oder einen Deliktsanspruch gegen sie (so *BGHZ 82, 209, 215* für § 176 HGB). Zu Einzelheiten vgl. *Ballerstedt*, JuS 1965, 272 ff.

5. § 181 BGB und Mißbrauch der Vertretungsmacht

111   Während es in den bisher erörterten Fällen darum ging, ob überhaupt eine Vertretungsmacht vorlag, handelt es sich bei § 181 und dem Mißbrauchstatbestand um ihre **Begrenzung.** Diese ist besonders bedeutsam für Fälle einer weitreichenden gesetzlichen Vertretungsmacht (etwa der Eltern für ihre Kinder) und für die Vollmacht mit gesetzlich bestimmtem Umfang (z. B. §§ 49 f. HGB, 81 ff. ZPO).

a) Insichgeschäfte

112   Eine gesetzliche Begrenzung enthält § 181 für das Insichgeschäft (vgl. *H. Honsell*, JA 1977, 55 ff.): Der Vertreter kann regelmäßig ein Rechtsgeschäft im Namen des Vertretenen weder mit sich selbst (**Selbstkontrahieren**) noch als Vertreter eines Dritten (**Mehrvertretung**) abschließen. Den Grund für dieses Verbot bildet die Gefahr einer Interessenkollision, die sich äußerlich in dem Fehlen eines Geschäftspartners zeigt.

Bsp. für das Insichgeschäft: P, der Prokurist des K, betreibt auch selbst ein Handelsgeschäft. Namens des K kontrahiert P mit seiner eigenen Firma. *Bsp.* für die Mehrvertretung: S und T, die Kinder des V, sind Erben des D. V vollzieht die Erbauseinandersetzung zwischen S und T.

113   aa) Zweifelhaft wird die Anwendbarkeit von § 181, wenn die **Personengleichheit** durch die Einschaltung eines weiteren Vertreters **künstlich aufgehoben** ist.

Bsp.: P, der auch ein eigenes Geschäft betreibende Prokurist des K, will namens des K von seinem eigenen Geschäft Ware kaufen. Damit ihm das trotz § 181 gelingt, könnte P zweierlei versuchen: *Entweder* für sich selbst einem Dritten D Vollmacht erteilen; dann kontrahieren P für K mit D für P. *Oder* P könnte dem D Handlungsvollmacht für K erteilen; dann kontrahieren D für K mit P für sich selbst. In beiden Fällen stehen sich also verschiedene Personen gegenüber.

RGZ 108, 405 ff. hat § 181 in einem solchen Fall wegen der Personenverschiedenheit nicht angewendet. Dagegen tritt die Literatur (etwa *Flume* § 48, 4) überwiegend für analoge Anwendung ein. Dem ist zuzustimmen: Die für § 181 kennzeichnende Personenidentität wird hier nur durch einen Kunstgriff behoben, der an der Interessenkollision nichts ändert (so auch *OLG Hamm*, NJW 1982, 1105).

bb) Davon zu unterscheiden sind die Fälle der Interessenkollision, in denen 114 sich **von vornherein verschiedene Personen** gegenüberstehen.

RGZ 71, 219 ff.: Die Mutter M erteilt ihrem Sohn S Generalvollmacht. S übernimmt namens der M seinem eigenen Gläubiger G gegenüber eine Bürgschaft. Daraus klagt G gegen M; diese beruft sich auf § 181.

Hier hat S bei der Bürgschaft namens der M mit G und daher nicht mit sich selbst kontrahiert. Zwar besteht auch in solchen Fällen eine Interessenkollision, nämlich weil S bei der Bürgschaft eher seine eigenen Interessen wahrnehmen wird als diejenigen der vertretenen M. Aber diese Gefahr allein genügt der Rspr. (etwa RGZ aaO.) und der überwiegenden Literatur (vgl. *Flume* § 48, 5) nicht für eine Analogie zu § 181: Diese Vorschrift hat die von ihr verordnete Begrenzung der Vertretungsmacht im Interesse der Rechtssicherheit bewußt formalisiert.

cc) Bei den beiden Fallgruppen von oben Rdnr. 113 und Rdnr. 114 geht es 115 darum, ob § 181 auf Interessenkollisionen ohne Personenidentität angewendet werden kann. Daneben gibt es auch die umgekehrte Konstellation: **Personenidentität ohne Interessenkollision.** Auch hier hat die Rspr. zunächst nur den Wortlaut des § 181 beachtet. Folglich ist die bloß auf die Personenidentität abstellende Vorschrift in solchen Fällen trotz Fehlens der Interessenkollision angewendet worden.

BGHZ 56, 97 ff. von 1971 hat jedoch einen Wandel angebahnt: Zwar will der BGH nicht in jedem Einzelfall für die Anwendung von § 181 einen Interessenkonflikt fordern; eine solche für Dritte unerkennbare Voraussetzung müßte die Verkehrssicherheit gefährden. Wohl aber sei § 181 unanwendbar, wenn seine Zielsetzung **für eine geschlossene Fallgruppe** nach der dort bestehenden Rechts- und Interessenlage **niemals zum Zuge kommen könne.** Das hat *BGHZ 56, 97* für den Fall angenommen, daß der geschäftsführende Alleingesellschafter einer GmbH namens der Gesellschaft mit sich selbst kontrahiert. Gerade dieser Fall ist aber im Rahmen der GmbH-Reform durch den neuen § 35 IV GmbHG abweichend geregelt worden: § 181 soll für Geschäfte zwischen dem Alleingesellschafter und der allein durch ihn vertretenen Gesellschaft stets gelten. Erhalten geblieben ist nur die zweite von der Rechtsprechung entwickelte Ausnahme von § 181: Danach soll die Vorschrift unanwendbar sein auf Insichgeschäfte, die dem Vertretenen **lediglich rechtlichen Vorteil bringen** (*BGHZ 59, 236 ff.; 94, 232 ff.*). Dieselbe Einschränkung hat *BGH* NJW 1975, 1885 alsbald auf das Vertretungsverbot nach § 1795 I Nr. 1 übertragen.

b) Mißbrauch der Vertretungsmacht

116   Wo § 181 nicht angewendet wird, kann bei Interessenkollision bisweilen die seit langem praeter legem anerkannte[11] Regel vom Mißbrauch der Vertretungsmacht helfen: Wenn der Dritte einen solchen Mißbrauch erkennt oder erkennen muß, wird der Vertretene nicht gebunden; die Vertretungsmacht versagt.

Daher könnte in *RGZ 71, 219* (vgl. oben Rdnr. 114) M dem G nicht verpflichtet sein. Denn dem G mag die Interessenkollision für S und die daraus folgende Gefahr eines Mißbrauchs der Vollmacht offengelegen haben.

Bisweilen bezweifelt wird nur, ob schon **Kennenmüssen** des Dritten von dem Mißbrauch der Vertretungsmacht ausreicht, um die Vertretungswirkungen nicht eintreten zu lassen. Dieser Streit verliert aber stark an Gewicht, wenn man folgendes bedenkt: »Kennenmüssen« bedeutet hier nicht, daß den Dritten eine Pflicht zu Nachforschungen über das Innenverhältnis treffen soll. Wer etwa mit einem Prokuristen kontrahiert, braucht sich nicht beim Prinzipal nach dessen Einverständnis zu erkundigen. Vielmehr meint »Kennenmüssen« hier wie etwa auch in §§ 169, 173, 179 III nur die **Evidenzfälle,** in denen jeder Vernünftige den Mißbrauch der Vertretungsmacht erkannt hätte. Man gelangt so zu einer prozessualen Erleichterung für den Vertretenen: Er braucht nur zu beweisen, daß der Mißbrauch der Vertretungsmacht evident war; nicht auch (was kaum beweisbar wäre), daß der Dritte den Mißbrauch wirklich erkannt hat [12].

c) Unbeschränkbare Vertretungsmacht

117   *BGHZ 50, 112 ff.* (ausführlicher in NJW 1968, 1379 ff.) ergänzt die Lehre vom Mißbrauch der Vertretungsmacht um zwei Nuancen:

aa) Wo das Gesetz die *Unbeschränkbarkeit der Vertretungsmacht* gegenüber Dritten bestimme (etwa §§ 50 I, 126 II HGB, 82 AktG), wirke die Vertretungsmacht nur dann nicht, wenn der Vertreter **bewußt** zum Nachteil des Ver-

---

11 Etwa *BGH* NJW 1966, 1911; Betr. 1984, 661 f.; *BAG* BB 1978, 964 f.; *Rob. Fischer,* Festschr. Schilling (1973) 3 ff.; *H. P. Westermann,* JA 1981, 521 ff.
12 So *Flume* § 45 II 3 und *Larenz,* AT § 30 II a, ähnlich für den Konkursverwalter *BGH* NJW 1971, 701/703.

tretenen handele und das evident sei. Danach wäre also auch ein evidenter Mißbrauch ohne Schädigungsabsicht noch gedeckt (ebenso *Fischer* aaO. 20). Doch scheint es mir bedenklich, den Schutz des Geschäftsgegners vom Verschulden des Vertreters abhängig zu machen. Das hat jetzt *BGH* ZIP 1988, 847/849 für die Vertretungsmacht mit rechtsgeschäftlich bestimmtem Inhalt auch ausdrücklich anerkannt.

bb) Auch wo die Vertretungsmacht nach der Regel oben aa) nicht wirke, **118** dürfe der Dritte geltend machen, der Vertretene habe den Mißbrauch erst durch **unzureichende Kontrolle des Vertreters** ermöglicht. Die nachteiligen Folgen des Geschäfts seien dann entsprechend § 254 zu teilen.

Das ist schon im Ansatz nicht klar: Meint der BGH hier Teilgültigkeit der Vertretungsmacht und damit auch des Geschäfts, oder will er dem Dritten bloß einen Schadensersatzanspruch aus culpa in contrahendo gegen den Vertretenen geben? Für die erste Auffassung spricht in dem Urteil der Satz, die Ansprüche aus dem Geschäft könnten ggf. nur zu einem Bruchteil begründet sein. Aber Ansprüche auf eine unteilbare Leistung (etwa auf Lieferung einer Maschine) kann man nicht nach § 254 teilen[13]. Für den Anspruch aus c.i.c. dagegen bleibt unklar, warum der Vertretene nur für eigenes Verschulden und nicht auch nach § 278 für den Vorsatz seines Vertreters soll einstehen müssen.

Der richtige Lösungsansatz dürfte bei der **Evidenz** liegen. Denn soweit die verkehrsübliche Kontrolle unterbleibt, kann der Anschein entstehen, als dulde der Vertretene das Vertreterhandeln und billige es also. Dann fehlt es an der Evidenz des Mißbrauchs: Der Schein begründet hier nicht etwa eine Anscheinsvollmacht (oben Rdnr. 99), sondern hindert nur die sonst wegen des Mißbrauchs eintretende Beschränkung der wirklich vorhandenen Vollmacht.

In *BGHZ 50, 112 ff.* hatten Prokuristen einer Bank über längere Zeit hinweg bankunübliche Wechselgeschäfte getrieben und zum Teil auch die sich daraus ergebenden Verpflichtungen erfüllt. Hier ist denkbar, daß die ersten Geschäfte nicht gegen die Bank wirkten, weil der Mißbrauch noch evident war. Dagegen könnte die Evidenz für die späteren Geschäfte fehlen, weil die Häufung und die Zahlungen zur Erfüllung auf eine Billigung schließen ließen. Man kommt derart also nicht zu einer Teilung der einzelnen Geschäfte nach § 254, sondern zu einer zeitlichen Differenzierung.

---

13 Gegen die Anwendung von § 254 an dieser Stelle auch *Heckelmann*, JZ 1970, 62 ff.; *Larenz*, AT § 30 II a.

IV. Schadensersatz bei Vertretung ohne Vertretungsmacht*

119   Bei Fehlen der Vertretungsmacht, also wenn insbesondere auch weder die §§ 171, 172 noch die Duldungsvollmacht (noch unter Umständen die Anscheinsvollmacht) eingreifen, bleiben die Vertretungswirkungen aus. Die Willenserklärung des Vertreters wirkt also nicht für und gegen den Vertretenen, wenn dieser sie nicht genehmigt (§ 177); ein Vertrag zwischen dem Vertretenen und dem Dritten kommt nicht zustande. Durch diesen Ausfall von Erfüllungsansprüchen gegen den Vertretenen erleidet der Dritte häufig einen Schaden.

1. Ansprüche gegen den Vertreter

120   Ersatzansprüche des Dritten gegen den machtlosen Vertreter regelt § 179. Dabei ergibt sich für den Erfüllungsanspruch (Abs. 1 Fall 1) folgendes Problem:

> *Bsp.:* V hat als machtloser Vertreter für A mit B einen Vertrag geschlossen; A hat die Genehmigung verweigert. Noch vor der Fälligkeit der Ansprüche aus dem Vertrag fällt A in Konkurs. Kann hier B von V Erfüllung verlangen, obwohl der Vertrag dem B bei Vorliegen von Vertretungsmacht keinen Nutzen gebracht hätte?

Für die Schadensersatzansprüche nach § 179 I Fall 2, II tritt diese Frage nicht auf: Für sie ist in solchen Fällen von vornherein klar, daß B kein positives Interesse hat. *Flume* § 47, 3 b will das auch auf den Erfüllungsanspruch ausdehnen: Dieser soll wegfallen oder sich mindern, soweit er auch gegen den Vertretenen undurchsetzbar gewesen wäre (mir zweifelhaft, weil B sonst das Risiko der Zahlungsunfähigkeit von *V und A* trüge, vgl. *Medicus*, AT Rdnr. 987 und jetzt *N. Hilger*, NJW 1986, 2237 f.).

2. Ansprüche gegen den Vertretenen

121   § 179 ist keine erschöpfende Regelung; er schließt daher Schadensersatzansprüche des Dritten *gegen den Vertretenen* nicht aus. Diese folgen aus *§ 831,* wenn der machtlose Vertreter als Verrichtungsgehilfe des Vertretenen ein Delikt gegenüber dem Dritten (z. B. Betrug) begangen hat. Außerdem ist eine Haftung des Vertretenen aus *culpa in contrahendo* denkbar. Sie kann sich stützen auf Eigenverschulden des Vertretenen; ein Beispiel dafür bildet die Behandlung der Anscheinsvollmacht durch *Flume* (oben Rdnr. 100). Ohne solches Eigenverschulden kommt nur eine Haftung für das Verschulden des Ver-

---

*   Dazu *Prölss,* JuS 1985, 577 ff.; 1986, 109 ff.

treters über § 278 in Betracht. Sie setzt aber voraus, daß der Vertretene sich des Vertreters dem Dritten gegenüber bedient, also den Vertreter wenigstens in die Vertragsverhandlungen eingeschaltet hat[14].

§ 6 Willensmängel

Der Vertragsschluß beruht regelmäßig auf Willenserklärungen (dazu *Kellmann*, JuS 1971, 609 ff.). In ihnen unterscheidet die traditionelle Lehre ein objektives (**Erklärung**) und ein subjektives Element (**Wille**). Dabei muß die Rechtsordnung ihre Folgen primär an die Erklärung als den sichtbaren Teil knüpfen. Sekundär berücksichtigt sie dann aber, ob hinter der Erklärung ein entsprechender Wille steht. Diese Berücksichtigung trägt dem Gedanken der **Privatautonomie** Rechnung: Die Erklärung hat Rechtsgeltung, weil sie auf dem Willen beruht.

122

Diese durch *von Savigny* geprägte Auffassung liegt den §§ 116 ff. zugrunde. Demgegenüber setzt die neuere Lehre (etwa *Larenz*, AT § 19 I) die Akzente etwas anders: Sie sieht die Erklärung als Regelungsakt an und spricht von Geltungserklärung. Ich sehe hierin keinen wesentlichen Vorteil.

I. Abgrenzungsfragen zu §§ 119—122

1. Primat der Auslegung

Voraussetzung für die Anfechtung nach § 119 ist die Inkongruenz von Wille und Erklärung. Um das festzustellen, muß zunächst durch Auslegung der rechtliche Sinn der Erklärung ermittelt werden (vgl. oben Rdnr. 45). Die Auslegung ist daher vor der Frage nach der Anfechtbarkeit zu erörtern: Wenn die Erklärung schon durch Auslegung dem Willen angepaßt werden kann, kommt eine Anfechtung wegen Irrtums nicht in Betracht.

123

---

14 Vgl. auch unten Rdnr. 797 und *Canaris*, Schadensersatz- und Bereicherungshaftung des Vertretenen bei Vertretung ohne Vertretungsmacht, JuS 1980, 332 ff. (zu *BGH* NJW 1980, 115 über die Haftung einer Gemeinde für ihren Bürgermeister, der seine Vertretungsmacht überschritten hatte).

2. Falsa demonstratio

124   Nur ein Sonderfall der Auslegung ist die falsa demonstratio: Die empfangsbedürftige Willenserklärung wird selbst gegen ihren eindeutigen Wortlaut im
Sinne des Gewollten ausgelegt, wenn der Empfänger dieses Gewollte richtig
verstanden hat. Auch bei der falsa demonstratio wird also § 119 unnötig, weil
der Wille schon durch Auslegung zur Geltung kommt.

Hauptfall der falsa demonstratio ist die **Parzellenverwechslung:** Käufer und Verkäufer sind sich über die zu verkaufende Parzelle einig, benennen aber irrtümlich im Kaufvertrag eine andere. Hier ist nicht die genannte, sondern die beiderseits gewollte Parzelle verkauft. Auch auf die Förmlichkeit (§ 313) der Erklärung des Gewollten wird dabei verzichtet (*BGHZ 87, 150ff.*). Dasselbe gilt für die Auflassung, an der gleichfalls nur Verkäufer
und Käufer beteiligt sind.

Anders ist die Lage aber, wenn Dritte im Spiel sind, die das Gewollte nicht erkennen
können. Bedarf z.B. der Grundstückskauf einer behördlichen Genehmigung, so ergibt
sich: Wird die Genehmigung erteilt, bleibt der Vertrag dennoch unwirksam. Denn die
Genehmigung betrifft nur die genannte Parzelle, nicht die der Behörde unerkennbar gewollte. Die Genehmigung ihrerseits ist gleichfalls unwirksam, weil gegenstandslos. Auch
die Anträge an das Grundbuchamt und die Eintragung können nicht nach den Regeln
über die falsa demonstratio korrigiert werden.

3. Dissens

125   In der Nachbarschaft von Irrtum und Auslegung steht auch der Dissens (doch
vgl. oben Rdnr. 45 zu der neuen Ansicht von *Leenen*). Das gilt allerdings nicht
für den **offenen** Dissens, § 154: Hier wissen die Parteien, daß sie sich nicht geei-
nigt haben. Wohl aber nimmt beim **versteckten** Dissens (§ 155) mindestens eine
Partei eine solche Einigung an; sie befindet sich also insoweit im Irrtum. Dabei
ist kennzeichnend für den Dissens, daß sich die *ausgelegten* Erklärungen nicht
miteinander decken.

Irrtum nach § 119 I bedeutet also Inkongruenz von Wille und Erklärung; Dissens bedeutet Inkongruenz zweier Erklärungen. Daher ist Irrtum auch bei der einseitigen Willenserklärung möglich, Dissens dagegen nur beim Vertragsschluß.

Schulbsp. für den Dissens ist der Vertragsschluß zwischen einem Schweizer
und einem Franzosen in einem dritten Land über »Franken«, wenn jeder seine
Heimatwährung gemeint hat. Hier mag sich nämlich durch Auslegung nicht
feststellen lassen, welche Währung gelten soll.

Ist dagegen eine solche Feststellung möglich (z.B. bei Vertragsschluß in der Schweiz
oder Vereinbarung der Zahlung auf ein Schweizer Konto), gilt der Vertrag mit diesem Inhalt. Die Partei, die etwas anderes gewollt hat, muß nach § 119 I anfechten.

Bei dem von einer Partei **verschuldeten Dissens** nimmt die h. M. seit *RGZ 104, 265 ff.* eine Ersatzpflicht wegen culpa in contrahendo an; anders *Flume* § 34, 5. Ihm ist zuzugeben, daß tatsächlich oft kein Verschulden feststellbar sein wird; im Prinzip sollte aber die Ersatzpflicht nicht geleugnet werden.

II. Nichtigkeit wegen Willensmängeln

1. Scheingeschäft und fiduziarisches Geschäft

Von den gesetzlichen Nichtigkeitsgründen der §§ 116 S. 2—118 sei hier behandelt das Scheingeschäft (§ 117). Es ist bisweilen nicht leicht abzugrenzen zum fiduziarischen Geschäft (vgl. unten Rdnr. 488 ff.): Bei diesem erhält ja der Treunehmer mehr Rechtsmacht, als er wirklich soll gebrauchen dürfen. Daher kann man zweifeln, ob die Einräumung dieser Rechtsmacht ernstlich gewollt ist.   **126**

(1) *OGHZ 4, 105 ff.:* G überträgt seinem Freund F einen GmbH-Anteil, um diesen seinen mit Pfändung drohenden Gläubigern zu entziehen.

(2) *BGHZ 36, 84 ff.:* E baut auf seinem Grundstück. Die Bauhandwerker verlangen Sicherungshypotheken (§ 648 I). Um den ersten Rang zur Sicherung eines erwarteten Baudarlehens freizuhalten, bestellt E seinem Sohn S eine Hypothek für eine Forderung aus von S angeblich geleisteten Bauarbeiten. E und S sind darüber einig, daß eine solche Forderung nicht besteht. Erst nach der Hypothek für S werden die Sicherungshypotheken für die Bauhandwerker eingetragen. In der Zwangsversteigerung beanspruchen die Bauhandwerker den Versteigerungserlös für sich, da die erstrangig eingetragene Hypothek nicht entstanden sei.

Bei Fall (2) ist mangels einer Forderung sicher keine Hypothek für S entstanden. Wohl aber hätte E nach §§ 1163 I 1, 1177 I eine Eigentümergrundschuld erworben haben können. Die aus dem ersten Rang verdrängten Bauhandwerker machten dagegen geltend, die Erklärung des E (als Teil der Einigung E-S) sei nach § 117 I nichtig. Der BGH ist dem nicht gefolgt: Der von E beabsichtigte Erfolg sei die Freihaltung der ersten Rangstelle gewesen. Das habe sich nur durch die Begründung einer *wirksamen* Eigentümergrundschuld erreichen lassen. Folglich sei die Erklärung des E insoweit ernst gemeint gewesen und nicht nach § 117 I nichtig; kritisch zu dieser Begründung aber *Michaelis*, Festschr. Wieacker (1978) 444, 455 f.

Entsprechend hat der OGH in Fall (1) entschieden: Wenn G mit Pfändungen seiner Gläubiger gerechnet habe, habe er diesen nur durch die *wirksame* Übertragung des GmbH-Anteils auf F begegnen können. Dann sei die Wirksamkeit der Übertragung gewollt, und § 117 I scheide aus. Ein nichtiges Scheingeschäft liege nur dann vor, wenn G gehofft habe, seine Gläubiger schon durch den

Schein einer wirksamen Übertragung von Pfändungsversuchen abzuhalten.

Dasselbe muß im Fall (2) gelten: Ein Scheingeschäft wäre nur dann gegeben, wenn E die Bauhandwerker durch den Schein einer hohen Vorbelastung von der Durchsetzung ihres Anspruchs auf Sicherungshypotheken überhaupt abbringen wollte. Davon kann aber keine Rede sein: E hatte diese Hypotheken ja gerade bewilligt.

Daraus ergibt sich also folgende Abgrenzung (ebenso die h. M.): § 117 I greift nur dann ein, wenn die Beteiligten ihr **Ziel durch den bloßen Schein eines wirksamen Rechtsgeschäfts erreichen wollen.** Dagegen liegt ein fiduziarisches Rechtsgeschäft vor, wenn die Beteiligten die Wirksamkeit des nicht in allen Konsequenzen gewollten Geschäfts (und nicht nur den Glauben Dritter an das Geschäft) für ihr Ziel benötigen. Hier ist § 117 I unanwendbar; freilich können andere Nichtigkeitsnormen (etwa §§ 134, 138) eingreifen.

2. Strohmanngeschäfte

127   Einen Sonderfall der fiduziarischen Geschäfte bilden die Strohmanngeschäfte: Eine oder mehrere Personen werden nur formal eingeschaltet, weil der wirtschaftlich an dem Geschäft Interessierte den Erfolg nicht oder nicht allein erreichen kann. Auch hier wird bisweilen die Abgrenzung zu § 117 I fraglich. Das galt bis 1980 insbesondere für das bekannteste Geschäft dieser Gruppe, nämlich die Gründung einer *Einmann-Gesellschaft.*

BGHZ 21, 378 ff.: Der Fabrikant F will die persönliche Haftung für die Schulden aus seinem Betrieb vermeiden. Er läßt daher durch seine Freunde A und B eine GmbH gründen und übernimmt von ihnen noch am selben Tag vereinbarungsgemäß sämtliche Geschäftsanteile.

Der BGH hat solche Gründungen mit Recht nicht nach § 117 I für nichtig gehalten: Der von F verfolgte Zweck erfordere gerade eine wirksame Gründung durch A und B. Übrigens hat der BGH auch keine Nichtigkeit nach §§ 134 BGB, 2 GmbHG (der einen Gesellschafts*vertrag* und also mindestens zwei Personen forderte) angenommen. Inzwischen ist die Einmann-GmbH im Rahmen der GmbH-Reform ausdrücklich zugelassen worden (vgl. § 1 GmbHG: »...durch eine oder mehrere Personen errichtet werden«)[1].

---

1   Dazu kritisch *P. Ulmer,* BB 1980, 1001 ff., gegen ihn aber *Flume,* Betr. 1980, 1781 ff.

Den Gegenfall zu solchen wirksamen Geschäften bildet etwa   **128**

OLG Karlsruhe, NJW 1971, 619 f.: Der vorbestrafte V will als Versicherungsvertreter angestellt werden. Da die Versicherungsgesellschaft jedoch Vorbestrafte ablehnt, vereinbart V mit der Bezirksdirektion: Formal solle sein Sohn S angestellt werden, tätig sein wolle jedoch allein er, V. Gegen wen hat die Versicherung Ansprüche aus dem Anstellungsvertrag?

Hier hat das OLG den **Scheincharakter bejaht:** Dem V sollte eine Beschäftigung verschafft werden. Dazu war aber nicht eine wirksame Anstellung des S nötig, sondern nur dessen makelloses Führungszeugnis. Das OLG hat das Einverständnis der Bezirksdirektion mit der bloß simulierten Anstellung des S der Versicherungsgesellschaft über § 166 I zugerechnet und ist so zur Bejahung des § 117 I für einen Vertrag mit S gelangt. Für falsch halte ich freilich die weitere Annahme des OLG, die dissimulierte Anstellung des V sei nach § 117 II wirksam. Denn hier lag nicht bloß evidenter Vollmachtsmißbrauch vor (vgl. oben Rdnr. 116), sondern sogar Kollusion zwischen V und der Bezirksdirektion. Daher war die Versicherungsgesellschaft ohne Genehmigung (§ 177 I) an den Vertrag mit V nicht gebunden. Auch ein faktisches Arbeitsverhältnis dürfte hier wenigstens an der Kollusion scheitern (vgl. unten Rdnr. 195).

Wirksam ist der Vertrag mit dem Strohmann dagegen, wenn dieser selbst die Rechte und Pflichten aus dem Vertrag haben und die Geschäftsfolgen nur im Innenverhältnis auf seinen Hintermann abwälzen soll: *BGH* NJW 1982, 569.

3. Mindestanforderungen an die Willensgrundlage

Aber auch bei Nichtvorliegen der Nichtigkeitsgründe nach §§ 116 S. 2 bis 118   **129** kann ein Willensmangel nicht bloß Anfechtbarkeit begründen. Vielmehr müssen, damit Nichtigkeit vermieden bleibt, einige weitere Mindestvoraussetzungen hinsichtlich der Willensgrundlage erfüllt sein. Doch ist an diesen gesetzlich ungeregelten Nichtigkeitsgründen manches streitig (vgl. *Flume* § 4, 2; *Larenz*, AT § 19 III). Man wird sagen dürfen:

a) Handlungswille

Die Erklärungshandlung muß überhaupt auf einem Willen des Erklärenden beruhen (Handlungswille). Fehlt es daran (z. B. Bewegungen im Schlaf), so liegt nur der rechtsunwirksame Schein einer Erklärung vor. Meist greift in solchen Fällen zudem § 105 II ein.

Unnötig ist der Handlungswille aber, wo das Gesetz die Rechtsfolgen einer Willenserklärung an das Schweigen knüpft: Bei § 362 HGB wird auch der schlafende Kaufmann Vertragspartner.

b) Erklärungswille

130 Der die Erklärungshandlung tragende Wille muß auch darauf gerichtet sein, etwas rechtlich Bedeutsames zu erklären (Erklärungswille oder Erklärungsbewußtsein).

Schulfall für das Fehlen dieses Willens ist das Handheben bei einer Weinversteigerung, um einen Freund zu begrüßen, wenn das Handheben objektiv ein Mehrgebot bedeutet. Auch das ungewollte Absenden eines dazu nicht bestimmten Briefes durch einen Dritten wird hierhin gerechnet. Oder der um ein Autogramm gebetene Schauspieler unterschreibt in der Meinung, ein Autogramm zu geben, den ihm hingehaltenen Wechsel.

Die Rechtsfolgen aus dem Fehlen eines solchen Erklärungswillens sind streitig: Viele (etwa *Wieacker*, JZ 1967, 385/389; *Thiele*, JZ 1969, 405/407) nehmen in Analogie zu § 118 Nichtigkeit an. Demgegenüber wird die Tragfähigkeit dieser Analogie jetzt immer häufiger geleugnet: Die Erklärung ohne Erklärungswillen soll regelmäßig (*Flume* §§ 20, 3; 23, 1) oder doch jedenfalls dann unter § 119 I fallen, wenn der Handelnde ihre rechtliche Bedeutung hätte erkennen können[2]. Zu diesem Streit äußert sich jetzt

BGHZ 91, 324 ff.[2a]: Der Gläubiger G hatte von seinem Schuldner S eine Bankbürgschaft verlangt. Wenig später schrieb die Sparkasse D an G, sie habe für S eine Bürgschaft übernommen. G erklärte die Annahme. Dann schrieb D an G, eine Bürgschaftsübernahme sei nicht beabsichtigt gewesen; das entsprechende Schreiben beruhe auf einem Irrtum. G nimmt D aus der Bürgschaft in Anspruch.

Der BGH hat hier die eben an letzter Stelle genannte Ansicht angewendet: Die Erklärung sei der D als Bürgschaftserklärung zuzurechnen, da D hätte erkennen können, daß G die Erklärung so verstehen werde (anders *Canaris* aaO.: die Erklärung, eine Bürgschaft übernommen zu haben, bedeute nicht ohne weiteres, sie jetzt übernehmen zu wollen). Zwar könne D das Fehlen des Erklärungswillens nach § 119 I geltend machen; hier sei jedoch die Anfechtung nicht unverzüglich (§ 121 I) erfolgt. Daher ist D verurteilt worden.

Ich halte die vom BGH vorausgesetzte Ablehnung der Analogie zu § 118 für richtig. Denn bei der nicht ernstlich gemeinten Willenserklärung hat der Erklärende die Nichtgeltung gewollt und soll daher auch nicht die Möglichkeit haben, das Geschäft durch Unterlassen der Anfechtung gelten zu lassen. Dagegen hat sich der Erklärende ohne Erklärungswillen über das Geschäft zunächst keine Meinung gebildet: Er mag deshalb wie der Irrende noch nachträglich über die Geltung entscheiden dürfen.

---

2   *Larenz*, AT § 19 III; *Bydlinski*, JZ 1975, 1 ff., ähnlich *Gudian*, AcP 169 (1969) 232 ff., vgl. noch *Henrich*, RabelsZ 1971, 55 ff.
2a Dazu *Canaris*, NJW 1984, 2279 ff.; *Ahrens*, JZ 1984, 986 f.; *Schubert*, JR 1985, 15 f.; *Brehmer*, JuS 1986, 440 ff.

Eine beschränkte Ähnlichkeit hiermit hat auch der Fall des Boten ohne Botenmacht (oben Rdnr. 80): Über dessen Erklärung kann der angebliche Absender ja gleichfalls noch entscheiden, obwohl er die Erklärung in keiner Weise veranlaßt zu haben braucht. Freilich erfolgt die Entscheidung hier nicht durch unverzügliche Anfechtung, sondern entsprechend § 177 durch nachträgliche Genehmigung (vgl. *Canaris*, NJW 1974, 521/528 A. 44).

Fraglich ist nun freilich, ob man mit dem BGH beim Fehlen einer Fahrlässigkeit des Erklärenden Nichtigkeit statt Anfechtbarkeit annehmen soll: Ich sehe keinen Grund, dessentwegen nicht auch der Schuldlose das Geschäft soll gelten lassen dürfen.

c) Geschäftswille?

Neben Handlungs- und Erklärungswillen wird als Erfordernis für die zunächst **131** wirksame Willenserklärung bisweilen noch der Geschäftswille genannt. Er könnte aber vom Erklärungswillen nur dann unterschieden werden, wenn man ihn auf ein bestimmtes Geschäft gerichtet sein läßt (z. B. Unterschrift unter eine bestimmte andere Urkunde statt unter einen Wechsel: *BGH* NJW 1968, 2102 f.). Daß dieser Wille nicht mit der Erklärung übereinstimmt, gehört sicher zu § 119 I und bewirkt daher keine Nichtigkeit.

d) Rechtsbindungswille

Endlich muß noch der Rechtsbindungswille vorliegen. Er betrifft (ähnlich wie **131a** der Erklärungswille) die Frage, ob die Erklärung Rechtsfolgen (und nicht z. B. bloß Folgen auf der gesellschaftlichen Ebene) haben soll. Fraglich wird er vor allem bei Unentgeltlichkeit (vgl. unten Rdnr. 366 ff.). Doch hat ein Fehlen dieses Willens regelmäßig nichts mit einem Irrtum zu tun.

III. Irrtumsfälle nach § 119 I

1. Die gesetzliche Regelung

Der Inhalt jeder Erklärung muß zunächst durch Auslegung bestimmt werden **132** (vgl. oben Rdnr. 123). § 119 I betrifft nur die Inkongruenz zwischen dem so ermittelten Erklärungsinhalt und dem Willen des Erklärenden. Dagegen betrifft § 119 I nicht die (viel häufigeren) Fälle, in denen der Wille zwar die Erklärung deckt, aber auf fehlerhafter Grundlage gebildet worden ist (meist Motivirrtum genannt). § 119 I betrifft also nur die Fehlerhaftigkeit der **Willensäußerung** (und § 120 der **Willensübermittlung**), aber nicht der **Willensbildung**.

Gegenüber diesem Unterschied hat die Unterscheidung zwischen den (ohnehin ineinander übergehenden) Fällen des § 119 I nur zweitrangige Bedeutung: Beim **Erklärungsirrtum** (Irrung) setzt der Erklärende ein anderes Erklärungszeichen, als er gewollt hat (Versprechen, Verschreiben; § 119 I Fall 2). Beim **Inhaltsirrtum** dagegen wird zwar das gewollte Erklärungszeichen gesetzt, doch bedeutet dieses etwas anderes, als der Erklärende gemeint hat, § 119 I Fall 1 (auch Bedeutungsirrtum genannt).

Beide Fälle werden ja in § 119 I auch gleich behandelt. Daher sind lange Ausführungen darüber, welcher Fall vorliegt, bloß Zeitverschwendung. Wichtig ist allein, daß der Irrtum nicht bloß die Willensbildung betrifft!

132a   Unter § 119 I gehört insbesondere auch folgender Fall: Ein Notar nimmt in eine Urkunde zusätzlich eine nicht verabredete Klausel auf. Die betroffene Partei bemerkt das beim Verlesen der Urkunde nicht und genehmigt diese daher. Hier hatte die ältere Rspr. Nichtigkeit angenommen, da für die zusätzliche Klausel die nach § 13 BeurkundungsG nötige wirksame Genehmigung fehle. Doch hat *BGHZ 71, 260 ff.* das mit Recht nicht übernommen: Die Genehmigung decke objektiv auch die zusätzliche Klausel; die Bindung könne daher nur durch Anfechtung wegen Irrtums über die Bedeutung der Genehmigung beseitigt werden.

2. Weitere Fallgruppen

133   Diese nur durch § 119 II gemilderte Unbeachtlichkeit des Motivirrtums nach dem BGB wird oft für unbefriedigend gehalten. Daher hat insbesondere das RG den § 119 I auf (im einzelnen nicht klar abgegrenzte) Irrtumsgruppen erweitert:

a) Rechtsfolgeirrtum*

Bsp. (ähnlich *RGZ 62, 201 ff.* und öfter): Der Konkursverwalter verlangt bei einem beiderseits noch nicht voll erfüllten gegenseitigen Vertrag Erfüllung zur Masse. Damit bewirkt er nach §§ 17, 59 Nr. 2 KO, daß die Forderung des Vertragspartners auf die Gegenleistung zur Masseschuld wird (vgl. unten Rdnr. 233). Das RG hat hier unterschieden: Habe der Konkursverwalter nicht gewußt, daß der Gemeinschuldner die Gegenleistung noch schulde, liege ein nach § 119 I beachtlicher Irrtum vor. Habe der Konkursverwalter dagegen bloß die gesetzliche Regelung nicht gekannt, so sei das ein unbeachtlicher Motivirrtum.

---

*   Dazu etwa *Flume* § 23, 4 d; *Larenz,* AT § 20 II a am Ende; *Brox* AT Rdnr. 377; *Medicus,* AT Rdnr. 750 f.

Die Beachtlichkeit des Irrtums nach § 119 I ist hier in jedem Fall abzulehnen. Allerdings soll kraft der Privatautonomie eine Rechtsfolge deshalb eintreten, weil sie gewollt ist. Ihr Eintritt soll daher nach § 119 I rückgängig gemacht werden können, wenn er bloß scheinbar gewollt war. Aber das gilt nur für die Rechtsfolgen, auf die sich die Willenserklärung richtet. Dagegen gilt es nicht für Rechtsfolgen, die erst das Gesetz an die Willenserklärung knüpft. Sie sind nicht kraft Willens richtig, sondern »von Rechts wegen«. So könnte etwa niemand einen Vertrag deshalb anfechten, weil er nicht gewußt hat, daß er bei zu vertretender Vertragsverletzung Schadensersatz leisten muß. Und das gilt — entgegen dem RG — unabhängig davon, ob der Motivirrtum eine Tatsache (im Bsp. das Ausstehen der Gegenleistung) oder eine Rechtsnorm (im Bsp. die §§ 17, 59 Nr. 2 KO) betrifft.

Anders liegt es aber, wenn die Rechtsfolge in die Erklärung selbst aufgenommen worden ist: Dann wird, wenn der andere Partner zugestimmt hat und die Rechtsfolge möglich ist, diese selbst Vertragsinhalt. Sonst ist die Erklärung wegen inneren Widerspruchs (**Perplexität**) unwirksam, wenn sich der Widerspruch nicht durch Auslegung beheben läßt (was der Richter zunächst versuchen muß: *BGH* NJW 1986, 1035 f.).

Solche Perplexität käme etwa in Betracht, wenn der Konkursverwalter seinem Erfüllungsverlangen hinzugefügt hätte, der Partner solle bloß eine gewöhnliche Konkursforderung erhalten: Läßt der Partner sich darauf ein, gilt diese Regelung. Läßt er sich nicht darauf ein, so hat der Konkursverwalter die Erfüllung nicht widerspruchsfrei und damit nicht wirksam verlangt; die Masse hat daher keinen Erfüllungsanspruch.

Anderes Bsp. (ähnlich *RGZ 88, 278 ff.*): Auf dem Grundstück des E sind drei Hypotheken eingetragen. Die erstrangige ist zur Eigentümergrundschuld geworden. E beantragt beim Grundbuchamt, diese Eigentümergrundschuld zu löschen und statt dessen die dritte Hypothek im ersten Rang einzutragen. Das ist rechtlich unmöglich: Bei wirksamer Löschung der Eigentümergrundschuld rückt die zweite Hypothek kraft Gesetzes nach (Prinzip des gleitenden Ranges).

Das RG hat hier angenommen, E habe mit dem Löschungsantrag konkludent auch die Aufgabe seiner Eigentümergrundschuld nach § 875 I erklärt. Das habe er nicht tun wollen, daher gelte § 119 I. Richtiger *Flume* S. 468: Die Erklärung des E enthält zwei miteinander unvereinbare Rechtsfolgen (Aufhebung der Eigentümergrundschuld; Nichtnachrücken der zweiten Hypothek). Die Erklärung ist daher ohne Anfechtung wirkungslos; ebenso die Löschung im Grundbuch, weil die nach § 875 I nötige wirksame Aufgabeerklärung des Berechtigten fehlt.

b) Kalkulationsirrtum*

134 (1) Bei einem Bauvertrag errechnet der Unternehmer U die für sein Angebot maßgeblichen Kosten richtig. Er verschreibt sich jedoch beim Angebot und bietet für 120 000,— DM anstatt für 210 000,— DM.

(2) Die Kalkulation des U ist rechnerisch richtig; auch entspricht sein Angebot dem Rechnungsergebnis. Aber die Kalkulationsgrundlage ist falsch (z. B. U hat Fließsand an der Baustelle nicht berücksichtigt, der eine besonders aufwendige Fundamentierung erfordert).

(3) U hat zwar die richtige Kalkulationsgrundlage, er verrechnet sich aber und bietet aufgrund des Rechenfehlers zu niedrig an.

Hier liegt bei (1) ein nach § 119 I beachtlicher **Erklärungsirrtum** vor. Das RG (z. B. *RGZ 64, 266 ff.*) hat aber auch bei (2) und (3) einen nach § 119 I beachtlichen Irrtum (Kalkulationsirrtum) angenommen, wenn die Kalkulation zum Gegenstand der Vertragsverhandlungen gemacht und das geforderte Entgelt als Ergebnis der Kalkulation dargestellt worden war (sog. **offener Kalkulationsirrtum**). Das wird von *BGH* Betr. 1986, 962 offengelassen, aber sonst mit Recht überwiegend abgelehnt. Denn beim Kalkulationsirrtum decken sich Wille und Erklärung, nur ist der Wille fehlerhaft gebildet worden. Daher liegt bloß ein Motivirrtum vor. In Betracht kommt freilich eine Pflicht des Erklärungsgegners, den Erklärenden auf den vor dem Vertragsabschluß erkannten Kalkulationsirrtum hinzuweisen (mögliche Verletzungsfolge: ein Schadensersatzanspruch aus culpa in contrahendo). — Auch im Ergebnis ist die Argumentation des RG bedenklich: Soll etwa bei einem Rechenfehler die Hilfe für U wirklich davon abhängen, ob er die Kalkulation zum Gegenstand der Vertragsverhandlungen gemacht hat? Vielmehr wird zu unterscheiden sein:

Bei (2) kann § 119 II vorliegen (Irrtum über eine wesentliche Eigenschaft des zu errichtenden Werkes). Es kann auch ein Anspruch aus **culpa in contrahendo** gegen den Besteller in Betracht kommen, wenn dieser schuldhaft falsche Angaben über den Bauplatz gemacht hat. Notfalls ist endlich an das Fehlen der Geschäftsgrundlage zu denken (vgl. unten Rdnr. 151 ff.).

Bei (3) ist die Erklärung schon ohne Anfechtung wegen **Perplexität** nichtig, wenn die falsche Rechnung miterklärt worden ist (z. B. »Ich muß 100 cbm Erdreich bewegen. Jeder cbm kostet 100,— DM. Daher biete ich für 1000,— DM an.«). In einem derart krassen Fall kommt sogar eine **Auslegung** in Richtung auf das richtige Rechenergebnis in Betracht (vgl. unten Rdnr. 154). Andernfalls läßt sich wieder nur mit der Lehre vom Fehlen der Geschäftsgrundlage helfen (was

---

* Dazu etwa *Flume* § 23, 4 e; *Larenz*, AT § 20 II a; *Brox*, AT Rdnr. 378; *Medicus*, AT Rdnr. 757 ff.; *Wieser*, NJW 1972, 708 ff.

im Gegensatz zur Anwendung von § 119 I bedeutet, daß nur sehr wesentliche Rechenfehler beachtlich sind, vgl. unten Rdnr. 166).

IV. Irrtumsfälle nach § 119 II

Hier decken sich Wille und Erklärung. Bei der **Willensbildung** ist aber insofern ein Fehler unterlaufen, als ein Irrtum über eine verkehrswesentliche Eigenschaft einer Person oder Sache vorliegt. Daher weicht das wirtschaftliche Ergebnis der Erklärung vom Gewollten ab[3].   **135**

1. Einzelheiten

Im einzelnen ist zu § 119 II zu beachten:

a) »**Sache**« in § 119 II ist nicht in dem engen Sinne von § 90 zu verstehen. Vielmehr ist die Vorschrift unstreitig zu erweitern auf Rechte (z. B. Grundschuld, Forderung) und auf Gesamtheiten von Sachen, Rechten und Schulden (z. B. Erbschaft: *RGZ 149, 235 ff.*).   **136**

b) § 119 II spricht von »Eigenschaften **der** Person oder **der** Sache«. Gemeint sind damit nur die Personen oder Gegenstände, auf die sich die Willenserklärung bezieht. Bei den *Personen* ist das stets der Geschäftsgegner, ausnahmsweise aber auch ein Dritter: der Leistungsempfänger beim Vertrag zugunsten Dritter, der Bürge beim Hauptgeschäft. So kann etwa der Gläubiger seine Kreditzusage an den Schuldner wegen eines Irrtums über die Solvenz des Bürgen anfechten. Und bei den *Sachen* beschränkt § 119 II sich auf den Geschäftsgegenstand.   **137**

Bsp.: K kauft bei V ein Fertighaus, um es auf einem bestimmten Grundstück aufzustellen. Jedoch verweigert die Baubehörde die dazu nötige Genehmigung, weil das Haus nicht die in dieser Gegend vorgeschriebene Dachform habe. Eine Anfechtung des Kaufes durch K nach § 119 II kommt hier nur in Betracht, wenn K sich über die Dachform des gekauften Hauses geirrt hat, dagegen nicht bei einem Irrtum über die für das Grundstück geltenden Bauvorschriften.

c) Der Irrtum muß eine **Eigenschaft** der Person oder Sache betreffen.   **138**

aa) Zu diesem Merkmal »Eigenschaft« gibt es eine verzweigte und im einzelnen oft unklare **Rspr.** Sie zählt zu den Eigenschaften außer den körperlichen Eigenarten auch solche tatsächlichen oder rechtlichen Verhältnisse des Ver-

---

3 Dazu *Flume* § 24; *Larenz*, AT § 20 II b; *Brox*, AT Rdnr. 370 ff.; *Medicus*, AT Rdnr. 764 ff.

tragsgegenstandes, die vermöge ihrer Dauer wesentlichen Einfluß auf die Wertschätzung des Gegenstandes auszuüben pflegen. Unerheblich bleiben sollen dagegen die nur mittelbar die Bewertung beeinflussenden Umstände, ebenso der Wert selbst. Kurz: Nach § 119 II erheblich sind nur diejenigen dauerhaften Faktoren, die den Wert unmittelbar wesentlich zu bestimmen pflegen.

So soll nach *RGZ 149, 235 ff.* beim Kauf einer Hypothek (genauer: der hypothekengesicherten Forderung) oder Grundschuld die Ertragsfähigkeit des belasteten Grundstücks keine Eigenschaft des gekauften Rechtes sein. (Die Ertragsfähigkeit ist unmittelbar eine Eigenschaft des Grundstücks selbst; für das Recht an dem Grundstück ist sie nur eine mittelbare Eigenschaft.) Das RG hat dann freilich entsprechend seinen Regeln über den Kalkulationsirrtum die Anfechtung nach § 119 I zugelassen, weil die Ertragsfähigkeit zum Gegenstand der Vertragsverhandlungen gemacht worden war.

139   bb) Diese Rspr. muß aber schon deshalb auf Zweifel stoßen, weil das Begriffspaar unmittelbar — mittelbar fast immer unscharf und mehrdeutig ist. So kann man bei *RGZ 149, 235* die Dinge auch anders sehen: Das Pfandrecht ist hier ein Sicherungsmittel; wieviel Sicherheit es gibt, hängt unter anderem von der Ertragsfähigkeit des belasteten Grundstücks ab. Von der für den Käufer wesentlichen Sicherheit her gesehen betrifft sein Irrtum also eine Eigenschaft des Pfandrechts selbst.

Daher hat *Flume* § 24, 2 b—d eine **andere Abgrenzung** vorgeschlagen: Ein Eigenschaftsirrtum sei dann beachtlich, wenn sich das Rechtsgeschäft »auf die Sache oder Person als eine solche mit der bestimmten Eigenschaft bezieht« (S. 477). Diese Beziehung könne sich entweder aus den Erklärungen der Parteien oder aus dem Geschäftstyp ergeben. Der nach § 119 II beachtliche Irrtum erscheint so als »Irrtum über die Sollbeschaffenheit«.

Nach *Flume* könnte also in dem Fall von *RGZ 149, 235* § 119 II eingreifen: Die Frage ist nur, welches Maß an Sicherheit nach dem Kauf vorausgesetzt war. Das wird sich oft aus der Höhe des Kaufpreises schließen lassen.

140   cc) Im ganzen halte ich die Ansicht *Flumes* für vorzugswürdig (anders *Larenz*, AT § 20 II b). Denn sie trägt am besten dem Gedanken der Privatautonomie Rechnung: Die Parteien selbst können bestimmen, auf was es ihnen ankommt. Andererseits müssen sie das aber auch, soweit ihnen nicht das dispositive Gesetzesrecht diese Aufgabe abnimmt. Damit wird vermieden, daß nicht im Rechtsgeschäft objektivierte Parteivorstellungen über § 119 II Erheblichkeit gewinnen.

141   d) Daraus folgt für das letzte Tatbestandsmerkmal des § 119 II, nämlich für die **Verkehrswesentlichkeit** der Eigenschaft: Sie reduziert sich auf die Geschäftswesentlichkeit. Aber im Grunde kann insoweit auch nach der Ansicht des RG (oben Rdnr. 138) nicht anders entschieden werden: Der Verkehr beurteilt eben die Wesentlichkeit einer Eigenschaft nur in Bezug auf ein bestimmtes

Geschäft. So sind etwa Vorstrafen wegen Urkundenfälschung für eine Anstellung als Buchhalter wesentlich, für eine Anstellung als Hilfsarbeiter dagegen unwesentlich.

2. Ausschluß von § 119 II BGB

§ 119 II wird verhältnismäßig oft durch gesetzliche Sonderregelungen ausgeschlossen. So gehen beim **Kauf** und ähnlichen Verträgen die §§ 459 ff. vor, vgl. unten Rdnr. 342—345. Beim **Verlöbnis** kann nach h. M. der Irrtum über wesentliche Eigenschaften des Partners nur einen wichtigen Grund für den Rücktritt bilden, § 1298. Ausgeschlossen muß § 119 II auch bei **spekulativen Geschäften** sein, also wenn das Vorliegen der Eigenschaft als fraglich erkannt worden ist (z. B. Kauf eines Bildes von zweifelhafter Echtheit, oder *BGHZ 16, 54 ff.:* Heilwirkung eines neuartigen Ultraschallgeräts). **142**

Flume S. 490 will dem **Bürgen** die Anfechtung nach § 119 II wegen eines Irrtums über die Zahlungsfähigkeit des Hauptschuldners versagen, weil das Gesetz dieses Risiko dem Bürgen zuweise. Große praktische Bedeutung hat die Frage nicht: Regelmäßig muß der Bürge den Ausfall des Gläubigers beim Hauptschuldner über § 122 decken, wenn man die Anfechtung zuläßt.

Streitig ist das Verhältnis zwischen § 119 II und § 321, wenn beim Kreditgeschäft der Vorleistungspflichtige über die Kreditwürdigkeit der anderen Partei irrt. Nach dem Gesetz gilt § 119 II, wenn der Vermögensverfall schon bei Vertragsschluß vorliegt, und § 321, wenn er erst später eingetreten ist. *Flume* S. 487 (ebenso *Lindacher*, MDR 1977, 797 ff.) will § 321 auch auf den ersten Fall (entsprechend) anwenden und § 119 II als dadurch ausgeschlossen ansehen (insoweit teils anders *Lindacher* aaO.). Dagegen kann man einwenden: Das schon anfängliche Fehlen der Kreditwürdigkeit wiege schwerer; daher sei sachgerecht, daß der Irrende dann das gegenüber der Leistungsverweigerung nach § 321 weitergehende Recht habe, sich ganz vom Vertrag zu lösen. Andererseits erspart die Ansicht von *Flume* dem Vorleistungspflichtigen aber Ermittlungen darüber, wann die Kreditunwürdigkeit des Partners eingetreten ist. Auch kann die kurze Frist von § 121 I zu Härten führen. Daher dürfte die Ansicht von *Flume* vorzuziehen sein. **143**

V. Irrtumsfolgen

Die unverzügliche (§ 121) Anfechtung **vernichtet das Geschäft rückwirkend**, § 142. Nach einer vordringenden (vgl. *Flume* § 21, 6; *Larenz*, AT § 20 II c) Ansicht soll der Irrende sich aber an dem festhalten lassen müssen, was er **wirklich gewollt** hat (anders ohne überzeugende Gründe *Spieß*, JZ 1985, 593 ff.). **144**

Bsp.: K verschreibt sich und macht V einen Kaufantrag zu 110, während er nur 100 bieten wollte (Erklärungsirrtum). Wenn V den Kauf zu 100 gelten lassen will, ist K nach der genannten Ansicht hieran gebunden. Das ist richtig: Der Irrende soll nach § 119 nur von den Folgen seines Irrtums befreit, aber nicht noch freier gestellt werden. Auch bei falsa demonstratio, also wenn V den K richtig verstanden hätte, wäre K ja an das Gewollte gebunden.

145   Die Anfechtung führt zur **Schadensersatzpflicht** nach § 122. Das ist kein »echter« Fall der culpa in contrahendo, weil § 122 kein Verschulden des Irrenden voraussetzt. Auch der Anspruchsausschluß nach § 122 II weicht von dem sonst geltenden § 254 ab.

Raum bleibt neben § 122 II für § 254 jedoch, wo es um den Umfang und nicht um den Grund des Anspruchs geht: Etwa wenn der Anfechtungsgegner die Höhe seines Vertrauensschadens selbst verschuldet hat (z. B. durch Unterlassen eines rechtzeitigen Deckungsgeschäfts). Übrigens meint auch das den Anspruch ausschließende »Kennenmüssen« in § 122 II nur die Evidenzfälle, vgl. oben Rdnr. 116.

Der Irrende haftet, weil er durch seine Erklärung das Vertrauen des anderen Teils *veranlaßt* hat. Nun kann aber dieser andere Teil zunächst seinerseits den Irrtum des Anfechtenden veranlaßt haben (z. B. in dem Fall von unten Rdnr. 329). Das soll auch bei Schuldlosigkeit des anderen Teils entsprechend § 254 zu berücksichtigen sein, weil der Anfechtende gleichfalls schon bei schuldloser Veranlassung hafte. So *BGH* NJW 1969, 1380; mir ist das zweifelhaft.

VI. Sonderregelungen des Irrtums

146   Solche Sonderregelungen finden sich außer etwa in § 32 EheG vor allem im *Erbrecht*[4]. Die wichtigsten Sonderregeln, die nicht nur die Form der Anfechtung betreffen, sind die folgenden:

1. §§ 2078 ff., 2281 ff. BGB

Im Erbrecht sind Verkehrs- und Vertrauensschutz weniger dringlich als bei Rechtsgeschäften unter Lebenden. Zudem sind Testamente regelmäßig frei widerruflich (§ 2253); insoweit ist ein Anfechtungsrecht für den Erblasser unnötig. Endlich leiden unter einem Irrtum des Erblassers meist Dritte, nämlich die Personen, die ohne den Irrtum bedacht worden wären. Daher bedarf es für Ver-

---

4 Dazu *Schubert-Czub*, Die Anfechtung letztwilliger Verfügungen, JA 1980, 257 ff.; 334 ff.

fügungen von Todes wegen weitgehend einer Sonderregelung. Dabei betreffen die §§ 2078 ff. die Anfechtung durch eine Person, die durch den Irrtum des Erblassers benachteiligt worden ist, und die §§ 2281 ff. die Anfechtung durch den Erblasser selbst. Diese ist nur sinnvoll, wo der Erblasser nicht frei widerrufen kann, also in erster Linie beim Erbvertrag. Doch sind die §§ 2281 ff. trotz ihrer Einordnung in das Recht des Erbvertrages auch beim gemeinschaftlichen Testament (§ 2265) anzuwenden, soweit dieses nach § 2271 bindend geworden ist.

Bsp.: Die Eheleute M und F haben sich in einem gemeinschaftlichen Testament gegenseitig zu Erben und das gemeinsame Kind K zum Erben des Letztversterbenden (also zum Schlußerben) eingesetzt, vgl. § 2269 I. M stirbt. Wenn F jetzt nicht die Erbschaft nach M ausschlägt, ist sie an die Einsetzung des K gebunden, § 2271 II. Sie kann aber nach §§ 2281 I, 2079, 2303 II ihre Verfügung (also die Erbeinsetzung von K) anfechten, wenn sie erneut heiratet. Dann wird freilich nach § 2270 auch die Verfügung des M hinfällig: F ist jetzt nicht mehr Alleinerbin des M, sondern dieser wird kraft Gesetzes beerbt.

Im einzelnen ist die erbrechtliche Irrtumsregelung vielfach großzügiger als diejenige durch §§ 119 ff.:

a) Auch jeder **Motivirrtum** ist beachtlich.

b) Erheblich sind sogar **unbewußte Erwartungen,** also bloßes Nichtbedenken eines Umstandes, vgl. § 2079.

c) Die »verständige Würdigung des Falles« (§ 119 I) spielt keine Rolle: Von Todes wegen darf man **unverständig** sein.

d) Die **Anfechtungsfristen** sind nach §§ 2082, 2283 (vgl. aber § 2285) günstiger als nach § 121 I (»unverzüglich«).

e) Die **Schadensersatzpflicht** nach § 122 gilt nicht, § 2078 III, nicht einmal beim Erbvertrag oder beim gemeinschaftlichen Testament.

2. § 1949 BGB

§ 1949 I läßt bei der Annahme der Erbschaft den bloßen Motivirrtum über den Berufungsgrund zur Nichtigkeit führen.

147

§ 1949 I braucht man übrigens nicht, wenn die Annahme nur durch Verstreichenlassen der Ausschlagungsfrist erfolgt, § 1943. Denn diese Frist beginnt nach § 1944 II erst mit der Kenntnis des wahren Berufungsgrundes.

Gleichfalls Nichtigkeit bewirkt *§ 1949 II* für die Ausschlagung, da diese sich im Zweifel nur auf die dem Erben bekannten Berufungsgründe erstreckt. § 1949 beruht jedoch auf einer unbedachten Übernahme gemeinen Rechts (wo Irrtum noch zur Nichtigkeit führte). Man sollte die verfehlte Vorschrift dadurch einschränken, daß man sie nicht anwendet, wenn der Berufungsgrund dem Erben gleichgültig ist (*Heinr. Lange-Kuchinke* § 8 VII 1 d).

3. §§ 1954, 2308 BGB

148 § 1954 enthält keine Sonderregelung hinsichtlich des Anfechtungsgrundes, sondern nur hinsichtlich der Fristen: Diese sind den Ausschlagungsfristen in § 1944 I, III angepaßt.

Wichtiger Fall von § 1954: Anfechtung der Annahme (auch bei bloßer Versäumung der Ausschlagungsfrist, § 1956; entsprechend auch bei Annahme durch schlüssiges Verhalten, sog. pro herede gestio) wegen Irrtums über die Überschuldung des Nachlasses. Ein solcher Irrtum wird seit *RGZ 149, 235 ff.* (vgl. *RGZ 158, 50 ff.*) als nach § 119 II beachtlich angesehen.

Nicht dagegen genügt für § 119 II der Irrtum über Beschränkungen oder Beschwerungen des Erben (vgl. § 2306); diese bilden keine Eigenschaft des Nachlasses. Hier hilft aber § 2308 dem Pflichtteilsberechtigten: Dieser soll die Ausschlagung der Erbschaft anfechten können, wenn sie wegen einer solchen irrtümlich angenommenen Beschränkung oder Beschwerung erfolgt ist.

Bsp.: Der Witwer W hat sein einziges Kind K, das nach der gesetzlichen Erbfolge Alleinerbe wäre, zwar zu $^3/_4$ als Erbe eingesetzt, aber Testamentsvollstreckung angeordnet. (Wäre K nur zu $^1/_2$ als Erbe eingesetzt, wäre die Anordnung der Testamentsvollstreckung nach § 2306 I 1 unwirksam.) K schlägt deshalb nach § 2306 I 2 aus, um den Pflichtteil zu erhalten. Zur Zeit der Ausschlagung war aber, was K nicht wußte, der Testamentsvollstrecker gestorben; nach § 2225 war daher die Testamentsvollstreckung erloschen. K kann jetzt die Ausschlagung der Erbschaft nach § 2308 I anfechten: Er erhält dann die ihm zugewendeten drei Viertel ohne Beschränkung, während er ohne die Anfechtung nur den Wert der Hälfte der Erbschaft erhielte, §§ 2306 I 2, 2303 I 2, 1924, 1930.

VII. Probleme des § 123 BGB

149 Von den bei § 123 auftretenden Fragen seien hier zwei herausgegriffen: die nach dem »Dritten« bei § 123 II BGB und die nach dem Verhältnis der Anfechtung zu einem Schadensersatzanspruch aus Verschulden bei Vertragsverhandlungen.

1. »Dritter« bei § 123 BGB

Eine durch **Drohung** veranlaßte Willenserklärung kann unabhängig davon angefochten werden, von wem diese Drohung stammt, § 123 I. Bei der **arglistigen Täuschung** gilt Gleiches nur für die nicht empfangsbedürftige Willenserklärung. Eine empfangsbedürftige Willenserklärung dagegen kann wegen einer von einem Dritten verübten Täuschung nach § 123 II 1 nur dann angefochten werden, wenn der Erklärungsgegner die Täuschung kannte oder kennen mußte. Hieraus folgt die praktisch bedeutsame Frage, wer in diesem Sinne Dritter ist. Das zeigen die folgenden Beispiele:

(1) *BGHZ 33, 302ff.*: Verkäufer V und Käufer K vereinbaren einen von der Bank B zu finanzierenden Ratenzahlungskauf. Dabei stehen V und B für solche Finanzierungen in dauernder Geschäftsverbindung. Infolge einer arglistigen Täuschung durch V gibt K in dem an B gerichteten Darlehensantrag wahrheitswidrig an, V habe die gekaufte Ware bereits geliefert. B nimmt den Antrag an und zahlt das Darlehen für Rechnung des K dem V aus. Dieser liefert nicht und fällt in Konkurs. B verlangt von K Rückzahlung des Darlehens; K ficht demgegenüber den Darlehensvertrag wegen der arglistigen Täuschung durch V an.

(2) *BGH* LM § 123 Nr. 30: S erbittet von G ein Darlehen. Dieser verlangt jedoch die Beibringung eines Bürgen. S schwindelt dem D erhebliches Vermögen vor und veranlaßt diesen so zur Übernahme der Bürgschaft. Von G in Anspruch genommen, will D seine Bürgschaftserklärung wegen der arglistigen Täuschung durch S anfechten.

In beiden Fällen hängt die Entscheidung davon ab, ob man den Täuschenden (V oder S) im Verhältnis zum Erklärungsempfänger (B oder G) als Dritten ansieht: Nur wenn man das nicht tut, kann sich jeweils der Beklagte seiner vertraglichen Zahlungspflicht durch Anfechtung nach § 123 entledigen.

Unzweifelhaft ist »Dritter« nicht etwa jeder außer dem Erklärungsempfänger. So ist nicht Dritter der Vertreter des Erklärungsempfängers; das gilt nach Genehmigung auch für den Vertreter ohne Vertretungsmacht (*RGZ 76, 107ff.*). Wenn ein solcher Vertreter getäuscht hat, kann der Erklärende also in jedem Fall anfechten. Überhaupt schränkt die neuere Rspr. den Begriff des »Dritten« immer stärker ein und erweitert so die Anfechtungsmöglichkeit nach § 123: Dritter soll nicht sein, wer **Vertrauensperson des Erklärungsempfängers** ist (ähnlich *Schubert*, AcP 168, 1968, 470ff.) oder diesem sonst nach Treu und Glauben zugerechnet wird (*BGH* NJW 1978, 2144f., ähnlich *BGH* BB 1979, 597f.). So hat der BGH im Fall (1) den Verkäufer V im Verhältnis zu der finanzierenden Bank B nicht als Dritten angesehen und daher die Anfechtung durch K zugelassen. Später haben *BGHZ 47, 224ff.*; *BGH* NJW 1970, 701 ff. in solchen Fällen sogar auch auf das zunächst geforderte Merkmal einer dauernden Geschäftsbeziehung zwischen B und V verzichtet (vgl. *Stötter*, NJW 1983, 1302ff.).

Man kommt so beim **fremdfinanzierten Abzahlungskauf** (B-Geschäft) zu einem recht wirksamen Käuferschutz. Andere Wege hierhin sind die entsprechende Anwendung von § 6 AbzG auf den vom Kauf getrennten Darlehensvertrag (vgl. unten Rdnr. 776) oder die Annahme von Aufklärungspflichten der Bank gegenüber dem Käufer: Wenn sich die Bank zur Erfüllung dieser Pflichten des Verkäufers als ihres Gehilfen bedient, haftet sie für dessen Verschulden aus § 278 (meist in Verbindung mit positiver Vertragsverletzung oder culpa in contrahendo). Dieser letzte Weg hat aber den Nachteil, daß die Haftung grundsätzlich abdingbar ist (einschränkend aber § 11 Nr. 7 AGBG) und nicht die Verletzung von Pflichten erfaßt, die nur dem Verkäufer und nicht auch der Bank obliegen. Eigene Aufklärungspflichten der Bank bejaht unter Umständen *BGH* NJW 1979, 2092ff. Vgl. allgemein zum B-Geschäft *Esser*, Tübinger Festschr. Kern (1968) 87ff.

Der BGH hat sogar im Fall (2) den Hauptschuldner S im Verhältnis zum Bürgen D als Vertrauensperson des Gläubigers G erwogen. Aber das geht zu weit[5]. Denn S und G stehen auf verschiedenen Seiten. Insbesondere nimmt S, wenn er sich um einen Bürgen bemüht, nicht die Interessen des G wahr, sondern eigene: Wenn sich kein Bürge findet, erhält S den Kredit nicht.

2. Verhältnis von § 123 BGB und culpa in contrahendo

150   Fraglich ist auch das Verhältnis zwischen § 123 und Ersatzansprüchen aus culpa in contrahendo: Diese Ansprüche entstehen ja regelmäßig schon aus bloß fahrlässigem Verhalten und unterliegen der gewöhnlichen Verjährung nach § 195. Danach scheint es, als könne so der durch fahrlässige Irreführung zum Vertragsschluß Veranlaßte aus c.i.c. über § 249 S.1 dreißig Jahre lang die Aufhebung des Vertrages fordern. Der BGH (etwa NJW 1984, 2014/2015; NJW-RR 1988, 744, für rechtswidrige Drohung auch *BGH* NJW 1979, 1983 f.) hat das in der Tat zugelassen. Andererseits hat er bei fahrlässig falschen Angaben oder Nichtangaben über eine Eigenschaft der *verkauften* Sache einen auf c.i.c. gestützten Schadensersatzanspruch abgelehnt: Die §§ 459 ff. und insbesondere § 463 seien insoweit abschließend (*BGHZ 60, 319 ff.*: Der Verkäufer verschweigt, daß ein zusammen mit dem verkauften Grundstück eingefriedeter Uferstreifen nicht zu diesem gehört). Die *Literatur* zur »fahrlässigen Täuschung« ist uneinheitlich: *Larenz*, AT § 20 IV a und Festschr. Ballerstedt 1975, 397/411 billigt den Schadensersatzanspruch aus c.i.c. auf Rückgängigmachung des Vertrages als Rechtsfortbildung. *Schubert*, AcP 168 (1968), 504 ff. will den Ersatzanspruch dadurch mit § 123 vereinbaren, daß er einen verschiedenen Schutzzweck annimmt: § 123 schütze die Willensfreiheit, der Ersatzanspruch dagegen das Vermögen (was nicht zutrifft: Der auf Naturalrestitution nach § 249 S.1 gerichtete Ersatzanspruch ist von einem *Vermögens*schaden unabhängig, arg. § 253 mit unten Rdnr. 821). *Hartwieg*, JuS 1973, 733 ff. will den Ersatzanspruch nur unter besonderen, engen Voraussetzungen gewähren. *D. Liebs*, AcP 174 (1974) 26 ff. endlich hält einen solchen Anspruch für unnötig.

Ich selbst möchte jetzt[6] einen Mittelweg vorschlagen: Zunächst darf man mit *BGHZ 63, 382/388* Arglist auch bei **Angaben »ins Blaue hinein«** bejahen und damit den Anwendungsbereich von § 123 ausweiten (zugleich den von § 477 beschränken): So wenn der Verkäufer eines Pkw »Unfallfreiheit« zusichert, obwohl er weder den Wagen untersucht noch sich nach dessen Vorgeschichte erkundigt hat. Darüber hinaus wird c.i.c. dann zu bejahen sein, wenn den fahr-

---

5   So *Flume* § 29, 3; *Larenz*, AT § 20 IV a und später auch der BGH selbst: LM § 123 BGB Nr. 31; NJW 1968, 986 f.
6   Zurückhaltender bis zur 7. Aufl. und in JuS 1965, 209 ff.

lässig eine unrichtige Auskunft gebenden Vertragspartner eine **besondere Auskunftspflicht** trifft. Diese kann sich insbesondere auch daraus ergeben, daß er die »Beratung« als Werbeargument verwendet.

Ein anderes Bsp. für eine Auskunftspflicht bietet der Fall von *BGH* NJW 1978, 41 f.: Ein Erdölunternehmen wollte seine Abwässer nach einem neuen Verfahren beseitigen. Daher vereinbarte es mit dem Bauern B, daß es die Abwässer gegen ein geringes Entgelt in Sickerbrunnen auf dem Land des B leiten durfte. Das Abwasser schädigte den Boden. Hier hat der BGH mit Recht angenommen, E sei wegen seiner besonderen Sachkunde dem B zur Aufklärung über die mögliche Gefahr verpflichtet gewesen.

Nur sollte man eine Aufklärungspflicht nicht schon schlechthin aus dem »Eintritt in Vertragsverhandlungen« herleiten, sondern sie an eine Art Garantenstellung knüpfen: Sonst würden die Grenzen der §§ 123, 124 völlig niedergerissen, ohne daß die strengen Erfordernisse einer richterlichen Gesetzeskorrektur (nicht bloß Lückenfüllung!) so allgemein vorlägen.

Wieder etwas anders liegt der Fall von *BGH* NJW 1969, 1625 f. Dort hatte ein Makler die Erteilung eines Alleinauftrages durch einen zögernden Kunden mit der Beteuerung erreicht, dieser Alleinauftrag sei nur Formsache; er — der Makler — sei gar nicht so. Später verlangte der Makler aber doch strikte Durchführung. Auch hier hat der BGH dem Kunden bei bloßer Fahrlässigkeit des Maklers mit einem Ersatzanspruch aus c.i.c. helfen wollen. Aber das ist unnötig: In solchen Fällen ergibt schon die *Auslegung*, daß der Alleinauftrag den Kunden nicht bindet, wo das eine Härte bedeutete.

§ 7   Die Geschäftsgrundlage*

I. Vorfragen

1. Entstehung der Lehre

Die Lehre von der Geschäftsgrundlage (GG) wird im Privatrecht unter verschiedenen Bezeichnungen seit mehr als hundert Jahren diskutiert (spätestens seit *Windscheid*, Die Lehre des röm. Rechts von der Voraussetzung, 1850). Heute gibt es eine große Zahl von Spielarten dieser Lehre, die sich allerdings in den Formulierungen stärker unterscheiden dürften als in den Ergebnissen. Ei-   **151**

---

* Vgl. *Gernhuber*, BR § 35; *Chiotellis*, Rechtsfolgenbestimmung bei Geschäftsgrundlagenstörungen in Schuldverträgen (1981; auch gute Übersichten zu anderen Fragen der GG); *Wieling*, Entwicklung und Dogmatik der Lehre von der Geschäftsgrundlage, Jura 1985, 505 ff.

nigkeit besteht jedenfalls darüber, daß der allgemeinen Billigkeitslehre von der GG gesetzliche Sonderregeln vorgehen (etwa _Gernhuber_, BR § 35 VI 1a): Jedes voreilige Heranziehen dieser Lehre würde die speziellen Rechtsbehelfe verfehlen (vgl. unten Rdnr. 153 ff.).

2. Große und kleine Geschäftsgrundlage

152 Die Lehre von der GG unterscheidet häufig zwei Fallgruppen: die »große« und die »kleine« GG. Dabei versteht man unter »großer GG« die Auswirkungen von Sozialkatastrophen (Kriegs-, Inflationsfolgen usw.); _Flume_ § 26, 6 spricht hier von »Einwirkungen der Sozialexistenz«. Anläßlich solcher Fälle ist die Beachtlichkeit des Wegfalls der GG von den Gerichten zuerst in weitem Umfang anerkannt worden (etwa die Aufwertungsrspr. des RG). Doch geht es hier meist nur darum, die Zeit bis zum Eingreifen des Gesetzgebers zu überbrücken.

So sind etwa die Folgen des Zweiten Weltkrieges nach und nach geregelt worden durch die Gesetze über Lastenausgleich, Währungsumstellung, Wertpapierbereinigung, Vertragshilfe, Investitionshilfe und andere.

Allerdings sind die Grenzen zur »kleinen« GG — schon angesichts der weltwirtschaftlichen Verflechtung und der fortlaufenden Geldentwertung — fließend geworden. Daher bringt die Unterscheidung zwischen den beiden Formen der GG wenig. Bei wirklichen »Sozialkatastrophen« nach der Art des deutschen Zusammenbruchs von 1945 werden freilich allgemeine Regeln über die Geschäftsgrundlage nicht viel nützen können (ähnlich _Gernhuber_, BR § 35 I 8).

II. Abgrenzung der Geschäftsgrundlage

1. Vorrangige Sonderregeln

153 Die Abweichung der Wirklichkeit von den Vorstellungen oder Erwartungen der Parteien wird in vielen Einzelvorschriften berücksichtigt. Beispiele sind die §§ 306—309, 321, 459 I 1, 519, 528, 530, 610, 775 I Nr. 1 und 2, 779, 1612 a, 2077, 2079. Als nur in Spezialbestimmungen (§§ 626, 723 I 2; 3) geregelter, aber allgemein anerkannter Fall ist auch das Kündigungsrecht aus wichtigem Grund bei Dauerschuldverhältnissen zu nennen; vgl. auch § 60 VerwaltungsverfahrensG für öffentlichrechtliche Verträge. Im — möglicherweise durch Analogie erweiterten — Anwendungsbereich dieser Vorschriften hat die Lehre von der GG nichts zu suchen. Hier erübrigt sich auch die Frage, ob diese Fälle »eigentlich« solche des Fehlens oder Wegfalls der GG sind.

2. Vorrang der Auslegung

Auch durch Auslegung kann ein Vertrag der Wirklichkeit angepaßt werden. Wo **154**
das möglich ist, braucht die Lehre von der GG nicht angewendet zu werden.

RGZ 105, 406 ff. (Rubelfall): G hat dem S 1920 in Moskau 30 000 Rubel als Darlehen gegeben. Beide gingen davon aus, ein Rubel sei nach dem geltenden Umrechnungskurs 25 Pfennig wert. Daher stellte S dem G Schuldscheine über 7500,— M aus. In Wahrheit entsprach der Rubel damals aber nur etwa einem Pfennig.
Das RG hat die Anfechtbarkeit der Schuldscheine nach § 119 I bejaht. Heute wird der Fall bisweilen als Bsp. für das Fehlen der GG genannt.

Möglich und vorzugswürdig ist aber folgende Lösung (vgl. *Flume* § 26, 4 a): Die Parteien haben hier eine zweiteilige Vereinbarung getroffen. Es sollte nämlich einerseits das Darlehen zum richtigen Kurswert des Rubels in deutscher Währung zurückgezahlt werden; andererseits wurde dieser Kurswert falsch angenommen und so ein Rückzahlungsbetrag von 7500,— M festgesetzt. Beide Teile widersprechen sich. In solchen Fällen inneren Widerspruchs ist durch Auslegung zu ermitteln, welcher der beiden widersprüchlichen Teile den Vorrang haben soll. Das ist hier die Rückzahlung zum wirklichen Kurswert. S schuldet also nur 300,— M.

Allerdings kann diese Auslegung nicht auch die »Schuldscheine« ergreifen, wenn diese abstrakte Schuldversprechen darstellen. Aber sie sind, soweit sie 300,— M übersteigen, rechtsgrundlos geleistet (vgl. § 812 II). Insoweit können sie, weil durch keine Kausalabrede gedeckt, kondiziert werden; einer Klage aus ihnen steht die Einrede nach § 821 entgegen (vgl. unten Rdnr. 741).

3. Perplexität

Wenn die Auslegung für keinen der beiden widersprüchlichen Teile einen Vor- **155**
rang ergibt, ist das Rechtsgeschäft regelmäßig wegen Perplexität nichtig (vgl. oben Rdnr. 133). Die Lehre von der GG braucht man auch hier nicht.

BGHZ 47, 376 ff.: G hat einer KG eine Forderung unter dem Vorbehalt erlassen, daß er deren Komplementär S auch weiter in Anspruch nehmen wolle. Der BGH hat aber die Möglichkeit eines solchen auf die Gesellschaft beschränkten Erlasses trotz § 423 verneint: Damit würde nämlich die Stellung des weiterhaftenden Gesellschafters verschlechtert, weil dieser sich nun entgegen §§ 161 II, 129 HGB nicht mehr auf die Einwendungen und Gestaltungsrechte der Gesellschaft berufen könne.

Wenn man dieser Auffassung des BGH folgt[1], ist der Erlaßvertrag in sich widersprüchlich: Die Befreiung der Gesellschaft und die Forthaftung des Gesellschafters passen nicht zusammen. Wenn dann die Auslegung nicht weiterhilft, muß man ihn wegen Perplexität für nichtig halten.

Der BGH aaO. 381 hat Fehlen der GG angenommen. Demgegenüber spricht aber für das Vorliegen eines Nichtigkeitsgrundes schon, daß hier eine Aufrechterhaltung des Vertrages mit geändertem Inhalt (vgl. unten Rdnr. 168) sinnlos wäre. Im Ergebnis hat denn auch der BGH Unwirksamkeit des Erlasses angenommen.

4. Abgrenzung zur Unmöglichkeit

156 Auch anfängliche und nachträgliche Unmöglichkeit gehen den Regeln über die GG vor. Allerdings bestehen hier mannigfache Berührungspunkte. Dabei lassen sich drei Fallgruppen unterscheiden: Leistungserschwerung, Zweckstörung und Äquivalenzstörung.

a) Leistungserschwerung

Bei der (freilich oft mit der Äquivalenzstörung vermengten) Leistungserschwerung ist die Leistung dem Schuldner mühsamer als vorausgesehen, jedoch nicht wirklich unmöglich. Hier kann man nach dem Grund der Erschwernis weiter unterscheiden:

157 aa) Die Erschwernis kann **immaterielle Gründe** haben (vgl. etwa *Esser-Eike Schmidt* § 22 II 1). Ein Schulfall dafür ist die Sängerin, die an dem versprochenen Auftreten durch eine schwere Erkrankung ihres Kindes gehindert wird. Die h. M. arbeitet hier mit einem aus § 242 hergeleiteten Einwand: Die unzumutbare Leistung darf verweigert, muß aber auf Verlangen des Gläubigers später erbracht werden. Obwohl § 242 sonst von Amts wegen zu beachten ist, wird man jedoch für diese Unzumutbarkeit eine *echte Einrede* annehmen dürfen: Was der Schuldner mit seinem Gewissen nicht mehr vereinbaren kann, muß er zunächst selbst sagen. So mag die Sängerin trotz der Erkrankung ihres Kindes auftreten wollen, um die Operationskosten zu verdienen. Eine Schadensersatzpflicht des die Leistung verweigernden Schuldners kommt nur bei Verschulden in Betracht.

---

1 Differenzierend, aber überwiegend dem BGH zustimmend *Flume*, PersGes § 16 II 2 b S. 291 ff., im wesentlichen auch *D. Reinicke*, NJW 1969, 2117 ff.; *ders.*, Festschr. H. Westermann (1974) 487 ff. Gegen den BGH jedoch *Buchner*, JZ 1968, 622 ff.; *Tiedtke*, Betr. 1975, 1109 ff.

bb) Die Erschwernis kann auf **wirtschaftlichen Gründen** beruhen. Hier 158 gibt es zwei rechtlich verschieden zu behandelnde Untergruppen:

Die Leistungserschwerung kann so weit gehen, daß die Leistungserbringung als wirtschaftlich sinnlos erscheint. Solche Fälle haben sich durch den Fortschritt der Technik stark vermehrt. Denn dieser macht Dinge möglich, die früher physisch unmöglich waren. So könnte man heute Schillers »Becher« auch dann wieder heraufholen, wenn er »ins Bodenlose gefallen« wäre, und hat das im Ernstfall praktiziert (im Atlantik verlorene Atombomben!). Nur wird ein solcher Aufwand regelmäßig nicht geschuldet. Wenn derart die Leistung mit den vertragsgemäßen Mitteln nicht erbracht werden kann, ist Unmöglichkeitsrecht anzuwenden. Hier darf man von **wirtschaftlicher Unmöglichkeit** sprechen (sehr streitig, vgl. *Esser-Eike Schmidt* § 22 II 2).

In den Fällen der zweiten Untergruppe ist die Leistungserschwerung weniger stark: Die Leistung wird zwar nicht wirtschaftlich sinnlos, sie belastet aber doch den Schuldner über Gebühr (das heißt über das ihm vertraglich zugedachte Risiko — die **Opfergrenze** — hinaus).

Bsp. (vgl. oben Rdnr. 134): Ein Unternehmer U verspricht ein Bauwerk zu einem Festpreis. Bei der Ausführung stellt sich jedoch überraschenderweise heraus, daß der Baugrund eine besonders aufwendige Fundamentierung nötig macht. Die Kosten für U steigen daher stark; der vereinbarte Preis wird unzureichend.

Für Sachverhalte dieser Art kann man eine besondere Kategorie der **Unerschwinglichkeit** bilden (vgl. *Esser-Eike Schmidt* § 10 III 2 f). Daran ist richtig, daß Unmöglichkeitsrecht nicht paßt. Denn es besteht kein Grund, den Vertrag über die §§ 275, 323 ohne weiteres zu negieren: Wenn U den Bau ausführen will (etwa aus Kulanz oder weil er weitere Aufträge erhofft), muß er auch die Gegenleistung verlangen können. Andererseits aber gleicht die Problematik hier der bei der Äquivalenzstörung (unten Rdnr. 161). Für beide Fallgruppen läßt sich auch kaum eine verschiedene Lösung finden. Daher möchte ich sie beide in den Bereich der GG ziehen (vgl. *Bruns*, AcP 168, 1968, 513/519).

b) Zweckstörung

Bei der Zweckstörung[2] bestehen gleichfalls zwei Untergruppen: 159

aa) Die geschuldete **Leistungshandlung kann nicht mehr vorgenommen werden**, etwa weil der Leistungserfolg anderweitig eingetreten ist. Es sei etwa das aufgelaufene Schiff, dessen Freischleppen geschuldet wird, bei einer

---

2 Dazu ausführlich *Beuthien*, Zweckerreichung und Zweckstörung im Schuldverhältnis (1969); *Köhler*, Unmöglichkeit und Geschäftsgrundlage bei Zweckstörungen im Schuldverhältnis (1971).

Sturmflut von selbst freigekommen. Hier führt nach meiner Ansicht kein Weg am Unmöglichkeitsrecht vorbei. Eine Vergütung kann man dem Bergungsunternehmer über die §§ 324 I, 645 II 1 verschaffen, wenn man das »Vertretenmüssen« des Gläubigers der Bergungsleistung entsprechend weit faßt (vgl. unten Rdnr. 269). Sonst bleibt noch der Weg, schon die Vorbereitungsmaßnahmen des Schuldners als entgeltpflichtige (§ 323 I am Ende) »Teilleistung« zu verstehen[3]. Beim Werkvertrag hilft auch § 645 I (vgl. unten Rdnr. 269).

160   bb) Die geschuldete **Leistungshandlung** vermag zwar noch vorgenommen zu werden, doch **kann** sie den **vertragsmäßigen Erfolg nicht mehr erreichen.** Der Motor eines Autos etwa versagt; vor Eintreffen des herbeigerufenen Abschleppwagens ist er jedoch wieder angesprungen. Die Lösung dieser Fallgruppe ist heftig umstritten (vgl. etwa *Larenz* I § 21 II S. 326 ff., der hier Wegfall der »objektiven« [vgl. unten Rdnr. 165] GG annimmt).

Man muß hier sicher zunächst alle Fälle ausscheiden, in denen der Erfolg den Schuldner der sinnlos gewordenen Leistung nichts angeht. So berührt es regelmäßig den Verkäufer einer als Hochzeitsgeschenk bestimmten Sache nicht, daß die Hochzeit nicht stattfindet. Die Entscheidung hierüber ist im Wesentlichen eine Frage der vertraglichen Risikoverteilung. Wo aber der Erfolg wirklich Vertragsinhalt geworden ist, wird man wieder das Unmöglichkeitsrecht anzuwenden haben. Das wird beim absoluten Fixgeschäft, das nur einen Sonderfall dieser Gruppe bildet, auch allgemein befolgt (vgl. unten Rdnr. 297): Nach Fristablauf ist die Leistung unmöglich.

So lassen sich etwa auch die vieldiskutierten Krönungszugfälle lösen: Miete eines Fensters, um den Festzug zu sehen; dieser fällt aber aus. Hier schuldete zwar der Vermieter nicht die Veranstaltung des Festzugs. Aber daß dieser stattfindet, ist doch mehr als bloß GG; zumindest würde § 537 I (»vertragsgemäßer Gebrauch«) anzuwenden sein (anders *Larenz* I § 21 II S. 327): Der Mieter braucht nicht zu zahlen.

c) Äquivalenzstörung

161   Den eigentlichen Anwendungsbereich der Lehre von der GG bildet die dritte Fallgruppe, nämlich die Äquivalenzstörung.

RGZ 100, 130 ff.: V hat an M gewerbliche Räume vermietet und zugleich die Abgabe von Wasserdampf zu einem festen Preis versprochen. Dieser Preis wird infolge der Inflation von 1922/23 völlig unzureichend.

Hier ist die Leistungshandlung des V gleichgeblieben: Der technische Vorgang der Dampfbereitung hat sich nicht verändert. Auch eine Störung des individuellen Vertragszwecks liegt nicht vor. Gestört ist wegen der Entwertung auf

---

3   *Beuthien* aaO. S. 119 ff.; 212 ff.; *Esser-Eike Schmidt* § 23 III 1 b.

der Geldseite nur das mit gegenseitigen Verträgen ganz allgemein beabsichtigte angemessene Verhältnis des Leistungsaustauschs: Hier kann bloß die Lehre von der GG helfen.

5. Motivirrtum

Der Motivirrtum überdeckt sich mit den Fällen des Fehlens der GG, wo diese in bewußten Vorstellungen über gegenwärtige Umstände besteht. Soweit es hier für den Motivirrtum eine spezialgesetzliche Regelung gibt (etwa nach §§ 119 II, 123, 2078 f. — dort sogar für Erwartungen! —), geht diese den allgemeinen Regeln über das Fehlen der GG vor. **162**

Bestritten wird das häufig für den **beiderseitigen Irrtum** (vgl. *Larenz,* AT § 20 III): Hier seien die §§ 119 ff. unbillig. Denn es beruhe auf Zufall, wer zuerst anfechte und damit nach § 122 zum Ersatz des negativen Interesses verpflichtet werde. Aber das ist so allgemein nicht richtig: Anfechten wird stets der, zu dessen Nachteil die Wirklichkeit von der gemeinsamen Vorstellung abweicht, weil nur er den Vorteil von der Anfechtung hat. Dann ist es auch nicht unbillig, wenn er diesen Vorteil mit der Pflicht zum Ersatz des negativen Interesses bezahlt (vgl. *Flume,* § 24, 4 S. 488; *Hübner,* AT Rdnr. 456). Denn im Rahmen der Privatautonomie ist regelmäßig jede Partei Hüter ihrer eigenen Interessen; was sie dabei zu ihrem Nachteil versäumt hat, mag sie auch selbst durch Anfechtung wieder in Ordnung bringen.

Bsp.: V verkauft an K einen Ring als »vergoldet«. Später stellt sich heraus, daß er aus massivem Gold besteht. Hier hätte V darauf achten müssen, daß der Ring nicht wertvoller als angegeben ist; mag er mit der Folge von § 122 anfechten (§ 119 II, vgl. *BGH* BB 1988, 1551 ff.).

Eine wesentliche Rolle spielen denn auch bei der Lehre von der GG gar nicht die Fälle eines gemeinsamen nach § 119 beachtlichen Irrtums. Vielmehr geht es überwiegend um gemeinsame, nach § 119 unbeachtliche *Motivirrtümer* oder um Fälle, in denen nur die allgemeine Vorstellung der Parteien von der Fortdauer der bestehenden Verhältnisse enttäuscht worden ist.

6. Kondiktion wegen Zweckverfehlung

Endlich ist noch die condictio ob rem (§ 812 I 2 Fall 2) von der GG zu trennen. Dieser Bereicherungsanspruch beschränkt sich auf die Fälle der Leistung ohne vorangegangene Verpflichtung: Der Erfolg, den der Leistende mit seiner Leistung vereinbarungsgemäß bezweckt, bleibt endgültig aus (vgl. unten Rdnr. 691 f.). Hier ist also der Erfolgseintritt Inhalt des Rechtsgeschäfts geworden. Dagegen sind die Umstände, die zur GG gerechnet werden, gerade außer- **163** halb des Rechtsgeschäfts geblieben. Wegen dieser Verschiedenheit der Tatbestände können beide Institute streng genommen nicht miteinander konkurrieren (anders wohl *BAG* NJW 1987, 918: Die Lehre von der GG gehe vor).

III. Die Prüfung der Geschäftsgrundlage

164   Soweit nicht nach dem eben Gesagten eine Sonderregelung eingreift, muß die Abweichung der Wirklichkeit von den Vorstellungen oder Erwartungen mindestens einer Partei unter dem Gesichtspunkt des (ursprünglichen) Fehlens oder (nachträglichen) Wegfalls der GG geprüft werden. Diese Prüfung geschieht am besten in drei Schritten:

   1. Ist der Punkt, in dem Vorstellung oder Erwartung und Wirklichkeit nicht übereinstimmen, zur GG geworden?

   2. Wiegt die Abweichung der Wirklichkeit von dieser GG so schwer, daß man sagen kann, die GG habe gefehlt oder sei weggefallen?

   3. Welche Rechtsfolgen ergeben sich aus Fehlen oder Wegfall der GG?

   Nach diesem Schema richtet sich die folgende Erörterung.

1. Was ist Geschäftsgrundlage?

a) Objektive und subjektive Geschäftsgrundlage

165   Vielfach wird unterschieden zwischen objektiver und subjektiver GG (so vor allem *Larenz*, AT § 20 III: beiderseitiger Irrtum als subjektive GG; I § 21 II: Umstände, deren Vorhandensein oder Fortdauer im Vertrage *sinngemäß* vorausgesetzt wird, als objektive GG; dem folgend *Gernhuber*, BR § 35 I 7). Aber die Grenzen zwischen beiden verschwimmen: Auch über die objektive GG ist ein gemeinsamer Irrtum möglich (und häufig). Zudem verleitet die objektive GG zur Annahme »gemeinsamer Parteizwecke«. Dabei ist jedoch Vorsicht geboten: Beim gewöhnlichen Austauschvertrag (anders bei der Gesellschaft, § 705!) verfolgt regelmäßig jede Partei nur ihre eigenen Zwecke. Daher verzichte ich im folgenden auf die Unterscheidung zwischen objektiver und subjektiver GG.

b) Elemente der Geschäftsgrundlage

165a   Annäherungsweise dürfte für die GG folgende Formel gelten: GG ist ein Umstand,

a) den mindestens eine Partei beim Vertragsschluß vorausgesetzt hat,

b) der für diese Partei auch so wichtig war, daß sie den Vertrag nicht oder anders abgeschlossen hätte, wenn sie die Richtigkeit ihrer Voraussetzung als fraglich erkannt hätte, und

c) auf dessen Berücksichtigung die andere Partei sich redlicherweise hätte einlassen müssen.

Diese Formel setzt sich aus drei Elementen zusammen: Einem realen (a), einem hypothetischen (b) und einem normativen (c). Schwierigkeiten bereitet das normative Element, weil es mit »redlicherweise« auf Treu und Glauben verweist. Diese Verweisung muß durch **Auslegung** konkretisiert werden: Jeder Vertrag verteilt Risiken zwischen den Parteien. Das kann durch spezielle Vereinbarungen (z. B. die Zusage eines Festpreises für einen langen Zeitraum) oder — häufiger — durch das dispositive Gesetzesrecht erfolgen (z. B. durch §§ 446, 447)[4]. Doch ergibt sich der Umfang des übernommenen Risikos nicht allein aus dem Vertrags**wortlaut:** Dieser ist hinsichtlich der nicht vorausgesehenen Wirklichkeit ja bloß zufällig. Erst die **Auslegung** (§§ 157, 242) kann daher die angemessene Grenze der Risikoübernahme ergeben. Wesentliche Gesichtspunkte hierfür sind neben der Verkehrssitte die Höhe der (auch als Risikoprämie aufzufassenden) Gegenleistung und die der anderen Partei erkennbare Kalkulation. Das spielt vor allem bei Äquivalenzstörungen eine Rolle.

c) Regelmäßig unbeachtliche Umstände

Nicht zur GG gehört aber regelmäßig die weitere Verwendbarkeit des Vertragsgegenstandes für den Empfänger, auch wenn die andere Partei die Zwecke des Empfängers kennt (vgl. *BGHZ 83, 283*). **165b**

Bsp.: K kauft bei V Wäsche, um sie seiner Tochter als Aussteuer zu geben. Die als bevorstehend angenommene Heirat der Tochter zerschlägt sich jedoch: Hier sind die Erfordernisse a und b der oben angegebenen Formel erfüllt. Aber c trifft nicht zu: V hatte nach Kaufrecht allenfalls Wäsche zu liefern, die sich generell als Aussteuer eignet; mit der Heirat dagegen hatte er nichts zu tun. Das Zustandekommen der Ehe ist daher nicht GG geworden. Hätte K es rechtlich erheblich machen wollen, so hätte er es als Bedingung in den Kauf einfügen müssen.

Oder *BGH* JZ 1966, 409 f. (dazu *Stötter,* JZ 1967, 147 ff.): K hat bei V Fertighäuser gekauft. Die behördliche Genehmigung zum Aufstellen der Fertighäuser auf dem dafür von K gepachteten Land wird jedoch versagt. Hier hatte V selbst eingeräumt, daß auch er den Kauf nicht abgeschlossen hätte, wenn er die Verweigerung der Genehmigung gekannt

---

4   Hierzu vor allem *Flume* § 26, 5 und für Spezialfälle *Fikentscher,* Die GG als Frage des Vertragsrisikos (1971, Bauvertrag); *Stötter,* NJW 1971, 2281 ff. (Miete); *P. Ulmer,* AcP 174 (1974) 167 ff. (staatliche Lenkungsmaßnahmen).

hätte. Der BGH hat daher die Genehmigung zur GG gerechnet. Mir ist das zweifelhaft: Bei einem normalen Kaufvertrag fällt die Verwendbarkeit der Kaufsache in den Risikobereich des K. Im Ergebnis hat der BGH auch den K nicht aus dem Vertrag entlassen, sondern ihn auf ein anderes Grundstück verwiesen.

Oder *BGH* NJW 1985, 2693 ff.: G betreibt auf einem Pachtgrundstück eine Gastwirtschaft. Für diese schließt er mit der Brauerei B einen langfristigen Getränkebezugsvertrag. Der Verpächter kündigt: Das fällt regelmäßig in den Risikobereich des G; dieser bleibt also der B verpflichtet.

Ausnahmsweise kann aber auch dieser Zweck Bedeutung haben, so im Fall von *BGH* NJW 1976, 565 ff. (dazu *Dörner*, JuS 1977, 225 ff.): Ein Fußballverein der Bundesliga hatte von einem Regionalligaverein einen Spieler übernommen und dafür 40 000 DM als Ablösung gezahlt. Der Spieler wurde dann, noch ehe er nennenswert eingesetzt werden konnte, wegen seiner Verwicklung in die »Bestechung« durch Arminia Bielefeld gesperrt. Hier hat der BGH die Einsatzfähigkeit des Spielers mit Recht zur GG gerechnet und der Klage auf Rückzahlung der Ablösesumme stattgegeben: Der Mangel des Spielers gehöre in den Risikobereich des alten Vereins, in dessen Sphäre er entstanden sei. Anders wäre dagegen zu entscheiden gewesen, wenn der Spieler bei dem neuen Verein alsbald wegen einer Verletzung ausgefallen wäre.

2. Wann fehlt die Geschäftsgrundlage oder ist sie weggefallen?

166   Nicht jede Abweichung der Wirklichkeit von einer zur GG gewordenen Voraussetzung ist rechtserheblich. Vielmehr muß diese Abweichung — und dadurch kommt in die Lehre von der GG ein weiteres Unsicherheitsmoment — so gewichtig sein, daß sie nach **Treu und Glauben Berücksichtigung verdient**: Dem benachteiligten Vertragspartner muß die Erfüllung **unzumutbar** geworden sein. Fraglich ist das vor allem bei der Äquivalenzstörung. So etwa in dem Bsp. oben Rdnr. 161: Wie stark müssen sich die Kosten für die Herstellung des Dampfes seit Vertragsschluß vermehrt haben, damit man Wegfall der GG annehmen kann?

Diese Frage läßt sich nicht allgemein beantworten (das geltende Recht kennt eben keine laesio enormis; vgl. Mot. bei *Mugdan* II 178). Vielmehr ist auch für die quantitative Frage nach der Grenze des Risikorahmens wieder die **Auslegung des Einzelvertrags** von Bedeutung. Immerhin lassen sich aber doch zwei allgemeinere Gesichtspunkte nennen: Erstens spricht es gegen die Berücksichtigung einer Veränderung, daß sie **voraussehbar** war, insbesondere wenn das Geschäft spekulativen Charakter hatte. Wer etwa heute, also bei erfahrungsgemäß sinkendem Geldwert, langfristige Verträge schließt, kann dieses Sinken daher in weiten Grenzen nicht als Wegfall der GG geltend machen (so etwa *BGHZ 86, 167/169*). Doch ist jetzt für Erbbauzinsvereinbarungen bei einem

Kaufkraftschwund von mehr als 60% mehrfach ein Wegfall der GG bejaht worden (*BGHZ 90, 227 ff.; 91, 32 ff.; 94, 257 ff.; 96, 371 ff.; 97, 171 ff.*).

Zweitens wird man die Berücksichtigung einer Äquivalenzstörung eher zulassen können, wenn die im Wert gesunkene Leistung einem **Versorgungszweck** dienen sollte: Hier bildet die Eignung der vereinbarten Summe zur Versorgung einen Teil der GG. Daher darf eine Pensionszusage eher dem gesunkenen Geldwert angepaßt werden als ein Pachtzins.

BGH NJW 1966, 105 f.: Eine Bergbaugesellschaft gewinnt auf fremden Grundstücken Kali. Als Entschädigung für die Grundeigentümer ist 1901 eine nach der Fördermenge bemessene Vergütung vereinbart worden. Seitdem hatte sich der Geldwert bis 1963 auf ein Drittel vermindert. Trotzdem hat der BGH gemeint, die GG sei noch nicht weggefallen (mit der eben genannten neueren Rspr. kaum vereinbar).

Für diese Entscheidung spricht, daß die Vergütung hier keinen Versorgungscharakter hat. Gegen sie ist jedoch einzuwenden, daß die Vereinbarung aus einer Zeit stammt, in der noch allgemein mit Stabilität des Geldwertes gerechnet werden konnte (anders als bei dem 1954 vereinbarten Erbbauzins von *BGHZ 86, 167*).

Das Gegenstück zu dem Kalifall bilden die vom BAG entschiedenen **Ruhegeldzusagen** an Arbeitnehmer aus den Jahren um 1950 (NJW 1973, 959 ff.). Diese Zusagen stammen zwar aus einer Zeit, in der die Erinnerung an zwei Inflationen noch wach war. Andererseits dienen sie aber eindeutig dem Versorgungszweck. Daher hat das BAG mit Recht schon aus einer 40prozentigen Steigerung der Lebenshaltungskosten einen Anspruch auf Anpassung (vgl. unten Rdnr. 169) abgeleitet. Entsprechend hat bald darauf *BGHZ 61, 31 ff.* für die Pension eines ehemaligen Vorstandsmitglieds einer AG entschieden[5]. Inzwischen ist das spezielle Problem der betrieblichen Altersversorgung durch § 16 des G zur Verbesserung der betrieblichen Altersversorgung v. 19.12.1974 im Sinne der Überprüfungs- und Anpassungspflicht des Arbeitgebers geregelt worden (vgl. dazu BAG NJW 1977, 2370 ff.; *Lieb-Westhoff*, Betr. 1976, 1958 ff.; freilich hat die gutgemeinte Anpassung inzwischen zu einem Rückgang der Versorgungszusagen geführt). Der Versorgungszweck hat auch *BGHZ 79, 187/ 194 ff.; 97, 52/61 ff.* dazu veranlaßt, bei der Bemessung einer nach § 843 III gewährten **Kapitalabfindung** wegen Erwerbsunfähigkeit die voraussichtlich kommende Geldentwertung zu berücksichtigen.

167

5 Vgl. zu diesen und ähnlichen Ansätzen einer nicht konsequent fortgeführten »Aufwertungsrechtsprechung« etwa *Reuter*, ZHR 137 (1973) 482 ff.; *Medicus*, Betr. 1974, 759 ff. *Papier*, JuS 1974, 477 ff.

3. Rechtsfolgen aus Fehlen und Wegfall der Geschäftsgrundlage

168 **a)** In erster Linie ist das durch Fehlen oder Wegfall der GG beeinträchtigte Schuldverhältnis **der Wirklichkeit anzupassen** (etwa *BGHZ 47, 52*). Dabei wird man meist diejenige Regelung zu ermitteln suchen, welche die Parteien bei richtiger Kenntnis der Wirklichkeit vereinbart hätten (vgl. *Medicus*, Festschr. Flume I, 1978, 629 ff.). Häufig hat man gefragt, ob diese Anpassung von selbst eintritt und vom Richter nur zu erkennen ist, oder ob hier richterliche Gestaltung vorliegt. Praktische Bedeutung hat das nicht. Jedenfalls aber sollte die Anpassung entgegen der h. M. nur auf Wunsch der benachteiligten Partei eintreten: Diese muß entscheiden können, ob sie nicht das unveränderte Schuldverhältnis erfüllen will. Fehlen und Fortfall der GG werden so zur **Einrede** (vgl. auch oben Rdnr. 157).

Flume § 26, 4 b vertritt demgegenüber für manche Fälle eine andere Lösung: Wo der Vertrag zwei voneinander abweichende Regelungen enthält und sich durch Auslegung nicht eine als die allein gültige erkennen läßt, soll jede Partei Erfüllung nur nach der ihr ungünstigen Regelung verlangen können. Diese Lösung ist evident praktisch. Denn sie zwingt nicht dem Richter eine Neugestaltung des Vertrages auf, sondern nötigt die Parteien selbst dazu. Das stößt jedoch auf Schwierigkeiten, wenn eine Partei bereits mit der Erfüllung begonnen und dafür Opfer gebracht hat: Dieser Partei ist wenig damit gedient, daß sie nur die ihr ungünstigen Bedingungen soll beanspruchen können. Auch hilft in schriftlichen Arbeiten der von *Flume* gezeigte Weg nicht recht weiter, weil die Annahme einer bestimmten Einigung der Parteien leicht als willkürliche Unterstellung gewertet werden könnte.

169 Einen noch anderen Weg geht das BAG in seinen **Ruhegeldurteilen** (oben Rdnr. 167): Der Arbeitgeber (also entgegen § 316 der Schuldner) soll zu Verhandlungen und bei deren Ergebnislosigkeit zu einer einseitigen Neuregelung verpflichtet sein. Diese Regelung soll nach § 315 III durch die Gerichte überprüft (oder auch ersetzt) werden können. Die Begründung des BAG beruht jedoch auf den Besonderheiten der Ruhegeldzusagen und dürfte daher kaum zu verallgemeinern sein. Auch *BGHZ 61, 31/40 f.* hat in einem Fall besonderer Eilbedürftigkeit (Kläger in hohem Alter!) die Rente selbst angepaßt.

170 **b)** Wo eine solche Anpassung unmöglich oder einer Partei unzumutbar ist, wird ein **Rücktritts- oder Kündigungsrecht** gewährt. Das gilt vor allem, wenn der Vertrag bei Kenntnis der Wirklichkeit auch nicht in anderer Form geschlossen worden wäre. Weiter zu erwägen ist dann, ob der andere Teil Aufwendungsersatz oder gar sein negatives Interesse soll verlangen können.

§ 8   Fragen des Minderjährigenrechts*

I. »Lediglich rechtlicher Vorteil«

Nach § 107 kann der Minderjährige (gleich liegen jeweils die Fälle von § 114) sol- 171
che Willenserklärungen allein abgeben, die ihm lediglich rechtlichen Vorteil
bringen[1]. Hierzu gibt es unter anderem die folgenden Probleme:

1. Leistungen an den Minderjährigen

Bei Leistungen an den Minderjährigen ergibt sich die Frage der **Empfangszuständigkeit.**

Bsp.: Der Minderjährige M hat von S 100,— DM zu fordern. S zahlt das Geld an M,
ohne daß dessen gesetzlicher Vertreter zustimmt. Ist die Forderung M—S erloschen? Hat
M Eigentum an dem gezahlten Geld erworben?

Hier bringt der Erwerb des Geldes, für sich betrachtet, dem M nur rechtlichen Vorteil. Dieser Erwerb müßte also nach § 107 wirksam sein. Andererseits
führt aber die Erfüllung nach § 362 I zum Erlöschen der Forderung; das wäre
ein rechtlicher Nachteil. Daher muß man entweder auch den Eigentumserwerb
für zustimmungsbedürftig halten, oder man muß die Erfüllungswirkung von
ihm trennen. Eine dritte, in neuerer Zeit mehrfach vertretene Meinung bejaht
Eigentumserwerb und Erfüllung, weil das Geschäft insgesamt dem Minderjährigen nur Vorteil bringe[2].

Die h.M. (etwa *Hübner,* AT Rdnr. 405) geht den zweiten Weg, trennt also
Erfüllung und Eigentumserwerb: Obwohl M Gläubiger sei, fehle ihm doch die
Zuständigkeit für die Annahme der Leistung. Diese »Empfangszuständigkeit«
komme vielmehr nur dem gesetzlichen Vertreter zu. Daher könne M das Eigentum an dem Leistungsgegenstand erwerben. Denn seine Forderung erlösche
erst dann durch Erfüllung, wenn der Leistungsgegenstand an den gesetzlichen
Vertreter gelangt sei.

---

*   Vgl. *Köhler,* Das Minderjährigenrecht, JuS 1979, 789 ff.
1   Dazu *Stürner,* AcP 173 (1973) 402 ff.
2   So etwa *Harder,* JuS 1977, 149 ff. und im Ergebnis auch *van Venrooy,* BB 1980, 1017 ff.,
    dagegen aber zutreffend *Wacke,* JuS 1978, 80 ff. und *Gernhuber,* BR § 50 II 3.

Wenn M das Geld verbraucht, muß S also nochmals leisten. S kann aber gegen M einen Gegenanspruch aus Leistungskondiktion haben. Wegen dieses Anspruchs kann S Aufrechnung oder bei ungleichem Inhalt der Ansprüche Zurückbehaltung (§ 273 I) geltend machen. Das Problem liegt hier beim Wegfall der Bereicherung (§ 818 III, vgl. unten Rdnr. 176; 231).

2. Annahme von Schenkungen

172 **a)** Die Annahme einer Schenkung bringt dem Minderjährigen regelmäßig nur rechtlichen Vorteil. Probleme entstehen aber, wenn der geschenkte Gegenstand schon **belastet** ist, oder wenn der Schenker sich die Bestellung einer Belastung vorbehält.

BayObLG NJW 1967, 1912 f.: Der Vater V läßt seinem minderjährigen Kind K schenkweise ein Grundstück auf. Dabei behält sich V ein dingliches Wohnungsrecht vor, das für ihn eingetragen werden soll, sobald K als Grundstückseigentümer eingetragen wird.

Diese Schenkung scheint dem K wegen des Vorbehalts nicht bloß rechtlichen Vorteil zu bringen. V selbst könnte wegen § 181 nicht einwilligen. Auch die Mutter ist hier nach §§ 1629 II, 1795 I Nr. 1 von der Vertretung ausgeschlossen. Dann bliebe nur die Bestellung eines Ergänzungspflegers, § 1909 I 1.

In solchen Fällen nimmt man aber zunehmend ein für K lediglich vorteilhaftes Geschäft an (so auch das BayObLG mit weiteren Angaben): Entscheidend für § 107 sei, daß K nichts von seinem vor der Schenkung vorhandenen Vermögen aufgebe und dieses auch nicht belaste. Daher bedeute eine schon bestehende dingliche Belastung des geschenkten Gegenstandes keinen rechtlichen Nachteil, wenn K nicht auch persönlich haften solle. Ebenso liege es, wenn die Belastung erst mit dem Erwerb des K entstehe. Dem ist zuzustimmen. Anders dürfte freilich zu entscheiden sein, wenn die Belastung erst später zu bestellen wäre: Dann haftet K in der Zwischenzeit für die Bestellung, und diese Haftung kann (etwa über § 286) auch den Wert des Geschenks übersteigen.

Für die **öffentlich-rechtlichen Lasten** des geschenkten Grundstücks (z. B. Grundsteuer) haftet K zwar allemal persönlich. Aber diese treffen den Erwerber kraft Gesetzes und bilden deshalb keinen rechtlichen Nachteil *aus der Willenserklärung.* Allerdings soll es nach *BGHZ 53, 174/178* einen für § 107 erheblichen rechtlichen Nachteil bedeuten, daß der Minderjährige durch den Erwerb in die (gleichfalls gesetzliche) **Haftung als Vermögensübernehmer** aus § 419 gerät. Zur Begründung dieser Unterscheidung kommt man wohl nicht ganz ohne den Blick auf wirtschaftliche Gesichtspunkte aus: Die öffentlich-rechtlichen Lasten eines Grundstücks sollen regelmäßig aus dessen Ertrag aufgebracht werden können, während die Haftung aus § 419 auch die Substanz des erworbenen Vermögens (und wegen der Prozeßkosten sogar das übrige Vermögen des Übernehmers) bedroht.

b) Problematisch ist auch die Schenkung von **Wohnungseigentum** an einen   172a
Minderjährigen: Dieser wird ja nach §§ 10 ff. WEG Mitglied der Gemeinschaft
der Wohnungseigentümer, und daraus können erhebliche Verpflichtungen folgen. *BGHZ 78, 28/32* hält eine solche Schenkung jedenfalls dann für (auch)
rechtlich nachteilhaft, wenn die Gemeinschaftsordnung die Wohnungseigentümer noch weitergehend haften läßt, als es das Gesetz tut. Dabei hat der BGH
genügen lassen, daß sich diese Haftung erst aus dem Vollzug des Geschäfts ergab, nämlich aus dem Eintritt des Beschenkten in die Gemeinschaft der Wohnungseigentümer: Die Frage des rechtlichen Vorteils sei aus einer **Gesamtbe-
trachtung** des schuldrechtlichen und des dinglichen Vertrages heraus zu beurteilen[3].

3. Nichtberechtigte Verfügung

Problematisch unter dem Gesichtspunkt des »rechtlichen Vorteils« sind end-   172b
lich auch nichtberechtigte Verfügungen Minderjähriger, also wenn diese über
fremde Gegenstände verfügen. Vgl. dazu unten Rdnr. 540.

II. Die Einwilligung des gesetzlichen Vertreters

1. Arten der Einwilligung

Die bei nicht nur rechtlich vorteilhaften Geschäften nötige Einwilligung des ge-   173
setzlichen Vertreters kann in zwei Grundformen erteilt werden: **speziell** (etwa
zum Kauf eines bestimmten Buches) oder **generell** (etwa zu einer Reise; sie
deckt dann die mit dieser Reise zusammenhängenden Geschäfte). Oft erfolgen
solche Einwilligungen durch die Überlassung der nötigen Geldmittel (z. B. der
Minderjährige erhält 500,— DM Reisegeld). Dann gilt der meist viel zu eng als
»**Taschengeldparagraph**« bezeichnete § 110: Das Geschäft wird erst wirksam,
wenn der Minderjährige es mit dem ihm überlassenen Geld erfüllt; die Wirksamkeit der Verpflichtung ist also durch die Erfüllung bedingt. Damit bleibt
vermieden, daß der Minderjährige zunächst Schuldner wird und so sein Vermögen in Gefahr bringt. Insbesondere werden Verträge, in denen sich der Minderjährige zu **Ratenzahlungen** verpflichtet, erst mit Zahlung der letzten Rate
wirksam.

---

3 Dem BGH zustimmend *Gitter-Schmitt,* JuS 1982, 253 ff., kritisch dagegen *Jauernig,*
   JuS 1982, 576 f. Vgl. *Medicus,* AT Rdnr. 565.

Diese gesetzliche Wertung darf nicht unterlaufen werden, indem man die Zweckbestimmung bei der Geldüberlassung als sofort wirksame Einwilligung nach § 107 ansieht.

Bsp.: Der Minderjährige M erhält von seinen Eltern 200,— DM zum Kauf eines Plattenspielers. M kauft ein solches Gerät, stellt aber im Laden fest, daß er die 200,— DM verloren hat. Dann ist der Kauf nicht wegen einer elterlichen Einwilligung wirksam, sondern nach § 107 schwebend unwirksam.

2. Geschäfte über das Surrogat

174   Vor allem bei der generellen Einwilligung einschließlich der Überlassung von Geld zu freier Verfügung ist oft fraglich, ob auch Geschäfte über das Surrogat gedeckt werden.

Bsp.: Der Minderjährige M kauft von seinem Taschengeld Schallplatten. Nach einiger Zeit mag er sie nicht mehr hören und tauscht sie mit seinem Freund F gegen andere.

Oder RGZ 74, 234 ff.: M kauft sich von 3,— Mark (Goldmark!) Taschengeld ein Los, das 4000,— Mark gewinnt. Hiervon kauft M jetzt für 3200,— Mark ein Auto und bezahlt bar.

Der Tausch der Schallplatten und der Kauf des Autos bringen zugleich rechtlichen Nachteil. Sie sind also nur wirksam, wenn die mit der Überlassung des Taschengeldes ausgesprochene bedingte Einwilligung auch Geschäfte über das mit dem Taschengeld Erlangte deckt. Das ist eine Frage der **Auslegung.** Diese wird mangels besonderer Anhaltspunkte dahin führen, daß das zweite Geschäft mitkonsentiert ist, wenn es auch gleich als erstes mit dem Taschengeld hätte vorgenommen werden können. Damit ist der Schallplattentausch wirksam (M hätte die später von F erhaltenen Platten gleich kaufen können), der Autokauf dagegen nicht (das Taschengeld war viel geringer als der Kaufpreis für das Auto).

III. Außervertragliche Haftung

175   Das Erfordernis der elterlichen Einwilligung schützt den Minderjährigen vor unbedachter rechtsgeschäftlicher Bindung. Fraglich kann sein, inwieweit die diesem Minderjährigenschutz zugrunde liegende Wertung auf außervertragliche Haftungsgründe übertragen werden muß.

1. Deliktshaftung

Für die Deliktshaftung hatte diese Frage früher hauptsächlich bei Autounfällen Bedeutung: Ein Minderjähriger, der mit Einwilligung seiner Eltern die Fahrerlaubnis erworben hatte, mietete ohne diese Einwilligung einen Pkw und beschädigte ihn dann fahrlässig. Hier war der Mietvertrag nach § 108 unwirksam, so daß vertragliche Ersatzansprüche des Vermieters gegen den Minderjährigen ausschieden. Dagegen kamen deliktische Ersatzansprüche nach §§ 823 I, 828 II in Betracht (da sich der Minderjährige in Fremdbesitzerexzeß befindet, ist § 823 I trotz Vindikationslage nicht durch die §§ 989 ff. ausgeschlossen, vgl. unten Rdnr. 586). Für diese Deliktsansprüche war umstritten, welche Bedeutung das Fehlen der elterlichen Einwilligung hatte: Nach *OLG Stuttgart*, NJW 1969, 612 ff. sollten sie wegen Rechtsmißbrauchs des Vermieters ausgeschlossen sein, *BGH* NJW 1973, 1790 ff. dagegen wollte diese Ansprüche nur nach § 254 mindern, zustimmend *Medicus*, JuS 1974, 221/224 f.

Seit der Herabsetzung des Volljährigkeitsalters von 21 auf 18 Jahre ist aber jetzt regelmäßig schon volljährig, wer die Fahrerlaubnis hat. Damit entfällt der Vorwurf an den Vermieter, er setze sich durch die Überlassung des Kraftfahrzeugs über das Fehlen der elterlichen Einwilligung hinweg und greife so in das elterliche Erziehungsrecht ein. Ausnahmsweise kann aber auch heute noch ein Minderjähriger die Fahrerlaubnis haben (§ 7 I Nr. 4, 5; II StVZO). Dann können die von *BGH* NJW 1973, 1790 ff. behandelten Fragen noch auftauchen und werden ebenso wie dort zu entscheiden sein: Die Einwilligung der Eltern in den Erwerb der Fahrerlaubnis bedeutet nicht auch das Einverständnis mit der Miete von Kraftfahrzeugen. Und das Nichtvorliegen der elterlichen Einwilligung zu der Miete wirkt gegen den Vermieter nur anspruchsmindernd nach § 254, aber nicht als anspruchsausschließende Verwirkung.

2. Bereicherungshaftung

Für die Bereicherungshaftung außerhalb des Eigentümer-Besitzer-Ver- 176
hältnisses (innerhalb seiner vgl. unten Rdnr. 602) wird der Minderjährigenschutz fraglich in dem folgenden, viel behandelten **Flugreisefall**[4].

BGHZ 55, 128 ff.: Der fast 18jährige M flog auf einen gültigen Flugschein mit einer Maschine der Lufthansa von München nach Hamburg. Von dort gelang ihm — nun ohne gültigen Flugschein — der Weiterflug mit derselben Maschine nach New York. Als ihm dort die Einreise in die USA verweigert wurde, beförderte ihn die Lufthansa noch am sel-

---

4 Dazu etwa *Kellmann*, NJW 1971, 862 ff.; *Lieb*, ebenda 1289 ff.; *Batsch*, NJW 1972, 611 ff.; *Canaris*, JZ 1971, 560 ff.; *Medicus*, FamRZ 1971, 250 ff.; *Teichmann*, JuS 1972, 247 ff.; *Gursky*, JR 1972, 247 ff.; *Koppensteiner-Kramer* 151 ff.

ben Tag zurück. Sie verlangt jetzt von M den tariflichen Flugpreis für Hin- und Rückflug (etwa 2200,— DM). Der gesetzliche Vertreter des M verweigert die Genehmigung.

Der BGH hält die Klage in vollem Umfang für begründet. Hinsichtlich des **Rückflugs** stützt er sie auf die §§ 683, 670: Die schnelle Rückkehr des M nach Hause habe dem mutmaßlichen Willen des gesetzlichen Vertreters entsprochen. Daß die Lufthansa sich dem M zur Rückbeförderung verpflichtet glaubte oder eine Pflicht gegenüber den US-Behörden erfüllen wollte, mache nichts aus (dazu unten Rdnr. 410—414). Wichtiger ist hier die Begründung für den Anspruch wegen des **Hinflugs:**

Dabei lehnt der BGH zunächst eine Verpflichtung des M aus **unerlaubter Handlung** mangels eines Schadens der Lufthansa ab (anders wohl *Larenz* I § 29 I b: Der gemeine Wert des entzogenen Guts stelle den stets zu ersetzenden Mindestschaden dar). Bejaht wird dagegen ein Anspruch aus **ungerechtfertigter Bereicherung:** Allerdings sei M durch die Reise nicht eigentlich bereichert. Aber wenn M rechtsgrundlos Geld erhalten und damit den Flug bezahlt hätte, würde er dem Geldgeber bei Kenntnis vom Mangel der Rechtsgrundlage nach § 819 I ohne Rücksicht auf den Fortbestand der Bereicherung haften. Und § 819 I liege hier vor, da es wenigstens in Fällen wie diesem auf die Kenntnis des deliktsfähigen Minderjährigen selbst ankomme. Was danach für einen späteren Wegfall der Bereicherung gelte, sei erheblich auch für die Frage, ob eine Bereicherung überhaupt eingetreten sei. Letztlich behandelt der BGH den M als bereichert, weil M sich auf einen Wegfall der Bereicherung nicht hätte berufen dürfen.

Mir ist zweifelhaft, ob man das **Entstehen** einer Bereicherung wirklich nach § 819 I beurteilen kann. Jedenfalls aber halte ich hier die Anwendung der §§ 819 I, 828 II und damit auch die Verurteilung des M für falsch: Nach *BGH* NJW 1970, 1038 ff. soll für die Deliktsfähigkeit genügen die Einsicht in die Verantwortlichkeit; nicht nötig sein soll (anders als bei § 3 S. 1 JGG) dagegen die Fähigkeit, sich entsprechend dieser Einsicht zu verhalten. Die so verstandene **Deliktsfähigkeit** mag der richtige Maßstab für den Ausgleich von **Schäden** sein, die der Jugendliche verschuldet hat. Wo dagegen ein Schaden fehlt, sind die Interessen der anderen Seite (hier: das Entgeltsinteresse der Lufthansa) weniger schützenswert. Deshalb muß in solchen Fällen die Wertung der §§ 106 ff. wirksam bleiben: So wenig wie der Minderjährige mit vertraglichen Vergütungsansprüchen belastet werden darf, darf er auch belastet werden mit Bereicherungsansprüchen auf Wertersatz (§ 818 II), denen keine wertgleiche Bereicherung entspricht. Denn Bereicherungsansprüche sind durch den Schutzzweck der die Vertragswirksamkeit hindernden Norm beschränkt[5].

5 Das betont auch *BGH* BB 1978, 1184/1186 (zu § 56 I Nr. 6 GewO), vgl. noch unten Rdnr. 231 und gegen die Entscheidung des Flugreisefalls durch *BGHZ 55, 128* auch MünchKomm-*Lieb*, § 819 Rdnr. 7.

3. Haftung für culpa in contrahendo

Ein Verschulden von Minderjährigen bei Vertragsverhandlungen kommt prak-   177
tisch meist in der Form vor, daß der Minderjährige sich als volljährig bezeichnet
oder wahrheitswidrig das Vorliegen der elterlichen Einwilligung behauptet.

Hier darf man sicher nicht einfach die §§ 276 I 3, 828 II 1 anwenden: Sonst
könnte schon ein Siebenjähriger nach Vertragsrecht (also auch für reine Vermögensverletzungen!) auf das negative Interesse haften. *Canaris*, NJW 1964,
1987 ff. will daher die Haftung aus c.i.c. auf den Fall beschränken, daß der gesetzliche Vertreter den Eintritt in Vertragsverhandlungen konsentiert hatte.
Das folge aus einer Analogie zu § 179 II 2. Aber dieser Schluß ist unsicher:
§ 179 III 2 ergibt nicht deutlich, daß nur die Übernahme der Vertretung konsentiert sein müsse und nicht auch die konkrete Überschreitung der Vertretungsmacht.

Daher mögen die Folgen einer c.i.c. Minderjähriger noch enger zu begrenzen sein: Wenigstens für den in § 109 II geregelten Fall mag diese Vorschrift
eine abschließende Regelung darstellen[6]. Die Deliktshaftung (etwa wegen
eines Betruges) freilich kommt bei Deliktsfähigkeit (§ 828) stets in Betracht; für
Strafvorschriften wie § 263 StGB entscheidet die Strafmündigkeit.

§ 9   Formfragen

I. Formbedürftigkeit

1. Umfang des Formerfordernisses

Soweit ein Vertrag einer Form bedarf, erstreckt sich dieses Erfordernis auf sei-   178
nen ganzen wesentlichen Inhalt. Wo die Form dagegen nur für die *Erklärung eines Vertragsteils* nötig ist, kann fraglich werden, was diese Erklärung enthalten

---

6   Einschränkend auch *Frotz*, Gedenkschr. Gschnitzer (1969) 163, 176 f.

muß: Genügt insbesondere schon ein »Ja« auf die von dem anderen Vertragsteil formulierte Erklärung?

BGHZ 57, 53 ff.: S nimmt die Dienste des Rechtsanwalts A in Anspruch. Als Gegenleistung bescheinigt S schriftlich, dem A 25 000,— DM zu schulden. Das dem A nach der BundesrechtsanwaltsgebührenO (BRAGebO) zustehende Honorar hätte nur 1670,— DM betragen.

Nach § 3 I 1 BRAGebO kann eine höhere als die gesetzliche Gebühr wirksam vereinbart werden, wenn die Erklärung des Auftraggebers *schriftlich* abgegeben ist. Hier ist fraglich, ob das abstrakte Schuldanerkenntnis des S (die Schriftform nach § 781 ist gewahrt) diesem Erfordernis genügt. Der BGH hat das wegen des Schutzzwecks von § 3 I 1 BRAGebO mit Recht verneint: Der Mandant solle sich nicht unüberlegt zu mehr als der gesetzlichen Gebühr verpflichten können. Daher müsse aus seiner schriftlichen Erklärung wenigstens hervorgehen, daß eine Gegenleistung für *anwaltliche* Tätigkeit versprochen werde (denn hierauf beschränkt sich die BRAGebO). Noch besser würde der Schutzzweck freilich erreicht, wenn auch die Überschreitung der gesetzlichen Gebühr schriftlich erklärt werden müßte.

Entsprechend muß aus der schriftlichen (§ 766) Bürgschaftserklärung der Wille hervorgehen, für fremde Schuld einzustehen (*BGHZ 26, 142/147*); ebenso der Name des Gläubigers (*BGH* LM Nr. 6/7 zu § 766 BGB) und die Hauptschuld.

2. Form von Maklerverträgen über ein Grundstück

179   Praktisch sehr wichtig ist die Frage nach der Anwendbarkeit des § 313 auf Maklerverträge: Diese ist erstens zu bejahen, wenn der Auftraggeber sich verpflichtet, sein Grundstück zu bestimmten Bedingungen an jeden vom Makler zugeführten Interessenten zu verkaufen (*BGH* NJW 1970, 1915 ff.): Dann bringt eben schon der Maklervertrag mittelbar eine Verpflichtung zur Übertragung von Grundstückseigentum. Zweitens ist § 313 auch anwendbar, wenn der Auftraggeber sich zwar nicht zum Verkauf verpflichtet, aber doch zur Provisionszahlung bei Verweigerung des Verkaufs. Denn *BGH* NJW 1971, 557 f. sieht hierin ein uneigentliches Strafversprechen nach § 343 II, und dieses ist nach § 344 ebenso unwirksam (§§ 313, 125), wie es das Leistungsversprechen wäre. Dagegen sei eine Verpflichtung des Auftraggebers zum Aufwendungsersatz und auch zu einer mäßigen Vergütung für die Tätigkeit des Maklers formlos möglich: Die Anwendbarkeit des § 313 beginne erst da, wo die Zahlungspflicht für den Auftraggeber einen »unangemessenen Druck in Richtung auf die Grundstücksveräußerung« bedeute. *BGH* NJW 1980, 1622 f. bejaht einen solchen unangemessenen Druck bereits, wenn die neben dem Unkostenersatz versprochene Tätigkeitsvergütung etwa 20% der Provision für die erfolgreiche Vermittlung ausmacht (ähnlich *OLG Hamburg* NJW 1983, 1502); *OLG Frank-*

furt Betr. 1986, 1065 f. läßt bei absolut hohen Beträgen auch geringere Prozentsätze genügen.

Im gleichen Sinn entscheidet außerhalb des Maklerrechts auch *BGH* NJW 1979, 307 f.: Dort sollte die Anzahlung eines Kaufanwärters als Schadensersatz verfallen sein, wenn dieser den Grundstückskaufvertrag nicht binnen bestimmter Frist abschloß. Der BGH hat die Verfallklausel mit Recht dem § 313 unterstellt, weil der drohende Verlust der Anzahlung (es ging um 40 000,— DM) die Entschlußfreiheit des Kaufanwärters erheblich beeinträchtigte. Ebenso ist die Form des § 313 nötig, wenn sich ein Makler eine Vertragsstrafe für den Fall versprechen läßt, daß der Kunde den Hauptvertrag nicht abschließt. Doch soll hier nach *BGH* NJW 1987, 1628 die Nichtigkeit bereits durch die formgerechte Beurkundung des Hauptvertrages geheilt werden (vgl. § 313 S. 2).

II. Mangel der durch Gesetz bestimmten Form (§ 125 S. 1 BGB)

Beim Fehlen der durch Gesetz bestimmten Form ordnet § 125 S. 1 Nichtigkeit an. Diese Rechtsfolge gilt selbst dann, wenn die Parteien den Vertrag als wirksam behandeln wollen.   **180**

BGH JR 1969, 102 = Betr. 1969, 301 f.: Das Bauunternehmen V verkauft an K ein Eigenheim durch einen privatschriftlichen »Kaufanwartschaftsvertrag«. K verpflichtet sich darin zur Zahlung nach Maßgabe des Baufortschritts; notarielle Beurkundung und Auflassung sollen später erfolgen. Aus diesem Vertrag klagt V eine Kaufpreisrate ein. K verteidigt sich nicht mit § 125, sondern macht ein Zurückbehaltungsrecht wegen eines Nachbesserungsanspruchs geltend. Der BGH hat hier die Klage des V zu Recht abgewiesen, ohne auf den Gegenanspruch des K einzugehen: § 125 S. 1 ist Einwendung und daher von Amts wegen zu beachten. Anders *Baur*, Festschr. Bötticher 1969, 1 ff.: Parteivereinbarungen über präjudizielle Rechtsverhältnisse sollen den Richter im Rahmen des ordre public binden.

Trotzdem versucht man vielfach, der Nichtigkeitsfolge auszuweichen: Teils wird die »Berufung auf den Formmangel« nach § 242 für unzulässig erklärt, teils wird mit Schadensersatzansprüchen aus culpa in contrahendo oder § 826 gearbeitet und teils schließlich eine gesetzliche Vertrauenshaftung angenommen. Man muß wohl **drei Fallgruppen** unterscheiden:

1. Bewußte Nichtbeachtung der Form

Die erste Fallgruppe ist dadurch gekennzeichnet, daß der durch die Vertragsnichtigkeit Geschädigte das Formerfordernis gekannt hat, aber dessen Beachtung nicht gewollt hat oder nicht hat durchsetzen können.   **181**

RGZ 117, 121 ff. (»Edelmannfall«): S verspricht dem G als Belohnung für geleistete Dienste die Übereignung eines Grundstücks. Auf das Verlangen des G nach notarieller Beurkundung (§ 313 S. 1, unter Umständen auch § 518 I) entgegnet S: Er sei von Adel; bei ihm herrschten keine jüdischen Gepflogenheiten; sein Edelmannswort genüge.

Hier hat das RG dem G keinen Erfüllungsanspruch gewährt. Zur Begründung treffend *Flume* § 15 III 4 c bb: Wer sein Geschäft bewußt nicht dem Recht unterstellt, sondern einem Edelmannswort, dem hilft das Recht auch nicht (ähnlich *BGHZ 45, 376 ff.:* Wer einer ihm bekannten Formvorschrift nicht nachkommt, dem fehlt der Rechtsfolgewille). In Betracht kommt dann außer einem Vergütungsanspruch nach § 612 allenfalls ein Schadensersatzanspruch (§§ 826, 823 II BGB mit 263 StGB). Dieser richtet sich aber nur auf das negative Interesse und versagt vollends, wenn der Versprechende zunächst erfüllungsbereit gewesen ist, also nicht betrogen hat.

Leider ist der (frühere) 5. ZS des BGH von diesen klaren Regeln immer stärker abgewichen. Zunächst hatte er nur in begrenzten Lebensbereichen Vertragswirksamkeit nach § 242 auch dann bejaht, wenn die Parteien die ihnen bekannte Form nicht beachtet hatten (Höferecht: *BGHZ 23, 249 ff.*, vgl. unten Rdnr. 186, 192; Siedlungsrecht: *BGHZ 16, 334 ff.*). In *BGHZ 48, 396 ff.* hat er diese Grenzen jedoch gesprengt und Wirksamkeit für einen dem »Edelmannfall« fast genau entsprechenden Sachverhalt angenommen[1] (mit dem einzigen Unterschied, daß die Bekräftigung nun durch den Hinweis auf kaufmännische Ehrbarkeit statt auf den Adel erfolgte).

Eine Frucht der durch die großzügige Anwendung von § 242 geschaffenen Rechtsunsicherheit dürfte folgender Fall sein:

BGH (5. ZS) NJW 1969, 1167 ff. mit Anm. *D. Reinicke:* Ein Wohnungsbauunternehmen hatte einen privatschriftlichen Kaufanwartschaftsvertrag durch eine ebensolche Zusatzvereinbarung folgenden Inhalts ergänzt: »Käufer erklärt ausdrücklich, darüber belehrt zu sein, daß ein solcher Vertrag (Kaufanwartschaftsvertrag) zwar erfüllbar, aber nicht in jedem Fall erzwingbar ist (§ 313). Verkäuferin wird und kann sich auf diese Rechtsvorschrift nicht berufen. Ihr würde durchschlagend die Arglisteinrede entgegengestellt werden können.« Später verklagte das Unternehmen den Käufer wegen der Formnichtigkeit des Vertrages auf Räumung.

Da der 5. ZS hier die Wirkung der Nichtigkeit nicht für »schlechthin untragbar« hielt (vgl. unten Rdnr. 183), hat er der Klage stattgegeben. Ich halte das aus einem anderen Grund für vielleicht richtig: Die Kenntnis des Käufers von der Nichteinhaltung der Formvorschrift wird durch den schwammigen Hinweis

---

1 Dagegen mit Recht *D. Reinicke,* NJW 1968, 39 ff. Abweichend bezeichnet *Larenz* I § 10 III den Sachverhalt von *BGHZ 48, 396* als »Grenzfall«; differenzierend *Canaris* S. 352 ff.

auf die Arglisteinrede nicht aufgewogen. Doch hätte der 5. ZS hier besonderen Anlaß gehabt, die Schutzbedürftigkeit der Klägerin zu prüfen (vgl. unten Rdnr. 185).

2. Täuschung über die Formbedürftigkeit

Das andere Extrem bilden die Fälle der arglistigen Täuschung über die Formbe-   **182** dürftigkeit. Hier hilft ein Schadensersatzanspruch des Getäuschten aus § 826 allein noch nicht viel weiter: Dieser Anspruch geht ja nur auf das, was der Getäuschte ohne die Täuschung hätte. Und da diese regelmäßig gerade verdecken soll, daß der Täuschende nicht verpflichtet werden wollte, führt § 826 nur zum negativen Interesse. Dennoch gibt die ganz h. M. (etwa *Larenz* I § 10 III) hier einen Erfüllungsanspruch.

Man darf das aber nicht im Sinne einer Vollwirksamkeit des Vertrages deuten. Denn dann müßte auch der Täuschende selbst gegen den Willen des Getäuschten Erfüllung verlangen können, was sicher unhaltbar ist. Richtig vielmehr *Flume* § 15 III 4 c cc; *Larenz* aaO.: Der Getäuschte kann darüber entscheiden, ob der Vertrag als wirksam behandelt werden soll oder nicht. Zum gleichen Ergebnis führt es, wenn man mit *Canaris* 276 ff. Vertrauenshaftung kraft Gesetzes bejaht (vgl. dazu unten Rdnr. 185).

Auf die Ausübung dieses Wahlrechts kann man nach meiner Ansicht die §§ 124, 143 f. entsprechend anwenden. Denn § 123 behandelt gleichsam den spiegelbildlichen, im wesentlichen gleichliegenden Fall: Dort hat die Täuschung den wirksamen Vertrag herbeigeführt, und der Getäuschte soll wählen dürfen, ob er es bei dieser Wirksamkeit belassen will.

3. Versehentliche Nichtbeachtung der Form

Die letzte, häufigste Fallgruppe liegt zwischen diesen beiden Extremen: Die   **183** Nichteinhaltung der Form ist auf fahrlässige Unkenntnis zurückzuführen, oder die Einhaltung der bekannten Form ist versehentlich unterblieben.

BGH NJW 1965, 812 ff.: Ein gemeinnütziges Wohnungsbauunternehmen überließ Interessenten Kaufeigenheime gegen privatschriftliche Vereinbarungen, in denen sich die Übernehmer zur Kaufpreiszahlung verpflichteten; ein endgültiger Vertrag sollte später geschlossen werden. Das ist dann jedoch unterblieben.

a) **Die Rspr.** hat in solchen Fällen lange dazu geneigt, unter Berufung auf § 242 Wirksamkeit anzunehmen. Demgegenüber hat der BGH aaO. betont, ein Abweichen von § 125 S. 1 sei nur statthaft, wenn es »nach den Beziehungen der Beteiligten und nach den gesamten Umständen mit Treu und Glauben unvereinbar wäre, vertragliche Vereinbarungen wegen Formmangels unausgeführt zu lassen«. Ein hartes Ergebnis genüge nicht; es müsse vielmehr schlechthin untragbar sein (ebenso etwa *BGH* JZ 1971, 459 ff.; NJW 1975, 43 f.). Und dafür reiche nicht schon aus, daß der den Formmangel geltend machende Vertragsteil diesen in Unkenntnis der Rechtslage selbst veranlaßt habe (*BGH* NJW 1977, 2072 f.).

> Auch in NJW 1965, 812 ff. hat der BGH solche Untragbarkeit nicht angenommen. Er hat dem Kaufinteressenten aber aus culpa in contrahendo einen Anspruch auf das positive Interesse in Geld gegeben, wenn der Vertrag bei Hinweis auf die nötige Form notariell abgeschlossen worden wäre. Wegen dieses Anspruchs sollte der Kaufinteressent die Herausgabe des Grundstücks (§ 985) nach § 273 I verweigern können. Zurückhaltend bei der Verschuldensfrage dann aber *BGH* NJW 1975, 43 f.

184   **b) In der Literatur** überwiegt zu dieser Fallgruppe heute die Ansicht, der Vertrag sei nie wirksam. Vielmehr müsse die Partei, auf deren Fahrlässigkeit der Formmangel zurückgehe, Schadensersatz aus culpa in contrahendo leisten. Dabei kommt nach richtiger Ansicht nur das negative Interesse in Betracht[2].

185   **c) Demgegenüber** habe ich (JuS 1965, 214 f., ähnlich *W. Lorenz,* JuS 1966, 429 ff.) **Bedenken,** ob die culpa in contrahendo hier regelmäßig sachgerecht ist. Denn erstens leuchtet nicht ein, warum eine Partei der anderen ohne weiteres zur Sorge um die Einhaltung der Form verpflichtet sein soll. Und zweitens braucht auch das negative Interesse, auf das Ansprüche aus c.i.c. gehen, keineswegs unter dem positiven zu liegen.

> *Bsp.:* Ein Bürge B hat sich formnichtig (§ 766) verbürgt; der Gläubiger G hat daraufhin den Kredit an den Hauptschuldner ausgezahlt. Das hätte G wahrscheinlich nicht getan, wenn er die Nichtigkeit der Bürgschaft gekannt hätte. Bei Insolvenz des Hauptschuldners besteht das von B zu ersetzende negative Interesse hier also in der Erfüllung seiner (nichtigen) Bürgenschuld.

Je mehr das negative Interesse der Erfüllung gleicht, um so stärker kann durch den Anspruch aus culpa in contrahendo der hauptsächliche Zweck der Formvorschriften vereitelt werden: einer Partei Schutz vor Übereilung zu gewähren. Man kann diesen Schutz in Einzelfällen für unangebracht halten. So hat der Gesetzgeber mit § 313 gewiß nicht gemeinnützige Wohnungsbauunternehmen schützen wollen (vgl. die erwähnten Fälle *BGH* NJW 1965, 812 ff.; 1969, 1167 ff.). § 56 I des 2. WohnungsbauG v. 27. 6. 1956 hat für einige solche Fälle

---

2   Vgl. vor allem *Flume* § 15 III 4 c dd; *Larenz,* Festschr. Ballerstedt (1975) 397/405 und SchuldR I § 9 I 3 am Ende. Die Gewährung des positiven Interesses würde nämlich einem Kontrahierungszwang nahekommen, den es allein aus dem Eintritt in Vertragsverhandlungen nicht gibt.

auch eine *gesetzliche* Übereignungspflicht bestimmt (ein Bsp. dazu: *BGHZ 70, 227 ff.*). Bei Fehlen solcher Sondervorschriften sollte man die **Schutzunwürdigkeit** des Verkäufers im Einzelfall begründen, statt die hierzu nötigen und aufzudeckenden Wertungen hinter der pauschalen Berufung auf die culpa in contrahendo zu verstecken. Vgl. *Esser-Eike Schmidt* § 10 III 2 c: Es komme darauf an, welchen Zweck die Formvorschrift habe und ob dieser auf andere Weise gewahrt sei. Darüber hinaus ist derjenige Verhandlungspartner aus culpa in contrahendo ersatzpflichtig, der dem anderen **Betreuung schuldet** (ähnlich *Esser-Eike Schmidt* § 29 II 2 c.)

Nicht zustimmen kann ich freilich *Canaris* 289 ff.; 412/465 ff., auch 276 ff.: Soweit eine Erfüllungshaftung zu bejahen sei, beruhe diese auf Gesetz; die nur für Rechtsgeschäfte geltenden Formvorschriften (und folglich auch § 125) paßten daher überhaupt höchstens analog. Denn *Canaris* will ja bei Gewährung eines Erfüllungsanspruchs auch den ganzen übrigen Vertragsinhalt gelten lassen einschließlich solcher Einzelpunkte, bezüglich derer die Voraussetzungen für einen Vertrauensschutz nicht erfüllt sind. Letztlich geht es damit *Canaris* eben doch um die Wirksamkeit des Rechtsgeschäfts.

4. Formmangelhafte Verfügungen

Überhaupt unanwendbar sind die eben genannten Regeln auf Verfügungen. 186
Hier kann es keine aus § 242 abgeleitete Hilfe gegen einen Formmangel geben. Denn Verfügungen sind nicht einfach ein durch Gläubiger und Schuldner gekennzeichnetes Zweipersonenverhältnis. Vielmehr ändern sie absolut, also in einer von jedermann zu achtenden Weise, die Rechtszuständigkeit. Hier paßt daher allenfalls der allgemeinere Maßstab der guten Sitten (§§ 138, 826). Die Unanwendbarkeit von § 242 auf formmangelhafte Verfügungen entspricht auch der h. M. (etwa *Flume* § 15 III 4 a). Anders aber der 5. ZS des BGH in seiner Rspr. zur formlosen Hoferbenbestimmung: Diese bewirkt den dinglichen Rechtsübergang auf den formlos zum Erben Bestimmten (*BGHZ 23, 249 ff.*, dazu schon oben Rdnr. 181 und unten Rdnr. 192).

Meist ist bei Verfügungen das Formproblem auch gar nicht so dringend: Wenn eine wirksame Verpflichtung zu der Verfügung vorliegt, muß diese eben noch formwirksam nachgeholt werden. Und wenn umgekehrt eine wirksame Verpflichtung zu der Verfügung fehlt, unterliegt das durch sie verschaffte Recht ohnehin meist der Leistungskondiktion. Anders verhält es sich nur, wo eine wirksame Verfügung die Unwirksamkeit der Verpflichtung heilen könnte (vgl. oben Rdnr. 40), ferner im Anwendungsbereich von § 814 sowie bei Verfügungen von Todes wegen.

III. Mangel der durch Rechtsgeschäft bestimmten Form (§ 125 S. 2 BGB)

1. Vorkommen von Formvereinbarungen

187 Für Vereinbarungen, die nach dem Gesetz formlos getroffen werden können, wird oft durch Vertrag eine Form (meist die Schriftform, vgl. § 127) bestimmt. Solche Bestimmungen finden sich insbesondere in Formularverträgen (einschränkend § 11 Nr. 16 AGBG). Häufig denken die Parteien dann aber später nicht mehr an die von ihnen vereinbarte Form und lassen sie daher unbeachtet.

Bsp.: Vermieter V und Mieter M haben vereinbart, daß Änderungen und Ergänzungen ihres Geschäftsraummietvertrages sowie eine Kündigung nur bei Wahrung der Schriftform wirksam sein sollen.

(1) V und M vereinbaren mündlich eine Herabsetzung der Monatsmiete. Später verlangt V den ungekürzten Mietzins, da die Vereinbarung nach § 125 S. 2 unwirksam sei.

(2) M kündigt das Mietverhältnis mündlich; V nimmt diese Kündigung unbeanstandet entgegen. Später verlangt er aber von M unter Hinweis auf § 125 S. 2 auch weiterhin den Mietzins.

2. Unterschiede zum Mangel der gesetzlichen Form

187a Beim Mangel einer solchen vereinbarten Form ist die Rechtslage wesentlich anders als beim Mangel einer gesetzlich bestimmten. Der Unterschied zeigt sich schon in § 125 S. 2, der bei Fehlen der vereinbarten Form die Nichtigkeit nur »im Zweifel« eintreten läßt. Vor allem aber können die Parteien die Vereinbarung der Form wieder aufheben: Diese Aufhebungsvereinbarung selbst bedarf nach h. M. regelmäßig keiner Form (nach *BGHZ 66, 378 ff.* jedoch ausnahmsweise dann, wenn unter Kaufleuten speziell für diese Aufhebungsvereinbarung Schriftform verabredet worden war; mir scheint die Beschränkung auf Kaufleute zweifelhaft, vgl. AT Rdnr. 641).

Danach wären in dem Bsp. Mietherabsetzung und Kündigung wirksam, wenn V und M zunächst durch Vereinbarung die Schriftformklausel aufgehoben oder doch für den Einzelfall suspendiert hätten. Eine solche Annahme würde bei (1), also bei einer vertraglichen Abrede, leichter fallen als bei der einseitigen Kündigung von (2). Ihr stünde aber stets im Wege, daß ein Wille zu einer Vereinbarung über die Klausel voraussetzt, daß die Parteien überhaupt an diese gedacht haben (das verlangen etwa *Enneccerus-Nipperdey* § 157 III 1). Daran wird es meist fehlen; zumindest wird der Nachweis schwerfallen.

Der BGH (NJW 1965, 293; JZ 1967, 287 f.; *BGHZ 49, 364 ff.)* sieht sogar von der Notwendigkeit einer besonderen Aufhebungsvereinbarung ab. Es soll also nicht schaden, wenn die Parteien an die Schriftformklausel nicht gedacht haben. Vielmehr soll auch jede formlose Vereinbarung gelten, wenn die Parteien sie nur neben dem Urkundeninhalt gewollt haben. Ebenso etwa *Flume* § 15 III 2.

Danach wäre im Bsp. bei (1) die Mietherabsetzung wirksam. Die Kündigung bei (2) ist zwar keine Vereinbarung, sondern einseitige Gestaltungserklärung. Aber man könnte auch hier in der unbeanstandeten Entgegennahme durch V eine Vereinbarung sehen.

Bedenken erweckt allerdings, daß die weitherzige Auslegung von § 125 S. 2 fast nichts mehr übrigläßt. Insbesondere die von den Parteien mit der Schriftformklausel meist beabsichtigte Sicherung des Beweises geht weithin verloren[3]. Man wird daher zumindest an den Beweis einer formlosen Vereinbarung strenge Anforderungen stellen müssen. Eine in AGB enthaltene Schriftformklausel kann aber nach § 4 AGBG gegenüber einer speziellen mündlichen Individualvereinbarung zurücktreten müssen.

3. Vorbehalt schriftlicher Bestätigung

Nicht mit § 125 S. 2 verwechselt werden darf die häufige Klausel, schriftliche   187b
Bestätigung der mit einem Vertreter getroffenen Vereinbarung bleibe vorbehalten. Sie bedeutet eine **Einschränkung der Vertretungsmacht**: Das mit dem Vertreter Vereinbarte ist ohne die Bestätigung für den Vertretenen nicht bindend. Doch kann nach den eben genannten Regeln unter Umständen auch eine mündliche Bestätigung durch den Vertretenen wirksam sein.

---

3 Dazu *Kötz*, JZ 1967, 288 ff. und *Larenz*, AT § 21 I c, kritisch auch *Böhm*, AcP 179 (1979) 425 ff.

§ 10   Vertragsansprüche ohne Vertrag*

188   Wo nicht alle Erfordernisse für den Vertragsschluß erfüllt sind oder Nichtigkeitsgründe vorliegen, können anscheinend auch keine Vertragsansprüche bestehen. Diese Folgerung ist aber nur mit erheblichen Einschränkungen richtig.
Dabei muß unterschieden werden zwischen Ansprüchen auf Erfüllung und solchen auf Schadensersatz.

I. Erfüllungsansprüche

189   Erfüllungsansprüche ohne wirksamen Vertrag können sich zunächst bei § 179 I
(vgl. oben Rdnr. 120) und in bestimmten anderen Fällen des Vertrauensschutzes
(etwa oben Rdnr. 182) ergeben. Weitere Anwendungsfälle sucht die Lehre vom
faktischen Vertrag zu begründen. Dabei haben sich zwei Fallgruppen herausgebildet.

1. Sozialtypisches Verhalten

Ein faktischer Vertrag soll nach manchen (vgl. *Larenz* AT § 28 II) entstehen
durch sozialtypisches Verhalten. Kennzeichnend für die hierhin gerechneten
Fälle sind die Stichwörter **Daseinsvorsorge** und **Massenverkehr:** In diesen Bereichen soll ein Vertrag (und damit die Verpflichtung zur Zahlung des tariflichen Entgelts) unabhängig von einer Willenserklärung des Benutzers schon
durch Inanspruchnahme der Leistung zustande kommen.

BGHZ 21, 319 ff. hat diese Lehre in dem berühmten »Hamburger Parkplatzfall« übernommen: Die Hamburger Behörden hatten einen Teil des Rathausmarktes zum bewachten, gebührenpflichtigen Parkplatz erklärt. Ein Benutzer meinte, das Parken dort gehöre
auch weiter zum Gemeingebrauch, und verweigerte die Zahlung der Gebühr. Er ist dazu
verurteilt worden, obwohl man hier sogar daran zweifeln kann, ob überhaupt ein sozialtypisches Verhalten des Parkers vorlag: Er hatte nur unter ausdrücklichem Protest gegen
die Zahlungspflicht geparkt, was jedenfalls in Deutschland gewiß unüblich ist.

---

*   Dazu *Litterer,* Vertragsfolgen ohne Vertrag (1979); *von Bar,* Vertragliche Schadensersatzansprüche ohne Vertrag?, JuS 1982, 637 ff. In größeren Zusammenhängen auch
Stoll, Vertrauensschutz bei einseitigen Leistungsversprechen. Festschr. Flume I (1978)
741 ff.; *Köndgen,* Selbstbindung ohne Vertrag (1981); *Picker,* Positive Forderungsverletzung und culpa in contrahendo — Zur Problematik der Haftungen »zwischen«
Vertrag und Delikt, AcP 183 (1983) 369 ff.

Später (FamRZ 1971, 247 ff., in *BGHZ 55, 128 ff.* insoweit nicht abgedruckt) hat der BGH seine Ansicht jedoch eingeschränkt: Sie betreffe nur den Massenverkehr; dessen besondere Verhältnisse seien derzeit im Flugverkehr zumindest noch nicht gegeben.

a) Bedenken

Dieser Teil der Lehre vom faktischen Vertrag ist abzulehnen: In den meisten Fällen dieser Gruppe liegt tatsächlich eine wirksame Willenserklärung des Benutzers vor. Sie ist zwar oft (z. B. bei der Straßenbahnfahrt) stark abgekürzt (»Umsteigen«) oder wird auch nur durch konkludentes Verhalten ausgedrückt (Betätigen von Automaten). Aber sie ist eben doch noch vorhanden und reicht für die Annahme eines »klassischen« Vertragsschlusses (notfalls über § 151) völlig aus. Daß dabei weithin kein Spielraum für Verhandlungen über den Vertragsinhalt besteht, hat insoweit keine Bedeutung: Bei den Geschäften des täglichen Lebens wird jedenfalls in Mitteleuropa schon seit alters nicht gefeilscht (*Flume* § 8, 2). Auch wer Semmeln kauft, handelt nicht um den Preis, sondern sagt nur die gewünschte Anzahl. Trotzdem paßt das Vertragsrecht. Und wo ausnahmsweise bei der Willenserklärung ein Wirksamkeitshindernis vorliegt, kann die Lehre vom faktischen Vertrag nicht begründen, warum dennoch Vertragswirkungen eintreten sollen. Das Schlagwort von der »Daseinsvorsorge« wird hier dazu mißbraucht, dem zu versorgenden Einzelnen vertragliche Pflichten aufzubürden, vor denen das Gesetz ihn schützen wollte. Vorgesorgt wird also nicht für das Dasein des zu Versorgenden, sondern für das Dasein des Versorgers. An dieser Verkehrung ändert auch das Zauberwort »sozial« nichts.

LG Bremen, NJW 1966, 2360 f.: Ein achtjähriger Junge benutzt ohne Wissen seiner Eltern die Straßenbahn mit einem ungültigen Fahrausweis zu einer Spazierfahrt. Das LG Bremen hat ihn nicht nur zur Zahlung des Fahrpreises verurteilt, sondern auch zu einer in den Allgemeinen Beförderungsbedingungen vorgesehenen Buße. Damit wird in unzulässiger Weise der vom Gesetz gewollte Minderjährigenschutz aus den Angeln gehoben[1].

Nach § 9 einer »Verordnung über die Allgemeinen Beförderungsbedingungen für den Straßenbahn- und Obusverkehr sowie den Linienverkehr mit Kraftfahrzeugen« v. 27. 2. 1970 (BGBl. I 230, ähnlich § 12 EisenbahnverkehrsO) soll von Fahrgästen ohne gültigen Fahrausweis ein **erhöhtes Beförderungsentgelt** verlangt werden können. Geltung und Bedeutung dieser Vorschrift sind aus mehreren Gründen nicht ganz zweifelsfrei. Jedenfalls aber dürfte man auch mit ihr nicht dazu kommen, daß der Minderjährigenschutz des BGB ausgeschaltet wird. Denn weder ergibt § 9 aaO. klar eine solche Absicht, noch dürfte sie durch die Ermächtigung (§ 58 PersonenbeförderungsG) gedeckt sein: Dort

190

---

1   Gegen das LG Bremen etwa *Medicus*, NJW 1967, 354 f.; *Berg*, MDR 1967, 448 f.; *Metzger*, NJW 1967, 1740 f. sowie *Larenz*, AT § 28 II.

spricht Abs. 1 Nr. 3 nur von »einheitlichen Allgemeinen Beförderungsbedingungen«. Daß dies auch eine Verpflichtung Minderjähriger soll umfassen können, darf schon angesichts der Abneigung von Art. 129 III GG gegen gesetzesändernde Verordnungen kaum angenommen werden. Vgl. *Medicus*, AT Rdnr. 252 und die uneinheitliche Rspr.: *AG Köln* und *AG Hamburg*, NJW 1987, 447 und 448.

b) Andere Lösungsmöglichkeiten

191 In den Fällen dieser Gruppe braucht man auch die Lehre vom faktischen Vertrag gar nicht. Denn bei **voll Geschäftsfähigen** hilft mittelbar die Regel von der Unbeachtlichkeit der **protestatio facto contraria**. Ohne weiteres paßt diese Regel allerdings nicht. Denn *Teichmann* (Festschr. Michaelis 1972, 295 ff.) hat überzeugend dargetan, daß die Regel allein nicht die Wirkungslosigkeit des verbalen Protestes begründen kann: Ein solcher Protest hindert, wenn er rechtzeitig kommt und hinreichend deutlich ist, sehr wohl regelmäßig den üblichen Erklärungsinhalt der Leistungsannahme und damit den Vertragsschluß. Zwar kann man als allgemeine Auslegungsregel den Vorzug derjenigen Möglichkeit annehmen, die zu rechtmäßigem Verhalten der Beteiligten führt. Aber das gilt nur bei Zweifeln und nicht gegenüber einem deutlich entgegengesetzten Willen. Daher bedeutet die diebische Wegnahme in einem Selbstbedienungsladen keinen Antrag zum Abschluß eines Kaufvertrages oder die Annahme eines von dem Geschäftsinhaber gemachten Antrags. Auch in dem Parkplatzfall ist es denkbar, daß der gegen die Vergütungspflicht protestierende Benutzer erkennbar das Risiko rechtswidrigen Handelns übernehmen wollte.

Aber gerade für den typisierten Massenverkehr kann man die Unbeachtlichkeit der verbalen Verwahrung gegen die Vergütungspflicht aus einer anderen Erwägung ableiten (vgl. *Teichmann* aaO. 314). Man kann nämlich die protestatio-Regel als eine Einschränkung der Privatautonomie auffassen: Der Handelnde verliert unter bestimmten Umständen das Recht, einseitig die Folgen seines Handelns zu bestimmen. Fälle dieser Art sind die §§ 612, 632: Dienstberechtigter und Besteller können bei Annahme der Leistung nicht durch einseitige Erklärung ihre Vergütungspflicht ausschließen. Dieselbe Folge paßt auch für die Inanspruchnahme von Leistungen des typisierten Massenverkehrs als Ausgleich dafür, daß der Versorgungsträger diese Leistungen jedermann anbieten muß.

Gegenüber **nicht voll Geschäftsfähigen** hilft bisweilen das Recht der *Eingriffskondiktion:* Wer in den Zuweisungsgehalt fremden Rechts eingreift, muß den Wert des so Erlangten vergüten (unten Rdnr. 704 ff.). Endlich kommt manchmal ein Schadensersatzanspruch nach *Deliktsrecht* in Betracht. Vgl. dazu oben Rdnr. 176.

c) Ausweitungen der Lehre vom sozialtypischen Verhalten

Weitergehende Rechtsfolgen eines »faktischen Vertrages« werden in den Fällen   192
dieser Gruppe denn auch heute ganz überwiegend abgelehnt[2]. Daher sollte man
hier auf die irreführende Bezeichnung »faktischer Vertrag« verzichten.

Die Gefahren einer über das Gesagte hinausgehenden Ansicht bestehen
auch gar nicht so sehr in der »Jurisprudenz der Straßenbahnfahrt« (*Flume*
aaO.). Besonders gefährlich ist vielmehr, daß so in weiten Rechtsgebieten contra legem entschieden werden kann. Das hat der 5. ZS des BGH in seiner schon
mehrfach (oben Rdnr.181; 186) erwähnten Rspr. zur **formlosen Hoferbenbestimmung** eindrucksvoll bewiesen.

BGHZ 23, 249/261 unter Hinweis auf *BGHZ 21, 319ff.:* »Die im Bauernstand seit
langem verbreitete Übung, die Erbfolge in den Hof schon bei Lebzeiten bindend zu
regeln, legt eine Übertragung der Gedankengänge von den Erscheinungen des Massenverkehrs auf typische Vorgänge auf dem Gebiet des Höferechts nahe. Auch wenn
man davon ausgeht, daß jeder Bauer . . . heute weiß, daß er seinen Hofnachfolger nur
durch formbedürftiges Rechtsgeschäft bestimmen kann, so kann doch ein Sachverhalt
gegeben sein, der die Annahme einer vertraglichen Bindung rechtfertigt. Die Tatsache,
daß beide Beteiligten gewußt haben, daß eine Bindung des Hofeigentümers grundsätzlich den Abschluß eines formgerechten Vertrages voraussetzt, steht deshalb (!)
der Annahme, daß gleichwohl eine Bindung eingetreten sein könne, nicht entgegen.«

Aber auch der vom BGH zitierte »Bauernstand« wird kaum glauben, daß man die
Gedankengänge über den Parkgroschen (selbst wenn sie richtig wären) auf Höfe
übertragen kann. Zwar hat *BGHZ 87, 237ff.* die Schutzwirkung der formlosen Hoferbenbestimmung nach § 242 auf Abkömmlinge des Hofeigentümers beschränkt.
Aber auch das läßt sich für das BGB nicht halten. Abweichendes gilt nur in den Län-
dern der ehemaligen britischen Zone nach der Höfeordnung: Deren §§ 6, 7 kennen
eine bindende Bestimmung der gesetzlichen Hoferben auch durch Ausbildung oder
Beschäftigung auf dem Hof.

2. Ausgeführte Eingliederungsverhältnisse auf mangelhafter Vertrags-
grundlage

a) Verdrängung der Unwirksamkeitsnorm

Der zweite Anwendungsbereich der Lehre vom faktischen Vertrag sind die   193
ausgeführten Eingliederungsverhältnisse (insbesondere: Eintritt in eine Ge-

---

2 Etwa *Flume* § 8, 2; *Fikentscher* § 18 III 4 d; *Gudian*, JZ 1967, 303 ff.; zurückhaltend auch *Larenz*, AT § 28 II, insoweit auch *Köhler*, JZ 1981, 464 ff.

sellschaft) auf mangelhafter Vertragsgrundlage (sog. **fehlerhafte Gesell-schaft**)[3]. Hier würde die Rückabwicklung erhebliche Schwierigkeiten berei-ten. Denn wenn eine Gesellschaft längere Zeit faktisch bestanden hat, wer-den oft überaus viele, im einzelnen gar nicht mehr feststellbare Vermögens-verschiebungen zwischen den Beteiligten stattgefunden haben. Für solche Fälle ist daher die *Regel anerkannt:* Das Faktum der Erfüllung wiegt für die Vergangenheit schwerer als die Unwirksamkeitsnorm; die Unwirksamkeit kann daher *nur für die Zukunft* geltend gemacht werden (*BGHZ 55, 5 ff.*). *Flume,* PersGes § 2 III S. 17 ff. stellt neben solche pragmatischen Erwägungen den personenrechtlichen Aspekt der Gesellschaft: Diese sei mit dem Vollzug als Personengemeinschaft vollendet, und deshalb seien Anfechtungs- und Nichtigkeitsgründe ausgeschlossen (insoweit kritisch *Rob. Fischer,* ZGR 1978, 251/256 ff.). *BGH* NJW 1988, 1326 ff. erweitert die Regeln über die fehlerhafte Gesellschaft noch auf einen nichtigen, aber durchgeführten Be-herrschungs- und Gewinnabführungsvertrag.

Zweifelhaft ist freilich, ob die Unwirksamkeit erst durch eine Kündigung herbeigeführt werden muß und ob *jeder* Unwirksamkeitsgrund zugleich ei-nen Kündigungsgrund bildet. *BGHZ 3, 285 ff.* beantwortet das für einen Dissensfall (unbewußt lückenhafte Gesellschaftsverhältnisse sind recht häu-fig) wie folgt: Die Unwirksamkeit kann nur durch Kündigung (bei der OHG und KG regelmäßig durch Klage nach §§ 161 II, 133 f. HGB) geltend gemacht werden; diese führt zur Abwicklung durch Liquidation (§§ 145 ff. HGB). Als Kündigungsgrund reicht aber der Unwirksamkeitsgrund aus; ein »wichtiger Grund« im Sinne von § 133 I HGB ist also unnötig. Dem wird man zustimmen können (anders aber *Flume,* PersGes aaO. S. 22 f.). Bei einer **Publikums-KG** (eine große Zahl von Kommanditisten ist — regelmäßig aus steuerlichen Gründen — nur kapitalmäßig beteiligt[4]) läßt *BGHZ 63, 338/345* statt der umständlichen Auflösungsklage sogar ein Ausscheiden des arglistig getäuschten Kommanditisten durch **fristlose Kündigung** zu. Doch folgt hieraus bei solchen Gesellschaften ein Recht zu außerordentlicher Kündi-gung nicht auch bei Unerreichbarkeit des Gesellschaftszwecks: *BGHZ 69, 160/162.*

---

3 Dazu etwa *Flume* § 8, 3; PersGes § 2 III; *Gernhuber,* BR § 7; *P. Ulmer,* Festschr. Flume I (1978) 301 ff.; *Wiedemann,* Gesellschaftsrecht I (1980) 147 ff.; *Kübler,* Ge-sellschaftsrecht (1981) § 25; *Schwintowski,* NJW 1988, 937 ff.; *K. Schmidt,* BB 1988, 1053 ff.

4 Vgl. *Hüffer,* JuS 1979, 457 ff.; *Loritz,* NJW 1981, 369 ff. (zum Ausscheiden aus wichtigem Grund).

Ähnlich wie der BGH im Gesellschaftsrecht entscheidet für **Arbeitsver-träge** auch das BAG (etwa Betr. 1974, 1531 f.): Zwar läßt es unter Umstän-den neben der außerordentlichen Kündigung noch eine (nicht rückwir-kende) Anfechtung zu. Dafür verlangt es zudem nach § 242, daß der An-fechtungsgrund (etwa die Krankheit des eingestellten Arbeitnehmers) sich auch weiterhin auf die Durchführung des Arbeitsverhältnisses auswirken müsse. Doch bedeutet dies weniger als das Vorliegen eines wichtigen Grun-des nach § 626 I.

b) Einschränkungen

Ein faktischer Vertrag darf in solchen Fällen aber doch nur mit drei Ein-schränkungen angenommen werden. **194**

aa) Es muß **überhaupt** eine — wenngleich nach allgemeinen Regeln un-wirksame — **Vereinbarung** vorliegen (*BGHZ 3, 285 ff.; 11, 190 ff.,* zudem *BGH* NJW 1988, 1321 ff.). Denn was soll sonst auch gelten? Wie hoch sollen etwa die Einlagepflichten oder die Gewinnbeteiligung eines faktischen Ge-sellschafters bemessen werden? Ein rein faktisches Zusammenwirken ohne jede Vertragsgrundlage kann daher nicht genügen.

BGHZ 17, 299 ff. ist wohl nur eine scheinbare Ausnahme: Miterben hatten 17 Jahre lang eine Schuhfabrik unter der alten Firma fortgeführt, ohne einen Gesellschaftsver-trag zu schließen. Sie hatten aber immerhin vereinbart, ihre volle Arbeitskraft dem Unternehmen zu widmen. Nur insoweit hat denn der BGH hier auch eine Verpflich-tung des einen Gesellschafters angenommen, die Arbeit des auf einer Dienstreise ver-unglückten anderen Gesellschafters ohne besondere Vergütung mitzuerledigen. Im Grunde wird hier also nur die Vereinbarung zwischen den Parteien in Anlehnung an das Recht der OHG ausgelegt.

bb) Der **Zweck der Unwirksamkeitsnorm darf** der faktischen Wirksam-keit des Vertrages **nicht entgegenstehen.** So kann eine durch arglistige Täu-schung erschlichene Vertragsklausel (etwa über eine besonders hohe Beteili-gung am Gewinn und Liquidationserlös) dem Betrüger weder für die Ver-gangenheit noch für die Zukunft zugute kommen (wohl aber anderen Ge-sellschaftern, denen der Betrug nicht zuzurechnen ist: *BGH* NJW 1973, 1605 ff.). An die Stelle solcher schlechthin unwirksamen Klauseln muß das dispositive Gesetzesrecht treten. Und ein Gesetzesverstoß (§ 134) macht die Gesellschaft regelmäßig im ganzen unheilbar nichtig *(BGHZ 62, 234/241 f.).* **195**

Weiteres Bsp.: A hat als Arbeitgeber mit dem minderjährigen M einen von den El-tern nicht konsentierten Arbeitsvertrag geschlossen. Hier kann M für seine im voraus geleistete Arbeit den Lohn verlangen. Hat aber umgekehrt A im voraus den Lohn ge-zahlt, braucht M die entsprechende Arbeit nicht zu leisten: A ist hier auf die Lei-stungskondiktion des Gezahlten angewiesen.

196   cc) Für fehlerhafte **Änderungen** eines Gesellschaftsvertrages gelten die
Regeln über die faktische Gesellschaft meist nicht, weil hier die Nichtig-
keitsfolgen leichter erträglich sind: Man hat ja den wirksamen unveränder-
ten Gesellschaftsvertrag *(BGHZ 62, 20 ff.)*.

c) Zusammenfassung

197   Die Bezeichnung »faktischer Vertrag« übertreibt also auch hier: Der Unwirksamkeitsgrund wird keineswegs völlig ausgeschaltet. Vielmehr kann
man eher umgekehrt sagen, daß nur einige der Nichtigkeitswirkungen nicht
eintreten. So spricht denn auch der BGH etwa seit 1964 von der »fehlerhaften« statt von der »faktischen« Gesellschaft (vgl. *Flume*, PersGes § 2 III
S. 16). Dagegen redet etwa *BAG* NJW 1986, 2133 noch vom »faktischen Arbeitsverhältnis«.

II. Ansprüche auf Schadensersatz

198   Was für Erfüllungsansprüche gilt, muß ebenso für die sie (etwa nach §§ 280,
286 II, 325, 326) ersetzenden Ansprüche auf **Schadensersatz wegen Nichterfüllung** gelten: Auch diese sind bei Vertragsnichtigkeit ausgeschlossen.
Ganz anders verhält es sich dagegen mit **Ersatzansprüchen wegen Verletzung des Erhaltungsinteresses:** Diese sind weithin unabhängig vom Vorliegen eines wirksamen Vertrages.

   Eine ähnliche Erscheinung war schon oben Rdnr. 42 begegnet: Auch aus der
Nichterfüllung einer unklagbaren Naturalobligation können wegen eines außerhalb
des Erfüllungsinteresses liegenden Schadens klagbare Ersatzansprüche entstehen.

1. Culpa in contrahendo

199   Unabhängig vom Zustandekommen eines wirksamen Vertrages sind zunächst Ansprüche aus culpa in contrahendo[5]. So hatte schon eine frühe Entscheidung zu diesem Rechtsinstitut die Verletzung einer Kundin vor Kaufabschluß durch eine umfallende Linoleumrolle betroffen *(RGZ 78, 239 ff.)*:
Hier kann die Haftung offenbar nicht davon abhängen, daß die Kundin das
Linoleum nach dem Unfall noch kauft. Haftungsgrund ist vielmehr, daß eine
Partei ihre Rechtsgüter wegen des geplanten Vertragsschlusses besonderen

---

5   Dazu *Larenz*, Festschr. Ballerstedt (1975) 397 ff.; *Nirk*, Festschr. Möhring (1975)
    71 ff.; *Stoll*, Festschr. Flume I (1978) 741 ff., auch *Picker*, AcP 183 (1983), 369 ff.

Gefahren aussetzt, die der Sphäre der anderen Partei entstammen. Und dieser Haftungsgrund dauert auch nach der Abwicklung der Leistungspflichten (= Vertragserfüllung) nicht selten noch fort (z. B. bis die Kundin den Laden mit der eingekauften Ware wieder verlassen hat).

Der Eintritt in Vertragsverhandlungen ist sogar mit einer gewissen **Schutzwirkung für Dritte** ausgestattet worden: In *BGHZ 66, 51 ff.* hatte eine minderjährige, selbst nicht einkaufswillige Tochter ihre Mutter in einen Selbstbedienungsladen begleitet. Dort war die Tochter auf einem Gemüseblatt ausgerutscht und dabei verletzt worden. Nachdem Deliktsansprüche verjährt waren (§ 852), hat der BGH einen eigenen Anspruch der Tochter aus c.i.c. gegen den Ladeninhaber bejaht: Wenn der abgeschlossene Vertrag Schutzwirkung für Dritte entfaltet hätte (vgl. unten Rdnr. 844 ff.), könne das auch schon für den Eintritt in Vertragsverhandlungen zutreffen. Ich stimme dem prinzipiell zu[6], halte freilich das vom BGH verfolgte Ziel einer Ausschaltung des untadeligen § 852 für rechtspolitisch verfehlt.

Die der c.i.c. zugrundeliegende Pflicht zum Schutz vor Körper- (und Eigentums-)verletzungen ähnelt stark den **deliktischen Verkehrssicherungspflichten** (vgl. unten Rdnr. 641 ff.). Nachdem diese zu dem jetzt erreichten Zustand ausgebaut worden sind, bedarf es bei solchen Verletzungen der c.i.c. nur noch sehr beschränkt: Diese kann Härten ausgleichen, zu denen das Deliktsrecht vor allem bei der Gehilfenhaftung führen mag. Doch muß ohnehin meist auch der konkurrierende Deliktsanspruch geprüft werden, weil nur er ein Schmerzensgeld (§ 847) bringt. Nach einer Reform des § 831 sollte sich die c.i.c. aber hauptsächlich auf andere Anwendungsfälle zurückziehen, nämlich auf (etwa durch falsche Informationen verursachte) **Vermögensverletzungen.**

Trotz der Unabhängigkeit der c.i.c. vom Zustandekommen eines wirksamen Vertrages besteht aber die berechtigte Tendenz, den Ersatzanspruch aus c.i.c. dem Vertragsrecht anzupassen. So soll eine kürzere *Verjährung*, die für Erfüllungsansprüche gelten würde, auch für diesen Ersatzanspruch gelten *(BGHZ 57, 191 ff.).* Ähnlich wird man auf ihn die Haftungsmilderungen aus dem intendierten Vertrag weithin anwenden müssen[7].

---

6 Vgl. aber — teils kritisch — *Kreuzer*, JZ 1976, 778 ff.; *Strätz*, JR 1976, 458 f.; *Hohloch*, JuS 1977, 302 ff.
7 Vgl. *Gerhardt*, JuS 1970, 597/602 f.; JZ 1970, 535 ff., differenzierend *Strätz*, Festschr. Bosch (1976) 999/1008 ff. Vgl. auch unten Rdnr. 209 a zu *BGHZ 93, 23 ff.*

2. Haftung Dritter

a) Vertreter bei Vertragsverhandlungen

200   Regelmäßig trifft die Haftung aus c.i.c. denjenigen, der Partner des intendierten Vertrages werden soll. Ausgehend von Sonderfällen hat aber schon
das RG ausnahmsweise eine Eigenhaftung des Vertreters bei Vertragsverhandlungen angenommen[8].

> *RGZ 120, 249ff.:* Der eingetragene Eigentümer E verkauft sein Grundstück an V.
> Dieser will das Grundstück alsbald an K weiterverkaufen und tritt dabei zunächst im
> eigenen Namen auf. Da aber die Umschreibung direkt von E auf K erfolgen soll,
> schließt V den Kaufvertrag endlich als Vertreter des E. K zahlt den Kaufpreis, erhält
> aber den Besitz an dem Grundstück nicht, weil der dritte Besitzer D ein dingliches
> Zurückbehaltungsrecht hat. E ist vermögenslos. K verlangt daher von V, der das Zu-
> rückbehaltungsrecht des D verschwiegen hatte, Schadensersatz.

Das RG hat einen solchen Anspruch aus c.i.c. bejaht: V habe nur aus for-
malen Gründen als Vertreter des E abgeschlossen. In Wahrheit aber sei er an
dem Verkauf selbst interessiert gewesen, weil sonst er das Grundstück hätte
abnehmen und bezahlen müssen.
Das dogmatische Fundament für diese Lehre hat *Ballerstedt*[9] gelegt: Die
Haftung für c.i.c. beruhe auf der Inanspruchnahme von Vertrauen. Dieses
Vertrauen gelte regelmäßig dem Vertretenen. Wo es sich aber ausnahmsweise
auf den Vertreter selbst beziehe, müsse dieser haften (so insbesondere auch
Eike Schmidt, AcP 170, 1970, 502/517 ff. für den gesetzlichen Vertreter).

b) »Sachwalter«

200a   Auf dem Boden der eben dargestellten Lehre hat *BGHZ 56, 81ff.* den Kreis
der für c.i.c. ersatzpflichtigen Personen sogar auf den »Sachwalter« einer
Partei erweitert, der nicht als Vertreter aufgetreten war und auch kein »un-
mittelbares« Eigeninteresse am Vertragsabschluß hatte: Es genüge, daß der
Sachwalter (ein Finanz- und Grundstücksmakler, der von einem Bauvertrag
Kenntnis genommen hatte) »in besonderem Maße persönliches Vertrauen in
Anspruch genommen und dadurch die Vertragsverhandlungen beeinflußt
hat«.

---

8   Vgl. *Nirk,* Festschr. Hauss (1978) 267 ff.; *Larenz* I § 914, II am Ende und zur Konkurrenz mit § 179 *Crezelius,* JuS 1977, 796 ff. Bei Zusicherungen hilft mit § 179
z. B. *BGH* NJW 1988, 1378 ff.
9   AcP 151 (1951) 501 ff., teils kritisch *Larenz,* Festschr. Ballerstedt (1975) 397 ff.

In neuerer Zeit ist die Haftung eines Dritten aus Vertragsverhandlungen immer häufiger bejaht worden. Dabei geht es oft um den Ersatz von Schäden aus dem Eintritt in eine nicht lebensfähige Publikums-KG. Gerade für diesen Fall hat der BGH in den letzten zehn Jahren eine überaus strenge Haftung aus c.i.c. begründet[10]. Diese Haftung ähnelt sachlich der **Prospekthaftung**, die nach dem BörsenG bei der Ausgabe von Aktien besteht. *BGHZ 83, 222* (dazu *Liesegang*, NJW 1982, 1514; *Kaligin*, Bétr. 1982, 1161) hat diese Ähnlichkeit noch dadurch betont, daß er die Verjährung der Ansprüche aus c.i.c. am BörsenG ausgerichtet hat. Jetzt ist bei diesem Fragenkreis auch der neue § 264 a StGB über falsche oder unvollständige Angaben bei der Werbung für Kapitalanlagen in Verbindung mit § 823 II BGB zu beachten. Damit kann sich diese Haftung gegenüber der c.i.c. weiter verselbständigen.

Ein Fall der c.i.c. bleibt dagegen die **Eigenhaftung des Kfz-Händlers**, der ein gebrauchtes Kraftfahrzeug als Vertreter des Eigentümers verkauft (etwa *BGHZ 79, 281ff.)*. Nach *BGHZ 70, 337ff.* soll ein Dritter aus c.i.c. sogar dann haften können, wenn er nach Vertragsschluß den Hinweis auf wichtige Umstände unterläßt (dazu *Nirk* aaO.; *Zschoche*, VersR 1978, 1089ff.). Die Dritthaftung soll dann eintreten, wenn der Dritte »in besonderem Maße persönliches Vertrauen in Anspruch genommen und ihm das der Verhandlungsgegner auch entgegengebracht hat«. Grund für dieses Vertrauen können außergewöhnliche Sachkunde oder besondere persönliche Zuverlässigkeit sein (*BGH* Betr. 1979, 1219f.; *BGHZ 77, 172, 177; BGH* NJW 1986, 586).

c) Bedenken

Demgegenüber scheint mir eine Eigenhaftung von Hilfspersonen aus c.i.c. **200b** ohne weiteres nur für Handlungen der Hilfsperson bei Auftreten im eigenen Namen begründet (wie in *RGZ 120, 249)*. Denn hier hat sich die Hilfsperson so geriert, als würde sie selbst Schuldner, und muß sich daher auch so behandeln lassen. Dem gleichzustellen sein werden Fälle, in denen die Vertreterrolle nur aus steuerlichen Gründen gewählt worden ist. So liegt es etwa beim Handel mit gebrauchten Kraftfahrzeugen: Hier verkaufen auch Fachhändler und Werksvertretungen nur deshalb in fremdem Namen, um die

---

10 Etwa *BGHZ 71, 284ff.; 72, 382ff.; BGH* Betr. 1979, 296f.; 1219ff.; VersR 1986, 699 ff.; ZIP 1986, 562 ff. — *BGHZ 77, 172ff.* läßt auch einen Rechtsanwalt für die Unrichtigkeit eines Werbeprospekts haften, bestätigend *BGH* NJW 1984, 865f. Dagegen verneint *BGHZ 88, 67ff.* für bloße Angestellte regelmäßig eine eigene Sachwalterhaftung. Aus der Lit. vgl. zuletzt *Pleyer-Hegel*, ZIP 1986, 681 ff.

Mehrwertsteuerpflicht zu vermeiden (vgl. *Medicus*, SBT § 76 II 2); sie haften dann für c.i.c. persönlich. Endlich wird eine Eigenhaftung auch für solche Hilfspersonen anzunehmen sein, die ein besonders starkes Eigeninteresse am Vertragsschluß haben. Dabei ist aber für Kapitalgesellschaften die gesetzliche Haftungsordnung zu beachten. Daher kann (wegen § 13 GmbHG) der Alleingesellschafter einer GmbH aus Verhandlungen, die er für diese mit einem Dritten geführt hat, nicht schon wegen seines aus der Beteiligung stammenden Eigeninteresses an der GmbH persönlich haften: *BGH* BB 1986, 1042/1044 mit Anm. *Steininger*, zustimmend *BGH* Betr. 1986, 1328.

Im übrigen gilt: Soweit der Vertreter betrügt oder seine Vertretungsmacht überschreitet, haftet er schon aus §§ 823 II BGB, 263 StGB oder 179 BGB. Weiter muß er für die Vertragserfüllung einstehen, wenn er sich dazu durch Bürgschaft, Schuldübernahme oder Garantie verpflichtet hat. Endlich haftet er aus einer falschen, vertraglich (vgl. § 676) erteilten Auskunft. Demgegenüber verwischt die Formel von dem »in Anspruch genommenen Vertrauen« nur die Grenzen zum Betrug und zur vertraglichen Bindung.

So hätte *BGHZ 56, 81 ff.* prüfen müssen, ob der Makler sich der Baufirma zur Bezahlung ihrer Rechnung verpflichtet oder eine vertragliche Auskunft über die Solvenz des Bauherrn gegeben hatte. Die Verweigerung der (zunächst geforderten) eigenen Unterschrift unter den Bauvertrag spricht eher dagegen.

3. Positive Vertragsverletzung ohne Vertrag

201   Auch Ersatzansprüche aus positiver Vertragsverletzung (vgl. unten Rdnr. 306 ff.) wird man bisweilen unabhängig vom Vorliegen eines wirksamen Vertrages anerkennen müssen.

BGH BB 1953, 956 f. (dazu *Gerhardt*, JZ 1970, 535/537 f.): K ist bei G als Kraftfahrer angestellt und hat Vollmacht, den Kraftwagen des G nötigenfalls reparieren zu lassen. Wegen eines Loches im Kraftstofftank bringt K den Wagen zu S, der alle Haftung wegen Gehilfenverschuldens ausschließt (jetzt nach § 11 Nr. 7 AGBG nur noch durch Individualvertrag möglich). L, ein Lehrling des S, schweißt an dem mit Kraftstoff gefüllten Tank. G verlangt wegen des zerstörten Wagens von S Ersatz; S beruft sich auf den Haftungsausschluß.

Der BGH hat hier angenommen, die Vollmacht des K habe einen derart weitreichenden Haftungsausschluß nicht gedeckt. Daher fehlte zwischen G und S ein wirksamer Vertrag. Beide haben sich auch nicht mehr in Vertragsverhandlungen befunden, so daß kein Anspruch aus c.i.c. in Betracht kam: Vielmehr ist der Schaden bei der (schlechten) Leistung auf den vermeintlich wirksamen Vertrag eingetreten. Das paßt zur pV, und aus ihr (in

Verbindung mit § 278) ist S denn auch verurteilt worden. Ebenso *Canaris,* JZ 1965, 475 ff., freilich mit einem weiterreichenden Lösungsansatz (vgl. unten Rdnr. 203).

4. Drittschutz aus unwirksamem Vertrag

Endlich hat man auch bei der *vertraglichen Schutzwirkung für Dritte* (vgl.   202
unten Rdnr. 839 ff.) von dem Erfordernis eines wirksamen Vertrages absehen
wollen: Der Schutz des Dritten (z. B. eines Angehörigen des Mieters) müsse
auch nach dem Vertragsschluß unabhängig von der Vertragswirksamkeit
sein[11].

5. Einheitliches gesetzliches Schuldverhältnis?

Wenn man die Vertragsunabhängigkeit dieser Ersatzpflichten anerkennt,   203
liegt es nahe, dem auch dogmatisch Rechnung zu tragen. Das geschieht,
wenn man diese Ersatzpflichten nicht mehr als vertragliche bezeichnet, sondern sie auf ein Schutzpflichten erzeugendes gesetzliches Schuldverhältnis
zurückführt: Dieses entsteht, sobald mit dem Eintritt in Vertragsverhandlungen ein Partner seine Rechtsgüter den Gefahren aussetzt, die aus der
Sphäre des anderen Partners stammen. Und es endet erst dann, wenn diese
Gefährdung wieder beseitigt ist: sei es wegen des erkannten Scheiterns der
Vertragsverhandlungen, sei es wegen der vollständigen Abwicklung des
Vertrages. Inhalt dieses gesetzlichen Schuldverhältnisses wäre die Sorge für
die gefährdeten Rechtsgüter des anderen Partners und der bei Vertragswirksamkeit in gleicher Weise zu schützenden Personen. C.i.c., pV und Vertrag mit Schutzwirkung für Dritte wären so in einem einzigen Haftungsgrund vereint[12]. Soweit daneben noch vertragliche Leistungspflichten
bestehen, kann man von einem **gesetzlichen Begleitschuldverhältnis** sprechen.

Diese Konstruktion hat auf den ersten Blick die Attraktivität des Einfachen. Bei genauerem Überdenken sind aber doch Einschränkungen nötig
(vgl. auch *Larenz* I § 9 II S. 120; *Medicus,* JuS 1986, 665/668 ff.). Berücksichtigt werden müssen nämlich die Bedeutung des Vertrages und die Gründe
seines Scheiterns: Die Bedeutung des Vertrages besteht regelmäßig darin,

---

11 So *Canaris,* JZ 1965, 475 ff., ähnlich *U. Müller,* NJW 1969, 2169 ff.
12 So *Canaris* aaO., weitere bei *Larenz* I § 9 II A.42, dazu noch *K. Schmidt,* JuS 1977,
    722 f.; offengelassen von *BGHZ 66, 51/56 f.*

daß er eine Gegenleistung auch für die Belastung mit besonderen, über die allgemeine Verkehrssicherungspflicht hinausreichenden Schutzpflichten verschaffen soll. Wenigstens die Intensität dieser Pflichten darf daher nicht ohne weiteres von der Vertragswirksamkeit unabhängig sein (vgl. *Eike Schmidt*, JA 1978, 597 ff. gegen die unbedachte Belastung einer Partei mit kostenerheblichen ergänzenden Vertragspflichten, aber auch S. 604 zu den Schutzpflichten). Und der Grund für das Scheitern eines wirksamen Vertragsschlusses kann gerade auch die Belastung mit besonderen Schutzpflichten hindern wollen (Andeutungen dazu bei *Canaris*, JZ 1965, 475/481 f.): Ein Minderjähriger etwa soll durch die §§ 106 ff. nicht nur vor der Verpflichtung zur Gegenleistung bewahrt werden, sondern auch vor Schutzpflichten, deren Verletzung über das Deliktsrecht hinaus zum Schadensersatz verpflichtet.

Die nötige Rücksicht auf diese beiden Gesichtspunkte kompliziert die Lehre vom einheitlichen gesetzlichen Schutzpflichtverhältnis. Überdies ist für sie zu bedenken, daß der **Inhalt der Pflichten zum Schutz bloßer Vermögensinteressen weithin verschieden** sein kann: Vor dem Vertragsschluß wird in erster Linie Aufklärung zur Entscheidung über den Abschluß des geplanten Vertrages geschuldet, nach dem Vertragsschluß dagegen geht es um andere, mit der Erfüllung zusammenhängende Informationen (z. B. über den gefahrlosen Gebrauch der gelieferten Sache). Wenigstens der Inhalt des behaupteten Schuldverhältnisses wäre also vertragsabhängig. Daher sollte man für Ersatzansprüche aus bloßen Vermögensverletzungen vom Erfordernis eines wirksamen Vertrags allenfalls in vorsichtiger Fallgruppenbildung absehen.

2. Kapitel   Die Wirkung von Schuldverträgen

§ 11   Übersicht über die Pflichten aus Schuldverträgen*

Das im 1. Kapitel behandelte Zustandekommen von Schuldverträgen ist bei   **204**
der Lösung von Fällen regelmäßig nur Vorfrage für die Annahme bestimmter Rechtswirkungen (ausnahmsweise treten manche von ihnen freilich auch
ohne Vertrag ein, oben Rdnr. 188 ff.). Solche Wirkungen sind die dem
Schuldvertrag entspringenden Ansprüche oder — als ihre Kehrseite —
Pflichten. Sie lassen sich unter mehreren Gesichtspunkten unterscheiden.

I. Primär- und Sekundärpflichten

Die Primärpflichten ergeben sich aus dem Vertrag, ohne daß weitere Um-   **205**
stände hinzutreten müssen; ihre Erfüllung ist das eigentliche Ziel des Vertrages. Demgegenüber folgen die Sekundärpflichten oft erst aus der Störung
von Primärpflichten. Die Sekundärpflichten können dann an die Stelle der
gestörten Primärpflichten treten (z. B. Schadensersatz wegen Nichterfüllung
nach § 280) oder auch neben sie treten (z. B. der Anspruch auf Ersatz des Verzugsschadens nach § 286 I). Das Kernstück des Schuldrechts, nämlich die Lehre
von den Leistungsstörungen (unten Rdnr. 236 ff.), ist weithin nichts anderes
als die Lehre davon, ob und inwieweit die Störungen von Primärpflichten
Sekundärpflichten erzeugen.

Bei der Lösung von Fällen sind beide Arten von Pflichten schon deshalb
streng zu unterscheiden, weil zur Entstehung von Sekundärpflichten regelmäßig Vertretenmüssen nötig ist, dessen es für Primärpflichten nicht bedarf.

Bsp.: Mieter M hat die Mietwohnung erheblich abgenutzt; Vermieter V fordert ihn
daher zur Durchführung von Reparaturen auf. Wenn die Reparaturen Primärpflicht
des M sind (weil M sich dazu verpflichtet hat, z. B. durch Übernahme der »Schönheitsreparaturen«), ist die Forderung des V ohne weiteres begründet. Wenn dagegen
eine solche Primärpflicht des M nicht besteht, kann V die Reparaturen nur als (sekun-
dären) Schadensersatz verlangen, soweit nämlich die Abnutzung auf die zu vertretende (vgl. § 548) Verletzung der Primärpflicht zur sorglichen Behandlung der Mietsache zurückgeht.

---

* Vgl. *Gernhuber*, BR § 14.

Daraus folgt: Stets muß **zuerst** geprüft werden, ob den in Anspruch Genommenen eine **Primärpflicht** zu der verlangten Leistung trifft. Wenn das zu bejahen ist, kommt es auf Vertretenmüssen nicht an. Erst danach wird die Prüfung von Sekundärpflichten sinnvoll. Insbesondere die positive Vertragsverletzung wird von Studenten oft viel zu früh herangezogen.

Bsp.: M hat eine Wohnung im Hause des V gemietet. Im Erdgeschoß betreibt ein anderer Mieter G eine Gastwirtschaft, die viel Lärm verursacht. M verlangt von V, dieser solle den Lärm abstellen. Hier wäre es falsch, zuerst zu prüfen, ob die Vermietung an einen Gastwirt oder der Lärm eine positive Vertragsverletzung gegenüber M darstellen, und ob etwa V das Verhalten des G nach § 278 zu vertreten hat. Vielmehr besteht schon eine Primärpflicht des V nach § 536 zur Gewährung des ungestörten Mietgebrauchs (vgl. aber § 539); jedes Eingehen auf Vertretenmüssen und § 278 ist also sinnlos.

Zu einer Sonderfrage bei der Abgrenzung von Primär- und Sekundärpflicht vgl. unten Rdnr. 210 ff.

II. Haupt- und Nebenpflichten

206 Die Einteilung in Haupt- und Nebenpflichten hat mit der eben genannten in Primär- und Sekundärpflichten nichts zu tun; insbesondere sind Primärpflichten nicht notwendig Hauptpflichten.

So ist etwa die Pflicht des Vermieters zur Beleuchtung des Treppenhauses zwar Nebenpflicht, aber doch Primärpflicht.

Überhaupt ist die Einteilung in Haupt- und Nebenpflichten nur dann sinnvoll möglich, wenn man sich über die Rechtsfolgen einig ist, die an diese Unterscheidung geknüpft werden sollen. Hierüber herrscht viel Unklarheit. Nach meiner Ansicht kommen — abgesehen von den vertragswesentlichen Pflichten nach § 9 II Nr. 2 AGBG (vgl. oben Rdnr. 74) — **zwei Gesichtspunkte** in Betracht:

1. Vertragstypik von Pflichten

Entweder kann man als Hauptpflichten die vertragstypischen und als Nebenpflichten die vertragsuntypischen Pflichten bezeichnen. Dabei meint »vertragstypisch«: Die Pflicht kennzeichnet den Vertragstyp; ein Fehlen der Pflicht würde den Vertrag zu einem anderen Typ gehören lassen.

So ist etwa die Zahlungspflicht des Käufers oder des Mieters vertragstypisch: Ohne diese Pflicht lägen nicht Kauf oder Miete vor, sondern Schenkung oder Leihe. Umgekehrt ist die Pflicht des Verkäufers oder Vermieters zur Gewährleistung bei Sachmängeln nicht vertragstypisch: Auch wo sie abbedungen ist, bleibt der Vertrag Kauf oder Miete.

2. Eingliederung in das Gegenseitigkeitsverhältnis

Oder man kann die Einteilung in Haupt- oder Nebenpflichten auf den ge- **207** genseitigen Vertrag beschränken: Nebenpflichten sind dann die nicht synallagmatischen (vgl. unten Rdnr. 213 ff.). Bedeutung hat das vor allem für § 326: Der Verzug hinsichtlich solcher Nebenpflichten löst die Rechtsfolgen dieser Vorschrift nicht aus.

RGZ 53, 161 ff.: Der Käufer hat trotz Mahnung die Kaufsache nicht abgenommen. Der Verkäufer kann dann nicht eine Nachfrist mit Ablehnungsandrohung setzen und nach deren fruchtlosem Ablauf zwischen Rücktritt und Schadensersatz wegen Nichterfüllung wählen, weil die Abnahme regelmäßig nur Nebenpflicht ist. Der Verkäufer kann also nur auf Abnahme klagen, Verzugsschaden ersetzt verlangen (§ 286 I) oder wegen Annahmeverzugs nach §§ 372 ff. vorgehen. Zahlt der Käufer auch den Preis nicht, so darf der Verkäufer freilich *aus diesem Grunde* von den Rechten aus § 326 Gebrauch machen: Die Pflicht zur Kaufpreiszahlung ist Hauptpflicht. Hauptpflicht ist nach *BGH* NJW 1977, 36 f. auch die Pflicht des Mieters zur Ausführung von Schönheitsreparaturen und zur Wiederherstellung des früheren Zustandes der durch Umbauten veränderten Mieträume.

Dabei können aber stets die Parteien Abweichendes bestimmen. So kann die Abnahmepflicht des Käufers als (synallagmatische) Hauptpflicht gestaltet werden, etwa beim Verkauf eines Hauses auf Abbruch: Dann darf der Verkäufer den Vertrag über § 326 lösen, wenn der Käufer das Grundstück schuldhaft nicht rechtzeitig abräumt.

Nichts mit dieser Einteilung zu tun hat dagegen die Frage der **Klagbarkeit**. Denn klagbar sind auch nichtsynallagmatische Nebenpflichten, zumindest dann, wenn sie Leistungspflichten sind (vgl. sofort und *BGH* NJW 1975, 344 ff.: Die dem Grundstückskäufer auferlegte Nebenpflicht, nicht über eine bestimmte Höhe hinaus zu bauen, ist [klagbare] vertragliche Leistungspflicht und kann daher nach § 328 auch zugunsten des höherliegenden Nachbarn bestehen).

III. Leistungs- und Verhaltenspflichten (Schutzpflichten)

Neben den Leistungspflichten gibt es noch eine weitere Pflichtenkategorie: **208** die aus § 242 abgeleiteten Verhaltens-, Schutz- oder auch Nebenpflichten (im Gegensatz zu den Neben*leistungs*pflichten). Vgl. *Larenz* I § 2 I; *Esser-Eike Schmidt* § 5 II (dort »Begleitpflicht« genannt). Diese Pflichten richten sich auf die **Beachtung der Interessen** des anderen Teils und insbesondere auch auf die **ordentliche** Erbringung der (durch die Leistungspflichten bestimmten) Leistung. Im Erfüllungsstadium bilden sie das von manchen angenommene gesetzliche Schuldverhältnis (dazu skeptisch oben Rdnr. 203).

Die Formulierungen dieses Schutzverhältnisses in Gestalt einzelner Verhaltenspflichten konkretisiert weithin, was zur ordentlichen Erbringung der Leistung gehört (z. B. den Käufer in die Bedienung der gekauften Maschine einzuweisen). Doch umschreibt die Verletzung solcher Pflichten nicht etwa genau den Anwendungsbereich der positiven Vertragsverletzung (so richtig *Fikentscher* §§ 8, 3; 47 III). Auch sind die Schutzpflichten nicht etwa generell unklagbar.

Bsp.: V hat an K 1000 Glasflaschen verkauft, lieferbar über zehn Monate in Sendungen zu je 100 Flaschen. Die erste Sendung kommt bei K schlecht verpackt, aber unversehrt an. K verlangt nun von B bessere Verpackung: Er sei auf die pünktliche Lieferung der Flaschen angewiesen, und es beruhe nur auf einem glücklichen Zufall, daß bei der ersten Sendung kein größerer Bruchschaden eingetreten sei. Wenn V demgegenüber die Ordnungsmäßigkeit der von ihm gewählten Verpackungsart behauptet, muß dem K eine Leistungsklage auf bessere Verpackung möglich sein. Denn selbst im Deliktsrecht ist anerkannt, daß schon die drohende Schädigung ein Klagerecht (auf Unterlassung) gewährt (unten Rdnr. 628). Um so weniger kann im Vertragsrecht der Gläubiger gezwungen werden, erst den Eintritt des Schadens abzuwarten und dann auf den sekundär geschuldeten Schadensersatz zu klagen. Ein gesetzliches Beispiel solcher klagbarer Verhaltenspflichten bildet § 618 I, II.

Stürner, JZ 1976, 384 ff.; ZZP 1977, 107/108 nimmt demgegenüber sichernde Maßnahmen (insbesondere durch einstweilige Verfügung nach §§ 935, 938 ZPO) ohne einen zugrunde liegenden selbständigen Anspruch an. Doch bejaht die h. M. (etwa *Rosenberg-K. H. Schwab,* Zivilprozeßrecht, 13. Aufl. 1981 § 93 I 2), daß der Unterlassungs*klage* (die also noch vor der befürchteten Rechtsverletzung stattfindet!) ein materiellrechtlicher Anspruch zugrunde liegt. Für die auf Unterlassung gerichtete *einstweilige Verfügung* darf dann nichts anderes gelten: Die Konstruktion kann nicht davon abhängen, ob die Abwehr so eilig ist, daß sie durch einstweilige Verfügung statt durch Klage betrieben werden muß (allenfalls könnte man einen Anspruch eher dann bejahen, wenn die Verletzung näher bevorsteht).

Andererseits sollte aber die Klagbarkeit von Schutzpflichten auch nicht unbeschränkt angenommen werden. Denn die Klagbarkeit erweitert den vorbeugenden Rechtsschutz für den Gläubiger zu Lasten des Schuldners, dem sie die Möglichkeit zur Übernahme von Risiken begrenzt. Die Entscheidung über die Klagbarkeit bedarf daher einer Abwägung zwischen den Gläubiger- und den Schuldnerinteressen. Vgl. *W. Henckel,* AcP 174 (1974) 97/111 f.

209   Alle **Schutzpflichten** sind in einem bestimmten Sinn **nichtsynallagmatisch:** Ihre folgenlose Verletzung berührt den Anspruch auf die Gegenleistung

nicht. So kann etwa zwar der Gläubiger die ihm nachts angebotene Leistung zurückweisen. Aber er muß sie voll bezahlen, wenn er sie annimmt. Ebenso ist in dem Glasflaschenbsp. K wegen der mangelhaften Verpackung nicht zu einem Abzug vom Preis der ersten Sendung berechtigt. Doch bedeutet eine solche teilweise Nichtgeltung des Synallagma keine Eigenart der Schutzpflichten; vielmehr kommt sie auch bei Nebenleistungspflichten vor (vgl. oben Rdnr. 207).

Übrigens entscheidet auch bei den Verhaltenspflichten letztlich die **Vertragsauslegung** über die Nichtgeltung des Synallagma. Wenn etwa V dem K die Verpackung besonders in Rechnung stellt, braucht K nur zu bezahlen, was V wirklich aufgewendet hat. Bedeutung hat es auch, wenn die Verpackung Teil der Ware und für den Käufer wichtig ist, weil dieser etwa die **verpackte Ware** weiterverkaufen will: Hier bedeutet der Mangel der Verpackung einen Mangel der Kaufsache mit den Folgen der §§ 459 ff. (z. B. Zigarren werden in schadhaften Kisten an den Einzelhändler geliefert).

Zweifelhaft ist, ob für die Leistungspflichten geltende Haftungsmilderungen auch auf die Schutzpflichten anzuwenden sind.

BGHZ 93, 23 ff. (dazu *Stoll*, JZ 1985, 384 ff.; *Schlechtriem*, BB 1985, 1356 ff.; *Schubert*, JR 1985, 324): S stellt Kartoffelchips her. Dabei entsteht als Abfall flüssige Kartoffelpülpe. Diese überläßt S dem Landwirt G kostenlos als Viehfutter. G verfütterte die Pülpe in so erheblichen Mengen an seine Bullen, daß diese eingingen. Er verlangt von S Schadensersatz, weil er nicht über die mögliche Schädlichkeit der Pülpe aufgeklärt worden sei.

Die hier verletzte Aufklärungspflicht sollte nicht das Leistungsinteresse des G schützen, sondern das Interesse an der Erhaltung der schon vorhandenen Rechtsgüter; die Aufklärungspflicht ist hier also Schutzpflicht. Da S aber allenfalls leichte Fahrlässigkeit zur Last fällt, war die Anwendbarkeit des (in erster Linie für Leistungspflichten geltenden) § 521 zu prüfen. Der BGH (aaO S. 27 mit Angaben zum Streitstand) hat hier die Anwendbarkeit von § 521 bejaht: Die Haftungsmilderung müsse auch für solche Schutzpflichten gelten, »die im Zusammenhang mit dem Vertragsgegenstand stehen« (hier: mit der vertragsgemäß vorausgesetzten Verfütterung der Pülpe). Zugleich hat der BGH die Haftungsmilderung auch auf die konkurrierenden Deliktsansprüche (aus § 823 I) erstreckt. Die Klage ist also abgewiesen worden. Dagegen wäre § 521 wohl nicht angewendet worden, wenn beispielsweise das Lieferfahrzeug des S auf dem Hof des G ein Huhn überfahren hätte, obwohl das gleichfalls die Verletzung einer Schutzpflicht bedeutet. Doch scheint *OLG Köln*, VersR 1988, 381 f. eine vertragliche Haftungsbeschränkung ohne weiteres auch für Schutzpflichten gelten lassen zu wollen.

IV. Primär- und Sekundärpflichten bei der OHG (§ 128 HGB)*

210 *RGZ 136, 266ff.:* Eine OHG, bestehend aus A und B, hat einen Teil des Gesell-
schaftsgrundstücks an D zum Betrieb einer Tankstelle verpachtet und sich in einem
bestimmten Umkreis zur Unterlassung von Wettbewerb verpflichtet. A und B erwerben nun für sich persönlich das Nachbargrundstück und betreiben dort eine Tankstelle. Kann D von A und B Unterlassung verlangen?

BGHZ 23, 302ff.: Eine OHG schuldet einem Gläubiger G Rechnungslegung.
Kann G von X, dem einzigen geschäftsführenden Gesellschafter der OHG, persönlich die Rechnungslegung verlangen?

In beiden Fällen wird die Primärleistung (Unterlassen von Wettbewerb
oder die Rechnungslegung) sicher von der OHG geschuldet. Bedeutet nun
das »Haften« (»die Gesellschafter haften für die Verbindlichkeiten der Gesellschaft ... persönlich«) in § 128 HGB, daß auch die Gesellschafter diese
Primärleistungen persönlich schulden? Das führte, wie der Fall von *RGZ
136, 266ff.* zeigt, zu einer Ausweitung der Leistungspflicht: Nicht nur die
OHG müßte Wettbewerb unterlassen, sondern auch jeder einzelne Gesellschafter. Oder soll der Gesellschafter nur bei Pflichtverletzung durch die
OHG haften? Die Frage läuft darauf hinaus, ob den Gesellschafter persönlich auch die Primärpflichten der OHG treffen oder nur die Sekundärpflichten. Hierzu gibt es neben zwei inzwischen wohl überwundenen »extremen«
Ansichten (unten 1 und 2) eine Reihe von vermittelnden Lösungen (unten 3).

1. Gleichheit von Gesellschafts- und Gesellschafterschuld

211 Manche verstehen »Haften« wie »Schulden«; der einzelne Gesellschafter
soll also den Primärpflichten der OHG genauso unterworfen sein wie diese
selbst. Begründet wird das damit, daß die OHG keine juristische Person sei;
die Pflichten der OHG könnten daher nur die Pflichten der einzelnen Gesellschafter sein. Indessen berücksichtigt diese Ansicht nicht hinreichend,
daß die Gesellschafter nach dem Gesellschaftsvertrag regelmäßig nur bestimmte Einlagen zu leisten haben (§§ 705—707 BGB). Man darf also das
danach »gesellschaftsfrei« bleibende Vermögen der Gesellschafter nicht einfach ebenso behandeln wie das Gesellschaftsvermögen.

---

*   Dazu sehr ausführlich *Lindacher,* Grundfälle zur Haftung bei Personengesellschaf-
    ten, JuS 1981, 431 ff.; 578 ff.; 818 ff.; 1982, 36 ff.; 349 ff.; 504 ff.; 592 ff., zudem etwa
    noch *Flume,* Festschr. Reinhardt (1972) 223 ff. und PersGes § 16 III 3, 4 (hierzu
    R. Fischer, ZGR 1979, 251/269 f.); *A. Hueck,* Das Recht der OHG (4. Aufl 1971)
    § 21 II; *Raisch,* JuS 1966, 195 ff. Zu *Hadding* und *Wiedemann* vgl. im Text.

2. Gesellschafterhaftung nur auf Schadensersatz?

Die *Gegenmeinung* will daher die einzelnen Gesellschafter nur für die Sekun-   **211a**
däransprüche (auf Schadensersatz) haften lassen, die gegen die OHG entstanden sind. Damit aber würden die Rechte des Gläubigers unzumutbar verkürzt:
Er müßte zunächst immer nur gegen die OHG vorgehen; Ansprüche gegen die
einzelnen Gesellschafter könnte er erst dann geltend machen, wenn er seinen
Primäranspruch gegen die OHG etwa nach § 326 in einen Sekundäranspruch
übergeleitet hat. Damit erhielte der Gesellschafter so etwas wie eine »Einrede
der Vorausklage gegen die Gesellschaft«, die dem Gesetz fremd ist.

3. Vermittelnde Lösungen

Angesichts der Schwächen der »extremen« Ansichten bedarf es einer vermit-   **211b**
telnden Lösung. Diese war zunächst überwiegend durch einen **Rückgriff auf
das Innenverhältnis** zwischen der Gesellschaft und dem haftenden Gesellschafter begründet worden: Der Gesellschafter soll immer dann auf die Primärleistung und nicht bloß auf Geld haften, wenn er auch der Gesellschaft zu der
Primärleistung verpflichtet ist. So hat *BGHZ 23, 302/306* den verklagten Gesellschafter persönlich zur Rechnungslegung verurteilt: Weil er allein ge-
schäftsführungsberechtigt war, schuldete er die Rechnungslegung auch der Gesellschaft.

Die Schwäche dieser Ansicht besteht jedoch darin, daß sie die Stellung des
dritten Gläubigers von dem — ihn sonst regelmäßig nicht berührenden — Innenverhältnis zwischen der Gesellschaft und dem Gesellschafter abhängig
macht; dieses könnte ja z. B. auch ohne Mitwirkung des Gläubigers geändert
werden. Daher hat **BGHZ 73, 217 ff.** die Haftung des Gesellschafters auf die
Primärleistung erweitert: Diese Haftung soll jedenfalls dann eintreten, »wenn
die Erfüllung den Gesellschafter in seiner gesellschaftsfreien Privatsphäre **nicht
wesentlich mehr als eine Geldleistung beeinträchtigt**«. An einer solchen Beeinträchtigung fehle es etwa, wenn der Gesellschafter den Anspruch gegen die
Gesellschaft »ohne persönlichen Einsatz durch Aufwendung von Geld und Be-
auftragung eines anderen Unternehmens erfüllen kann« (konkret bejaht bei
dem Anspruch auf Nachbesserung eines Fertighauses). Das entspricht etwa der
von *Flume* aaO. für nichtpersonenbezogene Leistungen vertretenen Ansicht
und ist auch von *Hadding* (ZGR 1981, 577 ff.) begrüßt worden (ablehnend freilich *Wiedemann*, JZ 1980, 195 ff.); auch ich halte die neuere Linie des *BGH* für
richtig.

In dem Tankstellenfall von *RGZ 136, 266* dürfte danach die Unterlassungspflicht nur
dann auf die Gesellschafter zu erstrecken sein, wenn Anhaltspunkte für eine solche Auslegung des Pachtvertrags bestehen: Die Unterlassung auch durch die Gesellschafter fordert ja deren »persönlichen Einsatz«.

4. Dingliche Ansprüche gegen den Besitzer

212   Besonderes gilt für dingliche Ansprüche gegen den Besitzer (vgl. unten Rdnr. 447), etwa aus § 985. Hier kommt es wenigstens zunächst nicht auf § 128 HGB an, sondern darauf, wer Besitzer ist.

> *BGH* JZ 1970, 105 f. mit Anm. *Steindorff:* E ist Eigentümer eines Manuskripts, das er einer Verlags-KG übergeben hat. Nach Beendigung des Verlagsvertrags verklagt E die KG und deren einzigen persönlich haftenden Gesellschafter G auf Herausgabe.

> Der BGH hat den Herausgabeanspruch auch gegen G bejaht, und zwar direkt aus § 985: Eine Sache im **Besitz der KG** stehe im **Mitbesitz der Gesellschafter.** Und von G als einem Mitbesitzer könne nach § 985 Herausgabe verlangt werden, wenn er die »tatsächliche Verfügungsgewalt« habe (was der BGH für G anscheinend wegen § 164 HGB annimmt: Die Kommanditisten können G nicht an der Ausübung der Sachherrschaft hindern).

> Dem ist insoweit zuzustimmen, als der BGH die Möglichkeit von Besitz einer Personengesellschaft bejaht (dazu *Flume,* Freundesgabe Hengeler 1972, 76 ff. und PersGes § 6 III). Dagegen hat *Steindorff* der Verurteilung des G entgegengehalten, ein Mitbesitzer schulde regelmäßig nur die Herausgabe seines Mitbesitzanteils. Denn eine Verpflichtung zur Herausgabe der Sache schlechthin sei ohne die Zustimmung der übrigen Mitbesitzer (= Gesellschafter) nur durch verbotene Eigenmacht und daher rechtlich nicht erfüllbar. Zudem sei ein Herausgabeanspruch gegen einzelne Gesellschafter überhaupt nutzlos. — Dem stimme ich darin zu, daß man einen Gesellschafter, der nur Mitbesitzer ist, allein nicht zur Herausgabe der Sache (also zur Übertragung des Alleinbesitzes) verurteilen kann. Nur dürfte in dem vom BGH entschiedenen Fall G als einziger persönlich haftender Gesellschafter Alleinbesitz gehabt haben.

> Für eine **BGB-Gesellschaft** beurteilen *BGHZ 86, 300/306 ff.; 340/344* die Besitzlage wie folgt: Hier werde der Besitz nicht von einem Gesellschaftsorgan ausgeübt, sondern stehe den Gesellschaftern als gleichberechtigten Mitbesitzern zu. Dieser Mitbesitz genüge für einen Pfandrechtserwerb nach § 1206. Für § 985 dürfte hier also wohl auch nach der Ansicht des BGH jeder einzelne Gesellschafter nur die Herausgabe seines Mitbesitzanteils schulden.

> Zweifelhaft ist mir dagegen *KG* NJW 1977, 1160: Eine KG ist Halter eines Kfz. Dieses befindet sich im Gewahrsam eines Kommanditisten und wird dort ohne dessen Einverständnis wegen einer Gesellschaftsschuld gepfändet. Das KG hat die Erinnerung (§ 766 ZPO) des Kommanditisten für unbegründet gehalten: Man müsse annehmen, daß dieser den Gewahrsam für die Gesellschaft ausübe. Das ist mit §§ 164, 170 HGB kaum zu vereinbaren; gegen das KG auch *Flume,* PersGes § 6 Anm. 22 a.

§ 12   Das Synallagma (Gegenseitiger Vertrag)*

Unter den Schuldverträgen sind weitaus am häufigsten und wichtigsten die ge-   213
genseitigen: Jede Partei verpflichtet sich, weil und damit sich auch die andere
verpflichtet. Dem trägt die Rechtsordnung Rechnung, indem sie die Pflichten
aus solchen Verträgen durch das Synallagma miteinander verknüpft. Seinen we-
sentlichsten Ausdruck bilden die §§ 320 ff.

Innerhalb eines gegenseitigen Vertrages brauchen aber nicht alle Pflichten synallagmatisch zu sein, vgl. oben Rdnr. 207 (Nebenpflichten).

I. Anwendungsbereich des Synallagma

1. Gegenseitige Verträge

Gegenseitige Verträge sind stets Kauf, Tausch, Miete, Pacht, Dienstvertrag,   214
Werkvertrag; nach dem Parteiwillen kann das Gegenseitigkeitsverhältnis etwa
auch vorliegen bei verzinslichem Darlehen oder entgeltlicher Bürgschaft. Auch
untypische Verträge können gegenseitig sein (z. B. ein entgeltlicher Garantie-
vertrag, ebenso die »modernen« Geschäftstypen Leasing, Factoring und Fran-
chising). Zwar als entgeltlichen, aber nicht als gegenseitigen Vertrag hat das
BGB den Maklervertrag gestaltet, § 652 (der Makler selbst schuldet nichts),
doch wird das oft anders vereinbart (was auch durch AGB möglich ist).

2. Die Gesellschaft

Problematisch ist die Gesellschaft, §§ 705 ff.   215

Bsp.: Eine Gesellschaft besteht aus A, B und C. A hat seine Einlage geleistet. Kann B
die von ihm geschuldete Einlage nach § 320 verweigern, weil auch C seine Einlage noch
nicht geleistet hat? Oder: Gilt § 323, wenn dem B die Leistung seiner Einlage unmöglich
geworden ist (z. B. das einzubringende Patent ist für nichtig erklärt worden)?

Das Problem bei § 320 besteht offenbar darin, daß eine Leistungsverweigerung durch B auch den vertragstreuen A treffen würde. Und gegen die Anwendung von § 323 beim Unmöglichwerden einer Einlagepflicht spricht, daß der
Gesellschaftszweck gleichwohl erreichbar bleiben kann; § 726 sieht aber nur
dessen Unerreichbarkeit als Endigungsgrund an.

---

* Dazu *Gernhuber*, BR §§ 14, 15.

So mag sich im Bsp. der Gesellschaftszweck auch ohne das für nichtig erklärte Patent erreichen lassen. Übrigens kommt hier in Betracht, daß der Gesellschafter, der das Patent einbringen sollte, nach §§ 445, 437, 440 I, 325 wie ein Verkäufer haftet.

Daher können die §§ 320 ff. auf die Gesellschaft höchstens beschränkt angewendet werden. Dafür finden sich zwei verschiedene Formulierungen: *Entweder* wird gesagt, die Gesellschaft sei zwar ein gegenseitiger Vertrag, doch dürften die §§ 320 ff. nur mit Vorsicht angewendet werden. *Oder* es wird formuliert, die Gesellschaft sei kein gegenseitiger Vertrag; allenfalls könne man einige Regeln der §§ 320 ff. analog anwenden (dabei viele Unterschiede im einzelnen; sehr zurückhaltend etwa *Larenz* II § 60 I b; *Flume,* PersGes § 2 IV).

Am ehesten ist zunächst darauf abzustellen, ob die §§ 705 ff. **Sondernormen** enthalten (etwa § 723 I: Die wenigstens grob fahrlässige Verletzung einer Gesellschafterpflicht ist Kündigungsgrund). Insoweit gehen diese Normen den §§ 320 ff. vor. Bei Fehlen solcher Normen sind die §§ 320 ff. anwendbar, soweit nur das Verhältnis zwischen den einzelnen Gesellschaftern in Frage steht. Für das Verhältnis eines Gesellschafters zu der Gesellschaft dagegen ist die Anwendbarkeit *regelmäßig ausgeschlossen.* Daher gelangt man bei der *Zweipersonengesellschaft* eher zu den §§ 320 ff. als bei einer Mehrpersonengesellschaft.

3. Verträge mit einem verfügenden Teil

216 Die §§ 320 ff. betreffen nur den gegenseitig *verpflichtenden* Vertrag. Sie sind daher zumindest nicht direkt anwendbar, wenn in einem Vertrag sich nur eine Partei verpflichtet, während die andere ohne Verpflichtungsgeschäft unmittelbar verfügt. Solche teils verfügenden, teils verpflichtenden Verträge sind vor allem der Erbvertrag und der Erbverzichtsvertrag, sofern in ihnen ein Entgelt vereinbart wird.

a) Typ eines **entgeltlichen Erbvertrages** ist der **Verpfründungsvertrag:** Der durch den Vertrag eingesetzte Erbe verpflichtet sich, dem Erblasser als Entgelt Zahlungen zu leisten. Bleiben diese Zahlungen aus, so kann der Erblasser dem Erben nicht ohne weiteres nach § 326 eine Nachfrist mit Ablehnungsandrohung setzen und nach fruchtlosem Fristablauf von dem Vertrag zurücktreten. Das folgt schon aus den §§ 2294, 2295, die das gesetzliche Rücktrittsrecht des Erblassers anders regeln als die §§ 325, 326. Insbesondere § 2295 betrifft nur den Fall, daß eine Pflicht zu wiederkehrenden Leistungen *aufgehoben* wird (etwa durch Erlaß oder Unmöglichkeit). Wenn Geldleistungen nur einfach nicht erbracht werden, sind also die Voraussetzungen für diesen besonderen erbvertraglichen Rücktritt nicht erfüllt. Hier helfen aber die §§ 2281, 2078: Die Erbeinsetzung beruht regelmäßig auf der Erwartung des Erblassers, der Bedachte werde die versprochene Gegenleistung erbringen. Wird diese Erwartung enttäuscht, so ist das nach § 2078 beachtlich. Der Erblasser kann also seine Leistung — die Erbeinsetzung — durch Anfechtung beseitigen.

b) Komplizierter liegen die Dinge beim **entgeltlichen Erbverzicht.**   217

Bsp.: Ein Kind ist von seinen Eltern durch gemeinschaftliches Testament zum Schlußerben nach § 2269 eingesetzt. Nach dem Tode eines Elternteils nimmt der andere die Erbschaft an und wird so nach § 2271 II an diese Erbeinsetzung gebunden. Jetzt verzichtet das Kind auf seinen Erbteil (Wirkung: § 2346 I 2). Dagegen verpflichtet sich der überlebende Elternteil zur Übereignung eines Grundstücks; diese bleibt aus oder wird unmöglich.

Auch hier sind wieder eine Verfügung und eine Verpflichtung in einem Vertrag verbunden; die §§ 320 ff. passen daher wenigstens nicht direkt[1]. Für den Erbverzicht fehlt aber in den §§ 2346 ff. jede den §§ 2294 f. entsprechende Rücktrittsregelung. Auch kann der Verzichtende nicht nach § 2078 anfechten, weil der Verzicht keine letztwillige Verfügung ist und eine Verweisung auf die §§ 2078 ff. beim Erbverzicht fehlt. Der Verzichtende könnte daher nur nach § 119 anfechten; dort aber ist eine fehlgeschlagene Erwartung höchstens unbeachtlicher Motivirrtum.

Angesichts dieser Schwierigkeiten besteht Streit um die Frage, wie der Verzichtende seinen Erbverzicht bei Ausbleiben der versprochenen Gegenleistung beseitigen kann. Zweckmäßig ist jedenfalls, die Erbringung der Gegenleistung zur aufschiebenden Bedingung des Verzichts zu machen. Dann wird der Verzicht nicht wirksam, wenn die Gegenleistung ausbleibt. Wo eine solche Bedingung aber versäumt worden ist, kann man sie nicht einfach unterstellen: Die Vertragsurkunde (§ 2348) hat die Vermutung der Vollständigkeit für sich. Zu helfen sein dürfte am ehesten mit einer wenigstens **entsprechenden Anwendung der §§ 323 ff.:** Mit der Beurkundung des Erbverzichts soll regelmäßig auch eine entsprechende, sofort zu erfüllende Verpflichtung begründet werden. Vgl. etwa *Kipp-Coing* § 82 VI d; *Heinr. Lange-Kuchinke* § 7 V; *Brox* Rdnr. 291; zur bloßen Verpflichtung auch *Kuchinke,* NJW 1983, 2385 ff.

Die §§ 320—322 passen deshalb überhaupt nicht, weil dem Verzicht als einer Verfügung keine Einrede entgegengehalten werden kann: Der Erbverzicht wirkt mit Abschluß des Vertrages; der hierdurch begünstigte Erblasser hat also keinen Anlaß zur Klageerhebung.

---

1 Anders bei einem Vertrag, in dem eine Gegenleistung für die bloße Verpflichtung zum Abschluß eines Erbverzichtsvertrags versprochen, der Verzicht aber noch nicht vorgenommen wird, vgl. MünchKomm-*Strobel* § 2346 Rdnr. 31.

II. Wirkungen des Synallagma

1. Genetisches Synallagma

218 Unter genetischem Synallagma versteht man, daß die gegenseitigen Pflichten **in ihrer Entstehung** voneinander abhängig sind: Wenn die eine nicht entsteht, entsteht auch die andere nicht. Eine solche Regel gibt es im deutschen Recht nicht mit der Beschränkung auf gegenseitige Verträge. Vielmehr sichert das BGB die genetische Abhängigkeit auch bei nicht gegenseitigen Pflichten: So betrifft etwa die Nichtigkeit nach § 306 den Vertrag (nicht nur den gegenseitigen) im ganzen, obwohl regelmäßig nur die Erfüllung einer von mehreren Pflichten unmöglich ist. Ähnlich wirkt es, wenn nach § 105 Willenserklärungen von Geschäftsunfähigen nichtig sind: Daran scheitert der ganze Vertrag und nicht bloß die Verpflichtung des Geschäftsunfähigen. Entsprechendes gilt nach § 108 für den Minderjährigen. Ein besonderes genetisches Synallagma ist daher unnötig[1a].

2. Funktionelles Synallagma

219 Das funktionelle Synallagma bedeutet, daß die gegenseitigen Pflichten auch **in Durchsetzung und Fortbestand** voneinander abhängen. Das regeln die §§ 320 ff.

a) Abhängigkeit bei der Durchsetzung

Die Abhängigkeit bei der Durchsetzung ergibt sich aus den §§ 320 bis 322. Dabei geht § 320 schon seinem Wortlaut nach in zwei Punkten über den sonst anwendbaren § 273 hinaus: Die Einrede des nicht erfüllten Vertrages kann nicht durch Sicherheitsleistung abgewendet werden, § 320 I 3: Mit dieser Einrede soll eben gerade die Gegenleistung und nicht bloß Sicherheit erzwungen werden. Zudem wirkt § 320 regelmäßig vollständig auch gegenüber Teilleistungen (§ 320 II) und bei Leistungen an mehrere Gläubiger (§ 320 I 2).

Darüber hinaus wird in der Literatur (etwa *Larenz* I § 15 I S. 190 f.) gesagt, § 320 sei keine echte (rechtsgestaltende) Einrede wie § 273, sondern mache nur eine von vornherein bestehende Einschränkung der Ansprüche aus gegenseitigem Vertrag sichtbar. Noch weitergehend meint *Blomeyer* § 21 IV 2 (vgl. *Kirn*,

---

1a Ebenso *Rittner*, Festschr. Heinr. Lange (1970) 213 ff.; einschränkend aber *Gernhuber*, Festschr. Larenz (1973) 455/476 ff.; BR § 15 II.

JZ 1969, 325 ff.), im Synallagma sei der Anspruch auf die Leistung bedingt durch das Angebot der Gegenleistung (ebenso im Ergebnis *Esser-Eike Schmidt* § 16 II 2 c). Bedeutung hat das vor allem für die Frage, ob der durch § 320 geschützte Schuldner in Verzug geraten kann, wenn er die Einrede nicht geltend gemacht hat.

Bsp.: V und K haben einen beiderseits noch unerfüllten Kaufvertrag geschlossen. V mahnt den K zur Zahlung des Kaufpreises. Muß K seit dieser Mahnung Verzugszinsen zahlen (§ 288), obwohl V noch nicht geliefert hat?

b) Einrede und Schuldnerverzug im allgemeinen

Gehen wir aus von der allgemeineren Frage, wie schon das bloße Bestehen einer Einrede den Verzugseintritt beeinflußt. Hierüber herrscht Streit. Als **Regel** wird man mit *Larenz* I § 23 I c sagen können: Schon das Bestehen einer Einrede wirkt verzugshindernd. Denn wer seine Verurteilung durch eine Einrede abwehren kann, braucht auch nicht zu leisten oder hat wenigstens die Nichtleistung nicht zu vertreten (§ 285). Da eine Einrede aber nicht von Amts wegen zu beachten ist, bleibt sie im Prozeß in jeder Hinsicht unbeachtet, wenn der Beklagte sie nicht erhebt (anders für § 320 *Esser-Eike Schmidt* aaO.). Daher muß der Schuldner die Einrede irgendwann einmal — spätestens in der letzten Tatsachenverhandlung vor Gericht — geltend machen. Unterläßt er das, so kann er nicht nur unbeschränkt in die Leistung selbst verurteilt werden, sondern auch in die Verzugsfolgen. Beruft er sich aber auf die Einrede, so ist diese hinsichtlich der Hauptleistung und der Verzugsfolgen zu beachten.

Bsp.: G hat gegen S eine verjährte Forderung von 100,— DM. G mahnt den S und klagt ein Jahr später. Hier wird S in 104,— DM (§ 288) verurteilt, wenn er sich nicht auf die Verjährung beruft. Macht er dagegen die Einrede geltend, so wird die Klage in vollem Umfang abgewiesen.

c) Besonderheiten

Aber von der eben dargestellten **Regel** gibt es Ausnahmen in zwei entgegengesetzten Richtungen.

aa) Bei § 320 kommt der Schuldner nach *h. M.* durch die Mahnung nur dann in Verzug, wenn der **Gläubiger seinerseits zu der Gegenleistung bereit und imstande** ist (nach *Blomeyer* aaO.: sie angeboten hat). Und seine Fähigkeit und Bereitschaft zur Gegenleistung muß der Gläubiger als materielle Verzugsvoraussetzung im Prozeß selbst behaupten und notfalls beweisen. Ob der Schuldner sich auf § 320 beruft, hat dann Bedeutung nur für die Hauptleistung und nicht für die Verzugsfolgen.

Danach ergeben sich für den Ausgangsfall (Mahnung des Verkäufers bei beiderseits unerfülltem Kaufvertrag) folgende Lösungen:

219a

220

(1) Der Verkäufer hat seine eigene Leistungsbereitschaft behauptet und notfalls bewiesen (oder die von ihm geschuldete Leistung angeboten):

(a) Der Käufer beruft sich auf § 320: Er wird hinsichtlich des Kaufpreises zur Leistung Zug um Zug gegen Lieferung der Ware und hinsichtlich der aufgelaufenen Verzugszinsen ohne Einschränkung verurteilt (die Verzugszinsen selbst unterstehen nicht dem Synallagma des § 320 und fallen auch nicht unter § 273).

(b) Der Käufer beruft sich nicht auf § 320: Er wird hinsichtlich des Kaufpreises und der Verzugszinsen unbeschränkt verurteilt (anders *Esser-Eike Schmidt* aaO.).

(2) Der Verkäufer hat seine eigene Leistungsbereitschaft nicht behauptet oder nicht beweisen können: Hier schuldet der Käufer in keinem Fall Verzugszinsen. Verurteilt werden kann er nur hinsichtlich des Kaufpreises: Ob unbeschränkt oder bloß zur Leistung Zug um Zug, hängt davon ab, ob der Käufer sich auf § 320 beruft (anders *Esser-Eike Schmidt* aaO.).

Ähnlich wird **bei § 326** oft formuliert, die Rechte aus dieser Vorschrift habe nur, wer **selbst vertragstreu** sei (dazu umfassend *Teubner,* Gegenseitige Vertragsuntreue, 1975). In Wahrheit ist das aber nur eine Folgerung aus dem eben zu § 320 Gesagten: Die eine Partei kann nicht in Schuldnerverzug kommen, wenn die andere nicht selbst vertragstreu (also zur Leistung fähig und bereit) ist; § 326 liegt daher gar nicht vor (*BGH* NJW 1971, 1747 ff. und jetzt *Teubner* aaO. 75 f.). Allerdings braucht die eigene Vertragstreue bei der Mahnung nach h. M. nicht ausdrücklich erklärt zu werden.

221   bb) Andererseits gibt es aber auch entgegengesetzte Ausnahmen von der allgemeinen Regel über das Verhältnis von Verzug und Einrede: In diesen Fällen **beseitigt die Erhebung der Einrede den Verzug nur für die Zukunft.** *BGH* NJW 1969, 1110 nimmt das an für § 410 I 2; mit Recht: Daß der Schuldner die Mahnung des Zessionars erst verspätet zurückweist, kann ihm nicht die gleichen Vorteile bringen wie die in § 410 I 2 verlangte unverzügliche Zurückweisung. Nur für die Zukunft wirken soll nach h. M. auch § 273: Das Recht des Gläubigers zur Sicherheitsleistung nach § 273 III soll nicht durch eine Rückwirkung der Einrede beschränkt werden. Nach *BGH* NJW 1971, 421 f. soll zudem nicht schon die Erhebung der Einrede den Verzug beenden, sondern erst das Angebot der Leistung Zug um Zug.

d) Abhängigkeit beim Fortbestehen

222   Im Fortbestehen sind die synallagmatischen Forderungen insofern voneinander abhängig, als nach § 323 der Gegenanspruch erlischt, wenn der Anspruch nach § 275 erloschen ist. Wer seine Leistung nicht mehr zu erbringen braucht, soll also auch die Gegenleistung nicht mehr fordern dürfen und das, was er schon erhalten hat, wie ein indebitum zurückgeben müssen (§ 323 III). Diese Regel ist freilich durchbrochen, wenn der Gläubiger der

unmöglich gewordenen Leistung bereits die Gegenleistungsgefahr (Preisgefahr) trägt (vgl. unten Rdnr. 271 ff.) oder die Unmöglichkeit selbst zu vertreten hat (§ 324 I, vgl. unten Rdnr. 269).

3. Das Synallagma bei der Rückabwicklung

a) Rücktritt und Wandlung

Außer bei der planmäßigen (oben Rdnr. 219 ff.) und der durch Unmöglichwer- **223**
den gestörten (oben Rdnr. 222) Abwicklung des gegenseitigen Vertrages wirkt
das Synallagma sogar auch bei der Rückabwicklung. Das gilt zunächst nach
§ 348 für den Rücktritt, insbesondere für den gesetzlichen (§ 327 S. 1), und für
die Wandlung (§ 467).

§ 348 ist insofern seltsam, als er auf die §§ 320, 322 verweist, obwohl er auch den Rücktritt von einem nicht gegenseitigen Vertrag betrifft. Bei einem solchen Vertrag scheint also die Rückabwicklung synallagmatisch zu sein, während die Abwicklung es nicht wäre. Man wird das zu korrigieren haben, indem man § 348 als Rechts*grund*verweisung auffaßt und für die Rückabwicklung nichtsynallagmatischer Pflichten nur § 273 anwendet.

b) Bereicherungsrecht (Saldotheorie)*

Darüber hinaus wirkt aber das Synallagma in bestimmtem Umfang selbst dann, **224**
wenn der Vertrag nichtig ist und daher die gegenseitigen Leistungen nach *Bereicherungsrecht* zurückzugewähren sind. Dieses »faktische Synallagma« ist Inhalt
der sogenannten Saldotheorie (im Gegensatz zur Zweikondiktionentheorie).

aa) Saldierung gleichartiger Leistungen

Nichts mit dem Synallagma zu tun hat freilich eine bisweilen in die Saldotheorie
einbezogene **erste Aussage:** Soweit sich gleichartige Bereicherungsansprüche
gegenüberstehen, werden sie ohne Aufrechnungserklärung ipso iure saldiert.

Bsp.: V und K haben einen nichtigen Kaufvertrag durchgeführt. K möge 100 als Kaufpreis gezahlt und aus der Kaufsache Gebrauchsvorteile im Wert von 20 gezogen haben. An sich könnte dann K von V 100 verlangen; umgekehrt hätte V von K 20 (§ 818 I; II) und die Kaufsache zu fordern. Durch Saldierung der gleichartigen Ansprüche kann K von V nur 80 und V von K nur die Kaufsache verlangen.

* Dazu etwa *Koppensteiner(-Kramer)* 144 ff., 183 ff.; *Wieling,* JuS 1973, 397 ff.; *Beuthien,* Jura 1979, 532 ff.; *Braun,* JuS 1981, 813 ff., sehr kritisch auch MünchKomm-*Lieb,* § 818 Rdnr. 87 ff.; *Reuter-Martinek,* Ungerechtfertigte Bereicherung (1983) § 17 III 3.

bb) Saldierung bei Bereicherungswegfall

225 Während es sich hierbei nur um eine kaum wesentliche Abwicklungsmodalität handelt, ist die **zweite Aussage** der Saldotheorie bedeutungsvoller: Ist eine Partei nach § 818 III nicht mehr zur Rückgewähr der von ihr empfangenen Leistung verpflichtet, so wird der Wert dieser Leistung von dem eigenen Bereicherungsanspruch des Entreicherten abgezogen. **Der Wert der Entreicherung wird also zum Abzugsposten.**

Bsp.: V hat eine Sache (Wert 50) für 70 nichtig an K verkauft. V hat geliefert und K bezahlt. Solange hier nicht § 818 III vorliegt, greift für die ungleichartigen Rückgewähransprüche die Saldotheorie nicht ein: V kann von K die Sache und K von V den Kaufpreis zurückverlangen. Beide Ansprüche sind nur durch § 273 miteinander verbunden.

Diese Verbindung versagt aber, wenn die Sache bei dem redlichen K ersatzlos untergegangen ist (§ 818 III): V hat jetzt keinen Gegenanspruch mehr und könnte sich deshalb gegen das Rückzahlungsverlangen des K nicht verteidigen. Dieses Risiko der Entreicherung des K will die Saldotheorie dem V abnehmen: V darf 50 als Wert der von ihm erbrachten Leistung von den 70 abziehen, die er dem K ohne die Saldotheorie schuldet (vgl. aber unten Rdnr. 228 ff.).

Diese Aussage der Saldotheorie bedeutet also **bei beiderseits ausgeführten gegenseitigen Verträgen eine Einschränkung des § 818 III.** Dagegen begründet sie nicht etwa einen Anspruch gegen den Entreicherten.

Wäre eine Sache im Wert von 70 für 50 nichtig verkauft worden, und wäre diese Sache wiederum bei dem redlichen K ersatzlos untergegangen, so könnte K von V nichts verlangen. Da aber der Sachwert 70 nur ein Abzugsposten ist, könnte V von K gleichfalls nichts fordern.

cc) Einseitig ausgeführte Verträge

226 Nicht zu helfen vermag die so formulierte Saldotheorie freilich bei nur einseitig ausgeführten Verträgen.

Bsp.: V verkauft eine Sache für 100 an K und liefert sie unter Kreditierung des Kaufpreises. Alsbald geht die Sache bei dem redlichen K ersatzlos unter. Danach stellt sich der Kauf als nichtig heraus, so daß K auch nicht mehr zahlt. Hier hat K keinen Anspruch gegen V, von dem der Wert der untergegangenen Sache abgezogen werden könnte.

Die Unanwendbarkeit der wie üblich formulierten Saldotheorie in solchen Fällen ist beanstandet worden. So hat *Flume* (Festschr. Niedermeyer, 1953, 103 ff.) hier mit seiner Kritik angesetzt; vgl. auch unten Rdnr. 232 zu MünchKomm-*Lieb.* Bisweilen ist daher eine Erweiterung der Saldotheorie vertreten worden, die sie auf die Vorleistungsfälle anwendbar machen soll: Entgegen § 818 III soll V gegen K einen Anspruch auf den Wert der untergegangenen Sache erhalten[2]. Noch weitergehend will *Wieling* aaO. 156 ff. sogar bei Bewertung der gegenseitigen Leistungen den in dem nichtigen Vertrag vereinbarten Maßstab zugrunde legen.

c) Bedenken gegen die Saldotheorie

Demgegenüber scheint mir Zurückhaltung nötig (ebenso im Ergebnis *Koppensteiner[-Kramer]* 190 f.; *Esser-Weyers* § 51 II 2 c). Denn eine Begründung für diese Erweiterungen des Synallagma fällt schwer. Sie muß nämlich entweder operieren mit der Risikoverteilung des als gültig gedachten Vertrages oder mit dem Verbot des venire contra proprium factum. Dem steht aber entgegen, daß sich das Wirksamkeitshindernis gerade auch gegen die Risikoübernahme richten kann, und daß es Bindung oder Vertrauensschutz bei nichtigen Verträgen im allgemeinen nicht gibt (vgl. oben Rdnr. 188 ff.). So läßt denn auch *Wieling* Ausnahmen zu, wo die Unwirksamkeit auf einem Willensmangel beruht (etwa §§ 105, 108, 119, 123). Aber das genügt noch nicht: Etwa auch hinter vielen Anwendungsfällen der §§ 125, 134 stehen Schutzzwecke, die nicht einfach durch eine Erweiterung des Synallagma ausgehöhlt werden dürfen (z.B. der Übereilungsschutz vieler Formvorschriften). Und selbst bei einem ganz wertneutralen Wirksamkeitshindernis wie dem Dissens bleibt zu bedenken, daß das Gesetz eine Bindung regelmäßig nur an den Vertrag kennt und nicht auch an nicht angenommene Willenserklärungen.

Eine Erweiterung des Synallagma ist daher höchstens ausnahmsweise zulässig, nämlich wenn der Nachweis gelingt, daß ein Widerspruch zum Zweck der Nichtigkeitsnorm vermieden bleibt.

d) Insbesondere Saldotheorie und Rücktrittsrecht

Darüber hinaus ist aber, um einen Wertungswiderspruch mit dem Rücktrittsrecht zu vermeiden, noch eine weitere Korrektur der Saldotheorie nötig. Das zeigt sich an zwei viel diskutierten Fällen[3].

227

228

---

2 Vgl. *Wieling*, AcP 169 (1969) 137/150 ff.; dagegen aber mit Recht *Esser-Weyers* § 51 II 2 b, c; *Larenz* II § 70 III am Ende.
3 Dazu etwa *U. Huber*, JuS 1972, 439 ff.; *Lieb*, JZ 1972, 442 ff.; *Flessner*, NJW 1972, 1777 ff.; *H. Honsell*, NJW 1973, 350 ff.; *von Caemmerer*, 1. Festschr. Larenz (1973) 621 ff.; *Koppensteiner(-Kramer)* 185 ff.

(1) *BGHZ 53, 144 ff.*: V verkauft an K einen gebrauchten Pkw und täuscht dabei den K über die von dem Wagen bereits gefahrene Strecke. Am Tage nach der Auslieferung wird der Wagen *ohne Verschulden des K* schwer beschädigt.

(2) *BGHZ 57, 137 ff.;* V verkauft an K einen gebrauchten Pkw und versichert dabei wahrheitswidrig, der Wagen sei unfallfrei. Drei Wochen später erleidet der Wagen *durch Alleinverschulden des K* Totalschaden.

In beiden Fällen ficht K den Kauf nach § 123 an und verlangt den gezahlten Kaufpreis zurück; in beiden Fällen will V entsprechend der Saldotheorie den Wert des Wagens abziehen. Der BGH hat jedoch die Anwendung der Saldotheorie abgelehnt.

229   aa) Hätte in *Fall (1)* K nicht angefochten, sondern **gewandelt,** wäre über § 467 Rücktrittsrecht anwendbar gewesen. Danach wäre wegen § 350 die Wandlung nicht durch die von K unverschuldete Zerstörung des Wagens ausgeschlossen[4]. Auch bräuchte K dem V schon deshalb keinen Schadensersatz zu leisten, weil das nach §§ 347 S. 1, 989 nötige Verschulden fehlt. Bei Wandlung könnte K also den vollen Kaufpreis (nach § 347 S. 3 zuzüglich Zinsen) zurückverlangen: Das Risiko, daß der Sache beim Käufer etwas zugestoßen ist, wird also durch die Wandlung auf den Verkäufer zurückverlagert.

Darf diese Risikofrage bei **Anfechtung** anders entschieden werden, d. h. darf die Saldotheorie für diesen Fall die Sachgefahr unentrinnbar dem K auferlegen? *Esser* hatte das bejaht, weil die Lösung der Saldotheorie gerechter sei als § 350. *BGHZ 53, 144/148* tritt dem im Prinzip bei, macht aber eine Ausnahme zu Lasten des **Betrügers:** Dieser dürfe bei Rückabwicklung nach Bereicherungsrecht nicht besser stehen als ein Rücktrittsschuldner. Daher ist in Fall (1) V unterlegen (dagegen *Larenz* II § 70 III).

Entsprechend hat auch *BGHZ 72, 252 ff.*[5] entschieden: Dort hatte der Käufer nach einer **Irrtumsanfechtung** auf Rückzahlung des Kaufpreises geklagt. Danach entwertete sich der Wagen, dessen Rücknahme der Verkäufer zunächst verweigerte. Dieses Risiko der Entwertung **nach Rechtshängigkeit** soll nach dem BGH entsprechend § 818 IV der Verkäufer tragen, der die Rückabwicklung verzögerte; die Wertminderung sei also nicht von dem zurückzuzahlenden Kaufpreis abzuziehen. Noch weitergehend entlastet *BGHZ 78, 216 ff.* (dazu *H. Honsell*, JuS 1982, 810 ff.) nach einer Irrtumsanfechtung den Käufer einer fehlerhaften Sache: Er soll sich auch diejenige

---

4   Anders vor allem *von Caemmerer* aaO. 627 ff., der dem Käufer analog § 352 das Risiko einer Verwendung der Kaufsache zuweist und daher § 350 für unanwendbar hält; ihm folgend *Larenz* I § 26 b 1 S. 409 f.
5   Dazu *Tiedtke*, Betr. 1979, 1261 ff.; *T. Honsell*, JZ 1980, 802 ff.; *Berg*, JuS 1981, 179 ff.

Sachentwertung nicht anrechnen lassen müssen, die vor Rechtshängigkeit **durch den Fehler der Sache** eingetreten ist (dort: weitere Beschädigung eines ungeeigneten Mähdreschers beim Betrieb).

Nach meiner Ansicht sind diese Korrekturen der Saldotheorie **mit Rücksicht auf** § 350 zu verallgemeinern (so daß von der Saldotheorie nur wenig übrigbleibt): Im Bereicherungsrecht darf nicht in Widerspruch zu § 350 gewertet werden, an dessen rechtspolitischer Verfehltheit man zudem zweifeln kann[6]. Denn sonst würde die für den Laien naheliegende Anfechtung zu einer Falle, durch die der Vorteil des § 350 verlorengeht. Daher kann die Saldotheorie keinen Abzug wegen einer vom Entreicherten nicht zu vertretenden Entreicherung begründen. Ebenso jetzt im Ergebnis MünchKomm-*Lieb* § 818 Rdnr. 101 ff.

bb) Im *Fall (2)* wäre eine **Wandlung** des K nach §§ 467, 351 **ausgeschlossen** gewesen. *BGHZ 57, 137* konnte daher aus der Regelung der Wandlung allenfalls folgern, bei Anfechtung müsse von dem Anspruch auf Kaufpreisrückzahlung der Wert des Wagens abgezogen werden, der dann durch Verschulden des K zerstört worden ist. Das hat der BGH aber seltsamerweise nicht getan. Vielmehr hat er mit einem Schadensersatzanspruch des K aus §§ 826, 823 II BGB, 263 StGB argumentiert: Ohne die Täuschung hätte K *diesen* Wagen nicht gekauft, weil er keinen Unfallwagen wollte. Freilich hätte K dann wohl einen anderen Wagen gekauft. Aber man könne unmöglich feststellen, daß er damit den gleichen Unfall erlitten hätte. Also sei der Unfall noch Folge der Täuschung. Auch Adäquanz sei gegeben, weil ein Unfall bei der Benutzung eines Kraftwagens »nicht ganz außerhalb des zu erwartenden Verlaufs der Dinge« liege. Daß K diesen Unfall verschuldet habe, mindere seinen Schadensersatzanspruch nach § 254. Und diese Minderung hat der BGH dann auch auf den Bereicherungsanspruch übertragen: Für ihn gelte zwar nicht § 254, aber — mit gleichem Ergebnis — § 242, von dem § 254 nur eine besondere Ausprägung sei.

Diese Argumentation ist abzulehnen. Der Fehler liegt in der Annahme des BGH, der Ersatzanspruch K—V aus §§ 826, 823 II BGB, 263 StGB umfasse auch die Unfallfolgen. Vielmehr fehlt insoweit die Adäquanz: Zu bejahen wäre sie nur, wenn der Unfall gerade auf den Mangel zurückginge, über den K getäuscht worden ist. Aber für alle übrigen Unfallursachen hat die Täuschung das Risiko nicht erhöht. Zumindest soll das Verbot von Täuschungen nicht vor Unfällen schützen, die mit der Täuschung nichts zu tun haben. Ebenso MünchKomm-*Lieb* § 818 Rdnr. 106.

230

---

6 Dazu *Flessner*, NJW 1972, 1777/1780; *Rengier*, AcP 177 (1977) 418/426 ff.

Daher hätte in Fall (2) die Saldotheorie angewendet werden können mit dem Ergebnis, daß der Wert des Wagens von dem Anspruch auf Kaufpreisrückzahlung abzuziehen ist. Letztlich erhält K damit immer noch denjenigen Kaufpreisteil zurück, den er an V wegen des Betruges zuviel gezahlt hat: Das läuft auf die (durch § 351 ja nicht ausgeschlossene) Minderung hinaus.

e) Insbesondere Saldotheorie und Minderjährigenschutz

231 Eine Korrektur an der Saldotheorie wird endlich auch zugunsten des Minderjährigen anzubringen sein: Der Abzug darf nicht zu einer Vergütung durch den Minderjährigen führen. So auch *Larenz* II § 70 III; *Esser-Weyers* § 51 II 2 c; *Koppensteiner(-Kramer)* 192 und im Ergebnis auch MünchKomm-*Lieb* § 818 Rdnr. 106; vgl. weiter oben Rdnr. 176.

Bsp.: Das Kind K hat ohne die nötige Zustimmung seines gesetzlichen Vertreters Süßigkeiten gekauft und diese aufgegessen. Bei der Kondiktion des Kaufpreises durch K wird der Wert der Süßigkeiten nicht abgezogen. Andernfalls wäre nämlich K gerade bei solchen Geschäften schutzlos, die ihm keinen bleibenden Vorteil gebracht haben, vor denen K also geschützt werden soll.

f) Zusammenfassung

232 Zusammenfassend kann man daher als richtigen »Rest« der Saldotheorie angeben: Erstens ergibt sie eine Saldierung gleichartiger Bereicherungsansprüche (oben Rdnr. 224). Zweitens ergibt sie, daß der nach § 818 III Entreicherte sich den Wert der Entreicherung von seinem eigenen Bereicherungsanspruch abziehen lassen muß (oben Rdnr. 225), wenn nicht die Entreicherung ohne einen von ihm zu vertretenden Umstand eingetreten ist (oben Rdnr. 229) oder der Abzug dem Schutzzweck der Nichtigkeitsnorm widerspräche (oben Rdnr. 231).

MünchKomm-*Lieb* § 818 Rdnr. 94 ff. hat versucht, die Saldotheorie abzulösen durch eine »unmittelbare normative Einschränkung des Einwands des Wegfalls der Bereicherung . . . unter risikozuweisenden Aspekten«. Doch geht es dabei mehr um Formulierungsfragen, als daß sich die Ergebnisse oder auch nur die Argumente grundlegend änderten.

4. Das Synallagma im Konkurs

233 Das Synallagma wirkt schließlich auch dann noch, wenn die Abwicklung eines gegenseitigen Vertrages durch den Konkurs einer Partei gestört wird. Das ist der Inhalt der §§ 17—28 KO. Ich beschränke mich hier auf die all-

gemeine Regel in § 17 KO (dazu *Musielak,* AcP 179, 1979, 189 ff. mit einer neuen, hier nicht diskutierbaren Deutung der Vorschrift).

»Zweiseitiger Vertrag« in § 17 I KO meint den gegenseitigen Vertrag. Der vom BGB abweichende Sprachgebrauch erklärt sich daraus, daß die KO als eines der vier »Reichsjustizgesetze« (neben GVG, ZPO und StPO) rund 20 Jahre älter ist als die endgültige Fassung des BGB.

a) Funktion des § 17 KO

Die Bedeutung von § 17 KO, der stets zusammen mit *§ 59 I Nr. 2 KO* zu lesen ist, ergibt sich aus folgendem: Ohne eine Schutzvorschrift müßte der Partner des Gemeinschuldners die diesem geschuldete Leistung noch voll in die Masse erbringen, wäre aber wegen der Gegenleistung auf die Quote angewiesen. Demgegenüber bedeuten die §§ 17, 59 I Nr. 2 KO eine **Fortwirkung des Synallagma in den Konkurs hinein:** Der Partner des Gemeinschuldners soll das, was er bei Konkurseröffnung noch schuldet, nur dann in die Masse leisten müssen, wenn sein Anspruch auf die Gegenleistung vorzugsweise befriedigt wird. Allerdings ist diese Art der Abwicklung nach § 17 KO von einer entsprechenden Entscheidung des Konkursverwalters abhängig. Wählt der Konkursverwalter die Erfüllung nicht, so hat der Partner des Gemeinschuldners der Masse nur den Leistungsteil zu vergüten, den er schon erhalten hat (dieser Anspruch läßt sich entweder auf § 812 oder auf den Vertrag gründen, *BGHZ 68, 379 ff.).* Doch wird der Vergütungsanspruch durch einen Gegenanspruch auf Ersatz des Schadens gemindert oder aufgehoben, der durch die Erfüllungsverweigerung entsteht (*BGH* aaO.).

b) Voraussetzung: keine vollständige Erfüllung

§ 17 KO verlangt, daß der gegenseitige Vertrag noch von keiner Seite vollständig erfüllt ist. Das stellt im Grunde nichts weiter dar als eine notwendige Folgerung aus dem eben geschilderten Schutzzweck: Hat der Gemeinschuldner schon vollständig geleistet, so braucht man den § 17 KO nicht. Denn die andere Partei hat ja die ihr gebührende Leistung voll erhalten und wird daher nicht geschädigt, wenn sie auch ihrerseits voll in die Masse leisten muß. Hat dagegen diese andere Partei schon vollständig erfüllt (abgesehen von § 44 KO), so hat sie selbst auf die synallagmatische Abwicklung nach §§ 320, 322 verzichtet. Diese Partei ist daher nicht schutzwürdiger als jeder andere Kreditgeber des Gemeinschuldners.

In diesem Rahmen scheint die *Frage* erheblich zu werden, ob beim Kauf die **Lieferung einer mangelhaften Sache** schon vollständige Erfüllung bedeutet.

234

Bsp.: Der Verkäufer V liefert ohne Eigentumsvorbehalt an den Käufer K mangelhafte Ware. Wenn jetzt V oder K noch vor Zahlung des Kaufpreises in Konkurs fallen, ist dann § 17 KO anwendbar?

Nach h. M. (etwa *Jaeger-Henckel,* KO, 9. Aufl. 1980, Nr. 90 ff. zu § 17 KO) soll die Lieferung einer mangelhaften Sache auch beim Stückkauf noch keine vollständige Erfüllung bedeuten. Daraus folgt: Wenn V in Konkurs fällt, sind die Gewährleistungsansprüche nach § 59 I Nr. 2 KO bevorrechtigt, wenn der Konkursverwalter Erfüllung wählt. Trifft er diese Wahl nicht, so wird der Vertrag nicht durchgeführt: K muß die Ware zurückgeben; er braucht aber auch den Kaufpreis nicht zu zahlen und hat gegebenenfalls noch einen Schadensersatzanspruch nach § 26 S. 2 KO. Fällt dagegen K in Konkurs, so hat dessen Konkursverwalter die Gewährleistungsansprüche gegen V nur, wenn er Erfüllung wählt; dann muß er aber auch den Kaufpreis als Masseschuld nach § 59 I Nr. 2 KO bezahlen.

c) Wiederkehrschuldverhältnisse

235 Eine sachlich beschränkte Ausnahme von § 17 KO bedeutet die Konstruktion, die sich hinter dem Namen »Wiederkehrschuldverhältnis« verbirgt. Damit hat es folgende Bewandtnis: Wenn der Konkursverwalter des Käufers bei einem vom Verkäufer schon teilweise erfüllten Vertrag die restliche Erfüllung fordert, wird der ganze Anspruch des Verkäufers auf den Kaufpreis Masseschuld nach § 59 I Nr. 2 KO. Masseschuld wird also insbesondere auch der Anspruch auf den Kaufpreisanteil, der auf die schon vor Konkurseröffnung an den Käufer gelieferte Ware entfällt. Daran zeigt sich gerade, daß auch der Sukzessivlieferungsvertrag ein einziger Vertrag ist.

Wenn — wie häufig — noch vor Konkurseröffnung gelieferte Ware unbezahlt geblieben ist, wird der Konkursverwalter dieser Folge des § 17 KO ausweichen, indem er Nichterfüllung wählt. Er wird sich dann die etwa noch benötigte Warenmenge durch einen neuen Vertrag, notfalls von einem anderen Händler, besorgen. Dann wird zwar die Kaufpreisschuld aus dem neuen Vertrag Masseschuld nach § 59 I Nr. 1 KO. Die Forderungen aus dem alten Vertrag dagegen (vgl. § 26 S. 2 KO) bleiben gewöhnliche Konkursforderung. Dieser Weg ist dem Konkursverwalter aber verschlossen, wo der andere Partner ein **Monopol** hat. Ist die von dem Partner angebotene Leistung zudem für die Masse notwendig, scheint dem Konkursverwalter kein anderer Weg zu bleiben als die Wahl der Erfüllung nach § 17 KO. Diese Zwangslage besteht vor allem gegenüber den Unternehmen der Strom-, Wasser- und Gasversorgung sowie gegenüber der Bundespost (Telefon!). Verträge dieser Art bezeichnet man daher als Wiederkehrschuldverhältnisse mit dem einzigen Ziel, die Anwendung von § 17 KO auf die unbezahlt gebliebenen Lieferungen aus der Zeit vor Konkurseröffnung auszuschalten: Als Masseschuld sollen nur die Lieferungen aus der Zeit nach der Konkurseröffnung bezahlt werden müssen.

Der künstliche Begriff des Wiederkehrschuldverhältnisses ist aber schon sachlich ungenau: z. B. bei der Stromversorgung wird ja nicht bloß immer wieder neu geleistet, wenn der Kunde den Strom einschaltet; vielmehr bedeutet auch die Bereithaltung von Strom eine (dauernde) Leistung (die mit der Grundgebühr vergütet wird). Aber auch für § 17 KO ist der Begriff unnötig (ebenso *Gernhuber,* BR § 32 III 5), weil die genannten Versorgungsmonopole einem **Kontrahierungszwang** unterliegen. Hier kann also der Konkursverwalter den alten Lieferungsvertrag kündigen und den Abschluß eines neuen verlangen: Er erreicht damit, daß die unbezahlten Lieferungen aus dem alten Vertrag nur mit der Quote zu vergüten sind. Vgl. dazu *Larenz* I § 2 S. 31 A. 45. Der BGH (*BGHZ 81, 90ff.* zu Sonderabnehmerverträgen, *BGHZ 83, 359ff.* zum Normaltarif) hat die Frage nach der rechtlichen Einordnung bisher umgangen: Er lehnt es ab, in dem Weiterbezug von Strom durch den Konkursverwalter ein konkludent erklärtes Erfüllungsverlangen zu sehen.

§ 13　Grundbegriffe des Rechts der Leistungsstörungen*

Leistungsstörungen können nicht nur bei Verbindlichkeiten **aus Schuldvertrag** auftreten, sondern auch bei Verbindlichkeiten **aus Gesetz.** So kann etwa auch in Verzug geraten, wer aus § 823 I Schadensersatz schuldet. Viele wichtige Vorschriften aus dem Recht der Leistungsstörungen, besonders die §§ 320 ff., sind aber nur auf Verbindlichkeiten aus (gegenseitigen) Schuldverträgen anwendbar. Daher behandele ich den ganzen Problemkreis der Leistungsstörungen an dieser Stelle.

236

* Dazu *Emmerich,* Das Recht der Leistungsstörungen 2. Aufl. 1986; *Gernhuber,* BR §§ 31, 32, 37; *Brehm,* Grundfälle zum Recht der Leistungsstörungen, JuS 1988, 279 ff. mit Fortsetzungen; *Schmitz,* Grundfälle zum Recht der Leistungsstörungen, JuS 1973, 161 ff.; 297 ff.; 433 ff.; 567 ff.; 703 ff.; *Teichmann,* Schuldrecht I: Leistungsstörungen und Gewährleistung (3. Aufl. 1988).

I. Nichtleistung und Schlechtleistung

1. Die Nichtleistung

237   Vom Gläubiger her gesehen gibt es zwei Arten der Leistungsstörung: Entweder der Schuldner leistet nicht, oder er leistet schlecht. Das BGB hat im Allgemeinen Schuldrecht nur die Nichtleistung geregelt. Sie kann drei verschiedene Ursachen haben: Entweder der Schuldner kann auf absehbare Zeit (vgl. unten Rdnr. 291) nicht leisten (**Unmöglichkeit**). Oder der Schuldner leistet aus einem von ihm zu vertretenden Grunde nicht, obwohl er könnte (**Schuldnerverzug**). Oder endlich der Schuldner leistet nicht, ohne daß Unmöglichkeit oder Schuldnerverzug vorliegen (**andere Nichtleistung;** vgl. unten Rdnr. 244 ff.).

Die Rechtsfolgen dieser Störungen sind geregelt in den §§ 275, 280 ff. für das einseitige Schuldverhältnis. Beim gegenseitigen Vertrag treten hierzu noch die §§ 320—327. Diese betreffen in erster Linie die synallagmatische Pflicht zur Gegenleistung. Darüber hinaus regeln aber die §§ 325, 326 die gestörte Leistungspflicht selbst. Infolge dieses Ineinandergreifens ist die Regelung für den gegenseitigen Vertrag sehr kompliziert. Im folgenden soll zunächst (Einzelheiten unten Rdnr. 280 ff.) nur ein summarischer Überblick gegeben werden.

a) Unmöglichkeit

238   aa) **Beim einseitigen Schuldverhältnis** sind hinsichtlich der Unmöglichkeit hauptsächlich zu unterscheiden:

(1) **Anfängliche Unmöglichkeit.** Wenn sie für jedermann besteht (**objektive** Unmöglichkeit), führt sie nach § 306 zur Nichtigkeit des Vertrages. Doch kann der Schuldner der unmöglichen Leistung nach § 307 zum Ersatz des negativen Interesses verpflichtet sein. Dagegen sind die Folgen eines nur den Schuldner treffenden Unvermögens (**subjektive** Unmöglichkeit) im BGB nicht allgemein geregelt. Sie sind daher zweifelhaft; vgl. unten Rdnr. 280 ff.

239   (2) Bei der **nachträglichen Unmöglichkeit** stehen objektive und subjektive Unmöglichkeit gleich. Das wird zwar nur in § 275 II ausdrücklich gesagt, gilt aber unstreitig auch für alle anderen Vorschriften. Rechtsfolge ist nach § 275 zunächst das Freiwerden des Schuldners von seiner unmöglich gewordenen Primärleistungspflicht. Eine Ausnahme hiervon gilt nur für die Geldschuld (vgl. unten Rdnr. 249 ff.). Auch muß der Schuldner nach § 281 ein etwa erlangtes stellvertretendes Kommodum an den Gläubiger abführen.

Im übrigen unterscheidet das Gesetz danach, ob der Schuldner die Unmöglichkeit zu vertreten hat (vgl. unten Rdnr. 264 ff.): wenn nein, trifft ihn keine weitere Sekundärpflicht; wenn ja, schuldet er nach § 280 Schadensersatz wegen Nichterfüllung.

bb) **Beim gegenseitigen Vertrag** kommen die §§ 323—325 hinzu. Sie betreffen direkt nur die nachträgliche Unmöglichkeit, also den Fall von oben Rdnr. 239. Das folgt aus dem Wortlaut *(» Wird* die ... Leistung ... unmöglich ...«). Danach ergibt sich: 240

(1) Bei **anfänglicher Unmöglichkeit** gelten die §§ 323—325 nur, soweit § 440 I auf sie verweist (vgl. unten Rdnr. 280 ff.).

(2) Bei **nachträglicher Unmöglichkeit** sind zwei Fallgruppen zu unterscheiden: 241

Entweder der Schuldner hat die Unmöglichkeit **nicht zu vertreten.** Dann gelten für seine gestörte Leistungspflicht allein die §§ 275, 281: Er braucht nur ein etwa erzieltes stellvertretendes Kommodum zu leisten. Jedoch verliert er nach § 323 I regelmäßig den Anspruch auf die Gegenleistung. Ausnahmen bestehen nur nach §§ 323 II, 324 I sowie dann, wenn der Gläubiger die Preisgefahr nach Spezialvorschriften trägt (vgl. unten Rdnr. 271 ff.).

Oder der Schuldner hat die Unmöglichkeit **zu vertreten.** Dann hat der Gläubiger nach § 325 I ein mehrfaches Wahlrecht (vgl. unten Rdnr. 286 ff.). Von der Ausübung dieses Wahlrechts hängt es ab, welche Sekundärpflichten den Schuldner treffen, und ob er die Gegenleistung noch verlangen kann. *Die §§ 280, 281 gelten hier also nur, soweit § 325 das zuläßt!*

b) Schuldnerverzug

Beim Schuldnerverzug fällt jede Unterscheidung in anfänglich und nachträglich, objektiv und subjektiv weg. Auch ist der Schuldnerverzug schon ex definitione (§ 285) stets zu vertreten. 242

aa) **Beim einseitigen Schuldverhältnis** bleibt die gestörte Leistungspflicht regelmäßig bestehen. Zu ihr tritt jedoch nach § 286 I die Pflicht zum Ersatz des Verzugsschadens. Seinen Mindestbetrag bilden bei der Geldschuld die Verzugszinsen, §§ 288 BGB, 352 HGB. Auch haftet der Schuldner hinsichtlich der Primärverbindlichkeit schärfer, § 287. Ausnahmsweise wird diese aber durch einen Anspruch auf Schadensersatz wegen Nichterfüllung ersetzt, § 286 II (vgl. unten Rdnr. 292).

bb) **Beim gegenseitigen Vertrag** gelten für die gestörte Verbindlichkeit selbst gleichfalls die §§ 286—288. Jedoch erhält der Gläubiger hier nach § 326 zusätzlich die Befugnis, das Schuldverhältnis in anderer Form (durch 243

Rücktritt oder eine Schadensersatzforderung) abzuwickeln. Dabei wird § 326 für die praktisch wichtigen Abzahlungsgeschäfte durch die §§ 455 BGB, 5 AbzG modifiziert. Vgl. dazu unten Rdnr. 294; 302 ff.

c) Andere Nichtleistung

244   Viel seltener sind andere Fälle der Nichtleistung. Sie liegen vor, wenn die Leistung zwar noch möglich ist, aber trotzdem ohne Verzug des Schuldners unterbleibt.

So etwa, wenn der Schuldner nicht gemahnt worden ist und die besonderen Voraussetzungen von § 284 II fehlen. Weiter gehört hierhin, daß der Schuldner ohne Fahrlässigkeit nichts von seiner Schuld weiß oder deren Bestand und Umfang zunächst prüfen muß. Praktisch wichtige Fälle dieser Art sind Forderungen gegen Versicherungen, aber auch der Anspruch auf Freigabe einer gepfändeten schuldnerfremden Sache (vgl. *BGHZ 55,* 20/30) oder des hinterlegten Erlöses (*BGH* NJW 1972, 1045 f.): Hier ist dem Schuldner eine nach den Umständen zu bemessende Überlegungsfrist zuzubilligen (vgl. unten Rdnr. 253 und speziell § 11 VVG). Zu denken ist endlich noch an ein zeitweiliges, vom Schuldner nicht zu vertretendes Leistungshindernis, das meist noch keine Unmöglichkeit begründet (vgl. unten Rdnr. 291 ff.).

Hier steht der Schuldner besser als im Verzug: Der Geldschuldner hat nur Zinsen seit Rechtshängigkeit zu zahlen, § 291. Auch sonst treten die allgemeine Verschuldenshaftung und die Pflicht zur Nutzungsherausgabe erst mit Rechtshängigkeit ein, §§ 292, 987, 989. Doch können sich für den Schuldner zusätzliche Rechtsnachteile aus § 283 ergeben. Diese Vorschrift hat im wesentlichen (zu Einzelheiten *K. Schmidt,* MDR 1973, 973 ff.; ZZP 87, 1974, 49 ff.) zwei Funktionen:

245   aa) Sie bildet das **Bindeglied zwischen der Unmöglichkeit und der Nichtleistung trotz Möglichkeit.** Ein solches Bindeglied ist nötig, weil der Gläubiger oft nicht weiß, warum der Schuldner nicht leistet.

Bsp.: G hat an S ein Buch verliehen. Als G Rückgabe verlangt, behauptet S, das Buch sei verschwunden. G argwöhnt aber, S habe das Buch noch und wolle es behalten. G verklagt daher den S auf Herausgabe.

Hier ergibt sich zunächst die Frage, ob S zur Herausgabe verurteilt werden kann, wenn er behauptet, dazu außerstande zu sein. Die h. M. bejaht das mit Recht: Solange die Unmöglichkeit nicht feststeht, also weder unstreitig noch bewiesen ist, muß der Gläubiger einen Herausgabetitel erlangen dürfen. Mit diesem Titel kann er dann die Sache durch den Gerichtsvollzieher beim Schuldner suchen lassen. Wird sie dort nicht gefunden, muß der Schuldner die eidesstattliche Versicherung (früher: Offenbarungseid) nach § 883 II ZPO leisten. Und wenn auch das nicht hilft, bleibt § 283: Der Gläubiger kann seinen titulierten Erfüllungsanspruch nach Fristsetzung mit Ablehnungsandrohung in einen Anspruch auf Schadensersatz wegen Nichterfüllung umwandeln.

bb) §283 führt dabei bisweilen zu einer **Schadensersatzpflicht, ohne** 246 **daß der Schuldner** die Nichtleistung **zu vertreten hat.** Das folgt aus §283 I 3. Danach ist nämlich die Verpflichtung des Schuldners zum Schadensersatz nur dann ausgeschlossen, »wenn die Leistung infolge eines Umstandes unmöglich *wird,* den der Schuldner nicht zu vertreten hat«. Der zur Herausgabe verurteilte Schuldner kann sich also gegen den Ersatzanspruch aus §283 I 2 nur durch den Nachweis schützen, ihm sei die Herausgabe erst nach der letzten Tatsachenverhandlung im Herausgabeprozeß unmöglich geworden. Bestand die Unmöglichkeit damals schon, ohne daß der Schuldner sie bewiesen hatte, wird er jetzt ohne Rücksicht auf ein Verschulden zum Schadensersatz verurteilt.

2. Die Schlechtleistung

Für die *Schlechtleistung* fehlt dagegen eine allgemeine Regelung. Das ist die 247 bekannte Lücke, die Lehre und Rechtsprechung durch die »positive Vertragsverletzung« geschlossen haben. Vgl. dazu unten Rdnr. 306 ff.

II. Stückschuld, Gattungsschuld, Geldschuld

Das Recht der Leistungsstörungen im Allgemeinen Schuldrecht des BGB 248 geht von der Stückschuld aus. Demgegenüber wird die wirtschaftlich mindestens ebenso wichtige Gattungsschuld nur in wenigen verstreuten Einzelvorschriften behandelt. Dies sind die §§243, 279, 300 II. Ähnliches gilt für die Geldschuld; einzelne sie betreffende Fragen sind in den §§244—248, 270, 272 geregelt. Diese Anordnung des Gesetzes verdunkelt die wesentlichen Unterschiede, die zwischen den genannten Schuldarten gerade hinsichtlich der Leistungsstörungen bestehen:

1. Geldschuld

a) Unmöglichkeit

Bei der Geldschuld kann **objektive** Unmöglichkeit in normalen Zeiten nicht 249 eintreten: Irgendwer wird immer Geld haben. Nur bei der **Geldsortenschuld** (die praktisch kaum vorkommt) ist objektive Unmöglichkeit denkbar, wenn die geschuldete Sorte nicht mehr im Verkehr ist. Aber hier streicht

§ 245 in Abweichung von der allgemeinen Unmöglichkeitsregelung die Vereinbarung über die Sorte und ermöglicht so die Leistung. Besonderes gilt weiter für den Anspruch aus § 667 auf Herausgabe von Geld: Hier besteht unter Umständen nur eine Verschuldenshaftung (vgl. *Coing,* JZ 1970, 245, und *Ostler,* NJW 1975, 2273 ff. für die Verpflichtung des Anwalts zur Herausgabe von Fremdgeldern, auch *Medicus,* JuS 1983, 897/901 f.).

250   **Subjektive** Unmöglichkeit (Unvermögen) ist bei der Geldschuld zwar denkbar: Der Schuldner hat den geschuldeten Betrag nicht und kann ihn sich auch nicht beschaffen. Aber solches Unvermögen bleibt materiellrechtlich regelmäßig ohne Bedeutung (wichtigste Ausnahme: die nur den Leistungsfähigen treffende Unterhaltspflicht, § 1603). Denn weder wird der Schuldner nach § 275 II frei, noch verwandelt sich die Geldschuld nach §§ 280, 279 in eine Sekundärverbindlichkeit. Eine solche Umwandlung wäre nämlich sinnlos, weil die Sekundärverbindlichkeit gleichfalls nur auf Geld lauten könnte. Vielmehr wird das Unvermögen des Schuldners erst in der Zwangsvollstreckung durch den Vollstreckungsschutz (§§ 811, 850 ff. ZPO) berücksichtigt.

b) Schlechtleistung

251   Auch Schlechtleistung ist bei der Geldschuld jedenfalls kaum als Leistung schlechter Stücke denkbar: Die Leistung weniger wertvollen Geldes infolge der inflationären Kaufkraftverschlechterung (vgl. unten Rdnr. 255) läßt sich nicht als positive Vertragsverletzung erfassen. Und auch die Zahlung mit Falschgeld gehört regelmäßig nicht hierher: Sie ist keine Erfüllung und steht der Nichtleistung gleich. Nur muß nach § 363 der Gläubiger, der das Falschgeld zunächst angenommen hat, im Streitfall die Fälschung beweisen.

An einen Schadensersatzanspruch aus positiver Vertragsverletzung kann man allenfalls in folgendem Bsp. denken: S zahlt an G mit Falschgeld, das S als gefälscht hätte erkennen können. G entgeht ein günstiger Geschäftsabschluß, weil sein Partner das Falschgeld erkennt und nun das Vertrauen in G verloren hat.

Ob man den Schaden hieraus wirklich mit einem Anspruch aus positiver Vertragsverletzung zwischen S und G verteilen soll (§ 254!), ist mir aber sehr fraglich. Denn man könnte es bei der Sanktion aus §§ 823 II BGB, 263 (oder auch 147) StGB belassen: S haftet nur, wenn er das Geld als falsch erkannt hat. Überdies kommt natürlich auch eine Haftung wegen Verzuges (§ 286 I) in Betracht, wenn (nach § 284 II oder § 242) keine Mahnung nötig war.

c) Schuldnerverzug

252   Bei der Geldschuld bleibt daher im wesentlichen nur der Schuldnerverzug. Er setzt nicht voraus, daß der Schuldner seinen Mangel an Geld verschuldet

hat. In Schuldnerverzug gerät also etwa auch, wer nicht zahlen kann, weil ihm sein Geld trotz sorgfältiger Aufbewahrung gestohlen worden ist, oder weil er unverschuldet seinen Arbeitsplatz verloren hat. Andererseits darf man aber nicht sagen, der Geldschuldner gerate bei Nichtleistung nach Mahnung oder in den Fällen von § 284 II stets in Verzug. Denn auf Verschulden kommt es nur da nicht an, wo der Schuldner geltend macht, er habe die nötige Summe nicht (vgl. unten Rdnr. 265).

d) Ausnahme: Entlastung bei Unvermögen

Sonst dagegen gelten die §§ 285, 276. So gerät ein Ersatzschuldner in der Zeitspanne nicht in Verzug, die er zur Prüfung der gegen ihn erhobenen Forderung benötigt. Entlastend wirkt etwa auch, daß der Schuldner durch eine plötzliche Erkrankung gehindert war, das geschuldete Geld rechtzeitig abzusenden.   **253**

Ausnahmsweise kann freilich auch Geldmangel den Schuldner dem Gläubiger gegenüber entlasten, wenn dieser unter Verletzung einer Fürsorgepflicht den Schuldner über die zu erwartende Belastung nicht hinreichend aufgeklärt hat. So erwägt *BGH* NJW 1974, 849/851 f. einen Schadensersatzanspruch aus **culpa in contrahendo** gegen ein Wohnungsbauunternehmen, das einen Geschäftsungewandten über die Höhe der Dauerbelastung im unklaren gelassen hatte. Dieser Ersatzanspruch ginge dann auf Rückgängigmachung des die Geldschuld begründenden Vertrages und damit auch auf die Beseitigung aller Verzugsfolgen. In anderen Ausnahmefällen kann die Verschlechterung der Verhältnisse des Schuldners auch einen **Wegfall der Geschäftsgrundlage** bedeuten (vgl. *Medicus*, AcP 188, 1988, 489/503 ff.).

e) Geldentwertung

Das dringendste Problem der Geldschuld jedoch wird von der BGB-Regelung nicht erfaßt, nämlich der ständige (und wohl auch derzeit nicht auf Dauer beseitigte) Kaufkraftschwund. Insoweit muß man zwei Arten der Geldschuld unterscheiden: **254**

aa) Die **Geldwertschuld** ist in ihrer Höhe an den Preis einer bestimmten Leistung gebunden. Hier erhöht sich der geschuldete Betrag also, wenn der Preis dieser Leistung steigt; eine besondere Sicherung gegen den Kaufkraftschwund ist daher unnötig. Das gilt z.B. für den Geldanspruch nach § 249 S.2: Erhöhen sich etwa die Heilungskosten, so erhöht sich auch der als Ersatz geschuldete Geldbetrag.

bb) Anders bei der weit häufigeren **Geldsummenschuld** (Nennbetragsschuld): Hier ist die geschuldete Summe von vornherein auf einen bestimmten Betrag festgelegt (z.B. Kaufpreis, Darlehensrückzahlung). Den Nachteil   **255** aus dem Kaufkraftschwund trägt dann also der Gläubiger, und zwar um so spürbarer, je mehr Zeit bis zur Fälligkeit vergeht. Diesem Nachteil kann zwar bei der Bemessung des Zinses Rechnung getragen werden, indem dabei außer den beiden »klassischen« Faktoren (Entgelt für Kapitalüberlassung, Risikoprämie) auch der Kaufkraftschwund berücksichtigt wird. Aber die Entwicklung der Kaufkraft läßt sich nicht sicher voraussehen. Zudem muß der Gläubiger den Zins *im ganzen* (also auch den bloß die Geldentwertung ausgleichenden Teil) als Einkommen versteuern.[1].

Wegen dieser Unzulänglichkeit des Zinses wird bei der Geldsummenschuld immer wieder versucht, dem Kaufkraftschwund in anderer Weise auszuweichen (vgl. *Larenz* I § 12 V; VII; *Medicus*, SAT § 18 V). Das direkteste Mittel hierzu sind **Gleitklauseln:** Sie binden den geschuldeten Betrag an einen Index (z. B. der Lebenshaltungskosten) oder den Preis einer bestimmten Leistung. Damit wird aus der Geldsummenschuld eine Geldwertschuld. Aber § 3 WährungsG macht die Wirksamkeit solcher Klauseln von einer Genehmigung durch die Bundesbank oder eine Landeszentralbank abhängig, und solche Genehmigungen werden nicht ohne weiteres erteilt. Hier hat die Rspr. (etwa *BGH* NJW 1969, 91 f.) als wichtigsten Ausweg den genehmigungsfreien **Leistungsvorbehalt** zugelassen: Der geschuldete Betrag verändert sich bei ihm nicht (wie bei der Gleitklausel) automatisch, sondern soll durch *Neuvereinbarung* den veränderten Verhältnissen angepaßt werden.

2. Gattungsschuld vor der Konkretisierung

a) Objektive Unmöglichkeit

256 Auch bei der gewöhnlichen Gattungsschuld ist objektive Unmöglichkeit regelmäßig kaum denkbar: Voraussetzung wäre ja der Untergang der ganzen Gattung. Häufiger begegnet die objektive Unmöglichkeit bloß bei der **Vorratsschuld.** Hier braucht der Schuldner nur aus einem Vorrat oder aus der eigenen Produktion zu leisten. Folglich tritt auch Unmöglichkeit schon dann ein, wenn der Vorrat untergeht oder die Produktion undurchführbar wird.

Eine Vorratsschuld ergibt sich regelmäßig durch Vertragsauslegung, wenn ein Produzent Ware der Gattung verkauft, die er selbst herstellt. So etwa, wenn ein Bauer, der selbst Kartoffeln anbaut, Kartoffeln verkauft: Er braucht dann nur aus seiner eigenen Ernte zu leisten. Umgekehrt hat er aber im Zweifel auch nicht die Möglichkeit, mit Kartoffeln aus fremder Ernte zu erfüllen.

1 So mehrfach der *BFH,* etwa in NJW 1974, 2335 ff. für das Jahr 1971 (dagegen *Kröger,* ebenda 2305 ff.), und für die Jahre 1971 bis 1974 auch *BVerfG* NJW 1979, 1151 ff. mit ausführlicher, aber wenig überzeugender Begründung; vgl. *K. Vogel,* ebenda 1158 f. und *Kröger,* JZ 1979, 631 ff.

Vermindert sich der Vorrat, aus dem mehreren Gläubigern geschuldet wird, so ist der Schuldner notfalls zur anteilsmäßigen Kürzung der Forderungen berechtigt, aber auch verpflichtet.

Bsp.: S hat von seinen 80 Ferkeln 40 an G und 20 an H verkauft; 20 will S selbst behalten. Vor Lieferung sterben 40 Ferkel ohne Verschulden des S.

Hier hat sich der Vorrat, aus dem zu leisten ist, auf die überlebenden 40 Ferkel beschränkt. S muß also alle diese Ferkel an G und H verteilen; er darf regelmäßig nicht etwa, seinem ursprünglichen Plan entsprechend, ein Viertel (gleich jetzt 10 Ferkel) für sich behalten. S darf aber auch nicht einen Gläubiger voll beliefern und den Schaden ganz auf den anderen abwälzen. Vielmehr stehen die Gläubiger hinsichtlich des Vorrats in einer **Gefahrengemeinschaft**: Ihre Lieferungsansprüche mindern sich verhältnismäßig so, daß sie den Vorrat erschöpfen *(RGZ 84, 125 ff.).*

Statt von »Gefahrengemeinschaft« wird hier bisweilen auch von »Interessengemeinschaft« gesprochen. Aber das ist irreführend: Die Interessen der mehreren Gläubiger sind nur hinsichtlich der Erhaltung des Vorrats gleich. Bei der Verteilung des Vorratsrestes aber sind die Interessen einander entgegengesetzt.

Im Bsp. muß S also an G 27 und an H 13 Ferkel liefern. Tut er das, so haftet er weder G noch H nach §§ 325, 279 auf Schadensersatz. Allerdings brauchen die Gläubiger nach § 323 regelmäßig auch nur die gelieferten Ferkel zu bezahlen.

Hätte S dagegen alle 40 Ferkel an G geliefert, so könnte H für 13 Ferkel Schadensersatz wegen Nichterfüllung verlangen oder die anderen Rechte aus § 325 geltend machen.

b) Andere Leistungsstörungen

Demgegenüber sind die anderen Arten der Leistungsstörung (Unvermögen, Schuldnerverzug und andere Leistungsverzögerung, Schlechterfüllung) bei der Gattungsschuld denkbar. Bloß kommt das Unvermögen hier seltener vor als bei der Stückschuld: Wenn die vom Gattungsschuldner zur Erfüllung vorgesehenen Stücke untergegangen sind, wird es regelmäßig noch andere Stücke der Gattung geben. Ob und woher der Schuldner sich solche beschaffen muß, ist dann eine Frage der Vertragsauslegung.

RGZ 57, 116 ff.: V hat an K 300 t Baumwollsaatenmehl Marke »Eichenlaub« verkauft. Dieses Mehl wird nach einem Geheimverfahren nur in der Mühle des D hergestellt, die kurz nach Vertragsschluß mit allen Vorräten durch Zufall abbrennt. V hätte aber vielleicht noch die Mengen kaufen können, die D kurz vor dem Brand an andere Abnehmer ausgeliefert hatte.

257

Hier wird man eine Beschränkung der Beschaffungspflicht auf den noch nicht ausgelieferten Teil der Produktion annehmen können. Dann hat der Brand zu objektiver Unmöglichkeit geführt, § 275 I. Jedenfalls aber wollte V nicht zum Kauf bei anderen Abnehmern verpflichtet sein, so daß er mit der geschuldeten Anstrengung nicht erfüllen kann. Zur Schadensersatzhaftung nach § 279 vgl. unten Rdnr. 266 ff.

3. Konkretisierung der Gattungsschuld

258   Eine Beschaffungspflicht des Schuldners erlischt bei der Gattungsschuld erst mit der Konkretisierung (Konzentration). Diese tritt ein, wenn der Schuldner das zur Leistung einer erfüllungstauglichen (§§ 243 I BGB, 360 HGB) Sache seinerseits Erforderliche getan hat, § 243 II. Das Schicksal des Schuldverhältnisses hängt dann von dem Stück ab, auf das Konkretisierung eingetreten ist: Die Rechtsordnung sieht davon ab, daß der Schuldner sich noch andere erfüllungstaugliche Stücke beschaffen könnte. Folglich wird er nach der Konkretisierung trotz § 279 gemäß § 275 I frei, wenn der Gegenstand der Leistungshandlung ohne zurechenbares Verschulden (§§ 276, 278) untergeht.

a) Bring-, Schick- und Holschuld

Bei der Frage, was der Schuldner für die Konkretisierung zu tun hat, unterscheiden sich Bring-, Schick- und Holschuld. Je weiter danach die Pflicht des Schuldners reicht, um so schwerer erlangt er den Vorteil der Konkretisierung.

Der Unterschied zwischen diesen Schuldtypen beruht auf der Unterscheidung zwischen **Leistungs- und Erfolgsort:** Am Leistungsort soll der Schuldner seine Leistungshandlung vornehmen, am Erfolgsort soll der schuldgerechte Erfolg eintreten. Im einzelnen liegen bei der

Bringschuld Leistungs- und Erfolgsort beim Gläubiger: Dorthin muß der Schuldner kommen, um zu leisten, und dort tritt auch der Erfolg ein;

Schickschuld der Leistungsort beim Schuldner (seine Leistungshandlung besteht im Absenden) und der Erfolgsort beim Gläubiger (wenn die Leistung dort ankommt, ist erfüllt);

Holschuld Leistungs- und Erfolgsort beim Schuldner: Dort sollen die Leistungshandlung vorgenommen werden und der Leistungserfolg eintreten.

b) Konkretisierung bei der Geldschuld

259   Für die Geldschuld bringt jedoch § 270 I eine dem Schuldner ungünstige Ausnahme von §§ 243 II, 275: Obwohl die Geldschuld Schickschuld ist (vgl. § 270 I,

IV), trägt hier der Schuldner die Leistungsgefahr noch bis zur Ankunft beim Empfänger. Der Schuldner wird also nicht frei, wenn das richtig abgesendete Geld unterwegs verlorengeht. Die Konkretisierung hat daher nur bei verspäteter Ankunft (kein Verzug) und in dem Sonderfall von § 270 III Bedeutung.

Bsp. für den Unterschied Gattungsschuld — Geldschuld: S schuldet dem G als Schickschuld 10 Zentner Koks und 100,— DM. S verlädt den Koks mit einem Lkw an G und gibt dem Fahrer auch einen 100-DM-Schein mit. Unterwegs gerät der Lkw in Brand; der Koks und das Geld gehen verloren. Hier braucht S keinen neuen Koks zu liefern, §§ 243 II, 275 I. Dagegen bleibt er zur Zahlung der 100,— DM verpflichtet, § 270 I.

c) Konkretisierung beim Kauf

Einen Sonderfall der Konkretisierung beim Kauf behandeln die §§ 480, 491: **260** Die dort vorausgesetzte Lieferung einer mangelhaften Sache reicht für § 243 II nicht aus, weil diese Vorschrift eine dem § 243 I entsprechende, also mangelfreie Sache meint. Gleichwohl soll der Käufer nach § 480 Wandlung oder Minderung verlangen können. Tut er das, so kann er keine andere Ware mehr fordern; sein Anspruch hat sich also auf die gelieferten Stücke konkretisiert. Umgekehrt kann ihm aber auch der Verkäufer die Sachmängelrechte nicht mehr durch das Angebot fehlerfreier Nachlieferung entziehen (*BGH* NJW 1967, 33 f.). Verlangt der Käufer dagegen die Nachlieferung fehlerfreier Ware, so bleibt sein gattungsmäßiger Erfüllungsanspruch bestehen. Folglich legt § 480 die Entscheidung über die Konkretisierung ausnahmsweise in die Hand des Gläubigers (Käufers).

d) Konkretisierung und Annahmeverzug

Die Konkretisierung bewirkt bei der Gattungsschuld den Übergang der **Lei-** **261** **stungsgefahr** auf den Gläubiger. Dasselbe tritt nach § 300 II im Annahmeverzug des Gläubigers ein. In § 300 II muß nämlich die Leistungsgefahr gemeint sein, weil die Gegenleistungs-(Preis-)gefahr im Gläubigerverzug durch § 324 II geregelt wird. Allerdings ist der Anwendungsbereich von § 300 II nach h. M.[2] äußerst beschränkt: Regelmäßig ist nämlich die Leistungsgefahr schon vor dem Annahmeverzug nach §§ 243 II, 275 auf den Gläubiger übergegangen. Für § 300 II bleiben im wesentlichen nur zwei Fallgruppen:

aa) Für den Annahmeverzug genügt nach § 295 S. 1 ein **wörtliches Angebot des Schuldners,** wenn der Gläubiger ihm erklärt hat, er werde die Leistung nicht annehmen. Mit diesem wörtlichen Angebot hat der Schuldner bei der

---

2 Anders vor allem *von Caemmerer,* JZ 1951, 743 f.; *U. Huber,* Festschr. Ballerstedt (1975) 327, 339.

Bring- und Schickschuld noch nicht das zur Leistung seinerseits Erforderliche im Sinne von § 243 II getan: Die Schuld ist ja nicht etwa zur Holschuld geworden. Daher liegt noch keine Konkretisierung vor. Folglich ist der Schuldner hier auf § 300 II angewiesen, um frei zu werden, wenn die für den Gläubiger bereitgestellte Ware ohne Vorsatz und grobe Fahrlässigkeit (§ 300 I) des Schuldners untergeht.

bb) Bei der **Geldschuld** gilt § 243 II, der den § 300 II sonst abdeckt, wegen § 270 I weithin nicht (oben Rdnr. 259). Hier könnte also § 300 II wirken.

Bsp.: S will dem G die geschuldeten 100,— DM vereinbarungsgemäß (vgl. § 299!) am Abend des 2. 5. bringen. Er trifft G jedoch nicht an; auf dem Rückweg wird das Geld dem S geraubt.

Hier ist S nach § 300 II jedenfalls dann freigeworden, wenn man in der Geldschuld einen Unterfall der Gattungsschuld sieht. Aber auch wenn man die Geldschuld für einen eigenen Schuldtyp hält, wird § 300 II wenigstens entsprechend anzuwenden sein.

e) Bindung an die Konkretisierung

262 Fraglich ist im Zusammenhang mit der Konkretisierung endlich, ob diese den Schuldner auch zu seinem Nachteil bindet.

Bsp.: V hat an K 10 Sack Mehl verkauft. Als V das Mehl bei K abliefern will, trifft er diesen nicht an. V liefert daher die zunächst für K bestimmten 10 Säcke an einen anderen Kunden. K verweigert nun die Annahme anderer Säcke, weil diese nicht die geschuldeten seien: Die Gattungsschuld habe sich durch das erste Angebot auf die damals angebotenen Säcke konzentriert.

Manche arbeiten hier mit § 242: K verstoße gegen Treu und Glauben, wenn er die Annahme anderer, aber gleichwertiger Ware ablehne. Richtiger dürfte es sein zu sagen: Der Schuldner ist an die Konkretisierung nicht gebunden, sondern kann sie durch anderweitige Verfügung über die Ware wieder rückgängig machen. Damit verliert er freilich auch den Vorteil der Konkretisierung: Die Gattungsschuld wird wieder unbeschränkt, so daß der Schuldner wieder die volle Gefahr der Leistung aus der Gattung trägt[3].

---

3   So etwa *Blomeyer* § 12 IV 2; *Esser-Eike Schmidt* § 13 I 2 c; *Fikentscher* § 28 III 2 b; *Larenz* I § 11 I S. 154; *Medicus,* JuS 1966, 297 ff., teils anders aber *U. Huber,* Festschr. Ballerstedt (1975) 327/339 ff. (dagegen wieder *Medicus* bei Staudinger § 243 Rdnr. 39 ff.); *van Venrooy,* WM 1981, 890 ff.

4. Stückschuld

Neben Geldschuld und Gattungsschuld (vor und nach der Konkretisierung) **263**
bleibt schließlich die Stückschuld. Sie ist das Modell der gesetzlichen Regelung
der Leistungsstörungen. Daher passen die gesetzlichen Vorschriften, insbesondere die §§ 275, 276, 280, auf sie ohne besondere Schwierigkeit.

III. Vertretenmüssen

Welche Sanktionen den Schuldner aus einer Leistungsstörung treffen, hängt **264**
weithin davon ab, ob dieser die Störung zu vertreten hat (insbesondere §§ 280 I,
285, 325). Beim gegenseitigen Vertrag wird in § 324 I zudem die vom Gläubiger
zu vertretende Unmöglichkeit geregelt. Denkbar, aber vom Gesetz übergangen
ist endlich auch der Fall einer von Gläubiger und Schuldner gemeinsam zu vertretenden Unmöglichkeit.

1. Vertretenmüssen des Schuldners

Der Schuldner hat regelmäßig zu vertreten nach § 276 eigenes Verschulden und **265**
nach § 278 (dazu unten Rdnr. 798 ff.) auch das Verschulden seiner Erfüllungsgehilfen und gesetzlichen Vertreter. Jedoch gibt es demgegenüber *zwei Verschärfungen.*

a) Geldmangel

Geldmangel entlastet den Schuldner regelmäßig nicht; für das Vorhandensein
der nötigen Geldmittel besteht also eine Garantiehaftung (doch vgl. dazu oben
Rdnr. 253). Das wird zwar im BGB nirgendwo ausdrücklich ausgesprochen, es
folgt aber wenigstens aus einer Analogie zu § 279 und aus der Gesetzesgeschichte (vgl. *Medicus,* AcP 188, 1988, 489 ff.).

Diese Garantiehaftung hat Bedeutung vor allem bei der Geldschuld. Sie kann
aber — was oft übersehen wird — auch bei der Gattungs- oder Stückschuld Bedeutung erlangen, sofern das Leistungshindernis auf Geldmangel zurückgeht.

RGZ 75, 335 ff.: S schuldet dem G Aktien einer Gesellschaft, die S erst gründen soll.
Die Gründung unterbleibt aber, weil S nicht das nötige Kapital aufbringt: Hier hat S das
Fehlen von Geldmitteln, das ihm die Leistung unmöglich macht, auch ohne Verschulden
zu vertreten.

b) Gattungsschuld

266 Für die Gattungsschuld bestimmt § 279, der Schuldner habe Unvermögen auch ohne Verschulden zu vertreten. Aber streng nach diesem Wortlaut angewendet führt die Vorschrift zu ganz unvernünftigen Ergebnissen.

> *Bsp.:* S schuldet dem G 10 Liter aus einem Faß Wein. Wenn dieses Faß ohne Verschulden des S ausläuft, wird S nach § 275 I wegen objektiver Unmöglichkeit frei (Untergang des Vorrats). Wird das Faß dagegen gestohlen (bloßes Unvermögen des S: Der Dieb oder sein Abkäufer könnte den Besitz leisten), scheint S nach §§ 280, 279 Schadensersatz wegen Nichterfüllung zu schulden. Aber wenn S dem G das ganze Faß versprochen hätte, läge eine Stückschuld vor, und S würde durch einen von ihm unverschuldeten Diebstahl nach § 275 II frei (§ 279 gilt hier nicht!).

> aa) § 279 muß also anders verstanden werden. Dafür ist von folgendem auszugehen: Unvermögen bedeutet stets, daß zwar der Schuldner den Leistungsgegenstand nicht hat, daß aber andere ihn haben. Die regelungsbedürftige Sachfrage lautet dann, welche Anstrengungen der Schuldner unternehmen muß, um sich die Leistung zu ermöglichen: Muß er versuchen, den Leistungsgegenstand von einem leistungsfähigen Dritten zu erhalten? Und wieviel Mühe und Geld muß er dafür aufwenden?

> Zu beantworten ist das in erster Linie nach dem, was der Schuldner versprochen hat (vgl. unten Rdnr. 268). Bisweilen wird aber die Auslegung eines solchen Versprechens zu keinem klaren Ergebnis führen. Hier bildet § 279 eine **Auslegungshilfe:** Bei der Gattungsschuld soll der Schuldner im Zweifel nicht schon dadurch freiwerden, daß er selbst nicht die zur Leistung nötigen Stücke aus der Gattung hat. Vielmehr soll er im Zweifel für die Beschaffung einstehen. Das ist ihm bei der Gattungsschuld eher zuzumuten als bei der Stückschuld, weil er nicht einem bestimmten Stück nachzujagen braucht, sondern sich erfüllungstaugliche Stücke typischerweise an vielen Stellen besorgen kann. Die verschärfte Verantwortlichkeit des Gattungsschuldners erscheint so als Korrelat seiner größeren Dispositionsfreiheit[4].

267 bb) Dieses Vertretenmüssen bei der Gattungsschuld bezieht sich nicht bloß auf den Fall der Nichtleistung, sondern auch auf den der Leistungsverspätung. § 279 hat also über seinen Wortlaut hinaus Bedeutung auch für den **Schuldnerverzug.**

---

4 Vgl. dazu (teils abweichend) vor allem *Ballerstedt,* Festschr. Nipperdey zum 60. Geburtstag (1955) 261 ff.; *Esser-Eike Schmidt* § 13 I 2 b; *Larenz* I § 21 I d; *J. Lemppenau,* Gattungsschuld und Beschaffungspflicht (1972); *Medicus,* Festschr. Felgentraeger (1969) 309/315; *Coester-Waltjen,* AcP 183 (1983) 279 ff.

cc) Vorrangig ist aber stets die **Vertragsauslegung** (vgl. schon oben 268
Rdnr. 257). Sie ergibt etwa für den eben erwähnten Fall der Vorratsschuld: Ein
Schuldner, der aus einem bei ihm lagernden Faß eine Teilmenge verspricht,
übernimmt keine Beschaffungspflicht (seine Dispositionsfreiheit beschränkt
sich ja auch auf den Inhalt dieses Fasses). Daher paßt § 279 nicht.

Ein anderer Gesichtspunkt bestimmt die Lösung des folgenden, viel erörterten Falles.

RGZ 99, 1 ff.: S hatte dem G bis zum 12. 11. 1914 ostgalizische Eier nach Berlin zu liefern; er mußte aber am 8. 11. 1914 vor den einrückenden russischen Truppen nach Krakau
flüchten. Dieser Teil Ostgaliziens blieb unbesetzt.

Das *RG* hat hier gesagt, § 279 schließe die Berücksichtigung des »unvorher-
gesehenen Eintritts höherer Gewalt nicht aus«, wenn § 242 deren Berücksichtigung fordere. Das ist aber sehr unbestimmt. Ich möchte so formulieren: S hat
hier zwar eine Beschaffungspflicht übernommen. Ihre Erfüllung ist auch nicht
unmöglich geworden (aus dem unbesetzten Teil Ostgaliziens hätte ja noch be-
schafft werden können). Aber die nach § 279 anzunehmende Garantie des S
deckt nur die **typischen Beschaffungshindernisse** und nicht auch persönliche
Umstände (wie eine Verhinderung durch Flucht oder Krankheit).

In der Praxis wird § 279 insbesondere durch AGB nicht selten ausgeschlossen. So bedeutet etwa die Klausel »**Selbstbelieferung vorbehalten**«: Der Verkäufer braucht nur
nachzuweisen, daß er selbst die versprochene Ware gekauft hat. Wird er dann von seinem
Schuldner im Stich gelassen, so schuldet er keine anderweitige Beschaffung. Vielmehr
wird er nach § 275 II frei und braucht nur nach § 281 die eigenen Ersatzansprüche gegen
seinen Schuldner an den Käufer abzutreten. Im Ergebnis ist also die Gattungsschuld des
Verkäufers auf die Ware beschränkt, die er aus seinem Deckungsgeschäft zu fordern hat.
So *BGHZ 49, 388 ff.;* zur Vereinbarkeit der Selbstbelieferungsklausel (regelmäßig zu be-
jahen) mit § 10 Nr. 3 AGBG vgl. *BGHZ 92, 396 ff.; Staudinger-Schlosser* AGBG § 10
Nr. 3 Rdnr. 16.

2. Vertretenmüssen des Gläubigers

Was der Gläubiger zu vertreten hat, sagt das Gesetz nirgendwo, insbesondere 269
nicht in § 276 I 1. Trotzdem behandelt § 324 I ganz naiv die vom Gläubiger (der
gestörten Verbindlichkeit) zu vertretende Unmöglichkeit. Sicher zu vertreten
hat der Gläubiger jede Unmöglichkeit, die er durch schuldhaften Verstoß gegen
Mitwirkungspflichten oder durch schuldhaft rechtswidriges Handeln herbeigeführt hat (vgl. etwa *Blomeyer* § 26 III 2). Man wird aber noch darüber hinaus-
gehen und auch die §§ 278, 279 entsprechend anwenden müssen. So gelangt
man zu einer **beschränkten Risikoverantwortlichkeit des Gläubigers.** Wo ihre
Grenzen liegen, zeigt für den Werkvertrag § 645.

Bsp.: Der Unternehmer U hat sich dem Besteller B verpflichtet, auf dem Grundstück des B ein Hochhaus zu bauen. Als die Arbeiten schon weit fortgeschritten sind, stellt sich heraus, daß das Grundstück an der Baustelle kein Hochhaus trägt (wenn auf dem ganzen Grundstück ein Hochhaus überhaupt nicht errichtet werden kann, ist der Werkvertrag nach § 306 nichtig). Hier ist wegen § 645 I 1 zunächst zu fragen, ob U zur Prüfung des Baugrundes verpflichtet war und diese Pflicht schuldhaft verletzt hat. Dann steht ihm keine Vergütung zu. Andernfalls kann er nach § 645 I Teilvergütung verlangen, auch wenn den B kein Verschulden an dem Zustand des Baugrundes und der verspäteten Aufklärung trifft.

§ 645 geht also von einer Verantwortlichkeit des Bestellers für das von ihm gelieferte Material aus. Die Vorschrift bleibt aber in ihrer Rechtsfolge (Teilvergütung) hinter der von § 324 I (regelmäßig volle Vergütung) zurück. »Zu vertreten« hat der schuldlose Gläubiger also die Leistungseignung seiner Sphäre nicht schlechthin: Hierfür braucht man die besonderen Zurechnungsgründe aus §§ 278, 279.

Im Bsp. kann daher nach meiner Ansicht U volle Vergütung (abzüglich ersparter Aufwendungen) nach § 324 I verlangen, wenn ein von B mit der Prüfung des Baugrundes beauftragter Dritter D diese Prüfung schuldhaft schlecht besorgt hat. Denn dann hat B dem U gegenüber für das Verschulden des D entsprechend § 278 einzustehen.

Von der Abgrenzung zwischen § 324 I und § 645 handelt auch

BGHZ 60, 14 ff.: A hat für seine Familie und sich eine Flugreise nach Teneriffa gebucht. Kurz vor dem Reisetermin verlangen die spanischen Behörden für die Einreise Pockenimpfschutz. Die vierjährige Tochter des A kann wegen einer Bronchitis nicht geimpft werden; A und seine Familie treten daher die Reise nicht an.

Das OLG Frankfurt als Vorinstanz hat hier Unmöglichkeit angenommen und die Vergütungspflicht des A auf § 324 I gestützt: A müsse dafür einstehen, daß er und seine Familie die gesundheitlichen Voraussetzungen der Reise erfüllen (JZ 1972, 245 ff. mit im Ergebnis zustimmender Anm. *Beuthien*). Demgegenüber hat der BGH — nach meiner Ansicht mit Recht (vgl. JZ 1973, 369 ff.; anders aber *Ernst Wolf,* Betr. 1974, 465 ff.) — § 645 I analog angewendet: Der Unmöglichkeit infolge eines Mangels des vom Besteller gelieferten Stoffes sei ein Unmöglichkeitsgrund aus der Person des Bestellers gleichzubehandeln. Daher schulde A nur Teilvergütung. § 645 II zeige, daß eine strengere Haftung (etwa nach § 324 I) regelmäßig Verschulden erfordere.

Nach Inkrafttreten der §§ 651 a—k entsteht die Frage, ob der Fall unter § 651 i oder § 651 j zu bringen ist oder ob er wegen seiner Eigenart bei § 645 I zu bleiben hat. Der Unterschied spielt deshalb eine Rolle, weil diese Vorschriften für den Anspruch des Reiseveranstalters einen verschiedenen Inhalt ergeben. Die Antwort bereitet deshalb Schwierigkeiten, weil für den Reisevertrag zunächst ein einheitlicher Begriff der Leistungsstörung geplant war; auch sollte diese Regelung außerhalb des BGB bleiben. Beides ist dann aber aufgegeben worden (vgl. *Teichmann,* JZ 1979, 737 ff.). Das deutet auf eine subsidiäre Anwendbarkeit der allgemeinen Störungsregelung des BGB hin. Wieviel Raum für diese bleibt, ist aber überaus zweifelhaft und streitig (vgl. *Wolter,* AcP 184, 1984, 105 ff.).

BGH JZ 1986, 758 f. wendet bei Störungen, die nicht allein in der Person des Reisenden liegen (dort: Überbuchung eines Zubringerflugzeugs), grundsätzlich die §§ 651 c ff. an. Danach soll die Verdrängung des allgemeinen Leistungsstörungsrechts also insbesondere auch dann gelten, wenn schon die erste Reiseleistung ausfällt und damit die ganze Reise vereitelt wird. Das trifft zwar den Fall von *BGHZ 60, 14* nicht direkt, weil dort die Störung aus der Person eines Reisenden stammte. Die weite Ausdehnung des Reisevertragsrechts durch die neue BGH-Entscheidung spricht dennoch dafür, diesen Fall durch analoge Anwendung von § 651 i zu regeln (so auch *Teichmann,* JZ 1986, 759/761).

3. Vertretenmüssen von Schuldner und Gläubiger

Der Fall, daß eine Leistungsstörung von Schuldner und Gläubiger zu vertreten 270
ist, bereitet bei der **einseitigen Verbindlichkeit** keine Schwierigkeiten: Der Ersatzanspruch des Gläubigers (§§ 280, 286) mindert sich dann verhältnismäßig nach § 254. Beim **gegenseitigen Vertrag** jedoch entsteht die im Gesetz nicht geregelte Frage, ob von § 323, § 324 I oder § 325 auszugehen ist.

Bsp. (ähnlich *RGZ 94, 140 ff.):* V verkauft seinen Fuhrbetrieb an K und bietet diesem mehrfach die Übergabe an. K bestreitet aber zu Unrecht den Kaufabschluß und verweigert Übernahme und Kaufpreiszahlung. Endlich veräußert V den Betrieb zu einem geringeren Preis an D.

Mit dieser Veräußerung hätte V den Vertrag mit K unter zwei Voraussetzungen nicht verletzt: Einmal, wenn V zuvor nach § 326 (wegen Erfüllungsverweigerung) von dem Vertrag mit K zurückgetreten wäre (vgl. unten Rdnr. 293), und zum anderen, wenn die Erfordernisse für einen Selbsthilfeverkauf (§§ 383 BGB, 373 II HGB) vorgelegen hätten. Zudem läßt *BGH* NJW 1977, 580 f. noch in einigen weiteren Ausnahmefällen zu, daß bei Erfüllungsverweigerung des einen Teils der andere sich aus seiner Vertragsbindung löst. Ist aber keine dieser Voraussetzungen gegeben, so hat V sein Unvermögen gegenüber K objektiv vertragswidrig herbeigeführt. Das hat V auch zu vertreten, wenn er nicht bloß leicht fahrlässig gehandelt hat (§ 300 I). Andererseits hat auch K durch seine grundlose Abnahmeverweigerung das Unvermögen in zu vertretender Weise mit herbeigeführt.

Die **Rechtsprechung** wählt in solchen Fällen schon die Ausgangsvorschrift je nach dem Verhältnis des beiderseitigen Verschuldens (vgl. etwa *OLG Oldenburg,* NJW 1975, 1788 ff., dazu kritisch *Teubner,* ebenda 2295 f.). Danach ist von § 323 auszugehen, wenn das Vertretenmüssen auf beiden Seiten etwa gleich schwer wiegt. Im Bsp. könnten dann V und K nichts voneinander verlangen. Bei Überwiegen des Vertretenmüssens des Schuldners der gestörten Leistung (im Bsp. V) wird von § 325 ausgegangen, jedoch das Mitverschulden des Gläubigers nach § 254 berücksichtigt: Der Schadensersatzanspruch des K mindert sich gemäß dessen Verschuldensbeteiligung. Überwiegt endlich das Vertretenmüssen des Gläubigers der gestörten Leistung (im Bsp. K), ist *RGZ 94, 140* von § 324 I ausgegangen, jedoch modifiziert durch § 254: V kann grundsätzlich den von K versprochenen Kaufpreis abzüglich des von D gezahlten Preises verlangen. Dieser Restanspruch soll sich jedoch im Verhältnis der von V zu vertretenden Unvermögensgründe nach § 254 mindern.

Zur gleichen Unterscheidung gelangt *Th. Honsell,* JuS 1979, 81/85 f. von dem (mir zweifelhaften) Standpunkt her, § 323 sei eine »Auffangvorschrift« und umfasse daher alle Fälle, die sich mit § 324 oder § 325 »nicht befriedigend« lösen ließen. Noch anders (Ausgangspunkt stets § 325) *Hadding,* AcP 168 (1968) 150 ff.

Ein weiterer Weg zur Lösung des Problems wird vorgeschlagen von *Teubner,* Gegenseitige Vertragsuntreue (1975) 61 ff.: Er läßt allemal § 323 beiseite und kombiniert nur die §§ 325, 324, 254: Der nach der Surrogationstheorie (vgl. unten Rdnr. 287) berechnete, aus § 325 folgende Schadensersatzanspruch des Gläubigers der unmöglich gewordenen Leistung soll nach § 254 gekürzt und anschließend mit dem sich aus § 324 ergebenden vollen Gegenleistungsanspruch verrechnet werden. Im Fall von *RGZ 94, 140* könnte folglich K nach §§ 325, 254 einen Teil seines Nichterfüllungsschadens ersetzt verlangen. Soweit dieser Anspruch reicht, würde er gegen den Kaufpreisanspruch des V verrechnet. Bei erheblichem Verschulden des K bleibt dann V also der überwiegende Teil seines (nach § 324 I 2 um den Erlös aus dem Deckungsgeschäft mit D gekürzten) Kaufpreisanspruchs.

Für diese Lösung spricht, daß sie stetige Übergänge von den beiden Extremsituationen gewährleistet: Bei **Alleinverantwortlichkeit des Schuldners** bleibt der Schadensersatzanspruch des Gläubigers ungekürzt; die Verrechnung mit dem Gegenleistungsanspruch führt zur Differenztheorie. Bei **Alleinverantwortlichkeit des Gläubigers** hat dieser keinen Schadensersatzanspruch; es bleibt allein der Gegenleistungsanspruch des Schuldners aus § 324. Und jede **zwischen diesen Extremen liegende Fallgestaltung** führt über die Schadensteilung nach § 254 zu einem verhältnismäßigen Zwischenergebnis. Mir leuchtet das ein.

IV. Gefahrtragung

1. Arten der Gefahr

Endlich sind Leistungshindernisse denkbar, die weder vom Gläubiger noch 271
vom Schuldner zu vertreten sind. Hier ist der Schuldner, wenn er kein stellvertretendes Kommodum erzielt hat (§ 281), nach § 275 von seiner Leistungspflicht völlig frei. Im gegenseitigen Vertrag kann er dann aber auch nach § 323 die Gegenleistung nicht verlangen und muß die schon erhaltene nach Bereicherungsrecht zurückgeben. Hier zeigt sich das **funktionelle Synallagma** (vgl. oben Rdnr. 222). Diese Regel ist aber durchbrochen, wenn der Gläubiger der gestörten Leistung bereits die **Gegenleistungs-(Preis-)gefahr** trägt.

Andere Arten der Gefahr sind die Leistungsgefahr und die Sachgefahr. Die **Leistungsgefahr** spielt bei Gattungs- und Geldschulden eine Rolle: Sie bedeutet das Risiko des Schuldners, seine Leistungsanstrengungen bis zum Eintritt des Leistungserfolges wiederholen zu müssen. Sie endet erst nach § 243 II oder § 300 II; hiervon war bereits die Rede (oben Rdnr. 258 ff.). Die **Sachgefahr** kommt in § 644 I 3 vor: Der Besteller soll den Schaden aus dem zufälligen Untergang des von ihm gelieferten Stoffes nicht auf den Unternehmer abwälzen können. Das ist nur eine konkrete Ausprägung der allgemeinen Regel casum sentit dominus. Vgl. *H. P. Westermann,* JA 1978, 481 ff., 551 ff.

Die Preisgefahr ist im Gesetz terminologisch von der Leistungsgefahr nicht unterschieden. Der Gesetzgeber hatte nämlich den dahinter stehenden begrifflichen Unterschied selbst noch nicht klar erkannt. Daher muß man sich merken: In den §§ 270 I, 300 II meint »Gefahr« die Leistungsgefahr; sonst ist regelmäßig die Preisgefahr gemeint! Vgl. noch unten Rdnr. 277 f. zu §§ 644, 615 ff.

2. Bedeutung der Preisgefahr

Die Preisgefahr kommt also nur beim gegenseitigen Vertrag als Ausnahme von 272
§ 323 vor. Sie bedeutet das Risiko einer Partei, ihre Leistung erbringen zu müssen, obwohl sie die Gegenleistung nicht erhält. Die Preisgefahr kann immer erst dann erörtert werden, wenn feststeht, daß eine Leistungspflicht aus einem Grunde gestört ist, den keine Partei zu vertreten hat. Denn wenn § 323 nicht vorliegt (sondern § 324 I oder § 325), ist auch die Preisgefahr als Ausnahme von § 323 gegenstandslos. Hiergegen wird oft verstoßen.

Bsp.: V hat an K eine bestimmte Sache verkauft und die Versendung übernommen. Infolge mangelhafter Verpackung kommt die Sache bei K zerbrochen an. V verlangt gleichwohl Zahlung des Kaufpreises.

Bei dem Stichwort »Versendungskauf« denken viele Studenten sofort an § 447 I. Sie kommen damit zur Zahlungspflicht des K. Zunächst muß jedoch geprüft werden, ob nicht der Sachuntergang (und damit beim Stückkauf die Unmöglichkeit) von V zu vertreten ist. So liegt es hier, wenn V oder seine Leute (§ 278) den Mangel der Verpackung verschuldet haben. Dann ergibt sich die Rechtsfolge nicht aus § 447 I, sondern aus § 325: K hat das dort angegebene Wahlrecht (vgl. unten Rdnr. 286 ff.).

3. Übergang der Preisgefahr

273 Im einzelnen trägt der Gläubiger der gestörten Leistungspflicht die Preisgefahr in folgenden Fällen:

a) Annahmeverzug

Die Leistung wird unmöglich, während sich der Gläubiger im Verzug mit der Annahme der geschuldeten Leistung befunden hat, § 324 II. Diese Vorschrift wird, obwohl sie die allgemeinste Regelung der Preisgefahr bildet, oft übersehen!

Bsp.: B bestellt für einen Betriebsausflug 40 Mittagessen im Gartenlokal des U. Infolge eines unverschuldeten Unfalls wird der Autobus mit den Betriebsangehörigen mehrere Stunden aufgehalten und kann das Lokal nicht mehr erreichen. Das bereitgestellte Essen verdirbt. Kann U von B trotzdem Bezahlung verlangen? Kann B verlangen, daß U zu einem späteren Zeitpunkt nochmals 40 Portionen bereitstellt?

Hier war B nach § 296 S. 1 auch ohne wörtliches Angebot durch U in Annahmeverzug. Denn B hat die ihm obliegende Mitwirkungshandlung, das Abholen des Essens (vgl. § 296 S. 1), nicht rechtzeitig vorgenommen. Für U ist die von ihm geschuldete Leistung auch unmöglich geworden: Zwar könnte er neues Essen bereiten. Aber dazu ist er nicht verpflichtet, weil er einmal das zur Leistung seinerseits Erforderliche getan hat, § 243 II. Zum selben Ergebnis führt § 300 II. Nach diesen Vorschriften trägt B also die Leistungs- und nach § 324 II auch die Preisgefahr: B muß bezahlen, ohne neues Essen verlangen zu können. Wenn man auf diesen (gemischten) Vertrag Werkvertragsrecht anwendet, kommt man zum selben Ergebnis einfacher auch über § 644 I 2, vgl. unten Rdnr. 278.

b) Kaufrecht

274 Mehrere Sondervorschriften über die Preisgefahr finden sich im Kaufrecht (dazu *Brox*, JuS 1975, 1 ff.):

aa) Nach § 446 I genügt zum Übergang der Preisgefahr auf den Käufer bereits die **Übergabe** vor Einigung. Bei Immobilien reicht statt dessen auch schon die **Eintragung** des Käufers vor Übergabe aus, § 446 II.

Da bei Immobilien zugleich § 446 I gilt, ist folgender viel diskutierter Schulfall denkbar (vgl. *Braun,* JuS 1979, 46 ff. für den entsprechend zu behandelnden Verkauf eines Binnenschiffs): E verkauft sein Küstengrundstück an A und übergibt es ihm. Danach verkauft E dasselbe Grundstück an B und bewirkt dessen Eintragung als Eigentümer. Dann wird das Grundstück vom Meer verschlungen.

Hier sieht es so aus, als könne E den Preis zweimal verlangen: Nach § 446 I scheint die Preisgefahr auf A und nach § 446 II auch auf B übergegangen zu sein. Aber das ist ein Trugschluß: E ist dem A gegenüber schon dadurch zur Erfüllung unvermögend geworden, daß er das Grundstück an B übereignet hat. Dieses Leistungshindernis hat E zu vertreten (Vorsatz!). A kann also nach § 325 zurücktreten. Und selbst wenn der Doppelverkauf ohne Verschulden des E zustande gekommen wäre (zwei Vertreter handeln unvorhersehbarerweise nebeneinander), wäre A nach § 323 von seiner Zahlungspflicht frei.

Nach §§ 440 I, 325, 327, 350 kann hier übrigens auch B zurücktreten: Ihm gegenüber war E zur Übergabe anfänglich unvermögend. Dann kann E also im Ergebnis den Kaufpreis von niemandem verlangen: Sein vertragswidriges Verhalten hat eine beständige Verlagerung der Preisgefahr nicht zustande kommen lassen.

bb) § 447 I läßt beim **Versendungskauf** (nach h. M. auch innerhalb desselben 275 Ortes, sog. **Platzgeschäft**) die Preisgefahr schon mit der Übergabe der Kaufsache an die Transportperson auf den Käufer übergehen. Wie aber, wenn der Verkäufer eigene Leute zum Transport einsetzt?

RGZ 96, 258 ff.: Der Verkäufer V hat die Versendung zum Käufer K durch die Bahn übernommen. V läßt die Ware durch einen seiner Angestellten mit einem Handwagen zum Bahnhof bringen. Dort wird der Wagen mit der Ware vor Ablieferung am Schalter gestohlen.

Das RG hat hier § 447 und damit die Preiszahlungspflicht des K bejaht: Der Verkäufer, der eine ihm an sich nicht obliegende Leistung (den Transport) übernehme, solle billigerweise die Preisgefahr nicht länger tragen müssen. Zum Transport gehöre auch das Hinschaffen zum Bahnhof. Daher gebühre dem Verkäufer auch hierfür schon der Schutz des § 447 I. Ebenso entscheidet die h. M. (etwa *Larenz* II 1 § 42 II c). Allerdings stellt sie an die Annahme eines Versendungskaufs strenge Anforderungen. *Esser-Weyers* § 8 III 3 c und *Larenz* aaO. wollen den Verkäufer auch für ein Verschulden seiner Leute nach § 278 haften lassen (so daß im Fall von *RGZ* 96, 258 § 447 nicht eingriffe, wenn den Angestellten des V ein Verschulden träfe). *Schultz,* JZ 1975, 240 ff. bejaht darüber hinaus eine Verkäuferhaftung nach § 278 sogar für selbständige Transportunternehmer (kaum zutreffend).

Demgegenüber meine ich: § 446 I behandelt den Regelfall, daß die Ware vom Verkäufer ohne Einschaltung einer Zwischenperson zum Käufer gelangt. Dann soll die Preisgefahr auf den Käufer übergehen, wenn die Ware den Gefahrenbereich des Verkäufers verlassen hat. § 447 I dagegen regelt den komplizierteren Fall der Einschaltung einer Zwischenperson. Hier wird der Gefahrenbereich der Zwischenperson dem Verkäufer nicht mehr zugerechnet. Das paßt aber nur für eine selbständige Transportperson, weil beim Transport durch eigene Leute des Verkäufers sich die Ware noch in seinem Machtbereich befindet. Für einen solchen Transport gilt § 447 I also nicht. Daher ist *RGZ 96, 258 ff.* unrichtig: Die Preisgefahr wäre erst mit Ablieferung der Sache am Bahnschalter auf K übergegangen (zustimmend *Eike Schmidt,* AcP 175, 1975, 165/167).

276   cc) §§ 2380 BGB, 56 S. 1 ZVG lassen die Preisgefahr ausnahmsweise schon mit dem **Abschluß des Kaufvertrages** auf den Käufer übergehen.

c) Werkvertrag und Dienstvertrag

277   Erwähnt sei schließlich für den Werkvertrag noch § 644. Er enthält drei Fälle. (1): § 644 I 1 entspricht § 446 I im Kaufrecht, setzt aber an die Stelle der Übergabe die Abnahme oder Vollendung des Werkes (vgl. § 646). (2): § 644 II mit seiner Verweisung auf § 447 bringt ebenfalls eine Angleichung an das Kaufrecht. (3): § 644 I 2 endlich erscheint wie eine überflüssige Wiederholung von § 324 II. Zu § 644 ist jedoch zweierlei bemerkenswert:

aa) § 644 I 1 geht aus von dem typischen Ablauf, bei dem das Werk bis zur Abnahme oder Vollendung den Gefahren aus der Sphäre des Unternehmers ausgesetzt ist. Daher paßt die Vorschrift nicht, wo es sich im Einzelfall anders verhält.

BGHZ 40, 71 ff.: B ließ sich von U eine Scheune bauen und benutzte diese mit Einverständnis des U schon vor Fertigstellung und Abnahme. Durch Selbstentzündung des von B eingebrachten Heus brannte die Scheune ab. U fordert Zahlung des Werklohns, die B verweigert.

Hier scheint § 644 I 1 dem B recht zu geben, und dementsprechend hatte auch die Vorinstanz die Klage des U abgewiesen. Demgegenüber hat der BGH § 645 analog angewendet und B zur Vergütung des schon geleisteten Teils der Bauarbeiten verurteilt: Den in § 645 I 1 genannten Fällen seien andere das Werk gefährdende Handlungen des Bestellers gleichzuachten. Dem ist zuzustimmen.

278   bb) Die drei Fälle von § 644 regeln bei **wiederholbaren** Werkleistungen außer der Preisgefahr auch die **Leistungsgefahr:** Wenn der Besteller die Preisgefahr trägt, braucht der Unternehmer das untergegangene Werk nicht erneut auszuführen.

Bsp: U hat für B eine Brücke errichtet; B befindet sich im Verzug der Abnahme. Die Brücke wird durch ein Erdbeben zerstört. Hier würde § 324 II allein den Vergütungsanspruch des U nicht retten. Denn die Vorschrift setzt Unmöglichkeit voraus; die Brücke könnte aber neu errichtet werden. Dem U könnte insoweit nur der Gedanke von § 243 II oder § 300 II helfen (vgl. oben Rdnr. 273). Der Gebrauch dieser Vorschriften wird durch § 644 I 2 unnötig: Dort ist vorausgesetzt, daß U keine neue Brücke zu errichten braucht, weil er die Bezahlung der alten ohne weiteres soll verlangen dürfen.

Eine ähnliche Funktion haben die §§ 615 ff. im Dienstvertragsrecht: Sie stellen klar, daß die durch Annahmeverzug oder zeitweiliges Unvermögen versäumte Arbeit nicht nachgeleistet zu werden braucht, auch wenn das möglich wäre. Das Gesetz bestätigt hier dem Dienstverpflichteten: Zeit ist Geld.

V. Die Reihenfolge der Prüfung von Leistungsstörungen

Bei der Prüfung von Leistungsstörungen ist eine bestimmte Reihenfolge einzuhalten: 279

An erster Stelle sind **Unmöglichkeit und Unvermögen** zu prüfen. Denn daß der Schuldner die Leistung überhaupt nicht mehr erbringen kann, schließt Verzug aus. Und die positive Vertragsverletzung muß als gesetzlich nicht geregelte Leistungsstörung hinter der Unmöglichkeit zurückstehen.

An zweiter Stelle sind zu prüfen **Schuldnerverzug** und die (mangels Vertretenmüssens oder Mahnung) keinen Schuldnerverzug bildende **einfache Leistungsverzögerung** (vgl. oben Rdnr. 244). Denn auch diese Störungen gehen wegen ihrer gesetzlichen Regelung der positiven Vertragsverletzung vor.

Erst an letzter Stelle darf also die **positive Vertragsverletzung** erörtert werden.

Die Notwendigkeit hierzu wird etwa durch folgende Überlegung deutlich: Ein Anspruch auf Ersatz von Verzögerungsschaden (§ 286 I) setzt Schuldnerverzug und damit regelmäßig auch Mahnung (§ 284 I) voraus. Hier gründet sich also die Ersatzpflicht des Schuldners nicht schon einfach auf zu vertretende Pflichtverletzung. Wer positive Vertragsverletzung vor Verzug prüft, könnte aber dennoch zu einer Bejahung der Ersatzpflicht ohne Mahnung kommen: Das wäre regelmäßig falsch. Vgl. auch oben Rdnr. 207 am Ende und unten Rdnr. 309.

§ 14 Einzelheiten aus dem Recht der Leistungsstörungen

I. Unmöglichkeitsfragen

1. Anfängliches Unvermögen

280 **Nachträgliche** objektive und subjektive Unmöglichkeit stehen nach § 275 II vollständig gleich (vgl. oben Rdnr. 239). Dagegen fehlt für die **anfängliche** Unmöglichkeit eine entsprechende Gleichstellung. Deshalb betreffen die §§ 306—309 nur die objektive Unmöglichkeit, und für das anfängliche Unvermögen fehlt im Allgemeinen Schuldrecht jede Regelung. Über die Ausfüllung dieser Gesetzeslücke herrscht Streit[1]. Jedoch werden die praktisch wichtigsten Fälle durch § 440 I erfaßt. Sehen wir uns daher zunächst diese Vorschrift genauer an.

a) Die Bedeutung von § 440 I BGB

281 § 440 I läßt bei Nichterfüllung der Verkäuferpflichten aus den §§ 433 bis 437, 439 die §§ 320—327 gelten. Dabei unterscheidet der Wortlaut der Vorschrift nicht, ob die Erfüllung dem Verkäufer schon beim Kaufabschluß unmöglich war, oder ob sie es erst später geworden ist. Daraus darf man nicht folgern, hier stünden alle Arten der Unmöglichkeit völlig gleich. Vielmehr ist zu unterscheiden:

aa) Bei **nachträglicher** objektiver und subjektiver Unmöglichkeit ist § 440 I eine (insoweit überflüssige) **Rechtsgrundverweisung.** Die Wahl zwischen den §§ 323, 324 und 325 muß also danach getroffen werden, wer die Unmöglichkeit zu vertreten hat.

282 bb) Typischer Fall der Rechtsmängelhaftung ist dagegen die **anfängliche** objektive oder subjektive Unmöglichkeit: Der Verkäufer hat das Recht, das er nach dem Kaufvertrag verschaffen soll, schon bei Kaufabschluß nicht. Hier greift § 306 ein, wenn die verkaufte Sache nicht existiert und das verkaufte Recht deshalb nicht begründet werden kann. Dasselbe gilt, wo die Rechtsordnung Begründung oder Übertragung des verkauften Rechts generell hindert (z. B. Verkauf eines Nießbrauchs). Dagegen gehören die übrigen Fälle zu § 440 I. Insoweit ist die Vorschrift jedenfalls **keine volle Rechtsgrundverweisung:** Sonst bliebe § 440 I bedeutungslos, weil die §§ 323—325 ja nur für *nachträgliche* Unmöglichkeit gelten. Mit anderen Worten: Bei § 440 I darf die Anwendung der §§ 323—325 nicht daran scheitern, daß der Verkäufer schon anfänglich nicht erfüllen kann.

---

1 Dazu unten Rdnr. 283 ff., ausführlich *Evans-von Krbek*, AcP 177 (1977) 35 ff.

§ 440 I könnte aber wenigstens auf die übrigen Tatbestandsmerkmale der §§ 323—325 verweisen. Insbesondere könnte danach unterschieden werden, ob der Verkäufer sein Unvermögen verschuldet hat.

BGH Betr. 1972, 1336: E verkauft sein Grundstück notariell an V. Noch bevor es diesem aufgelassen ist, verkauft V weiter an K. Später stellt sich heraus, daß der Kauf E—V wegen Dissenses nichtig ist. E will das Grundstück behalten. Der enttäuschte K verlangt von V Schadensersatz.

Der BGH (vgl. auch NJW 1972, 1702 f.) hat hier den V ohne Rücksicht auf ein Verschulden haften lassen: Der Schuldner garantiere für sein anfängliches Leistungsvermögen. Zum selben Ergebnis kommt mit Recht regelmäßig auch die h. M. in der Literatur mit der Formulierung, § 440 I sei insoweit **Rechtsfolgeverweisung allein auf § 325**[2].

b) Anderes anfängliches Unvermögen

Außerhalb der Rechtsmängelhaftung von § 440 I gehen die Ansichten noch deutlicher auseinander. Allerdings kann hier zunächst der praktisch häufigste Fall ausgeschieden werden, in dem das Unvermögen auf **Geldmangel des Schuldners** beruht: Für solchen anfänglichen Geldmangel hat der Schuldner unzweifelhaft ebenso einzustehen wie für nachträglichen (vgl. oben Rdnr. 265). Dagegen gibt es für die noch übrigbleibenden, praktisch wenig bedeutsamen Fälle des anfänglichen Unvermögens im wesentlichen drei Ansichten: 283

aa) Die Regeln über **das nachträgliche Unvermögen** seien entsprechend anzuwenden (etwa *Heck*, SchuldR § 47; *Evans-von Krbek* aaO.). Danach würde bei der Stückschuld auch für anfängliches Unvermögen nur bei Verschulden auf Schadensersatz gehaftet. Freilich müßte »Verschulden« hier untechnisch verstanden werden, weil der Eintritt des Unvermögens vor Entstehung der Leistungspflicht noch nicht pflichtwidrig herbeigeführt werden kann. Und bei der Gattungsschuld kommt die Haftungsverschärfung aus § 279 hinzu (vgl. oben Rdnr. 266).

bb) Die *Rspr.* nimmt bei anfänglichem Unvermögen auch über § 440 I hinaus eine **Garantiehaftung** des Schuldners auf das positive Interesse an: Mit dem Versprechen garantiere der Schuldner sein persönliches Leistungsvermögen in diesem Zeitpunkt. So etwa *BAG* Betr. 1974, 1617 f.: Dort hatte ein Fabrikant F einem Handelsvertreter H den Vertrieb von Gasbrennern übertragen, die F dann jedoch mangels Produktionsreife nicht liefern konnte: F mußte dem H ohne Rücksicht auf Verschulden seinen Provisionsausfall ersetzen. 284

2   So etwa *Larenz* II 1 § 40 II b S. 32 f., anders etwa *Esser- Weyers* § 4 III 3 b; *Gudian*, NJW 1971, 1239 ff.; *Evans-von Krbek*, AcP 177, 35, 47 ff.

285　　cc) Demgegenüber dringt in der *Literatur* eine **vermittelnde Ansicht** vor: Den Schuldner treffe eine Garantiehaftung nicht für Umstände außerhalb seines eigenen Geschäftskreises (*Larenz* I § 8 II) oder nur soweit der Gläubiger sich auf die Zusage des Leistungsvermögens verlassen durfte *(Blomeyer* § 28 I 2).

> *Larenz* aaO. (ähnlich *Gudian*, NJW 1971, 1239 ff.) meint für den Fall der dem Verkäufer kurz vor Kaufabschluß gestohlenen Sache: Das positive Interesse schulde der Verkäufer nur, wenn er den Diebstahl durch Nachlässigkeit ermöglicht habe; sonst sei eine solche Haftung »unbillig«. Das negative Interesse schulde er, wenn er von dem (nicht zurechenbar ermöglichten) Diebstahl bei Vertragsschluß hätte wissen müssen. Andernfalls soll der Verkäufer bloß zu Bemühungen um die Wiedererlangung der Sache verpflichtet sein.

Auch ich neige einer **beschränkten Garantiehaftung des Schuldners** zu. Daß damit für anfängliches Unvermögen strenger gehaftet werden soll als für nachträgliches, läßt sich begründen: Eine Garantie für die Gegenwart (Zeitpunkt des Vertragsschlusses) kann dem Schuldner eher angesonnen werden als eine Garantie für die Zukunft. Man wende nicht ein, der Schuldner wolle eine solche Garantie tatsächlich nicht übernehmen: Das will der Verkäufer bei der Rechtsmängelhaftung auch nicht, und trotzdem mutet die h. M. sie ihm zu (vgl. oben Rdnr. 282). Ebenso wie das anfängliche Fehlen des Eigentums (das der Verkäufer meist nicht einmal zuverlässig feststellen kann!) muß konsequenterweise auch das Fehlen anderer für das Leistungsvermögen nötiger Umstände (etwa des Besitzes) behandelt werden. Der Schuldner mag diese Garantiehaftung ausschließen, wenn er bei Vertragsschluß sein Leistungsvermögen nicht zuverlässig beurteilen kann. Ein solcher Ausschluß kann sich auch durch Vertragsauslegung ergeben, etwa wenn der Schuldner auf bestimmte Ungewißheiten hinweist. Aber die Garantiehaftung bleibt der Normalfall, der immer dann eintritt, wenn Anhaltspunkte für eine abweichende Auslegung fehlen.

2. Die Wahlmöglichkeiten bei § 325

286　　§ 325 ist schon deshalb kompliziert, weil er in Abs. 1 S. 3 auf § 323 verweist. Überdies kann der Schadensersatz wegen Nichterfüllung (§ 325 I 1) verschieden berechnet werden. Daher bestehen für den Gläubiger der unmöglich gewordenen Leistung nach § 325 insgesamt **fünf Wahlmöglichkeiten** (man kann durch weitere Unterscheidungen sogar auf acht kommen). Von den fünf wesentlichen Möglichkeiten ergeben sich drei (unten a—c) aus § 325 I 1 und die zwei anderen (unten d, e) aus §§ 325 I 3, 323.

a) Rücktritt

Der Gläubiger kann vom Vertrag zurücktreten. Hierbei verweist § 327 S. 1 auf die §§ 346 ff., § 327 S. 2 aber ausnahmsweise auf das Bereicherungsrecht (Rechtsfolgeverweisung).

Die h. M. hält § 327 S. 2 für mißglückt. Denn der dort genannte Fall, daß der Rücktritt wegen eines Umstandes erfolgt, den »der andere Teil« (also der Rücktrittsgegner = Schuldner der unmöglich gewordenen Leistung) nicht zu vertreten hat, passe nicht zu § 325 I 1: Diese Vorschrift setze ja gerade voraus, daß der Schuldner die Unmöglichkeit zu vertreten habe! Bei wörtlichem Verständnis wäre § 327 S. 2 folglich nur bei § 636 I 1 Halbs. 2 anwendbar. Daher müsse § 327 S. 2 korrigiert werden, und zwar nach *BGHZ 53, 144/148 f.* folgendermaßen: *Jede Partei*, die den Rücktritt nicht zu vertreten habe, hafte für die Rückgabe der von ihr empfangenen Leistung nur nach Bereicherungsrecht, insbesondere nach § 818 III. Anders aber viele, etwa *Esser-Eike Schmidt* § 28 III 4 c und *Larenz* I § 26 b 1 S. 410 f.: § 327 S. 2 sei wörtlich zu verstehen; er erfasse im wesentlichen nur den Fall von § 636 I 1 Halbs. 2.

b) und c) Schadensersatz wegen Nichterfüllung

Der Gläubiger kann Schadensersatz wegen Nichterfüllung wählen. Dafür 287 gibt es **zwei Berechnungsmöglichkeiten**: Entweder der Gläubiger erbringt die von ihm versprochene Gegenleistung. Dann erhält er für die ihm geschuldete, aber unmöglich gewordene Leistung vollen Schadensersatz. Der Ersatz surrogiert hier also die gestörte Leistung; daher heißt die Grundlage dieser Berechnungsart »**Surrogationstheorie**«. Oder der Gläubiger erbringt die von ihm geschuldete Gegenleistung nicht. Dann kann er als Schadensersatz nur die Differenz zwischen seinem positiven Interesse und dem Wert der von ihm nicht erbrachten Gegenleistung fordern. Deshalb spricht man hier von einer Berechnung nach der »**Differenztheorie**«.

Bsp.: K hat von V ein Bild (Wert 100,— DM) für 80,— gekauft. Das Bild ist vor Lieferung durch Verschulden des V verbrannt. Hier bedeutet die Surrogationstheorie: K zahlt den Kaufpreis von 80,— DM an V und erhält dafür 100,— DM als Schadensersatz. Nach der Differenztheorie zahlt K an V nichts, erhält aber die Differenz 20 als Schadensersatz.

Das Bsp. zeigt: Wo die **Gegenleistung in Geld** besteht, ist die Surrogationstheorie nur sinnvoll, wenn dieses Geld schon bezahlt worden ist. Sonst eignet sich für den Ausgleich regelmäßig nur die Differenztheorie. Dagegen sind beide Berechnungsarten nebeneinander sinnvoll, wenn die **Gegenleistung nicht in Geld** besteht, also beim Tausch oder bei Verträgen mit anderstypischer Gegenleistung. Hier gibt die h. M. dem Gläubiger ein Wahlrecht.

Bsp.: M und P haben vereinbart, daß M für P ein Bild malen und dafür eine Woche lang in der Pension des P soll wohnen dürfen. Die Pension brennt durch Verschulden des P ab. Hier kann M wählen: Entweder er malt das Bild noch und erhält als Schadensersatz den Betrag, den er braucht, um eine Woche anderswo zu wohnen (Surrogationstheorie). Oder er malt das Bild nicht; dann muß der Wert des Bildes von dem eben genannten Betrag abgezogen werden (Differenztheorie).

Der Fall wird übrigens noch komplizierter, wenn M gerade die Pension des P malen sollte, was durch den Brand unmöglich geworden ist. Dann treffen § 325 und § 324 I zusammen: P hat ja als Gläubiger auch die Unmöglichkeit der von M geschuldeten Gegenleistung zu vertreten. Hier braucht sich daher M von seinem vollen Schaden bloß einen Abzug nach § 324 I 2 gefallen zu lassen.

Wenn der Gläubiger den — gleich wie berechneten — Schadensersatz wegen Nichterfüllung fordert, kann er auch das **stellvertretende Kommodum** verlangen. Das folgt aus § 281 II; der Schadensersatzanspruch mindert sich dann um den Wert des Kommodum. Bedeutung hat vor allem die Abtretung von Versicherungsforderungen, weil der Gläubiger so einen zahlungskräftigen Schuldner erlangt.

Bsp.: K hat von V eine Sache gekauft. Diese ist bei A versichert. Infolge leichter Fahrlässigkeit (vgl. § 61 VVG!) des V wird sie zerstört. Hier kann K unter Anrechnung auf seinen Schadensersatzanspruch aus § 325 I von V die Abtretung seines Anspruchs gegen A verlangen.

d) Das stellvertretende Kommodum

288   Mit der eben genannten Variante des § 325 I 1 nicht verwechselt werden darf der Weg über §§ 325 I 3, 323 II, 281 I: Hier wählt der Gläubiger nicht erst Schadensersatz wegen Nichterfüllung, sondern betrachtet den Vertrag nach §§ 325 I 3, 323 I als erledigt (unten e). Ein Anspruch auf Schadensersatz, auf den das Kommodum anzurechnen wäre, ist also nicht entstanden. Deshalb erhält der Gläubiger hier in erster Linie und allein das Kommodum. Damit steht er aber regelmäßig ungünstiger als bei der Möglichkeit über §§ 325 I 1, 281 II.

Bsp.: V hat an K ein Bild (Wert 100,— DM), das für 50,— DM bei A versichert ist, zum Preis von 80,— DM verkauft. K hat bezahlt. Dann hat V das Bild leicht fahrlässig zerstört.

Über §§ 325 I 1, 281 II kann K von V die Abtretung des Anspruchs V—A auf 50,— DM verlangen. Dieser Betrag wird von dem Schadensersatzanspruch K—V abgerechnet. Wenn dieser Anspruch gleich dem Wert des Bildes (100,— DM) ist, erhält K von V also noch weitere 50,— DM. Insgesamt erhält K hier also 100,— DM.

Über §§ 325 I 3, 323 II, 281 I dagegen kann K zwar gleichfalls die Abtretung des Anspruchs V—A auf 50,— DM fordern. Er braucht dann nach § 323 II nur den halben Kaufpreis zu zahlen. Da er den Kaufpreis schon voll gezahlt hat, kann er ihn nach § 323 III zur Hälfte (=40) von V zurückverlangen. Insgesamt erhält K hier also 90,— DM.

Günstiger als der erste Weg wäre der zweite allerdings, wenn K zu teuer gekauft hätte (Wert des Bildes 80,— DM, Kaufpreis 100,— DM). Aber dann steht er noch günstiger, wenn er nach § 325 I 1 Rücktritt wählt (oben a). Denn dann kann er den ganzen Kaufpreis von 100,— DM zurückverlangen, während über §§ 325 I 3, 323 II, 281 I das dem K ungünstige Austauschverhältnis des Kaufvertrages noch teilweise weiterwirkt.

e) Abstandnahme vom Vertrag

Endlich kann der Gläubiger über §§ 325 I 3, 323 I, III einfach vom Vertrag Abstand nehmen. Er schuldet dann die von ihm versprochene Gegenleistung nicht mehr. Hat er diese Gegenleistung schon erbracht, kann er sie freilich bloß nach Bereicherungsrecht zurückverlangen, § 323 III. Dieser Weg ist also nur dann nicht wegen § 818 III gefährlich, wenn der Gläubiger seinerseits noch nicht geleistet hat; Vorteile bringt dieser Weg nicht. **289**

f) Zusammenfassung

Zusammengefaßt sehen die fünf Wahlmöglichkeiten bei § 325 also folgendermaßen aus: **290**

aa) § 325 I 1
   (1) Rücktritt, vgl. § 327 (Nr. 1)
   (2) Schadensersatz wegen Nichterfüllung
      (a) nach der Differenztheorie (Nr. 2)
      (b) nach der Surrogationstheorie (Nr. 3),
         gegebenenfalls jeweils kombiniert mit § 281 II

bb) §§ 325 I 3, 323
   (1) §§ 323 II, 281 I: stellvertretendes Kommodum bei
      verhältnismäßiger Vergütungspflicht (Nr. 4)
   (2) § 323 I, III: Abstehen vom Vertrag mit Rückforderung der
      Gegenleistung nach Bereicherungsrecht (Nr. 5).

II. Abgrenzung von Unmöglichkeit und Leistungsverzögerung, insbesondere Schuldnerverzug

1. Zweifelsfälle

Die Abgrenzung zwischen Unmöglichkeit (Unvermögen) und bloßer Leistungsverzögerung hat wegen der verschiedenen Rechtsfolgen erhebliche Bedeutung. Zweifelsfälle sind häufig vor allem im Zusammenhang mit den Kriegen erörtert worden. **291**

Bsp.: G hat bei einem Kabelwerk Kupferkabel bestellt. Infolge des Kriegsausbruchs wird vor der Lieferung aber alles Kupfer beschlagnahmt, oder das Kabelwerk wird voll für die Rüstungsproduktion in Anspruch genommen. Liegt hier Unmöglichkeit vor oder nur ein zeitweiliges Leistungshindernis? Bei Unmöglichkeit dürfte G eine etwa schon geleistete Anzahlung zurückverlangen (§ 323 III). Andererseits könnte er aber nach Kriegsende das Kabel nicht mehr zu dem vereinbarten Preis fordern. Da die Preise während eines Krieges zu steigen pflegen, ist die Frage heftig umstritten worden.

Aber auch in normalen Zeiten kommen solche Fälle nicht selten vor: Die Fabrik des Schuldners brennt ab, so daß Möglichkeit und Zeitpunkt der Wiederaufnahme der Produktion fraglich sind; der Schuldner, der eine persönlich zu erbringende Leistung schuldet, erkrankt schwer; eine Baugenehmigung wird wegen Fehlens der Kanalisation verweigert, und es ist ungewiß, wann die Gemeinde genug Geld für die Kanalisation haben wird.

Die h. M. stellt hier darauf ab, ob den Parteien zugemutet werden kann abzuwarten, daß die Leistung möglich wird: Wenn das zu verneinen ist, liegt Unmöglichkeit vor. Das erörtert etwa *BGHZ 83, 197 ff.* für die politischen Wirren im Iran. Der Vertrag lebt in diesem Fall nach richtiger Ansicht selbst dann nicht wieder auf, wenn das Leistungshindernis schneller als erwartet behoben wird.

2. Handlungsmöglichkeiten des Gläubigers

292   Unter bestimmten Voraussetzungen kann der *Gläubiger* der gestörten Leistung den Zustand der Ungewißheit aber auch von sich aus beheben. Das gelingt über § 283, wenn der Gläubiger einen rechtskräftigen Leistungstitel erlangt hat (vgl. oben Rdnr. 245). Vor allem aber kann der Gläubiger bei Verzug des Schuldners auf die Unmöglichkeitsfolgen übergehen:

a) Bei der **einfachen Verbindlichkeit** geht das außer über § 283 auch über § 286 II. Voraussetzung dafür ist, daß die Leistung infolge des Verzuges für den Gläubiger kein Interesse mehr hat. Hierunter fällt nicht bloß die objektive Entwertung der Leistung (z. B. Badeanzüge können erst im Herbst geliefert werden). Vielmehr darf der Gläubiger auch Gründe geltend machen, die allein ihn berühren.

Bsp.: S schuldet dem G die Rückgabe eines Buches, das G seinem Neffen zum Geburtstag schenken will. Durch den Verzug des S wird der Geburtstag versäumt. Hier kann G auch dann auf Schadensersatz wegen Nichterfüllung übergehen, wenn S von dem Vorhaben des G nichts wußte.

293   **b)** Beim **gegenseitigen Vertrag** gilt § 326: Der Gläubiger der verzögerten Leistung kann bei Schuldnerverzug zwischen Rücktritt und Schadensersatz wegen Nichterfüllung (also den gewöhnlichen Unmöglichkeitsfolgen) wählen.

Regelmäßig muß er aber zunächst eine **Nachfrist mit Ablehnungsandrohung** gesetzt haben; dagegen ist hier im Unterschied zu § 283 ein rechtskräftiger Leistungstitel unnötig. Der Sonderfall des § 286 II kehrt in § 326 II wieder: Die Nachfrist ist bei Interessewegfall **ausnahmsweise entbehrlich.** Über den Gesetzeswortlaut hinaus nimmt die Rechtsprechung Entbehrlichkeit der Nachfrist auch dann an, wenn der Schuldner die Leistung ernsthaft und endgültig verweigert. So etwa *BGHZ 49, 56/59 f.;* dort wird freilich wenig förderlich angenommen, eine solche **Erfüllungsverweigerung** bedeute positive Vertragsverletzung (vgl. unten Rdnr. 308). Und nach *BGH* NJW 1971, 1839 soll sogar schon der bloße Auszug des Wohnungsmieters ohne Vornahme der geschuldeten Reparaturen eine Erfüllungsverweigerung bedeuten können. Damit wird in das Recht des Schuldnerverzuges gefährlich weit eingegriffen (einschränkend *OLG Hamburg,* MDR 1973, 587).

c) Ohne Nachfristsetzung zurücktreten kann der Gläubiger endlich auch   294
nach § 455 beim **Verkauf unter Eigentumsvorbehalt.** Dabei bedeutet aber außerhalb von § 5 AbzG (vgl. unten Rdnr. 302) nicht jedes Rückgabeverlangen des Verkäufers schon eine Rücktrittserklärung. Vielmehr muß erkennbar geworden sein, daß der Verkäufer den Kauf durch die Rücknahme *endgültig lösen* will. Nur damit endet auch das aus dem Kaufvertrag stammende Recht des Käufers zum Besitz der Kaufsache (§ 986). Dagegen bleibt es ohne Rücktritt bei eigener Vertragsuntreue des Käufers (Zahlungsverzug, vertragswidrige Behandlung der Kaufsache, Konkurs) bestehen[3]. Jedoch endet das Besitzrecht des Käufers, wenn er die Erfüllung der Restkaufpreisforderung wegen **Verjährung** verweigert; das ergibt sich aus einer Analogie zu § 223[4]: Trotz der Verjährung bleibt die »Verwertung« des Eigentumsvorbehalts (durch das Herausgabeverlangen) erlaubt.

Nach *BGHZ 96, 182 ff.* (dazu *Wochner,* BB 1986, 967 ff.) soll für den Rücktritt nach § 455 nicht unbedingt Verzug des Käufers mit der Kaufpreisschuld nötig sein. Vielmehr soll regelmäßig der Verzug mit einer erfüllungshalber (§ 364 II) eingegangenen Wechselverpflichtung genügen.

3. Fixgeschäfte

Noch leichter treten die Unmöglichkeitsfolgen bei den verschiedenen Typen   295
des *Fixgeschäfts* ein: Hier spielt die Leistungszeit kraft Vereinbarung oder

3 *BGHZ 54, 214 ff.,* dazu *Herm. Lange,* JuS 1971, 511 ff.; *Niederländer,* Festschr. Wahl (1973) 243 ff.; *Derleder,* ZHR 139 (1975) 20 ff.; dem BGH insoweit folgend auch *J. Blomeyer,* JZ 1968, 691 ff. und 1971, 186 f.
4 *BGHZ 34, 191 ff.; 70, 96 ff.; BGH* NJW 1979, 2195 f., dagegen jedoch etwa *F. Peters,* JZ 1980, 178 ff.; *Staudinger-Gursky* § 986 Rdnr. 15, dem BGH zustimmend aber *Tiedtke,* Betr. 1980, 1477 ff.

nach der Natur der Leistung eine besondere Rolle. Bei gegenseitigen Verträgen wird aber regelmäßig nur die nicht in Geld bestehende Leistung in diesem Sinne »fix« sein.

a) Beim **gewöhnlichen Fixgeschäft** nach *§ 361* kann der Gläubiger ohne Nachfristsetzung schon beim Ausbleiben der »fixen Leistung« zurücktreten. Die Vorschrift geht also über die §§ 326 II, 455 noch insofern hinaus, als sie keinen Schuldnerverzug verlangt.

Eine Sonderregelung bringt für bestimmte Fixgeschäfte § 18 KO: Auch wenn der Leistungszeitpunkt erst nach Konkurseröffnung liegt, soll sich die »fixe Pflicht« doch sofort in eine abstrakt berechnete Schadensersatzforderung umwandeln. Grund: Fixgeschäfte vertragen die sonst durch den Konkurs eintretende Unsicherheit nicht.

296   b) Das **handelsrechtliche Fixgeschäft** nach § 376 HGB bringt gegenüber § 361 BGB für Handels*käufe* (vgl. die Stellung von § 376 HGB) noch die folgende Steigerung:

aa) Der Erfüllungsanspruch erlischt mit Ablauf des Fixtermins, wenn er nicht sofort vorbehalten wird.

bb) Wenn der »fixe Schuldner« in Verzug ist, also die Nichteinhaltung des Termins zu vertreten hat (Mahnung ist hier wegen § 284 II unnötig), kann der Gläubiger ohne Nachfrist auch Schadensersatz wegen Nichterfüllung verlangen (Berechnung nach § 376 II, III HGB).

297   c) Den Gipfel der Eilbedürftigkeit bildet das **absolute Fixgeschäft:** Hier steht und fällt die Möglichkeit der Leistung mit der Einhaltung des Termins. Verspätung über diesen Termin hinaus führt daher ohne weiteres zur Unmöglichkeit mit den Folgen von §§ 275/323 f. oder §§ 280/325.

Schulbeispiele sind: Zimmerreservierung im Gasthof; Weihnachtsbaum; Musik zur Hochzeit; die Fenstermiete in den Festzugfällen.

III. Fragen des Schuldnerverzuges

1. Einzelheiten zu § 326 BGB

298   Anders als bei Unmöglichkeit verwandelt sich bei Schuldnerverzug der primäre Leistungsanspruch nicht ohne weiteres in eine auf Schadensersatz gerichtete Sekundärverbindlichkeit. Vielmehr bleibt der Leistungsanspruch zunächst bestehen. Beim gegenseitigen Vertrag kann der Gläubiger diesen Anspruch jedoch nach § 326 beenden. Er erlangt so das schon erwähnte Wahlrecht zwischen Rücktritt und Schadensersatz wegen Nichterfüllung (oben Rdnr.

286 ff.). Der Gläubiger einer Geldschuld aber kann nur zurücktreten oder den nach der Differenztheorie berechneten Schadensersatz wegen Nichterfüllung verlangen. Denn die Surrogation eines Geldanspruchs durch einen gleichfalls auf Geld gerichteten Schadensersatzanspruch wäre auch hier sinnlos (vgl. oben Rdnr. 250).

a) Nachfrist mit Ablehnungsandrohung

§ 326 I setzt eine angemessene Nachfrist mit Ablehnungsandrohung voraus.   **299** Doch verzichtet man hier nicht nur gelegentlich auf die Fristsetzung (oben Rdnr. 293), sondern ist noch in zwei weiteren Punkten großzügig: Erstens soll der Schuldner bei der Fristsetzung nicht schon in Verzug sein müssen. Vielmehr läßt man zu, daß die Fristsetzung mit der den Verzug erst begründenden Mahnung (§ 284 I) verbunden wird. Und zweitens soll eine unangemessen kurze Nachfrist nicht unwirksam sein, sondern die angemessene in Lauf setzen. Diese beiden Fragen zu § 326 I kommen sehr häufig vor!

b) Ausbleiben der rechtzeitigen Leistung

Nach § 326 I 2 soll die Wirkung der Nachfristsetzung davon abhängig sein, daß   **300** die Leistung nicht rechtzeitig erfolgt ist. Deutlicher sagt § 326 I 3: Die Leistung darf nicht bis zum Ablauf der Frist *bewirkt* sein. Aber auch diese Formulierung ist noch nicht ganz klar.

BGHZ 12, 267 ff.: S schuldet dem G Zellstoff als Schickschuld. Nach Fälligkeit setzt G eine angemessene Nachfrist mit Ablehnungsandrohung. S schickt am letzten Tag dieser Frist ab; die Ware kommt aber erst nach Fristablauf bei G an. Muß G sie noch annehmen?

Die Entscheidung hängt davon ab, was mit »Bewirken der Leistung« gemeint ist: die Vornahme der Leistungshandlung oder die Herbeiführung des Leistungserfolges. Diese Frage läßt sich für das BGB nicht einheitlich beantworten. So meint »bewirken« z. B. in § 362 I die Herbeiführung des Leistungserfolges: Der Verkäufer etwa wird von seiner Übereignungspflicht erst befreit, wenn er dem Käufer das Eigentum verschafft hat; die Vornahme der dazu nötigen Leistungshandlungen allein bedeutet noch keine Erfüllung.

Das ist besonders deutlich beim Grundstückskauf: Leistungshandlungen des Verkäufers sind hier nur die Auflassung und der Antrag auf Eintragung des Käufers ins Grundbuch. Mehr kann der Verkäufer gar nicht tun; alles weitere hängt vom Grundbuchamt ab. Trotzdem tritt die Erfüllung (mit der Folge der Ausschaltung von § 320) erst mit der Eintragung des Käufers ein.

Umgekehrt meint aber etwa § 271 I mit dem »Bewirken« die Vornahme der Leistungshandlungen durch den Schuldner. Ebenso hat der BGH aaO. auch § 326 I ausgelegt. Danach ist im Bsp. die Leistung des S noch rechtzeitig.

175

Das ist nicht unbedenklich. Immerhin entscheidet aber auch für den Verzug selbst die Rechtzeitigkeit der Leistungshandlung; eine Verzögerung bloß des Leistungserfolges kann bisweilen schon deshalb keinen Schuldnerverzug begründen, weil der Schuldner sie nicht zu vertreten hat (§ 285).

301   Fraglich ist die Rechtzeitigkeit der Leistung auch oft bei der **Begleichung einer Geldschuld durch einen Scheck.** Hier ist der Zeitpunkt nicht bloß für § 326 von Bedeutung, sondern vor allem auch für §§ 38, 39 VVG: Bei nicht rechtzeitiger Zahlung der ersten Prämie oder der qualifiziert angemahnten Folgeprämie kann der Versicherungsschutz erlöschen.

> *BGH* NJW 1969, 875 f.: S war für seinen Lkw bei G versichert. Da S mit der Prämienzahlung in Verzug war und auch eine Nachfrist hatte verstreichen lassen, kündigte G das Versicherungsverhältnis. Noch innerhalb der Monatsfrist von § 39 III 3 VVG, aber erst einen Tag *nach* einem Unfall des Lkw erhielt G einen Scheck des S über die Folgeprämie, den S schon *vor* dem Unfall durch einen Boten abgeschickt hatte. G verweigert die Gewährung von Versicherungsschutz.

Nach § 39 III 3 VVG ist hier entscheidend, ob die Zahlung des S noch vor dem Unfall erfolgt war. Dafür hat der BGH mit Recht weder auf die (verspätete) Einlösung des Schecks noch auf die (rechtzeitige) Absendung des Boten abgestellt. Denn maßgeblich sei nach § 270 IV mit § 269 I, wann der Schuldner an seinem Wohnsitz das von ihm zu Verlangende getan habe. Dafür müsse er sich der Verfügungsgewalt über den Scheck begeben haben. Das wäre zwar gegeben gewesen, wenn S den (gedeckten) Scheck der Post zur Beförderung übergeben hätte. Dagegen könne die Übergabe an einen den Weisungen des S unterstehenden Boten ebensowenig genügen, wie wenn S selbst seine Wohnung mit dem Scheck verlassen hätte.

2. Rücktritt vom Abzahlungsgeschäft*

a) Die Sonderregel in § 5 AbzG

302   Für die dem AbzG unterfallenden Geschäfte wird § 455 (Nachfristsetzung unnötig, vgl. oben Rdnr. 294) durch § 5 AbzG ergänzt: Als Ausübung dieses Rücktrittsrechts gilt es, wenn der Verkäufer die Sache aufgrund des vorbehaltenen Eigentums an sich genommen hat. Der Käufer soll so davor geschützt werden, den unmittelbaren Sachbesitz (und damit auch die Nutzung) zu verlieren und dennoch die Kaufpreisraten weiterzahlen zu müssen.

---

*   Dazu ausführlich *Müller-Laube,* Die »Rücktrittsfiktion« beim Abzahlungskauf, JuS 1982, 797 ff.

Abgesehen von dem vorbehaltenen Eigentum könnte der Verkäufer ja auch nach § 326 nicht zugleich die Sache zurückbekommen und seinen Kaufpreisanspruch behalten: Um die Sache zurückzubekommen, müßte er den Rücktritt wählen, wodurch sein Kaufpreisanspruch entfiele. § 5 AbzG verhindert, daß diese schuldrechtlich unzulässige Häufung durch das vorbehaltene Eigentum, also mit § 985, erreicht wird. *BGHZ 54, 214 ff.* (vgl. oben Rdnr. 294) hat eine solche Rücknahme der Kaufsache ohne Rücktritt freilich schon durch die Annahme ausgeschlossen, das Besitzrecht des Käufers ende nicht bereits mit seiner Vertragsuntreue. Doch macht § 5 AbzG das zu zwingendem Recht.

b) Freiwilliger Besitzverlust des Käufers

§ 5 AbzG wird von der Rechtsprechung sehr weit ausgelegt. Ein besonders deutliches Bsp. hierfür ist *BGHZ 45, 111 ff.*: 303

K betreibt in Räumen, die er von G gepachtet hat, eine Gastwirtschaft. Das Inventar hat er von der Brauerei B unter Eigentumsvorbehalt gekauft; der Kaufpreis soll durch einen Zuschlag je hl Bier bezahlt werden. Nachdem so erst ein kleiner Teil des Kaufpreises bezahlt worden ist, gibt K die Gastwirtschaft auf. G verpachtet jetzt die Räume an D. Dieser verhandelt mit B über die Übernahme des von K zurückgelassenen Inventars. Eine Einigung über den Kaufpreis erfolgt zunächst nicht, doch zahlt D bereits einen Zuschlag je hl Bier. Nun verklagt B den K auf Zahlung des Restkaufpreises.

Der BGH hat diese Klage wegen § 5 AbzG abgewiesen: Allerdings habe K den Besitz an dem Inventar freiwillig aufgegeben und nicht auf Veranlassung von B verloren. Das reiche im allgemeinen für § 5 AbzG nicht. Hier komme aber hinzu, daß B mit D in Verhandlungen über den erneuten Verkauf des Inventars eingetreten sei. Damit habe B das Inventar im Sinne des § 5 AbzG wieder an sich genommen, da K den Besitz nicht mehr ergreifen könne.

Mir geht diese Entscheidung sehr weit: Sie verwehrt es letzten Endes der B, sich um den anderweitigen Verkauf des Inventars zu bemühen, wenn sie ihren Anspruch gegen K nicht verlieren will.

c) Vollstreckung des Verkäufers in die Kaufsache

Die Tendenz zur Erweiterung des § 5 AbzG zeigt sich auch in folgendem Fall: 304

Der Abzahlungskäufer K gerät mit den Raten in Verzug. Daraufhin besorgt sich der Verkäufer V wegen seiner Restkaufpreisforderung (vgl. § 4 II AbzG) gegen K einen Titel. Mit diesem vollstreckt V in die verkaufte Sache (was vollstreckungsrechtlich zulässig ist; vgl. *E. Schumann*, JuS 1975, 165/168 f. und Die ZPO-Klausur, 1981, § 87: Die öffentlich-rechtliche Verstrickung entsteht jedenfalls. Fraglich ist nur, ob V an seiner eigenen Sache ein Pfändungspfandrecht erwerben kann). Liegt in dieser Vollstreckung ein Rücktritt nach § 5 AbzG, und welcher Teil der Vollstreckung stellt einen solchen Rücktritt dar?

Seinem Wortlaut nach ist § 5 AbzG hier unanwendbar: Der Zugriff des V auf die Sache erfolgt ja nicht aufgrund des vorbehaltenen Eigentums, sondern aufgrund des Titels über den Kaufpreisanspruch. Trotzdem wendet die Rspr. § 5 AbzG in solchen Fällen entsprechend an. Begründet wird das mit dem Schutzzweck der Vorschrift: K soll auch dann nicht zur Kaufpreiszahlung verpflichtet bleiben, wenn er die Sache durch die Vollstreckung des V verloren hat (und zwar gleichgültig ob an V oder einen Dritten: *BGHZ 55, 59 ff.*). Aus dieser Begründung folgt zugleich, daß der Rücktritt nicht schon in der Pfändung liegt, sondern frühestens in der Wegnahme der Sache durch den Gerichtsvollzieher. Die Pointe dieser Rücktrittsfiktion besteht darin, daß sie den titulierten Kaufpreisanspruch vernichtet, dessentwegen die Vollstreckung erfolgt ist (vgl. *Müller-Laube*, JuS 1982, 797, 804 f.): Das kann der Käufer nach § 767 ZPO geltend machen. Zwar schuldet er dann noch die Nutzungsvergütung nach § 2 I AbzG (vgl. etwa *BGHZ 15, 241 ff.*). Diese wird aber von dem Kaufpreistitel nicht erfaßt. Die Zwangsvollstreckung kann also nicht einmal teilweise wegen der Nutzungsvergütung fortgesetzt werden.

d) Wechsel über die Kaufpreisforderung

305   Eine ähnliche Situation ergibt sich, wenn über die Kaufpreisschuld Wechsel ausgestellt worden sind.

BGHZ 51, 69/73 ff. (stark vereinfacht): V und K schließen einen Abzahlungskauf über Maschinen. K leistet eine Anzahlung; der Kaufpreisrest soll in Monatsraten getilgt werden. Hierüber gibt K dem V entsprechende Wechsel. Alsbald tritt V jedoch wegen Zahlungsverzugs des K zurück (vgl. oben Rdnr. 294). V will nun wegen seiner Ansprüche aus § 2 AbzG gegen K aus den Wechseln vorgehen. Kann er das? Oder kann K sogar die Wechsel zurückverlangen?

Durch die Wechselverpflichtung des K gesichert werden sollte zunächst gewiß der Kaufpreisanspruch. Dessen Erlöschen durch den Rücktritt hat diese vereinbarte Sicherung unmöglich gemacht. Daher hat K gegen V (sowie nach Art. 17 WG gegen dessen arglistige Rechtsnachfolger) den auch einredeweise geltend zu machenden Rückgewährungsanspruch aus § 1 I AbzG (*OLG Zweibrücken*, NJW 1967, 1472 f.) oder einen Bereicherungsanspruch (vgl. oben Rdnr. 43 Fn. 5). Doch kann vereinbart werden, daß V die Wechsel auch für seine Ansprüche aus § 2 I AbzG soll geltend machen dürfen. Ein solches »zweites Grundverhältnis« schlösse die Einrede nach § 1 I AbzG oder die Bereicherungseinrede aus, soweit die Ansprüche aus § 2 I AbzG reichen.

Umstritten war, ob diese erweiterte Verwertungsbefugnis des V durch ergänzende Vertragsauslegung auch ohne besondere Vereinbarung anzunehmen sei. Das hat *BGHZ 51, 73 ff.* richtig verneint: Die Wechsel sind nach Höhe und Fälligkeit gerade auf die Kaufpreisraten abgestellt. Daher haben sie ohne besondere Vereinbarung keine Beziehung zu den bei der Ausstellung noch ungewissen Ansprüchen auf Nutzungsvergütung nach § 2 I AbzG. Deshalb kann K sich hier gegen die Inanspruchnahme aus den Wechseln durch Einrede schützen (die freilich bei einer Übertragung der Wechsel nach Art. 17 WG verlierbar ist, vgl. unten Rdnr. 763).

Zurückverlangen kann K die Wechsel nach § 1 I AbzG oder § 812 nur, wenn nicht V eine Einrede hat. Hierfür kommt § 3 AbzG in Betracht. Fraglich ist aber, was dem V ein bloßes Zurückbehaltungsrecht an den Wechseln nützen soll, wenn er diese nicht verwerten darf (vgl. *D. Reinicke,* Betr. 1959, 1103 ff.). Da ich keinen solchen Nutzen sehe, halte ich die Geltendmachung eines Zurückbehaltungsrechts durch V wegen Rechtsmißbrauchs für ausgeschlossen. K kann also auch die Wechsel zurückverlangen.

IV. Positive Vertragsverletzung

1. Anwendungsbereich

a) Allgemeines

Die Regelung der Leistungsstörungen im Allgemeinen Schuldrecht erfaßt nur **306** die Fälle, in denen der Schuldner nicht oder verspätet leistet. Nicht berücksichtigt wird dort dagegen die Schlechtleistung: Die Leistung wird zwar erbracht, entspricht aber in ihren Modalitäten nicht dem, was Vertrag oder Gesetz verlangen. Auch kommt die Verletzung von Schutzpflichten in Betracht, die unabhängig von der eigentlichen Leistung erfolgen kann (vgl. oben Rdnr. 203). Dieser Bereich wird von der pV umgriffen (vgl. oben Rdnr. 247); dazu *H. Honsell,* Jura 1979, 184 ff.

Dabei bleibt gleich, ob das Gesetz die Schlechtleistung als Erfüllung behandelt oder nicht. Nichterfüllung liegt nach § 243 regelmäßig vor bei der Gattungsschuld: Die Lieferung von gattungsfremden Stücken oder von Stücken, die schlechter sind als der Gattungsstandard (§§ 243 I BGB, 360 HGB), bedeutet überhaupt keine Erfüllung. Daher treffen den Schuldner, wenn die Voraussetzungen der §§ 284, 285 vorliegen, die gewöhnlichen Folgen des Schuldnerverzuges (beim Kauf besteht aber nach §§ 480, 491 ein Wahlrecht des Käufers, ob sich die Gattungsschuld auf das gelieferte mangelhafte Stück konzentrieren soll; vgl. oben Rdnr. 260). Daneben kann auch pV vorliegen: unten Rdnr. 310.

b) Bezeichnung

Gebräuchlich ist für die Schlechtleistung die Bezeichnung als »positive Vertragsverletzung«. Mit ihr hat *Staub* (1902/4) ausdrücken wollen, daß diese Leistungsstörungen einen Gegensatz zu dem »negativen« Nichtleisten des **307**

Schuldners bilden. »Positive Vertragsverletzung« ist aber anerkanntermaßen in doppelter Hinsicht ungenau: Einmal beschränkt sich die pV nicht auf *Vertragspflichten*, sondern ist auch bei *gesetzlichen* Schuldverhältnissen denkbar.

Bsp.: S schuldet dem G aus § 823 I als Naturalrestitution (§ 249 S. 1) eine neue Schaufensterscheibe. Der von S beauftragte Glaser M beschädigt beim Einsetzen der Scheibe unachtsam die Schaufensterauslage: S haftet dem G für diesen Schaden aus pV in Verbindung mit § 278.

Und zum anderen kann pV nicht nur durch positives Tun begangen werden, sondern auch durch Unterlassen im Zusammenhang mit positivem Tun (etwa Nichtaufklärung des Käufers über die Frostempfindlichkeit der gekauften Maschine, *BGHZ 47, 312 ff.*). Diese Ungenauigkeit vermeidet die Bezeichnung **Schlechtleistung.**

Fikentscher §§ 42 III; 47 spricht statt dessen von »Schlechterfüllung«. Ich halte das für weniger gut, weil die schlechte Leistung keine Erfüllung zu bedeuten braucht (vgl. oben Rdnr. 306 und das Chemikalienbsp. unten Rdnr. 310).

c) Fallgruppen

308   Versuche einer *weiteren Differenzierung* dieses Begriffs »Schlechtleistung« führen meist zu keinem klaren Ergebnis (vgl. *Esser-Eike Schmidt* § 29 III 2). Sie bringen daher bei der Rechtsanwendung keine wesentliche Hilfe. Das gilt auch für die mißverständlich so genannte *culpa post contractum finitum.*

Beispiele: Ein Arzt hatte Praxisräume gemietet; nach seinem Auszug beseitigt der Vermieter vorzeitig das Hinweisschild auf den Ort der neuen Praxis, oder *OLG Frankfurt*, BB 1979, 136 f.: Der Vermieter behält nach Beendigung des Mietvertrages unpfändbare Sachen des Mieters als Pfand zurück, oder *BGH* NJW 1984, 431 f.: Der mit der Durchsetzung einer Kaufpreisforderung beauftragte Rechtsanwalt gibt nach Beendigung des Mandats dem Mandanten die Unterlagen nicht zurück und weist auch sonst nicht auf die drohende Verjährung hin[5].

In solchen Fällen zeigt das Fortbestehen von Pflichten, daß hier die Sonderverbindung noch nicht völlig beendet ist. Fälle dieser Art haben nur die eine Eigenart, daß als Rechtsfolge bloß ein Schadensersatzanspruch und nicht auch Rücktritt oder Kündigung in Betracht kommen (vgl. unten Rdnr. 315 f.). Auch hier kann der Ersatzanspruch auf pV gestützt werden (*BGHZ 92, 251/258 f.*).

Wirklich besonders liegen nur die als **Erfüllungsverweigerung** oder **Vertragsaufsage** bezeichneten Fälle. Denn hier leistet der Schuldner nicht etwa schlecht, sondern überhaupt nicht. Er verweigert nämlich entweder die Lei-

5 Dazu *Strätz*, Festschr. Bosch (1976) 999 ff.; *von Bar*, AcP 179 (1979) 452 ff.

stung definitiv oder macht sie von unberechtigten zusätzlichen Forderungen abhängig. Doch möchte ich diese Fallgruppe entgegen der h.M.[6] eher zum *Schuldnerverzug* rechnen als zur pV (ebenso *Esser-Eike Schmidt* § 28 III 2 c). Denn wenigstens bei Erfüllungsverweigerung **nach Fälligkeit** kommt man mit den geringfügig modifizierten Verzugsvorschriften aus (Mahnung und Nachfristsetzung mit Ablehnungsandrohung sind unnötig, vgl. oben Rdnr. 293). Und das wird man sogar auf die Erfüllungsverweigerung **vor Fälligkeit** ausdehnen können. Ein Bsp. hierfür bildet *BGH* NJW 1974, 1080 f.: Ein Bauunternehmer verweigert endgültig die Erfüllung eines Bauvertrages, noch bevor seine Pflichten durch Erteilung der Baugenehmigung fällig geworden sind. Denn auch dann paßt der Gedanke, daß den Schuldner die Nichterfüllungsfolgen aus § 326 sofort treffen können, nachdem er selbst die Nichterfüllung erklärt hat. Weiter dürfte hierhin der Fall von *BGH* NJW 1978, 103 f. gehören: Der Vermieter weigert sich trotz Aufforderung durch den Mieter, die Mietsache vor der Übergabe in vertragsmäßigem Zustand zu erhalten. Vgl. zu der Frage auch *Larenz* I § 24 I a S. 365 f. A. 8.

d) Verhältnis zu Unmöglichkeit und Schuldnerverzug

Einigkeit besteht darüber, daß Unmöglichkeit und Schuldnerverzug als die gesetzlich geregelten Formen der Leistungsstörungen der Annahme von pV *vorgehen*. Vgl. schon oben Rdnr. 279 und etwa *Blomeyer* § 30 I; *Fikentscher* § 47 I 3, ein Bsp. in *BGHZ 84, 244, 248 f.* (ein Steuerberater reicht die Steuererklärung nicht fristgerecht ein: Das kann Unmöglichkeit bedeuten). Insbesondere braucht die Verletzung von Nebenpflichten nicht stets pV zu sein. Vielmehr kann sie auch einfach zu Unmöglichkeit oder Schuldnerverzug führen. **309**

Vgl. das Bsp. oben Rdnr. 272: Der Verkäufer V hat beim Versendungskauf die Sache schlecht verpackt, so daß sie zerbrochen beim Käufer K ankommt. Das ist ein glatter Unmöglichkeitsfall mit den Folgen von § 325, auch wenn man die Verpackungspflicht als Nebenpflicht (oder als Schutzpflicht) ansieht.

Diese Regel vom Vorrang der Unmöglichkeit und des Schuldnerverzuges ist aber nur mit zwei Einschränkungen richtig:

aa) PV kann **neben Unmöglichkeit oder Schuldnerverzug** vorliegen. Die Rechtsfolgen dieser Störungsformen werden dann gehäuft. **310**

Bsp.: Der gemahnte Gattungsschuldner S liefert verunreinigte Chemikalien. Sie werden mit den reinen Beständen des Gläubigers G vermengt und verderben diese daher. Hier kann G als Verzugsschaden (§ 286 I) die Nachteile ersetzt verlangen, die ihm daraus entstehen, daß er die geschuldeten reinen Chemikalien erst verspätet erhält. Dagegen

---

6 Vgl. etwa *BGHZ 49, 56/59; BGH* NJW 1969, 40 f.; 1986, 842, 843.

muß G den eigentlichen Schlechtleistungsschaden (Verderben der eigenen Bestände) aus pV liquidieren (dieser beruht ja nicht auf der Verspätung!). Wäre die Lieferung reiner Chemikalien etwa durch eine allgemeine Beschlagnahme unmöglich geworden, lägen Unmöglichkeit und pV nebeneinander vor.

311   bb) Die Regeln über den Schuldnerverzug mit ihren besonderen Erfordernissen nach § 284 passen für manche Pflichten nicht (sofern man sie überhaupt als selbständige Pflichten auffaßt). Das gilt insbesondere für **Warnungspflichten:** Diese sind ohne Mahnung spontan zu erfüllen. Die verspätete Erfüllung solcher Pflichten wird daher zur Ausschaltung von § 284 allgemein als pV behandelt. Das Gesetz selbst kennt einen solchen Fall etwa in § 545 (unten Rdnr. 350): Hat der Mieter einen Mangel verspätet angezeigt, so kann der Vermieter ohne weiteres Schadensersatz verlangen, auch wenn der Mieter mangels Mahnung nicht in Verzug mit der Anzeige war.

Ähnlich liegt etwa der Fall von *BGHZ 47, 312ff.* (oben Rdnr. 307): Der Verkäufer einer Betonmischmaschine hatte den Hinweis unterlassen, daß die Mischvorrichtung frostempfindlich sei. Die vom Käufer ohne besondere Vorsicht betriebene Maschine lieferte daher schlechten Beton; das damit errichtete Gebäude mußte wieder eingerissen werden. Dieser Schaden geht zwar darauf zurück, daß der Käufer von der Frostempfindlichkeit *zu spät* erfahren hat. Dennoch muß der Verkäufer Ersatz aus pV und daher unabhängig von § 284 leisten.

e) Begleitschaden

312   Häufig (etwa *Larenz* I § 24 I a) wird eine Fallgruppe der pV dadurch charakterisiert, daß dem Gläubiger ein über das Erfüllungsinteresse hinausgehender Schaden (Begleitschaden) entstanden sei. Das paßt zwar meist, ist aber doch nicht immer für die pV kennzeichnend. Vielmehr können ganz gleiche Schäden statt aus pV auch aus Unmöglichkeit oder Schuldnerverzug entstehen.

Bsp. von *Larenz* aaO.: Der Dachdecker deckt das Dach schlecht; daher dringt Regenwasser ein und verdirbt die auf dem Dachboden liegenden Sachen des Bestellers: pV (doch vgl. unten Rdnr. 354 ff. zur Anwendbarkeit der §§ 635, 638).

Aber: Der Dachdecker kommt trotz Mahnung nicht, so daß das schadhafte, unausgebessert gebliebene Dach Regen durchläßt: Hier erhält der Besteller Ersatz für seine verdorbenen Sachen aus Schuldnerverzug, § 286 I. Und wenn die Voraussetzungen von § 284 weder vorliegen noch wegen erkennbarer besonderer Eilbedürftigkeit entbehrlich sind (Bsp.: ein Arzt wird zur Behandlung eines Schwerverletzten gerufen), kann Schadensersatz überhaupt nicht (auch nicht aus pV) verlangt werden. Denn wenn der Schuldner ganz untätig geblieben ist, also nicht schlecht geleistet hat, kommt pV nicht in Betracht. Eine Ausnahme kann nur im Anschluß an eine gesetzliche Sonderregelung (etwa § 545) angenommen werden.

f) Sonderregeln

Im Allgemeinen Schuldrecht fehlt bekanntlich eine gesetzliche Regelung der 313
pV. Das bedeutet aber nicht, daß der Gesetzgeber die Probleme der Schlechtleistung völlig übersehen hätte. Vielmehr finden sich im Besonderen Schuldrecht mehrere Regeln über den Ersatz des Schadens aus Schlechtleistung, etwa in §§ 463, 480 II, 538, 618, 635, 671 II 2. Auch diese Bestimmungen haben Vorrang vor den allgemeinen Regeln über die pV. Fraglich ist dabei allerdings die Abgrenzung, was vor allem wegen der Verjährung Bedeutung haben kann (vgl. unten Rdnr. 351 ff.).

g) Zusammenfassung

Zusammengefaßt kann daher zur pV gesagt werden: Diese ist unanwendbar, 314
wenn der Schuldner überhaupt nicht leistet oder soweit das Besondere Schuldrecht eine Regelung enthält. Unanwendbar ist die pV insbesondere auch für alle Folgen aus der Unmöglichkeit oder der Verzögerung der Leistung. Eine Ausnahme gilt insoweit nur bei spontan zu erfüllenden Begleitpflichten.

Positiv bestimmen läßt sich der Anwendungsbereich der pV nicht eindeutig (trotz *Köpcke*, Die Typen der pV, 1965). Insbesondere bedeutet weder die Verletzung von Neben- oder Schutzpflichten stets pV, noch kommt für den Ersatz von Begleitschäden nur pV in Betracht. Am ehesten kann die pV noch bezeichnet werden als die **gesetzlich nicht geregelten Fälle der zu vertretenden Verletzung von Rechtsgütern des Gläubigers durch Schutzpflichtverletzung oder schlechte Leistung.**

2. Rechtsfolgen

Entsprechend mannigfaltig wie die Tatbestände der pV sind auch ihre Rechts- 315
folgen. In erster Linie kommt ein Anspruch auf **Schadensersatz** in Betracht. Dieser tritt häufig neben den Anspruch auf Erfüllung oder restliche Erfüllung.

So etwa in den Beispielen oben Rdnr. 310 und 312: Neben dem Ersatz für die verdorbenen Chemikalienbestände und für den Wasserschaden kann noch Erfüllung verlangt werden (Lieferung reiner Chemikalien; ordentliches Dachdecken).

Nicht selten wird man dem Geschädigten aber auch ähnlich wie bei § 325 ein **Wahlrecht** zugestehen müssen: Er darf die noch ausstehende Erfüllung ablehnen und insoweit Schadensersatz wegen Nichterfüllung verlangen oder **zurücktreten.** Das gilt insbesondere, wenn die pV die für die Fortführung des Vertrages nötige **Vertrauensgrundlage zerstört** hat (vgl. etwa den Fall von *BGH* NJW 1969, 975 f.: Der Verkäufer reagiert mehrfach nicht auf Mahnungen und läßt Versprechungen unerfüllt, mahnt aber seinerseits Rechnungen über nicht gelieferte Waren an; oder *BGH* NJW 1978, 260 f.: Der Verkäufer eines fabrikneuen Kraftfahrzeugs wechselt ohne Wissen des Käufers neue Teile gegen gebrauchte aus).

Die Beispiele hierfür stammen oft aus dem Bereich der **Sukzessivlieferungsverträge** (dazu *Musielak*, JuS 1979, 96 ff.) und **Dauerschuldverhältnisse:** Eine Brauerei liefert mehrfach schlechtes Bier; der Gastwirt, dessen Gäste daraufhin ausbleiben, darf kündigen und Schadensersatz verlangen. Aber auch bei **einfachen Werkverträgen** sind solche Fälle denkbar: Wenn der Taxifahrer seinen Fahrgast durch unvorsichtiges Fahren verletzt, braucht dieser die Fahrt nicht fortzusetzen (Rücktritt; vgl. dazu § 325 I 2). Dabei bleiben die wegen der Verletzung etwa schon entstandenen Ersatzansprüche erhalten.

Diese Kombination von Schadensersatzanspruch und Rücktritts- oder Kündigungsrecht kommt übrigens nicht nur bei der pV vor. Vielmehr ist sie etwa auch denkbar, wenn die **Vertrauensgrundlage durch Schuldnerverzug zerstört** worden ist. *Bsp.:* Ein Bäcker hat sich einem Ausflugslokal für längere Zeit zur Lieferung von Backwaren verpflichtet. Diese Backwaren treffen aber nicht — wie vereinbart — zum Wochenende ein, sondern erst montags, wenn sie unverkäuflich sind. Hier braucht das Lokal die verspäteten Einzellieferungen nicht abzunehmen, sondern kann insoweit Schadensersatz wegen Nichterfüllung verlangen, §§ 286 II, 326 II. Bei Wiederholungsgefahr kann aber daneben auch der ganze Lieferungsvertrag gekündigt werden. Zur Begründung dieser Kündigungsmöglichkeit braucht man nicht eine neben dem Verzug einherlaufende pV anzunehmen. Denn etwa § 723 I 2 zeigt, daß bei Dauerschuldverhältnissen Pflichtverletzungen aller Art ein Kündigungsrecht begründen können.

316   Aus dieser Mannigfaltigkeit der für die sachgerechten Lösungen nötigen Rechtsfolgen ergeben sich auch die bekannten Schwierigkeiten bei der **positivrechtlichen Fundierung** der pV. Der vom RG verwendete § 276 ist hierfür schon deshalb ungeeignet, weil er über die Rechtsfolgen nichts sagt. Dasselbe gilt für § 242; aus ihm kann man allenfalls die Modalitäten der Leistung bestimmen oder die Pflichten herleiten, deren zu vertretende Verletzung den Tatbestand der pV bildet. Als geeignet bleibt daher bloß die **Rechtsanalogie zu** §§ 280, 286, 325, 326. Soweit es nur um Schadensersatz geht, kann man daneben auch die gesetzlichen Regeln über die Schlechtleistung aus dem Besonderen Schuldrecht nennen (vgl. oben Rdnr. 313). Doch genügt heute für die pV schon die Berufung auf **Gewohnheitsrecht.**

§ 15   Sachmangel, aliud, Folgeschaden, insbesondere beim Kauf*

Ein häufiger Störungsfall speziell bei Kauf, Miete, Werkvertrag und Reisever-   317
trag ist die Fehlerhaftigkeit der Sache oder des Werkes (der Reise). Hier verdrängen umfangreiche Sonderregelungen das allgemeine Recht der Leistungsstörungen. In diesem Bereich findet sich eine Fülle von Streitfragen; er gehört
zu den schwierigsten Stücken des bürgerlichen Rechts. Da die Problematik
meist beim Kauf diskutiert wird, sei auch hier von diesem ausgegangen.

I. Stückkauf und Gattungskauf

Hinsichtlich des Ausgangspunktes für die Gewährleistungsansprüche besteht   318
zwischen Stück- und Gattungskauf ein fundamentaler Unterschied:

1. **Beim Stückkauf** ist Vertragsgegenstand nur eine bestimmte Sache; nur
mit ihr kann die Verkäuferpflicht erfüllt werden. Unzweifelhaft braucht der
Verkäufer diese Sache nicht auszubessern; nach Übergabe ist er dazu gemäß
dem BGB nicht einmal mehr berechtigt (abweichende Regelungen sind häufig,
vgl. § 476 a sowie § 11 Nr. 10 AGBG). Der Käufer kann also die Lieferung der
gekauften Sache nur in dem Zustand verlangen, in dem sie sich befindet. Als
Ausgleich dafür erhält er bei Sachmängeln die Gewährleistungsansprüche aus
den §§ 459 ff.: Diese schaffen Abhilfe dagegen, daß der Käufer bei Vorliegen eines Sachmangels nur einen unvollständigen Gegenwert für den Kaufpreis erhält.

2. **Beim Gattungskauf** dagegen gibt es die »verkaufte Sache« nicht, son-   319
dern nur die »gelieferte Sache«. Mangelhaft kann also nur die **gelieferte Sache**
sein. Daher kann man hier auch ohne eine Nachbesserungspflicht des Verkäufers zu einem Anspruch des Käufers auf Lieferung mangelfreier Ware kommen:
Man braucht nur die Lieferung mangelhafter Ware als Nichterfüllung anzusehen.

---

* Vgl. *Gernhuber,* §§ 33, 34; *Brox-Elsing,* Die Mängelhaftung bei Kauf, Miete und
   Werkvertrag, JuS 1976, 1 ff.; *Brüggemann,* Das System der Gewährleistungsansprü-
   che nach bürgerlichem Recht und nach Handelsrecht, JA 1977, 49 ff.; 102 ff.; *ders.,*
   Grundfragen der Falschlieferung nach bürgerlichem Recht und Handelsrecht, JA
   1977, 198 ff.; *Köhler,* Grundfälle zum Gewährleistungsrecht bei Kauf, Miete und
   Werkvertrag, JuS 1979, 267 ff.; 422 ff.; 496 ff.; 566 ff.; 647 ff.; 715 ff.; 868 ff. und aus-
   führlich *Reinicke-Tiedtke,* Kaufrecht einschließlich Abzahlungsgeschäfte, AGBG,
   Eigentumsvorbehalt, finanzierter Kaufvertrag, Leasing, Pool-Vereinbarungen und
   Produzentenhaftung (2. Aufl. 1985).

Das kann man um so eher, als eine solche Lieferung ja auch regelmäßig keine Konkretisierung nach § 243 bewirkt (oben Rdnr. 260). Das Dilemma beim Stückkauf, nämlich daß ein Anspruch des Käufers auf mangelfreie Lieferung eine Nachbesserungspflicht des Verkäufers erfordert, gibt es beim Gattungskauf also nicht: Hier braucht der Verkäufer nur andere Ware zu besorgen. Trotzdem nähert aber § 480 die Rechtsfolgen beim Gattungskauf denen beim Stückkauf an.

II. Der Fehlerbegriff beim Stückkauf

320   *Ausgangsfall* (vgl. *RGZ 99, 147 ff.;* dieses Urteil betrifft also außer der falsa demonstratio, zu der es meist zitiert wird, noch eine weitere Frage): V verkauft an K die Ladung eines bestimmten Dampfers. V und K glauben, der Dampfer habe Walfischfleisch geladen. Die Ladung besteht aber aus Haifischfleisch.

Hätte die Ladung aus mangelhaftem Walfischfleisch bestanden, so wäre § 459 sicher anwendbar: K hätte in der Frist von § 477 wandeln oder mindern können, aber er konnte kein mangelfreies Walfischfleisch verlangen (Stückkauf!). Hätte V dagegen die Ladung eines anderen Dampfers geliefert, so wäre das ein aliud (Falschlieferung); der Anspruch des K wäre nicht erfüllt.

Der Ausgangsfall liegt aber anders: Geliefert wird zwar die vereinbarte Dampferladung, doch gehört sie einer anderen Art (Gattung) an als vereinbart. Über die Lösung solcher Fälle besteht Streit.

1. Sachmängel- und Irrtumsrecht

321   Dabei lassen sich zunächst vom Ergebnis her hauptsächlich zwei Ansichten unterscheiden:

a) Selbst solche Abweichungen in der Gattungszugehörigkeit fallen unter die §§ 459 ff. Der Käufer ist daher auf die Mängelbehelfe beschränkt und muß diese in der Frist von § 477 geltend machen.

Die Einhaltung dieser Frist scheint auf den ersten Blick leicht, weil gerade weitreichende Abweichungen meist schnell erkannt werden können. Doch trifft das nicht immer zu: Wird z. B. ein unechtes Gemälde als echt verkauft, kann die Frist des § 477 für die Entdeckung des Fehlers (sechs Monate seit der Ablieferung) allzu kurz sein, vor allem, wenn zunächst kein Anlaß zu Zweifeln an der Echtheit bestanden hat.

322   b) Anders wäre die Rechtslage, wenn bei weitreichenden Abweichungen der wirklichen von der vereinbarten Beschaffenheit der Sache **Irrtumsrecht** gelten

würde. Dann würde also nicht die Sache als mangelhaft angesehen, sondern das Rechtsgeschäft »Kauf« als fehlerhaft: Der Käufer könnte den Kauf nach § 119 anfechten. Dabei stünde ihm für die Entdeckung der Abweichung nach § 121 II eine Frist von dreißig Jahren seit der Abgabe seiner Willenserklärung zur Verfügung; nach der Entdeckung müßte die Anfechtung freilich unverzüglich erfolgen, § 121 I.

Die Frist nach der Ansicht b ist also dem Käufer nicht nur günstiger: Nach der Entdeckung muß er sich beeilen, während er nach der Ansicht a die sechs Monate unabhängig vom Zeitpunkt der Entdeckung stets voll ausnutzen kann. Auch ist der verschiedene Fristbeginn nach § 477 und § 121 II zu beachten. Sachgerecht entscheidet hier § 477, da sich das Auseinanderfallen von Vertrag und Wirklichkeit regelmäßig erst mit der Lieferung und nicht schon bei der Abgabe der Willenserklärung feststellen läßt.

c) Schon diese Erwägung über die Angemessenheit des Fristbeginns zeigt, daß regelmäßig die §§ 459 ff. **den Vorrang** vor den §§ 119 ff. verdienen (vgl. zu Einzelheiten unten Rdnr. 342—345). Dafür spricht auch, daß die §§ 459 ff. gegenüber den ganz allgemeinen §§ 119 ff. spezieller sind. Der Ausgangsfall muß also nach Möglichkeit bei den §§ 459 ff. eingeordnet werden. **323**

2. Der Sachmangel

a) Ausgangspunkt

Den Ausgangspunkt für die Feststellung eines Sachmangels muß **der Kaufvertrag** bilden: Man kann z. B. ein Grundstück als Weide, als Bauerwartungsland oder als Bauland verkaufen. Im letzteren Fall kann weiter unterschieden werden nach der Art der vertragsmäßigen Bebauung (Industrie, Handel, Gewerbe, Wohngebäude; auch nach der Zahl der zulässigen Stockwerke, usw.). Ob das verkaufte Grundstück mangelhaft ist, kann nur an diesen vertraglichen Vereinbarungen gemessen werden. **324**

Hierzu unterscheidet man die wirkliche Beschaffenheit der Kaufsache (die **Istbeschaffenheit**) von der vertragsgemäßen (der **Sollbeschaffenheit**). Beide Beschaffenheiten müssen miteinander verglichen werden. Ein **Sachmangel** liegt dann vor, **wenn die Istbeschaffenheit in einer dem Käufer ungünstigen Weise von der Sollbeschaffenheit abweicht.**

Eine dem Käufer *günstige* Abweichung (z. B. der als vergoldet verkaufte Ring erweist sich als echt golden) bildet keinen Sachmangel: Daher werden hier auch die §§ 119 ff. nicht verdrängt; eine Anfechtung durch den Verkäufer nach § 119 II ist denkbar (vgl. oben Rdnr. 162).

b) Die Sollbeschaffenheit

325 Die Einzelheiten der Sollbeschaffenheit nennt das Gesetz in § 459. Diese Aufzählung geht, wie das im BGB üblich ist, vom Allgemeinen zum Besonderen. Bei der Rechtsanwendung ist aber umgekehrt das Besondere vor dem Allgemeinen zu prüfen: Für das Allgemeine bleibt eben bloß Raum, soweit es nicht durch das Besondere verdrängt wird. Danach ergibt sich die Reihenfolge:

326   aa) In erster Linie wird die Sollbeschaffenheit bestimmt durch die **zugesicherten Eigenschaften,** § 459 II (dazu *Schack,* AcP 185, 1985, 333 ff.). Zweifel können sich hier in zwei Richtungen ergeben: Einmal bei der Abgrenzung zwischen Zusicherung und bloßer Eigenschaftsbeschreibung (**Beschaffenheitsangabe**). Diese Frage hat aber nur bei § 463 Bedeutung, vgl. daher unten Rdnr. 359. Zum anderen kann aber auch das Vorliegen einer Eigenschaft zweifelhaft sein.

BGH NJW 1985, 2472 f.: V verkauft an K für dessen Wäscherei einen gasbeheizten Wäschetrockner. Dieser benötigt zum Funktionieren einen Kamin mit mindestens 380 qcm Querschnitt. Der dem K zur Verfügung stehende Kamin ist aber kleiner. Daher kam es im Winter, als der Kamin auch die Abgase der Wohnungsheizungen aufnehmen mußte, zu erheblichen Störungen. Schließlich war K gezwungen, seine Wäscherei stillzulegen. Deshalb verlangt er von V Schadensersatz.

Dieser Schadensersatzanspruch kann auf die schuldhafte Schlechterfüllung einer Beratungspflicht gestützt werden, die hier dem V gegenüber dem K oblag. Freilich wäre dieser Anspruch nach der Rspr. *(BGHZ 88, 130/137)* verjährt gewesen, wenn sich die falsche Beratung auf eine Eigenschaft der Sache bezogen hätte, deren Fehlen einen Sachmangel nach §§ 459 ff. bildete: Insoweit läßt der BGH die kurze Verjährung nach § 477 auch gegenüber nicht aus § 463 stammenden Schadensersatzansprüchen gelten. Doch hat der BGH hier eine Eigenschaft verneint: Das Erfordernis eines ausreichend dimensionierten Abzugskamins sei keine Eigenschaft des Trockners. Vielmehr bilde die optimale Ableitbarkeit der von dem Trockner erzeugten Abluft einen an diesen »von außen herantretenden Umstand«, der Brauchbarkeit und Wert des Trockners nicht berühre. Man kann das Ergebnis wohl auch so formulieren: Der Mangel liegt hier nicht bei dem Trockner, sondern bei dem von K benützten Kamin.

327   bb) In zweiter Linie wird die Sollbeschaffenheit bestimmt durch die **Tauglichkeit** der Sache **zu dem nach dem Vertrag vorausgesetzten Gebrauch,** § 459 I 1 Fall 2. Beispiele dafür sind die Zwecke, zu denen das Grundstück von oben Rdnr. 324 verkauft worden ist. Wird eine Ware (insbesondere an einen Händler) zum Weiterverkauf verkauft, so kann schon deren »schlechter Ruf« ein Fehler sein, auch wenn sie objektiv einwandfrei ist: Sie eignet sich dann eben nicht zum Weiterverkauf (z. B. *BGHZ 52, 51 ff.* Verdacht des Salmonellenbefalls bei Hasenfleisch; oder angeblich strahlenbelastetes Wildfleisch).

cc) In letzter Linie kommt es endlich auf die **Tauglichkeit** der Sache **zu dem** 328 **gewöhnlichen Gebrauch** an, § 459 I 1 Fall 1. Dieses Kriterium hat vor allem für die Alltagsgeschäfte Bedeutung, bei denen über Eigenschaften und Verwendung der Kaufsache regelmäßig nicht gesprochen wird.

c) Objektiver und subjektiver Fehlerbegriff

Der eben geschilderte Fehlerbegriff wird als subjektiver bezeichnet, weil er 329 die Mangelhaftigkeit der Sache nur am Vertrag mißt und auf die Verwendung anderer, »objektiver« Kriterien verzichtet. Dem wird ein (angeblich) objektiver Fehlerbegriff gegenübergestellt[1]. Nach diesem soll sich — mit vielen Abweichungen im einzelnen — der Sachmangel hauptsächlich auf Qualitätsabweichungen beschränken. Dagegen sollen andersartige Abweichungen, insbesondere solche hinsichtlich der Gattungszugehörigkeit, zu anderen als den in §§ 459 ff. bestimmten Rechtsfolgen führen; insbesondere soll die kurze Verjährung nach § 477 nicht gelten (ausführliche Darstellung bis zur 12. Aufl. Rdnr. 326—329).

Der Meinungsunterschied zeigt sich etwa im Ausgangsfall von oben Rdnr. 320: Haifischfleisch ist kein Walfischfleisch minderer Qualität, sondern man kann es einer anderen Gattung zurechnen. Allerdings hängt das davon ab, wie man die Gattungen bildet: In die Gattung »Fleisch« würde die Dampferladung allemal gehören.

Kritisch ist zu dem Streit um den Fehlerbegriff zu sagen (dieser Streit hat in- 330 zwischen auch stark an Bedeutung verloren): Der objektive Fehlerbegriff hat zwar den allgemeinen Sprachgebrauch für sich: Nach ihm ist Haifischfleisch eben kein mangelhaftes Walfischfleisch, sondern etwas anderes. Aber dieses Argument wiegt nicht viel: Der juristische Sprachgebrauch kann hier wie anderswo (etwa beim Unterlassen) eigene Wege gehen. Inkonsequent ist dagegen die Bezugnahme auf den Gattungsbegriff: Diesen gibt es juristisch nicht als objektiv feststehendes Merkmal, sondern nur als Geschöpf der Parteivereinbarungen. Beim Stückkauf wird jedoch der Vertragsgegenstand schon durch die Bezeichnung der Sache (etwa eines verkauften Pkw mit Fahrgestell- und Motornummer) ausreichend bestimmt; hier haben die Parteien zu Vereinbarungen über eine Gattung keinerlei Anlaß.

Sinnvoll wäre eine Unterscheidung nur zwischen **veränderlichen und un-** 331 **veränderlichen Mängeln:** Bei den letzteren könnte man die kurze Frist von § 477 für unnötig halten, weil auch nach längerer Zeit keine Unklarheit darüber zu fürchten ist, ob der Mangel schon beim Gefahrübergang (§§ 446, 447) vorgelegen hat. Aber diese Abgrenzung leistet auch der objektive Fehlerbegriff nicht.

---

1 Dazu letztens *Knöpfle*, JZ 1978, 121 ff.; 1979, 11 ff.; AcP 180 (1980) 462 ff.

Bsp.: Ob ein Ledermantel durch Regen fleckig wird, liegt als Eigenschaft des Materials fest. Trotzdem wäre eine solche Anfälligkeit gegen Regen auch nach der objektiven Theorie nur ein Qualitätsmangel und keine Artabweichung.

3. Ergebnis

332 Regelmäßig ist daher beim Stückkauf mit dem subjektiven Fehlerbegriff jede dem Käufer ungünstige Abweichung der Istbeschaffenheit von der Sollbeschaffenheit den §§ 459 ff. zu unterstellen (vgl. oben Rdnr. 324). Insbesondere gilt dann auch — außer bei Arglist des Verkäufers, vgl. § 477 I 1 — die kurze Verjährungsfrist von § 477. Dagegen treten die Rechtsfolgen der Nichterfüllung nur dann ein, wenn eine andere als die vereinbarte Sache geliefert wird (aliud, Identitätsabweichung). Dann kann also der Käufer noch die Lieferung des versprochenen Stücks verlangen (Zug um Zug gegen Rückgabe des gelieferten falschen, §§ 273 f.), und dieser Anspruch verjährt regelmäßig erst nach § 195.

333/4 Freilich wird man davon **Ausnahmen** zulassen müssen. Zunächst können, da das Kaufrecht dispositiv ist, die Parteien etwas anderes vereinbaren (so in dem — freilich Gattungskauf betreffenden — Fall von *BGH* NJW 1969, 787 f., vgl. unten Rdnr. 336). Zweitens ist zu denken an den Kauf einer nicht präsenten und dem Käufer auch sonst unbekannten Sache: Hier hat die Beschaffenheitsangabe für ihn primäre Bedeutung. Dagegen dient die Identitätsangabe vor allem dem Verkäufer: Sie soll seine Leistungspflicht auf ein bestimmtes Stück beschränken. Erweist sich hier die Beschaffenheitsangabe als von Anfang an schlechthin unzutreffend (wofür § 378 HGB einen Anhalt gibt, vgl. unten Rdnr. 336), so kann man den Kauf — wenn nicht eine Garantie anzunehmen ist — nach § 306 für nichtig halten. Das trifft auch den Fall von *RGZ 99, 147 ff.*, wenn die Lieferung von Haifischfleisch nicht genehmigungsfähig war: Das dann einzig erfüllungstaugliche Walfischfleisch kann aus diesem Dampfer eben nicht geliefert werden.

III. Besonderheiten beim Gattungskauf

1. Das Problem

335 Beim Gattungskauf ist die eben ausgeführte Abgrenzung zwischen Sachmangel und aliud nicht verwendbar. Denn hier gibt es keine »gekaufte Sache« und daher keine Identitätsabweichung. Trotzdem muß auch hier eine Grenze zwischen Sachmangel und aliud bestehen. Denn § 480 I gewährt Wandlung oder

Minderung auch dem Gattungskäufer, und auch der diesem zusätzlich gewährte Anspruch auf Nachlieferung einer mangelfreien Sache ist der Frist des § 477 unterworfen. Deshalb stellt sich beim Gattungskauf die Frage, wo die Grenze zwischen bloß mangelhafter und generell erfüllungsuntauglicher Ware verläuft. Denn bei Lieferung von bloß mangelhafter Ware muß sich der Käufer in der Frist von § 477 rühren. Bei Lieferung generell erfüllungsuntauglicher Ware dagegen behält er seinen Erfüllungsanspruch und ist nur von dessen — regelmäßig sehr viel längerer — Verjährung abhängig.

Bsp.: K hat bei V 100 kg Kaliumchlorat bestellt; geliefert wird aber Kaliumchlorid. K bemerkt die Verwechslung erst 7 Monate nach der Lieferung. Kann er jetzt von V noch Kaliumchlorat gegen Rückgabe des Kaliumchlorids verlangen?

2. Die Lösungsmöglichkeiten

Hierzu gibt es zwei Ansichten (Zusammenstellung des Meinungsstandes bei *Fabricius*, JuS 1964, 46 ff.; *K. Schreiber*, Jura 1986, 444 ff.): 336

a) Eine Ansicht, vertreten überwiegend von den Anhängern des subjektiven Fehlerbegriffs, will zur Abgrenzung die **Formulierung von § 378 HGB** verwenden: Die gelieferte Ware ist bloß mangelhaft, wenn sie von der geschuldeten nicht so erheblich abweicht, daß der Verkäufer die Genehmigung des Käufers als ausgeschlossen betrachten mußte. Unter dieser Voraussetzung gilt also für alle Ansprüche des Käufers § 477. Nur wenn der Verkäufer nicht mit einer Genehmigung der Abweichung rechnen konnte, bleibt der Erfüllungsanspruch des Käufers mit der normalen Verjährungsfrist unberührt (so etwa *Larenz* II 1 § 41 III am Ende, *K. Schmidt*, HaR § 28 III 6 b bb). Ein Bsp. bildet *BGH* NJW 1969, 787 f.: K kauft bei V Einfuhrschrott und schließt die Lieferung von Inlandschrott ausdrücklich aus; V liefert trotzdem Inlandschrott: Nichterfüllung; ähnlich auch *BGH* NJW 1986, 659 ff. für Käufe einer EWG-Interventionsstelle.

b) Nach der Gegenansicht soll es auch beim Gattungskauf darauf ankommen, ob die gelieferte Ware **der vereinbarten Gattung angehört**: wenn ja, gelten die §§ 480, 477; andernfalls fehlt ihr die Erfüllungstauglichkeit, und der Erfüllungsanspruch des Käufers bleibt bestehen. 337

In dem Kaliumchloratbsp. liegt also nach der Ansicht b unzweifelhaft ein aliud vor; der Lieferungsanspruch des K ist unverjährt. Nach der Ansicht a kommt es darauf an, ob V es für ausgeschlossen halten mußte, daß K die Lieferung von Kaliumchlorid genehmigen würde. Da wegen der Verschiedenheit beider Stoffe eine Genehmigung unwahrscheinlich ist, führen beide Ansichten hier zum selben Ergebnis. *Anders* läge es, wenn etwa Natriumchlorat statt Kaliumchlorat geliefert worden ist: Beide Salze können zwar zu verschiedenen Gattungen gerechnet werden (wenn man nicht die Gattung als »Chlorat«

definiert), ähneln sich aber in den Eigenschaften und daher auch in den Verwendungs-
möglichkeiten.

3. Lösungsvorschlag

338 Entsprechend meiner Neigung zum subjektiven Fehlerbegriff (oben Rdnr. 332)
ziehe ich die Ansicht oben Rdnr. 336 vor. Der Gattungsbegriff scheint mir nämlich auch hier zur Kennzeichnung des sachlichen Gewichts einer Abweichung
untauglich: Dem Käufer von Kaliumchlorat kann reines Natriumchlorat lieber
sein als verunreinigtes Kaliumchlorat. Der BGH stellt hier zwar terminologisch
häufig auf die Gattungszugehörigkeit ab (etwa NJW 1968, 640 f.: Winter- statt
Sommerweizen). Doch führt in solchen Fällen § 378 HGB zum selben Ergebnis: Wer Saatgut als Sommerweizen verkauft, muß es als ausgeschlossen betrachten, daß der Käufer die Lieferung von Winterweizen genehmigt.

IV. Besonderheiten beim Handelskauf

339 Beim beiderseitigen Handelskauf von Waren (§ 377 I HGB) oder Wertpapieren
(§ 381 HGB) und beim kaufmännischen Werklieferungsvertrag (§ 381 II HGB)
werden die §§ 459 ff. durch die §§ 377, 378 HGB modifiziert (vgl. *Marburger,*
JuS 1983, 1 ff.).

1. Die Rügeobliegenheit

§ 377 HGB bestimmt für den Käufer eine Obliegenheit zur (Untersuchung
und) Rüge. Die sogleich erkennbaren Mängel müssen unverzüglich nach der
Untersuchung gerügt werden (Abs. 1), die erst später erkennbaren nach der
Entdeckung (Abs. 3). Dabei betrifft die Rüge immer einzelne, genau anzuge-
bende Mängel, nicht die ganze Ware. Auch wo Mängel gerügt worden sind,
können also die Rechte wegen anderer, nicht gerügter Mängel verlorengehen.
Folge der Unterlassung der Rüge ist, daß die mangelhafte Ware als genehmigt
gilt, Abs. 2 (anders bei arglistigem Verschweigen, Abs. 5). Der Käufer hat also
insoweit alle Gewährleistungsansprüche und auch die Einrede nach § 478 verloren (zu Schadensersatzansprüchen vgl. unten Rdnr. 341). Nach einem erfolglosen Nachbesserungsversuch des Verkäufers muß ggf. erneut gerügt werden,
OLG München, NJW 1986, 1111 f.

Nach § 377 IV HGB soll zur Erhaltung der Käuferrechte die **rechtzeitige
Absendung** der Mängelrüge ausreichen. Damit trägt der Verkäufer das Risiko
einer Verspätung des Postlaufs. *BGHZ 102, 49 ff.* behandelt das **Verlustrisiko**

anders: Wenn die Anzeige überhaupt nicht ankommt, soll der Käufer seine Rechte verlieren (kritisch *Mössle*, NJW 1988, 1190 f., im Ergebnis zustimmend aber *J. Hager*, JR 1988, 287 ff.).

2. Identitäts- und Quantitätsfehler

Weitaus mehr Schwierigkeiten bereitet § 378 HGB. Seinem Wortlaut nach erstreckt er die Genehmigungsfiktion bei **Unterlassen der Rüge** auf Abweichungen in der Identität und der Quantität, also auf Fälle, in denen nach bürgerlichem Recht regelmäßig Nichterfüllung vorliegt.   340

Ausnahmsweise kann freilich nach *bürgerlichem Recht* auch die Quantitätsabweichung ein Sachmangel sein. Ein Beispiel hierfür ist § 468.

Der Wortlaut von § 378 HGB behandelt also nur den Fall, daß der Käufer eine Identitäts- oder Quantitätsabweichung nicht unverzüglich rügt: Diese gilt dann als genehmigt. Sehr streitig ist aber, ob damit das Sachmängelrecht des BGB allgemein auf die Identitäts- und Quantitätsabweichung erstreckt werden soll, also auch dann, wenn der Käufer rechtzeitig rügt.

RGZ 86, 90 ff.: K hatte von V Kawamatta-Seide gekauft. Als V Sendai-Seide lieferte, ließ K diese Sendung unverzüglich zurückgehen. Daraufhin sandte V Kawamatta-Seide. K meint, er brauche diese nicht anzunehmen. — Das KG als Vorinstanz hatte Sendai-Seide als aliud gegenüber der Kawamatta-Seide angesehen. Daher habe der Kaufvertrag nach der ersten Lieferung unerfüllt weiterbestanden. K habe sich von ihm nur über § 326 lösen können, dessen Voraussetzungen aber nicht erfüllt seien. Dem liegt die Annahme zugrunde, daß § 378 HGB es im Fall rechtzeitiger Rüge bei den allgemeinen Vorschriften — hier also beim Recht der Nichterfüllung — beläßt.

Demgegenüber hat das RG angenommen, § 378 HGB solle gerade den Streit darüber vermeiden helfen, ob ein Sachmangel oder ein aliud vorliegt. Im Anwendungsbereich dieser Vorschrift müsse daher stets Sachmängelrecht gelten (ebenso *Schumacher*, MDR 1977, 19 ff.).

Nach dieser Ansicht konnte K wegen der zunächst gelieferten Sendai-Seide wandeln, §§ 480, 462. Mit der Wandlung war der Kaufvertrag erledigt, §§ 467, 346; K brauchte also die später gelieferte Kawamatta-Seide nicht mehr anzunehmen.

Diese Entscheidung des RG ist heute heftig umstritten[3]. Beim Spezieskauf läßt *BGH* NJW 1979, 811 für das »Identitäts-aliud« (geliefert wurde ein anderer als der verkaufte Lkw) nicht das Gewährleistungsrecht (§ 459 ff.) gelten, sondern die allgemeinen Vorschriften über Leistungsstörungen (§§ 320 ff.)[4].   341

---

3 Übersicht über den Meinungsstand bei *Fabricius*, JuS 1964, 47 A.77; *Knöpfle*, JZ 1979, 11/12, vgl. auch *K. Schmidt*, HaR § 28 III 6 b bb.

4 Dagegen kritisch *Kramer*, NJW 1979, 2023 f., gegen ihn wiederum *Schultz*, NJW 1980, 2172 ff.

Ebenso entscheidet *OLG Hamburg,* VersR 1985, 371 f. bei einer rechtzeitig gerügten Minderlieferung.

Zudem verlagern sich auch bei Gleichstellung von Sachmängeln und Falschlieferung die Abgrenzungsschwierigkeiten auf die Unterscheidung zwischen genehmigungsfähiger und nicht genehmigungsfähiger Falschlieferung. Das zeigt sich etwa in:

*BGH*NJW 1975, 2011 f.: K bestellt für die Errichtung eines Flachdachs auf dem Anbau seiner Bäckerei (§ 343 HGB!) beim Baustoffhändler V Wellstegträger, die 40 cm hoch sein sollen. V liefert versehentlich Träger von nur 32 cm Höhe. Diese sind so schwach, daß sich das Dach durchbiegt. K verlangt von V Schadensersatz.

Die Vorinstanz (OLG Oldenburg) hatte hier angenommen, die — unterbliebene — Mängelrüge sei entbehrlich gewesen, weil V eine Genehmigung für ausgeschlossen halten mußte. Dagegen hat der BGH die Erforderlichkeit einer Rüge bejaht und deshalb die Klage für unbegründet gehalten: Zwar sei die Abweichung schwerwiegend. Doch habe V ein berechtigtes Interesse daran, daß K durch Prüfung und Mängelrüge das Verkäuferrisiko einer Ersatzpflicht für Mängelfolgeschäden mindere. Daß K als Bäcker von Statik nichts verstanden habe, spiele keine Rolle: Wenn er die Bestellung der Träger selbst übernommen habe, hätte er eine sachkundige Person mit der Prüfung der gelieferten Träger betrauen müssen. Da also die Genehmigungsfiktion von § 377 II HGB eingriff, hatte K auch etwa bestehende Schadensersatzansprüche verloren (anders nach *BGHZ 66, 208 ff.*, wenn der Verkäufer zugleich eine vertragliche Nebenpflicht verletzt; diese Unterscheidung ist überaus zweifelhaft)[5]. Deliktische Schadensersatzansprüche bleiben nach *BGHZ 101, 337 ff.* jedoch unberührt.

Zweifelhaft ist weiter, was bei der (ja gleichfalls unter § 378 HGB fallenden) **Quantitätsabweichung** zu gelten hat: Verliert der Käufer bei **Minderlieferung** durch Versäumung der Rüge nur das Recht aus § 266 und den Anspruch auf Nachlieferung, oder muß er auch den vollen Kaufpreis zahlen? Und wie steht es, wenn der Verkäufer **zuviel** geliefert hat? Im ersten Fall wird man den Käufer wenigstens bei verdeckter (also aus der Rechnung nicht ersichtlicher) Abweichung zur Zahlung des vollen Kaufpreises für verpflichtet halten müssen (so *BGHZ 91, 293/299 f.*). Im zweiten Fall wird der Verkäufer die Mehrlieferung bezahlt verlangen können: Ihm darf daraus, daß der Käufer nicht rechtzeitig gerügt hat, kein Nachteil entstehen. Ähnlich *K. Schmidt,* HaR § 28 III 5 e, anders *O. Werner,* BB 1984, 221 ff.: Bei Mehrlieferung brauche der Käufer nur den vereinbarten Preis zu bezahlen; die zuviel gelieferte Menge müsse er nach Bereicherungsrecht zurückgeben.

---

5 Vgl. *Marburger,* JuS 1976, 638 ff. und von *BGH* NJW 1975, 2011 abweichend *Hönn,* BB 1978, 685 ff.; *K. Schmidt,* HaR § 28 III 2 f.

V. Konkurrenzfragen

Die Sonderregelung durch die §§ 459 ff. setzt ihrem Wortlaut nach erst mit dem   342
Gefahrübergang ein. Daher ist zu unterscheiden:

1. Nach Gefahrübergang

Nach dem Gefahrübergang kann der *Käufer* den Kauf nach h. M. (einschränkend aber *Esser-Weyers* § 6 I 3 b) nicht mehr mit der Begründung *anfechten*, er habe sich über einen Sachmangel geirrt. Denn sonst würde § 477 durch § 121 wirkungslos gemacht (oben Rdnr. 322). Die h. M. (etwa *Larenz* II § 41 II e) versagt diese Irrtumsanfechtung auch *dem Verkäufer:* Er solle sich nicht über § 119 der gesetzlich angeordneten Sachmängelhaftung entziehen können (*BGH* BB 1988, 1551 ff.). Zu Schadensersatzansprüchen des Käufers aus pV und c.i.c. vgl. unten Rdnr. 361 ff.

Unberührt durch die §§ 459 ff. bleibt dagegen für Verkäufer und Käufer die Irrtumsanfechtung infolge eines Umstandes, der keinen Sachmangel darstellt, z. B. bei Irrtum über die Stückidentität oder die Höhe des Kaufpreises. Fraglich ist hier der Fall, daß der Käufer eines gebrauchten Kraftfahrzeugs über dessen Alter irrt. Der *BGH* (*BGHZ 78, 216, 218*; NJW 1979, 160 ff.; BB 1981, 10) läßt dann die Anfechtung nach § 119 II zu, weil das Alter regelmäßig keinen Sachmangel bilde; dagegen mit Recht *Flume*, Betr. 1979, 1637 ff. — Die Anfechtung nach § 123 ist nie ausgeschlossen (etwa *Esser-Weyers* aaO. 5).

Allerdings ist mit dieser Anfechtung für den Käufer Vorsicht geboten: Er zerstört über § 123 den Kaufvertrag und damit die Möglichkeit, aus § 463 das positive Interesse zu verlangen.

2. Vor Gefahrübergang

Viel umstrittener ist dagegen die Rechtslage vor Gefahrübergang. Denn dann   343
gelten die §§ 459 ff. ihrem Wortlaut nach noch nicht; ein Konkurrenzproblem scheint also nicht vorzuliegen. Beispiele:

(1) *BGHZ 34, 32 ff.* (vereinfacht): V hat an K ein Grundstück verkauft. K stellt noch vor seiner Eintragung und der Übergabe fest, daß das Grundstück im Bereich einer geplanten Umgehungsstraße liegt und hierfür notfalls enteignet werden wird. Kann K den Kauf nach § 119 II anfechten?

(2) K hat von V eine Maschine gekauft. Bei der Lieferung stellt K einen Mangel fest. Kann K die Maschine zurückweisen und nach § 320 die Zahlung des Kaufpreises verweigern?

a) Eigenschaftsirrtum

344   Zu § 119 II (Bsp. 1) werden drei Ansichten vertreten:

aa) § 119 II ist schon seit Kaufabschluß ausgeschlossen (*Flume*, Eigenschaftsirrtum und Kauf 134 f.; *Larenz* II 1 § 41 II e S. 74). Begründet wird das unter anderem mit § 460 S. 2: Andernfalls könnte sich K entgegen dieser Vorschrift nach § 119 II auch bei grober Fahrlässigkeit vom Kaufvertrag lösen.

bb) § 119 II wird immer erst durch den Gefahrübergang ausgeschlossen (*BGHZ 34, 37 f.*).

cc) § 119 II ist ausgeschlossen, sobald der Käufer Wandlung oder Minderung verlangen kann oder diese Ansprüche verwirkt hat.

Diese Ansicht unterscheidet sich deshalb von der unter bb, weil anerkanntermaßen (etwa auch *BGHZ 34, 32/35*) § 459 berichtigend auszulegen ist: Der Käufer kann ausnahmsweise schon vor Gefahrübergang Wandlung oder Minderung verlangen, wenn der Mangel nicht behebbar ist oder der Verkäufer die Beseitigung endgültig ablehnt. Dem ist zuzustimmen. Denn § 459 stellt deshalb auf den Gefahrübergang ab, damit der Verkäufer bis dahin den Mangel zu beheben vermag. Wenn der Verkäufer diese Gelegenheit nicht nutzen kann oder will, besteht kein Grund, dem Käufer weiteres Abwarten mit seinen Gewährleistungsansprüchen zuzumuten.

Da in *BGHZ 34, 32 ff.* ein nicht behebbarer Mangel vorlag, konnte K nur nach der Ansicht bb anfechten (wahlweise mit Wandlung oder Minderung). Nach den Ansichten aa und cc hätte K dagegen nur die Gewährleistungsansprüche.

345   dd) Ich selbst halte die Ansicht bb für falsch, weil sie sich über § 460 S. 2 hinwegsetzt. Die Ansichten aa und cc werden praktisch auf dasselbe hinauslaufen: Ein behebbarer Mangel, den zu beseitigen der Verkäufer nicht verweigert, ist »bei verständiger Würdigung des Falles« (§ 119 I) kein Anfechtungsgrund. Daher ziehe ich die einfacher formulierte Ansicht aa vor.

b) Einrede des nicht erfüllten Vertrages

346   Für § 320 (oben Bsp. 2) scheint es darauf anzukommen, ob der Verkäufer vor dem für § 459 maßgeblichen Zeitpunkt zu mangelfreier Lieferung verpflichtet ist: Nur dann wäre das Angebot der mangelhaften Sache (Teil-)Nichterfüllung. Aber m. E. sollte man hier nicht die Konstruktion maßgeblich sein lassen; vielmehr soll der Käufer jedenfalls die mangelhafte Sache zurückweisen dürfen. Denn obwohl er Nachbesserung nicht verlangen kann, entspricht doch die Istbeschaffenheit der Sache nicht der vertragsgemäßen Sollbeschaffenheit. Daher darf der Käufer auch nicht zur Zahlung des Kaufpreises verpflichtet sein, weil die §§ 459 ff. das funktionelle Synallagma nicht durchbrechen wollen. Die Frage

ist also nur, ob der Käufer über § 459 den Vertrag sofort aufheben muß oder ob er ihn über § 320 einstweilen in der Schwebe lassen kann. Das zweite ist bei einem behebbaren Mangel sachgerecht, weil damit dem Verkäufer die Nachbesserung anheimgestellt bleibt. Deshalb paßt § 320 bei einem behebbaren Mangel vor Gefahrübergang, wenn nicht der Käufer seine Sachmängelansprüche nach § 460 verwirkt hat. Den durch § 320 entstehenden Schwebezustand kann der Verkäufer jedenfalls beheben: Entweder er bessert nach und bietet die dann mangelfreie Sache an. Oder er verweigert die Nachbesserung und setzt dem Käufer entsprechend § 466 eine Frist. Wählt der Käufer Wandlung, so sind die beiderseitigen Erfüllungsansprüche endgültig erledigt. Wählt er dagegen Minderung oder äußert er sich nicht fristgemäß, so muß er die mangelhafte Sache gegen Zahlung des geminderten Preises abnehmen.

Larenz II 1 § 41 II e S. 69 will zwar § 320 nicht anwenden, aber doch zum selben Ergebnis kommen: Solange der Käufer den Wandlungsanspruch noch nicht verloren habe, sei er zur Zahlungsverweigerung berechtigt, weil er den Preis bei Durchführung der Wandlung zurückfordern könnte. Diese Begründung beruht also auf § 242 (dolo facit . . .). Ihre Schwäche liegt darin, daß sie dem Käufer vorweg einen Teil der Wandlungsfolgen zugesteht, obwohl er sich doch später noch für Minderung entscheiden kann. Daher ziehe ich die Begründung aus dem Synallagma des § 320 vor.

VI. Übersicht über die wichtigsten Abweichungen bei Miete, Werkvertrag und Reisevertrag

1. Die Unterscheidung beim Werklieferungsvertrag

Für den Werklieferungsvertrag ist nach § 651 zu unterscheiden: Sind Vertragsgegenstand **vertretbare Sachen**, so findet nur Kaufrecht Anwendung, § 651 I. Dagegen sind auf den Werklieferungsvertrag über **nicht vertretbare Sachen** nach § 651 I 2 gerade die Vorschriften des Kaufrechts über die Sachmängelgewährleistung unanwendbar; diese richtet sich vielmehr nach dem Recht des Werkvertrages. Überhaupt gelten diese Regeln nach *BGHZ 68, 372 ff.* beim Erwerb eines vom Veräußerer zu errichtenden Hauses selbst dann, wenn dieses bei Vertragsabschluß schon fertig ist (kritisch *Köhler,* NJW 1984, 1321 ff.). Das hat praktisch sehr wichtige Konsequenzen: Vor allem kann (und muß zunächst) der Erwerber Nachbesserung verlangen (§§ 633 II 1, 634), und für die Verjährung gilt § 638 (bei Bauwerk fünf Jahre) statt § 477 (bei Grundstück ein Jahr).

347

Die Problematik der Abgrenzung zwischen vertretbaren und unvertretbaren Sachen zeigt sich etwa in

BGH NJW 1966, 2307: Prospekte zur Werbung für Reisen mit Schiffen einer bestimmten Reederei sind unvertretbare Sachen. Vertretbare Sachen liegen nur dann vor, wenn sie mit anderen Sachen gleicher Art austauschbar sind. An dieser Austauschbarkeit mit anderen Werbeprospekten fehlt es hier.

2. Abweichungen vom Kaufrecht

348 Für Miete, Werkvertrag, Werklieferungsvertrag über unvertretbare Sachen und den Reisevertrag gelten gegenüber dem Sachmängelrecht des Kaufes vor allem die folgenden Abweichungen:

a) Nachbesserungsanspruch

Mieter und Besteller können Nachbesserung verlangen. Das ist ein Erfüllungsanspruch, der sich für den Mieter aus § 536 und für den Besteller aus § 633 II 1 ergibt. Beim Reisevertrag kann der Reisende gegenüber Reisemängeln Abhilfe fordern, § 651 c II. Beim Werkvertrag bildet die erfolglose Geltendmachung des Nachbesserungsanspruchs mit Fristsetzung und Ablehnungsandrohung in der Regel (Ausnahme § 634 II) die Voraussetzung dafür, daß Wandlung oder Minderung verlangt werden können, § 634 I. Nach § 635 gilt dieselbe Voraussetzung auch für den dort geregelten Schadensersatzanspruch. Doch verzichtet der BGH auf das vorangegangene Nachbesserungsverlangen, wenn auch die Nachbesserung den Schaden nicht hätte verhindern können *(BGHZ 92, 308 ff.; 96, 221/227)*. Übrigens kann gemäß *BGHZ 96, 111 ff.* (dazu *Köhler,* JZ 1986, 295 f.) der Nachbesserungsanspruch sogar noch nach Abnahme des Werks auf völlige Neuherstellung gerichtet werden.

Dagegen ist bei der Miete die Minderung überhaupt nicht an ein solches Nachbesserungsverlangen geknüpft, § 537 (vgl. aber unten Rdnr. 350). Wandlung gibt es bei der Miete überhaupt nicht; sie wird ersetzt durch das außerordentliche Kündigungsrecht nach § 542 (bei Wohnraum Form § 564 a!). Und für dieses gilt ähnlich wie beim Werkvertrag, daß der Mieter regelmäßig zunächst unter Fristsetzung Abhilfe verlangt haben muß, § 542 I 2, 3.

Beim Reisevertrag gilt Ähnliches wie bei der Miete: Die Minderung ist nicht an ein Abhilfeverlangen geknüpft (§ 651 d), wohl aber regelmäßig die (der Wandlung nahekommende) Kündigung des Reisevertrages, § 651 e II.

b) Schadensersatzansprüche

Zu Schadensersatzansprüchen von Mieter, Besteller und Reisenden vgl. unten Rdnr. 351 ff.

c) Der Dauercharakter der Miete

Die Miete ist ein Dauerschuldverhältnis. Bei ihr gibt es keinen Zeitpunkt, der — 349
wie der Gefahrübergang beim Kauf (§ 459) — die Verantwortlichkeit des Vermieters für den Zustand der Mietsache begrenzt. Daher muß die Mietsache
nicht nur bei Übergabe an den Mieter in Ordnung sein, sondern der Vermieter
muß auch später auftretende Mängel abstellen, § 536.

d) Die Herbeiführung der Minderung

Bei der Miete braucht die Minderung — anders als bei Kauf und Werkvertrag — 349a
nicht erst durch einen Anspruch herbeigeführt zu werden. Vielmehr tritt sie
nach § 537 kraft Gesetzes ein. Daher droht auch keine kurze Verjährung für einen »Anspruch auf Minderung« (so §§ 477 I, 638 I). Vielmehr kann der Mieter
den zuviel gezahlten Teil des Mietzinses nach § 812 zurückverlangen. *BGHZ
84, 42 ff.* gewährt daneben sogar noch die Einrede aus § 320. — Auch beim Reisevertrag tritt die Minderung nach § 651 d I von selbst ein.

e) Anzeigepflicht des Mieters

Bei der Miete ist endlich stets § 545 zu beachten: Der Mieter muß auftretende 350
Mängel an der Mietsache dem Vermieter unverzüglich anzeigen. Unterläßt er
das, so verliert er alle Rechte wegen des Mangels, soweit der Vermieter infolge
seiner Nichtkenntnis keine Abhilfe schaffen konnte, § 545 II Halbs. 2.

Das Minderungsrecht des Mieters ist also zwar — anders als das des Werkbe-
stellers — nicht an Fristsetzung und erfolglosen Fristablauf gebunden (vgl.
oben Rdnr. 348). Trotzdem muß der Mieter wegen § 545 II 2. Halbs. einen dem
Vermieter unbekannten Mangel rügen, um sich sein Minderungsrecht nicht zu
verkürzen (ebenso § 651 d II für den Reisevertrag). Entsprechendes gilt für den
Schadensersatzanspruch nach § 538. Für einen konkurrierenden deliktischen
Schadensersatzanspruch hat die Verletzung der Anzeigepflicht dagegen nur
nach § 254 Bedeutung.

Bsp.: Das schon längere Zeit morsche Treppengeländer ist abgebrochen. Mieter M
teilt das dem Vermieter V nicht mit, der auch sonst nichts von dem Zustand des Geländers
erfährt. Verletzt sich M auf der Treppe, so hat er nach § 545 II keinen Vertragsanspruch
aus § 538 gegen V. Wohl aber kommt ein nach § 254 geminderter Anspruch des M aus
§ 823 I in Betracht (Verletzung der Verkehrssicherungspflicht durch V).

Die Anzeigepflicht des Mieters wird noch dadurch verschärft, daß dieser
nicht nur eigene Rechte verliert, sondern auch dem Vermieter bei schuldhafter
Nichtanzeige Schadensersatz schuldet, § 545 II Halbs. 1.

Bsp.: Wie eben, doch kommt auf der schadhaften Treppe ein Dritter D zu Fall. Soweit dieser von V nach § 823 I Schadensersatz verlangen kann, hat V bei schuldhaft unterlassener Anzeige einen Ersatzanspruch gegen M aus § 545 II (Haftungsinteresse des V, vgl. unten Rdnr. 837).

Für den Reisenden fehlt eine dem § 545 II Halbs. 1 entsprechende Vorschrift: Regelmäßig hat eben der Reiseveranstalter (anders als der Vermieter) freien Zugang zu den Leistungsobjekten. Ausnahmsweise kann aber eine Ersatzpflicht des Reisenden nach den allgemeinen Regeln über die pV in Betracht kommen.

VII. Schadensersatzansprüche

351 Käufer, Mieter, Besteller und Reisender werden durch einen Leistungsmangel stets insofern geschädigt, als sie für ihr Geld nicht das vereinbarte Äquivalent erhalten. Dieser Nachteil wird durch Wandlung, Minderung oder Kündigung ausgeglichen. Daneben sind aber weitere Schäden denkbar: Infolge der mangelhaften Benutzbarkeit der Sache mag Verdienstausfall entstanden sein, der Sachgläubiger kann sich an der schadhaften Sache verletzt haben, der Reisende erkrankt, und es mag sein Urlaub verdorben sein, und ähnliches mehr. Insoweit bringen Wandlung, Minderung oder Kündigung keinen Ausgleich; das vermag — abgesehen von dem Anspruch auf Ersatz der Vertragskosten nach § 467 S. 2 — nur ein Schadensersatzanspruch.

Grundlagen hierfür bilden die §§ 463, 480 II, 538 I, 635, 651 f. Diese Vorschriften stellen jedoch unterschiedliche Voraussetzungen auf. Zudem sind bei den §§ 463, 480 II, 635 die Schadensersatzansprüche außer bei Arglist an die kurze Verjährung nach §§ 477, 638 gebunden, und bei § 651 f gilt neben einer kurzen Verjährung (§ 651 g II) auch noch eine strenge Ausschlußfrist (§ 651 g I). Daraus ergeben sich viele praktisch sehr wichtige Fragen nach der **Abgrenzung zu den allgemeinen Vorschriften** (culpa in contrahendo, positive Vertragsverletzung)[6].

1. Miete

352 Nahezu unproblematisch ist allerdings die Miete: Hier geht § 538 insofern über die allgemeinen Vorschriften hinaus, als wegen eines schon bei Vertragsschluß vorhandenen Mangels auch ohne Verschulden Ersatz zu leisten ist. Im übrigen

---

6 Vgl. dazu *Rebe-Rebell,* JA 1978, 544 ff.; 605 ff.; *H. Honsell,* Jura 1979, 184 ff.; *F. Peters,* NJW 1978, 665 ff.; VersR 1979, 103 ff.; *Busl,* JuS 1985, 952 ff.

deckt sich § 538 mit der allgemeinen Verschuldenshaftung; auch hinsichtlich der Verjährung fehlen Sondervorschriften. Deshalb bleiben hier Abgrenzungsfragen erspart: Ohne Rücksicht auf eine Einteilung der Schäden (vgl. unten Rdnr. 354; 356) stützt man hier alle Ersatzansprüche auf § 538. So kann etwa der Mieter eines Hotelzimmers aus dieser Vorschrift auch den (mittelbaren) Körperschaden ersetzt verlangen, der aus dem Abbrechen des Porzellangriffs am Hebel der Dusche entstanden ist (*RGZ 169, 84 ff.;* vgl. etwa auch *BGH* NJW 1963, 1449 ff., dort wieder der Porzellangriff!; 1971, 424 ff.).

BGH NJW 1980, 777, 779 f. (dazu *Oehler*, JZ 1980, 794 ff.; *Littbarski*, Betr. 1981, 409 ff.) sichert den Anwendungsbereich von § 538 noch in zwei Richtungen: Erstens soll der Anspruch wenigstens nach der Übergabe der Sache an den Mieter bei Unbehebbarkeit des Mangels nicht durch § 306 ausgeschlossen werden; der Mieter kann also aus dem wirksamen Vertrag das positive Interesse (und nicht bloß nach § 307 das negative Interesse) verlangen. Und zweitens sollen wegen eines Mangels der Mietsache konkurrierende Ansprüche aus Verschulden bei Vertragsverhandlungen ausgeschlossen sein, weil sonst § 539 unterlaufen werden könnte.

2. Reisevertrag

Nur geringe Schwierigkeiten verursacht auch der Reisevertrag: Hier werden vertragliche Schadensersatzansprüche wegen eines Reisemangels allein auf § 651 f und nicht auf pV gestützt (zum Umfang nach § 651 f II vgl. unten Rdnr. 830). Solche Ansprüche scheitern also unter den Voraussetzungen von § 651 g; nach *BGHZ 92, 177 ff.* soll zudem (was der Gesetzeswortlaut nicht ergibt) regelmäßig auch ein Abhilfeverlangen nach § 651 c II nötig sein. Dagegen wird § 651 g auf konkurrierende Deliktsansprüche (z. B. wegen einer Körperverletzung) nicht angewendet. **352a**

3. Werkvertrag

Beim Werkvertrag geht es vor allem um die *Verjährung.* § 638 I bringt dadurch eine besondere Härte, daß er die ohnehin kurzen Fristen ohne Rücksicht auf den Zeitpunkt, in dem der Schaden sichtbar wird, schon mit der Abnahme (oder Vollendung, § 646) des Werks beginnen läßt. Nicht selten ist der Anspruch aus § 635 daher bereits vor Schadenseintritt verjährt. **353**

BGHZ 58, 305 ff.: U stellt die Schachtöfen des B von Gas- auf Ölfeuerung um. Mehrere Jahre danach bricht ein nicht sachgerecht verlegtes Ölzuleitungsrohr. Deshalb kommt es zu einem Brand des Brennofengebäudes mit rd. 60 000,— DM Schaden. Gegenüber dem Ersatzanspruch des B beruft sich U auf Verjährung (§ 638).

Hierzu haben sich im wesentlichen drei Ansichten herausgebildet[7]:

354   **a)** Die §§ 635, 638 beschränken sich auf die **Schäden am Werk selbst.** Dagegen seien alle Schäden am übrigen Vermögen des Bestellers aus pV zu ersetzen, und dafür gelte die normale Verjährung von § 195. Denn nur für die Schäden am Werk selbst passe es, daß § 635 den »statt der Wandlung oder Minderung« (abweichend etwa *F. Peters,* JZ 1977, 458 ff.) gewährten Ersatzanspruch an die Voraussetzungen des § 634 binde. Vertreter dieser Ansicht sind etwa *Diederichsen,* AcP 165 (1965) 150/164; *Larenz* II 1 § 53 II b S. 357 ff.

Im Fall von *BGHZ 58, 305* fiele danach unter die §§ 635, 638 nur der Schaden an dem gebrochenen Rohr.

355   **b)** Die extreme Gegenposition habe ich vertreten in der Tübinger Festschr. Kern 1968, 313 ff.: Die §§ 635, 638 umfaßten **alle Schäden:** Der Grund der kurzen Verjährung des § 638 treffe gerade auch für die manchmal sehr hohen und schwer kalkulierbaren Schäden am sonstigen Vermögen des Bestellers zu. Überdies widerspreche es den Wertungsgrundlagen der Adäquanztheorie, einen kausal weiter entfernten Schaden leichter zu ersetzen als einen kausal näheren.

Danach fiele im Fall von *BGHZ 58, 305* unter die §§ 635, 638 auch der Brandschaden. Unverjährte Ersatzansprüche des B könnten sich daher nur aus §§ 823, 852 I ergeben (aber dort § 831 I 2 und vielleicht eine für B ungünstigere Beweislast).

356   **c)** Der BGH bemüht sich um einen **Mittelweg:** Außer den Schäden am Werk selbst müßten die §§ 635, 638 auch bestimmte nächste Folgeschäden umfassen. Dahin gehöre insbesondere der Fall, daß ein Werk sich in einem anderen Werk verkörpere, so daß sich auch der Fehler des ersten Werks in dem zweiten abbilde (fehlerhafte Architektenpläne oder Statikerberechnungen führen zu Baumängeln). Zu den nächsten Folgeschäden aus einem Baumangel sind etwa auch gerechnet worden die Kosten für Gutachten oder eine Ersatzwohnung. Vgl. im einzelnen *BGHZ 58, 85/89; BGH* NJW 1982, 2244; *BGHZ 87, 239/244* sowie *BGH* BB 1986, 1539: § 635 (mit der kurzen Verjährung nach § 638) umfaßt diejenigen Schäden, die dem Werk unmittelbar anhaften, weil es infolge eines Mangels unbrauchbar, wertlos oder minderwertig ist, sowie den dadurch verursachten entgangenen Gewinn. Darüber hinaus umfaßt § 635 (mit § 638) solche Folgeschäden, die zwar außerhalb des Werkes auftreten, aber in einem »engen und unmittelbaren Zusammenhang« mit dem Mangel stehen. Für alle »entfernteren« Mangelfolgeschäden gelten die Regeln der positiven Vertragsverletzung (mit der Verjährung nach § 195).

---

7   Hierzu gute Übersichten in *BGHZ 58, 85 ff.* und *BGH* NJW 1982, 2244/2245; *BGHZ 87/239, 241 f.* Nach verschiedenen Typen des Werkvertrags unterscheidend *Ballerstedt,* 1. Festschr. Larenz (1973) 717 ff., zur c.i.c. *Littbarski,* JZ 1978, 3 ff.

In *BGHZ 58, 305* hat das Gericht den »engen und unmittelbaren Zusammenhang« zwischen dem Rohrbruch und dem Brandschaden verneint (ähnlich *BGH* NJW 1982, 2244). Folglich sollte B aus pV einen nach § 195 verjährenden Ersatzanspruch gegen U haben.

Nicht ganz dazu paßt aber *BGHZ 67, 1 ff.*: Dort hatte ein Architekt A ein Grundstück schuldhaft zu hoch bewertet. Daher hatte sein Auftraggeber B dieses Grundstück zu hoch beliehen und dann einen Teil seines Geldes verloren. Deswegen verlangte er von A Schadensersatz. Hier hätte man denken sollen, der BGH werde die von A geltend gemachte kurze Verjährung nach § 638 bejahen, weil sich der Fehler des Gutachtens in der Grundstücksbeleihung abbildete. Statt dessen hat der BGH aber (S. 8) auf das »lokale« Verhältnis zwischen Leistungsobjekt und Schaden abgestellt und mit dieser Begründung einen engen Zusammenhang verneint: Der Anspruch wegen des Ausfallschadens verjähre nach § 195. Diese Entscheidung hat mit ihrer Begründung nur weitere Unklarheit geschaffen[8]. Ebenso ist unter Berufung auf *BGHZ 67, 1* die kurze Verjährung nach § 638 verneint worden für die Schäden aus dem Herabstürzen eines schlecht befestigten Regals (*BGH* NJW 1979, 1651 f.) und aus einem fehlerhaften tierärztlichen Untersuchungsbefund *(BGHZ 87, 239/243:* Dort hatte der Geschädigte im Vertrauen auf den Befund ein in Wahrheit krankes Pferd gekauft). Dagegen sollen nach § 638 verjähren die Ansprüche auf Ersatz der Bauwerksschäden, die auf einem unrichtigen geologischen Gutachten über den Baugrund beruhen (*BGHZ 72, 257 ff.*) sowie der Anspruch auf Ersatz des Schadens an einem Motor als Folge eines mangelhaften Ölwechsels (*BGH* BB 1986, 1539).

d) Meine **eigene Stellungnahme** zu dem Problem lautet jetzt: Nach wie vor   **357** kann ich nicht einsehen, daß der Beschleunigungszweck des § 638 bei (wie auch immer zu begrenzenden) mittelbaren Schäden ganz vernachlässigt werden soll. Für den BGH (oben c) kommt hinzu, daß ihm eine praktikable Abgrenzung der »nächsten Folgeschäden« kaum gelungen sein dürfte; das zeigen die vielen Streitfälle. Am sachgerechtesten wäre es wohl, wenn man entsprechend einem Gedanken von *Larenz* II 1 § 53 II b S. 356 § 638 I in Anlehnung an § 852 I dahin korrigierte, daß die Verjährungsfrist erst mit Kenntnis von Schaden und Ersatzmöglichkeit beginnt[9]. Der BGH hat das jedoch schließlich abgelehnt: *BGHZ 67, 1/7; BGH* BB 1979, 757/758; *BGHZ 77, 215/221 ff.* (dort für § 477). Andererseits läßt *BGH* BB 1979, 491 die (besonders geregelte) Verjährung des Schadensersatzanspruchs gegen einen Steuerberater sachgerecht erst mit der Aufdeckung des Fehlers beginnen. Zudem entsteht dieser Ersatzanspruch wegen

---

8 Vgl. *Ballerstedt*, JZ 1977, 230; *Emmerich*, JuS 1977, 191 f.; *Medicus*, Unmittelbarer und mittelbarer Schaden (1977) 21 f.; *von Gierke-von Reinersdorff*, JuS 1978, 817 ff.; *Littbarski*, JZ 1979, 552 ff.; *ders.*, NJW 1981, 2331 ff.

9 Für § 477 zunächst angedeutet in *BGH* NJW 1973, 843/845, wie *Larenz* etwa auch *Ballerstedt* aaO. 730; *Esser-Weyers* II § 32 II 6 d.

einer späteren Verletzung der Beratungspflicht sogar u. U. wieder neu, *BGH* NJW 1982, 1532. Ähnlich hilft *BGH* VersR 1986, 37 f. bei einem Ersatzanspruch gegen einen Architekten. Insgesamt kann die verfahrene Situation wohl nur durch den Gesetzgeber im Rahmen einer Neuordnung des Schuldrechts bereinigt werden (vgl. *Engelhard*, NJW 1984, 1201/1205 f.). Zur Konkurrenz von (nach § 852 verjährenden) Deliktsansprüchen vgl. unten Rdnr. 639 f.

4. Kauf

358   Beim Kauf endlich wird die Verjährungsproblematik noch von der weiteren Frage überschattet, wie die §§ 463, 480 II zu verstehen und für den dort nicht erfaßten Fall bloßer Fahrlässigkeit des Verkäufers zu ergänzen sind.

a) Anwendungsbereich der §§ 463, 480 II BGB

Zu §§ 463, 480 II ist zunächst zu merken:

aa) Den in diesen beiden Vorschriften genannten zwei Fällen (Zusicherung und arglistiges Verschweigen) ist noch ein dritter gleichzustellen: das **arglistige Vorspiegeln** nicht vorhandener Eigenschaften.

359   bb) Mit der Annahme einer **Zusicherung**, die eine Garantiehaftung des Verkäufers begründet, ist die Rspr. bisweilen zurückhaltend (vgl. *H. Baumann*, Festschr. Sieg 1976, 15 ff.; *Schack*, AcP 185, 1985, 333 ff.):

BGH NJW 1968, 2238 ff.: V verkauft an K Dieselkraftstoff, den V von einem Dritten direkt an K liefern läßt. Infolge DIN-widriger Beschaffenheit verdirbt der Kraftstoff die Motoren des K. Dieser verlangt von V Schadensersatz.

Fraglich ist hier, ob man in der Bezeichnung als »Dieselkraftstoff« eine Zusicherung der Eignung für Dieselmotoren sehen kann. Der BGH hat das verneint: Diese Bezeichnung bedeute regelmäßig nur eine **Beschaffenheitsangabe** im Sinne von § 459. Daher sei der Kraftstoff bei Fehlen dieser Beschaffenheit nur mangelhaft, so daß K auf die Rechte aus §§ 480 I, 462 beschränkt sei.

In anderen Fällen dagegen ist der BGH mit der Annahme einer Zusicherung überraschend schnell bei der Hand.

BGHZ 59, 158 ff. (dazu *Graf von Westphalen*, BB 1972, 1071; *Hüffer*, JuS 1973, 607 ff.): K stellt Holzfenster her und will sie neuestens auch selbst lackieren. Daher wendet er sich an die Lackfabrik V. Diese führt mit dem von K verwendeten Holz Versuche durch und empfiehlt dann ihren X-Lack; V überwacht auch zunächst gelegentlich die Lackierung bei K. Später verderben viele Fenster durch Braunfäule, weil der dichte Lack den Austritt von Feuchtigkeit aus dem Holz hindert.

Hier hat der BGH in dem Rat zur Verwendung des X-Lacks die stillschweigende (besser: konkludente) Zusicherung seiner Eignung gesehen. Die damit gegebene Garantie umfasse sogar auch Entwicklungsschäden, mit denen noch nicht zu rechnen gewesen sei.

cc) Der Ersatzanspruch aus §§ 463, 480 II geht auf das **positive Interesse.** 360 Dieses kann nach h.M. auf doppelte Weise berechnet werden (vgl. *BGH* BB 1986, 285 ff.): Entweder kann der Käufer die mangelhafte Ware zurückgeben und seinen vollen Nichterfüllungsschaden ersetzt verlangen (sog. »großer Schadensersatz«). Oder aber er kann die Sache behalten und nur den Ersatz dessen fordern, was er bei Mangelfreiheit zusätzlich hätte (sog. »kleiner Schadensersatz«). Diese Unterscheidung entspricht derjenigen zwischen Surrogations- und Differenztheorie bei § 325 (vgl. oben Rdnr. 287).

b) Fahrlässigkeitshaftung

Die §§ 463, 480 II erfassen nicht den Fall der Fahrlässigkeit des Verkäufers. Da- 361 her ist von Bedeutung, inwieweit dieser auch aus **culpa in contrahendo und positiver Vertragsverletzung** haftet[10]. Mit einiger Vereinfachung wird man sagen können:

aa) Die §§ 463, 480 II knüpfen Rechtsfolgen an Zusicherung und Arglist, also an das Verhalten des Verkäufers beim Vertragsschluß. Daher können sie für späteres Fehlverhalten **bei der Erfüllung** keine Sonderregelung bilden: Insoweit sind die Regeln über die pV unbeschränkt anwendbar.

bb) Die §§ 463, 480 II sind nachgiebiges Recht. Daher können die Parteien 362 Abweichendes vereinbaren. Insbesondere kann der Verkäufer **zusätzliche** (atypische) **Pflichten** übernehmen, etwa zu eigener Prüfung der Ware (Ablieferungsinspektion bei Kraftfahrzeugen: *BGH* NJW 1969, 1708 ff.) oder zur Beratung des Käufers (*BGH* NJW 1983, 392 f.). Wenn hierbei ein Verschulden unterläuft, wird dafür nach allgemeinen Regeln gehaftet.

Die Rspr. (etwa *BGH* NJW 1962, 1196 ff.) nimmt in solchen Fällen oft einen neben dem Kauf herlaufenden Beratungs- oder Auskunftsvertrag an. Ich halte diese Konstruktion zweier Verträge jedoch für allzu künstlich: Dem Parteiwillen entspricht eher die Annahme *eines* um eine atypische Pflicht ergänzten Kaufvertrages.

cc) In den **übrigen Fällen** einer sich auf den Sachmangel beziehenden Fahr- 363 lässigkeit des Verkäufers kann man einen Schadensersatzanspruch aus pV zwar nicht ganz so unbedenklich annehmen. Denn insoweit wäre zunächst der Nachweis zu führen, daß die §§ 463, 480 II den von der pV erfaßten Problem-

10 Dazu etwa *H. Baumann,* Festschr. Reimer Schmidt (1976) 717 ff.; *H. Honsell,* JR 1976, 361 ff.; *Littbarski,* BB 1977, 1322 ff.; *U. Huber,* AcP 177 (1977) 281 ff.; *Pick,* JuS 1981, 413 ff.

kreis nicht abschließend regeln wollen. Doch hat sich inzwischen eine fast einhellige Ansicht gebildet: **Der hinsichtlich eines Sachmangels fahrlässige Verkäufer haftet wegen der Sachmängelfolgeschäden** (Abgrenzung ähnlich schwierig wie bei oben Rdnr. 356) **aus pV,** so etwa *BGHZ 59, 303/309; 77, 215/ 217.*

Freilich erstreckt die Rspr. (etwa *BGHZ 88, 130ff.; BGH* NJW 1972, 246 f.; *OLG Düsseldorf,* NJW 1975, 453 f., dazu *Schubert,* ebenda 1230) die kurze **Verjährung nach** § 477 auch auf diesen Anspruch (anders als bei § 638, oben Rdnr. 356). Das ist str., aber richtigerweise zu bejahen; sachgerechte Korrekturen der Verjährungsregelung (vgl. oben Rdnr. 357) sollten auch hier nicht durch eine künstliche Aufteilung des Schadens erschlichen werden. Allerdings wird eine Analogie zu § 852 auch bei § 477 von der Rspr. abgelehnt: *BGHZ 77, 215, 217; OLG Köln,* OLGZ 1978, 321 ff.; *OLG Celle,* BB 1979, 858 ff. Doch soll wenigstens bei einer vom Verkäufer gewährten **Garantiefrist** die Verjährung erst mit der Entdeckung des Mangels beginnen: *BGHZ 75, 75/81.* Bei der Verletzung vertraglicher Nebenpflichten ist die Rspr. zur Anwendung von § 477 uneinheitlich; der Grundsatz lautet: § 477 gilt, wenn sich die verletzte Pflicht auf einen Sachmangel bezieht (vgl. oben Rdnr. 326). Letzlich muß auch bei § 477 die unbefriedigende und unklare Rechtslage durch die Neuordnung des Schuldrechts bereinigt werden (vgl. oben Rdnr. 357 am Ende).

Bei **anderen als Mangelfolgeschäden** verneint die Rspr. einen Ersatzanspruch aus c.i.c. überhaupt, so *BGHZ 60, 319ff.:* Der Verkäufer eines Grundstücks hatte schuldhaft den Irrtum des Käufers nicht berichtigt, das Grundstück habe Seeanstoß. Der Käufer hatte für den Kaufpreis Kreditkosten aufgebracht, die sich nun als nutzlos erwiesen; der BGH verneint ihretwegen einen Ersatzanspruch aus c.i.c.: Ein solcher werde durch fahrlässige Angaben oder Nichtangaben des Verkäufers über Eigenschaften der Kaufsache nicht begründet.

363a   dd) Zutreffend **nicht auf Kaufrecht** stützt sich dagegen *BGHZ 70, 356f.*[11]: Dort hatte ein entgeltlich gelieferter **Börseninformationsdienst** bei einer Aktienempfehlung grobfahrlässig unvollständige und falsche Angaben gemacht. Ein Kunde hatte der Empfehlung vertraut und dabei über 200 000,— DM verloren. Der BGH hat hier die Einrede der kaufrechtlichen Verjährung (§ 477) verworfen: Die Richtigkeit oder Unrichtigkeit der Empfehlung sei keine Eigenschaft des Informationsbriefs als Sache gewesen. Vielmehr bilde die Beratungspflicht eine nicht nach Kaufregeln zu beurteilende Pflicht eigener Art (§ 305); für sie gelte § 195. Vgl. dazu und zu anderen Fehlern in Druckwerken *Röhl,* JZ 1979, 369 ff.

---

11 Dazu *Roll,* BB 1978, 981 f.; *Köndgen,* JZ 1978, 389 ff., kritisch *J. Schröder,* NJW 1980, 2279 ff.

§ 16   Unentgeltliche Geschäfte

Bei unentgeltlichen Schuldverträgen entfällt die Gegenleistung. Daher tauchen **364** hier auch alle die Probleme nicht auf, die mit dem Synallagma zusammenhängen: Insbesondere gelten bei Leistungsstörungen nur die §§ 275 ff., nicht die §§ 320 ff. Dafür treten bei unentgeltlichen Geschäften andere Probleme auf: Oft ist der rechtsgeschäftliche Charakter solcher Geschäfte, bisweilen ist ihre Unentgeltlichkeit fraglich. Überdies ist die Position des unentgeltlichen Erwerbers gegenüber dem Schenkenden wie auch gegenüber Dritten schwach.

I. Abgrenzung Rechtsgeschäft — Gefälligkeitsverhältnis*

BGHZ 21, 102 ff.: G betreibt ein Transportgeschäft. Infolge eines Unfalls ist einer seiner **365** Fahrer ausgefallen. Da G einen dringenden Transport durchzuführen hat, bittet er den Transportunternehmer T, durch Überlassung eines Fahrers auszuhelfen. A, ein Angestellter des T, schickt daraufhin den F. Dieser war erst seit drei Wochen bei T angestellt und hatte noch keinen Lastzug selbstverantwortlich gefahren. Infolge der Unerfahrenheit des F blieb der Lkw des G liegen und mußte abgeschleppt werden. G verlangt von T Schadensersatz.

Der Anspruch kann hier nicht darauf gestützt werden, daß T für ein Verschulden des F bei der Bedienung des Lkw nach § 278 einzustehen habe. Denn T schuldete dem G nicht die Führung dieses Lkw; F war daher nicht Erfüllungsgehilfe des T. Eine Haftung ist aber deshalb denkbar, weil A den F schuldhaft schlecht ausgesucht hat; insoweit könnte T für A nach § 278 einstehen müssen. Das setzt aber voraus, daß zwischen G und T ein Vertrag über die Überlassung eines zuverlässigen Fahrers (Dienstverschaffungsvertrag) zustande gekommen war. Fraglich ist das hier wegen der Unentgeltlichkeit.

Dieselbe Frage ergibt sich auch sonst häufig: A bittet den B, für kurze Zeit auf sein Kind (*BGH* JZ 1969, 232 f. mit Anm. *Deutsch*) oder seinen Koffer zu achten, ihn in einem Kraftfahrzeug unentgeltlich mitzunehmen usw. Unproblematisch ist dagegen die bei Ärzten übliche Behandlung eines Kollegen ohne Honorar (*BGH* NJW 1977, 2120): Hier liegt sicher ein Rechtsgeschäft vor. Man kann sogar an der Unentgeltlichkeit zweifeln, weil der Behandelnde ggf. ein gleiches Entgegenkommen erwartet.

---

* Dazu *Willoweit*, JuS 1984, 909 ff.; 1986, 96 ff.

1. Die Fragestellung

366 Das BGB nimmt zu den unentgeltlichen Geschäften in unterschiedlicher Weise Stellung. Es hat nämlich einerseits einige unentgeltliche Geschäfte als **Typenverträge** ausgebildet und dabei die Haftung des unentgeltlich Handelnden gemildert (§ 521 Schenkung, § 599 Leihe, § 690 unentgeltliche Verwahrung). Andererseits hat es aber für den **Beauftragten,** der gleichfalls unentgeltlich handelt, kein Haftungsprivileg vorgesehen.

Die meisten Gefälligkeiten des täglichen Lebens (auch die Überlassung des Fahrers in *BGHZ 21, 102ff.*) fallen nicht unter die privilegierten Typen. Sie scheinen daher der vollen Haftung nach Auftragsrecht zu unterliegen, wenn man sie überhaupt als Rechtsgeschäfte ansieht. Hierüber gibt es einen Meinungsstreit:

a) Rechtsbindungswille

Die h. M. (vgl. BGH aaO.) hat die Lösung der Haftungsfrage auf dem Boden der Alternative »kein Rechtsgeschäft-Auftrag« gesucht: Ein Rechtsgeschäft (und damit meist Auftrag) sollte vorliegen, wenn die Partner sich rechtsgeschäftlich binden wollten. Hierüber machen sich die Partner aber regelmäßig keine Gedanken. Daher hat die h. M. einen bunten Strauß von Indizien entwickelt, aus denen sie den Rechtsbindungswillen folgern wollte. So sagt *BGHZ 21, 107:*

> »Die Art der Gefälligkeit, ihr Grund und Zweck, ihre wirtschaftliche und rechtliche Bedeutung, insbesondere für den Empfänger, die Umstände, unter denen sie erwiesen wird, und die dabei bestehende Interessenlage der Parteien« könnten auf den Bindungswillen schließen lassen. Weiter hält der BGH für erheblich den »Wert einer anvertrauten Sache, die wirtschaftliche Bedeutung einer Angelegenheit, das erkennbare Interesse des Begünstigten und die nicht ihm, wohl aber dem Leistenden erkennbare Gefahr, in die er durch eine fehlerhafte Leistung geraten kann.«

Nach diesen Regeln hat der BGH auch den Ausgangsfall entschieden: Vor allem wegen des hohen Wertes des zu befördernden Lkw sei der Wille zu rechtlicher Bindung anzunehmen. Daher liege ein Rechtsgeschäft vor, aus dem T für jede Fahrlässigkeit hafte. — Das Ergebnis überrascht: Hätte T nicht einen Fahrer »verliehen«, sondern einen Lkw, wäre er nach § 599 nur bei grober Fahrlässigkeit ersatzpflichtig geworden.

b) Erweiterung gesetzlicher Haftungsmilderungen

367 *Flume* (§ 7, 5—7) kritisiert den Bindungswillen der h. M. als abzulehnende Fiktion; Gefälligkeiten des täglichen Lebens seien nie Rechtsgeschäfte. Allerdings entstünden auch aus ihnen Sorgfaltspflichten. Indessen müsse für die Verletzung dieser Pflichten entsprechend §§ 521, 599 die Beschränkung der Haftung auf grobe Fahrlässigkeit gelten: Wenn das Gesetz eine solche Beschränkung schon für unentgeltliche Rechtsgeschäfte anordne, müsse sie um so mehr für unentgeltliche Geschäfte gelten, die nicht einmal Rechtsgeschäfte seien.

Nur für **Kaufleute** will *Flume* eine Ausnahme machen: Sie sollen stets auch für leichte Fahrlässigkeit haften. Daher hält *Flume* die Entscheidung in *BGHZ 21, 102 ff.* im Ergebnis für richtig. Ich kann dem nicht folgen: Auch wo ein Kaufmann schenkt oder verleiht, haftet er nach §§ 521, 599 privilegiert. Dasselbe muß auch bei anderen Gefälligkeiten gelten. Richtig ist nur, daß Unentgeltlichkeit bei einem Kaufmann viel seltener vorkommen wird, vgl. § 354 HGB.

c) Einschränkung des Auftragsrechts

Noch anders ist die früher von *Esser* und abgeschwächt jetzt von *Esser-Weyers* § 35 I 1 c vertretene Position. Beide verweisen auf eine Ungereimtheit im BGB: Dort erscheine der Auftrag zwar als das umfassende unentgeltliche Gegenstück zu Dienst- und Werkvertrag. Doch zeigten die Verweisungen anderer Rechtsgebiete auf das Auftragsrecht (§§ 27 III, 48 II, 713, 1978 I 1, 2218 I), daß es sich dort stets um Tätigkeiten mit wirtschaftlicher Bedeutung und einer gewissen Selbständigkeit handele. Das entspreche dem engen Geschäftsbegriff, den die h. M. bei § 675 annehme. Nur dieses »Treuhandelement im Auftrag« rechtfertige auch die Haftung für jede leichte Fahrlässigkeit. Für unselbständige und wirtschaftlich wenig bedeutsame Tätigkeiten paßten die §§ 662 ff. und die unbegrenzte Haftung dagegen nicht recht.

368

2. Teilfragen

Sachlich dürfte es vor allem auf die drei folgenden Probleme ankommen:

369

a) Haftungsmaßstab

Erstens hat Bedeutung die Frage nach dem Haftungsmaßstab. Da paßt in der Tat die unbegrenzte Haftung des Auftragsrechts nicht für unentgeltliche Tätigkeiten ohne Treuhandcharakter, also insbesondere nicht für Gefälligkeiten des täglichen Lebens. Insoweit besteht also eine Gesetzeslücke, die in Analogie zu den §§ 521, 599, 690 zu füllen ist: Der unentgeltlich Tätige haftet regelmäßig nur für grobe Fahrlässigkeit. Ausnahmsweise haftet er für die Sorgfalt in eigenen Angelegenheiten dann, wenn er (wie regelmäßig bei § 690) die gleiche Tätigkeit auch im eigenen Interesse ausführt (so im Fall von *BGH* JZ 1969, 232 f.: gleichzeitige Beaufsichtigung eigener und fremder Kinder).

Die Rspr. ist freilich anderer Ansicht, etwa *RGZ 145, 390/394 f.* (vorsichtiger aber *BGHZ 21, 102/110*): S hat G unentgeltlich in seinem Kraftwagen mitgenommen. In diesem war sogar ein Schild angebracht »Sie fahren in diesem Wagen auf eigene Gefahr«, das G gelesen hatte. Trotzdem hat das RG der vollen Deliktshaftung des S zugeneigt; insoweit zustimmend *BGHZ 21, 110,* ebenso *BGH* VersR 1967, 157. Dagegen hat der BGH in neuerer Zeit mehrfach einen »**stillschweigenden**« **Ausschluß der Haftung** für leichte Fahrlässigkeit des Fahrers angenommen (NJW 1979, 414 f.; 643 ff.; 1980, 1681 ff.; VersR 1980, 384 ff.). Doch handelt es sich hier um besondere Umstände; insbesondere fehlte dem Schädiger meist der Versicherungsschutz. Zumindest die Begründung dieser Entscheidungen scheint mir wenig glücklich. Auch die Ausgangsentscheidung *BGHZ 21, 102/110* lehnt die Annahme einer Haftungsbeschränkungsabrede als »mehr oder minder fiktiv« ab.

b) Ausführungsanspruch

370   Die zweite Frage betrifft die Entscheidung darüber, ob ein Anspruch auf Ausführung der zugesagten Tätigkeit besteht. Hierfür ist zu bedenken, daß nach § 671 selbst der Beauftragte jederzeit kündigen kann und nur bei Kündigung zur Unzeit Schadensersatz schuldet. Eine dauerhaftere Bindung kann auch bei einem Gefälligkeitsverhältnis nicht angenommen werden: Ein Ausführungsanspruch (und damit auch ein Schadensersatzanspruch wegen Nichtausführung) fehlt regelmäßig, wenn der Gefällige seine Zusage (gegebenenfalls konkludent) aufkündigt. Dagegen wird man bei Kündigung zur Unzeit ohne wichtigen Grund (dazu *BGH* Betr. 1986, 476 f.) entsprechend § 671 II 2 eine Schadensersatzpflicht anzunehmen haben.

     Bsp.: Der Student S lädt seine Freundin F zu einer Autofahrt ein. Läßt S die F mitten im Wald ohne wichtigen Grund sitzen, so schuldet er ihr die Kosten der Heimfahrt.

c) Haftung bei Ausführung

371   Die dritte Frage endlich betrifft diejenigen Verhältnisse, in denen nach dem oben b Gesagten kein Ausführungsanspruch besteht: Wenn hier gleichwohl ausgeführt wird, haftet der Ausführende dann wegen zu vertretender Schlechtleistung nach dem Recht der Sonderverbindung?

     Eine solche Haftung für Schlechtleistung trotz Fehlens eines klagbaren Erfüllungsanspruchs kommt ja auch sonst vor: vgl. oben Rdnr. 42; 201.

     Bedeutung hat das vor allem wegen § 278 und bei bloßen Vermögensverletzungen. Hauptfall für letztere ist die **unrichtige Auskunft** außerhalb eines ohnehin bestehenden Vertrages, etwa wenn eine Bank einen Nichtkunden berät (dazu Nr. 10 der AGB der Banken, vgl. *BGH* NJW 1972, 1200 ff.) oder wenn ein Rechtsanwalt einen Dritten über die Kreditwürdigkeit eines Mandanten unterrichtet (*BGH* NJW 1972, 678 ff.). Dazu ausführlich *W. Lorenz,* 1. Festschr. Larenz 1973, 575 ff., knapp *Prinz zu Hohenlohe-Öhringen,* BB 1986, 894 f.

Die Rspr. (etwa *BGH* Betr. 1979, 1219 ff. [Anlageberater]; NJW 1979, 1595 ff. [Bank], ZIP 1987, 500 ff. [Sparkasse]) arbeitet in solchen Fällen trotz § 676 mit einem **Vertrag auf sorgfältige Auskunft:** Ein solcher liege vor, wenn der Befragte erkenne, daß der Fragende von der Auskunft wichtige Maßnahmen (insbesondere Vermögensdispositionen) abhängig machen wolle, und zwar selbst dann, wenn der Befragte einen Vertragsschluß ablehne (*BGHZ 7, 371/374 f.*). Damit wird für die Frage nach Schadensersatzansprüchen die Fiktion des Rechtsbindungswillens (vgl. oben Rdnr. 366) der Sache nach aufgegeben: Der Befragte haftet nicht wo er *will*, sondern wo er *soll*. Die **Scheckeinlösungszusage** einer Bank begründet nach *BGHZ 77, 50 ff.* sogar eine selbständige (d. h. auch verschuldensunabhängige) Garantiehaftung. Und nach *BGH* JZ 1985, 951 f. (mit abl. Anm. *H. Honsell*) sollen in den **Schutzbereich** des angeblichen Auskunftsvertrags **auch Dritte einbezogen** sein können (so daß diese möglicherweise Schadensersatz verlangen können, obwohl ihnen die Auskunft nicht erteilt worden war). Das wiederholt der *BGH* in VersR 1986, 814 ff. (vgl. unten Rdnr. 845).

Noch etwas anders liegt insoweit der Fall von *BGHZ 56, 204 ff.:* G hatte 1949 im Einverständnis mit dem Ostbüro der SPD in der Ostzone politische Propaganda betrieben. Für seine Strafhaft von 12 Jahren verlangte er dann von der SPD Schadensersatz (§ 670, vgl. unten Rdnr. 428 f.). Die Vorinstanz hatte einen Rechtsbindungswillen bejaht und der Klage stattgegeben. Überzeugendes Argument für die umgekehrte Entscheidung des BGH ist hier aber nicht die Leugnung des Rechtsbindungswillens (so S. 209), sondern die Annahme von **Handeln auf eigene Gefahr** (S. 213).

3. Der Lottofall

Bisweilen scheint auch der BGH die starre Alternative zwischen keiner oder voller rechtsgeschäftlicher Bindung auflockern zu wollen. 372

BGH NJW 1974, 1705 ff.: A, B, C, D und E hatten eine Lottospielgemeinschaft verabredet. Dabei sollte A wöchentlich von jedem Teilnehmer 10,— DM erheben und den so erlangten Betrag von 50,— DM auf bestimmte Zahlenkombinationen setzen. Einmal veränderte A eigenmächtig die Zahlenkombination. Bei dieser Ziehung wäre auf die verabredeten Zahlen ein Gewinn von über 10 000,— DM entfallen. B, C und D verlangten Ersatz für den ihnen entgangenen Anteil.

Der BGH verneint hier ausdrücklich, daß sich in solchen Fällen ein Parteiwille zur Frage einer rechtsgeschäftlichen Bindung feststellen lasse (kritisch *Kornblum*, JuS 1976, 571 ff.; *Plander*, AcP 176, 1976, 424 ff.). Daher müsse die Lösung nach § 242 erfolgen. Hiermit sei zwar eine Rechtspflicht der Mitspieler zur Leistung der vereinbarten Beiträge und eine Rechtspflicht des geschäftsführenden A zur Verteilung der erzielten Gewinne vereinbar. Dagegen sei eine möglicherweise existenzbedrohende Schadensersatzpflicht des A für entgangene Gewinne unzumutbar. Deshalb ist die Ersatzklage abgewiesen worden.

4. Der Pillenfall

372a   Überdeckt wird die Frage nach dem Parteiwillen von einer weiteren Erwägung auch in

> *BGHZ 97, 372 ff.* (dazu letztens *Fehn*, JuS 1988, 602 ff.): M und F leben in nichtehelicher Gemeinschaft. Sie verabreden, daß F empfängnisverhütende Mittel (»die Pille«) anwenden soll. F unterläßt das aber von einer bestimmten Zeit an. M verlangt von F Ersatz für den Unterhalt, den er seinem daraufhin geborenen Kind zahlen muß.

Hier hat der BGH primär einen **Rechtsbindungswillen** (und folglich einen Vertragsanspruch) abgelehnt: Eine nichteheliche, freie Partnerschaft solle regelmäßig eben gerade nicht nach Rechtsregeln geordnet werden. Dahinter steht noch eine andere Erwägung: Über Fragen des engsten persönlichen Bereichs sei eine vertragliche Bindung gar nicht möglich (insoweit **fehlt die Privatautonomie**).

II. Abgrenzung bei der Schenkung

373   Fragen nach der Abrenzung der Schenkung tauchen nicht nur wegen des Haftungsprivilegs nach § 521 auf (vgl. oben Rdnr. 209), sondern auch wegen der zahlreichen anderen Sondervorschriften über die Schenkung und den schenkweisen Erwerb.

1. Die Vermögenszuwendung bei der Schenkung

Nicht jede unentgeltliche Zuwendung eines Vorteils bei Einigsein über die Unentgeltlichkeit ist Schenkung. Das folgt schon aus § 517 sowie daraus, daß mehrere solcher Zuwendungen einem eigenen Typ außerhalb der §§ 516 ff. angehören: Leihe, unentgeltliche Verwahrung, unverzinsliches Darlehen, Auftrag. Wie aber, wenn ein solcher Typ fehlt?

> *Bsp.:* B verspricht dem Schuldner S, sich für ihn bei dessen Gläubiger G zu verbürgen, ohne daß S ein Entgelt zahlen soll.

Hier bedarf das Versprechen B — S der Form des § 766, obwohl es noch nicht die dort genannte Bürgschaftserklärung selbst darstellt: Andernfalls würde der von § 766 bezweckte Übereilungsschutz für B illusorisch. Aber ist darüber hinaus die Form von § 518 nötig?

Daß das Versprechen des B eine Schenkung sein könnte, kommt überhaupt nur im Verhältnis zu S in Betracht. Denn im Verhältnis zu G scheidet Unentgeltlichkeit sicher aus: Dessen Gegenleistung an S deckt auch die Bürgschaft. Aber auch im Verhältnis zu S nimmt die Rspr. (*BGH* LM Nr. 2 zu § 516) Schenkung nur dann an, wenn B auf seinen Rückgriff (§ 774) gegen S verzichtet. Die mit der Schenkung beabsichtigte **Mehrung des Vermögens** des Beschenkten muß also eine **dauernde** sein.

Soweit ein Versprechen auf solche dauernde Vermögensmehrung abzielt, also Schenkung sein kann, ist seine Abgabe noch nicht »*Bewirkung* der versprochenen Leistung« im Sinne von § 518 II. Das folgt für ein schenkweise erteiltes Schuldversprechen oder Schuldanerkenntnis nach §§ 780, 781 aus §§ 518 I 2, 2301 I 2, vgl. *BGH* NJW 1980, 1158 f.

Bei einem schenkweise gegebenen **Wechsel oder Scheck** bedarf nach *BGHZ 64, 340 ff.* der Begebungsvertrag der notariellen Beurkundung (vgl. oben Rdnr. 44). Dagegen wird durch die §§ 656 II, 762 II, 764 die Unverbindlichkeit des Grundgeschäfts auf die für diese eingegangenen abstrakten Verpflichtungen übertragen.

2. »Schenkung« und Gegenleistung

Nicht selten wird die Unentgeltlichkeit einer Zuwendung fraglich, weil diese aus einem bestimmten Grund oder zu einem eigennützigen Zweck erfolgt. So liegt es etwa bei Gratifikationen an Arbeitnehmer »für treue Dienste«. Oder die Eltern mögen ihrem Kind ein Haus »schenken« gegen die Gewährung von Kost und Unterkunft auf Lebenszeit. Hier sind folgende rechtliche Gestaltungen möglich: **374**

a) Gegenseitiger Vertrag

Wird die eigene Leistung um der Gegenleistung willen versprochen, dann liegt keine Schenkung vor, sondern ein gegenseitiger Vertrag: Beide Parteien können Erfüllung verlangen, bei Leistungsstörungen gelten die §§ 320 ff. Diese Gestaltung ist regelmäßig anzunehmen, wenn die Parteien beide Leistungen gleich bewerten.

So könnte die eingangs erwähnte »Schenkung« durch die Eltern in Wahrheit ein Verkauf des Hauses mit anderstypischer Gegenleistung (Miete, Werklieferungsvertrag, Dienstvertrag) sein.

b) Schenkung unter Auflage

Davon zu unterscheiden ist die Schenkung unter Auflage, §§ 525 ff. Sie ist im Zweifel anzunehmen, wenn die Gegenleistung aus dem Wert des Geschenks erbracht werden soll (etwa das Altenteil aus dem Ertrag des geschenkten   **375**

Hofes), vgl. § 526. Hier ist der Schenker vorleistungspflichtig, § 525 I. Nach Erbringung seiner Leistung kann er zwar Vollziehung der Auflage verlangen. Doch hat er bei Unmöglichkeit oder Unvermögen der Vollziehung durch den Beschenkten nur beschränkte Rechte, § 527 I.

Die Bestimmungen über das Rücktrittsrecht bei gegenseitigen Verträgen, auf die § 527 I verweist, sind nämlich nur die §§ 325, 326. Bei vom Beschenkten nicht zu vertretenden Störungen, für die § 323 keinen Rücktritt vorsieht, kann der Schenker also nichts verlangen! Überdies läuft selbst bei Vertretenmüssen die Rückforderung nur nach Bereicherungsrecht, und zudem ist auch das Geschenk nur insoweit zurückzugeben, als es zur Vollziehung der Auflage hätte verwendet werden müssen. Gleiches bestimmt § 2196 I für die erbrechtliche Auflage.

c) Bedingte Schenkung

376 Weiter kann die Schenkung durch die Erbringung der Gegenleistung bedingt sein. Dann kann der Schenker die Gegenleistung zwar nicht verlangen. Er kann aber das ganze Geschenk zurückfordern, wenn die Gegenleistung ausbleibt. Hierfür hat er die Leistungskondiktion (als condictio ob causam finitam, § 812 I 2 Fall 1), wenn bloß der obligatorische Teil der Schenkung bedingt war. Zunehmend wird aber die Rückforderung bei Eintritt einer auflösenden Bedingung statt auf § 812 auf das Kausalgeschäft selbst gestützt, nach meiner Ansicht mit Recht (vgl. *Medicus*, AT Rdnr. 840): Die Verabredung einer solchen Bedingung läßt sich dahin auslegen, daß bei ihrem Eintritt die Leistung zurückgewährt werden soll. Wenn auch das dingliche Vollzugsgeschäft bedingt ist (beachte aber § 925 II), kommen für die Rückforderung zudem die §§ 894, 985 in Betracht.

d) Zweckschenkung

377 Auch bei der Zweckschenkung kann der Schenker die erwartete Leistung des Beschenkten nicht verlangen. Für die Rückforderung kommt hier nur die Leistungskondiktion (als condictio ob rem, § 812 I 2 Fall 2) in Betracht; vgl. unten Rdnr. 691 ff. insbesondere auch zu Geschenken zwischen Eheleuten und Partnern einer nichtehelichen Lebensgemeinschaft. Für die Geschenke unter Verlobten verweist § 1301 ausdrücklich auf die Anwendung des Bereicherungsrechts.

Eine Zweckschenkung (und nicht eine Bedingung) wird besonders dann vorliegen, wenn der Schenker die Erreichung des Zwecks nicht für zweifelhaft gehalten und daher an eine Bedingung nicht gedacht hat. Bisweilen (etwa in *BGH* NJW 1977, 950) erscheint der Zweck auch als Geschäftsgrundlage einer Schenkung.

e) Unerhebliche Zweckangabe

Die Angabe eines Schenkungszwecks kann aber auch rechtlich bedeutungs- 378
los sein. So liegt es, wenn die Auslegung ergibt, daß es dem Schenker auf
den genannten Zweck letztlich nicht ankommt.

Bsp.: Der Bauherr gibt den Bauarbeitern Geld, damit sie sich Zigaretten kaufen
sollen. Sie kaufen aber Bier: keine Rückforderung, weil es dem Schenker gar nicht um
die Zigaretten ging, sondern um willigere Arbeitsleistung.

f) Belohnende Schenkung

Angaben über den Grund einer Zuwendung können die Unentgeltlichkeit 379
ausschließen, wenn sie die Zuwendung als Zusatzleistung zu einer geschuldeten Vergütung erscheinen lassen. So liegt es bei der **Gratifikation** an den
Arbeitnehmer: Auch wo diese nicht geschuldet wird, ist sie rechtlich Entgelt
für die Arbeitsleistung; die Zusage bedarf daher nicht der Form von §518.

In Sonderfällen wird der Schenkungscharakter selbst dann geleugnet,
wenn die Anknüpfung der Belohnung an eine geschuldete Vergütung fehlt.

RGZ 98, 176 ff.: Ein Leutnant L hatte mit einer Kellnerin K jahrelang ein Liebes-
verhältnis, aus dem auch drei Kinder hervorgingen. K trug wesentlich zu den Kosten
des Zusammenlebens bei. Nach sechs Jahren versprach L der K privatschriftlich, weiter für sie zu sorgen, ihr aber für den Fall seiner anderweitigen Verheiratung 15 000 M
zu zahlen. Als L nach weiteren sieben Jahren heiratete, verlangte K von ihm 15 000 M.
Anspruchsgrundlage ist §780. Aber das Schuldversprechen wäre trotz seiner Abstraktheit (vgl. oben Rdnr. 373) bei schenkweiser Erteilung nach
§§ 125, 518 I 2 nichtig. Doch hat das RG hier eine Schenkung mit Recht verneint: Das Versprechen habe die K für die erlittenen Nachteile entschädigen
sollen, so daß die Parteien über die Unentgeltlichkeit nicht einig gewesen
seien (vgl. dagegen in einem ähnlichen Fall den Schenkungscharakter bejahend *BGH* NJW 1984, 797 f.). Entsprechend verneint *BGH* NJW 1972, 580
eine Schenkung bei **Zuwendungen an den Ehegatten** zur gemeinsamen Altersversorgung. Auch eine lebzeitige Zuwendung zum **Ausgleich des Zuge-
winns** soll bei in Gütertrennung lebenden Ehegatten im Zweifel keine
Schenkung darstellen (*BGH* JZ 1977, 341 f.). Schwer abgrenzen lassen sich
solche Fälle allerdings gegenüber der **Pflicht- und Anstandsschenkung,** die
nach §534 mit gewissen Modifikationen dem Schenkungsrecht untersteht
(vgl. *W. Lorenz*, Ius Privatum Gentium, Festschr. Rheinstein 1969, 547/
554 ff.).

In *RGZ 98, 176 ff.* war weiter fraglich die Anwendbarkeit von §138. Das RG hat
sie verneint: K habe nicht für ihre Liebesdienste entschädigt werden sollen, sondern
für andere Opfer und Leistungen. Ähnlich sollen nach *BGH* NJW 1984, 797 f. finan-

zielle Zuwendungen im Rahmen einer **nichtehelichen Lebensgemeinschaft** regelmäßig nicht sittenwidrig sein.

3. Die gemischte Schenkung

380   Gemischte Schenkung ist eine dauernde Vermögenszuwendung, bei der sich die Partner darüber einig sind, daß sie teils entgeltlich und teils unentgeltlich erfolgen soll. Die rechtliche Behandlung, insbesondere die Anwendbarkeit des Schenkungsrechts, ist sehr umstritten.

> *Bsp.:* V verkauft seinem Freund K einen Pkw, dessen Wert beide auf 1000,— DM ansetzen, für 500,— DM. Ist die Form von § 518 nötig? Gelten bei Sach- oder Rechtsmängeln die §§ 523 f., oder gilt Kaufrecht? Haftet V nach § 521 nur für grobe Fahrlässigkeit? Kann V bei eigener Verarmung (§§ 528 f.) zurückfordern oder bei grobem Undank des K widerrufen (§§ 530 ff.)? Ist der Erwerb des K auch dann endgültig wirksam, wenn V nur Vorerbe ist (§ 2113 II)?

a) Hierfür gibt es im wesentlichen drei Theorien. Zunächst die oft vom RG vertretene **Trennungstheorie:** Nach ihr soll das Geschäft nach Schenkungsrecht nur insoweit behandelt werden, als die Partner es als unentgeltlich wollten; im übrigen soll das Recht des nebenher laufenden entgeltlichen Typenvertrages (etwa Kauf) anzuwenden sein. Dagegen will die in der Literatur (*Esser-Weyers* § 12 I 3; *Larenz* II § 62 II c) herrschende gemilderte Trennungs- oder **Zweckwürdigungstheorie** diejenigen Vorschriften anwenden, die im Einzelfall dem Zweck oder dem Parteiwillen am besten entsprechen. Endlich die **Theorie der Abschlußschenkung:** Nach ihr soll Gegenstand der Schenkung der Abschluß eines günstigen Kaufs sein. Damit sind zwei Rechtsgründe (Schenkung und Kauf) hintereinandergeschaltet: Der Abschluß des Kaufs ist Erfüllung der Schenkung. Die vorgelagerte Schenkcausa bleibt aber über die §§ 528, 530 für den Kauf wirksam. Auch kann dem Abschluß des Kaufs ein Schenkverbot (etwa § 2205 S. 3) entgegenstehen.

381   **b)** In der Tat wird man die Frage, ob Schenkungsrecht oder das Recht des entgeltlichen Typenvertrages anwendbar ist, **nicht einheitlich entscheiden** können. So wird man etwa bei der Rechts- und Sachmängelhaftung zu trennen haben: Beide gelten nur für den entgeltlichen Teil des Geschäfts. Für die nicht derart teilbare Frage nach der Form (§ 518) wird man Formbedürftigkeit schon immer dann annehmen müssen, wenn nicht eindeutig der entgeltliche Charakter überwiegt. Nach den §§ 528, 530 darf der Schenker nur den Wert des unentgeltlichen Teiles seiner Leistung zurückverlangen. Entsprechendes hat bei den §§ 2113 II, 2287 zu gelten.

> Ebenso wie eine gemischte Schenkung gibt es übrigens auch eine gemischte Leihe usw. (etwa Vermietung zum Freundespreis).

III. Die Schwächen des unentgeltlichen Erwerbs

Das BGB regelt ausführlich die **Schwächen des unentgeltlichen Geschäfts** 382
zwischen den Parteien, indem es zugunsten des unentgeltlich Leistenden
erweiterte Möglichkeiten zur Auflösung gewährt (etwa §§ 519, 528, 530, 605
Nr.1, 671). Diese Vorschriften sind klar und bedürfen hier keiner Erörterung. Darüber hinaus ist die Position des unentgeltlichen Erwerbers aber
auch in mehrfacher Hinsicht **gegenüber Dritten** schwach: Ein Dritter kann
unentgeltlichen Erwerb herausverlangen, wo er entgeltlichen Erwerb nicht
angreifen könnte. Die Vorschriften dieser Gruppe gewähren zwar keine Ansprüche aus Schuldvertrag, sie sollen aber wegen des Sachzusammenhangs
mit der Schenkung dennoch hier besprochen werden.

1. Unentgeltliche Verfügung eines Nichtberechtigten

Die wichtigste Vorschrift dieser Art ist § 816 I 2. Diese Bestimmung bedeutet 383
eine schuldrechtliche Korrektur der dinglichen Vorschriften über den Erwerb vom Nichtberechtigten kraft Redlichkeit (unten Rdnr. 531 ff.). Bei den
§§ 892 f., 932 ff., 1138, 1207 wird ja nicht darauf abgestellt, ob der Redliche
für seinen Erwerb ein Opfer gebracht hat; auch der Beschenkte kann vom
Nichtberechtigten erwerben. § 816 I 2 macht das unentgeltlich erworbene
Recht aber kondizierbar: Der Rechtsverlierer soll letztlich doch stärker geschützt sein als der unentgeltliche Erwerber.

Bsp.: Der Grundstückseigentümer E hat eine Buchhypothek an den Gläubiger G
zurückbezahlt; die Berichtigung des Grundbuchs ist aber unterblieben. Schenkt nun
G seine angebliche Forderung mit der Hypothek dem redlichen D, so erwirbt dieser
nach §§ 892, 1138 das dingliche Recht. Nach § 816 I 2 kann E aber Rückübertragung an
sich verlangen.

Hat dagegen D bereits an X weiterverschenkt, so versagt § 816 I 2 im Verhältnis
E-X; D hat ja über die Hypothek (genauer: über die angebliche Forderung, für welche die inzwischen redlich erworbene Hypothek besteht) als sachrechtlich Berechtigter verfügt.

2. Unentgeltliche Verfügung eines berechtigten Bereicherungsschuldners

Bei unentgeltlichen Verfügungen eines Berechtigten setzt aber § 822 ein: So- 384
weit durch die Verfügung ein Bereicherungsanspruch gegen den Veräußerer
wegen § 818 III erloschen ist, haftet der Erwerber nach Bereicherungsrecht.

So ist im Bsp. bei Rdnr. 383 ein Anspruch E-X aus § 822 gegeben, wenn die Haftung des D aus § 816 I 2 nach § 818 III erloschen ist, also wenn D bei seiner Verfügung dem E nicht schon aus §§ 818 IV, 819 ohne Rücksicht auf die Fortdauer seiner Bereicherung haftete.

Dabei verlangt § 822, daß der Anspruch gegen den Verfügenden erloschen ist; bloße Undurchsetzbarkeit soll nicht genügen (so etwa *BGH* NJW 1969, 605 f.). Das führt zu der seltsamen Konsequenz, daß der unentgeltliche Erwerb, den ein berechtigter, aber nach § 819 I unredlicher Vormann vermittelt hat, nur wegen dieser Unredlichkeit bereicherungsrechtlich unangreifbar ist. Freilich können dann die §§ 7, 31 Nr. 3, 4 AnfG helfen, vgl. unten Rdnr. 389 und *Kornblum*, JuS 1970, 437/441 f.

Bsp.: Der Dieb D hat von gestohlenem Geld des E bei J Schmuck gekauft und ihn seiner Freundin F geschenkt. Hier ist die Verfügung des D über das Geld nach § 932 wegen § 935 II wirksam. D hat auch den Schmuck nach § 929 zu Eigentum erworben, müßte ihn aber nach h. M. an E übereignen, § 816 I 1. Da diese Pflicht des D sich wegen § 819 I durch die Schenkung an F in einen Schadensersatzanspruch (§§ 818 IV, 292 I, 989) verwandelt hat, kann E von F nach § 822 nichts verlangen. Die F steht also besser, wenn ihr Veräußerer unredlich war, so daß diesem § 818 III nicht hilft! Hiergegen mit guten Gründen MünchKomm-*Lieb*s § 822 Rdnr. 6.

3. Unentgeltlich erlangter Besitz

385 Nach § 988 muß auch der redliche Besitzer bei unentgeltlich erlangtem Besitz dem Eigentümer die gezogenen Nutzungen herausgeben. Auch hier soll verhindert werden, daß der unentgeltliche Erwerber Vorteile behalten darf, die er aus fremdem Recht erlangt hat. Vgl. unten Rdnr. 600 ff.

Dabei ist § 988 seinem Wortlaut nach in einer Hinsicht unzweifelhaft zu eng: Er spricht nur vom Eigenbesitzer und demjenigen Fremdbesitzer, der zur Ausübung eines Nutzungsrechts *an der Sache* besitzt. Das trifft nur ein dingliches Recht. Ebenso muß aber auch der Fremdbesitzer behandelt werden, der nur ein obligatorisches Nutzungsrecht (Leihe) hat: *BGHZ 71, 216/225 f.*

4. Bösliche Schenkungen des gebundenen Erblassers oder des Ehegatten

386 Ähnlichkeit mit § 822 hat § 2287: Bösliche Schenkungen (nämlich solche mit Benachteiligungsabsicht, dazu *BGHZ 59, 343 ff.* mit *Teichmann*, JZ 1974, 32 ff. sowie *H. Dilcher,* Jura 1988, 72 ff.) des Erblassers zu Lasten des Vertragserben sind von dem Beschenkten nach Bereicherungsrecht (Rechtsfolgeverweisung) zurückzugewähren. Das gilt nach allgemeiner Ansicht (etwa *Kipp-Coing* § 35 III 4 e) entsprechend bei böslichen Schenkungen des durch gemeinschaftliches Testament nach § 2271 II gebundenen überlebenden Ehegatten (nicht dagegen, wenn der andere Ehegatte noch lebt:

BGHZ 87, 19 ff.). In beiden Fällen ist die Schenkung wie bei § 822 obligatorisch und dinglich wirksam, auch hat der Erwerb vom Berechtigten stattgefunden. Dennoch soll der unentgeltliche Erwerber dem Beeinträchtigten weichen müssen.

Auf den ersten Blick liegt bei § 2287 nahe, einen Anspruch nicht gegen den (vielleicht redlichen) Beschenkten zu gewähren, sondern (entsprechend § 826) gegen den böslichen Schenker. Aber das geht — im Gegensatz zum Fall des § 2288 — nicht: Der Schenker ist ja tot, und der Beeinträchtigte ist sein Erbe, so daß Konfusion einträte. Bei § 2287 ist also ausnahmsweise die Rechtsstellung des Erben stärker als diejenige seines Erblassers.

Eine ähnliche Unbeständigkeit von Schenkungen und anderen Rechtshandlungen, die mit Benachteiligungsabsicht vorgenommen worden sind, regelt *§ 1390:* Hier kann sich derjenige Ehegatte, dessen Anspruch auf **Zugewinnausgleich** verkürzt worden ist, nach Bereicherungsrecht an den dritten Empfänger halten.

5. Schenkungen mit Nachteil für einen Pflichtteilsberechtigten

Ähnlich verhält es sich bei § 2329 (wo es freilich auf eine Benachteiligungsabsicht des Schenkers nicht ankommt): Hier ist die Schenkung des Erblassers an den Dritten gleichfalls obligatorisch und dinglich wirksam, und der Beschenkte hat auch vom Berechtigten erworben. Dennoch soll er das Geschenk nach Bereicherungsrecht (ebenfalls Rechtsfolgeverweisung) herausgeben, soweit sonst der Pflichtteilsergänzungsanspruch verkürzt würde, weil der Erbe (etwa wegen §§ 2328, 1975, 1990) ihn nicht zu erfüllen braucht oder der Ergänzungsberechtigte selbst Erbe ist.   387

6. Dinglich unwirksame Schenkung

Einen anderen Weg gehen die §§ 1425 I, 1641, 1804, 2113 II, 2205 S. 3: Sie lassen die Schenkung dinglich unwirksam werden (§ 2113 II) oder sein (§§ 1425 I, 1641, 1804, 2205 S. 3). Die Vermögensinhaber können also die verschenkte Sache vindizieren oder die schenkweise erlassene Forderung geltend machen; bei § 1425 I gehört der verschenkte Gegenstand weiter zum Gesamtgut.   388

7. Anfechtbarkeit von Schenkungen

Endlich wird die Wirkung des unentgeltlichen Erwerbs zugunsten der Gläubiger des Schenkers geschwächt: Solcher Erwerb kann im Konkurs des Schenkers (§§ 32, 40 II Nr. 3 KO), aber auch sonst bei dessen Zahlungs-   389 unfähigkeit (§§ 3 I Nr. 3, 4; 11 II Nr. 3 AnfG) leichter angefochten werden. Dabei bedeutet »Anfechtung« hier aber, anders als nach § 142, keineswegs eine Vernichtung des obligatorischen oder des dinglichen Teils der Schenkung. Vielmehr wird mit der Anfechtung nach §§ 37 I KO, 7 AnfG nur ein Anspruch auf Rückgewähr geltend gemacht (für § 7 AnfG genauer: darauf, daß der weggegebene Gegenstand der Vollstreckung durch den anfechtenden Gläubiger zur Verfügung gestellt werde) und nach § 5 AnfG eine Einrede. Der Grundgedanke der Schenkungsanfechtung ist: Niemand soll schenken, bevor er seine Gläubiger befriedigt hat *(nemo liberalis nisi liberatus)*. Dabei gehen die Interessen der Gläubiger denen der Beschenkten ein Jahr lang (§§ 32 Nr. 1 KO, 3 I Nr. 3 AnfG) vor. Bei Schenkungen an den Ehegatten verdoppelt sich diese Frist (§§ 32 Nr. 2 KO, 3 I Nr. 4 AnfG).

IV. Rechtsgrundlos = unentgeltlich?

1. Das Problem

390 Vor allem bei den §§ 816 I 2, 988 fragt es sich, ob rechtsgrundloser Erwerb dem unentgeltlichen gleichzustellen ist. Mit anderen Worten: Kann der rechtsgrundlose Erwerber wie ein unentgeltlicher behandelt werden, weil er für seinen Erwerb kein Opfer zu bringen brauchte?

Bei den anderen oben Rdnr. 382—389 genannten Vorschriften taucht diese Frage nicht in gleicher Schärfe auf. Bei § 822 ist nämlich die Haftung des Erstbereicherten nicht erloschen, solange ihm noch die Leistungskondiktion gegen den rechtsgrundlosen Zweiterwerber zusteht. Denn dann schuldet der Erstbereicherte den Ersatz des Wertes der Leistung (vgl. unten Rdnr. 670). Bei § 2287 gehört der Bereicherungsanspruch zum Nachlaß und kann von dem Vertragserben geltend gemacht werden. Bei § 1390 vermehrt der Wert des Bereicherungsanspruchs das Vermögen des ausgleichspflichtigen Ehegatten, so daß der Ausgleichsanspruch nicht an § 1378 II scheitert. Ähnlich ist bei § 2329 der Wert des Nachlasses durch den Bereicherungsanspruch des Erben erhöht. Bei § 32 KO gehört der Bereicherungsanspruch zur Masse; der Konkursverwalter kann ihn realisieren. Bei § 3 I Nr. 3, 4 AnfG endlich kann der Gläubiger den Bereicherungsanspruch seines Schuldners pfänden. Schwierigkeiten entstehen nur dann, wenn die Leistungskondiktion nach §§ 814, 815 nicht durchgesetzt werden kann.

2. Die Gleichstellung bei § 816 I 2 BGB

Die Gleichstellung von rechtsgrundlos und unentgeltlich hat begonnen mit *RGZ (GS) 163, 348 ff.* bei § 988; darauf wird noch zurückzukommen sein (vgl. unten Rdnr. 600 ff.). Ich beschränke mich hier auf § 816 I 2. **390a**

Bsp.: V hat eine Sache des E aufgrund nichtigen Kaufvertrages an den gutgläubigen K veräußert, der nach § 932 Eigentümer geworden ist. Kann E von K nach § 816 I 2 Rückübereignung fordern?

Hätte die Sache dem V gehört, so könnte dieser von K wegen der Nichtigkeit des Kaufvertrages Rückübereignung nach § 812 I 1 Fall 1 verlangen. Diesem Anspruch könnte K aber den etwa von ihm bereits gezahlten Kaufpreis entgegenhalten. Im Verhältnis zu V bräuchte K die Sache also nur gegen Rückzahlung des Kaufpreises herauszugeben. Wenn V nun eine Sache des E veräußert hat, käme dieses Recht des K in Gefahr, wenn er durch entsprechende Anwendung von § 816 I 2 einem Anspruch des E ausgesetzt wäre. Denn ob K diesem gegenüber die an den nichtberechtigten V erbrachte Gegenleistung als Wegfall der Bereicherung (§ 818 III) geltend machen könnte, ist zumindest sehr zweifelhaft (vgl. unten Rdnr. 725).

Nach richtiger Ansicht[1] kann daher § 816 I 2 auf rechtsgrundlosen Erwerb jedenfalls dann nicht entsprechend angewendet werden, wenn der Erwerber tatsächlich ein Vermögensopfer erbracht hat. Das hat auch *BGHZ 37, 363/368* angedeutet (dazu etwa *P. Schlosser,* JuS 1963, 141 ff.).

Allerdings dürfte der BGH in dem dort entschiedenen Fall das Fehlen eines Vermögensopfers zu Unrecht angenommen haben: Ein Angestellter hatte unterschlagenes Geld auf Grund nichtigen Spielvertrages bei einer Spielbank verspielt. Der BGH hat dem, dem das Geld gehört hatte, analog § 816 I 2 einen Anspruch gegen den Träger der Spielbank gegeben. Aber in der dem Spieler durch die Bank eingeräumten Gewinnchance kann ein Opfer auch dann gesehen werden, wenn diese Chance sich nicht verwirklicht hat. An der Unentgeltlichkeit zweifelt *BGHZ 47, 393 ff.* (er verneint sie bei gültigem Spielvertrag).

Im Ausgangsfall muß E daher, wenn K an V gezahlt hatte, gegen V vorgehen. Nach § 816 I 1 kann E von V dessen Bereicherung fordern, nämlich mindestens (doch vgl. unten Rdnr. 673) den Bereicherungsanspruch V—K. Erst diesen Anspruch kann E dann gegen K geltend machen. Dabei muß er sich aber nach § 404 alle Einreden entgegenhalten lassen, die K gegen V hatte, insbesondere also die aus § 273 wegen des Kaufpreises sowie die weiterreichenden Folgen der Saldotheorie (vgl. oben Rdnr. 225).

V. Die Schenkung von Todes wegen

Kaum an einem anderen Punkt ist die Rspr. des RG so uneinheitlich gewesen wie bei § 2301. Das liegt vor allem daran, daß sich in § 331 eine weitere Vorschrift über Zuwendungen auf den Todesfall findet, deren Verhältnis zu

391

---

1 Vgl. *Koppensteiner(-Kramer)* 108 f.; MünchKomm-*Lieb* § 816 Rdnr. 44 f.; 52.

§ 2301 unklar ist. Auch bereitet die Frage des Vollzuges nach § 2301 II immer wieder Schwierigkeiten.

1. Funktion des § 2301 BGB

392 Für sich betrachtet stellt § 2301 eine **Verschärfung gegenüber der Schenkungsform** dar.

> *RGZ 83, 223 ff.* (Bonifatiusfall): Der Priester E hatte kurz vor seinem Tode dem Pfarrkuraten P Wertpapiere übergeben, die dieser dem Erzbischof F für den Bonifatiusverein B bringen sollte. E wollte B die Papiere schenken. P übergibt sie dem F aber erst vier Tage nach dem Tode des E. Dessen Erbin K verlangt die Papiere von B heraus.

> Gäbe es § 2301 nicht, so wäre dieses Verlangen unbegründet. Denn P überbrachte als Bote des E dem F zugleich mit dem Besitz an den Papieren auch eine Schenkungs- und Übereignungsofferte. Beide Offerten wurden nach § 130 II durch den Tod des E nicht unwirksam. Nach § 153 konnten sie auch trotz des Todes des E noch angenommen werden; auf die Erklärung dieser Annahme ihm gegenüber hatte E nach § 151 verzichtet. Daher wären sowohl die Schenkung (§ 518 II) wie die Übereignung wirksam vereinbart worden; K hätte die Papiere weder kondizieren noch vindizieren können.

> Anders könnte man nur dann entscheiden, wenn man bei § 929 fordert, daß die Einigung im Zeitpunkt der Übergabe noch tatsächlich besteht. So in der Tat *RGZ 83, 230:* Im Zeitpunkt der Übergabe P—F sei E tot gewesen, und die neue Eigentümerin habe die Übereignung nicht gewollt. Anders schon *Wolff-Raiser* § 66 I 4: Die Übergabehandlung müsse Ausdruck des Übereignungswillens sein. Das wäre hier wohl noch zu bejahen. Gewiß aber ist der Eigentumserwerb von B nach der h. M. (etwa *Baur* §§ 5 III 1 b; 51 II 2): Nach ihr kann die Einigung (und entsprechend auch eine Einigungsofferte) schon vor der Übergabe erfolgen; sie wirkt dann fort, bis sie widerrufen wird. Danach wäre ein Widerruf der Übereignungsofferte des E durch K hier zwar möglich gewesen. Da ein solcher Widerruf aber bis zur Übergabe der Papiere an F nicht erfolgt ist, vollendet sich der Eigentumserwerb von B nach § 929 S. 1 durch diese Übergabe. Vgl. auch oben Rdnr. 33 ff.

393 E hatte die Schenkung jedoch in der sicheren Annahme gemacht, daß er demnächst sterben werde. Daher greift § 2301 ein.

> Zwar fehlt es hier im technischen Sinne an einer »Bedingung, daß der Beschenkte den Schenker überlebt« (§ 2301 I 1), weil das Überleben des Bonifatiusvereins (juristische Person) sicher war. Doch ist § 2301 nach richtiger Ansicht auch auf Fälle anzuwenden, in denen der Schenker seinen nahen Tod erwartet und das Überleben des Beschenkten für gewiß hält. Die Einzelheiten sind str., vgl. etwa MünchKomm-*Musielak* § 2301 Rdnr. 11. Die Rspr. ist uneinheitlich: einerseits verzichtet *BGHZ 99, 97/100 f.* auf eine ausdrückliche Überlebensbedingung (dazu *Leipold*, JZ 1987, 362 ff.;

Olzen, JR 1987, 372 f.). Andererseits will BGH Betr. 1988, 1490/1491 mit der geltungserhaltenden Auslegung nach § 2084 von § 2301 wegkommen. Nach meiner Absicht darf allein entscheiden, ob der Erblasser das in der Schenkung liegende Opfer auch für den Fall seines Überlebens bringen will.

§ 2301 I erklärt die Vorschriften über Verfügungen von Todes wegen für anwendbar. Danach bedarf es für eine vertragliche Zuwendung, wie sie eine Schenkung darstellt, der Form des **Erbvertrages,** §§ 2276 I, 2233 ff. Diese Form wird praktisch nie erfüllt sein. Dann kommt freilich immer noch die Umdeutung der vertraglichen Schenkung in ein *einseitiges* **Vermächtnis** in Betracht. Doch ist hierfür wenigstens die Form von § 2247 nötig. Im Bonifatiusfall und in den meisten anderen praktisch vorkommenden Fällen ist aber auch sie nicht eingehalten. Und eine Konvaleszenz formunwirksamer Verfügungen von Todes wegen gibt es im Gegensatz zu § 518 II nicht (deutlich *BGH* Betr. 1988, 1490/1491).

Deshalb hängt alles von § 2301 II ab, nämlich davon, ob der Schenker die Schenkung noch **vollzogen** hat. Das ist richtig dahin zu verstehen, daß noch der Erblasser selbst und nicht erst der Erbe das Vermögensopfer bringt (*Kipp-Coing* § 81 III 1 c). Daran fehlt es im Bonifatiusfall: Der Erblasser hatte das Eigentum an den Wertpapieren nicht mehr verloren. Dieses war vielmehr zunächst noch auf seine Erbin übergegangen, so daß der Eigentumserwerb des Bonifatiusvereins erst für sie ein Opfer bedeutet hätte. Auch eine den Erblasser bindende Offerte zur Übereignung lag noch nicht vor.

Anders *Brox* Rdnr. 720: Er folgt für § 929 der Ansicht von *Westermann* § 38, 4, nach der die Einigung bei dieser Vorschrift unwiderruflich sein soll (vgl. oben Rdnr. 33). Entsprechend sei auch die Einigungsofferte nur nach § 130 I 2 widerruflich. Danach wäre der Erblasser jedenfalls dann gebunden (und hätte daher schon ein Vermögensopfer gebracht), wenn er die Einigung einem Empfangsvertreter oder -boten *des zu Beschenkenden* erklärt hätte. *Brox* Rdnr. 718 f. geht aber noch weiter: Wegen der §§ 130, 168 sei Vollzug auch bei einem Vertreter oder Boten *des Erblassers* zu bejahen, wenn nicht dem Erben noch ein rechtzeitiger Widerruf gelinge. So im Ergebnis auch die h. M.[2]. Abweichendes soll nur gelten, wenn der Bote die Erklärung weisungsgemäß erst nach dem Tod des Zuwendenden überbringt: *Brox* Rdnr. 719.

2. Schenkungen durch Vertrag mit einem Dritten

Es bleibt die Frage, wie § 331 mit § 2301 zu vereinbaren ist. Denn § 331 erwähnt die erbrechtlichen Formen nicht. Er geht vielmehr davon aus, daß ein

394

---

2 Noch anders aber *Bühler,* NJW 1976, 1727 f. (erlaubtes Insichgeschäft), hiergegen *Harder-Welter,* NJW 1977, 1139 ff.

Leistungsversprechen zugunsten eines Dritten auch dann wirksam ist, wenn die Leistung erst nach dem Tode des Versprechensempfängers erfolgen soll. Gemeint sind dabei Leistungen, die der Erblasser durch eine andere Person (den Versprechenden) an den begünstigten Dritten erbringt.

a) Vorrang des Erbrechts?

Eine in der Literatur vertretene Ansicht (vgl. *Kipp-Coing* § 81 V 1; 2 c) wendet § 2301 auch im Rahmen von § 331 dann an, wenn im Verhältnis Versprechensempfänger (= Erblasser) — Dritter (= Begünstigter) Schenkung vorliegt. In diesen Fällen soll also die Zuwendung formfrei nur bei lebzeitigem Vollzug durch den Schenker wirksam sein, nämlich wenn dieser »sich für seine Lebenszeit der Verfügung über den Gegenstand der Zuwendung begeben hat« (*Kipp-Coing* § 81 V 2 c).

> *BGHZ 46, 198 ff.:* Die Erblasserin E hatte auf den Namen ihrer Enkelin K ein Sparbuch anlegen lassen und darauf Geld eingezahlt. E hatte das Sparbuch aber behalten und der K nichts davon gesagt. Es wird im Nachlaß der E gefunden.

Hier stand nach Ansicht des BGH das Sparguthaben der E bis zu ihrem Tode zu. Bei Anwendung von § 2301 greift dann diese Vorschrift ein. Denn im Verhältnis E—K kommt nur Schenkung in Betracht. Diese war zu Lebzeiten der E noch nicht vollzogen, weil E sich der Verfügung über das Sparbuch nicht begeben hat (sie hätte jederzeit selbst wieder Geld abheben können). Folglich bedarf die Zuwendung an K eines erbrechtlichen Grundes (unklar insoweit *Kipp-Coing* aaO.). Da ein solcher fehlt, hat K die Forderung (und damit nach § 952 auch das Eigentum an dem Sparbuch) entweder überhaupt nicht oder doch bloß rechtsgrundlos erworben.

b) Verdrängung des Erbrechts durch § 331 BGB?

395 Anders aber der *BGH* aaO[3]. Er faßt nämlich, ebenso wie schon in früheren Entscheidungen (etwa *BGHZ 41, 95 ff.;* NJW 1965, 1913 f.), noch weitergehend § 331 **als Sondervorschrift gegenüber** § 2301 auf, der vollständig verdrängt werden soll: Der Erblasser brauche nämlich zu Lebzeiten noch kein Opfer gebracht zu haben, wenn er den Weg über § 331 wähle, also wenn er dem Begünstigten einen Anspruch gegen einen Dritten einräume. Das soll insbesondere auch dann gelten, wenn der Anspruch gegen den Dritten für den Begünstigten erst mit dem Erbfall entsteht und wenn die zugrunde liegende Schenkung sogar erst nach dem Erbfall konvaliziert (§ 518 II) oder erst danach überhaupt zustande kommt.

3 Bestätigend letztens *BGH* NJW 1984, 480, 481. Dem BGH folgt etwa *Brox* Rdnr. 729 ff., teils anders *Harder,* Zuwendungen unter Lebenden auf den Todesfall (1968) 154 ff., noch anders *Finger,* JuS 1968, 309 ff.

Im einzelnen konstruiert *BGHZ 46, 198 ff.* wie folgt: In der Anlegung des Sparbuchs durch E auf den Namen der K liege ein Antrag der E an K zum Abschluß einer Schenkung. Diesen Antrag könne K nach §§ 130 II, 153 noch nach dem Tode der E annehmen. Eine Form sei hierfür gemäß § 518 II nicht nötig, weil die Schenkung sich mit dem Tode der E (§ 331 I) dadurch vollziehe, daß K die in dem Sparbuch verbriefte Forderung gegen die Sparkasse, also den Gegenstand der Schenkung, erwerbe. *BGH NJW 1984, 480/481* fügt freilich hinzu, der Erwerb des Anspruchs gegen den Versprechenden müsse auch von dessen Vertragswillen erfaßt sein (im Bsp. also von demjenigen der Sparkasse).

c) Lösungsvorschlag

396 Der Unterschied zwischen den beiden Ansichten a und b ist also groß. Nach meiner Auffassung verdient die Ansicht a entschieden den Vorzug, und zwar aus zwei Gründen:

aa) Einmal führt die Ansicht b zu einer weitreichenden **Aushöhlung der erbrechtlichen Formen.** Denn sie macht es möglich, Zuwendungen auf den Todesfall durch bloß mündlichen Vertrag zwischen dem Erblasser und einer anderen Person zuwege zu bringen. Damit wird nicht nur der Widerstand verringert, den die erbrechtlichen Formvorschriften jedem Abweichen von der gesetzlich vorgesehenen Verteilung des Nachlasses entgegensetzen. Vielmehr werden damit auch die Beweisschwierigkeiten vergrößert, denen diese Formvorschriften zuvorkommen sollen: Der Streit um eine solche Zuwendung findet ja stets erst dann statt, wenn der eine Beteiligte, nämlich der Erblasser, nicht mehr lebt. Darum besteht das Erbrecht mit gutem Grund auf der Einhaltung der Formen.

397 bb) Zum anderen und vor allem aber steht neben dem Formproblem auch das **Einordnungsproblem** (vgl. *Kipp-Coing* § 81 II 1 b). Die Nachlaßverbindlichkeiten stehen untereinander in einer durch § 226 KO bestimmten festen Rangfolge. Diese sieht, soweit sie hier interessiert, folgendermaßen aus: Zunächst sind die gewöhnlichen Nachlaßgläubiger zu befriedigen. Dann kommen die Forderungen aus einer Freigiebigkeit des Erblassers unter Lebenden. An nächster Stelle stehen die Pflichtteilsansprüche, und erst an letzter die Forderungen aus Vermächtnissen und Auflagen.

Klassifiziert man nun die Zuwendungen nach § 331 als Zuwendungen unter Lebenden, so gerät diese Rangordnung völlig durcheinander: Die durch solche Zuwendungen Begünstigten rangieren auf einmal noch vor den Pflichtteilsberechtigten. Es bleibt dann nur die umständliche Hilfe über die §§ 2325, 2329. In dem Fall von *BGHZ 46, 198 ff.* ist die Sache sogar noch schlimmer: Hier ist ja nach Ansicht des BGH das Guthaben des Erblassers mit dem Erbfall wirksam aus dem Nachlaß ausgeschieden. Es wäre damit zunächst sogar den gewöhnlichen Nachlaßgläubigern entzogen und müßte notfalls erst durch eine Anfechtung (oben Rdnr. 389) zurückgeholt werden[4]. Alle diese Schwierigkeiten werden vermieden, wenn man § 2301 auf jeden *schenkweisen* Erwerb von Todes wegen anwendet, auch wenn er über das Vermögen eines anderen erfolgt. Auch *BGHZ 98, 226/232 f.* (zu § 2325) befürchtet »schwerwiegende Fehlentwicklungen« durch die Möglichkeit für den Erblasser, »sein Vermögen unter Benachteiligung aller, einzelner oder auch nur eines einzelnen Pflichtteilsberechtigten ... am Nachlaß vorbei ohne für ihn fühlbares eigenes Vermögensopfer weiterzuleiten«. Gerade dem soll der hier vertretene Standpunkt entgegenwirken.

Wegen der Einordnung als Zuwendung unter Lebenden verneint *BGHZ 66, 8 ff.* (dazu *K. Schmidt,* JuS 1976, 395 f.) konsequent auch einen Verstoß gegen § 2289 I 2, wenn der Schenker durch Erbvertrag oder gemeinschaftliches Testament gebunden war. Vielmehr könne der Empfänger der Zuwendung dem Erben lediglich nach § 2287 haften.

d) Neuere Rechtsprechung

398 Bisweilen hat allerdings der BGH selbst seine Ansicht wesentlich eingeschränkt.

BGH NJW 1975, 382 ff.: Der Erblasser G hatte seine Bank B beauftragt, nach seinem Tod zu Lasten seines Kontos einem Dritten D 5000 DM gutzuschreiben. Noch bevor dieser Auftrag nach dem Erbfall ausgeführt worden war, widerrief ihn der Erbe E. D verlangt von E die Zustimmung zur Gutschrift der 5000 DM.

Der BGH hat diese Klage für unbegründet gehalten: Allerdings habe D mit dem Erbfall nach § 331 einen Anspruch gegen B erworben. Dieser Erwerb bedürfe jedoch, um bereicherungsrechtlich beständig zu sein, einer schuldrechtlichen Grundlage, nämlich eines Schenkvertrages. Und für dessen Zustandekommen fehle die nötige Einigung: B könne sie nach dem Widerruf des Auftrages durch E (§§ 671, 168) nicht mehr erklären. Nach dieser Ansicht hängt der Erwerb des D im Ergebnis davon ab, ob E von dem Auftrag noch vor der Ausführung erfährt und daher rechtzeitig widerrufen kann (ein Fall, in dem das dem Erben nicht gelungen ist: *BGH* NJW 1978, 2027). Damit erlangt der Zufall eine große Bedeutung; ich ziehe deshalb weiterhin die den Zufall ausschaltende Anwendung des § 2301 vor (oben Rdnr. 396 f.).

---

4 Anders insoweit *Kipp-Coing* § 81 V 2 c: Die Zuwendung sei als Vermächtnis zu behandeln; der Zuwendungsgegenstand falle in den Nachlaß.

3. Auftrag und Vollmacht über den Tod hinaus

Der eben erörterte Fall leitet schon über zu den Problemen von Auftrag und 399 Vollmacht über den Tod hinaus.

BGH NJW 1969, 1245 ff.: Die Erblasserin E hatte ihre Nichte N »ermächtigt«, nach dem Erbfall Teile des zum Nachlaß gehörenden Grundvermögens dem Bruder B der N zu übertragen. Dabei sollte B nur den (damals weit unter dem Verkehrswert liegenden) steuerlichen Einheitswert bezahlen müssen. N führte das einen Monat nach dem Tode der E aus. Gesetzliche Erben der E sind N, B und D. D verlangt von B Grundbuchberichtigung dahin, daß als Eigentümer der fraglichen Grundstücke die Erbengemeinschaft eingetragen werde.

Der Anspruch ist aus §§ 2039, 894 begründet, wenn die Grundstücke nicht wirksam aus dem Nachlaß ausgeschieden sind. Solche Unwirksamkeit ist unter zwei Gesichtspunkten möglich:

Erstens könnte N die Vertretungsmacht zu der Veräußerung gefehlt haben. Zwar waren Auftrag und Vollmacht (das bedeutet die »Ermächtigung«) nach §§ 672 S. 1, 168 S. 1 über den Tod der E hinaus wirksam. Aber ihre Ausübung durch N könnte eine Schlechterfüllung des Auftrags und einen evidenten **Vollmachtsmißbrauch** (vgl. oben Rdnr. 116) darstellen, wenn seit dem Erbfall die Interessen des Miterben D zu berücksichtigen waren.

Und zweitens könnte die Veräußerung an § 2301 scheitern, wenn man in dem Verkauf zum Einheitswert eine gemischte Schenkung (oben Rdnr. 380 f.) sieht. Denn auch hier hatte die E noch kein lebzeitiges Opfer erbracht.

Der BGH hat gleichwohl die Klage abgewiesen: Vollmachten über den Tod hinaus sollten nach ihrem Zweck gerade unabhängig vom Willen der Erben sein. Aber die Frage ist, ob die Rechtsordnung eine solche Unabhängigkeit erlaubt: Seit dem Erbfall können Herr der vom Vertreter geschlossenen Geschäfte nur noch die Erben sein; ihre Interessen hat der Vertreter also zu beachten. Der Erblasser kann seinen Willen über den Tod hinaus nur in den Formen des Erbrechts (oder durch eine Stiftung) zur Geltung bringen. Diesen vom Gesetz gezogenen Rahmen der »Herrschaft der Toten über die Lebenden« sollte man nicht überschreiten[5].

Auch hierzu gibt es aber wohl noch einen etwas abweichenden, strengeren Standpunkt des BGH (vgl. schon oben Rdnr. 398): Der Erblasser hatte dem zu Beschenkenden eine unwiderrufliche Vollmacht unter Befreiung vom Verbot des § 181 erteilt, damit er das zu schenkende Grundstück auf

---

5 Vgl. dazu *Flume* § 51,5 b (wie hier) und *Finger,* NJW 1969, 1624 ff., dazu noch *Harder,* Festgabe von Lübtow (1971) 515/517 f. (wie *Flume* unter Hinweis auf § 666); *Hopt,* ZHR 133 (1970) 305 ff. (gegen *Flume*).

sich übertragen lassen könne. Zudem hatte der Erblasser dem zu Beschenkenden eine Auflassungsvormerkung eintragen lassen. Damit habe der Erblasser zwar, so meint *BGH* NJW 1974, 2319 ff. (mit Anm. *Finger,* NJW 1975, 535 f.), alles zur Leistung seinerseits Erforderliche getan. Trotzdem stelle das aber noch nicht die Leistung im Sinne von § 2325 III dar; dazu bedürfe es mindestens der Auflassung an den Erwerber. Zur Begründung stellt der BGH richtig auf den Schutz des Pflichtteilsberechtigten ab. Entsprechende Erwägungen müssen dann aber auch bei § 2301 gelten; sie finden sich jetzt in *BGHZ 87, 19 ff.* (dazu *Kuchinke,* FamRZ 1984, 109 ff.). Danach bedeutet also die bloße Erteilung einer Vollmacht zur Verfügung über ein schenkungshalber versprochenes Bankguthaben einen Vollzug weder nach § 518 II noch nach § 2301 II.

Wenig hilfreich scheint mir zur Vollmacht über den Tod hinaus *BGH* FamRZ 1985, 693 ff. Dort hatte eine Erblasserin ihre Freundin bevollmächtigt, nach dem Erbfall über Konten und Wertpapierdepots des Nachlasses zu eigenen Gunsten (also zu Lasten des Erben) zu verfügen. Die Freundin hatte das getan; der Erbe verlangt Herausgabe der so dem Nachlaß entzogenen Werte. Der BGH räumt hier ein, der Vollzug der Vollmacht könne rechtsmißbräuchlich und daher unwirksam sein. Hierfür sei jedoch nicht einseitig auf die Interessen des Erben abzustellen, sondern auch auf diejenigen des Erblassers, die fortwirkten. Der Erblasser (bzw. sein Bevollmächtigter) und der Erbe haben aber hier diametral entgegengesetzte Interessen; wenn man beide berücksichtigen will, kommt man daher zu keinem klaren Urteil über die Wirksamkeit der Vollmacht. Richtigerweise muß es daher beim Vorrang des lebenden Erben vor dem toten Erblasser sein Bewenden haben (vgl. oben bei Fn. 5).

4. Die Lebensversicherung

400   Besonderes gilt für die Lebensversicherung (geregelt in den §§ 159—178 VVG). Bei ihr begibt sich der Versicherungsnehmer zu Lebzeiten der Verfügungsmöglichkeit über den Anspruch gegen die Versicherung nicht, § 166 I VVG: Bei der Kapitalversicherung kann der Versicherungsnehmer im Zweifel auch dann die Bezugsberechtigung neu regeln, wenn er zunächst eine bestimmte Person benannt hatte. Überdies hat der Versicherungsnehmer ein unentziehbares Kündigungsrecht, §§ 165, 178 VVG. Nach dem oben Rdnr. 394 Gesagten ist also die (meist schenkweise) Zuwendung der Versicherungssumme an den Begünstigten lebzeitig noch nicht vollzogen. Trotzdem kann hier das **Formgebot** von § 2301 nicht angewendet werden; die §§ 159 ff. VVG gehen insoweit vor. Das ist unstreitig.

Fraglich ist dagegen das **Einordnungsproblem:** Soll die Lebensversiche- 401
rungssumme als Nachlaßbestandteil angesehen werden und damit dem Zugriff
der Nachlaßgläubiger offenstehen? Die h. M. verneint das: Sie läßt den Anspruch auf die Versicherungssumme nicht in den Nachlaß fallen, wenn der Erblasser einen Begünstigten bestimmt hatte. Als Schenkung an diesen Begünstigten wird auch nicht die Versicherungssumme selbst angesehen (anders aber *Reinicke,* NJW 1965, 1053), sondern der Betrag der vom Erblasser gezahlten Prämien. Danach soll den Pflichtteilsberechtigten wegen der vom Erblasser in den
letzten zehn Jahren (§ 2325 III) vor seinem Tode gezahlten Prämien ein Ergän-
zungsanspruch gegen die Erben (§ 2325) oder hilfsweise gegen den Begünstigten zustehen, § 2329 (*BGHZ 7, 134 ff.;* gegen die zeitliche Begrenzung *Brox*
Rdnr. 737). Die Nachlaßgläubiger haben nach h. M. sogar nur die zeitlich regelmäßig auf ein Jahr beschränkte Anfechtungsmöglichkeit (vgl. oben Rdnr. 389).

Letztlich beruhen hier die Schwierigkeiten auf folgendem: Die Lebensversicherung
dient regelmäßig der Versorgung naher Angehöriger. Derselbe Zweck kann aber auch auf
zwei anderen Wegen erreicht werden: Erstens durch angesammeltes Vermögen des Erblassers, das in den Nachlaß fällt und daher voll dem Erbrecht unterliegt. Zweitens durch
eine an das Arbeitsverhältnis geknüpfte Hinterbliebenenversorgung (Sozialversicherung, Pension, betriebliche Versorgung), die außerhalb des Nachlasses und damit auch
außerhalb des Erbrechts bleibt. Die Lebensversicherung steht dazwischen: Welchem ihrer beiden Nachbarn soll sie stärker angeglichen werden? M. E. müssen diese Zusammenhänge noch grundsätzlicher überlegt werden. Vgl. auch *BGH* NJW 1987, 3131 ff. zu der
Frage, ob die Bezugsberechtigung der Ehefrau durch eine **Ehescheidung** berührt wird:
§ 2077 analog? Wegfall der Geschäftsgrundlage?

5. Nachfolge in eine Personengesellschaft

Gewisse Modifikationen des Erbrechts ergeben sich endlich auch bei der Nach- 402
folge in den Anteil an einer Personengesellschaft[6]. Hierüber hat sich seit fast
dreißig Jahren eine heftige literarische Diskussion entsponnen. *BGHZ 68,
225 ff.* hat mit einem vorzüglichen Urteil[7] einige Klarheit gebracht. Daher ist im
folgenden ein kurzer Überblick möglich:

a) Auflösung der Gesellschaft

Nach §§ 131 Nr. 4, 161 II HGB führt der Tod eines persönlich haftenden Gesellschafters bei der OHG und der KG regelmäßig zur Auflösung (anders § 177

---

6 Dazu *H. P. Westermann,* JuS 1979, 761 ff.; *Knieper-Fromm,* NJW 1980, 2677 ff.; *P.
Ulmer,* JuS 1986, 856 ff.; *Flume,* NJW 1988, 161 ff.; aber kritisch *Marotzke,* AcP 184
(1984) 541 ff.
7 Zustimmend etwa *P. Ulmer,* BB 1977, 805 ff.; *Wiedemann,* JZ 1977, 689 ff.

HGB für den Tod eines Kommanditisten). Dann steht der Liquidationsanteil des Erblassers (§ 155 HGB) den Erben zu.

b) Fortsetzung unter den übrigen Gesellschaftern

Statt dessen kann nach § 138 HGB die Fortsetzung der Gesellschaft unter den übrigen Gesellschaftern vereinbart werden. Dann wächst der Anteil des Erblassers den übrigen Gesellschaftern zu; dafür müssen diese die Erben mit dem Auseinandersetzungsguthaben abfinden, §§ 105 II HGB, 738. Zweifelhaft kann hier nur sein, inwieweit dieser Anspruch durch **Abfindungsklauseln** verkümmert (z. B. Berechnung nur nach dem Buchwert, regelmäßig zulässig nach *BGH* NJW 1985, 192 f.) oder ganz ausgeschlossen werden darf. Hierfür kann die Art Bedeutung haben, wie der abzufindende Anteil erworben worden ist: Bei Schenkung durch die übrigen Gesellschafter (häufig in Familien) ist auch die Abfindung weniger streng zu beurteilen. Umgekehrt beurteilt *BGH* NJW 1979, 104 diejenige Abfindung strenger, die einem ohne wichtigen Grund »hinausgekündigten« Gesellschafter geschuldet wird. Dem BGH zustimmend *P. Ulmer*, NJW 1979, 81 ff., dagegen *Flume*, NJW 1979, 902 ff. und Betr. 1986, 629 ff.[8] Die Einordnung solcher Abfindungsklauseln bei § 2301 scheitert regelmäßig schon daran, daß die in der niedrigen Bewertung liegende Zuwendung an die übrigen Gesellschafter meist wechselseitig und daher nicht unentgeltlich erfolgt.

c) Fortsetzung mit einem Nachfolger des Erblassers

Die Praxis vermeidet aber meist die beiden eben genannten Regelungen: die erste, weil sie die Gesellschaft zerstört, und die zweite, weil sie die Gesellschaft mit der Pflicht zur Zahlung des Auseinandersetzungsguthabens belastet. Statt dessen wird im Gesellschaftsvertrag häufig bestimmt, die Gesellschaft solle mit den Erben des verstorbenen Gesellschafters oder mit anderen namentlich benannten Personen fortgesetzt werden.

aa) Das ist nahezu unproblematisch, soweit **Gesellschaftsvertrag und Erbrecht übereinstimmen,** weil nämlich dieselben Personen mit gleichen Anteilen Nachfolger in die Gesellschaft und Erben werden. Hier kommt man ohne weiteres mit der Annahme aus, der Gesellschaftsanteil gehe nach Erbrecht über; hier entstehen auch keine Ausgleichsfragen. Zu beachten ist bloß, daß nach h.M. (etwa *BGHZ 68, 225/237; BGH* NJW 1983, 2376) mehrere Erben

---

8 Vgl. zu dem ganzen Fragenkreis auch *Flume*, PersGes § 12 IV; *Kübler*, Gesellschaftsrecht (2. Aufl. 1985) § 7 VIII; *Rasner*, NJW 1983, 2905 ff.; *Hennerkes-Binz*, Betr. 1983, 2641 ff.; *Koller*, Betr. 1984, 545 ff.; *van Randenborgh*, BB 1986, 75 ff.; *Engel*, NJW 1986, 345 ff.

nicht in ihrer Verbundenheit als Erbengemeinschaft Gesellschafter werden, sondern einzeln (Prinzip der **Einzelnachfolge**). Entsprechend kann nach § 139 I HGB »jeder Erbe« für sich die Einräumung der Kommanditistenstellung fordern.

bb) Schwierigkeiten entstehen aber, wenn **Erbrecht und Gesellschaftsrecht teilweise auseinandergehen.** Wichtigster Fall ist, daß von mehreren Erben (etwa der Witwe und mehreren Kindern) nur einer (etwa der älteste Sohn) im Gesellschaftsvertrag als Nachfolger des Erblassers in die Gesellschaft bestimmt wird. Wie dieser Nachfolger den Gesellschaftsanteil des Erblassers erhalten soll, war zweifelhaft. *BGHZ 68, 225/229 ff.* hat sich jetzt für den **Erwerb nach Erbrecht** entschieden, und zwar **unmittelbar und ganz.** Trotz dieser Sondererbfolge gehört der Gesellschaftsanteil aber zum Nachlaß (und unterliegt daher grundsätzlich einer Testamentsvollstreckung), *BGHZ 98, 48 ff.*

Mit diesem Verständnis sind zwei andere Lösungswege verworfen worden: Erstens nämlich die Konstruktion eines Erwerbs durch Geschäft unter Lebenden, insbesondere nach §§ 328 ff. Und zweitens hat *BGHZ 68, 225/237 f.* die früher von *BGHZ 22, 186 ff.* vertretene, umständliche Ansicht aufgegeben, der Nachfolger erwerbe den Gesellschaftsanteil unmittelbar nur in Höhe seiner Erbquote und im übrigen erst auf dem Umweg über die anderen Gesellschafter.

Weiter bestätigt *BGHZ 68, 225/237 ff.* auch die Maßgeblichkeit des Erbrechts für die Verteilung des Nachlasses **dem Werte nach:** Der als Nachfolger bestimmte Miterbe muß also, soweit er gesellschaftsrechtlich mehr erhält als ihm hinsichtlich des Gesellschaftsanteils nach seiner Erbquote gebührt, den übrigen Miterben einen **Ausgleich** leisten (bei der Verteilung des Restnachlasses oder auch aus seinem weiteren Vermögen). Für diesen Ausgleichsanspruch läßt sich keine bestimmte Vorschrift als Grundlage angeben, weil er auf Richterrecht beruht (*Wiedemann*, JZ 1977, 689/691).

cc) Noch anders liegen die Dinge, wenn **Erbrecht und Gesellschaftsrecht völlig voneinander abweichen**, weil der im Gesellschaftsvertrag als Nachfolger Bestimmte erbrechtlich überhaupt nicht bedacht worden ist. Dann kommt ein erbrechtlicher Erwerb des Gesellschaftsanteils nicht in Betracht. Vielmehr muß die Benennung im Gesellschaftsvertrag als **Eintrittsklausel** verstanden werden (*BGHZ 68, 225/233*): Der Benannte ist aus dem Gesellschaftsvertrag, also durch Rechtsgeschäft unter Lebenden berechtigt, an die Stelle des Erblassers in die Gesellschaft rechtsgeschäftlich einzutreten. Die Erben erhalten dann einen Abfindungsanspruch gegen die Gesellschaft.

II. Abschnitt   Ansprüche aus Geschäftsführung ohne Auftrag*

§ 17   Übersicht über die Geschäftsführungsverhältnisse

I. Arten der Geschäftsführung

Geschäftsführung im weitesten Sinne ist jedes Handeln mit wirtschaftlichen **403** Folgen, das sich nicht auf ein bloßes Geben beschränkt. Soweit der Geschäftsführer nur seine **eigenen Angelegenheiten** besorgt (etwa eine eigene Sache verkauft), treffen die Folgen dieses Handelns ohnehin ihn selbst. Daher braucht die Rechtsordnung nicht einzugreifen: Es gibt keinen Dritten, auf den die Vor- und Nachteile einer solchen Geschäftsführung abgewälzt werden könnten.

Anders verhält es sich bei der Besorgung **fremder Angelegenheiten**: Hier muß das Gesetz die Vor- und Nachteile, die bei dem Handelnden oder bei demjenigen entstanden sind, um dessen Angelegenheiten es geht, gerecht verteilen. Diesem Zweck dienen zahlreiche Vorschriften.

1. Spezialregelungen

Besteht zwischen dem Geschäftsführer und dem Geschäftsherrn *ein besonderes* **404** *Rechtsverhältnis* (aus Vertrag oder Gesetz), so regelt dieses die Verteilung. Solche *vertraglichen Verhältnisse* sind etwa die Gesellschaft, der Auftrag einschließlich der entgeltlichen Geschäftsbesorgung (§ 675) und mehrere Vertragstypen des Handelsrechts (etwa Kommission und Spedition). Dies sind zugleich typische Innenverhältnisse der mittelbaren Stellvertretung. *Ohne Vertrag* entstehen besondere Geschäftsführungsverhältnisse etwa bei Vormundschaft und Testamentsvollstreckung, aber auch beim Fund, §§ 965 ff.

---

* Dazu *Berg*, Hauptprobleme der GoA, JuS 1975, 681 ff.; *Wollschläger*, Grundzüge der GoA, JA 1979, 57 ff.; 126 ff.; 182 ff.; *P. Schwerdtner*, GoA, Jura 1982, 593 ff.; 642 ff.; *Rödder*, Grundzüge der GoA, JuS 1983, 930 ff.; *Gursky*, AcP 185 (1985) 13 ff.

2. Geschäftsführung ohne Auftrag

405   Wo eine solche besondere Regelung fehlt, greifen die Vorschriften über die Geschäftsführung ohne Auftrag (GoA) ein, wenn der Geschäftsführer das Geschäft **für einen anderen besorgen wollte**, § 677. Ein Irrtum über die Person des Geschäftsherrn schließt die GoA nicht aus, § 686.

Bsp.: A nimmt ein Kind mit nach Hause, das weinend allein auf der Straße steht. A glaubt, es sei das Kind des B, doch ist es in Wahrheit das Kind des C: Hier ist Geschäftsherr C. Hat A sich schuldhaft geirrt, kann das für Schadensersatzansprüche des C aus §§ 678, 677, 280 Bedeutung haben (etwa wenn C Aufwendungen machen mußte, um sein Kind wiederzufinden). Jedoch können im Bsp. die §§ 679, 680 die Haftung des A entfallen lassen oder mildern.

3. »Unechte« Geschäftsführung ohne Auftrag

406   Wenn zwar ein fremdes Geschäft besorgt wird, aber **nicht für einen anderen,** sind nach § 687 die §§ 677 ff. wenigstens zunächst unanwendbar. Man spricht hier — mißverständlich — von »unechter GoA«.

Allerdings erklärt das Gesetz auch in manchen Fällen dieser Art die §§ 677 ff. für entsprechend anwendbar. Hierhin gehört etwa § 994 II: Er betrifft ja auch Besitzer, die sich für berechtigt halten und daher ihre eigene Angelegenheit zu besorgen glauben: Sie werden entgegen § 687 I wenigstens teilweise nach dem Recht der GoA behandelt. Noch stärker von dem Regelfall der GoA entfernen sich die §§ 1959 I, 1978 I 2, III: Hier ist der Erbe ja zunächst Herr des Nachlasses gewesen, und bei § 1978 ist diese Stellung nicht einmal rückwirkend weggefallen (anders bei § 1959 wegen § 1953 I, II). Die Verwaltung des Nachlasses war also nicht nur subjektiv, sondern auch objektiv eine eigene Angelegenheit des Erben.

Daraus folgt zugleich, daß alle diese Normen insoweit (vgl. aber unten Rdnr. 884) nur auf die **Rechtsfolgen der GoA** verweisen: Andernfalls würde die Wirksamkeit der Verweisung an § 687 I scheitern.

II. Geschäftsführung für einen anderen

407   Das Kriterium, das nach § 687 regelmäßig über das Vorliegen von GoA entscheidet, wird also durch den Willen des Geschäftsführers gebildet, für einen anderen zu handeln (oben Rdnr. 405 f.). Dieser »Fremdgeschäftsführungswille« (dazu *Schwark,* JuS 1984, 321 ff.) wird häufig nicht geäußert. Seine Feststellung bereitet daher Schwierigkeiten; nicht selten bleibt er eine Fiktion.

1. Die Zuordnung von Geschäften

a) Zu unterscheiden ist zunächst zwischen den objektiv fremden und den übrigen Geschäften. 408

Für die **objektiv fremden Geschäfte** ist schon durch die Rechtsordnung eine andere Zuständigkeit begründet als die des Geschäftsführers. Solche Zuständigkeiten schaffen vor allem die absoluten Rechte.

Bsp.: Für die Veräußerung und Nutzung einer Sache ist regelmäßig der Eigentümer zuständig, für die Verwaltung des Nachlasses der Erbe, für die Erziehung der Kinder sind es die Eltern.

Eine solche Zuständigkeit kann sich aber auch aus anderen Gründen ergeben. So ist die Erfüllung einer Verpflichtung Sache des Schuldners, die Sorge für die öffentliche Sicherheit oder Ordnung mit hoheitlichen Mitteln ist Sache der Polizei.

b) Den Gegensatz zu diesen Geschäften mit bestimmter Zuständigkeit bilden die **objektiv neutralen Geschäfte,** die also jedermann vornehmen darf. Hierhin gehört etwa der Erwerb einer Sache.

2. Bedeutung der Zuordnung

Diese Unterscheidung ist in doppelter Hinsicht wichtig: 409

Einmal für **§ 687.** Denn der dort vorausgesetzte Fall, daß ein fremdes Geschäft als eigenes geführt wird, kann nur bei objektiv fremden Geschäften vorliegen (etwa bei der Veräußerung einer fremden Sache). Dagegen wird ein objektiv neutrales Geschäft erst durch den Willen des Geschäftsführers, es als fremdes zu führen, zum (subjektiv) fremden (etwa der Erwerb einer Sache). Nur beim objektiv fremden Geschäft kann der Geschäftsführer auch die Fremdheit kennen.

Zum anderen **vermutet** die h. M. (etwa *BGHZ 40, 28ff.; 65, 354/357)* bei einem vom Geschäftsführer als objektiv fremd erkannten Geschäft den **Fremdgeschäftsführungswillen.** Dagegen sollen beim objektiv neutralen Geschäft besondere Indizien für das Vorliegen eines solchen Willens nötig sein.

Bsp.: Wenn ein Arzt ein verletztes Kind behandelt, tut er damit etwas, wofür der Sorgeberechtigte zu sorgen hätte: Der Fremdgeschäftsführungswille wird vermutet. Wenn dagegen jemand in einer Auktion eine wertvolle Briefmarke kauft, müssen besondere Anzeichen dafür vorliegen, daß er für einen Dritten erwerben will. Andernfalls kann weder er von einem Dritten Ersatz des Kaufpreises fordern (§§ 683, 670), noch kann ein Dritter von ihm die Marke herausverlangen (§§ 681, 667).

3. Zuordnungsprobleme

410 Häufig ergibt jedoch die rechtliche Zuordnung nicht eindeutig, in wessen Bereich ein Geschäft objektiv gehört. *Beispiele:*

(1) *BGHZ 40, 28 ff.* (ähnlich *BGHZ 63, 167 ff.*): Die Feuerwehr der Gemeinde G löscht einen Waldbrand, der durch Funkenflug aus den Lokomotiven der Bundesbahn verursacht worden ist.

(2) *BGHZ 38, 270 ff.:* G fährt mit seinem Pkw mäßig schnell über eine Landstraße. Vor ihm radelt H. Als G den H überholen will, wird dieser plötzlich von einem anderen Radfahrer nach links abgedrängt. G steuert seinen Wagen gegen einen Baum, um H nicht zu überfahren.

(3) *BGHZ 37, 258 ff.:* Der Wirtschaftsberater G vereinbart mit H, daß er dessen Schulden regulieren soll. Dieser Vertrag ist, was G und H nicht wissen, nach dem seit 1958 sog. RechtsberatungsG vom 13.12.1935 nichtig. G erreicht bei den Gläubigern des H bedeutende Schuldnachlässe. Vgl. auch *BGHZ 50, 90 ff.* (dieselbe Sache).

a) Die Rechtsprechung

411 In allen drei Fällen ist der Fremdgeschäftsführungswille zweifelhaft, vom BGH aber doch bejaht worden. Diese Rspr. hat so den Anwendungsbereich von §§ 677 ff. (insbesondere von § 683) erheblich ausgedehnt. Betrachten wir die Begründung dafür im einzelnen:

Im Fall (1) ist das Löschen von Bränden sicher Sache der Feuerwehr. Der BGH meint jedoch, es handele sich auch um ein Geschäft der Bundesbahn, die (jetzt nach § 1 HaftpflG) zum Ersatz des Brandschadens verpflichtet gewesen sei. Da insofern auch ein objektiv fremdes Geschäft vorliege, werde der Fremdgeschäftsführungswille der Feuerwehr vermutet.

Ganz entsprechend *BGH* NJW 1969, 1205 ff.: Das Motorschiff des H hat auf dem Rhein zwei Anker verloren. Diese werden von der Wasserstraßenverwaltung in Erfüllung ihrer eigenen Verkehrssicherungspflicht geborgen. Trotzdem soll die Bergung auch ein Geschäft des H sein, und dieser soll aus §§ 683, 670 die Kosten ersetzen müssen.

Ähnlich liegt es im Fall (2): In erster Linie ist es sicher Sache des Kraftfahrers selbst, niemanden totzufahren. Der BGH stellt aber auf § 7 II StVG ab: Soweit der Halter nach dieser Vorschrift nicht ersatzpflichtig wäre, weil ein für ihn unabwendbares Ereignis vorliegt, besorge er auch ein Geschäft des Geretteten. Die von dem Kraftfahrer gesetzte eigene Betriebsgefahr soll aber dessen Anspruch auf Schadensersatz (§ 683 entsprechend, vgl. unten Rdnr. 428 f.) mindern.

Einen anderen rechtlichen Aspekt von Rettungsaktionen wie in Fall (2) behandelt *BGHZ 92, 357 ff.* (dazu *Schlund*, JR 1985, 285): Dort hatte die Motorradfahrerin M bei einem unverschuldeten Ausweichmanöver unbeabsichtigt den Kraftwagen des unbeteiligten D beschädigt. Hier war ein für M unabwendbares Ereignis angenommen und daher die Halterhaftung verneint worden, § 7 II 1 StVG. Der BGH hat aber auch einen Anspruch D—M aus § 904 S. 2 abgelehnt: Diese Vorschrift verlange eine bewußte und gewollte Einwirkung auf die fremde Sache.

Dagegen ist im Fall (3) die Regulierung der Schulden zunächst sicher ein Geschäft des Schuldners H selbst. G hat dieses Geschäft aber ausgeführt, um eine vermeintliche Verpflichtung dem H gegenüber zu erfüllen. Trotz dieses Handelns solvendi causa hat der BGH noch Raum für einen Fremdgeschäftsführungswillen gesehen.

b) Bedenken

Gegenüber dieser Rspr. ist Skepsis nötig[1]. Denn sie macht § 683 zu einem gefährlich weiten Mittel des Lastenausgleichs aus Billigkeitsgründen. Wohin man so kommen kann, zeigt besonders deutlich die Problematik der **Abmahn-(Gebühren-)vereine:** Nach *BGHZ 52, 393/399* soll jemand, der unlauteren Wettbewerb betreibt, einem den Schutz des lauteren Wettbewerbs bezweckenden Verein die Kosten einer vorprozessualen Abmahnung ersetzen müssen: Diese helfe nämlich im Interesse des Abgemahnten, einen kostspieligen Rechtsstreit zu vermeiden (dagegen mit Recht *Hauß*, Festgabe Weitnauer 1980, 333/338, vgl. auch *Roth*, Betr. 1982, 1916 ff.). In Konsequenz dieses Urteils sind Vereine gegründet worden, deren Zweck letztlich nur dahin ging, durch möglichst viele Abmahnungen allenthalben Gebühren zu verdienen. Gegen solche Auswüchse ist jetzt in § 13 V UWG ein Mißbrauchsvorbehalt eingebaut worden. Ohne die Ausweitung des Geschäftsführungsrechts wäre ein solcher unbestimmter Notbehelf nicht nötig geworden.

§ 683 ist eben insbesondere auch viel weiter als ein Bereicherungsanspruch, der sonst allenfalls in Betracht kommt: § 683 umfaßt auch den Ersatz nutzloser Aufwendungen (die also den Geschäftsherrn nicht bereichert haben), wenn der Geschäftsführer sie nur für nötig halten durfte (§ 670).

Im Fall (1) müßte also die Bundesbahn die Löschkosten auch dann bezahlen, wenn trotz der Löschversuche der ganze Wald abgebrannt ist (und das, obwohl sie nach § 10 I HaftpflG für Schäden unter Umständen nur ziffernmäßig beschränkt haftet). Und im Fall (2) müßte der Radfahrer (oder müßten seine Erben!) auch für den Schaden aus einem erfolglosen Ausweichversuch aufkommen.

412

---

1 In gleichem Sinn auch *Gursky*, Jur. Analysen 1969, 103 ff.; *Schubert*, NJW 1978, 687 ff.; AcP 178 (1978) 425 ff.; *Schreiber*, Betr. 1979, 1397 ff.; *Esser-Weyers* § 46 II 2 c; *Wittmann*, Begriff und Funktion der GoA (1981) 106 ff. Anders jedoch *Wollschläger*, Die GoA (1976).

In den Fällen (1) und (3) kommt noch ein anderer Gesichtspunkt hinzu: Bei der GoA ist der Geschäftsführer dem Willen des Geschäftsherrn eindeutig untergeordnet (vgl. unten Rdnr. 422 ff.). Die Feuerwehr erfüllt aber eine eigene öffentlich-rechtliche Pflicht. Daher kann und will sie die privatrechtliche Unterordnung unter den Willen eines Dritten nicht einmal mit der Begrenzung durch § 679 einhalten. Zwar schließt eine Verletzung der Geschäftsführerpflichten (etwa aus § 681) berechtigte GoA nicht aus (*BGHZ 65, 354/356*). Aber daß der Geschäftsführer diese Pflichten von vornherein nicht erfüllen will, spricht doch gegen seinen Fremdgeschäftsführungswillen. Auch in Fall (3) will der vermeintliche Schuldner nur seine irrig angenommene Pflicht erfüllen. Zudem könnte hier der Weg über § 683 den sonst möglicherweise anwendbaren § 817 ausschalten (vgl. aber zu § 817 *BGHZ 50, 90 ff.:* Die Vorschrift ist unanwendbar auf nicht verbotene Nebenleistungen zu der verbotenen Rechtsberatung).

Daß die GoA im Fall (3) nicht recht paßt, hat übrigens auch *BGHZ 37, 258 ff.* bemerkt. Denn der BGH verweist dort den G wegen eines Vergütungsanspruchs auf die Leistungskondiktion. Begründet wird das mit der Erwägung, G habe seine aus einer verbotenen Tätigkeit bestehenden Aufwendungen nicht »den Umständen nach für erforderlich halten« dürfen (§ 670). Aber die Vergütung für G darf nicht von dem Fahrlässigkeitsmaßstab des § 670 abhängen.

Aus diesen Gründen liegt nach meiner Ansicht GoA höchstens im Fall (2) vor (dazu *Frank*, JZ 1982, 737 ff.). Im Fall (3) sind G und H auf die Leistungskondiktion zu verweisen. Im Fall (1) endlich muß der feuerwehrrechtliche Landesgesetzgeber darüber entscheiden, ob und wie Löschkosten von einem schuldlosen Brandstifter zu ersetzen (oder letztlich aus Steuermitteln zu tragen) sind[2]. Demgegenüber vermengt die Argumentation des BGH die Voraussetzungen von § 677 (Fremdgeschäftsführungswille) und § 683 (Nützlichkeit des Geschäfts für einen anderen und dessen daraus zu folgernden Willen).

Soweit es um eine Geschäftsführung durch die öffentliche Hand geht, bleibt zudem noch eine weitere Sachfrage unberücksichtigt: Manche **Dienstleistungen der öffentlichen Hand** sind durch die Steuern abgegolten (z. B. die Aufnahme eines Verkehrsunfalls oder die Verfolgung eines Verbrechens), andere sind es nicht. Beide Arten von Dienstleistungen können anderen Personen nützen, aber nur für die Dienstleistungen der zweiten Art braucht der Begünstigte zu zahlen. Zwischen diesen beiden Arten von Leistungen muß das öffentliche Recht unterscheiden (vgl. etwa *VG Bremen* NJW 1981, 1227). Ihm wäre für die besonders zu entgeltenden Leistungen auch die Gebühren- oder Ersatzpflicht des Begünstigten zu entnehmen. Wo das öffentliche Recht hierfür nicht auf die

---

2 Ebenso *Larenz* II 1 § 57 I a S. 440; *Esser-Weyers* § 46 II 2 d; *Hauß*, Festgabe Weitnauer (1980) 333, 342 ff.

GoA verweist (wie bisweilen im Polizeirecht), werden deren Vorschriften durch die gewaltsame Fiktion des Fremdgeschäftsführungswillens zur Füllung von Lücken des öffentlichen Rechts mißbraucht. Und wo dieses Vorschriften enthält, könnten sie über die GoA sogar umgangen werden (vgl. *BGHZ 65, 384/388 f.; AG Krefeld*, NJW 1979, 722).

c) Zurückhaltendere Entscheidungen

Vorsichtiger bei dem »auch-fremden« Geschäft ist aber   413

BGHZ 54, 157 ff.: Der mit Heizöl beladene Lastzug des H war verunglückt. Das Amt A beseitigte das ausgelaufene Öl und verlangte die Kosten nach §§ 683, 670 von der Haftpflichtversicherung V des H ersetzt (§ 3 Nr. 1 des PflichtversiG v. 5.4.1965 galt für diesen Fall noch nicht; dazu jetzt — mit gleichem Ergebnis — *BGHZ 72, 151 ff.).*

Der BGH hat diesen Anspruch verneint: Zwar möge man die Tätigkeit von A noch als Geschäftsführung für H ansehen können. Jedoch sei V an den Maßnahmen von A **nur mittelbar interessiert** (dieses Argument kehrt wieder in *BGHZ 61, 359/363; 72, 151/153; 82, 323/330).* A habe auch nicht auf den mutmaßlichen Willen von V Rücksicht nehmen wollen. Sehr klar ist diese Begründung freilich nicht: Dem mutmaßlichen Willen des H hat A sich ebensowenig unterordnen wollen. Und daß das Interesse von V nur indirekt ist, steht der Dringlichkeit dieses Interesses nicht entgegen: Regelmäßig muß ja letztlich V und nicht der (unmittelbar interessierte) H den Schaden tragen.

Zurückhaltend gegenüber der GoA ist auch *BGHZ 62, 186 ff.:* Dort hatten die rechtmäßigen Emissionen des Zementwerks H auf einer benachbarten Straße zur Bildung eines glatten Belags geführt. Durch ihn war es zu mehreren Unfällen gekommen. Deshalb veränderte die straßenbaulastpflichtige Bundesrepublik die Straßendecke und verlangte die Kosten von H ersetzt. Der BGH verneint einen Anspruch aus §§ 683, 670: Der Baulastpflichtige betreibe Bauarbeiten regelmäßig in Erfüllung eigener Pflichten. Daher sei ein Fremdgeschäftsführungswille nur bei Vorliegen besonderer Anhaltspunkte anzunehmen, an denen es hier fehle. Unbeachtet geblieben ist dieser Gesichtspunkt aber wieder in *BGHZ 65, 354 ff.* (das Land reinigt eine Bundesstraße von Verunreinigungen aus einer Bimsgrube): Dort ist ein Anspruch aus GoA bejaht worden.

4. Besondere Fallgruppen

Zwei häufig vorkommende Fälle mit ähnlicher Problematik seien noch erörtert: 414

a) Erfüllung eines Vertrages mit einem Dritten

G besorgt aufgrund eines Vertrages mit D Angelegenheiten des H. Hier nimmt die wohl h. M. an, GoA im Verhältnis G-H werde nicht dadurch ausgeschlossen, daß G seine Verpflichtung gegenüber D erfüllen wolle. Ich halte das für unrichtig: Wenn G die Geschäftsbesorgung als Leistung an D erbracht hat, kann er sich auch nur an diesen halten. Andernfalls käme man nämlich wieder zur Versionsklage, die das BGB mit Vorbedacht nicht übernommen hat (vgl. Mot. bei *Mugdan* II 487 f. und *Hauß*, Festgabe Weitnauer 1980, 333/334; *OLG Hamm*, NJW 1974, 951 ff. zu § 684 S. 1).

Bsp.: Der Abschleppunternehmer G verpflichtet sich durch Werkvertrag mit der Polizei, verbotswidrig geparkte Fahrzeuge abzuschleppen. Hier kann er seine Vergütung aus eigenem Recht nur von der Polizei fordern, nicht aber über §§ 679, 683 von den Haltern oder Fahrern der abgeschleppten Fahrzeuge. Im Ergebnis ebenso *LG München* I, NJW 1978, 48 f., dazu *Schubert*, NJW 1978, 687/688 f.

Wohin die Vermutung eines Fremdgeschäftsführungswillens bei dem angeblich »auch-fremden« Geschäft führen kann, zeigt etwa

LG Bonn, FamRZ 1970, 321 f.: Der Ehemann M ist einkommens- und vermögenslos. Seine Frau F unterhält ihn aus ihrem Einkommen. M läßt ein Glaukom als Privatpatient behandeln. Der Träger der Klinik verklagt die F wegen der Behandlungskosten von über 3000,— DM.

Das LG hat dieser Klage stattgegeben: F sei dem M nach §§ 1360, 1360 a unterhaltpflichtig gewesen. Indem die Klinik die Behandlung gewährt habe, habe sie nicht nur ein eigenes Geschäft geführt (Erfüllung ihres Vertrages mit M), sondern auch eines der F. Insoweit werde der Fremdgeschäftsführungswille der Klinik vermutet. Das sei jedenfalls deshalb anzunehmen, weil F letztlich für die Kosten aufzukommen habe. F hafte daher nach §§ 683, 670.

Ich halte das für falsch: Die Klinik hatte ihren Vertrag mit M zu erfüllen und sonst nichts. Insbesondere ging sie die Unterhaltspflicht der F nichts an. Daher war die Klinik auch nicht verpflichtet, der F die Aufnahme des M anzuzeigen und die Entschließung der F abzuwarten (§ 681 S. 1). Sie brauchte auch die F nicht über die Behandlung des M zu benachrichtigen (§§ 681 S. 2, 666). Endlich würde sie bei schuldhaft schlechter Behandlung des M nicht der F aus Sonderverbindung nach §§ 677, 276, 278 haften. Außer den §§ 683, 670 paßt also keine der Rechtsfolgen der GoA. Daher kann man auch die Zahlungspflicht nicht auf GoA stützen. Der richtige rechtliche Gesichtspunkt war vielmehr im Zeitpunkt der Entscheidung die analoge Anwendung von § 1357 (vgl. oben Rdnr. 89; die ärztliche Behandlung gehörte regelmäßig noch zum häuslichen Wirkungskreis: *BGHZ 47, 75 ff.*). Jetzt paßt der geänderte § 1357 sogar direkt: Man wird die Heilung eines Familienangehörigen zur »Deckung des angemessenen Lebensbedarfs der Familie« rechnen dürfen (*BGHZ 91, 1/5 ff.*, vgl. oben

Rdnr. 88). Auch aus dem höchstpersönlichen Charakter des Arzt- oder Krankenhausvertrages folgt nichts Entscheidendes gegen die Anwendbarkeit von § 1357 (ebenso *Gernhuber* § 19 IV 6).

Freilich versagt diese Lösung nach § 1357 III, wenn die Eheleute getrennt leben. Daß die Klinik dann in einer mißlichen Lage ist, beruht aber letztlich nur darauf, daß sie vorgeleistet hat, ohne sich wegen der Gegenleistung zu sichern. Allerdings läßt sich eine solche Vorleistung in den Heilberufen vielfach nicht vermeiden. Doch sollte man die Hilfe auch in solchen Fällen nicht bei der GoA suchen (ebenso *Hauß*, Festgabe Weitnauer 1980, 333, 334): Diese läßt für die entscheidenden Billigkeitsargumente nicht den ausreichenden Raum. Dagegen hilft bei Überschuldung des Patienten notfalls das Konkursprivileg von § 61 I Nr. 4 KO.

b) Leistungen eines Gesamtschuldners

Ein Gesamtschuldner leistet an den Gläubiger mehr, als er nach Maßgabe des Innenverhältnisses zu den anderen Gesamtschuldnern zu zahlen hat. Hier erkennt auch die h. M. an, daß in diesem Innenverhältnis keine GoA vorliegt (vgl. etwa *Hauß*, aaO. 333):   **415**

Soweit es sich um eine **unechte Gesamtschuld** handelt (vgl. unten Rdnr. 916 ff.), ist die Leistung sicher kein Geschäft des anderen Verpflichteten. Denn wenn der »bessergestellte« Gesamtschuldner leistet, wird der andere nicht frei. Und der »schlechtergestellte« muß im Verhältnis zu dem anderen Gesamtschuldner das in der Leistung liegende Opfer stets allein und endgültig tragen.

Bsp.: Leistet bei § 843 IV der Unterhaltsschuldner, bleibt der Schadensersatzanspruch bestehen. Leistet dagegen der zum Schadensersatz Verpflichtete, kommt für ihn ein Rückgriff gegen den Unterhaltsschuldner ohnehin nicht in Betracht. Vgl. ausführlich unten Rdnr. 916 ff.

Unter diesen Gesichtspunkten wenig befriedigend ist die Begründung von *BGH* NJW 1979, 598 f.: D ist durch einen von S zu vertretenden Unfall erheblich verletzt worden. D wird im Krankenhaus von seinen nächsten Angehörigen G besucht. Dann sollen G die Kosten dieser Besuche nach § 683 von S ersetzt verlangen können. Zugleich soll aber analog § 843 IV der Anspruch des D gegen S unberührt davon bleiben, daß G ihre Aufwendungen selbst getragen haben. Doch wie kann es sich dann noch um ein Geschäft des S handeln?

Bei der **echten Gesamtschuld** kann der Gesamtschuldner, der mehr geleistet hat als den im Innenverhältnis auf ihn entfallenden Anteil, gegen die übrigen Gesamtschuldner nach § 426 Rückgriff nehmen. Insoweit haben diese Gesamtschuldner also nur den Gläubiger gewechselt. Deshalb ist auch hier die Zuvielleistung nicht ihr Geschäft. Zudem wäre es sinnlos, den ohnehin schon doppelten Rückgriff nach § 426 I und II (vgl. unten Rdnr. 909) noch um eine weitere Möglichkeit zu ergänzen.

III. Die unechte Geschäftsführung ohne Auftrag

416 Bei Fehlen des Fremdgeschäftsführungswillens scheidet also GoA aus. Bei objektiv neutralen Geschäften treten dann überhaupt keine Rechtsfolgen ein: Es liegt erlaubte Besorgung eines eigenen Geschäfts vor. Dagegen ist beim objektiv fremden Geschäft einer der beiden Tatbestände von § 687 erfüllt.

1. Irrtümliche Annahme eines eigenen Geschäfts

§ 687 I betrifft die irrtümliche Besorgung eines fremden Geschäfts als eigenes: Dann soll das Recht der GoA nicht gelten. § 687 I sagt aber nicht positiv, was statt dessen gelten soll. Zu denken ist vor allem an Ansprüche aus §§ 812 ff. und bei schuldhaftem Irrtum auch aus Delikt. Allerdings sind diese Ansprüche vielfach durch das Eigentümer-Besitzer-Verhältnis ausgeschlossen, nämlich wenn sich die Geschäftsführung auf eine Sache im Besitz des Geschäftsführers bezieht, zu deren Besitz er sich berechtigt glaubt (vgl. unten Rdnr. 595 ff.).

Dabei deckt sich aber § 687 I nicht mit dem Schutz des redlichen Besitzers durch das Eigentümer-Besitzer-Verhältnis. Unter § 687 I fällt nämlich auch, wer beim Besitzerwerb grob fahrlässig gewesen ist (anders § 990 I).

2. Geschäftsanmaßung

417 § 687 II behandelt demgegenüber die Geschäftsanmaßung. Auch hier konkurrieren oft Ansprüche aus Eingriffskondiktion und Delikt.

a) Ansprüche des Geschäftsherrn

§ 687 II geht aber über diese Vorschriften zugunsten des Geschäftsherrn in doppelter Hinsicht hinaus:

aa) Einmal kann der Geschäftsherr nach §§ 687 II, 678 **Schadensersatz** auch für vom Geschäftsführer unverschuldete Folgen verlangen (vgl. unten Rdnr. 428 f.). Denn das in § 678 lediglich geforderte Übernahmeverschulden des Geschäftsführers dürfte bei der Geschäftsanmaßung regelmäßig vorliegen: Niemand wird leicht ohne Verschulden glauben können, er dürfe fremde Geschäfte für sich selbst, also zu eigenem Nutzen, besorgen.

Bsp.: G vermietet wissentlich unberechtigt ein Wochenendhaus des H. Dieses brennt ab, weil das fünfjährige Kind des Mieters trotz hinreichender Beaufsichtigung mit Streichhölzern gespielt hat. H kann von G nach §§ 687 II, 678 Ersatz des Brandschadens fordern. Aus § 823 I dagegen wäre ein solcher Anspruch nur dann zu begründen, wenn der Brand noch adäquate Folge der Verletzung des Eigentums (oder des Besitzes) des H durch die Vermietung darstellte. Allenfalls § 848 könnte hier zuverlässig helfen. Jedoch müßte G das Haus dann dem H deliktisch entzogen haben, was für §§ 687 II, 678 unnötig ist.

Bei einem Brand durch Blitzschlag würde dagegen auch der Anspruch aus §§ 687 II, 678 versagen: Hier fehlt sogar der äquivalente Kausalzusammenhang mit der Vermietung: Mieter ziehen den Blitz nicht an.

bb) Zum anderen kann der Geschäftsherr den vom Geschäftsführer **erzielten Gewinn** auch insoweit herausverlangen (§§ 687 II, 681 S. 2, 667), als der Geschäftsherr ihn nicht erzielt hätte. Diese Rechtsfolge bedeutet sicher eine Verschärfung gegenüber dem Schadensersatzrecht, das den Verletzergewinn nur in Sonderfällen erfaßt (§ 97 I 2 UrheberRG, vgl. *Däubler,* JuS 1969, 49 ff.). Sie ist aber eine Verschärfung auch gegenüber § 816 I 1, wenn man die Herausgabepflicht dort nur auf den Wert des Erlangten gehen läßt (vgl. unten Rdnr. 726). **418**

Daß H den Wert der Vermietung des Wochenendhauses auch dann verlangen kann, wenn er selbst nicht vermietet (und auch sonst nicht genutzt) hätte, folgt freilich sicher schon aus §§ 812, 818 I. § 687 II erfaßt aber auch den Gewinn, den G mit Glück oder Geschäftstüchtigkeit durch eine Vermietung über den Wert hinaus erzielt hat.

b) Gegenansprüche des Geschäftsführers

Wenn der Geschäftsherr die besonderen Ansprüche aus § 687 II 1 erhebt, soll er nach Satz 2 seinerseits dem Geschäftsführer nach § 684 S. 1 verpflichtet sein. Diese Verweisung ist mißglückt. Denn sie scheint in ein juristisches Karussell zu führen: Nach § 684 S. 1 soll ja der Geschäftsherr das durch die Geschäftsführung Erlangte an den Geschäftsführer herausgeben. Umgekehrt kann der Geschäftsherr aber nach §§ 687 II 1, 681 S. 2, 667 das durch die Geschäftsführung Erlangte vom Geschäftsführer fordern! **419**

§ 687 II 2 kann daher nur so verstanden werden: Wenn der Geschäftsherr vom Geschäftsführer dessen Gewinn aus der Geschäftsführung herausverlangt, muß er umgekehrt dem Geschäftsführer dessen Aufwendungen nach Bereicherungsrecht ersetzen. Der Geschäftsführer hat also einen Gegenanspruch aus Aufwendungskondiktion (vgl. unten Rdnr. 895 ff.; 947; 949). Meist wird dieser Anspruch aber nur einen Abzug von dem herauszugebenden Gewinn bedeuten.

Bsp.: Bei der unberechtigten Vermietung des Wochenendhauses (oben Rdnr. 417) kann G von der erzielten Miete abziehen, was er etwa bei der Suche nach einem Mieter für Anzeigen aufgewendet hat. Haben die Mieter nichts gezahlt, sondern nur das Haus in Brand gesteckt, ist ein gleicher Abzug von dem Schadensersatzanspruch des H (§§ 687 II, 678) freilich nicht möglich: Insoweit ist H nicht infolge der Anzeige bereichert worden.

§ 18   Einzelheiten der Geschäftsführung ohne Auftrag

I. Berechtigte und unberechtigte Geschäftsführung

1. Die GoA als Anspruchsgrundlage

420 **a)** Wenn die Besorgung eines fremden Geschäfts nach dem Gesagten nicht unter § 687 fällt, kommt die GoA als Anspruchsgrundlage in zwei Richtungen in Betracht:

(1) Für **Ansprüche des Geschäftsherrn** gegen den Geschäftsführer. Diese richten sich regelmäßig auf Herausgabe dessen, was der Geschäftsführer durch die Geschäftsführung erlangt hat, oder auf Schadensersatz.

(2) Für **Ansprüche des Geschäftsführers** gegen den Geschäftsherrn (dazu *Batsch*, AcP 171, 1971, 218 ff.). Sie zielen auf den Ersatz von Aufwendungen; davon werden in beschränktem Umfang auch Schäden erfaßt (vgl. unten Rdnr. 428 f.).

421 **b)** Diese Ansprüche hängen maßgeblich davon ab, ob die Geschäftsführung berechtigt ist: Ist sie das, steht der Geschäftsführer regelmäßig wesentlich besser als bei unberechtigter Geschäftsführung. In dieser Unterscheidung zeigen sich die beiden entgegengesetzten Zwecke der §§ 677 ff.: Einerseits soll dem »guten« Geschäftsführer geholfen werden, der sich uneigennützig und hilfreich fremder Angelegenheiten annimmt, die der Geschäftsherr nicht allein besorgen kann. Andererseits aber soll auch ein Schutz gegen solche »bösen« Geschäftsführer gewährt werden, die sich ungerufen und besserwisserisch in fremde Angelegenheiten mischen, um anderen ihren Willen aufzuzwingen.

Bsp.: G weiß, daß sein Nachbar H verreist ist, und nimmt für diesen ein Paket an: Hier hilft G. Bedenklich wird es dagegen, wenn G die Abwesenheit des H dazu benutzt, um in dessen Garten »Ordnung zu schaffen«. Denn ob H einen verwilderten oder einen geordneten Garten will, muß ihm selbst überlassen bleiben.

2. Unterscheidungskriterien

422 Das Gesetz bringt den Unterschied zwischen berechtigter und unberechtigter GoA nicht schon in § 677 zum Ausdruck. Vielmehr ergibt sich das Unterscheidungskriterium deutlich erst aus der Gegenüberstellung von § 683 und § 684: Berechtigte GoA liegt vor, wenn die Übernahme der Geschäftsführung dem Interesse und dem wirklichen oder mutmaßlichen Willen des Geschäftsherrn entspricht. In welchem Verhältnis stehen diese Gesichtspunkte zueinander?

a) Interesse und Wille

Fraglich ist einmal das Verhältnis zwischen Interesse und Willen. *Beispiele:*

(1) G weiß, daß H auf eine Karte zu einem schon ausverkauften Länderspiel versessen ist und dafür auch einen Überpreis zahlen will. Kann G als berechtigter Geschäftsführer für H die Karte, die ihm kurzfristig angeboten wird, zu einem Überpreis kaufen?

(2) Das Kind des H, das bei G zu Besuch ist, erkrankt plötzlich. G weiß, daß H auf die Naturheilkunde schwört und sein Kind nur nach deren Regeln behandeln läßt. Muß G das Kind ebenfalls von einem Naturheilkundigen behandeln lassen? Oder muß er einen Arzt zuziehen, wenn dabei objektiv bessere Heilungsaussichten bestehen?

In beiden Fällen decken sich wirklicher Wille und das Interesse des Geschäftsherrn H nicht. Nach richtiger Ansicht (*Esser-Weyers* § 46 II 3a, etwas anders *Larenz* II 1 § 57 a S. 444) geht hier der Wille vor, auch wenn er (in Grenzen, nicht also bei pathologischer Verschwendung) unvernünftig (also interessewidrig) ist. Denn die GoA soll regelmäßig nicht dazu dienen, andere vor den Folgen eines interessewidrigen Willens zu bewahren. Eine Grenze für die Beachtlichkeit des Willens bildet erst § 679. Daher kann G die Karte im Fall (1) in berechtigter Geschäftsführung auch für einen Überpreis kaufen. Im Fall (2) dagegen bleibt der Wille des H nach § 679 jedenfalls dann unbeachtlich, wenn das Kind gefährlich erkrankt ist.

Dieser Vorrang des Willens ist wichtig etwa auch bei der Züchtigung fremder Kinder: Man darf den Eltern nicht die eigenen Erziehungsziele und -methoden aufzwingen, auch wenn diese besser sein sollten.

Die Frage, ob hier berechtigte GoA vorliegt, hat Bedeutung übrigens auch für das Strafrecht: Berechtigte GoA bildet einen **Rechtfertigungsgrund.**

b) Wirklicher und mutmaßlicher Wille

Fraglich ist auch das Verhältnis zwischen wirklichem und mutmaßlichem Willen. Hier ist der mutmaßliche Wille maßgeblich, wenn ein wirklicher Wille fehlt oder nicht irgendwie erkennbar geworden ist. Der mutmaßliche Wille muß dann regelmäßig aus dem Interesse gefolgert werden. 423

Bsp.: G vertreibt zeltende Jugendliche aus dem Garten seines verreisten Nachbarn H. H hatte mit einem solchen Eindringen nicht gerechnet und daher für diesen Fall keinen wirklichen Willen gebildet. Er wäre aber, was G nicht wissen konnte, bei Kenntnis der Sachlage sehr einverstanden gewesen, die Jugendlichen kennenzulernen. Hier ist die Geschäftsführung durch G gleichwohl berechtigt: Der maßgebliche mutmaßliche Wille des H ist aus seinem objektiv verstandenen Interesse zu bestimmen.

c) Der falsch eingeschätzte Wille

424 Übrig bleibt der Fall, daß der Geschäftsführer den maßgeblichen Willen des Geschäftsherrn — auch schuldlos — falsch einschätzt.

> *Bsp.:* G sieht aus der Wohnung des H schwarzen Qualm dringen. G klingelt, doch wird ihm nicht geöffnet. Daraufhin bricht G die Tür auf, um den vermeintlichen Brand zu löschen. Er trifft in der Wohnung den schwerhörigen H, dem nur die Milch übergekocht ist.

Hier geht der maßgebliche Wille des H dahin, die Tür solle nicht aufgebrochen werden. Das konnte G freilich nicht erkennen. In solchen Fällen ist die Geschäftsführung unberechtigt. Insbesondere gilt das auch, wenn der Geschäftsführer bei Fehlen eines wirklichen Willens das Interesse des Geschäftsherrn und damit auch den mutmaßlichen Willen falsch beurteilt. Die Schuldlosigkeit an der Fehleinschätzung bewirkt aber, daß der Geschäftsführer nicht nach § 678 Schadensersatz schuldet.

> Hierhin gehört auch der Fall von *OLG Karlsruhe*, VersR 1977, 936 f.: Der Bankräuber R bedroht im Schalterraum der Bank B Kassierer und Kunden mit einer Waffe und fordert Geld. Ein Kunde K springt den R von hinten an, um ihn zu überwältigen. Bei dem dabei entstehenden Handgemenge wird K verletzt. Der hier nach § 539 I Nr. 9 c RVO verpflichtete Träger der Sozialversicherung S bringt über 17 000 DM zur Heilung des K auf und verlangt diesen Betrag von B ersetzt.

Hier kommt als Anspruchsgrundlage in Betracht, daß S nach § 1542 RVO (jetzt § 116 SGB X) einen Anspruch K — B aus §§ 683, 670 auf Aufwendungsersatz (= Schadensersatz, vgl. unten Rdnr. 428 f.) erworben haben könnte. Aber berechtigte GoA ist verneint worden: Die Banken hatten ihre Angestellten angewiesen, drohenden *Geld*verlust nicht unter Gefährdung von Leib oder Leben zu verhindern. Und eine Bedrohung von *Menschen* bestand beim Eingreifen des K nicht. Daher scheitert ein Anspruch K — B schon am entgegenstehenden Willen der B; auch ein Irrtum des K könnte hieran nichts ändern.

Übrigens dürften überhaupt die Abwendung der verbrecherischen Bedrohung eines Menschen oder die Festnahme des Verbrechers kein Geschäft der B sein. Vielmehr geht es hier um eine gebührenfrei wahrzunehmende Aufgabe der öffentlichen Hand (vgl. oben Rdnr. 412). Daher sollte nach meiner Ansicht der Versicherungsträger für Leistungen nach § 539 I Nr. 9a und c RVO einen Regreß nur gegen den Verbrecher haben (übergegangene Deliktsansprüche), aber nicht gegen eines der Verbrechensopfer (so neben *Hauß*, Festgabe Weitnauer 1980, 333, 339 ff. mit Nachweisen auch *BGH* NJW 1985, 492 f., dazu *Gitter*, JZ 1985, 392 f.).

Weil es auf den wirklichen Willen des Geschäftsherrn ankommt, wird für eine objektiv unnötige Rettungsaktion Aufwendungsersatz nach Geschäftsführungsrecht selbst dann nicht geschuldet, wenn der zu Rettende zurechenbar den unrichtigen Eindruck einer Notlage hervorgerufen hat (z. B. ein Bergsteiger kehrt nicht, wie verabredet, zum Ausgangsort zurück). Vgl. zu solchen Fällen *Stoll*, Festgabe Weitnauer (1980) 411 ff., der den Rettern analog § 829 einen Billigkeitsanspruch geben will. Mir scheint diese Analogie freilich kaum tragfähig: § 829 regelt die rechtswidrige, aber schuldlose Verletzung. Dagegen liegt die Problematik der hier fraglichen Fälle darin, daß die Retter bloß einen von §§ 823 ff. schon objektiv nicht erfaßten primären Vermögensschaden erleiden: Bei einem Körperschaden (z. B. ein Bergwachtmann verletzt sich bei dem unnötigen Rettungsversuch) kann man mit § 823 I helfen (Herausforderung, vgl. unten Rdnr. 653).

d) Zusammenfassung

Die Reihenfolge bei der Maßgeblichkeit lautet also: An erster Stelle steht, sofern nicht § 679 eingreift, der wirkliche Wille. Dieser muß freilich irgendwie — wenn auch nicht gerade dem Geschäftsführer — erkennbar geworden sein. An zweiter Stelle ist der mutmaßliche Wille maßgeblich. Das Interesse des Geschäftsherrn bildet nur ein Mittel zur Feststellung dieses mutmaßlichen Willens. **425**

Zu § 679 vgl. etwa *BGHZ 33, 251 ff.* (vollständiger abgedruckt in NJW 1961, 359 ff.): G hört nachts Hilferufe aus einer Ruine. Er findet dort eine Frau F, auf die der Geisteskranke I mit einem Hammer einschlägt. Bei dem Versuch, der F zu helfen, wird G von I verletzt. G verlangt von H, der für F zuständigen Betriebskrankenkasse, Ersatz seines Verdienstausfalls.

H hatte unter anderem eingewendet, ohne das Eingreifen des G wäre F getötet worden, was für sie — H — weit geringere Aufwendungen verursacht hätte. Der BGH (insoweit nur in NJW 1961, 360 abgedruckt) hat diesen Einwand mit Recht als »erstaunlich« bezeichnet. Der Einwand ist auch sachlich unbegründet: Zu den Aufgaben einer Krankenkasse gehört die Krankenpflege, § 182 I Nr. 1 RVO. Sie umfaßt die Maßnahmen, die nötig sind, um ärztliche Hilfe heranzuholen. Dazu gehörte hier zunächst, daß die F vor weiteren Schlägen bewahrt wurde. Die Erfüllung dieser Pflicht liegt im öffentlichen Interesse; daß H diese Pflicht etwa nicht erfüllen wollte, ist schon nach § 679 unbeachtlich.

II. Rechtsfolgen der Geschäftsführung ohne Auftrag

1. Berechtigte GoA

Bei der berechtigten GoA kommen weitaus am häufigsten die folgenden Ansprüche vor: **426**

a) Ansprüche des Geschäftsherrn

Der Geschäftsherr kann vom Geschäftsführer Herausgabe des Erlangten fordern, §§ 681 S. 2, 667. Außerdem kann er Schadensersatz verlangen, wenn der Geschäftsführer bei der Ausführung des Geschäfts in zu vertretender Weise vom wirklichen oder mutmaßlichen Willen des Geschäftsherrn abgewichen ist, §§ 677, 280 (anders § 682 für den nicht voll Geschäftsfähigen). Zu vertreten sind regelmäßig Vorsatz und jede Fahrlässigkeit, bei **Notgeschäftsführung** nach § 680 aber nur Vorsatz und grobe Fahrlässigkeit (zu § 680 *Dietrich,* JZ 1974, 535 ff.).

Wirklicher und mutmaßlicher Wille sowie Interesse des Geschäftsherrn sind also doppelt erheblich: Sie bestimmen bei der **Übernahme** der Geschäftsführung, ob berechtigte GoA vorliegt, § 683. Und sie bestimmen bei der **Ausführung** der berechtigten GoA die Pflichten des Geschäftsführers, deren zu vertretende Verletzung ihn schadensersatzpflichtig macht, § 677. Beide Fragen dürfen nicht miteinander verwechselt werden!

Bsp.: In dem Bsp. von oben Rdnr. 423 zertritt G bei der Vertreibung der Eindringlinge fahrlässig die Beete im Garten des H. Hier ist die Übernahme der Geschäftsführung berechtigt, die Ausführung dagegen pflichtwidrig. Ob G dem H Schadensersatz schuldet, hängt bei leichter Fahrlässigkeit von der sichtbaren Gefährlichkeit der Eindringlinge ab, § 680.

Für das Verhältnis zwischen Willen und Interesse muß bei der Ausführung dasselbe gelten wie bei der Übernahme der Geschäftsführung (vgl. oben Rdnr. 422 ff.; so auch *Esser-Weyers* § 46 II 4b). Manche (etwa *Palandt-Thomas* § 677 Anm. 5) meinen zwar, bei der Ausführung gehe im Gegensatz zur Übernahme das Interesse dem Willen des Geschäftsherrn vor. Aber der Unterschied in der Formulierung zwischen § 677 und § 683 beweist das nicht. Vielmehr zeigt § 681 S. 1, daß auch bei der Ausführung der Wille des Geschäftsherrn maßgeblich ist.

Bsp.: H ist verunglückt und liegt bewußtlos im Krankenhaus. G nimmt sich der Kinder des H an, was durch den mutmaßlichen Willen des H oder notfalls durch § 679 gedeckt ist. Auch hier darf G die Kinder nicht so erziehen, wie das dem objektiven Interesse des H entspricht, sondern muß sich möglichst nach dessen Willen richten.

b) Ansprüche des Geschäftsführers

427 Umgekehrt hat der Geschäftsführer gegen den Geschäftsherrn einen Anspruch auf Ersatz der Aufwendungen, die er für erforderlich halten durfte, §§ 683, 670. Bei der Notgeschäftsführung wird für das Urteil über die Erforderlichkeit § 680 entsprechend anzuwenden sein (*BGH* Betr. 1972, 721).

Bsp.: G nimmt sich des H an, den er bewußtlos auf der Straße gefunden hat, und holt einen Arzt. Hier kann G die Aufwendungen für den Arzt auch dann ersetzt verlangen, wenn H ärztlicher Hilfe nicht bedurfte und G das nur infolge von leichter Fahrlässigkeit nicht bemerkt hat. Die Notlage begründet auch nicht etwa eine Vertretungsmacht des G für H; daher ist G selbst dem Arzt verpflichtet: vgl. *Berg*, NJW 1972, 1117 ff. Fraglich kann bloß sein, ob G überhaupt mit dem Arzt kontrahieren oder diesen nur auf eine ärztliche Hilfe erfordernde Notlage hinweisen wollte. Das hängt davon ab, wie G dem Arzt gegenüber aufgetreten ist. Vgl. dazu *Stoll*, Festgabe Weitnauer (1980) 411, 413.

aa) Zweifelhaft ist dagegen hier (und ebenso beim Auftrag) die folgende **428** Frage: **Aufwendungen** sind regelmäßig nur die willentlich erbrachten Vermögensopfer. Ihren Gegenbegriff bilden **Schäden** als unfreiwillig erlittene Nachteile. Gleichwohl ist anerkannt, daß der Geschäftsführer auch gewisse Schäden nach §§ 683, 670 ebenso ersetzt verlangen kann wie Aufwendungen. Das soll nach h. M. für solche Schäden zutreffen, in denen sich das **typische Risiko** der übernommenen Tätigkeit verwirklicht hat. Diese Abgrenzung ist erheblich enger als die im Schadensrecht allgemein geltende Adäquanz.

Eine solche naheliegende, geschäftstypische Gefahr hat sich etwa in dem Bankräuberbsp. (oben Rdnr. 424) und dem Krankenkassenbsp. (oben Rdnr. 425) verwirklicht. Entsprechend liegt es bei einer Brandverletzung oder selbst dem Tod (hier nach h. M. §§ 844, 845 entsprechend, vgl. unten Rdnr. 429) anläßlich des Versuchs, ein gefährliches Feuer zu löschen.

Unrichtig dagegen *OLG Celle*, NJW 1965, 2348 ff.: G, der in West-Berlin wohnte, wollte für den aus Ost-Berlin geflüchteten H dort zurückgelassene Sachen holen. G wurde mit diesen Sachen entdeckt und zu vier Monaten Gefängnis verurteilt; sein Pkw wurde eingezogen. G verlangt von H Ersatz seiner Schäden.

Das OLG hat als Grundlage für diesen Anspruch den entsprechend anzuwendenden § 670 anerkannt. Es hat den Anspruch jedoch nach § 254 unter anderem deshalb gemindert, weil G sich bewußt in Gefahr begeben habe. Gerade das spricht aber für die entsprechende Anwendung von § 670 und kann daher nicht zu einer Kürzung führen.

Fraglich ist die **Begründung** für die Einbeziehung von Schäden in den Auf- **429** wendungsersatz. Die früher h. M. hat bei naheliegenden Gefahren argumentiert, der Geschäftsführer übernehme hier den Schaden freiwillig. Dagegen wird aber eingewendet, der Geschäftsführer hoffe doch regelmäßig auf einen schadensfreien Ausgang; auch brauche er die Gefährlichkeit nicht zu kennen. Daher wird die Ersatzpflicht des Geschäftsherrn für Schäden heute vielfach als eine eigenständige richterrechtliche Risikohaftung verstanden[1]. *Genius*, AcP 173 (1973) 481 ff. verweist auf den rechtsähnlichen § 110 HGB, nach dem einem Geschäftsführer (dem OH-Gesellschafter) auch bestimmte aus der Geschäftsführung erwachsene Verluste (= Schäden) zu ersetzen sind. Jedenfalls lassen

---

1 Vgl. etwa *BGHZ 89, 153/157; BGH* NJW 1985, 269 f. und *Larenz* II 1 § 56 III S. 417 ff.; § 57 I b mit weit. Angaben, dazu *H. Honsell*, Die Risikohaftung des Geschäftsherrn, Festgabe von Lübtow (1980) 485 ff.

sich auf den Ersatzanspruch des Geschäftsführers einige Vorschriften des Schadensersatzrechts entsprechend anwenden, insbesondere die §§ 254 (wenn der Geschäftsführer sich nachlässig verhalten hat), 844; nicht jedoch § 847.

430   bb) Zweifelhaft ist beim Aufwendungsersatz weiter, ob er auch eine Vergütung für die vom Geschäftsführer **aufgewendete Arbeitskraft** umfaßt (dazu *Köhler,* JZ 1985, 359 ff.). Die h. M. bejaht das in Anlehnung an § 1835 II nur dann, wenn die ausgeführte Tätigkeit zu Gewerbe oder Beruf des Geschäftsführers gehört (etwa *BGHZ 65, 384/390*).

Danach könnte zwar ein Arzt für die Behandlung eines Bewußtlosen eine Vergütung verlangen (und zwar auch dann, wenn ihm durch die Behandlung keine anderen Einnahmen entgangen sind). Dagegen wäre die Tätigkeit eines Medizinstudenten nicht zu vergüten.

Esser-Weyers § 46 II 4c wollen demgegenüber schon die **Arbeitskraft als Vermögensbestandteil** ansehen (dazu *Hagen,* JuS 1969, 61/66 ff.) und deshalb deren Einsatz stets als freiwilliges Vermögensopfer bewerten. Sie müßten daher auch dem Medizinstudenten »die marktübliche Vergütung für den erwiesenen Dienst« gewähren (aber gibt es insoweit eine Marktüblichkeit?). Münch-Komm-*H. H. Seiler* § 683 Rdnr. 25 hält die Verweisung auf die Unentgeltlichkeit des Auftrags für ein Redaktionsversehen des Gesetzgebers. Zur Korrektur stellt *Seiler* darauf ab, ob die Arbeitsleistung nach den Umständen nur gegen Vergütung zu erwarten war. Aber welche anderen Erwartungen kann man angesichts der derzeitigen h. M. haben als diejenigen, die durch eben diese h. M. gerechtfertigt werden?

431   cc) Wer bei Lebensgefahr oder bestimmten Amtshandlungen Hilfe leistet, genießt überdies **Versicherungsschutz** nach § 539 Nr. 9 a—c RVO (so etwa auch der ausweichende Fahrer von oben Rdnr. 410 Fall (2): *BSG* NJW 1984, 325 f.). Dieser Schutz deckt aber regelmäßig nicht den ganzen Schaden, insbesondere nicht Sachschäden. Daher bleibt für den Geschädigten daneben der Anspruch aus §§ 683, 670 von Bedeutung. Zudem würde ohne die (vorzugswürdige, vgl. oben Rdnr. 424) Annahme eines Regreßverbots der Anspruch des Geschädigten gegen den Geschäftsherrn, soweit der Versicherungsschutz reicht, nach § 116 SGB X (früher § 1542 RVO) auf den Versicherungsträger übergehen.

2. Unberechtigte GoA

432   Bei unberechtigter GoA ergeben sich vor allem die folgenden Ansprüche.

a) Ansprüche des Geschäftsherrn

Der Geschäftsherr kann die unberechtigte GoA genehmigen. Dann gelten die Regeln über die berechtigte GoA. § 684 S. 2 bestimmt das zwar ausdrücklich nur für den Geschäftsführer durch Verweisung auf die §§ 683, 670. Selbstverständlich darf dann aber auch der Geschäftsherr nicht schlechter stehen als bei berechtigter GoA; er muß also die oben Rdnr. 426 genannten Ansprüche haben.

Genehmigt der Geschäftsherr nicht, so kann er vom Geschäftsführer nach dem Recht der GoA (außerdem §§ 812 ff., 823 ff.) nur Schadensersatz verlangen, § 678. Dieser Anspruch ist jedoch besonders streng gestaltet: Ein Verschulden bei der Übernahme der Geschäftsführung macht den Geschäftsführer für alles haftbar, was daraus entsteht. Hier zeigt sich der Schutz des Geschäftsherrn gegen unerwünschte Einmischung (vgl. oben Rdnr. 421) besonders deutlich.

Bsp.: H züchtet in seinem Garten Arzneipflanzen. G hält diese schuldlos für Unkraut und rupft sie aus. Hat G seine Gartenarbeit auch nur leicht fahrlässig gegen den Willen des H übernommen, so haftet er diesem nach § 678 wegen der ausgerissenen Pflanzen auf Ersatz. Diese Haftung ist gleich der nach §§ 287 S. 2, 848 ein Fall des *versari in re illicita:* Wer sich schuldhaft in einen unerlaubten Zustand begibt, haftet für alle Folgen, auch wenn ihn an diesen kein Verschulden trifft. Vgl. auch oben Rdnr. 417.

Allerdings wird § 680 auch auf § 678 angewendet.　　　　433

BGH NJW 1972, 475 ff.: Nach einer gemeinsamen Feier ist H ganz betrunken, G etwas weniger. H setzt sich dennoch in seinen Wagen, um nach Hause zu fahren. Um Unheil zu vermeiden, schiebt G den H zur Seite und führt seinerseits den Wagen. Dabei kommt es zu einem Unfall, dessentwegen G auf Schadensersatz in Anspruch genommen wird.

Hier ist G unberechtigter Geschäftsführer zwar nicht schon deshalb, weil der wirkliche Wille des H der Übernahme des Steuers entgegenstand: Dieser Wille ist wegen der starken Trunkenheit unbeachtlich (analog § 105 II). Die Nichtberechtigung zur Geschäftsführung folgt aber daraus, daß H mutmaßlich nicht von dem stark angetrunkenen G gefahren werden wollte. Trotzdem kann die Ersatzpflicht des G aus § 678 an § 680 scheitern (ebenso *Gursky,* JuS 1972, 637 ff.), nämlich wenn die Übernahme dieser Geschäftsführung nur als leicht fahrlässig zu werten ist. Der BGH hat das hier wegen der Eile, mit der G sich entscheiden mußte, für möglich gehalten. Zugleich soll § 680 auch die Haftung aus konkurrierenden Deliktsansprüchen (etwa § 823 I) mildern.

b) Ansprüche des Geschäftsführers

Bei Genehmigung der Geschäftsführung steht auch der Geschäftsführer wie　434
bei der berechtigten GoA, § 684 S. 2 (vgl. oben Rdnr. 427 ff.). Ohne eine solche Genehmigung hat er dagegen keinen Anspruch auf Aufwendungsersatz; § 684 S. 1 verweist ihn lediglich auf einen Herausgabeanspruch nach Bereicherungsrecht. Dies ist die sogenannte Aufwendungskondiktion, von der später (unten Rdnr. 895 ff.; 947; 949) noch zu sprechen sein wird.

III. Schema für die §§ 17 und 18

435 (G = Geschäft, GH = Geschäftsherr, GF = Geschäftsführer)

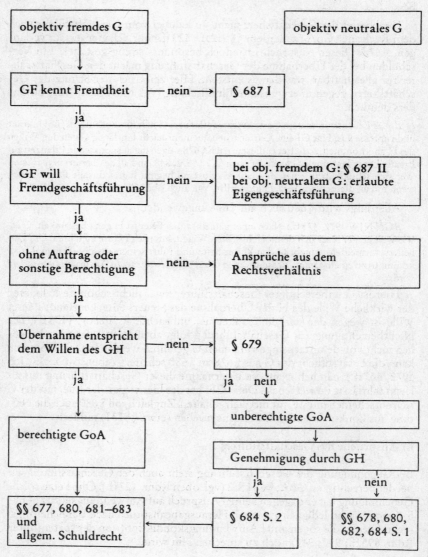

III. Abschnitt   Dingliche Ansprüche

§ 19   Übersicht über die dinglichen Ansprüche*

I. Begriff

Der Ausdruck »dinglicher Anspruch« kommt im BGB nur einmal an ziemlich versteckter Stelle vor (in § 221). Er ist keineswegs klar. Vielmehr bildet er auf den ersten Blick einen Widerspruch in sich: Ein »Anspruch« ist ein Zweipersonenverhältnis, gekennzeichnet durch Gläubiger und Schuldner. Mit »dinglich« dagegen bezeichnet man vielfach die den absoluten Rechten eigene Wirksamkeit gegen jeden. »Dinglicher Anspruch« bedeutete danach ein »allwirksames Zweipersonenverhältnis«. Was wirklich gemeint ist, zeigt ein Blick auf den Prototyp des dinglichen Anspruchs, nämlich den aus § 985: Nicht ein Anspruch, der sich gegen jeden richtet, sondern ein Anspruch, der sich **gegen jeden richten kann** (nämlich gegen jeden Besitzer).

Jedoch ist diese Definition noch zu weit. Gegen jeden richten können sich nämlich auch viele andere Ansprüche, etwa der aus § 823 I (gegen jeden, der eines der dort genannten Schutzobjekte verletzt) oder die Eingriffskondiktion, § 812 I 1 Fall 2. Diese Beispiele zeigen zugleich, daß der dingliche Anspruch auch nicht einfach »Anspruch aus dinglichem Recht« ist: Die Ansprüche aus §§ 823 I, 812 I 1 Fall 2 (Eingriffskondiktion, unten Rdnr. 703 ff.) können gleichfalls auf dem Eigentum des Verletzten beruhen, ohne doch dingliche Ansprüche zu sein.

Am ehesten paßt daher die Definition von *Heck* (SaR §§ 31, 32): Der dingliche Anspruch **verwirklicht das dingliche Recht.** Er steht also auf einer Stufe mit dem schuldrechtlichen Erfüllungsanspruch. Das paßt deshalb, weil auch der dingliche Anspruch keine subjektiven Voraussetzungen (Vertretenmüssen) kennt. Vielmehr entsteht er regelmäßig allein aus einer Beeinträchtigung des dinglichen Rechts. Und da eine solche Beeinträchtigung durch jeden erfolgen kann, vermag jeder Schuldner solcher dinglicher Ansprüche zu werden.

So verwirklicht sich etwa das Eigentum, wenn dem Eigentümer nach § 985 der Besitz oder nach § 1004 die ungestörte Nutzung verschafft wird. Dagegen verwirklicht etwa § 823 I das Eigentum nicht; dieser Anspruch entspricht vielmehr einem Sekundäranspruch auf Schadensersatz wegen Nichterfüllung (vgl. oben Rdnr. 205).

---

* Dazu *Gernhuber,* BR § 23, vgl. auch *Gast,* Das zivilrechtliche System des Eigentumsschutzes, JuS 1986, 611 ff.

II. Einteilung der dinglichen Ansprüche

437 Man kann die dinglichen Ansprüche nach ihrem Ziel und zugleich nach ihrem Grund wie folgt gliedern:

1. Ansprüche auf Herausgabe*

a) Aus einem Recht zum Besitz (petitorische Ansprüche; sie schaffen **endgültig** Recht): §§ 985, 1065, 1227. Entsprechende Ansprüche fehlen bei den Grundpfandrechten, weil diese nicht zum Besitz berechtigen.

438 **b) Aus dem Besitz selbst** (possessorische Ansprüche; sie schaffen nur **vorläufig** Recht, weil ihr Ergebnis noch entsprechend dem Recht zum Besitz korrigiert werden kann): § 861.

439 **c)** Eine **Zwitterstellung** haben die §§ 1007, 2018: § 1007 verlangt zwar nicht *berechtigten* Besitz des Gläubigers (das folgt etwa aus § 1007 III 1: guter Glaube an die Besitzberechtigung genügt, also genügt unberechtigter Besitz). Andererseits läßt die Vorschrift aber auch nicht jeden Besitz genügen, sondern fordert gutgläubig erworbenen. Daß § 1007 meist den petitorischen Ansprüchen zugerechnet wird, beruht darauf, daß er im Gegensatz zu § 861 den Besitz zwischen den Parteien endgültig ordnet.

Bei dieser Gelegenheit noch eine **Bemerkung zu § 1007**: Diese Vorschrift ist nicht nur unglücklich formuliert, sondern hat auch keine rechte Funktion. Der Anwendungsbereich von § 1007 ist zwar weit, doch werden seine meisten Anwendungsfälle schon durch die §§ 985, 861 gedeckt. Ich würde § 1007 unter den dinglichen Herausgabeansprüchen immer erst an letzter Stelle prüfen. Wenn schon § 985 zum Erfolg führt, kann man § 1007 bei Zeitmangel in der Klausur am ehesten auch ganz weglassen. Wo dagegen bloß § 861 zutrifft (der ja nur vorläufig wirkt) oder sogar auch diese Vorschrift versagt, *muß* § 1007 geprüft werden. Man erleichtert sich das, wenn man die beiden ersten Absätze der Vorschrift als verschiedene Anspruchsgrundlagen auffaßt, also sie (jeweils mit einem Seitenblick auf Absatz 3) getrennt voneinander erörtert. Wenn man sie zusammenfassen will, ist ein Durcheinander kaum zu vermeiden.

Die Zwitterstellung von § 2018 endlich folgt daraus, daß mit diesem Anspruch **jede Zugehörigkeit einer Sache zum Nachlaß** geltend gemacht werden kann. Die Sache kann also entweder hinsichtlich eines Rechtes (etwa der Erblasser war Eigentümer) oder nur hinsichtlich des Besitzes (der Erblasser war nur Entleiher) oder der Buchposition zum Nachlaß gehört haben. Denn »etwas« in § 2018 ist ebenso weit wie in § 812 I 1.

---

* Dazu *Medicus*, JuS 1985, 657 ff.

2. Ansprüche auf Beseitigung und Unterlassung

Mit den jetzt zu nennenden Ansprüchen kann die Beseitigung von schon einge- **440** tretenen Störungsfolgen und bei Begehungsgefahr die Unterlassung künftiger Störungen verlangt werden. Dabei spreche ich hier von »Begehungsgefahr« (statt, wie üblich, von »Wiederholungsgefahr«), weil schon die naheliegende Gefahr einer erstmaligen Störung den Unterlassungsanspruch auslöst.

a) **Aus einem Recht:** §§ 12, 1004, 1065, 1134 I, 1192 I, 1227. Ähnlichkeit hiermit hat auch der als Spezialvorschrift zu § 1004 zu verstehende § 894 (dazu *Köbler*, Der Grundbuchberichtigungsanspruch, JuS 1982, 181 ff.): Dort liegt die Beeinträchtigung des Rechts in der unrichtigen Eintragung. Ähnlich ist gleichfalls § 771 ZPO (dazu *Prütting-Weth*, JuS 1988, 505 ff.): Diese Vorschrift richtet sich gegen die öffentlichrechtliche Beeinträchtigung des Eigentums durch eine unberechtigte Zwangsvollstreckung.

b) **Aus Sach- oder Rechtsbesitz** (der Schutz ist wie bei oben Rdnr. 438 nur **441** vorläufig): §§ 862, 1029, 1090 II.

Vorschriften, die den §§ 1007, 2018 entsprechen, fehlen hier.

c) **Exkurs:** Für Beseitigungs- und Unterlassungsansprüche bedeutsam ist **442** die (praktisch meist bei § 1004 behandelte) Frage der **ideellen Störung:** Stellt auch die Beeinträchtigung des ästhetischen Gesamteindrucks einer Sache eine in den Grenzen von § 906 abwehrfähige Störung des Eigentums dar? So hatten sich die Eigentümer eines Wohngrundstücks gegen einen benachbarten Lagerplatz für Baumaterialien *(BGHZ 51, 396 ff.)* und der Eigentümer eines Schloßhotels gegen ein benachbartes Schrottlager *(BGHZ 54, 56 ff.)* gewendet. Vor allem der zweite Fall zeigt deutlich, daß auch solche »ideelle« Störungen erhebliche Vermögensschäden auslösen können.

Der BGH hat wie vor ihm das RG den § 1004 in derartigen Fällen stets verneint: Eine Beeinträchtigung des ästhetischen Empfindens sei den in § 906 I aufgezählten Einwirkungen nicht »ähnlich«[1]. Diesem Argument wird von vielen Kritikern (etwa *Baur*, JZ 1969, 432; *Grunsky*, JZ 1970, 785 ff.) vor allem entgegengehalten: Die Anerkennung des allgemeinen Persönlichkeitsrechts könne den Schutz des Eigentums ins Ideelle hinein erweitern. Schon deshalb zwinge der Schluß aus dem Wortlaut von § 906 I nicht mehr. Trotzdem dürfte die Rspr. zutreffen. *OLG Hamm*, NJW 1975, 1035 f. bejaht wenigstens die Möglichkeit eines Schutzes gegen ästhetische Störungen nach Landesrecht;

---

1 Ein Vorbehalt für besonders krasse Fälle aber in *BGH* NJW 1975, 170 mit Anm. *Loewenheim* ebenda 826 f. *BGHZ 95, 307 ff.* (dazu *Paschke*, JZ 1986, 147) verneint auch einen Unterlassungsanspruch gegen den (nach außen nicht wahrnehmbaren) Betrieb eines Bordells.

bestätigend *BGHZ 73, 272 ff.:* Dort hatte jemand neben den vom Landesrecht geforderten Holzzaun noch eine Mauer gesetzt; diese zu beseitigen ist er verurteilt worden.

Überschattet wird die Problematik noch vom **öffentlichen Recht:** Dort ist eine Widerspruchs- und Klagemöglichkeit für den beeinträchtigten Nachbarn anerkannt, wenn die Genehmigungsbehörde öffentliches Baurecht mit nachbarschützendem Charakter verletzt hat (**öffentlichrechtliche Nachbarklage**[2]). Auf diesem Weg kann etwa die Errichtung einer Fabrikanlage in einem Wohngebiet bekämpft werden, obwohl § 14 BImSchG einen Abwehranspruch gegen die errichtete Anlage ausschließt. Das Verhältnis zwischen diesem öffentlichrechtlichen Behelf und § 1004 sowie auch § 823 II (dazu *Picker,* AcP 176, 1976, 28 ff.) ist aber noch in vieler Hinsicht klärungsbedürftig; vgl. etwa Münch-Komm-*Säcker* § 906 Rdnr. 10 ff.

3. Ansprüche auf Befriedigung aus einem Gegenstand

443 Das Recht zur Befriedigung aus einem Pfandgegenstand setzt immer ein Pfandrecht des Gläubigers voraus, entspricht also dem oben bei Rdnr. 437 und 440 genannten Typ. Grundlagen sind die §§ 1113 I, 1191 I, 1199 I, 1204 I. Streng genommen handelt es sich hier aber nicht um echte Ansprüche: Der Inhaber des belasteten Gegenstandes schuldet nichts, sondern der Pfandgläubiger hat lediglich eine Verwertungsbefugnis. Ob man hier von »dinglichen Ansprüchen« reden darf, ist daher streitig (dafür etwa *Westermann* § 94 II 4; dagegen *Wolff-Raiser* § 131 Anm. 21).

4. Weitere dingliche Ansprüche

444 Dingliche Ansprüche anderen Inhalts sind etwa die Rechte, die der Eigentümer als solcher nach §§ 1047, 1051 ff. gegen den Nießbraucher hat. Auch sie entsprechen stets dem oben bei Rdnr. 437 und 440 genannten Typ, sind also petitorisch.

---

2 Dazu etwa *Baur* § 25 IV 4; *Laufke,* Festschr. Heinr. Lange (1970) 278 ff., auch *Orloff,* Nachbarschutz und Nachbarbeteiligung am Baugenehmigungsverfahren, NJW 1983, 961 ff.; *Wahl,* Der Nachbarschutz im Baurecht, JuS 1984, 577 ff., *Martens,* NJW 1985, 2302 ff.; *Peine,* Öffentliches und privates Nachbarrecht, JuS 1987, 169 f.; *Hahn,* Das baurechtliche Nachbarabwehrrecht, JuS 1987, 536 ff.

III. Eigenarten der dinglichen Ansprüche

1. Fehlen der selbständigen Abtretbarkeit

Die wichtigste Eigenart des dinglichen Anspruchs besteht darin, daß er regel- 445
mäßig nicht durch Abtretung von dem Stammrecht getrennt werden kann, aus
dem er sich ergibt.

a) Das war und ist bestritten, entspricht aber heute doch der h. M. Kein Ge-
genargument bildet insbesondere § 931. Denn diese Vorschrift ist dahin auszulegen, daß der dort genannte Herausgabeanspruch nicht der aus § 985 ist, sondern der aus dem Besitzmittlungsverhältnis. Wenn kein mittelbarer Besitz des
Veräußerers besteht, wird also nicht die Vindikation abgetreten (die ja gleichfalls fehlen kann, nämlich wenn die Sache besitzlos ist: entlaufener Hund;
Wrack auf dem Meeresgrund). Vielmehr erfolgt die Übereignung hier durch
bloße Einigung. Vgl. etwa *Baur* § 51 VI 1 b.

Durch diese Bindung an das Stammrecht unterscheiden sich die dinglichen
Ansprüche etwa von Schadensersatzforderungen aus § 823 I.

Bsp.: S hat schuldhaft eine Sache des E beschädigt. Hier kann E die beschädigte Sache
veräußern und seinen Schadensersatzanspruch gegen S behalten. E kann auch umgekehrt
den Schadensersatzanspruch abtreten und die Sache behalten. Hat dagegen B eine Sache
des E in Besitz, so läßt sich der Herausgabeanspruch gegen B aus § 985 nicht vom Eigentum trennen: E kann weder über das Eigentum noch über den Anspruch allein verfügen.

Dabei darf man sich die Bindung des dinglichen Anspruchs an sein Stammrecht aber nicht etwa so vorstellen, als gehe der Anspruch vom Veräußerer auf
den Erwerber des Stammrechts über. Denn bei einem Übergang des Herausgabeanspruchs nach §§ 413, 412 müßte der Besitzer dem Erwerber des Stammrechts nach § 404 alle Einreden entgegenhalten können, die gegen den Veräußerer begründet waren. Das kann er aber regelmäßig nicht.

Bsp.: E verleiht sein Grundstück (Leihe beschränkt sich nicht auf bewegliche Sachen,
§ 598) dem L für ein Jahr. Noch vor Ablauf dieser Zeit verlangt K das Grundstück heraus,
an den E es veräußert hat. Hier hat L gegenüber K kein Recht zum Besitz (§ 986 II beschränkt sich auf Veräußerungen nach § 931, also auf bewegliche Sachen!).

Dem Gesetz liegt also die Vorstellung zugrunde, der dingliche Anspruch
entstehe beim Erwerber des Stammrechts neu. Die Konsequenzen hieraus
werden freilich für die praktisch wichtigsten Fälle durch die §§ 986 II (in *BGHZ*
64, 122 ff. erweitert auf ein Zurückbehaltungsrecht nach § 273), 571, 577, 579,
580, 581 II erheblich gemildert: Die Hemmung des »alten« dinglichen Anspruchs überträgt sich danach auf den »neuen«.

Hätte im vorigen Beispiel E das Grundstück an L vermietet oder verpachtet oder wäre
eine bewegliche Sache verliehen worden, stünde L also besser. Vgl. aber für die Leihe

§ 605 Nr. 1. *BGHZ 60, 235 ff.* läßt freilich auch die Verjährung eines Anspruchs aus § 1004 gegen den Sondernachfolger in das gestörte Eigentum wirken (also nicht § 902 I 1). Dazu mit Recht kritisch *Baur,* JZ 1973, 560 f.; *Picker,* JuS 1974, 357 ff.

446   b) § 857 III ZPO zwingt jedoch trotz der Unabtretbarkeit zu der Annahme, wenigstens die **Ausübung** des dinglichen Anspruchs müsse einem Dritten überlassen werden können. Andernfalls entstünden nämlich bei der Zwangsvollstreckung unüberwindliche Schwierigkeiten. Beispiele:

(1) B hat rechtlos eine bewegliche Sache des E in Besitz. G, ein Gläubiger des E, will diese Sache pfänden, doch ist B zur Herausgabe nicht bereit (vgl. § 809 ZPO).

(2) E ist Eigentümer eines Grundstücks, doch ist im Grundbuch B als Eigentümer eingetragen. G, ein Gläubiger des E, erstrebt die Eintragung einer Zwangshypothek an dem Grundstück (vgl. § 39 I GBO).

In beiden Fällen ist die Zwangsvollstreckung durch G nur möglich, wenn er zunächst einen dinglichen Anspruch seines Schuldners E durchsetzt; bei (1) den aus § 985, bei (2) den aus § 894. Um diesen Anspruch geltend machen zu können, muß G ihn aber pfänden und sich überweisen lassen. Und das gelingt am ehesten, wenn man entsprechend § 857 III ZPO die Möglichkeit einer Überlassung zur Ausübung annimmt. Bei (2) bedarf G zum Herbeiführen der Grundbuchberichtigung zusätzlich noch des Antragsrechts. Dieses gewährt ihm § 14 GBO: G kann beantragen, daß das Grundbuch durch Eintragung des E berichtigt wird.

2. Die Anwendbarkeit weiterer Schuldrechtsnormen

447   Die Frage nach der Anwendbarkeit anderer Vorschriften über die Forderung auf den dinglichen Anspruch läßt sich nicht einheitlich beantworten.

a) Hauptnormen des Unmöglichkeitsrechts

Das Recht der *Unmöglichkeit* (§§ 275, 280) ist sicher nicht überall anwendbar. So wird § 280 bei § 985 durch die §§ 989, 990 verdrängt. Auch kommt es für § 985 nicht darauf an, ob der Beklagte im schuldrechtlichen Sinne zur Herausgabe vermögend ist. Vielmehr erlischt die Vindikation, sobald der Besitz wegfällt, und zwar selbst dann, wenn der ehemalige Besitzer ihn sich wieder verschaffen könnte. Erst von der Rechtshängigkeit an ist ein Besitzverlust nach §§ 265, 325 ZPO unbeachtlich.

Bsp.: B besitzt rechtlos eine Sache des E. B veräußert die Sache, bevor er von E auf Herausgabe verklagt worden ist, unter Übergabe an D. Das der Veräußerung zugrunde liegende Schuldverhältnis und diese selbst sind nichtig.

Hier könnte B den an D gegebenen Besitz mit der Leistungskondiktion zurückholen. Hinsichtlich eines schuldrechtlichen Herausgabeanspruchs des E wäre B also nicht unvermögend und könnte noch zur Leistung verurteilt werden. Für die Vindikation dagegen ist B mangels Besitzes nicht mehr passivlegitimiert. Freilich ist für E auch ein neuer Herausgabeanspruch gegen D entstanden.

Dagegen nimmt die h. M. für § 1004 Geltung des Unmöglichkeitsrechts an. Das zeigt sich an einer praktisch bedeutsamen Fallgruppe (vgl. dazu *Lutter* und *Overath*, JZ 1968, 345 ff.).

Bsp.: Der Grundstückseigentümer E wird durch Lärm vom Nachbargrundstück des N belästigt. Dieser Lärm stammt von einer Gastwirtschaft, die N an P verpachtet hat. Kann E gegen N (und nicht nur gegen P) klagen? Hier sind zwei Fragen zu unterscheiden:

aa) Ist N Störer? Das trifft nur dann zu, wenn N dem P das störende Verhalten gestattet oder durch die Verpachtung die Gefahr solcher Störungen erhöht hat. Das wird man bei einer Verpachtung zum Betrieb einer Gastwirtschaft bejahen können (ebenso etwa auch bei Vermietung an eine unzuverlässige Person).

bb) Ist N zur Beseitigung oder Unterlassung imstande? *Lutter-Overath* aaO. verneinen das nur, wenn N keine vertragliche Handhabe gegen P hat (weder Unterlassungsanspruch noch Kündigungsrecht) und überdies die Störungsquelle sich auch nicht im unmittelbaren Besitz des N befindet (so daß § 858 den N an eigenmächtiger Beseitigung hindert). Danach steht also die vertragliche Gestattung der Störung durch N allein einem Anspruch des E aus § 1004 nicht entgegen. Das ist richtig, weil zwei sich widersprechende Ansprüche auch sonst nebeneinander bestehen können (z. B. beim Doppelverkauf). *BGH* JZ 1968, 384 f. läßt eine Verurteilung des N wenigstens dann zu, wenn dieser nicht erwiesenermaßen zur Abhilfe außerstande ist. Das entspricht der für die Unmöglichkeit allgemein geltenden Beweislastverteilung (vgl. oben Rdnr. 245). Für die Annahme von Unmöglichkeit dürfte bei § 1004 auch der Nachweis nötig sein, daß N den P nicht einmal durch Geldleistungen zur Aufgabe der Erlaubnis zu den Störungen bewegen kann.

Lutter-Overath gehen über das Gesagte sogar noch hinaus: Wenn N dem P die Störung gestattet hat und die Störung wegen § 858 nicht eigenmächtig beseitigen darf, soll E wenigstens N und P als Gesamtschuldner (entsprechend § 840) belangen können. Aber das glaube ich nicht: Aus einem Urteil des E gegen N und P könnte N nicht gegen P vollstrecken (vgl. JZ 1968, 354 A. 62). Das Urteil schüfe also für N keine Abhilfemöglichkeit.

b) Andere Unmöglichkeitsvorschriften

Fraglich ist auch die Anwendbarkeit der übrigen Vorschriften des Unmöglichkeitsrechts auf dingliche Ansprüche. Zu § 281 vgl. unten Rdnr. 599 (unanwendbar). — § 283 ist wichtig für die Frage, was der Eigentümer vom *mittelbaren* 448

Besitzer verlangen kann: bloß Abtretung des Herausgabeanspruchs gegen den Unterbesitzer (so *Baur* § 11 C I 2) oder Herausgabe der Sache selbst. Die zweite Ansicht ist herrschend und vorzugswürdig. Denn sie macht die Vollstreckungsmöglichkeit unabhängig vom Fortbestand des Besitzmittlungsverhältnisses: Besteht dieses noch, so kann sich der Gläubiger (= Eigentümer) den Herausgabeanspruch des Schuldners nach § 886 ZPO überweisen lassen. Ist es aber schon durch Rückgabe der Sache an den Schuldner erloschen, so kann der Gläubiger nach §§ 883, 885 ZPO vorgehen. Dagegen ginge in diesem Fall ein bloß auf Abtretung des Herausgabeanspruchs lautendes Urteil ins Leere.

BGHZ 53, 29 ff. hat sich zu einer Einschränkung der h. M. veranlaßt gesehen durch folgenden Fall:

E hatte sein Hotel zunächst an O verpachtet. Dieser kaufte von V unter EV die Einrichtung für eine Kegelbahn, bezahlte aber den Kaufpreis nicht. Nach Beendigung des Pachtvertrages mit O verpachtete E das Hotel mit der Kegelbahn von 1966 bis 1976 an P. V, der Eigentümer der von ihm gelieferten Einrichtung geblieben war, verlangt diese 1967 nach § 985 von E heraus.

Hier hat der BGH erwogen: Wegen des Pachtvertrags müsse E dem P die Einrichtung bis 1976 belassen. Bis dahin könne also E ein Urteil auf Herausgabe an V nicht erfüllen. Damit drohe ihm durch ein solches Urteil eine Schadensersatzpflicht ohne Rücksicht auf sein Verschulden (§ 283 I, vgl. oben Rdnr. 246, h. M.). Das aber widerspräche den §§ 989 ff. E könne also zur Herausgabe nur verurteilt werden, wenn er nach den §§ 989 ff. schadensersatzpflichtig sei (nämlich wenn er bei der Verpachtung an P bösgläubig war). Andernfalls bleibe nur die Verurteilung zur Abtretung des Herausgabeanspruchs gegen P (grundsätzlich zustimmend *K. Schmidt,* MDR 1973, 973/975).

Diese Argumentation des BGH setzt voraus, § 283 sei bei § 985 wirklich anwendbar. Dagegen spricht aber, daß die §§ 989 ff. eine auch die übrigen Unmöglichkeitsregeln (§§ 280, 281) ausschließende Sonderregelung bilden. Andererseits besteht aber bei § 985 wohl das Bedürfnis nach einer Regelung für den Fall der Nichtherausgabe. Daher dürfte es vorzugswürdig sein, § 283 mit der Maßgabe anzuwenden, daß die dort bestimmte Ersatzpflicht nach §§ 989 ff. zu modifizieren, nämlich nur bei Verschulden zu bejahen ist (so *Kühne,* JZ 1970, 189 ff.). Diese Ersatzpflicht braucht dann — anders als nach der Ansicht des BGH — noch nicht im Vindikationsprozeß geprüft zu werden: Der Eigentümer kann auch vom mittelbaren Besitzer stets Herausgabe verlangen. Erst wenn diese nicht erfolgt, hängt der im zweiten Prozeß zu prüfende Schadensersatzanspruch des Eigentümers von einem Verschulden des mittelbaren Besitzers ab.

c) Schuldnerverzug

449   Bei den Vorschriften über den Schuldnerverzug ist zu unterscheiden:

aa) Nach § 990 II sind sie für die Vindikation auf den unredlichen Besitzer anwendbar. Dieser hat also im Verzug nach § 286 I allen Schaden zu ersetzen, der durch eine schuldhafte Verzögerung der Herausgabe entsteht. Auch ist er nach § 287 S. 2 für zufälligen Sachuntergang während des Verzuges verantwortlich.

bb) Bei der **Hypothek** (entsprechend bei der Grundschuld, § 1192 I) haftet **450** nach § 1146 das Grundstück für Verzugszinsen, wenn dem Eigentümer gegenüber die Voraussetzungen vorliegen, unter denen ein Schuldner in Verzug kommt (der Grund für diese gewundene Ausdrucksweise: Der Eigentümer als solcher schuldet ja nichts und kann daher nicht wirklich in Verzug geraten!). Ob es außerdem eine Haftung für weiteren Verzugsschaden gibt, ist umstritten (ja: *Westermann* §§ 94 II 4; 101 II 1 b; nein: *Wolff-Raiser* 131 III 3). Jedenfalls aber wäre ein solcher Anspruch nicht mehr durch das Grundpfandrecht gesichert: § 1118 erstreckt es ja auch bei Verzug des persönlichen Schuldners nur auf die **gesetzlichen** Verzugszinsen, weil die nachrangigen Gläubiger wissen müssen, wieviel ihnen höchstens vorgehen kann.

cc) Für **andere dingliche Ansprüche** fehlen ausdrückliche Vorschriften **451** über die Anwendbarkeit der Verzugsregeln. Die Frage ist daher zweifelhaft.

BGHZ 49, 263 ff.: V verkaufte ein Grundstück an K und ließ ihm eine Auflassungsvormerkung eintragen. Da V diesen Verkauf jedoch für ungültig hielt, übereignete er das Grundstück dem D. Deshalb erhielt K das Grundstück erst, nachdem er durch einen Prozeß mit D dessen Zustimmung nach § 888 I erstritten hatte. Jetzt verlangt K von D Ersatz des Verzugsschadens von fast 1000000,— DM.

Anspruchsgrundlage kann nur § 286 I sein. Seine Anwendbarkeit hängt davon ab, ob der dem dinglichen Anspruch des K aus § 888 unterworfene D »Schuldner« war. Der BGH hat das verneint und daher die Klage abgewiesen: § 888 begründe nur einen unselbständigen Hilfsanspruch mit bloß verfahrensrechtlicher Bedeutung (wegen § 19 GBO). Dagegen aber überzeugend *D. Reinicke*, NJW 1968, 788 ff.: Die Klassifizierung des Anspruchs besage nichts für die Anwendbarkeit der Verzugsregeln. Vielmehr dürfe D keinen Freibrief für verzögerliche Behandlung haben, zumal K keineswegs einen Ersatzanspruch gegen V zu haben brauche (V allein kann ja nicht erfüllen!).

IV. Die eigene Störungsregelung für dingliche Ansprüche

1. Das Eigentümer-Besitzer-Verhältnis bei § 985

Gehen wir aus von *§ 985*, der insoweit die deutlichste Regelung hat: Der pri- **452** märe Herausgabeanspruch erlischt zwar, wenn der Herausgabeschuldner den Besitz aufgibt. Daraus folgt aber noch nicht, daß der ehemalige Besitzer nun völlig frei wäre. Vielmehr enthalten die §§ 987 ff. (Eigentümer-Besitzer-Verhältnis, vgl. unten Rdnr. 573 ff.) eine umfangreiche Regelung der Folgeansprüche auf Schadensersatz und Nutzungsherausgabe. Diese Folgeansprüche sind keine dinglichen. Sie stehen vielmehr den Forderungen aus §§ 280, 823 I nahe und können daher wie diese vom Eigentum getrennt werden (vgl. oben Rdnr. 445).

Diese nichtdinglichen Folgeansprüche werden üblicherweise wegen ihres Sachzusammenhanges gleichwohl unter der Überschrift »dingliche Ansprüche« mitgeprüft. Hieran zeigt sich, daß diese Bezeichnung im Schema des Anspruchsaufbaus keine materiellrechtlich einheitliche Anspruchsgruppe meint.

2. Weitere gesetzliche Regeln

453   Kraft Verweisung gelten diese Folgeansprüche im Bereich der §§ 1065, 1227 sowie nach § 1007 III 2 auch im Bereich dieser Vorschrift, und § 2018 hat in den §§ 2019 ff. eine eigene, ähnliche Folgenregelung. Eine solche fehlt dagegen unzweifelhaft bei § 861. Hier zeigt sich also ein weiterer Unterschied zwischen den §§ 1007 und 861.

Bsp.: Der Eigentümer E hat sein Fahrrad dem L geliehen. Dort wird das Rad von D gestohlen, der es beim Gebrauch alsbald beschädigt. Herausgabe des Rades kann L von D sowohl nach § 861 wie auch nach § 1007 I und II verlangen. Schadensersatz wegen der Beschädigung erhält L aber nur nach §§ 1007 III 2, 990, 989 oder 992, 848 (sowie nach § 823, vgl. unten Rdnr. 607), keinesfalls aber nach § 861.

3. Entsprechende Anwendung der §§ 987 ff. bei §§ 894, 1004

454   Fraglich ist dagegen, ob die §§ 987 ff. bei anderen dinglichen Ansprüchen entsprechend angewendet werden können. Bedeutung hat das vor allem für die §§ 894, 1004: Diese enthalten keine dem § 1007 III 2 entsprechende Verweisung; überdies braucht der Schuldner hier keineswegs Besitzer zu sein. Dennoch wird die entsprechende Anwendung der §§ 987 ff. vertreten.

Beispiele:

(1) *RGZ 114, 266 ff.:* Der Bucheigentümer B hat auf das Grundstück des E Verwendungen gemacht. Daß B sich gegen den Herausgabeanspruch des E aus § 985 nach §§ 994 ff., 1000 verteidigen kann, ist klar. Aber ist diese Verteidigung auch gegen den Berichtigungsanspruch nach § 894 möglich?

(2) *RGZ 158, 40 ff.:* B ist redlicher Bucheigentümer eines Grundstücks, das dem E gehört. B nimmt bei ebenfalls redlichen Dritten Darlehen auf und belastet das Grundstück dafür mit Hypotheken. E verlangt von B nicht nur Grundbuchberichtigung hinsichtlich

des Eigentums, sondern aus § 1004 auch Beseitigung der nach § 892 wirksam entstandenen Hypotheken.

Das RG hat im **Fall (2)** die Klage E-B hinsichtlich der Hypotheken für unbegründet gehalten: Die Stellung des Bucheigentümers zum Eigentümer sei der des Besitzers zum Eigentümer wesensverwandt. Daher sei das Haftungsprivileg aus §§ 989, 990, 993 I bei § 1004 entsprechend anzuwenden. Die Belastung des Eigentums bedeute dann eine unter § 989 fallende Verschlechterung der herauszugebenden Buchposition. Die Beseitigung dieser Belastung komme dem Schadensersatz gleich. Dazu sei B also nur verpflichtet, wenn er die Belastung nach Rechtshängigkeit oder Unredlichwerden vorgenommen habe (§§ 989, 990). Diese entsprechende Anwendung ist nicht unzweifelhaft, entspricht aber der h. M. (vgl. etwa *BGHZ 41, 30 ff.*).

Im Fall (2) hätte E von B also nur nach § 816 I 1 den Verfügungserlös herausverlangen können. Nach richtiger Ansicht ist das nicht der Darlehensbetrag (zu dessen Rückzahlung B den Gläubigern ja auch weiter verpflichtet bleibt), sondern nur der durch die Möglichkeit zu hypothekarischer Sicherung erlangte Vorteil (z. B. günstigere Verzinsung). Auch insoweit kommt dem B aber gegebenenfalls § 818 III zugute.

Entsprechend hat das RG auch bei **Fall (1)** argumentiert. Es hat also dem B gegen den Berichtigungsanspruch des E ein Zurückbehaltungsrecht wegen der Verwendungen gewährt. Allerdings hat das RG dabei dieses Zurückbehaltungsrecht — insoweit kaum konsequent — nicht auf § 1000 gestützt, sondern auf § 273 II: Die Buchposition, die B »herausgeben« solle, sei ein Gegenstand, und die Verwendungen auf das Grundstück seien als solche auf das Eigentumsrecht (und damit die Buchposition) anzusehen. *BGHZ 41, 30 ff.* hat diese etwas gewundene Argumentation bestätigt.

Dagegen lehnt der BGH aaO. § 273 II in folgendem Fall ab: B ist als Gläubiger einer Hypothek eingetragen, die sich inzwischen in eine Eigentümergrundschuld verwandelt hat. Der Eigentümer E verlangt von B nach § 894 Grundbuchberichtigung. B macht demgegenüber Verwendungen auf das Grundstück geltend. Hier sei, sagt der BGH, der herausverlangte Gegenstand (die Buchposition hinsichtlich der Hypothek) nicht mit dem Gegenstand identisch, auf den die Verwendungen gemacht worden seien (nämlich das Grundstück). Daher komme nicht § 273 II in Betracht, sondern allenfalls § 273 I. Insoweit fehle jedoch schon die bei Abs. 1 nötige Konnexität (vgl. unten Rdnr. 737).

V. Zusammenfassung zu III und IV

§ 985 als der Prototyp eines dinglichen Anspruchs wird begleitet von den in   **455** §§ 987 ff. geregelten Folgeansprüchen. Diese sind zwar nicht selbst dinglich, lassen sich also vom Eigentum trennen. Sie werden aber zweckmäßigerweise im Anschluß an § 985, also an die »Vindikationslage«, erörtert.

Gleiches wie für § 985 gilt für die §§ 1065, 1227 **und** 1007.

Sicher ohne Folgeregelung ist dagegen § 861.

Bei den §§ 894, 1004 sind die §§ 987 ff. mit Vorsicht entsprechend anzuwenden.

§ 2018 endlich hat in den §§ 2019 ff. seine eigene Folgeregelung.

Neben den eben genannten besonderen Folgeregelungen bleibt an manchen
Stellen (etwa bei § 990 II) Raum für die Anwendung der **allgemeinen schuldrechtlichen Störungsregelung** (zu § 278 vgl. unten Rdnr. 798 f.).

§ 20   Anwartschaften*

456 Eine Anwartschaft ist die **Vorstufe zum Erwerb eines Rechts.** Dabei gibt es
aber graduelle Unterschiede: Zunächst besteht meist nur eine rechtlich ungesicherte Aussicht auf einen Erwerb. In etwa diesem Sinn erscheinen die »Anwartschaften« neben den (noch schwächeren) »Aussichten« beim Versorgungsaus-
gleich in den §§ 1587 ff. (vgl. *Gernhuber* § 28 III 3). Die hier allein zu behandelnden privatrechtlichen Anwartschaften können dann mit dem Fortschreiten des
Erwerbsvorgangs immer sicherer werden. Wenn ein gewisser Grad rechtlicher
Sicherung erreicht ist, spricht man statt von einer Anwartschaft von einem **Anwartschaftsrecht.** Eine einhellig anerkannte Definition des dafür nötigen Si-
cherheitsgrades gibt es nicht. Häufig verwendet wird diejenige, die der *BGH*
(NJW 1955, 544) von *Westermann* § 5 III 3 a übernommen hat: Von dem mehr-
aktigen Entstehungstatbestand eines Rechts müßten schon so viele Erfordernisse erfüllt sein, daß der Veräußerer die Rechtsposition des Erwerbers nicht
mehr durch einseitige Erklärung zerstören könne[1]. Andere wieder formulieren,
der Erwerb des Vollrechts dürfe nur noch vom Erwerber abhängen. Dabei wird
es bisweilen für genügend gehalten, daß eine Beeinträchtigung der Rechtsposition des Erwerbers »nach dem normalen Verlauf der Dinge ausgeschlossen ist«
(BGHZ 49, 197/202).

Doch sind solche Definitionen schon vom Ansatz her bedenklich. Denn die
zu beantwortende Sachfrage geht häufig gerade dahin, ob die Position des

---

* Vgl. *Gernhuber,* BR § 13; *P. Schwerdtner,* Anwartschaftsrechte, Jura 1980, 609 ff.,
   661 ff., kritisch *Marotzke,* Das Anwartschaftsrecht — ein Beispiel sinnvoller Rechtsfortbildung? (1971); *Eichenhofer,* Anwartschaftslehre und Pendenztheorie, AcP 185
   (1985) 162 ff.

1 So etwa auch *BGHZ 45, 186/189 f.; 49, 197/201; BGH* NJW 1982, 1639/1640.

Erwerbers wirklich schon beständig ist. Das aber kann man nicht aus dem Vorliegen eines Anwartschaftsrechts folgern. Vielmehr ist regelmäßig gerade umgekehrt die Beständigkeit der Erwerberposition Voraussetzung dafür, daß man ein Anwartschaftsrecht annehmen darf. Daher spreche ich im folgenden zunächst immer nur von »Anwartschaft« (vgl. unten Rdnr. 487).

Die unter dem Stichwort »Anwartschaftsrecht« erörterten Positionen bilden meist Vorstufen für den Erwerb eines **dinglichen Rechts**. Die neuere Lehre erörtert, ob schon diese Vorstufen dem Vollrecht gleichzustellen und wie dieses durch dingliche Ansprüche zu schützen sind. Bisweilen auch ermöglicht ein Anwartschaftsrecht erst den Erwerb des Vollrechts. Deshalb erörtere ich die Anwartschaften an dieser Stelle.

I. Typische Anwartschaften

Allen Anwartschaften ist eigentümlich: Der **Erwerb** eines Rechts muß bereits   457
eingeleitet sein, weil andernfalls die Erwerberposition noch nicht geschützt
wäre. Dieser Rechtserwerb darf aber auch **nicht vollendet** sein, weil sonst der
Erwerber schon das Vollrecht hat. Die Suche nach einer Anwartschaft ist daher
nur dort sinnvoll, wo zwischen der Einleitung und der Vollendung des Vollrechtserwerbs eine gewisse Zeitspanne liegt: Nur dann ist die Frage berechtigt,
wie die Position des Erwerbers während dieser Zeitspanne geschützt ist oder
verwertet werden kann.

Für eine solche Zeitspanne zwischen Einleitung und Vollendung des Vollrechtserwerbs kommen verschiedene Gründe in Betracht:

1. Bedingter Erwerb

Die Parteien können die Vollendung durch Einfügung einer Bedingung in das   458
dingliche Geschäft aufschieben. Der wichtigste Fall dieser Gruppe ist der Erwerb einer beweglichen Sache unter **Eigentumsvorbehalt** (EV); Bedingung ist
hier im Zweifel die vollständige Kaufpreiszahlung, § 455[2].

Eine ganz ähnliche Anwartschaft hat der Sicherungsgeber bei Sicherungsübereignung und Sicherungszession, wenn diese durch die Tilgung der zu sichernden Forderung auflösend bedingt sind. Vgl. dazu unten Rdnr. 498; 504 f.

---

2 Dazu *Gernhuber*, BR § 28; *U. Hübner*, Zur dogmatischen Einordnung der Rechtsposition des Vorbehaltskäufers, NJW 1980, 729 ff.; *Brox*, Das Anwartschaftsrecht des
   Vorbehaltskäufers, JuS 1984, 657 ff., auch *H. Honsell*, Aktuelle Probleme des Eigentumsvorbehalts, JuS 1981, 705 ff. (aber im wesentlichen zu schuldrechtlichen Fragen).

2. Grundstückserwerb vor Eintragung

459 § 873 verlangt für den Erwerb von Grundstücksrechten Einigung und Eintragung. Insbesondere bei der Übertragung von Grundeigentum (§ 925) hat der Staat dem Grundbuchamt die Kontrolle vieler zusätzlicher öffentlichrechtlicher Erfordernisse (etwa der Zahlung der Grunderwerbsteuer) übertragen. Auch ist häufig erst über die Ausübung von Vorkaufsrechten der öffentlichen Hand zu entscheiden. Daher vergeht von der Auflassung und dem Eintragungsantrag bis zur Eintragung oft lange Zeit. Die zweite typische Fallgruppe für die Problematik der Anwartschaften ergibt sich daher aus der Stellung des Grundstückserwerbers zwischen Auflassung und Eintragung. Vgl. etwa *Westermann* § 76 I 5.

3. Hypothekenerwerb vor Valutierung

460 Die Entstehung eines Grundpfandrechts für den Gläubiger erfordert außer Einigung und Eintragung noch weitere Voraussetzungen: Entweder muß der Ausschluß der Erteilung eines Briefes eingetragen werden (§ 1116 II), oder der Gläubiger muß den Brief erhalten (§ 1117 I), oder es bedarf einer Aushändigungsvereinbarung nach § 1117 II. Bei der Hypothek muß zudem die zu sichernde Forderung entstanden sein, § 1163 I 1 (anders bei der Sicherungsgrundschuld, vgl. unten Rdnr. 496). Wenn **Banken** Hypothekarkredit gewähren, vergeht häufig zwischen der Eintragung der Hypothek und der Auszahlung des Kredits einige Zeit: Die Banken warten ab, bis der mit dem Kredit zu errichtende Bau einen solchen Wert erreicht hat, daß diese Hypothek auch »sicher« ist. Daraus folgt die dritte typische Fallgruppe für die Anwartschaften: Sie betrifft die Stellung des Gläubigers zwischen Eintragung und Valutierung der Hypothek. Diese Stellung hat wirtschaftliche Bedeutung vor allem wegen ihrer Kehrseite: Dem Eigentümer des zu belastenden Grundstücks verbleibt ja bis zur Valutierung eine (vorläufige) Eigentümergrundschuld, §§ 1163 I 1, 1177 I. Diese muß häufig zur **Sicherung der Zwischenfinanzierung** verwendet werden.

Zu einer solchen Sicherung eignet sich nach h. M. (etwa *Baur* §§ 37 V 1 b; 46 III 1 b; c) nur die *Brief*hypothek: Bei ihr kann die vorläufige Eigentümergrundschuld durch schriftliche Abtretung unter Übergabe des Briefes (oder mit Übergabesurrogat) an den Zwischenkreditgeber abgetreten werden. Bei der Buchhypothek dagegen kann der Eigentümer über seine vorläufige Eigentümergrundschuld nicht verfügen; dazu *Rimmelspacher*, JuS 1971, 14/16 ff. und unten Rdnr. 470 f.

461 Beim **Pfandrecht an beweglichen Sachen oder Rechten** taucht diese Problematik nicht auf, weil eine dem § 1163 I 1 entsprechende Vorschrift fehlt. Wenn ein solches Pfandrecht für eine künftige Forderung bestellt wird, ist also

der Vollrechtserwerb nicht bis zur Valutierung aufgeschoben: Der Gläubiger erwirbt das Pfandrecht schon vor Valutierung. § 1113 II und § 1204 II haben demnach trotz gleichen Wortlauts ganz verschiedene Wirkung.

II. Der Schutz der Anwartschaften

1. Der bedingte Rechtserwerb

Besprochen werden soll hier nur der oben Rdnr. 458 genannte typische Fall: die Rechtsstellung dessen, der eine bewegliche Sache unter aufschiebender Bedingung erwirbt, also regelmäßig des Vorbehaltskäufers. Ihn schützt das Gesetz weitgehend gegen Zwischenverfügungen des Veräußerers und gegen die Vereitelung des Bedingungseintritts.

462

a) Unwirksamkeit von Zwischenverfügungen

Der Schutz gegen Zwischenverfügungen des noch berechtigten Veräußerers erfolgt vor allem durch § 161 I (vgl. auch unten Rdnr. 503).

Bsp.: Der Verkäufer V hat ein Fahrrad unter EV an den Käufer K veräußert und es ihm übergeben. Noch bevor K den Kaufpreis ganz bezahlt hat, veräußert V das Fahrrad nach § 931 unbedingt an D.

Hier hat zwar D vom Berechtigten Eigentum erworben. Nach § 161 I 1 wird dieser Erwerb aber unwirksam, sobald K an V die letzte Rate zahlt: K erwirbt also mit dem Bedingungseintritt ungeachtet der zunächst wirksamen Zwischenverfügung des V Eigentum.

Allerdings erklärt § 161 III zugunsten des Zwischenerwerbers D die Vorschriften über den redlichen Erwerb für anwendbar. Unter den Voraussetzungen der §§ 932 ff. kann D daher endgültig gesichertes (nicht bloß auflösend bedingtes) Eigentum erwerben. Das trifft aber hier nicht zu. Freilich hält die ganz h. M. (anders *Raiser,* Dingliche Anwartschaften 1961, 70 ff.) den Vorbehaltsverkäufer für den mittelbaren Eigenbesitzer. Dann besteht also zwischen V und K vor Bedingungseintritt ein Besitzmittlungsverhältnis, so daß § 934 Fall 1 erfüllt ist. Einem endgültigen Eigentumserwerb des D steht aber § 936 III entgegen, der hier mindestens analog anzuwenden ist: Die Anwartschaft des unmittelbaren Besitzers K kann durch Veräußerung nach § 931 nicht erlöschen. § 161 III vermag also nur zu wirken, wenn K nicht unmittelbarer Besitzer ist. Das kommt praktisch nur selten vor, am ehesten dann, wenn K die Sache zu einer Nachbesserung an V zurückgibt.

Weiteres *Bsp.:* V hat das Fahrrad dem K nicht nach § 929, sondern nach § 930 bedingt übereignet, also den unmittelbaren Besitz behalten. Veräußert V jetzt an den hinsichtlich der ersten Veräußerung gutgläubigen D in der Form von § 929, so erwirbt dieser nach §§ 161 III, 932 endgültig Eigentum; die Anwartschaft des K erlischt.

Das ist nur konsequent: Unter den genannten Umständen wäre ja sogar das Eigentum des K erloschen, wenn die Veräußerung V-D nach Zahlung der letzten Rate durch K erfolgt wäre. Und die Anwartschaft kann nicht stärker geschützt sein als das Vollrecht.

b) Recht zum Besitz des Erwerbers

463 Bis zum Bedingungseintritt wird der in § 161 I gewährte Schutz durch § 986 II ergänzt: K darf das Recht zum Besitz, das er aus dem Kaufvertrag dem V gegenüber hat, auch dem Dritterwerber D entgegenhalten. Dieser Schutz ist nötig, weil § 161 einen bis zur Zahlung der letzten Rate durch K wirkenden Eigentumserwerb des D zuläßt: Ohne § 986 II könnte D also bis dahin die Sache als sein Eigentum von K vindizieren.

c) Vereitlung des Bedingungseintritts

464 Schutz gegen die treuwidrige Vereitlung des Bedingungseintritts gewährt dem Erwerber im allgemeinen § 162 I. Beim Vorbehaltskauf dürfte diese Vorschrift aber weithin unanwendbar sein. Denn die Bedingung besteht hier in der Erfüllung einer Verpflichtung. Der Vorbehaltsverkäufer gerät also (auch wenn er nicht treuwidrig handelt) in Annahmeverzug, wenn er die Annahme der letzten Kaufpreisraten ablehnt. Und hierfür treffen die §§ 372, 378 eine Sonderregelung: Der Käufer kann den Bedingungseintritt dadurch herbeiführen, daß er den Restkaufpreis unter Verzicht auf sein Rücknahmerecht hinterlegt. Daher bleibt bei Annahmeverzug des Verkäufers für die Anwendung von § 162 I kein Raum (bestr.).

d) Erweiterungen des gesetzlichen Schutzes

465 Dieser Schutz der Stellung des Vorbehaltskäufers ergibt sich aus dem Gesetz. Er genügt für die weitaus meisten Fälle jedem praktischen Bedürfnis. Nur ganz ausnahmsweise kann man sich fragen, ob ein Anlaß zu seiner Erweiterung besteht.

Bsp. (ähnlich *BGHZ 10, 69ff.; OLG Karlsruhe,* JZ 1966, 272f., dazu *Stoll,* JuS 1967, 12ff.): Der Eigentümer E übereignet eine Maschine zur Sicherung für eine Forderung nach § 930 an B. Danach verkauft E diese Maschine unter EV gegen Ratenzahlung an K und übergibt sie ihm. B verlangt von K nach § 985 Herausgabe, noch bevor K die letzte Rate an E gezahlt hat.

Hier ist zunächst erheblich, ob K von dem Nichteigentümer E kraft guten Glaubens (§§ 932, 929) eine Anwartschaft erwerben konnte. Das wird heute allgemein bejaht. Denn die h. M. (etwa *BGHZ 10, 73 f.*) nimmt schon lange an, daß beim bedingten Rechtserwerb der gute Glaube des Erwerbers nur bei der Übergabe vorzuliegen braucht, aber nicht mehr bei dem späteren Bedingungseintritt. Also hat K schon mit der bedingten Einigung und der Übergabe eine Position erworben, die durch späteres Unredlichwerden nicht wieder zerstört werden kann. Folglich erwirbt K mit Zahlung der letzten Rate an E das Eigentum zu Lasten des B. Zu diesem Zeitpunkt müßte daher B, wenn er die Maschine im Besitz hätte, sie nach § 985 dem neuen Eigentümer K herausgeben.

Fraglich ist daher nur, ob K den Besitz der Maschine auch **vor der Zahlung der letzten Rate** dem Eigentümer B gegenüber behalten darf. § 986 II (oben Rdnr. 463) wirkt hier nicht: B hat sein Eigentum nicht nach § 931 erworben; auch hatte K im Zeitpunkt dieses Erwerbs weder den Besitz noch ein Recht dazu. Ebensowenig gibt der Kaufvertrag mit E dem K ein dem B gegenüber wirkendes Besitzrecht. *BGHZ 10, 75* hat dem K gegen die Vindikation des B mit § 242 geholfen *(dolo facit qui petit quod redditurus est).* Dieses Mittel versagt aber, wenn die Zahlung der letzten Rate durch K und damit sein Eigentumserwerb nicht unmittelbar bevorstehen: *Redditurus* meint nur die Pflicht zu sofortiger Rückgabe (sonst könnte ja auch etwa ein Vermieter die Sachüberlassung an den Mieter verweigern, weil dieser die Sache später einmal zurückgeben müsse).

In einem solchen Fall des erst später bevorstehenden Eigentumserwerbs des K hat das *OLG Karlsruhe* aaO.[3] aus der gutgläubig erworbenen Anwartschaft ein Recht zum Besitz gefolgert. Mit dieser Begründung ist die auf § 985 gestützte Herausgabeklage B-K abgewiesen worden. Doch ist mir die Richtigkeit fraglich: Die Anwartschaft soll den Eigentumserwerb sichern. Das kann sie aber auch dann, wenn der Anwärter keinen Besitz mehr hat (die für § 929 nötige Übergabe hatte ja zunächst stattgefunden). Daher besteht keine Notwendigkeit, das Eigentum des Dritterwerbers schon gegenüber dem (ja noch keineswegs sicheren) künftigen Eigentum des Anwärters zurücktreten zu lassen; vgl. MünchKomm-*Medicus* § 986 Rdnr. 9.

e) Schutz gegen Gläubiger des Verkäufers

Eine ähnliche Problemlage kann entstehen, wenn Gläubiger des noch berechtigten Vorbehaltsverkäufers in die Sache vollstrecken wollen. Solange der Käufer Gewahrsam hat, ist er hiergegen zwar als nicht zur Herausgabe bereiter Dritter (vgl. § 809 ZPO) geschützt. Dieser Schutz versagt aber, wenn sich die **466**

---

3 Ebenso etwa *Baur* § 59 V 3 a; 5 b cc; *Westermann* § 44, 2, anders *Gudian*, NJW 1967, 1786 ff.

Sache noch oder wieder (z. B. zur Ausführung einer Reparatur) beim Verkäufer befindet. Dann wird fraglich, ob die Anwartschaft des Käufers eine **Drittwiderspruchsklage** nach § 771 ZPO begründet (dazu *Frank*, NJW 1974, 2211 ff.).

Diese Vorschrift setzt ein »die Veräußerung hinderndes Recht« des Dritten voraus: Der Dritte müßte also den Vollstreckungsschuldner an einer Veräußerung hindern können. Daran scheint es hier zu fehlen: Der Vollstreckungsschuldner bleibt nach seiner bedingten Veräußerung wegen § 161 I 1 zu weiteren Verfügungen befugt. Denn diese Vorschrift sorgt zugleich dafür, daß solche weiteren Verfügungen dem ersten Erwerber nicht schaden. Und das gilt nach § 161 I 2 auch für »Verfügungen im Wege der Zwangsvollstreckung«. Danach dürfte der bedingte Erwerber kein Widerspruchsrecht nach § 771 ZPO haben.

Trotzdem hat *BGHZ 55, 20 ff.* ein solches Recht bejaht: Seit *RGZ 156, 395* sei anerkannt, daß der Gerichtsvollzieher dem Ersteher in der Zwangsvollstreckung Eigentum nicht rechtsgeschäftlich verschaffe, sondern kraft staatlichen Hoheitsakts. Diese Eigentumsverschaffung sei keine Verfügung im Wege der Zwangsvollstreckung nach § 161 I 2. Der Ersteher erwerbe das Eigentum also endgültig und nicht bloß auflösend bedingt. Damit erlösche dann die Anwartschaft des ersten Erwerbers, und dem müsse dieser über § 771 ZPO zuvorkommen können.

Diese Folgerung ist zwingend, wenn man sich der vollstreckungsrechtlichen Grundauffassung des BGH anschließt. Gerade gegen sie hat aber *Säcker*, JZ 1971, 156/159 überzeugende Bedenken erhoben. Beurteilt man dementsprechend den Eigentumserwerb des Erstehers privatrechtlich, so bleibt auf den ersten Blick wegen des dann wieder anwendbaren § 161 für § 771 ZPO kein Raum. Für die Anwendbarkeit dieser Vorschrift kommt nur die folgende Erwägung in Betracht: Wenn man dem Käufer schon vor Restkaufpreiszahlung ein Besitzrecht gegenüber einem rechtsgeschäftlichen Dritterwerber zuerkennt (vgl. oben Rdnr. 465), muß ein gleiches Besitzrecht auch gegenüber Erwerbern im Wege der Zwangsvollstreckung gelten. Die Zwangsvollstreckung durch Versteigerung (§ 814 ZPO) entzöge aber dem Käufer den Besitz. Daher muß der Käufer sie mit § 771 ZPO verhindern können, wenn man entgegen den am Ende von oben Rdnr. 465 geschilderten Bedenken dem *OLG Karlsruhe* aaO. folgt.

Versäumt der Käufer die Drittwiderspruchsklage und verliert er so seine Anwartschaft, kann er nach § 823 I bei Verschulden des vollstreckenden Gläubigers Schadensersatz verlangen: *BGHZ 55, 20/24 ff.* (freilich wird regelmäßig § 254 passen). Zudem kommt unabhängig vom Verschulden ein Bereicherungsanspruch in Betracht: § 812 I 1 Fall 2.

2. Der Auflassungsempfänger vor Eintragung

Von der Auflassung bis hin zu der den Vollrechtserwerb vermittelnden Eintra-   **467**
gung festigt sich die Position des Erwerbers stufenweise:

a) Schutz gegen Widerruf

Bindend, also unwiderruflich (vgl. oben Rdnr. 32) ist die Auflassung meist von
Anfang an: Zwar verlangt § 873 II notarielle Beurkundung, während § 925 I die
(nicht notwendig zu beurkundende, *BGHZ 22, 312 ff.*) Erklärung vor dem
Notar genügen läßt. Aber in der Praxis wird die Auflassung schon wegen §§ 20,
29 GBO praktisch immer beurkundet.

b) Schutz gegen Verfügungsbeschränkungen

Wenn die Eintragung des Erwerbers beim Grundbuchamt beantragt worden   **468**
ist, schaden auch nachträglich beim Veräußerer eintretende Verfügungsbeschränkungen nicht mehr, § 878. Das gilt insbesondere für den Fall, daß der
Veräußerer in Konkurs fällt, § 15 S. 2 KO. Den Eintragungsantrag kann der Erwerber nach § 13 II GBO als Begünstigter selbst stellen. Das empfiehlt sich
auch, weil ein allein vom Veräußerer gestellter Antrag von diesem auch wieder
allein zurückgenommen werden kann, wodurch der Erwerber den Schutz von
§ 878 verlöre.

c) Schutz gegen Zwischenverfügungen

Der Schutz nach a und b läßt aber dem Veräußerer noch die Möglichkeit, den   **469**
Erwerb durch Zwischenverfügungen zugunsten Dritter zu hindern.

Bsp.: V läßt dem K ein Grundstück auf; die Eintragung des K als Eigentümer wird beantragt. Noch vor dieser Eintragung läßt V dasselbe Grundstück dem D auf und stellt
auch für diesen den nötigen Antrag. Würde hier D eingetragen, so wäre sein Erwerb vollendet, und der bereits begonnene Erwerb des K wäre vereitelt.

Hier greift aber § 17 GBO ein: Mehrere Anträge, die dasselbe Recht (im Beispiel das Eigentum des V) betreffen, sind in der Reihenfolge ihres Eingangs zu
erledigen. § 17 GBO gibt dem K also eine gewisse Gewähr dafür, daß sich sein
Rechtserwerb (und nicht der des D) durch Eintragung vollendet, wenn diese
Eintragung zuerst beantragt worden war.

Daher erstreckt auch § 12 I GBO das Recht zur Einsicht in das Grundbuch auf die noch
nicht erledigten Eintragungsanträge: Aus ihnen ergibt sich, mit welchen vorherigen Eintragungen noch gerechnet werden muß.

Aber sicher ist dieser Schutz nicht. Denn erstens gehört § 17 GBO bloß zum **formellen Recht,** das die materielle Rechtslage nicht berührt. Wenn das Grundbuchamt den später eingegangenen Antrag für D zuerst erledigt, wird D also Eigentümer, und K hat das Nachsehen (das allerdings regelmäßig durch einen Schadensersatzanspruch aus Art. 34 GG, § 839 gemildert wird). Zweitens aber kann ein Antrag auch **durch Zurückweisung** (§ 18 I 1 Fall 1 GBO) im Sinne von § 17 GBO **erledigt** werden; dann bricht der Schutz des K ebenfalls zusammen.

BGHZ 45, 186 ff.: E hat dem D ein Grundstück aufgelassen, der Eintragungsantrag ist aber vom Grundbuchamt zurückgewiesen worden. Danach hat E dem G eine Grundschuld bewilligt; diese ist eingetragen worden. Endlich hat D mit einer Beschwerde gegen die Zurückweisung seines Eintragungsantrags seine Eintragung als Eigentümer doch noch erreicht.

G verlangt nun von D, die Zwangsvollstreckung aus der Grundschuld zu dulden. D wendet ein, er habe bereits ein Anwartschaftsrecht auf Erwerb des unbelasteten Eigentums gehabt. Dieses Recht habe G durch den Erwerb der Grundschuld fahrlässig verletzt. G müsse daher nach §§ 823 I, 249 S. 1 als Schadensersatz die Löschung der Grundschuld bewilligen.

Der BGH hat der Klage des G stattgegeben und folglich die Einrede (§ 853) des D für unbegründet erklärt: Da auch die Zurückweisung des Eintragungsantrags durch das Grundbuchamt eine »Erledigung« darstelle, sei die Position des D seit dieser Zurückweisung nicht mehr durch § 17 GBO gegen Zwischenverfügungen des E gesichert gewesen. Eine derart ungesicherte Stellung könne man nicht als Anwartschaftsrecht bezeichnen.

Daß diese Entscheidung im Ergebnis richtig ist, zeigt die Erwägung der Vorinstanz (OLG Celle): Selbst wenn D schon ohne Eintragung Eigentümer gewesen wäre, hätte G die Grundschuld bei Redlichkeit noch erwerben können. Ein solcher Erwerb hätte keinen Schadensersatzanspruch D-G nach § 823 ausgelöst. Da D aber noch nicht einmal Eigentümer war, dürfe er nicht besser stehen.

Der BGH scheint freilich anzunehmen, daß D vor der Zurückweisung seines Eintragungsantrags ein Anwartschaftsrecht gehabt habe[4]. *Kuchinke,* JZ 1966, 797 f. bemerkt hierzu, ein Recht könne nicht durch einfachen Verfahrensakt (Zurückweisung des Eintragungsantrags) erlöschen; da D *nach* dieser Zurückweisung kein Recht gehabt habe, könne ihm *auch vorher* keines zugestanden haben. Ich halte das für zwingend: Der Schutz durch § 17 GBO ist eben viel

---

4 So auch *BGHZ 49, 197 ff.* und *BGH* NJW 1982, 1639, dagegen aber *Löwisch-Friedrich,* JZ 1972, 302 ff. Noch weitergehend wollen *Reinicke-Tiedtke,* NJW 1982, 2281/2282 ff. ein Anwartschaftsrecht des Grundstückskäufers allemal schon ohne weiteres mit der Auflassung entstehen lassen. Doch bleibt der hiermit erreichte Schutz weit hinter demjenigen bei den übrigen Fällen des Anwartschaftsrechts zurück.

schwächer als der durch § 161 I. Man sollte daher den zeitlich gestreckten Erwerb von Grundstücken nicht auf eine Stufe mit dem bedingten Rechtserwerb stellen. Mehr Sicherheit hätte D nur durch eine Auflassungsvormerkung erreichen können, §§ 883, 888: *OLG Hamm*, NJW 1975, 879 f. bejaht daher für den *vormerkungsgesicherten* Auflassungsgläubiger ein Anwartschaftsrecht auch bei Fehlen des Eintragungsantrags. Ähnlich behandelt *B VerwG* NJW 1983, 1626 einen solchen Erwerbsaspiranten schon als »Nachbarn«, der sich gegen eine Baugenehmigung für ein angrenzendes Grundstück soll wehren dürfen. Aber ohne Vormerkung kommt ein Schutz des Auflassungsempfängers gegen den vorher eingetragenen Erwerber nur nach § 826 in Betracht (*Dieckmann*, Festschr. Schiedermair 1976, 93 ff.).

d) Schutz gegen Übereilung?

Nach bisher ganz h. M. bedurfte ein Vertrag zur **Aufhebung eines Grundstückskaufs** erst dann der Form des § 313, wenn der Käufer schon als Eigentümer des Kaufgrundstücks eingetragen worden war: Erst dann begründete ja die Aufhebungsvereinbarung eine »Pflicht zur Übertragung des Eigentums an einem Grundstück«. Hiervon ist *BGH* NJW 1982, 1639 abgewichen: Die Aufhebungsvereinbarung sei schon dann formbedürftig, wenn der Käufer (etwa durch Auflassung und die Eintragung einer Vormerkung) ein Anwartschaftsrecht an dem Grundstück erworben habe. Ich halte das für unrichtig (ablehnend auch *Reinicke-Tiedtke*, NJW 1982, 2281/2286 ff.): Nach der vom BGH selbst betonten Definition (vgl. oben Rdnr. 456) und nach den gesetzlichen Vorschriften soll das Anwartschaftsrecht den Erwerb gegen *Handlungen des Veräußerers* sichern. Demgegenüber ist die Gewährung von Übereilungsschutz an den Erwerber selbst etwas ganz anderes. Dieser Schutz kann auch auf dem vom BGH gewählten Weg gar nicht konsequent erreicht werden. Denn der Käufer könnte zunächst sein Anwartschaftsrecht aufheben (z. B. durch Löschung der Vormerkung) und dann den Kauf formlos rückgängig machen.

469a

3. Der Hypothekar vor Valutierung

Beim Hypothekenerwerb (oben Rdnr. 460) ist die Position des künftigen Gläubigers sachenrechtlich sehr weitgehend gesichert:

470

a) Buchhypothek

Wenn die Buchhypothek einmal eingetragen ist, steht sie zwar bis zur Valutierung noch dem Grundstückseigentümer als (vorläufige) Eigentümergrundschuld zu. Eine Verfügung über diese Eigentümergrundschuld bedarf aber nach §§ 1154 III, 873 I der Eintragung. Und eine solche Eintragung soll nach

§ 39 I GBO nur erfolgen, nachdem zuvor der Betroffene eingetragen worden ist. Der Grundstückseigentümer als der materiell Betroffene müßte also zunächst seine Eintragung als Berechtigter erreichen, bevor er über sein Recht verfügen kann. Zu dieser Eintragung ist nach § 19 GBO eine Berichtigungsbewilligung des als Gläubiger Eingetragenen nötig. Der Anspruch des Eigentümers auf eine solche Bewilligung (§ 894) ist aber durch Vertrag ausgeschlossen: Die schon vor der Valutierung eingetragene Hypothek sollte ja gerade als Eigentümergrundschuld für spätere Valutierung bereitgehalten werden. Erst wenn sich diese Valutierung zerschlägt (vgl. unten Rdnr. 483), wird der Berichtigungsanspruch aus § 894 wieder durchsetzbar.

b) Briefhypothek

471 Bei der Briefhypothek liegen die Dinge anders. Auch sie steht zwar dem Grundstückseigentümer vor der Valutierung als (vorläufige) Eigentümergrundschuld zu. Aber zu einer Verfügung über diese Eigentümergrundschuld bedarf es nicht nach §§ 1154 II, 873 I der Eintragung ins Grundbuch. Vielmehr genügen nach §§ 1154 I, 1117 eine schriftliche Abtretungserklärung und entweder die Übergabe des Hypothekenbriefes oder ein Surrogat dafür. Eine Verfügung über die Eigentümergrundschuld ist daher noch möglich und wird auch zur Sicherung der **Zwischenfinanzierung** (vgl. oben Rdnr. 460) häufig vorgenommen. Dabei kommt eine Verfügung durch Übergabe des Briefes in Betracht, wenn der Grundstückseigentümer diesen in Besitz hat. Ist der Brief dagegen schon dem »endgültigen« Hypothekengläubiger ausgehändigt worden, gilt folgendes: Die Briefübergabe kann nach §§ 1154 I 1, 1117 I 2, 931 dadurch ersetzt werden, daß der Grundstückseigentümer sein (vorläufiges) Eigentum an dem Brief (§ 952 II) dem Zwischenkreditgeber überträgt. Vgl. dazu *Baur* § 46 III 1 b und *BGHZ 53, 60 ff.*

Hierbei wird die Form von § 1155 nicht eingehalten. Daher ist auch § 892 nicht anwendbar. Folglich kann der Grundstückseigentümer dem Zwischenkreditgeber bloß die Rechtsstellung übertragen, die er selbst hat. Das ist nur eine vorläufige. Denn sobald der schon als Gläubiger eingetragene Anwärter den »endgültigen« Kredit auszahlt, erwirbt *er* ja die Hypothek. Damit erlischt dann zugleich das aus der vorläufigen Eigentümergrundschuld entstandene vorläufige Grundpfandrecht des Zwischenkreditgebers.

In der Praxis wird deshalb die Position des Zwischenkreditgebers dadurch verstärkt, daß der Grundstückseigentümer ihm auch den Anspruch auf Valutierung abtritt und dies dem »endgültigen« Kreditgeber mitteilt (§ 407 I!). Dann verliert der Zwischenkreditgeber mit der Valutierung zwar seine Sicherheit. Zugleich erhält er aber zur Tilgung seiner Forderung gegen den Grundstückseigentümer das von dem Hypothekenanwärter gezahlte Geld.

III. Übertragung und Erwerb der Anwartschaft

Die Frage, ob und wie eine Anwartschaft übertragen (und gepfändet; vgl. unten Rdnr. 485 f.) werden kann, ist nicht weniger wichtig als die Frage nach ihrem Schutz. Denn insbesondere die Anwartschaft des Vorbehaltskäufers verkörpert, wenn bereits ein hoher Kaufpreisbetrag gezahlt worden ist, einen erheblichen wirtschaftlichen Wert. Daher hat die Frage Bedeutung, wie der Erwerber (oder bei der Pfändung seine Gläubiger) über diesen Wert verfügen können.

472

1. Bei bedingtem Rechtserwerb

a) Erwerb vom Berechtigten

Der Vorbehaltskäufer kann seine Anwartschaft ohne Zustimmung des Vorbehaltsverkäufers auf einen Dritten übertragen. Hierüber besteht Einigkeit. Sicher ist auch, daß diese Übertragung nicht nach §§ 413, 398 durch bloße Einigung erfolgen kann. Vielmehr bedarf es dazu der Form für die Übertragung des Vollrechts, also der Form von §§ 929 ff. für die Übereignung. Denn die Anwartschaft vermittelt den Erwerb des Vollrechts. Könnte die Anwartschaft selbst durch bloße Einigung übertragen werden, so würde entgegen dem Publizitätsprinzip auch der Erwerb des Eigentums vermittelt werden, ohne daß der Erwerber irgendeine Art von Besitz erhielte. Das darf nicht sein.

473

Nach der Veräußerung darf der Veräußerer des Anwartschaftsrechts dem Erwerber den Vollrechtserwerb auch nicht mehr erschweren. Daher kann er insbesondere auch die Bedingung für den Vollrechtserwerb nicht mehr durch Vereinbarung mit seinem Veräußerer zum Nachteil des Erwerbers verändern. *BGHZ 75,* 221 ff. (dazu *Forkel,* NJW 1980, 774; *Loewenheim,* JuS 1981, 721 ff.) verneint deshalb mit Recht die Befugnis des Veräußerers, einen einfachen Eigentumsvorbehalt ohne Zustimmung des Erwerbers auf andere Forderungen zu erweitern (so daß deren Tilgung zusätzliche Voraussetzung für den Vollrechtserwerb würde).

b) Redlicher Erwerb vom Nichtberechtigten

Für die Frage, ob eine Anwartschaft vom Nichtberechtigten kraft guten Glaubens erworben werden kann, muß unterschieden werden:

474

aa) Hält derjenige, der eine Sache unter EV erwirbt, den **Veräußerer für den Eigentümer**, ist ein solcher Erwerb sicher möglich. Denn die Anwartschaft bedeutet nur die Vorstufe des Vollrechtserwerbs, und dieser vollzieht sich nach §§ 932 ff. Daß schon vor dem Vollrecht eine Anwartschaft erworben werden kann, bedeutet nur eine Umschreibung der Tatsache, daß beim bedingten Vollrechtserwerb der Erwerber bloß bei der Übergabe gutgläubig sein muß (oben Rdnr. 465).

475   bb) Streng davon zu unterscheiden ist der Fall, daß der **Veräußerer sich fälschlich als Inhaber einer Anwartschaft ausgibt:** Kann hier die dem Veräußerer in Wirklichkeit nicht zustehende Anwartschaft gutgläubig erworben werden? *Beispiele:*

(1) E veräußert ein Fahrrad für 150,— DM unter EV gegen eine Anzahlung von 20,— DM an K. Dieser bezahlt nichts mehr auf die Restkaufpreisschuld. Er behauptet aber gegenüber M wahrheitswidrig, er habe schon 100,— DM abbezahlt. M erwirbt daraufhin die Anwartschaft und zahlt den vermeintlich noch geschuldeten Rest von 50,— DM an E.

(2) E veräußert ein Fahrrad unter EV an K; dieser leiht es dem L. L behauptet dem M gegenüber, er selbst habe das Fahrrad von E unter EV gekauft, und veräußert seine angebliche Anwartschaft an M.

(3) Wie bei (2), doch hat K das Rad bei E bereits voll bezahlt, als L seine angebliche Anwartschaft an M veräußert.

Die hier in Frage stehende Anwartschaft des Vorbehaltskäufers hängt ab von einer schuldrechtlichen Komponente (vgl. unten Rdnr. 479 ff.): Die Anwartschaft kann nur zum Vollrecht werden, wenn die obligatorische Kaufpreisforderung erfüllt wird.

Einmütigkeit besteht darüber, daß hinsichtlich dieses obligatorischen Teils ein Schutz des guten Glaubens nicht in Betracht kommt. Im Fall (1) muß daher M auch den Kaufpreisrest von 80,— DM noch an E zahlen, wenn er Eigentümer werden will: M hat die Anwartschaft nur mit dem Inhalt erworben, mit dem sie dem Veräußerer K wirklich zustand.

Anders natürlich, wenn K sich als Eigentümer ausgegeben hätte und M insoweit gutgläubig gewesen wäre: Dann hätte M nach § 932 das Eigentum genauso erworben, wie wenn K gänzlich nichtberechtigt gewesen wäre (oben Rdnr. 474).

Im übrigen will die h. M. mit Unterschieden im einzelnen[5] die §§ 932 ff. auf die Anwartschaft entsprechend anwenden, wenn die Kaufpreisforderung, deren Erfüllung Bedingung für den Vollrechtserwerb ist, wirklich besteht. Danach hätte M im Fall (2) die Anwartschaft des K kraft guten Glaubens von L erwerben können. M würde sogar das Eigentum auch dadurch erwerben, daß der nichtsahnende K die noch ausstehenden Raten an E zahlt. Im Fall (3) dagegen wäre ein gutgläubiger Erwerb durch M unmöglich: Es besteht ja keine Kaufpreisforderung mehr, durch deren Erfüllung die Anwartschaft noch zum Vollrecht werden könnte.

5   *Raiser,* Dingl. Anwartschaften 36 ff.; *Baur* § 59 V 3 b, c; *Westermann* § 45 III 1 c.

Diese Folgerungen sind zwar konsequent. Wenn man sie miteinander vergleicht, erscheinen sie aber ungereimt: Warum soll M im Fall (2) besser stehen als im Fall (3)? Sie zeigen, daß sich eine **derart durch eine schuldrechtliche Komponente mitbestimmte Rechtsposition für den gutgläubigen Erwerb nicht eignet.** *Flume* (AcP 161, 394 ff., ebenso *Wiegand,* JuS 1974, 201/211 f.) ist zuzustimmen: Wenn der Erwerber einmal weiß, daß der Veräußerer kein Eigentum hat, ist der Rechtsschein des Besitzes zerstört, auf den man sich vernünftigerweise verlassen darf. Der als solcher erkannte Besitz eines Nichteigentümers sagt eben nichts mehr über das Recht des Besitzers. Der Erwerber vertraut hier im Grund nur auf das »Gerede« des Veräußerers, und dieses Gerede hat weder nach dem Gesetz legitimierende Kraft, noch verdient es sie überhaupt. Denn hier gibt es kein ernst zu nehmendes wirtschaftliches Bedürfnis nach gutgläubigem Erwerb: Mag der Interessent beim Verkäufer und gegebenenfalls auch bei Zwischenpersonen anfragen, ob die Angaben dessen richtig sind, der da als Anwartschaftsberechtigter auftritt. So im Ergebnis auch *Brox,* JuS 1984, 657/662.

2. Anwartschaften im Immobiliarsachenrecht

a) Auflassungsempfänger

Für die Rechtsstellung des Auflassungsempfängers (oben Rdnr. 459) treten im 476 Zusammenhang mit der Übertragung keine besonderen Probleme auf. Zwar kann auch diese Position vom Auflassungsempfänger auf einen Dritten übertragen werden. Schon das RG *(RGZ 129, 150 ff.)* hat es nämlich für zulässig gehalten, daß der Auflassungsempfänger A, ohne selbst als Eigentümer eingetragen zu werden, das Grundstück weiter an einen Dritten D aufläßt; dieser wird dann ohne Zwischeneintragung des A als Rechtsnachfolger des E eingetragen (so auch *BGHZ 49, 197 ff.).*

Das RG aaO. hat das folgendermaßen konstruiert: In der Auflassung des Eigentümers E an A liege die Einwilligung (§ 185 I) des E, daß A dem D gegenüber als Nichtberechtigter über das Grundstück verfügen dürfe (vgl. auch *BayObLG* NJW 1971, 514 f. zur Einwilligung in Grundstücksbelastungen). Mit Hilfe der Vorstellung einer Anwartschaft des A läßt sich das Bild bei der Veräußerung demgegenüber noch vereinfachen: A verfügt nicht als Nichtberechtigter (mit Einwilligung des Berechtigten) über das Grundstück, sondern als Berechtigter über seine eigene Anwartschaft. Ein Anwartschafts*recht* ist hier freilich zu verneinen (vgl. oben Rdnr. 469).

Nach der Stellung des Eintragungsantrags ist die Position des Auflassungsempfängers auch gegen spätere Kenntnis von der Nichtberechtigung des Auflassenden gesichert, § 892 II. Insofern kann man also auch von der Möglichkeit eines redlichen Erwerbs sprechen. Aber die Frage, die bei der Anwartschaft des

Vorbehaltskäufers Schwierigkeiten gemacht hat (oben Rdnr. 475), nämlich die nach dem redlichen Erwerb bei einer Veräußerung durch den angeblichen Anwartschaftsberechtigten, taucht hier nicht auf: Da der Auflassungsempfänger selbst noch nicht eingetragen ist, kann er unzweifelhaft nicht mehr als die Position übertragen, die er selbst hat.

b) Hypothekar vor Valutierung

477 Die Position des Hypothekars vor Valutierung kann ohne jede Schwierigkeit übertragen werden: Der Hypothekar braucht nur die durch die Hypothek zu sichernde (künftige) Forderung in der Form von §§ 1154 f. abzutreten. Dagegen kann der Hypothekar nicht kraft Redlichkeit eine Anwartschaft vom Nichteigentümer erwerben.

Bsp.: Der Bucheigentümer B bestellt G zur Sicherung der Rückzahlungsforderung aus einem später auszuzahlenden Darlehen eine Buchhypothek. Obwohl G inzwischen erfahren hat, daß das Grundstück in Wahrheit dem E gehört, zahlt er das Darlehen noch an B aus.

Hierdurch hat G die Hypothek nicht mehr erwerben können. § 892 II scheint zwar für G zu sprechen, da dieser bei der Stellung des Eintragungsantrags noch redlich war. § 892 II meint aber nach allgemeiner Ansicht (etwa *Westermann* § 85 II 6 d) nur den Fall, daß außer der Eintragung alle übrigen Voraussetzungen des Rechtserwerbs erfüllt sind. Fehlt eine solche Voraussetzung noch (wie hier die Entstehung der zu sichernden Forderung), so entscheidet der spätere Zeitpunkt ihres Eintritts. Und zu dieser Zeit war G schon unredlich. Die von einem Nichtberechtigten erworbene Position des G kann daher bis zu ihrem Übergang in das Vollrecht noch durch nachfolgende Unredlichkeit zerstört werden. Anders *Raiser,* Dingl. Anwartschaften 35: Er verlegt den nach § 892 maßgeblichen Zeitpunkt auf die Entstehung eines angeblichen Anwartschaftsrechts des G vor. Aber das ist ein Zirkelschluß (weil G ein AR hat, muß sich sein Vollrechtserwerb noch vollenden können; und G hat ein AR, weil sein Vollrechtserwerb schon gesichert ist). Zudem sehe ich keinen Grund, den G hier auf Kosten des E zu schützen: Wenn G rechtzeitig erfährt, daß B nichtberechtigt ist, soll er die Darlehensauszahlung unterlassen.

478 Daneben bleibt noch der andersartige Fall der **Übertragung einer angeblichen Anwartschaft** auf den Erwerb einer Hypothek. Hier ist der Veräußerer zwar durch den Schein von Buch oder Brief legitimiert. Aber wenn er nur eine Anwartschaft veräußern will, gibt er zu erkennen, daß dieser Schein falsch ist. Daher ist mir ein Erwerb nach § 892 zweifelhaft. Zumindest wäre aber nötig, daß die zu sichernde Forderung überhaupt entstehen kann.

Bsp.: Der unerkennbar geisteskranke E bestellt dem G eine Hypothek für eine künftige Forderung. G tritt diese Forderung nach §§ 1154 f. an H ab. Dieser zahlt das Darlehen an E aus: H hatte schon keine Anwartschaft und hat auch jetzt die Hypothek nicht erworben, weil die zu sichernde Forderung nicht entstanden ist.

IV. Die Abhängigkeit der Anwartschaften von ihrem schuldrechtlichen Bestandteil

1. Bei bedingtem Rechtserwerb

Beim Kauf unter EV besteht die Bedingung für den Eigentumserwerb des Käufers regelmäßig in der vollständigen Zahlung des Kaufpreises. Über diese Bedingung ist der dingliche Teil des Geschäfts von dem obligatorischen Teil abhängig. Daher **entfällt auch die Anwartschaft des Erwerbers, wenn die Kaufpreisforderung wegfällt**: Die Anwartschaft bedeutet ja nur die Möglichkeit zum Erwerb des Vollrechts, und wo diese Möglichkeit nicht mehr besteht, weil die Bedingung nicht mehr eintreten kann, ist auch die Anwartschaft erloschen. So liegt es etwa, wenn der Kaufvertrag angefochten wird oder eine Partei von ihm zurücktritt. Sogar wenn der Käufer — vielleicht wegen einer arglistigen Täuschung durch den Verkäufer — selbst angefochten hat, ist seine Anwartschaft erloschen.   479

a) Konkurs des Verkäufers

Unerwartete Ergebnisse drohen bei konsequenter Durchführung dieser Regel, wenn der Vorbehaltsverkäufer in Konkurs fällt.   480

Bsp.: K hat bei V einen Kühlschrank für 500,— DM unter EV gekauft. Nachdem K die Kaufpreisschuld bis auf 50,— DM getilgt hat, fällt V in Konkurs.

Hier liegt es nahe, § 17 KO anzuwenden, weil auch V noch nicht vollständig erfüllt, nämlich dem K das Eigentum noch nicht verschafft hat (vgl. oben Rdnr. 234). Dann müßte der Konkursverwalter des V die Erfüllung des Vertrages wählen können. Tut er das, so läuft alles glatt: K muß den Kaufpreisrest zur Masse zahlen und erwirbt das Eigentum. Wenn aber der Konkursverwalter nicht Erfüllung wählt, kann er auch den Kaufpreisrest nicht mehr fordern. Die Kaufpreisschuld des K, deren Erfüllung die Bedingung für den Erwerb des Eigentums bildet, scheint also erloschen zu sein. Folglich müßte auch die Anwartschaft des K an dem Kühlschrank erlöschen; K müßte diesen der Masse zurückgeben und wäre als gewöhnlicher Konkursgläubiger auf eine Schadensersatzforderung gegen die Masse angewiesen. Die Anwartschaft des K wäre also nicht konkursfest, weil ihr obligatorischer Teil es nicht ist.

Dieses Ergebnis wird überwiegend für untragbar gehalten. Man versucht daher, es zu vermeiden oder wenigstens abzumildern. Eine solche Milderung bedeutet der in der Rspr. (etwa *BGHZ 98, 160/168 f.* mit Nachweisen) vertretene Satz, die Ausübung des Wahlrechts durch den Konkursverwalter stehe unter dem Vorbehalt von Treu und Glauben. Daher soll die Erfüllung nicht abgelehnt werden dürfen, wenn das zu grob unbilligen Folgen für den Käufer führt.

Vgl. etwa *RGZ 140, 156 ff.; BGH* NJW 1962, 2296 f. Besonders deutlich liegt die Unbilligkeit dann, wenn der Käufer für die ganze Kaufpreisschuld Wechsel akzeptiert hatte, die der Verkäufer weitergegeben hat: Hier müßte der Käufer trotz Ablehnung der Erfüllung den vollen Kaufpreis an die Erwerber der Wechsel zahlen. Ähnlich beschränkt *BGHZ 98, 160/169 ff.* beim erweiterten EV die Erfüllungsablehnung des Konkursverwalters auf den noch unbezahlten Teil der Ware.

In weniger kraß liegenden Fällen aber ist die Frage nach einem Verstoß gegen § 242 schwer zu bejahen. Denn der Konkursverwalter tut regelmäßig nur, was seines Amtes ist, wenn er die für die Masse günstige Entscheidung trifft.

Die Literatur[6] sucht daher eine weitergehende Lösung, mit deren Hilfe die Stellung des Käufers wirklich konkursfest wird. Dafür wird folgender Gedanke vorgetragen: § 161 I 2 schütze den bedingten Erwerb nicht nur gegen Zwischenverfügungen des Veräußerers selbst, sondern auch gegen Verfügungen durch dessen Konkursverwalter. Damit werde vorausgesetzt, daß die Anwartschaft erst recht nicht schon als Folge der Konkurseröffnung erloschen sei. Doch überzeugt das nicht ganz. Denn § 161 I 2 braucht nicht gerade an den Sonderfall zu denken, daß die Bedingung der Verfügung sich aus einem nicht konkursfesten Schuldvertrag ergibt. Was der Konkursverwalter mit der Ablehnung nach § 17 KO tut, ist ja im Grunde keine Zwischenverfügung, sondern eine Vereitelung des Bedingungseintritts. Überzeugender *M. Wolf,* ZZP 83 (1970) 231 ff.: § 17 KO sei nach seinem Zweck beim Konkurs des Vorbehaltsverkäufers überhaupt unanwendbar. Denn die Vorschrift solle in erster Linie den Käufer davor schützen, daß er noch voll in die Masse leisten müsse und seinerseits nur die Quote erhalte (oben Rdnr. 233). Da diese Gefahr nach der bedingten Übereignung der Kaufsache nicht mehr bestehe (§ 161 I 2 gehe § 15 KO vor), passe § 17 KO nicht[7].

b) Konkurs des Käufers

481   Im Konkurs des Vorbehaltskäufers dagegen wiegen die Schwierigkeiten aus § 17 KO weniger schwer: Der Konkursverwalter kann die Erfüllung wählen

---

6   Etwa *Raiser,* Dingl. Anwartschaften 95; *Baur* § 59 III 1 a; *Flume,* AcP 161 (1962) 404 f.
7   Ähnlich *Wieser,* NJW 1970, 913 ff., der zudem eine Analogie zu § 24 KO erwägt. Noch eine andere Begründung gibt *Musielak,* AcP 179 (1979) 189/209 ff., dazu oben Rdnr. 233.

oder sie ablehnen. Entscheidet er sich für die Erfüllung, so muß er den Kaufpreisrest als Masseschuld bezahlen (§ 59 Nr. 2 KO) und erwirbt das Eigentum an der Kaufsache. Wenn er dagegen die Erfüllung ablehnt, hat der Verkäufer nur einen Schadensersatzanspruch als gewöhnliche Konkursforderung (§ 26 S. 2 KO), erhält aber andererseits die verkaufte Sache zurück. Diese Ergebnisse sind sachgerecht und bedürfen keiner Korrektur (anders *Stracke*, KTS 1973, 102 ff.: nur §§ 455, 346).

2. Bei Anwartschaften im Immobiliarsachenrecht

a) Der Position des **Auflassungsempfängers** vor Eintragung (oben Rdnr. 459) fehlt die eben geschilderte schuldrechtliche Abhängigkeit. Hier kann ja die Eintragung, die zum Vollrechtserwerb noch fehlt, ohne Rücksicht auf einen schuldrechtlichen Anspruch erfolgen. Ob der Erwerber einen Anspruch auf seinen Erwerb hat, ist nur bereicherungsrechtlich von Bedeutung: Bei Fehlen eines solchen Anspruchs fehlt regelmäßig auch die causa, so daß die Anwartschaft ebenso kondiziert werden kann wie das Vollrecht. Dinglich dagegen kann sich die Anwartschaft selbst im Konkurs des Veräußerers noch vollenden, §§ 878 BGB, 15 S. 2 KO. **482**

b) Der Situation beim bedingten Rechtserwerb ähnlicher ist die Anwartschaft des **Hypothekars** vor Valutierung (oben Rdnr. 460). Denn auch hier hängt das Erfordernis, das für den Vollrechtserwerb noch fehlt, mit einer schuldrechtlichen Forderung (nämlich der durch die Hypothek zu sichernden) zusammen: Kann diese Forderung nicht mehr entstehen, so muß auch die Anwartschaft des Hypothekars erlöschen. Das liegt etwa vor, wenn der Vertrag über die Gewährung des durch die Hypothek zu sichernden Darlehens durch Anfechtung oder Rücktritt erledigt worden ist. Auch im Konkurs setzt sich die Anwartschaft wegen § 15 KO nicht durch. **483**

Bsp.: Der Grundstückseigentümer E hat dem G zur Sicherung für ein noch auszuzahlendes Darlehen eine Hypothek bestellt. Vor Auszahlung fällt E in Konkurs. Hier hindert § 15 KO, daß G die Hypothek noch durch spätere Auszahlung erwirbt. G wird dadurch auch nicht unbillig hart getroffen: Er kann sein Darlehensversprechen nach §§ 610 BGB, 25 KO widerrufen.

V. Einzelfragen zur Anwartschaft bei bedingtem Rechtserwerb

Hier sollen noch zwei Probleme besprochen werden, die hauptsächlich für die Anwartschaft bei bedingtem Rechtserwerb diskutiert worden sind. **484**

1. Die Anwartschaft im Haftungsverband[8]

Bsp. (ähnlich *BGHZ 35, 85 ff.*): E kauft bei V Betten unter EV und richtet damit ein Hotel auf seinem Grundstück ein. An diesem Grundstück hat H eine Hypothek. Noch vor Zahlung des Restkaufpreises an V nimmt E bei D ein Darlehen auf und überträgt D zur Sicherung seine Anwartschaft an den Betten entsprechend § 930. Endlich zahlt E den Restkaufpreis an V. H betreibt jetzt die Zwangsvollstreckung in das Grundstück. Demgegenüber verlangt D die Freigabe der ihm übereigneten Betten.

Die Entscheidung hängt nach § 37 Nr. 5 ZVG davon ab, ob das Sicherungseigentum des D für die Hypothek des H haftet. Nach § 1120 erstreckt sich die Hypothek unter anderem auf das Zubehör, das in das Eigentum des Grundstückseigentümers gelangt ist. Zubehör des Hotelgrundstücks sind die Betten nach § 97 I sicher geworden. Fraglich ist dagegen die zweite Voraussetzung, nämlich der Eigentumserwerb durch E.

Außerdem ist freilich zu bedenken, ob nicht vielleicht wieder eine Enthaftung der Betten stattgefunden hat (dazu *Plander*, JuS 1975, 345 ff.). Sie ist möglich nach § 1121 durch Veräußerung und Entfernung und nach § 1122 II durch Aufhebung der Zubehöreigenschaft (dazu *BGHZ 56, 298 ff.*: Einstellung des Hotelbetriebs durch einen Konkursverwalter würde nicht genügen, da sie nicht in den Grenzen einer ordnungsmäßigen Wirtschaft erfolgt). Endlich reicht nach § 1122 I in bestimmten Fällen auch Entfernung ohne Veräußerung. Das alles liegt aber hier nicht vor. Insbesondere genügt die Sicherungsübereignung an D nicht, weil die Betten zwar veräußert worden, aber auf dem Grundstück geblieben sind.

Die Lösung der Eigentumsfrage scheint davon abzuhängen, wie man sich das Schicksal des Eigentums bei Zahlung des Kaufpreisrestes an V vorstellt: Ist das Eigentum zunächst für eine »juristische Sekunde« von dem Käufer E erworben worden und erst dann zu D als dem Erwerber der Anwartschaft weitergelaufen (**Durchgangserwerb**)? Oder hat D das Eigentum ohne den Umweg über E erworben (**Direkterwerb**)? Bei der zweiten Lösung wäre E zu keiner Zeit Eigentümer der Betten gewesen. Daraus könnte man folgern, die Betten seien nicht nach § 1120 von der Hypothek erfaßt worden, so daß sich auch der Zuschlag nicht auf sie erstreckte. D hätte dann sein Eigentum an den Betten nicht verloren und könnte nach § 985 von H Herausgabe verlangen.

In dieser Gedankenbahn ist die Diskussion zunächst tatsächlich weithin verlaufen. Darum war die Entscheidung *RGZ 140, 223 ff.* so bedeutsam: Das RG hatte dort Direkterwerb nur dann angenommen, wenn der Vorbehaltsverkäufer mit einer Veräußerung der Anwartschaft durch den Vorbehaltskäufer einverstanden war. Andernfalls sollte Durchgangserwerb mit der Folge eintreten,

---

8 Vgl. *Kollhosser*, Der Kampf ums Zubehör (Grundpfandgläubiger und Sicherungseigentümer), JA 1984, 196 ff.

daß die Sache für einen Augenblick dem Vorbehaltskäufer gehörte und damit bei diesem in einen Haftungsverband geraten konnte. Bedeutung hat das außer bei § 1120 vor allem auch bei den besitzlosen gesetzlichen Mobiliarpfandrechten nach §§ 559, 581 II, 592, 704.

Inzwischen wird überwiegend die Ansicht vertreten, der Erwerber einer Anwartschaft erwerbe das Vollrecht immer und ohne Rücksicht auf das Einverständnis des Vorbehaltsverkäufers direkt. Zugleich hat die h. M. (etwa *BGHZ 35, 85 ff.; BGH NJW* 1965, 1475 f.) aber darauf verzichtet, aus dieser Konstruktion Folgerungen für den Eintritt der unter EV erworbenen Sache in einen Haftungsverband zu ziehen. Vielmehr wird für § 1120 und die gesetzlichen Pfandrechte die **Anwartschaft auf Eigentumserwerb dem Eigentum gleichgestellt** (hierzu methodenkritisch *Kupisch*, JZ 1976, 417 ff.). Speziell die Hypothekenhaftung soll sich also auch auf solche Sachen erstrecken, an denen der Grundstückseigentümer nur eine Anwartschaft auf das Eigentum erworben hat. Die Hypothek soll dann zunächst diese Anwartschaft erfassen und sich später an dem Vollrecht fortsetzen, das aus der Anwartschaft entstanden ist. Damit hat die konstruktive Unterscheidung zwischen Durchgangs- und Direkterwerb ihre Bedeutung verloren.

Im Ausgangsfall ist das nur nach § 930 (also ohne Entfernung von dem Grundstück) erworbene Sicherungseigentum des D mithin »schwächer« als die Hypothek des H. Daher ist dieses Sicherungseigentum kein »der Versteigerung entgegenstehendes Recht« nach § 37 Nr. 5 ZVG. Folglich hätte auch ein Zuschlag in der Zwangsversteigerung dem Ersteher das Eigentum an den Betten nach §§ 90 II, 55 I (nicht II!), 20 II ZVG, 1120, 97 I BGB verschafft (berühmte Paragraphenkette!). Vgl. etwa *Baur* §§ 39 IV 1; 59 V 2 a; *Westermann* § 44, 3; einen ähnlichen Fall betrifft das lesenswerte Urteil *BGH* NJW 1965, 1475 f.

Die Grenzen der Haftung von Anwartschaften für Immobiliarpfandrechte werden jedoch deutlich in

BGHZ 92, 280 ff. (dazu kritisch *Tiedtke*, NJW 1985, 1305 ff.; 1988, 28 ff.; *Kollhosser*, JZ 1985, 370 ff.; *Marotzke*, AcP 186, 1986, 490 ff.; *M. Reinicke*, JuS 1986, 957 ff.; *Wilhelm*, NJW 1987, 1785 ff.): Die Fabrikantin K kaufte von der Daimler-Benz-AG (V) drei Lkw und erhielt diese unter EV. K zahlte einen Teil des Kaufpreises an V; der überwiegende Rest sollte durch die Bank B finanziert werden. B schickte über diesen Betrag an V einen Verrechnungsscheck mit der Bitte, daß ihr im Gegenzug das Eigentum an den Fahrzeugen übertragen werde. K erklärte sich hiermit einverstanden. Daraufhin erklärte V die Übereignung der Fahrzeuge an B und löste den Scheck ein. K fiel in Konkurs. Um den Erlös der Lkw streitet B mit G, die eine Grundschuld am Betriebsgrundstück der K hatte.

Hier hätten nach dem eben zu *BGHZ 35, 85 ff.* Gesagten die Lkw als Grundstückszubehör für die Grundschuld gehaftet, wenn K ihre Anwartschaft zur Sicherung auf B übertragen hätte. Die Vorinstanz hatte aber festgestellt, V habe das Eigentum auf B übertragen wollen (entsprechend deren »Bitte«, die eine zulässige Bedingung dargestellt habe). Der BGH hat das gebilligt und für diesen Fall der Erwerb lastenfreien Eigentums durch B bejaht. Das gelte selbst dann, wenn V und K das Anwartschaftsrecht der K erst nachträglich aufgehoben hätten. Eine solche Aufhebung sei nicht etwa entsprechend § 1276 I unwirksam. Vielmehr müsse der Gläubiger eines Grundpfandrechts schon wegen § 1121 I jederzeit damit rechnen, die Haftung eines Zubehörstücks (im Gegensatz zur Haftung des Grundstücks selbst) wieder zu verlieren. Auch ein Schadensersatzanspruch G—B komme nicht in Betracht: Die Aufhebung eines Anwartschaftsrechts auf den Erwerb des Eigentums an Zubehörstücken verletzte einen Grundpfandgläubiger jedenfalls dann nicht widerrechtlich, wenn sie einem Dritten, der den Restkaufpreis finanziere, den Erwerb lastenfreien Sicherungseigentums ermöglichen solle. — Im Ergebnis bedeutet diese Entscheidung eine von mir in der Tendenz begrüßte Abschwächung der Bedeutung von Anwartschaften.

2. Die Pfändung der Anwartschaft an beweglichen Sachen

485 Die Anwartschaft des Vorbehaltskäufers wird um so wertvoller, je mehr dieser auf die Kaufpreisforderung zahlt, je näher er also dem Erwerb des Vollrechts kommt. Damit wächst auch das Interesse der Gläubiger des Vorbehaltskäufers an einer Pfändung der Anwartschaft. Hierfür kommen die Formen der Sachpfändung (§§ 808 f. ZPO) und der Rechtspfändung (§ 857 ZPO) in Betracht: Die Anwartschaft ist ja zunächst von dem durch Sachpfändung zu erfassenden Eigentum verschieden, geht aber bei dem Eintritt der Bedingung in dieses über. Im wesentlichen gibt es hierzu drei Ansichten (ausführlicher *E. Schumann,* JuS 1975, 165/167 f. = Die ZPO-Klausur 1981 § 86; *Brox-Walker* Rdnr. 807 ff.).

a) *BGH* NJW 1954, 1325 ff. befürwortet die »**Doppelpfändung**«, nämlich eine Kombination von Sach- und Rechtspfändung. Denn zunächst werde die Anwartschaft als Recht durch die Rechtspfändung erfaßt. Bei Bedingungseintritt setze sich das Pfandrecht aber nicht am Eigentum fort; daher sei auch die Sachpfändung nötig, die anschließend an die Rechtspfändung wirksam werde.

b) *Raiser* (Dingliche Anwartschaften 90 ff.) läßt die **Sachpfändung** genügen. Ihr gegenüber soll die Drittwiderspruchsklage (§ 771 ZPO) des Vorbehaltsverkäufers ausgeschlossen sein; dieser könne nur nach § 805 ZPO wegen des Restkaufpreises vorzugsweise Befriedigung aus dem Erlös der Sache verlangen. Eine Modifikation der *Raiser'schen* Ansicht bildet eine »Theorie der Rechtspfändung in Form der Sachpfändung« (etwa *Brox-Welker* Rdnr. 812).

c) *Baur* § 59 V 4 a hält demgegenüber die **Rechtspfändung** nach § 857 I ZPO für nötig und ausreichend; das so begründete Pfandrecht soll sich entsprechend §§ 1287 BGB, 847 ZPO nach Bedingungseintritt an der Sache fortsetzen.

d) Ich halte die **Rechtspfändung** (Ansicht c) für **vorzugswürdig. Denn der** 486
Weg a ist aus unnötiger Liebe zum Publizitätsprinzip allzu umständlich. Und
gegen den Weg b spricht, daß er dem Vorbehaltsverkäufer die Drittwiderspruchsklage nicht nur gegen die Pfändung, sondern auch gegen die Verwertung der Sache nimmt. Das Recht auf vorzugsweise Befriedigung aus dem Erlös
ist dafür kein vollwertiger Ersatz, wenn der Erlös unter dem Restkaufpreis
bleibt.

Für die Pfändung der Rechtsposition des **Auflassungsempfängers** vor Eintragung hat
inzwischen auch *BGHZ 49, 197ff.* den Weg über § 857 ZPO anerkannt; bei Vollrechtserwerb soll der Pfändungsgläubiger entsprechend § 848 II ZPO eine Sicherungshypothek
erhalten. Eine solche Hypothek hätte er freilich auch bei schlichter Pfändung des obligatorischen Anspruchs auf Grundstücksübereignung erworben: Die Konstruktion einer
Anwartschaftspfändung ist hier sinnlos. Vgl. dazu treffend *Wolfsteiner,* JZ 1969, 154;
Münzberg, Festschr. Schiedermair 1976, 439ff. (für Anspruchspfändung nach § 848 II
ZPO).

VI. Anwartschaft und Anwartschaftsrecht

Die Eigenschaften der Position des Rechtserwerbers, von denen bisher die 487
Rede war, haben sich im wesentlichen aus einzelnen gesetzlichen Vorschriften
ableiten lassen (Ausnahme: die h. M. bei oben Rdnr. 465). Dabei zeigt sich, daß
der Schutz der hier erörterten drei typischen Anwartschaften von unterschiedlicher Zuverlässigkeit ist: Relativ schwach ist er für die Stellung des Auflassungsempfängers vor Eintragung (oben Rdnr. 469), stärker ist er in den beiden
anderen Fällen. Wieviel Schutz man nun verlangen will, um eine Anwartschaft
als **Anwartschaftsrecht** zu bezeichnen, ist weithin Geschmacksfrage; ein Streit
darüber bringt wenig ein.

Keinesfalls aber sollte man sich von der Vokabel »Anwartschaftsrecht« blen-
den lassen (ähnlich *Reinicke-Tiedtke,* NJW 1982, 2281/2283): Nicht weil jemandem ein Anwartschaftsrecht zusteht, hat er eine gesicherte Position, sondern weil und soweit seine Position gesichert ist, darf man von einem Anwartschaftsrecht sprechen. **Den Vorrang bei der Begründung haben stets die einzelnen gesetzlichen Vorschriften,** aus denen sich die Beständigkeit der Erwerberposition ergibt (wie §§ 161, 873 II, 878, 936 III, 986 II). Soweit es im Einzelfall nur auf die in solchen Vorschriften ausdrücklich geregelte Rechtsfolge ankommt, braucht daher kein Wort darüber verloren zu werden, ob ein Anwartschaftsrecht vorliegt. Nur wenn die Beständigkeit der Erwerberposition eine
eng begrenzte, »planwidrige« Lücke aufweist (wie sie z. B. die h. M. zu oben
Rdnr. 465 bejaht), darf man diese schließen. Erst hierzu kann es dann nützlich
sein, sich vor Augen zu halten, welchen rechtlichen Schutz die Erwerberposition in anderer Hinsicht genießt, also ob sie einem Recht nahe steht. Vgl. auch
Medicus, JuS 1967, 385 ff.

§ 21 Fiduziarische Sicherungsrechte*

I. Arten der Treuhand und Gründe der Sicherungstreuhand

1. Arten der Treuhand

488 Von Treuhand spricht man, wenn der Treugeber dem Treunehmer einen Überschuß an Rechtsmacht einräumt (zur Wirksamkeit oben Rdnr. 126). Das kann zu verschiedenen Zwecken geschehen. Die beiden wichtigsten sind: Der Treunehmer soll das Treugut für den Treugeber verwalten (Verwaltungstreuhand; sie ist bisweilen für den Treunehmer uneigennützig), oder das Treugut soll eine Forderung des Treunehmers (= Gläubiger, Sicherungsnehmer, SiN) gegen den Treugeber (= Schuldner, Sicherungsgeber, SiG) sichern (Sicherungstreuhand; sie ist für den Treunehmer eigennützig).

In beiden Fällen darf der Treunehmer von seiner Rechtsmacht nur im Rahmen der Zweckbindung Gebrauch machen.

a) Verwaltungstreuhand

489 Bei der Verwaltungstreuhand trägt man der wirtschaftlichen Zugehörigkeit des Treuguts zum Vermögen des Treugebers dadurch Rechnung, daß man diesem gegen Vollstreckungsmaßnahmen von Gläubigern des Treunehmers die Drittwiderspruchsklage nach § 771 ZPO gewährt. »Treugut« in diesem Sinne ist aber nicht jeder wirtschaftlich fremde und daher herauszugebende Vermögenswert.

BGH NJW 1971, 559 f.: G beauftragt den Rechtsanwalt R zur Einziehung von Forderungen. Auf Mahnung des R zahlt S, ein Schuldner des G, 4000,— DM auf das Postscheckkonto des R. Dieses Konto hatte zuvor nur ein Guthaben von 4,03 DM ausgewiesen. A, ein Gläubiger des R, pfändet das Konto. G klagt gegen A aus § 771 ZPO.

Der BGH hat diese Klage für unbegründet gehalten: Daß R dem G aus §§ 675, 667 zur Herausgabe der eingegangenen 4000,— DM verpflichtet sei, genüge für die Annahme von Treugut noch nicht. Hierfür sei wenigstens die **Absonderung** des Treuguts von dem Eigenvermögen des Treunehmers nötig. Dafür wäre die Einrichtung eines Anderkontos für die von den Schuldnern des

---

* Dazu *Gernhuber,* BR §§ 20, 26—29; *ders.,* JuS 1988, 355 ff.; *Reinhardt-Erlinghagen,* JuS 1962, 41 ff.; *Reinicke-Tiedtke,* Gesamtschuld und Schuldsicherung ... (1981) 205 ff. (Sicherungsgrundschuld); *K. Schreiber,* JR 1984, 485 ff. (Sicherungseigentum); *Bülow,* Kreditsicherheiten (1984) 149 ff.

G gezahlten Beträge in Betracht gekommen. Da R aber auf sein als Privat- und Geschäftskonto benutztes Konto habe zahlen lassen, stehe dieses voll dem Zugriff seiner Gläubiger offen. Diese Rspr. wird gerechtfertigt durch das Bestreben, dem Gesetz fremde Vorzugsrechte einzelner Gläubiger nur ausnahmsweise anzuerkennen. Vgl. auch *Canaris*, NJW 1973, 825/828; 830 ff.

b) Sicherungstreuhand

Die problematischere und im folgenden allein zu besprechende Sicherungstreuhand wird aus verschiedenen Gründen gewählt: **490**

aa) Eigentumsvorbehalt

Beim Eigentumsvorbehalt (EV) bräuchte der Verkäufer zur Sicherung seiner Restkaufpreisforderung eigentlich nur ein Pfandrecht an der Kaufsache. Ein solches Pfandrecht scheitert aber, weil der Käufer den unmittelbaren Besitz an der Kaufsache endgültig und sofort erhalten soll. Das aber lassen die §§ 1205 ff. nicht zu. Denn sie enthalten keine dem § 930 entsprechende Vorschrift, und § 1253 schließt auch eine pfandrechtserhaltende spätere Übergabe an den Käufer aus.

bb) Sicherungsübereignung

Auch bei der Sicherungsübereignung (SiÜ) würde ein Pfandrecht an den beweglichen Sachen des Kreditschuldners genügen. Aber zur Sicherung werden   **491** regelmäßig Sachen verwendet, an denen der SiG den unmittelbaren Besitz nicht entbehren kann (Betriebsmittel; Waren, die verarbeitet oder weiterveräußert werden sollen). Darum wird von der Verpfändung auf die Übereignung mit ihrem bequemen § 930 ausgewichen.

Zweifelhaft ist freilich, wie bei der SiÜ das **Besitzkonstitut** beschaffen sein muß; formelhaft ausgedrückt: **abstrakt oder konkret.** Das Problem stammt daher, daß das Verhältnis SiG — SiN genau weder einem der in § 868 genannten Rechtsverhältnisse noch einem anderen Typenvertrag des BGB entspricht. Insbesondere wird das Sicherungsgut dem SiG weder zur Verwahrung (der SiG darf es ja benutzen und braucht es regelmäßig nicht zurückzugeben) noch leihweise (das Kreditverhältnis ist nicht unentgeltlich) überlassen. Trotzdem besteht Einigkeit darüber, daß die Angabe eines solchen eigentlich unpassenden Rechtsverhältnisses für § 930 genügt. Für nicht ausreichend hält dagegen das *OLG Hamm* (NJW 1970, 2067 f., anders *Reich*, NJW 1971, 757 f.) die **Angabe des Sicherungszwecks** selbst: Das sei ein unzulässiges abstraktes Konstitut; nötig sei vielmehr eine bestimmte Festlegung der Rechte und Pflichten des SiG.

Demgegenüber läßt *BGH* NJW 1979, 2308 f. offen, ob die bloße Sicherungsabrede genügt. Nach der Entscheidung soll aber jedenfalls die Vereinbarung ausreichen, der Sicherungsgeber solle im (unmittelbaren) Besitz des

Sicherungsgutes bleiben und damit arbeiten dürfen. Das wird sich zumindest durch Auslegung wohl fast immer ergeben. Und wo sich hierüber keine Klarheit gewinnen läßt, folgt die Ungültigkeit schon aus § 155. Das **Dogma vom konkreten Besitzmittlungsverhältnis** ist daneben **überflüssig.**

cc) **Sicherungszession**

492   Statt der Sicherungszession von Forderungen (SiZess.) würde gleichfalls die Verpfändung nach §§ 1273 ff., 1279 ff. ausreichen. Doch verlangt § 1280 hierfür eine Mitteilung an den Drittschuldner (= Schuldner der zu verpfändenden Forderung); diese soll vermieden werden. Darum weicht man auf die Zession der Forderung aus; hier genügt für die Wirksamkeit nach § 398 die Einigung zwischen SiG und SiN.

Allerdings wird der Drittschuldner bei der Zession nach §§ 407 f. geschützt, solange ihm die Zession noch nicht mitgeteilt worden ist: Insbesondere kann er noch wirksam an den Altgläubiger (= SiG) leisten. Aber die Mitteilung ist bei der Zession — anders als bei der Verpfändung nach § 1280 — kein Wirksamkeitserfordernis. Das zeigt sich etwa bei Pfändungen durch andere Gläubiger des SiG.

Bsp.: SiG hat seine Forderung gegen S an SiN verpfändet, ohne das dem S mitzuteilen. Nun pfändet G aufgrund eines Titels gegen SiG dieselbe Forderung: G hat ein erstrangiges Pfandrecht an der Forderung erhalten, weil die frühere Verpfändung an SiN unwirksam ist.

Hätte SiG die Forderung dagegen dem SiN ohne Mitteilung an S *zediert,* so hätte G kein Pfandrecht erworben, weil die Forderung seinem Vollstreckungsschuldner SiG nicht mehr zustand. SiN könnte die Pfändung also nach § 771 ZPO abwehren (vgl. unten Rdnr. 513). Zahlt S freilich an G, ohne die Zession zu kennen, so wird er nach § 408 II dem SiN gegenüber befreit.

dd) **Sicherungsgrundschuld**

493   Statt der Sicherungsgrundschuld (SiGS; zu ihr *Weirich,* JuS 1980, 188 ff.; *Tiedtke,* Jura 1980, 407 ff.) würde eine Verkehrs- oder eine Sicherungshypothek genügen. Trotzdem befindet sich in der Bankpraxis die SiGS auf dem Vormarsch (vgl. *Kollhosser,* JA 1979, 61, 63 f.). Die Gründe für diese Bevorzugung sind weniger deutlich als bei den anderen Sicherungsrechten:

Die SiGS ist nicht akzessorisch, sondern nur locker mit einer Forderung verbunden. Diese Verbindung beruht auf dem nicht formbedürftigen Sicherungsvertrag; dieser kann also auch formlos und ohne Eintragung ins Grundbuch wieder geändert werden. Daher ermöglicht die SiGS eine Art Forderungsauswechslung ohne Form und Eintragung. Bei der Hypothek (vgl. § 1115!) gilt ähnliches nur für die Höchstbetragshypothek, § 1190. Diese aber ist kraft Gesetzes (§ 1190 III) Sicherungshypothek. Folglich kann über sie kein Brief erteilt werden, § 1185 I. Sie ist daher minder verkehrsfähig. Auch ist bei der Höchstbetragshypothek eine Unterwerfung unter die sofortige Zwangsvollstreckung unmöglich: § 794 I Nr. 5 S. 1 (vgl. S. 2) ZPO fordert nämlich »einen Anspruch, der die Zahlung einer *bestimmten* Geldsumme zum Gegenstand hat«. Und an dieser Bestimmtheit fehlt es bei der Höchstbetragshypothek nach h. M. (die freilich nicht unzweifelhaft ist, vgl. *Stürner*, ZZP 93, 1980, 351 f.).

Neben diesen Vorteilen gegenüber der Hypothek kann die SiGS noch mit einem weiteren ausgestattet werden: Die Belastung des Grundstücks für einen Dritten kann geheim bleiben. Wo das bezweckt wird, muß der Eigentümer zunächst eine Briefgrundschuld für sich selbst eintragen lassen. Diese Grundschuld kann er dann nach § 1154 zur Sicherung auf einen Dritten übertragen, ohne daß der Dritte im Grundbuch erscheint.

2. Sicherungstreuhand und zwingendes Sachenrecht

Die fiduziarischen Sicherungsmittel bedeuten vielfach eine Ausschaltung der sachenrechtlichen Publizitätserfordernisse (vgl. *Hromadka*, JuS 1980, 89 ff.). Trotzdem steht ihre **Zulässigkeit** heute gewohnheitsrechtlich fest: Rspr. und Rechtswissenschaft haben die Möglichkeit, diese Sicherungsmittel als gesetzwidrig zu verwerfen, inzwischen versäumt. Jedoch wird man die grundlegenden **Schutzvorschriften für den Verpfänder** (etwa § 1229) bei der SiÜ entsprechend anwenden müssen; vgl. *Gaul*, AcP 168 (1968) 351 ff.; *Bülow*, WM 1985, 375 ff.; 405 ff. Insbesondere problematisch ist die **SiÜ unpfändbarer Sachen:** Das *OLG Stuttgart*, NJW 1971, 50 (dazu *Gerhardt*, JuS 1972, 696 ff.) erblickt darin einen Verzicht auf künftigen Pfändungsschutz und wendet § 138 I an. Dagegen verneinen *Reich*, NJW 1971, 757 f. und *OLG Frankfurt*, NJW 1973, 104 f. die Sittenwidrigkeit, wohl mit Recht: Auch eine Veräußerung unpfändbarer Sachen nach § 929 ist ja wirksam (vgl. allgemeiner *Wacke*, JZ 1987, 381 ff.).

Rechtspolitisch viel drängender als Gesichtspunkte aus dem ohnehin fragwürdigen und nicht konsequent durchgeführten Publizitätsprinzip sind jedoch die seit etwa 15 Jahren diskutierten Argumente aus dem »**Konkurs des Konkurses**«: Die Zulassung neuer, bequemer Sicherungsrechte im Konkurs erheblich vermehrt. Daher bleibt für den nicht gesicherten Konkursgläubiger oft nur wenig von dem übrig, was Schuldnervermögen zu sein scheint. Und dieses wenige wird dann vielfach noch für die privilegierten Forderungen benötigt: Vor allem die Forderungen nach § 61 I Nr. 1; 2 KO haben stark an Gewicht zugenommen. Daher fallen die ungesicherten und nicht privilegierten Konkursgläubiger (§ 61 I Nr. 6 KO) oft völlig aus; das unser Konkursrecht tragende Prinzip der Gleichbehandlung aller Gläubiger ist aufgehoben. Abhilfe hiergegen sucht man de lege ferenda auch in einer Einschränkung der fiduziarischen Sicherungen. Vgl. etwa *Drobnig*, Verhandlungen 51. DJT (1976) I F 1 ff.; *Hanisch*, ZZP 90 (1977) 1 ff; betriebswirtschaft-

494

lich *Schildbach,* BB 1983, 2129 ff. Derzeit wird an einer Reform des Konkursrechtes und des Rechtes der Kreditsicherungen gearbeitet, doch scheinen die Schwierigkeiten und Widerstände von einer *Insolvenzrechtsreform* kaum mehr übrigzulassen als eine Verschmelzung von Konkurs und Vergleich. Vgl. jetzt ZIP 1988, 1154 f. und früher etwa *Uhlenbruck,* BB 1984, 1949 ff.; *Henckel,* ZZP 97 (1984) 369 ff.

II. Komplikationen bei der fiduziarischen Sicherung

1. Unwirksamkeit des Sicherungsvertrages

495   a) Komplikationen ergeben sich einmal bei Unwirksamkeit des Sicherungsvertrages. Darunter verstehe ich die obligatorische Vereinbarung, die sowohl der Kreditgewährung wie auch der Sicherung zugrunde liegt. Daneben stehen die zu ihrer Erfüllung vorgenommenen Verfügungen: Auszahlung des Kredits und Bestellung der Sicherheit. Für diese Verfügungen gilt als Regel das **Abstraktionsprinzip:** Die Bestellung der Sicherheit ist also auch dann wirksam, wenn der Sicherungsvertrag nichtig ist.

Allerdings ist hier — wie überall im Geltungsbereich des Abstraktionsprinzips — auf **Fehleridentität** zu achten. Diese liegt vor, wenn der den Sicherungsvertrag betreffende Nichtigkeitsgrund (etwa Fehlen der vollen Geschäftsfähigkeit) auch die Verfügung erfaßt. Überdies kann die Wirksamkeit des Sicherungsvertrages rechtsgeschäftlich zur *Bedingung* für die Wirksamkeit der Sicherheitsbestellung gemacht werden. Bei der *SiGS* wird allerdings die Bedingung, daß die zu sichernde Forderung wirklich entstanden sei, als Umgehung des § 1192 für unzulässig zu halten sein (*Baur* § 45 II 3 b; *Weber,* AcP 169, 1969, 237/242).

b) Ist danach die fiduziarische Sicherheit trotz Unwirksamkeit des Sicherungsvertrages wirksam bestellt, so kann der SiG das Geleistete mit der *condictio indebiti* nach § 812 I 1 Fall 1 kondizieren. Und gegen eine Geltendmachung des Sicherungsrechts durch den SiN (etwa bei der SiÜ durch Herausgabeanspruch, § 985) hat der SiG die Bereicherungseinrede. Diese versagt nur bei der *SiZess.,* weil die Geltendmachung der Forderung gegen den Drittschuldner erfolgt, dem diese Einrede nicht zusteht.

Bsp.: SiG hat sich durch nichtigen Vertrag dem SiN zur Abtretung einer Forderung gegen S verpflichtet und diese wirksam abgetreten. Wenn hier SiN aus der Forderung gegen S klagt, kann dieser sich nicht auf die Rechtsgrundlosigkeit der Abtretung berufen. SiG muß dann von SiN nach §§ 812 I 1 Fall 1, 818 I (nicht nach § 816 II; SiN war Berechtigter!) den von S erlangten Betrag als dasjenige fordern, was SiN aufgrund der rechtsgrundlos erlangten Forderung erhalten hat.

Die condictio indebiti paßt nur dann nicht, wenn die Sicherheit schon vor Abschluß des Sicherungsvertrages bestellt worden ist, um dessen Abschluß zu fördern. Das geschieht häufig im Verkehr mit Banken: Der SiG stellt zunächst nur einen Kreditantrag; er bestellt aber zugleich schon die Sicherheiten, um ein Dazwischentreten anderer Gläubiger zu verhindern. Hier paßt, wenn der Abschluß des angestrebten Sicherungsvertrages scheitert, nur die Leistungskondiktion nach § 812 I 2 Fall 2 (*condictio ob rem*, vgl. unten Rdnr. 691 f.).

2. Ausbleiben der Valutierung

Komplikationen ergeben sich weiter bei der Nichtvalutierung, also wenn der   **496**
SiN den Kredit nicht auszahlt, obwohl der Sicherungsvertrag wirksam ist und der SiG die Sicherheit bestellt hat. Wie kann sich der SiG jetzt dagegen wehren, daß der SiN aus der Sicherheit vorgeht?

Viele wenden hier die *condictio ob rem* oder die entsprechende Einrede aus § 821 an: Die Sicherheit könne bei Ausbleiben des Kredits kondiziert werden, weil sie zu dessen Erlangung gegeben worden sei (noch anders *Jäckle*, JZ 1982, 50 ff.). Aber das ist nicht richtig. Denn die Zusage eines verzinslichen Darlehens bedeutet einen gegenseitigen Vertrag. Der SiG mag daher entweder seinen Anspruch auf Valutierung einklagen oder sich von dem Vertrag über § 326 durch Mahnung mit Nachfristsetzung und Ablehnungsandrohung lösen. Im zweiten Fall erhält er seine Sicherheit nach Rücktrittsrecht (§§ 327 S. 1, 346) zurück; im ersten Fall besteht für einen Rückgewähranspruch kein Anlaß.

Wenn der SiG nicht zurücktritt, ist für seine Verteidigung gegen die Inanspruchnahme aus der Sicherheit zu unterscheiden:

Bei der SiÜ geschieht die Inanspruchnahme regelmäßig über § 985: Der SiN verlangt Herausgabe »seines« Sicherungsgutes, um es zu verwerten. Hier hat der SiG den Einwand aus § 986: Da das Besitzrecht des SiG mindestens bis zur Fälligkeit der Kreditrückzahlung andauert, kann es vor der Valutierung erst recht nicht erloschen sein.

Bei der SiGS wird oft schon die dingliche Fälligkeit fehlen, wenn diese an die Fälligkeit der zu sichernden — infolge der Nichtvalutierung noch nicht entstandenen — Forderung geknüpft ist, vgl. § 1193. Andernfalls hat der SiG gegen die Grundschuld die dingliche (§ 1157 S. 1) Einrede aus dem Sicherungsvertrag: Dieser berechtige den SiN zum Vorgehen aus der SiGS erst bei Fälligkeit des Rückzahlungsanspruchs.

Schlechter ist die Lage des SiG auch hier wieder **bei der SiZess.** Denn die zedierte Forderung wird durch Inanspruchnahme des Drittschuldners ausgeübt, und dieser kann sich auf den Sicherungsvertrag regelmäßig nicht berufen (oben

Rdnr. 495) und kennt ihn auch gar nicht. Dem SiG bleibt dann bloß ein Schadensersatzanspruch gegen den SiN aus Verletzung des Sicherungsvertrages. Anders ist es nur, wenn die Auslegung des Sicherungsvertrages ergibt, dessen Parteien hätten dem Drittschuldner analog § 328 die Geltendmachung von Einwendungen des SiG überlassen wollen (dazu *Willoweit*, NJW 1974, 974 ff.).

Freilich können die Parteien eine SiZess. von der Bedingung abhängig machen, daß es wirklich zur Entstehung der zu sichernden Forderung kommt. Auf den Nichteintritt dieser Bedingung kann sich dann auch der Drittschuldner berufen. Damit erhält die SiZess. eine gewisse **Akzessorietät.** *BGH* NJW 1982, 275/276 leitet eine solche Akzessorietät auch ohne eine dahin zielende Parteiabrede aus der »Funktion (der SiZess.) und dem beiderseitigen wirtschaftlichen Interesse der Vertragsparteien« ab; hiergegen jedoch mit Recht *Jauernig*, NJW 1982, 268 ff., gegen ihn wiederum *Tiedtke*, Betr. 1982, 1709 ff.

3. Zusammenfassung

497   Zusammenfassend läßt sich also sagen: Obwohl der SiN Vollrechtsinhaber geworden ist, wird der SiG regelmäßig bei Nichtigkeit des Sicherungsvertrages und bei Nichtvalutierung wirksam gegen die Inanspruchnahme aus der Sicherheit geschützt. Eine Ausnahme bildet nur die SiZess. Hier richtet sich die Inanspruchnahme ja gegen einen Dritten (den Schuldner der zedierten Forderung), der aus dem Sicherungsvertrag regelmäßig keine Einwendungen herleiten kann.

III. Die Erfüllung der zu sichernden Forderung

498   Wenn der SiG die zu sichernde Forderung getilgt hat, muß er die Sicherheit zurückerhalten. Unproblematisch ist das **beim EV,** weil der Käufer mit Restkaufpreiszahlung ohne weiteres Eigentum erwirbt. Bei den anderen fiduziarischen Sicherungen ist zu unterscheiden:

1. Sicherungsübereignung und Sicherungszession

Bei SiÜ und SiZess. kann die Rückzahlung des Kredits zur auflösenden Bedingung für die Übertragung des Eigentums oder der Forderung gemacht werden. Wenn das geschehen ist, fällt das übertragene Recht mit der Rückzahlung von selbst an den SiG zurück. Andernfalls ist eine rechtsgeschäftliche Rückübertragung nötig. Die Pflicht zu ihr folgt aus Wortlaut oder Sinn des Sicherungsvertrages (vgl. *Buchholz*, ZIP 1987, 891 ff.). § 812 I 2 Fall 1 (condictio ob causam finitam) ist daher unanwendbar (man braucht das Bereicherungsrecht nur bei Unwirksamkeit des Sicherungsvertrages und allenfalls noch beim Auftreten unvorhergesehener Hindernisse).

Nach einer vordringenden Ansicht soll jedenfalls die SiÜ im Zweifel derart auflösend bedingt sein. Die Bankpraxis vereinbart aber häufig eine Pflicht zur Rückübertragung; dann ist die Annahme einer auflösenden Bedingung regelmäßig ausgeschlossen: *BGH* NJW 1984, 1184, 1185 f. Doch soll für die Rückabtretung ein konkludentes Verhalten genügen, das schon in der Annahme der Leistung auf die gesicherte Forderung liegen könne (*BGH* BB 1986, 276 f.). Freilich kann ich mir nur schwer vorstellen, wie diese Leistungsannahme etwas für eine Übertragung der zu sichernden Forderung ergeben soll.

2. Sicherungsgrundschuld

a) Bei der SiGS sind **zwei Möglichkeiten** denkbar (vgl. *Seibert*, JuS 1984, **499** 526 ff.):

aa) Der SiG **zahlt auf Forderung und SiGS.** Dann ist die Forderung nach § 362 I erloschen, und die SiGS ist zur Eigentümergrundschuld geworden. Daher kann der SiG nach § 894 Grundbuchberichtigung verlangen.

Über dieses Ergebnis herrscht Einigkeit, aber seine Begründung aus dem Gesetz bereitet Schwierigkeiten. Es gibt im wesentlichen drei Konstruktionsvorschläge für den Übergang der SiGS in eine Eigentümergrundschuld: *Westermann* § 115 II 2 b will § 1163 I 2 analog anwenden. Aber die Vorschrift paßt nicht recht, weil sie die Akzessorietät der Hypothek voraussetzt. — *Baur* § 44 VI 1 helfen mit §§ 1142, 1143. Aber diese Bestimmungen gehen von der Verschiedenheit des Eigentümers und des persönlichen Schuldners aus. — *Wolff-Raiser* § 156 A. 11 berufen sich auf den Gedanken der §§ 1168, 1171. Dies sind jedoch Sonderfälle des Hypothekenrechts, die gleichfalls nicht vollkommen passen. Angesichts dieses Dilemmas stehen die drei Begründungswege letzten Endes zur Wahl.

bb) Der SiG **zahlt nur auf die Forderung.** Dann muß die SiGS aus dem Si- **500** cherungsvertrag zurückgewährt werden, wenn der Sicherungszweck endgültig erledigt ist, also wenn nicht noch weitere zu sichernde Forderungen entstehen können. Für diesen Rückgewähranspruch wird dem SiG die Wahl zwischen drei Möglichkeiten gelassen: Rückübertragung entsprechend § 1154; Verzicht auf die SiGS entsprechend § 1169 (mit der Folge von § 1168); Aufhebung, § 875. Nur im letzten Fall erlischt die Grundschuld und rücken nachrangige Belastungen auf, während auf den beiden ersten Wegen eine Eigentümergrundschuld entsteht.

b) Darüber, ob nur auf die Forderung oder auch auf die SiGS gezahlt wird, **501** entscheidet zunächst der **Wille** des leistenden SiG (**Bankpraxis:** Es wird Zahlung nur auf die Forderung vereinbart; der Schuldner kann dann aber trotzdem auch auf die SiGS zahlen: *BGH* NJW 1976, 2132/2133). Fehlen für diesen Willen — wie meist — konkrete Anhaltspunkte, so ist zu bedenken: Die Zahlung auf die SiGS macht ohne besonderen Rückgewährsakt (wie er bei oben Rdnr. 500 nötig ist) diese zur Eigentümergrundschuld (oben Rdnr. 499). Damit steht sie dem Zugriff anderer Gläubiger des SiG offen; ihre neuerliche Verwendbarkeit als Sicherungsmittel für später entstehende Forderungen wird also zweifelhaft. Daher ist Zahlung auch auf die Grundschuld nur dann anzunehmen, wenn der Zahlende den Sicherungszweck für endgültig erledigt hält (dazu *Baur* § 45 II 4 b).

Dabei läßt *BGH* NJW 1969, 2237 ff. zu, daß die Zweckbestimmung der Zahlung noch nachträglich durch Vertrag geändert wird. Insbesondere soll so eine zunächst nur auf die Forderung geleistete Zahlung auf die SiGS erstreckt werden können.

IV. Wirkungen des Sicherungszwecks gegenüber Dritterwerbern des Sicherungsguts

1. Regel: keine Drittwirkung

502 Der SiN darf zwar von dem Überschuß an Rechtsmacht, der ihm bei der fiduziarischen Sicherung eingeräumt wird, nach dem Sicherungsvertrag keinen Gebrauch machen. Aber im Verhältnis zu Dritten wirkt dieser Vertrag grundsätzlich nicht (§ 137): Der SiN ist hier Vollberechtigter.

Bsp.: SiG hat eine Forderung fiduziarisch an SiN zediert. SiN tritt diese Forderung entgegen dem Sicherungsvertrag an einen Dritten D ab: Dieser hat vom Berechtigten erworben und ist daher unbeschränkt Gläubiger geworden. D braucht also die Forderung insbesondere nicht nach Erledigung des Sicherungszwecks an SiG zurückzuübertragen. Bloß ausnahmsweise (unten Rdnr. 625) kommt ein Schadensersatzanspruch des SiG gegen D aus § 826 oder § 823 II BGB mit §§ 26 f., 266 StGB in Betracht; sonst kann SiG sich nur aus dem Sicherungsvertrag an SiN halten.

Unter Hinweis auf § 137 hat es *BGH* NJW 1968, 1471 auch mit Recht abgelehnt, bei evidenter Überschreitung des Innenverhältnisses die Regeln über den Mißbrauch der Vertretungsmacht anzuwenden (vgl. oben Rdnr. 116). Denn der Treuhänder verfügt im eigenen Namen über eigenes Recht: Er handelt also im Gegensatz zum Vertreter in Selbstbestimmung statt in Fremdbestimmung. Der hinter dieser Gestaltung stehende Parteiwille darf nicht durch eine die Unterschiede verwischende Angleichung mißachtet werden[1].

---

1   So *U. Huber*, JZ 1968, 791 ff. gegen *Kötz*, NJW 1968, 1471 f.; *H. Schlosser*, NJW 1970, 681 ff., dazu jetzt noch *Wank*, JuS 1979, 402 ff.

2. Drittwirkung in Ausnahmefällen

Aber eine Reihe von gesetzlichen Vorschriften führt in Einzelfällen doch zu ei-   503
ner Wirkung des Sicherungszwecks auch Dritten gegenüber.

a) Eigentumsvorbehalt

Beim Kauf unter EV hat der Käufer ein Anwartschaftsrecht auf den Erwerb des
Eigentums: Die §§ 161, 936 III, 986 II sichern ihn umfassend auch im Verhältnis
zu Dritten (oben Rdnr. 462 f.). Nach h. M. gilt das wenigstens über § 242 auch
im Konkurs des Vorbehaltsverkäufers (oben Rdnr. 480).

b) Sicherungsübereignung

Bei der SiÜ ist zu unterscheiden: Wenn die Übereignung durch die Rückzah-   504
lung des Kredits auflösend bedingt ist (oben Rdnr. 498), hat der SiG ein aus den
§§ 161, 936 III, 986 II folgendes Anwartschaftsrecht auf Rückerwerb des Vollei-
gentums. Der SiG ist hier also ebenso wie der Käufer unter EV umfassend gesichert. Besteht dagegen nur ein obligatorischer Rückübereignungsanspruch, so
liegen die Dinge verwickelter.

 Bsp.: SiG hat SiN eine Maschine zur Sicherung eines Kredits mit Rückübertragungs-
klausel übereignet. SiN veräußert die Maschine nach § 931 vertragswidrig an D.

 Hier kann D sein Eigentum nicht wieder nach § 161 II verlieren, weil sein
Vormann SiN unbedingter Eigentümer war. Andererseits kann D die Maschine
aber auch nicht nach § 985 von SiG herausverlangen: SiG ist dem SiN gegenüber
solange zum Besitz berechtigt, wie SiG seine Pflichten aus dem Sicherungsvertrag erfüllt, und dieses Besitzrecht wirkt nach § 986 II auch gegen D. Zusätzlich
ist SiG noch dadurch gesichert, daß er den Kredit an SiN nur gegen Rückübereignung der Maschine zurückzuzahlen braucht. Wenn SiN zu dieser Rückübereignung unvermögend ist, wird SiG freilich auf einen Schadensersatzanspruch
aus § 280 beschränkt.

 Hier ist also, wenn auch nicht zu Lasten des SiG, eine verfahrene Situation entstanden,
wie sich besonders deutlich an dem Auseinanderklaffen von Eigentum und Besitzrecht
zeigt. Das dürfte auf zwei Wegen bereinigt werden können:

 Entweder verlangt SiG von SiN aus § 280 vollen Schadensersatz für die Maschine. Dabei kann SiG (nicht aber wegen § 393 auch SiN; der Ersatzanspruch des SiG kann ja auch
auf § 826 gestützt werden) gegen den Anspruch des SiN auf Rückzahlung des Kredits
aufrechnen. Wenn SiG den Schadensersatz als Surrogat der Maschine erhalten hat, wird
man sein Besitzrecht gegen D als beendet ansehen müssen. Denn der Sicherungsvertrag,
auf dem dieses Besitzrecht beruht, ist erledigt. Zudem braucht nach § 255 der SiN den
Schadensersatz nur gegen Abtretung der Rechte wegen der Maschine zu leisten.

Oder D wendet sich aus dem Kaufvertrag an seinen Verkäufer SiN. Unvermögend ist SiN hier zwar nur zur Verschaffung des unmittelbaren Besitzes. Aber da D ohne diesen mit dem Eigentum nichts anfangen kann, treten nach § 325 I 2 die Folgen des vollen Unvermögens ein. D muß dann, wenn er Rücktritt wählt, das Eigentum nach §§ 327 S. 1, 346 wieder an SiN übertragen. Und wenn D Schadensersatz wegen Nichterfüllung verlangt, wird man diesen hier nur nach der Surrogationstheorie (oben Rdnr. 287) berechnen können: Da man den Wert des bloßen Eigentums ohne Besitzrecht nicht angeben kann, versagt die Differenztheorie. Bei Schadensersatzleistung nach der Surrogationstheorie muß D das Eigentum gleichfalls an SiN übertragen. SiN erhält also jedenfalls das Eigentum zurück und wird damit wieder zur Rückübertragung an SiG vermögend.

c) Sicherungszession

505 Bei der SiZess. wird der SiG gegen einen Dritterwerber der Forderung geschützt, wenn die Zession durch die Rückzahlung des Kredits auflösend bedingt ist (oben Rdnr. 498): Hier verliert der Dritterwerber die Forderung bei Bedingungseintritt wieder nach § 161 II. Sonst dagegen ist die Forderungsabtretung durch den SiN unbedingt wirksam. Dem SiG bleibt dann nur die Möglichkeit, den SiN aus der Verletzung des Sicherungsvertrages in Anspruch zu nehmen.

d) Sicherungsgrundschuld

506 Bei der SiGS wirkt gegenüber einem Dritterwerber zunächst die dingliche Fälligkeit (§ 1193). Neben diesem vorübergehenden Schutz des SiG kann ein dauernder nur über § 1157 erreicht werden: Nach § 1157 S. 1 vermag der SiG dem Dritterwerber der SiGS auch Einreden aus dem Sicherungsvertrag entgegenzuhalten. Voraussetzung dafür ist nach §§ 1157 S. 2, 892 jedoch, daß der Dritte die Einrede beim Erwerb der Grundschuld gekannt hat. Wann solche Kenntnis anzunehmen ist, darüber besteht Streit:

RGZ 91, 218/225 hatte den Erwerber schon dann als unredlich angesehen, wenn er nur wußte, daß die Grundschuld SiGS war: Dann habe er nämlich auch gewußt, daß sie nach Rückzahlung des Kredits zurückübertragen werden mußte. Daß der Rückübertragungsanspruch zur Zeit des Erwerbs noch nicht entstanden war, spiele dabei keine Rolle. Diese Entscheidung ist aber im Schrifttum (etwa *Baur* § 45 III 1 c; *Westermann* § 116 III 3 b) mit Recht fast allgemein auf Ablehnung gestoßen. Denn nach der Ansicht des RG steht der Erwerber einer SiGS schlechter als der Erwerber einer Verkehrshypothek: Bei dieser muß nach der Abtretung der Schuldner an den neuen Gläubiger zahlen und kann durch Leistung an den alten Gläubiger nicht mehr freiwerden. Dagegen könnte der Schuldner bei der SiGS noch an den alten Gläubiger zahlen und dann vom neuen Gläubiger nach §§ 1157, 1169 Verzicht auf die Grundschuld verlangen. Damit würde die SiGS ihrer Verkehrsfähigkeit beraubt.

Entgegen dem RG wird man daher sagen müssen, und das hat auch *BGHZ 59, 1 ff.* bestätigt[2]: Gegenüber dem Erwerber einer SiGS sind nur solche Einreden aus dem Sicherungsvertrag möglich, die bei dem Erwerb bereits entstanden und dem Erwerber bekannt waren. Wenn eine dieser Voraussetzungen fehlt, wird die SiGS in der Hand des Erwerbers zur »isolierten« Grundschuld: Der Sicherungszweck wirkt nicht mehr. Der Schutz des SiG gegenüber Dritterwerbern der SiGS ist also nur sehr beschränkt; im übrigen ist der SiG auch hier wieder auf Ansprüche gegen den SiN aus dem Sicherungsvertrag angewiesen.

Ins Grundbuch **eintragungsfähig** ist der Sicherungsvertrag nach überwiegender und richtiger Ansicht nicht. Die Gegenmeinung von *Friedrich*, NJW 1968, 1655 ff. übersieht, daß sie neben der im BGB geregelten Grundschuld unzulässigerweise ein neues Recht mit anderem Inhalt schafft. Und wertungsmäßig spricht gegen die Eintragungsfähigkeit: Müßte ein Erwerber der SiGS den Sicherungsvertrag (und damit auch den Rückübertragungsanspruch nach Erledigung des Sicherungszwecks) voll gegen sich gelten lassen, so würde er einen derart unsicheren Erwerb vernünftigerweise ablehnen. Damit wäre die SiGS weitgehend verkehrsunfähig. Daran muß m. E. auch der Versuch von *Friedrich* zur Rechtfertigung von *RGZ 91, 218 ff.* scheitern.   507

e) Insbesondere die Trennung der Sicherungsgrundschuld von der Forderung

Häufig erörtert wird auch der Fall, daß der SiN seine gesicherte Forderung unbefugt von der SiGS trennt.   508

Bsp.: SiG hat dem SiN für eine Darlehensforderung eine SiGS bestellt. SiN tritt die Forderung an F und die SiGS an G ab. SiG wird nun doppelt in Anspruch genommen: von F auf Zahlung und von G auf Duldung der Zwangsvollstreckung.

Hier ist SiG gegen F geschützt, weil er diesem nach § 404 entgegenhalten kann, er brauche den Kredit nur gegen Rückgewähr der SiGS zurückzuzahlen. Hierfür ist es gleichgültig, ob man zwischen der Kreditrückzahlung und der Rückgewähr der SiGS eine synallagmatische Verknüpfung annimmt (dann § 320) oder nicht (dann § 273). Dagegen muß SiG die Inanspruchnahme durch G dulden: Da der Rückgewähranspruch des SiG beim Erwerb der SiGS durch G noch nicht entstanden war, kann SiG diesen Anspruch nicht nach § 1157 gegen G einwenden (oben Rdnr. 506 und *BGH* NJW 1974, 185 ff.).

Freilich kann, wenn der Kredit ratenweise zurückzuzahlen ist, SiG nach dem Sicherungsvertrag nicht bei jeder Rate die Rückgewähr eines entsprechenden

---

2 Anders freilich *Lopau*, NJW 1972, 2253 ff.; JuS 1976, 553 ff., gegen ihn *Baden*, JuS 1977, 75 ff., noch anders *Wilhelm*, JZ 1980, 625 ff. *BGHZ 85, 388 ff.* (dazu *Wilhelm*, NJW 1983, 2917 ff.) bekräftigt, damit eine Einrede gegen den Erwerber wirken könne, müsse deren gesamter Tatbestand schon im Zeitpunkt der Abtretung verwirklicht gewesen sein. Vgl. weiter *Buchholz*, AcP 187 (1987) 107 ff.

Teils der SiGS (bei einer Briefgrundschuld unter Bildung eines Teilbriefs) verlangen. Hier scheint also der Schutz des SiG gegen F nur für die letzte Rate zu
wirken (so wohl *Lopau,* NJW 1972, 2254 A. 8). Aber das stimmt nicht: Soweit
dem SiG aus der vertragswidrigen Trennung von Forderung und SiGS Schaden
entsteht, ist SiN ersatzpflichtig. Und mit dem Anspruch hieraus kann SiG nach
§ 406 gegenüber F aufrechnen. Zwar entsteht dieser Anspruch erst mit der Abtretung. Aber für § 406 genügt, daß der Grund des Anspruchs (also hier: der Sicherungsvertrag) schon bei der Abtretung vorlag (*BGH* JZ 1962, 92 f.).

3. Exkurs: Veräußerung des mit einer Sicherungsgrundschuld belasteten Grundstücks

509   Die oben Rdnr. 506 und 508 behandelten Fälle betreffen Veräußerungen der
SiGS, also einen Wechsel der Rechtszuständigkeit auf der Seite des SiN. Denkbar ist auch der umgekehrte Fall: Der SiG veräußert das mit der SiGS belastete
Grundstück. Kann dann der Erwerber dem SiN den Sicherungsvertrag entgegenhalten, wenn der SiN aus der Grundschuld vollstreckt?

> *Bsp.:* SiG hat an seinem Grundstück dem SiN eine SiGS bestellt. Nachdem SiG die zu
> sichernde Forderung (und nur diese, vgl. oben Rdnr. 500) zurückgezahlt hat, verkauft er
> das Grundstück an K. Dabei versichert SiG dem K, die Grundschuld sei wegen der Rück-
> zahlung des Kredits »erledigt«. SiN klagt gegen K auf Duldung der Zwangsvollstrek-
> kung.

> *BGH* LM Nr. 1 zu § 1169 BGB; *Baur* § 45 IV 1: Grundsätzlich ist die SiGS ge-
> genüber dem Grundstückserwerber K »isoliert«. K muß also damit rechnen,
> aus der Grundschuld voll in Anspruch genommen zu werden. Anders ist es nur,
> wenn der SiG (= Verkäufer) dem K seinen Anspruch aus dem Sicherungsver-
> trag auf Rückgewähr der Grundschuld abgetreten hatte: Dann kann K diesen
> Anspruch dem SiN entgegenhalten. Der BGH aaO. hat allerdings in einem Fall
> wie dem geschilderten die Annahme einer »stillschweigenden« Abtretung an K
> gebilligt. Leichter billigen kann man diese Annahme, wenn der Grundstückser-
> werber auch in das Kreditverhältnis eintritt (so im Fall von *BGH* ZIP 1986,
> 900 ff.).

V. Die fiduziarische Sicherung in Zwangsvollstreckung und Konkurs[2a]

1. Eigentumsvorbehalt

Vom EV im Konkurs war schon oben Rdnr. 480 f. die Rede, ebenso oben 510
Rdnr. 485 f. von der Pfändung der Anwartschaft des Käufers durch dessen
Gläubiger. Eine Pfändung durch Gläubiger des Verkäufers scheitert meist
(sonst vgl. oben Rdnr. 466) an den Gewahrsamsverhältnissen: Der Käufer wird
kein »zur Herausgabe bereiter Dritter« im Sinne von § 809 ZPO sein. Es bleibt
also nur noch der Fall, daß Gläubiger des Käufers die Sache so pfänden, als sei
dieser bereits Eigentümer. Dann muß man dem Verkäufer die Drittwiderspruchsklage aus § 771 ZPO zugestehen (anders *Raiser*, Dingl. Anwartschaften
90 ff.; dazu oben Rdnr. 485 f.).

2. Andere Sicherungsrechte

Bei den anderen Sicherungsrechten ist zu unterscheiden: 511

a) **Im Konkurs des SiN** wird dem SiG ein Aussonderungsrecht (§ 43 KO)
zugestanden, wenn er die zu sichernde Forderung erfüllt. Das gilt auch dann,
wenn die Übertragung nicht unter der auflösenden Bedingung der Rückzahlung vereinbart worden war: Der SiG wird also praktisch so behandelt, als ob
eine solche Bedingung bestünde.

b) **Im Konkurs des SiG** räumt die Rspr. dem SiN bei SiÜ und SiZess. prin- 512
zipwidrig nur ein Absonderungsrecht (§ 48 KO) ein: Der SiN wird also so behandelt, als ob er nicht das Vollrecht hätte, sondern nur ein Pfandrecht. Vgl.
BGH NJW 1978, 632/633.

c) **In der Einzelzwangsvollstreckung** behandelt die h. M. dagegen SiÜ und 513
SiZess. wie eine Vollrechtsübertragung: Der SiN erhält bei Vollstreckung durch
Gläubiger des SiG die Drittwiderspruchsklage nach § 771 ZPO. Vollstreckt ein
Gläubiger des SiN (was aber bei der SiÜ wegen §§ 808, 809 ZPO regelmäßig
ausgeschlossen ist), so erhält der SiG unter bestimmten Voraussetzungen die
Drittwiderspruchsklage nach § 771 ZPO. Welche Voraussetzungen das sind, ist
zweifelhaft, dazu ausführlich *BGHZ 72, 141/144 ff.* Dort wird mit guten Gründen verlangt, daß die Verwertungsreife noch nicht eingetreten sein darf: Sobald
der Sicherungsnehmer selbst zur Verwertung berechtigt sei, dürfe man auch
seinen Gläubigern den Zugriff nicht über § 771 ZPO verwehren. Vgl. ausführlich *Brox-Walker*, Rdnr. 1416 f.

2a Dazu *Grunsky*, JuS 1984, 497 ff.

514   **d) Zusammenfassend** läßt sich also sagen: **Der SiG** wird noch bis zum Eintritt der Verwertungsreife oder nach Rückzahlung des Kredits wie der Berechtigte behandelt. Die Stellung **des SiN** dagegen schwankt: Konkursrechtlich wird er wie ein Pfandgläubiger angesehen, in der Einzelzwangsvollstreckung bei SiÜ und SiZess. wie der Vollrechtsinhaber. Diese Unterscheidung zwischen Konkurs und Einzelzwangsvollstreckung kann man so rechtfertigen: Im Konkurs des SiG muß der gesicherte Kredit ohnehin sofort abgewickelt werden. In der Einzelzwangsvollstreckung durch Gläubiger des SiG dagegen ist das unnötig: § 805 ZPO mit seinem Zwang zu sofortiger Abwicklung würde hier also stören, weshalb dem SiN § 771 ZPO gegeben wird.

VI. Die Verarbeitungsklausel bei Eigentumsvorbehalt und Sicherungsübereignung

515   Ware, die unter EV gekauft oder zur Sicherung übereignet wird, soll oft vom SiG noch verarbeitet werden. Eine solche Verarbeitung kann nach § 950 bewirken, daß der SiG das Eigentum erwirbt: Die Sicherung durch EV oder SiÜ wäre dann nicht »verarbeitungsbeständig«. Die Frage ist, ob und wie dieser Eigentumserwerb durch Vereinbarung (»**Verarbeitungsklausel**«) ausgeschlossen werden kann.

   BGHZ 20, 159 ff.: Ein Walzwerk W hatte Bleche unter EV mit Verarbeitungsklausel an den Fabrikanten F geliefert. Dieser verarbeitete die Bleche zu Gehäusen für Hochfrequenzgeräte und übereignete dann diese Geräte zur Sicherung für einen Kredit an die Bank B. W und B streiten um das Eigentum (genauer: darum, ob W nach § 947 I Miteigentum an den Geräten hat).

1. Fremdwirksame Verarbeitung

516   § 947 I wäre zu verneinen, wenn W sein Eigentum schon vor der Verbindung dadurch verloren hätte, daß F es durch die Verarbeitung der Bleche zu Gehäusen erworben hat, § 950. *BGHZ 20, 159/163 f.* hat das wegen der Verarbeitungsklausel verneint: Durch diese Klausel habe W die Rolle des »Herstellers« an den Gehäusen aus den von ihm gelieferten Blechen erhalten. Das gelte selbst dann, wenn F bei der Verarbeitung an den EV und die Klausel nicht gedacht habe oder für sich selbst habe verarbeiten wollen. Nur wenn F äußerlich erkennbar von der vereinbarten Art der Verarbeitung abgewichen sei, werde er selbst zum Hersteller.

   Die vom BGH vertretene Ansicht, die wohl herrschend ist, hält also einerseits § 950 entsprechend seiner Stellung im Sachenrecht für zwingend. Andererseits meint sie aber, wer Hersteller sei, könne durch Vereinbarung bestimmt werden. Danach bedeutet also die »Verarbeitungsklausel« die Abrede, der Lieferant oder der Sicherungseigentümer solle Hersteller sein[3].

2. Andere Ansichten

Die eben geschilderte Ansicht ist vor allem wegen ihrer Inkonsequenz — § 950   517
soll zwingend sein, aber doch Vereinbarungen über den Hersteller erlauben —
vielfach auf Widerspruch gestoßen. Von den abweichenden Meinungen seien
die beiden folgenden genannt:

a) *Flume,* NJW 1950, 841 ff.; *Baur* § 53 b I 3, III: § 950 will den Interessenkonflikt zwischen Eigentümer und Verarbeiter lösen. Wo dieser Konflikt schon durch Vereinbarung ausgeräumt ist, kann die Vorschrift daher nicht angewendet werden. Danach stellt die »Verarbeitungsklausel« die Beilegung des Interessenkonflikts dar, der Voraussetzung für die Anwendung von § 950 ist.

Für diese Ansicht wird folgendes Argument verwendet (etwa *Baur* § 53 b I 3; III 2): Beim Werkvertrag kenne das BGB (im Gegensatz zum Werklieferungsvertrag, § 651 I) keine Übereignungspflicht des Unternehmers. Folglich müsse das vom Besteller gelieferte Material auch nach der Verarbeitung trotz § 950 noch in dessen Eigentum stehen. Das ist zwar richtig, beweist aber nichts: Die Fälle des Werkvertrages sind gerade die der typischen Fremdherstellung (vgl. unten Rdnr. 518). Dagegen besteht in den Fällen wie dem von *BGHZ 20, 159 ff.* (oben Rdnr. 515) zwischen Lieferant und Verarbeiter nur ein Kauf- und kein Werkvertrag: Weder will der Lieferant die Verarbeitung vergüten noch das Produkt abnehmen. Vom Werkvertrag her kann man also für solche Fälle nicht argumentieren.

b) *Westermann* § 53 III 2 d, e: § 950 ist zwingend. Er kann nicht durch Ver   518
einbarung, sondern nur dadurch ausgeschaltet werden, daß objektiv eine Lage geschaffen wird, in der typischerweise Fremdverarbeitung stattfindet. Das ist jedenfalls bei solchen Personen gegeben, die in einen Betrieb — etwa als Besitzdiener — eingegliedert sind. Bei Selbständigen entscheidet, ob die **Verarbeitung typischerweise fremdbestimmt ist** (z. B. die Betriebe nach § 1 II Nr. 2 HGB oder der Lohnschneider). Danach wären die Verarbeitungsklauseln weithin (auch in dem Fall *BGHZ 20, 159 ff.*) unwirksam.

---

3 Dazu *Wadle,* Das Problem der fremdwirksamen Verarbeitung, JuS 1982, 477 ff. Vgl. auch *Nierwetberg,* NJW 1983, 2235 f. zu der Frage, ob man das Anwartschaftsrecht des Produzenten aus dem bedingten Erwerb selbst dann noch bejahen kann, wenn der Produzent dem Lieferanten über § 950 und die Verarbeitungsklausel neues Eigentum verschafft hat.

3. Lösungsvorschlag

519   Nach meiner Ansicht verdient die Auffassung *Westermanns* den Vorzug. Denn
die h. M. (oben Rdnr. 516) ist inkonsequent und provoziert nur Formulierungs-
kunststücke in den Allgemeinen Geschäftsbedingungen. Der Ansicht von
Flume und *Baur* (oben Rdnr. 517) steht entgegen, daß sie den § 950 abdingbar
macht; das paßt schlecht zu seinem Zusammenhang mit den §§ 946—948. Auch
halte ich es für zu eng, in § 950 nur eine Regelung des Interessengegensatzes Ei-
gentümer-Verarbeiter zu sehen. Denn dieser Gegensatz läßt sich über die Eigentumsfrage ohnehin nicht sachgerecht lösen. Vielmehr kann § 950 auch den
guten Sinn haben, ebenso wie die anderen originären Erwerbsgründe einen klaren Ausgangspunkt für die Beurteilung der Eigentumsverhältnisse zu schaffen:
Wo einmal verarbeitet worden ist, hat der objektiv feststellbare, das heißt nicht
erst durch Rechtsgeschäft bestimmte Verarbeiter Eigentum erworben.

   Damit vermeidet man auch weitgehend die Schwierigkeiten, die sich nach
den Gegenansichten ergeben, wenn Material verschiedener Lieferanten gemeinsam verarbeitet wird, oder wenn der Wert des Endproduktes überwiegend
dem Arbeitsanteil entstammt. Vgl. zu Einzelheiten *BGHZ 46, 117 ff.* und umfassend *Serick*, Kollisionsfälle im Bereiche der Verarbeitungsklauseln, BB 1975,
381 ff.

   Freilich halte ich die Aussicht, daß sich die hier vertretene Meinung ohne eine umfassende Neuordnung der Kreditsicherung (vgl. oben Rdnr. 494) durchsetzen könnte, für
sehr gering: Auch an dieser Stelle ist die mißbräuchliche Ausweitung der Kreditsicherung
wohl schon zu lange geduldet worden.

4. Zum Wertverhältnis bei § 950 BGB

520   Einen Sonderfall, in dem es auf das in § 950 I 1 bestimmte Wertverhältnis ankommt, behandelt

   BGHZ 56, 88 ff.: V liefert an die Brennerei B Brennwein (eine Art Rohbranntwein)
unter EV. B stellt daraus Weinbrand her und zahlt hierfür den »Branntweinaufschlag«
(eine mit dem Branntweinmonopol zusammenhängende Abgabe), um die Freigabe
durch den Zoll zu erreichen. Danach übereignet B den Weinbrand sicherungshalber an G.
Da B in Konkurs fällt, streiten V und G um das Eigentum.

   Da der Weinbrand dem G nicht zu unmittelbarem Besitz übergeben worden
ist (vgl. § 933), kann G Eigentum nur nach § 930 erworben haben, also wenn zunächst B Eigentümer geworden ist. B seinerseits kann, weil er nicht den Kaufpreis an V bezahlt hat, Eigentum nur nach § 950 erworben haben. Das setzt voraus, daß der Wert der Verarbeitung nicht erheblich geringer ist als der Wert des
Brennweins. Was ist in diesem Sinne »Verarbeitung«: bloß die (hier wenig auf-

wendige) Destillation des Brennweins oder auch die Zahlung des (dem Werte nach viel höheren) Branntweinaufschlags?

Die Vorinstanz (OLG Köln) hatte nur die Destillation berücksichtigt: § 950 wolle bloß den Wert der in der Sache verkörperten Arbeit schützen. Dem hat der BGH mit Recht widersprochen: § 950 regele nicht den Konflikt zwischen Arbeit und Kapital (dazu war die Vorschrift auch nie geeignet). Vielmehr gehe es um die einander entgegenstehenden **Interessen mehrerer Unternehmer:** einerseits des Lieferanten und andererseits des Verarbeiters und seiner Gläubiger. Daher komme es nicht auf den Wert der Arbeit an, sondern auf den Wertzuwachs der Sache beim Verarbeiter. Dieser Zuwachs werde hier auch durch die Zahlung des Branntweinaufschlags bestimmt, da das Destillat dadurch erst verkehrsfähig geworden sei.

VII. Das Bestimmtheitserfordernis bei Sicherungsübereignung und Sicherungszession

SiÜ und SiZess. sind Verfügungen und unterliegen daher dem Bestimmtheitsgrundsatz (Spezialitätsprinzip): Sie können sich nur auf bestimmte Gegenstände beziehen. Ob diesem Erfordernis genügt ist, wird oft zweifelhaft, wenn Warenlager oder Kundenforderungen in ihrem wechselnden Bestand oder nur teilweise zur Sicherung verwendet werden sollen. Dazu gibt es eine umfangreiche und nicht immer konsequente Rspr., deren Kenntnis aber keinesfalls zu dem nötigen paraten Wissen gehört (zu Einzelheiten etwa *Baur* §§ 57 III 2 b, 58 II 3). Nur das Folgende sei hervorgehoben: **521**

1. **Sicher unwirksam** ist eine SiÜ etwa »des halben Lagers« oder »des Lagers bis zum Wert von 10 000,— DM« oder von 75 Ferkeln, die gemeinsam mit gleichartigen anderen Ferkeln gehalten werden (*BGH* NJW 1984, 803 f.). Denn hier läßt sich nicht feststellen, welche einzelnen Sachen unter die SiÜ fallen sollen. **522**

2. Dagegen verzichtet die Rspr. seit *BGHZ 28, 16 ff.* (anders noch *BGHZ 21, 52 ff.*) bei der SiÜ von Sachgesamtheiten auf die **rechtliche Qualifikation.**

Bsp.: Im Warenlager des S befinden sich Waren, die dem S gehören, und Waren, an denen S nur ein Anwartschaftsrecht hat, weil sie ihm unter EV geliefert worden sind. S überträgt der Bank B zur Sicherung »die ihm an den Waren zustehenden Rechte«. *BGHZ 21, 52 ff.* hatte das für unwirksam gehalten: S und B müßten eine konkrete Vorstellung darüber haben, an welchen Waren das Eigentum übertragen werden solle und an welchen nur das Anwartschaftsrecht. Demgegenüber hat *BGHZ 28, 16 ff.* zugelassen, daß diese Frage bei der SiÜ selbst noch offenbleibt und erst bei der Verwertung der

Sicherheiten geklärt wird. Nach *BGH* NJW 1986, 1985/1986 soll dagegen die Bestimmtheit fehlen, wenn die nicht näher bezeichneten unter EV erworbenen Sachen von der SiÜ ganz ausgeschlossen sind, so daß also auch nicht das Anwartschaftsrecht des SiG übertragen werden soll. *OLG München,* NJW 1987, 1896 f. nimmt Unbestimmtheit nicht schon deshalb an, weil sich in der sicherungsübereigneten *Wohnungseinrichtung* auch einzelne Sachen Dritter befinden, wenn der SiN das nicht wußte.

523   **3.** Bei der Vorauszession läßt die Rspr. **Bestimmbarkeit** genügen (kritisch *P. Schwerdtner,* NJW 1974, 1785 ff.). Das bedeutet: Die Bestimmtheit der abgetretenen Forderung braucht erst vorzuliegen, wenn die SiZess. durch die Entstehung der Forderung wirksam wird. Möglich ist also insbesondere die Abtretung der »Forderung aus dem künftigen Verkauf dieser Sache« (so beim **verlängerten EV**), obwohl die Bestimmtheit nach Höhe und Person des Schuldners (Käufers) erst mit Abschluß des Kaufvertrages eintritt.

Schwierigkeiten ergeben sich aber, wenn aus der Verwertung der unter verlängertem EV gelieferten Ware eine Forderung entsteht, die nur zu einem kleinen Teil auf dem Wert dieser Ware beruht.

BGHZ 26, 178 ff.: V hatte dem Bauunternehmer U für 20 000,— DM Baueisen verkauft und unter verlängertem EV geliefert. U baute unter Verwendung dieses Eisens aufgrund eines Werkvertrages mit S zwei Wohnhäuser; seine Werklohnforderung gegen S betrug 280 000,— DM. Diese Forderung trat er zur Sicherung an die Bank B ab und teilte das dem S mit. S zahlte daraufhin an B. V klagt gegen B auf Zahlung von 20 000,— DM.

Die Klage des V wäre nach §§ 816 II, 408 I, 407 I begründet, wenn U die Werklohnforderung gegen S mindestens zu einem Teilbetrag von 20 000,— DM wirksam an V abgetreten hätte. Der BGH hat das aber abgelehnt (und folglich die Klage abgewiesen): Eine Zession der vollen Werklohnforderung widerspreche dem anzunehmenden Parteiwillen (Übersicherung!). Für die Zession eines Teilbetrages aber fehle es an der nötigen Bestimmtheit der Höhe dieses Teiles (vgl. auch *BGHZ 98, 303/309 ff.).*

Der Entscheidung ist zuzustimmen. Denn es ist keineswegs selbstverständlich, daß U an V gerade soviel von der Werklohnforderung abtreten wollte, wie er selbst dem V schuldete (also 20 000,— DM). Wegen des der Werklohnforderung anhaftenden Risikos und wegen der Möglichkeit eines Anwachsens der Forderung V-U um Zinsen und Verzugsschaden wird nämlich oft ein größerer Teil (etwa 120%) zur Sicherung abgetreten. Als Kompromiß läßt *BGHZ 98, 303/309 ff.* — auch für § 9 AGBG — eine Klausel genügen, in der sich der Zessionar zur Freigabe verpflichtet, sobald der Nennbetrag der abgetretenen Forderungen die Kreditsumme um 50 % übersteigt (vgl. *Graf Lambsdorff,* ZIP 1986, 1524 ff.).

VIII. Kreditsicherung und § 419

Sicherungsgeschäfte (etwa SiÜ, kombiniert mit SiZess.) umfassen oft praktisch   **524**
das ganze Vermögen des SiG.

Dann können die §§ 138, 826 anwendbar sein. In Betracht kommen die Gesichtspunkte der Übersicherung, der Knebelung des SiG und der Täuschung anderer Gläubiger über die Vermögensverhältnisse des SiG. Einzelheiten über die verzweigte Rspr. hierzu braucht man sich nicht zu merken (ein guter Überblick in *BGH* NJW 1970, 657 ff.). Zum Verhältnis zwischen § 138 und § 826 vgl. unten Rdnr. 626.

Dem SiN droht aber noch eine weitere Gefahr: Er hat ja durch Vertrag das ganze Vermögen des SiG übernommen. Daher haftet er nach § 419 für die zu dieser Zeit begründeten anderen Schulden des SiG, wenn man auch eine solche nur als vorübergehend gedachte Übernahme für § 419 genügen läßt (so die bisher h. M.). Hieran ist aber mit Recht viel Kritik geübt worden[4]. Dieser kommt *BGHZ 80, 296/300* insofern entgegen, als dort eine abschließende Entscheidung vermieden wird. Vielmehr beschränkt der BGH sich auf einen Sonderfall: Wenn der Übergeber keinen gleichwertigen, für seine Gläubiger verwendbaren Gegenwert erhalte und wenn ihm durch eine besondere Absprache das Vermögen auf Dauer entzogen und überdies dem Übernehmer von vornherein die Verfügungsbefugnis eingeräumt werde, sei § 419 jedenfalls anwendbar. Dem ist zu folgen. Jedenfalls trifft aber umgekehrt auch die Aussage von *BGH* NJW 1986, 1985/1987 f.: § 419 sei wenigstens dann unanwendbar, wenn die rechtlichen und wirtschaftlichen Auswirkungen der SiÜ vom SiG jederzeit (durch Veräußerung des Sicherungsguts) wieder beseitigt werden könnten.

Nach § 419 II 1 ist die Haftung des SiN auf das übernommene Sicherungsgut beschränkt. Wesentlich ist daher die Frage, in welcher Reihenfolge der SiN und die anderen Gläubiger des SiG aus dem Sicherungsgut zu befriedigen sind.

Bsp.: SiG hat dem SiN wegen einer Forderung von 40 000,— DM Sicherungsgut im Wert von 50 000,— DM übereignet. Bei SiN melden sich noch sechs andere Gläubiger des SiG mit Forderungen von je 10 000,— DM. Findet jetzt anteilsmäßige Befriedigung aus dem Sicherungsgut statt (jeder Gläubiger erhält die Hälfte seines Forderungsbetrages)? Oder entscheidet die Prävention, etwa nach der Fälligkeit der Forderungen? Dann könnte der SiN sogar leer ausgehen, wenn seine Forderung am spätesten fällig wird.

Die gesetzliche Entscheidung ergibt sich aus einer nicht leicht zu verstehenden Verweisung: § 419 II 2 schreibt die entsprechende Anwendung der

---

4   Etwa *Wilke,* NJW 1975, 2098 f.; *Graf Lambsdorff-Lewental,* NJW 1977, 1854/1857, teils auch *Becker-Eberhard,* AcP 185 (1985) 429 ff., allgemein zu § 419 auch *Schricker,* JZ 1970, 265 ff.

§§ 1990, 1991 vor. Denn der Vermögensübernehmer haftet ebenso wie der Erbe beim dürftigen Nachlaß den Gläubigern nur mit dem neu erworbenen Teil seines Vermögens. Daher muß er diesen Teil von seinem übrigen Vermögen getrennt halten und ordentlich verwalten. Dafür haftet er nach §§ 419 II 2, 1991 I, 1978 (mit §§ 677 ff.), 1979. Die Befriedigung mehrerer Gläubiger erfolgt dann bei Unzulänglichkeit des haftenden Teilvermögens nicht etwa zu gleichen Teilen: Das ist nur in § 1991 IV für bestimmte erbrechtliche Schulden vorgesehen, die im Rahmen der Verweisung durch § 419 II 2 nicht in Betracht kommen. Vielmehr gilt als Regel das **Präventionsprinzip:** Der SiN muß die Zwangsvollstreckung der übrigen Gläubiger in das Sicherungsgut dulden, bis dieses erschöpft ist, § 1990 I. Die Pointe liegt nun aber in § 1991 III: Hat einer der anderen Gläubiger gegen den SiN ein rechtskräftiges Urteil erwirkt, so steht das seiner Befriedigung gleich. Der SiN kann also von dem Sicherungsgut so viel zurückbehalten, wie er zur Erfüllung eines solchen Urteils braucht. Diesen § 1991 III wendet die Rspr. (*RGZ 139, 199 ff.*) auf die eigene Forderung des SiN gegen den SiG entsprechend an: Da der SiN gegen sich selbst kein Urteil auf Befriedigung aus dem Sicherungsgut erhalten kann, soll er ohne weiteres **einem titulierten Gläubiger gleichstehen.** Daher verletzt er seine Verwaltungspflicht gegenüber den anderen Gläubigern nicht, wenn er sich selbst aus dem übernommenen Vermögen (bzw. bei § 1991 aus dem Nachlaß) vorweg befriedigt.

Damit ist die Gefahr, die § 419 für den SiN bedeutet, aber noch nicht ganz beseitigt: Die Rspr. (*RGZ 139, 199/202*) verlangt nämlich, daß die Forderung des SiN gegen den SiG schon bei der Vermögensübernahme bestanden hat: Dann hat der SiN gegen andere Gläubiger des SiG die Erschöpfungseinrede (§ 1990 I 1), soweit der Wert des Sicherungsguts seine Forderung nicht übersteigt. Ist jedoch der Kredit erst nach der SiÜ ausgezahlt worden, so nützt § 1991 III dem SiN nichts (Unterscheidung zweifelhaft).

IX. Das Zusammentreffen von verlängertem Eigentumsvorbehalt und Sicherungszession

525   *Bsp.* (ähnlich *BGHZ 30, 149 ff.*): S hat zur Sicherung für einen Kredit alle Forderungen aus dem Verkauf von Lederwaren an die Bank B abgetreten. Danach werden ihm von V Lederwaren unter *verlängertem EV* (mit Verfügungsermächtigung, aber gegen Vorauszession der Kaufpreisforderungen) geliefert. S verkauft die von V bezogenen Waren. Wem steht die Kaufpreisforderung zu, B oder V?

Diese vieldiskutierte Fallgruppe (vgl. etwa *Baur* § 59 VI; *Franke*, JuS 1978, 373 ff.; *Picker*, JuS 1988, 375 ff.) steht im Schnittpunkt der gegensätzlichen Interessen der **Finanzgläubiger** (Banken) und der **Warengläubiger** (Lieferanten). Daß eine dieser beiden Kreditarten wirtschaftlich wertvoller und daher rechtlich stärker zu schützen sei, läßt sich nicht begründen. Die Entscheidung muß daher nach einem anderen Kriterium erfolgen.

1. Der Vorrang des Eigentumsvorbehalts

Der BGH hat das Prioritätsprinzip zugrunde gelegt[5]. Danach wäre B Gläubiger geworden. Der BGH hat aber in der unbeschränkten Globalzession an B (also wenn B sich auch die Forderungen aus dem Verkauf der unter verlängertem EV gelieferten Ware abtreten lassen wollte) einen Verstoß gegen die §§ 134, 138 gesehen: B stifte den S damit zur Verletzung seines Vertrages mit V an, möglicherweise sogar zur Unterschlagung der Ware. (Die Verfügungsermächtigung des verlängerten EV ist ja sinngemäß auf den Fall beschränkt, daß V die Forderung aus dem der Verfügung zugrunde liegenden Kaufvertrag erhält.) Nach dieser Rspr. **geht also der spätere verlängerte EV der früheren Globalzession praktisch vor.** **526**

In den Fällen *BGH* NJW 1968, 1516 ff. (mit Anm. *Wehrhan*) und NJW 1969, 318 ff. (mit Anm. *Wehrhan* aaO. 652 f.) hatte die Bank der Betrachtungsweise von *BGHZ 30, 149 ff.* Rechnung tragen wollen. Sie hatte nämlich den Zedenten verpflichtet, den ihm gewährten Kredit vorzugsweise zur Befriedigung derjenigen Gläubiger zu verwenden, die unter verlängertem EV liefern. Aber der BGH hat diese Klausel wenigstens bei einem laufenden Kredit für ungenügend erklärt: Die Globalzession sei nur für den Fall einer Krise gedacht, und dann könne der Kreditnehmer (= Zedent) seine Verpflichtungen eben nicht erfüllen. Da die Bank das wissen müsse, handle sie sittenwidrig (vgl. hierzu *Graf Lambsdorff-Skora*, NJW 1977, 701 ff.).

Für ungenügend hält *BGHZ 72, 308 ff.* auch die Einschränkung der Globalzession durch eine **obligatorische Teilverzichtsklausel** zugunsten der Warenlieferanten: Die Bank verpflichtet sich damit, dem nicht befriedigten Lieferanten diejenigen Forderungen abzutreten, die aus dem Verkauf der von ihm gelieferten Waren stammen, oder ihm den auf diese Forderungen schon eingezogenen Betrag auszuzahlen. Diese Klausel beseitigt nach der Ansicht des BGH den Vorwurf der Sittenwidrigkeit nicht, weil sie den Lieferanten zusätzlich mit dem Risiko eines Konkurses der Bank belaste und die Durchsetzung für ihn erschwere. Überzeugend scheint mir diese Begründung freilich nicht: Von einem sittenwidrigen Verhalten der Bank kann wenigstens bei solchem Bemühen um einen billigen Ausgleich schwerlich die Rede sein (vgl. *Steindorff*, ZHR 144, 1980, 652/653).

---

5 Gegen diesen Ausgangspunkt mit beachtlichen Gründen *Beuthien*, BB 1971, 375/377 f.; *Esser*, ZHR 135 (1971) 320/325 ff.

Wohlwollender behandelt eine Globalzession dagegen *BGH* NJW 1974, 942 f. (dazu *Serick*, BB 1974, 845 ff.): Dort hatten angeblich der Empfänger der Globalzession und seine Anwälte die neue Rechtsprechung des BGH gekannt. Dann könne — so meint der BGH — angenommen werden, dieser Rechtsprechung habe Rechnung getragen und folglich den verlängerten Eigentumsvorbehalten anderer Lieferanten der Vorrang eingeräumt werden sollen. Ein Anhalt im Wortlaut der Abtretungsurkunde sei hierfür nicht nötig (sehr zweifelhaft).

Richtig aber *BGHZ 69, 254 ff.:* Beim **echten Factoring** (eine Bank kauft die Forderungen des Anschlußkunden und übernimmt den Einzug für eigene Rechnung) ist die Globalzession auch dann nicht sittenwidrig, wenn sie Forderungen aus dem Verkauf von Ware mitumfaßt, die unter verlängertem EV geliefert worden ist. Denn der mit dem Factoring bewirkte Forderungsverkauf steht der erlaubten Einziehung der Forderung gleich. Dagegen soll nach *BGHZ 82, 50/61* beim **unechten Factoring** (bei dem der Factor die abgetretenen Forderungen für Rechnung des Zedenten einzieht) der Vorrang des EV ebenso gelten wie gegenüber einer Globalzession[6].

2. Gegenargumente

527 **a)** Aber die Begründung des BGH läßt schon für den Ausgangsfall (*BGHZ 30, 149*) wichtige Fragen unbeantwortet: Wieso ist es Aufgabe der Banken, ihre Kunden davon abzuhalten, mit Dritten geschlossene Verträge zu verletzen oder strafbare Handlungen zu begehen? Warum müssen sich nicht etwa auch die Lieferanten darum kümmern, welche Globalzessionen ihre Kunden schon vorgenommen haben (ebenso *Picker*, JuS 1988, 375/378)? Beikommen kann man der Globalzession mit dem wie üblich verstandenen § 138 wohl nur unter dem Gesichtspunkt der **Schuldnerknebelung:** Wenn der Schuldner Ware praktisch nur unter verlängertem EV zu erhalten vermag, legt die Globalzession den Verkauf neubezogener Ware lahm. Und wenn der Schuldner auf den Verkauf solcher Ware angewiesen ist, vermag ihn die Globalzession zu ruinieren. Voraussetzung dafür ist freilich, daß der Schuldner den Bankkredit nicht zum Barkauf neuer Ware verwenden kann.

In *BGH* NJW 1977, 2261 f. (dazu *Graf Lambsdorff-Skora*, BB 1977, 922 ff.) hatte — anders als in den bisher erwähnten Fällen — ein *Lieferant* außer einem verlängerten EV zur Sicherung zusätzlich noch eine Globalzession vereinbart. Immerhin hat der BGH auch diese Globalzession zugunsten eines *Warengläubigers* wegen der Gefährdung der übrigen Gläubiger für nichtig erklärt. Dagegen beurteilt *BGHZ 94, 105/113 ff.* (bestätigend *BGHZ 98, 303/307*) eine obligatorische Freigabeklausel in einem erweiterten und verlängerten EV günstiger als eine entsprechende Klausel in der Globalzession an eine

---

6 Vgl. *Bette-Marwede*, BB 1979, 121 ff., auch zu weiteren Kollisionsfällen; *Canaris*, NJW 1981, 249 ff.

Bank (oben Rdnr. 526): Diese EV-Klausel soll den Anforderungen des § 9 AGBG genügen; Sittenwidrigkeit kommt für sie also erst recht nicht in Betracht.

b) Über die hier vorgetragene Kritik an der Rspr. geht weit hinaus *Esser,* JZ   528
1968, 281 ff. und 529 f.; ZHR 135, 330 ff. Er wendet gegen den BGH ein, die mit
einer subjektiven Komponente gedachte Sittenwidrigkeit passe nicht. Statt
dessen will er **§ 138 I als objektives Ordnungsprinzip** einsetzen: Wegen Sittenwidrigkeit nichtig sind alle AGB, die dem Gleichbehandlungsgebot von Geld-
und Warenkredit nicht Rechnung tragen. Danach müssen also die Parteien die
Sicherungsobjekte der Höhe nach aufteilen. Wer hiergegen verstößt und die Sicherheit für sich allein beansprucht, erhält wegen § 138 I nichts.

Eine Aufteilung befürworten auch *Finger,* JZ 1970, 642 ff. und *Beuthien,* BB 1971,
375 ff. Anders als *Esser* wollen sie jedoch nicht die Parteien über § 138 zu dieser Aufteilung zwingen. Vielmehr soll eine Aufteilung schon *kraft Gesetzes* gelten, so daß sie praktisch vom Richter durchgeführt werden müßte. Hiergegen *Esser,* ZHR 135, 328 f.

3. Zahlung auf das Verkäuferkonto beim Globalzessionar

Eine Abweichung von der normalen Fallgestaltung behandelt   529

BGHZ 53, 139 ff.: Der Fall liegt zunächst wie üblich: S erhält von B Kredit gegen eine
Globalzession seiner Kundenforderungen. Von V bezieht S Material unter verlängertem
EV und baut es vertraglich bei D ein. Nun wird aber — abweichend von den Normal-
fällen — weder die Zession an B noch die in dem verlängerten EV enthaltene Zession an V
dem D gegenüber aufgedeckt. Vielmehr zahlt D auf das ihm angegebene Konto des S bei
B.

Die aus dieser Zahlung hervorgehende Gutschrift von B für S mindert den
Schuldsaldo des S bei B. Die Zahlung kommt also im Ergebnis der B zugute.
Aber das beruht nicht auf der — möglicherweise sittenwidrigen — Globalzession. Daher hat V auch keinen Anspruch gegen B, insbesondere nicht aus
§ 816 II: D hat ja nicht an B als seine vermeintliche Gläubigerin geleistet, sondern an S: B war dabei bloß Zahlstelle. Mit dieser Argumentation hat *BGHZ
53, 139 ff.* die Klage V—B für unbegründet erklärt.

Doch schränkt *BGHZ 72, 316/320 ff.* diese Rspr. erheblich ein: Wenn eine
Bank ihre Position als Zahlstelle dazu ausnutzt, die Anforderungen an eine sit-
tengerechte Globalzession zu »unterlaufen«, soll sie sich nach § 242 im Verhältnis zum Vorbehaltsverkäufer so behandeln lassen müssen, als sei die Zahlung an
sie selbst auf die nichtige Globalzession hin erfolgt. Damit steht der Anspruch
aus § 816 II gegen die Bank wieder offen.

4. Entreicherung des Globalzessionars

530   Den Banken ungünstig ist die Beurteilung des Entreicherungseinwands durch

> *BGHZ 56, 173 ff.:* V lieferte an S Baustoffe unter verlängertem EV. S baute diese vertraglich bei D ein. Die Bank B hatte dem S gegen eine nichtige (weil sittenwidrige) Globalzession Kredit gewährt. B zog in Unkenntnis dieser Nichtigkeit die Forderung gegen D ein. Gegenüber der Klage des V (richtige Grundlage § 816 II) berief sich B auf § 818 III: Sie habe im Vertrauen auf die Beständigkeit der Einziehung dem S weiteren Kredit gewährt. Um diesen Betrag sei sie, B, entreichert, weil der Kredit im Konkurs des S verloren sei.

Hier scheidet § 818 III nicht schon ohne weiteres wegen § 819 II aus. Denn sittenwidriger Empfang im Sinne dieser Vorschrift erfordert nach der Rspr. das Bewußtsein der Sittenwidrigkeit. Dieses hatte der B gefehlt (auch die Vorinstanz hatte die Globalzession noch für sittengerecht gehalten). Daher scheint die weitere Kreditgewährung an S sowohl unter Kausalitäts- wie unter Vertrauensgesichtspunkten nach § 818 III berücksichtigungsfähig zu sein. Trotzdem hat der BGH entgegengesetzt entschieden: B dürfe das Risiko aus der Unwirksamkeit der Globalzession (richtiger wohl: das Risiko des ungesicherten neuen Kredits an S) nicht auf V abwälzen. Dieses Argument enthält eine Wertung, die sich letztlich aus der Mißbilligung der Globalzession ableitet: Die Mißbilligung wird in den Bereicherungsausgleich hinein fortgesetzt. Allerdings hätte sich das Ergebnis leichter erreichen lassen, wenn man bei § 819 II das subjektive Erfordernis aufgegeben hätte.

§ 22   Der Erwerb vom Nichtberechtigten kraft Rechtsscheins*

531   Erörtert werden sollen hier die drei besonders wichtigen Rechtsscheinträger **Besitz, Grundbuch und Erbschein.** Dabei entspricht hinsichtlich der Gläubigerschaft von Grundpfandrechten dem Grundbuch der Brief, wenn die Abtretungserklärungen öffentlich beglaubigt sind, §§ 1155, 1192 I. Dem Erbschein stehen gleich Testamentsvollstreckerzeugnis und Todeserklärung, §§ 2368, 2370 (die Todeserklärung aber nicht hinsichtlich der Richtigkeitsvermutung: § 2370 I nennt § 2365 nicht; die Richtigkeitsvermutung folgt hier nämlich schon aus § 9 I VerschollenheitsG).

---

*   Dazu *Gernhuber*, BR § 8; *H. Westermann*, Die Grundlagen des Gutglaubensschutzes, JuS 1963, 1 ff.; *Wiegand*, Rechtsableitung vom Nichtberechtigten, JuS 1978, 145 ff.

Einige Sonderfälle des Redlichkeitsschutzes werden an anderer Stelle erörtert: vgl. für das Handelsrecht oben Rdnr. 105—110, für Wertpapiere unten Rdnr. 760 ff.; nach der h. M. gehören zum Rechtsschein auch die Vollmachtstatbestände von oben Rdnr. 95; 98—102. Weitere Fälle sind entweder sehr selten oder bieten keine besondere Schwierigkeit; insbesondere gleicht die negative Publizität des Vereins- und Güterrechtsregisters (§§ 68, 70, 1412) der des Handelsregisters nach § 15 I HGB.

I. Möglichkeiten des rechtsgeschäftlichen Erwerbs

1. Übersicht

Beim rechtsgeschäftlichen Erwerb eines Rechts kann man folgende Fallgruppen unterscheiden: 532

a) Veräußerer mit Verfügungsbefugnis

Wenn der Veräußerer die Verfügungsbefugnis hat, erfolgt der Erwerb durch Einigung zwischen Veräußerer und Erwerber, zu der im Sachenrecht ein Publizitätsakt hinzutreten muß (vgl. oben Rdnr. 26). Bisweilen bestehen daneben aber auch noch weitere Erfordernisse. So muß beim Erwerb von Grundpfandrechten regelmäßig die Briefübergabe oder ein Surrogat dafür vorliegen (§§ 1117, 1192 I); bei der Hypothek muß auch die zu sichernde Forderung entstanden sein (§ 1163).

Regelmäßig stammt die Verfügungsbefugnis aus der Innehabung des **materiellen Rechts**. So sind etwa der Sacheigentümer und der Forderungsgläubiger als solche verfügungsbefugt. Ausnahmsweise kann aber die Verfügungsbefugnis einem **Nichtberechtigten** zustehen, und zwar entweder ihm allein oder neben dem Berechtigten.

aa) Der verlängerte Eigentumsvorbehalt

Beruhen kann die Verfügungsbefugnis eines Nichtberechtigten auf **Gesetz** (etwa § 6 KO) oder auf **Rechtsgeschäft**. Einen praktisch wichtigen Fall der rechtsgeschäftlich erteilten Verfügungsbefugnis bildet die Verfügungsermächtigung beim **verlängerten EV**: Der Vorbehaltskäufer darf im Rahmen des gewöhnlichen (oder: ordnungsgemäßen) Geschäftsverkehrs über die noch dem Vorbehaltsverkäufer gehörende Ware wie ein Eigentümer verfügen (vgl. hierzu *BGH* Betr. 1988, 1382 ff.). Dabei wird der gewöhnliche Geschäftsgang durch das auch dem Partner erkennbare äußere Erscheinungsbild bestimmt: Ungewöhnlich und daher durch die Ermächtigung nicht mehr gedeckt ist z. B. ein Verkauf weit unter dem Marktpreis; gewöhnlich ist dagegen ein Verkauf zu normalem Preis und in normalen Mengen selbst dann, wenn der Verkäufer

(= Vorbehaltskäufer) weit überschuldet ist und kurz vor dem Konkurs steht: *BGHZ 68, 199 ff.* (keine Ersatzaussonderung des Vorbehaltsverkäufers nach § 46 KO).

Nicht mehr durch die Ermächtigung gedeckt ist freilich eine Weiterveräußerung, bei welcher der Veräußerer mit seinem Abnehmer die **Unabtretbarkeit der Kaufpreisforderung** vereinbart hat (§ 399): Dann erlangt ja der Erstveräußerer kein Surrogat für sein Eigentum (*BGH* NJW 1988, 1210 ff., dazu *Wagner,* JZ 1988, 698 ff.).

bb) **Verfügungsermächtigung und bedingte Weiterveräußerung**

533   Wegen dieser Verfügungsbefugnis können Zweifel entstehen, wessen Gläubiger in die Sache vollstrecken dürfen.

BGHZ 56, 34 ff.: V verkauft und liefert an K Schokolade unter verlängertem EV. K verkauft und liefert die Schokolade unter EV weiter an D. Vor Zahlung durch K und D pfändet G, ein Gläubiger des K, die Schokolade bei D. V erhebt gegen G Drittwiderspruchsklage nach § 771 ZPO.

Da G hier nicht bloß die (sicher bestehende) Anwartschaft des K gepfändet hat, kommt als »die Veräußerung hinderndes Recht« des V dessen vorbehaltenes Eigentum in Betracht. Dieses war aber eingeschränkt durch die Einwilligung des V in eine Weiterveräußerung des K. Eine solche Weiterveräußerung (nämlich an D) hatte stattgefunden. Die Vorinstanz (OLG Hamburg) hatte daher die Drittwiderspruchsklage des V abgewiesen: Er habe kraft der mit dem verlängerten EV verbundenen Vorauszession zwar die Kaufpreisforderung K-D erworben, aber zugleich sein Eigentum an der Schokolade verloren.

Dem hat der BGH widersprochen: Da K an D bloß unter EV veräußert habe, sei die Verfügung des K nur bedingt gewesen. Das Einverständnis des V mit dieser Verfügung bedeute deshalb lediglich, daß D *bei Bedingungseintritt* Eigentümer werden solle. Dazu sei es weder nötig noch sinnvoll, daß das Eigentum sofort von V auf K übergehe. Vielmehr bleibe dieses bei V, und zwar doppelt auflösend bedingt: erstens durch die Kaufpreiszahlung K-V (dann erwirbt K), zweitens durch die Kaufpreiszahlung D—K (dann erwirbt D). Solange K den Kaufpreis nicht bezahlt habe, solle er nach dem zwischen ihm und V bestehenden EV kein Eigentum erwerben; zugleich solle V solange den Zugriff von Gläubigern des K abwehren können. Mich überzeugt das trotz der ablehnenden Anm. *von Lehmanns,* NJW 1971, 1404 f. Falsch ist dort insbesondere die Annahme einer sittenwidrigen Übersicherung des V durch die Kombination der Forderung gegen D und des vorbehaltenen Eigentums. Denn beide Sicherungsmittel stehen hier in einem Bedingungszusammenhang: Wenn die Forderung gegen D erfüllt wird, geht auch das Eigentum verloren.

cc) Widerruflichkeit der Verfügungsermächtigung

Fraglich werden kann auch die Widerruflichkeit der im verlängerten EV ent- **534** haltenen Verfügungsermächtigung.

BGH NJW 1969, 1171: V hatte an K Waren unter verlängertem EV geliefert. K verkaufte diese Waren an D weiter. D bezahlte im voraus einen Teil des Kaufpreises, doch zahlte K nicht an V. Daraufhin widerrief V die Verfügungsermächtigung. Erst dann lieferte K an D. V verlangt die Ware von D heraus.

Die Klage wäre aus § 985 begründet, wenn V noch Eigentümer wäre. Verloren hätte er sein Eigentum nach §§ 929, 185 I, wenn die mit dem verlängerten EV erteilte Einwilligung an K bei der Übereignung K—D noch wirksam gewesen wäre. Das hängt nach § 183 ab von dem »der Erteilung zugrunde liegenden Rechtsverhältnis«, also dem Kauf V—K. Der BGH aaO. (enger noch *BGHZ 14, 114 ff.*) hat das richtig so beurteilt: Der Verkauf unter verlängertem EV soll dem K die Disposition über die Ware schon vor Preiszahlung ermöglichen. Daher kann die Verfügungsermächtigung nicht frei widerrufen werden. Andererseits aber soll der verlängerte EV den V sichern. Deshalb muß die Verfügungsermächtigung widerruflich sein, wenn das Verhalten des K diese Sicherung gefährdet. Eine solche Gefährdung lag hier darin, daß K die Kaufpreisforderung gegen D schon zum Teil eingezogen, aber von dem Erlös nichts an V weitergeleitet hatte. Daher war der Widerruf wirksam.

Verloren haben könnte V sein Eigentum also nur durch *redlichen Erwerb* des D: nach § 932, wenn D den K für den Eigentümer halten durfte, und nach § 366 HGB, wenn D an den Fortbestand der Verfügungsbefugnis des K glauben konnte (vgl. unten Rdnr. 567). Um das auszuschalten, wird V die Verfügungsermächtigung also möglichst durch *Erklärung an D* widerrufen (§ 183 S. 2).

b) Veräußerer ohne Verfügungsbefugnis

Wenn dem Veräußerer die Verfügungsbefugnis fehlt, ist weiter zu unterschei- **535** den:

aa) Nichtberechtigter Veräußerer

Der Veräußerer ist Nichtberechtigter; ihm fehlt also — wie regelmäßig — die Verfügungsbefugnis nur deshalb, weil ihm das materielle Recht fehlt. Hier greifen die Vorschriften über den Redlichkeitsschutz unbeschränkt ein. Sie ermöglichen den Erwerb trotz der Nichtberechtigung des Veräußerers, wenn außer dem gewöhnlichen Erwerbstatbestand weitere Erfordernisse vorliegen: Das sind regelmäßig objektiv ein **Rechtsschein** und subjektiv die **Redlichkeit** des Erwerbers.

bb) Berechtigter Veräußerer ohne Verfügungsbefugnis

Wenn der Veräußerer Berechtigter ohne Verfügungsbefugnis ist, gelten die **536** §§ 932 ff. nicht direkt (vgl. § 932 I 1 ». . . wenn die Sache nicht dem Veräußerer

gehört . . .«). Doch werden sie in vielen Einzelvorschriften für anwendbar erklärt (z.B. §§ 135 II, 161 III, 2113 III, 2211 II). Dagegen umfaßt § 892 I 2 ausdrücklich auch alle relativen, also zugunsten einer bestimmten Person angeordneten Verfügungsbeschränkungen. Der Redlichkeitsschutz durch das Grundbuch reicht insofern also weiter als der durch den Besitz. Ähnlich deckt auch der
Erbschein das Nichtvorliegen der typisch erbrechtlichen Verfügungsbeschränkungen (Nacherbfolge und Testamentsvollstreckung, §§ 2366, 2365).

537   Außerhalb jedes Redlichkeitsschutzes stehen die **absoluten Verfügungsbeschränkungen.** Als absolute Veräußerungsverbote versteht die h. M. im BGB
die §§ 1365 I 2, 1369. Hier gelten also die Vorschriften über den redlichen Erwerb weder direkt noch entsprechend. Zu demselben Ergebnis gelangt man
auch, wenn man in den §§ 1365, 1369 ein Zustimmungserfordernis sieht (so
Gernhuber § 35 I 4). Jedoch hat die Rspr. den bedeutsameren § 1365 erheblich
eingeschränkt (vgl. *Sandrock*, Festschr. Bosch 1976, 841 ff.; *Schlechtriem*, JuS
1983, 587 ff.; *Olzen*, Jura 1988, 13 ff.).

BGHZ 43, 174 ff.: Der Ehemann M hat ohne Zustimmung seiner Ehefrau F ein
Grundstück, das praktisch sein ganzes Vermögen darstellt, an K veräußert. K hat nicht
gewußt, daß M kein weiteres Vermögen hat. F verlangt von K nach §§ 1368, 894, daß K die
Wiedereintragung des M als Eigentümer bewillige.

Der BGH hat die Klage mit einer Begründung abgewiesen, die sich auf die
bei § 419 anerkannten Regeln stützt: Allerdings gelte § 1365 auch für Verfügungen über nur einen einzelnen Gegenstand, wenn dieser praktisch das ganze Vermögen des Veräußerers ausmache (**Einzeltheorie** im Gegensatz zur **Gesamt-
theorie**: Nach dieser sollen die §§ 419, 1365 nur gelten, wenn Vertragsgegenstand das Vermögen als solches ist). Aber der BGH hat seine dem Erwerber ungünstige Grundauffassung durch ein subjektives Erfordernis eingeschränkt:
Bei einer Verfügung über einen einzelnen Gegenstand soll § 1365 (ebenso wie
§ 419) nur dann anwendbar sein, wenn der **Erwerber gewußt hat,** daß dieser
Gegenstand das ganze Vermögen des Veräußerers bildet.

Daß danach die Verfügung in *BGHZ 43, 174 ff.* wirksam ist, folgt also nicht
aus § 892 I 1, sondern ergibt sich durch die einschränkende Interpretation von
§ 1365. Daher schadet auch bei Mobilien dem Erwerber nur Kenntnis davon,
daß die Sache das ganze Vermögen des Veräußerers bildet. In der Literatur ist
diese **subjektive Theorie** inzwischen trotz einiger Bedenken gleichfalls ganz
herrschend geworden, vgl. etwa *Gernhuber* § 35 II 5; 6; *Westermann* §§ 76 I 4;
85 II 1.

BGHZ 77, 293 ff. beantwortet die bisher sehr streitige Frage, wann ein Geschäft »nahezu« das ganze Vermögen des Veräußerers umfaßt: Während in der
Literatur eine dem Veräußerer verbleibende Restquote zwischen 10 und 30%
als erheblich behauptet worden war (vgl. *Gernhuber* § 35 II 4), hat der BGH
jetzt bei einem kleineren Vermögen schon eine **Restquote von 15%** als erheb-

lich behandelt. Bei größeren Vermögen dürfte die Erheblichkeitsquote kaum höher liegen. Durch diesen recht niedrigen Ansatz der maßgeblichen Restquote wird der Anwendungsbereich von § 1365 objektiv wesentlich eingeschränkt.

Ein weiteres Problem ergibt sich beim **Ende des Güterstandes**, insbesondere durch rechtskräftige Scheidung der Ehe: Soll ein nach §§ 1365, 1369 schwebend unwirksames Geschäft dann wirksam werden (konvaleszieren)? Das wird man nur dann bejahen können, wenn das Geschäft den Anspruch des genehmigungsberechtigten Ehegatten auf Zugewinnausgleich oder die Zuteilung von Hausrat auch bei abstrakter Betrachtung nicht ungünstig zu beeinflussen vermag (*Gernhuber* § 35 IV 7). Denn bloß unter dieser Voraussetzung steht der Normzweck der §§ 1365, 1369 dem Wirksamwerden nicht im Weg. Bleibt dagegen das Geschäft nach der Scheidung unwirksam, so besteht auch der Anspruch des nichtberechtigten Ehegatten aus § 1368 fort (*BGH* NJW 1984, 609 f.).

Zweifelhaft ist endlich die Rechtslage, wenn der praktisch das ganze Vermögen bildende Gegenstand nicht veräußert wird, sondern **belastet**. Dem Wortlaut nach müßte § 1365 I hier anwendbar sein, weil auch eine solche Belastung eine Verfügung über das Vermögen darstellt. Anders aber nach dem Sinn des § 1365 I die wohl h. M. (vgl. *BGH* FamRZ 1966, 22): Eine Belastung ist nur zustimmungsbedürftig, wenn sie den Wert des Vermögensgegenstandes erschöpft. Danach sind etwa die Bestellung eines Nießbrauchs oder die Belastung durch eine unter dem Grundstückswert bleibende Hypothek zustimmungsfrei. *Gernhuber* § 35 II 8 will überhaupt jede **Grundstücksbelastung** zustimmungsfrei lassen: Insbesondere die Grundpfandrechte führten kaum je zum Verlust des Grundstücks und berührten daher den auf Substanzerhaltung gerichteten Zweck des § 1365 nicht. Dem ist zu folgen.

2. Sonderfälle: Wirksamkeit wegen der Nichtberechtigung?

Seltsamerweise lassen sich Fälle denken, in denen der Erwerb ausnahmsweise gerade deshalb zu gelingen scheint, weil der Veräußerer nichtberechtigt ist, während vom Berechtigten nicht erworben werden könnte. *Beispiele:*

a) Minderjährigkeit des Veräußerers

Ein Minderjähriger veräußert eine fremde Sache: Hier läßt die h. M. Erwerb nach den Redlichkeitsvorschriften zu, weil die Verfügung das Vermögen des Minderjährigen nicht berührt (solche neutralen Geschäfte werden entsprechend § 165 für wirksam gehalten). Dagegen ist der Erwerb zweifellos unmöglich, wenn die Sache dem minderjährigen Veräußerer gehört: Hier bringt die Veräußerung diesem den Nachteil des Rechtsverlustes, § 107.

b) § 1369 BGB

541   Noch verzwickter liegt es bei § 1369.

(1) Ein Ehegatte veräußert einen Haushaltsgegenstand, der **ihm selbst gehört:** Die Veräußerung ist nach § 1369 ohne die Möglichkeit eines Redlichkeitsschutzes unwirksam, wenn der andere Ehegatte nicht zustimmt. Bei Verfügungen eines Ehegatten im Rahmen von § 1357 wird man freilich die Zustimmung des anderen Ehegatten für entbehrlich halten dürfen.

(2) Ein Ehegatte veräußert einen Haushaltsgegenstand, der **einem Dritten gehört:** Hier ist § 1369 weder seinem Wortlaut noch seinem Schutzzweck nach anwendbar: Die Vorschrift will den Eheleuten nur solche Gegenstände erhalten, die rechtmäßig zur Haushaltsführung verwendet werden (fremde Sachen können ja ohnehin durch Vindikation verlorengehen). Daher ist hinsichtlich Sachen Dritter ein Erwerb vom Nichtberechtigten nach §§ 932 ff. möglich.

(3) Ein Ehegatte veräußert einen Haushaltsgegenstand, der **dem anderen Ehegatten gehört.** Seinem Wortlaut nach ist § 1369 hier gleichfalls unanwendbar; seinem Schutzzweck gemäß wird er aber entsprechend anzuwenden sein[1]. Häufig erlangt diese Analogie aber wegen § 935 keine Bedeutung: Regelmäßig wird der redliche Erwerb schon daran scheitern, daß der Ehegatte, der Eigentümer ist, den Besitz oder Mitbesitz ohne seinen Willen verloren hat.

c) Lösungsvorschlag

542   Das Ergebnis der Fälle oben a und b (2) überrascht. Man kann es vermeiden, wenn man folgendermaßen argumentiert: Ein redlicher Erwerb kommt hier nur deshalb in Betracht, weil der Erwerber an das Eigentum des Veräußerers geglaubt hat. Bei Richtigkeit dieser Vorstellung wäre der Erwerb aber aus anderen Gründen (§ 107 oder § 1369) gehindert. Die Redlichkeitsvorschriften wollen den Erwerber nur so stellen, wie er bei Richtigkeit seiner Vorstellung stünde. Daher treffen sie ihrem Sinn nach in den Fällen oben a und b (2) nicht zu, so daß redlicher Erwerb scheitert. Dieses Ergebnis wird dann nicht durch eine (unzulässige) Ausweitung der §§ 107, 1369 gewonnen, sondern durch eine (m. E. zulässige) restriktive Auslegung der Vorschriften über den redlichen Erwerb. Hieran halte ich trotz *J. Schröder*, FamRZ 1979, 643 f. fest: In den genannten Fällen gibt es keinen hinreichenden Grund, den (aus dem Eigentum folgenden) Schutz des bisherigen Eigentümers hinter die nicht schutzwürdigen Erwerbs-

---

1   *Gernhuber* § 35 III 1; *Baur* § 51 V 4 b (2); *OLG Köln,* MDR 1968, 586, anders aber viele, etwa *Rittner,* FamRZ 1961, 191 ff.

interessen desjenigen zurücktreten zu lassen, der auch bei Richtigkeit seiner Vorstellung nicht erwerben könnte[1a].

II. Allgemeines zum redlichen Erwerb

1. Die Vermutung aus dem Rechtsscheinträger

Die Rechtsscheinträger Besitz, Grundbuch und Erbschein können nicht nur **543** redlichen Erwerb ermöglichen. Vielmehr erzeugen sie nach den §§ 1006, 891, 2365 jeweils auch eine *Vermutung* für die Berechtigung des durch den Rechtsschein Ausgewiesenen. Diese Vermutungen sind im einzelnen verschieden ausgestaltet; erwähnt seien folgende Schwierigkeiten:

a) § 1006 gilt, was aus dem Gesetz nicht hervorgeht, nicht im Bereich von § 952 (*BGH* NJW 1972, 2268 f.). Bei den dort genannten Papieren spielt der Besitz ja für den Eigentumserwerb keine Rolle. Als Eigentümer (z. B. eines Sparkassenbuches) kann daher nur vermutet werden, wen das Papier als Gläubiger bezeichnet.

b) Verändert wird § 1006 auch durch § 1362: Nach dieser Vorschrift kann aus **544** Mitbesitz (der bei Ehegatten für gemeinsam benutzten Hausrat anzunehmen ist: *BGH* NJW 1979, 976/977) auf Alleineigentum und sogar bei Alleinbesitz des einen Ehegatten auf das Eigentum des anderen geschlossen werden.

Für die wirkliche Rechtslage sind bei Haushaltsgegenständen die Surrogation nach § 1370 und etwa sachenrechtliche Wirkungen der »Schlüsselgewalt« (wenn man sie bejaht, vgl. oben Rdnr. 89) zu beachten. Nach *OLG München*, NJW 1972, 542 f. soll an während der Ehe erworbenen Haushaltsgegenständen regelmäßig Gesamthandseigentum beider Ehegatten bestehen ohne Rücksicht darauf, welcher Ehegatte die Sachen erworben und mit wessen Mitteln er sie bezahlt hat; so allgemein kaum richtig. Vgl. *Eichenhofer*, JZ 1988, 326 ff.

c) § 891 wird für die Verkehrshypothek in § 1138 hinsichtlich der Forderung **545** für anwendbar erklärt.

1a Gegen die hier vertretene Meinung auch MünchKomm-*Gitter* § 107 Rdnr. 16 mit weit. Angaben; *Hommelhoff-Stüsser*, Jura 1985, 654/658; *K. Schreiber*, Jura 1987, 221 ff. Aber meine Ansicht will nicht »den Verkehrsschutz mit dem Minderjährigenschutz vermengen« (so *Hommelhoff-Stüsser* aaO.). Vielmehr soll nur der Verkehrsschutz auf den seinem Zweck entsprechenden Umfang beschränkt werden, wie das ähnlich auch durch die weiteren unten Rdnr. 547—549 genannten Voraussetzungen geschieht.

Was das neben § 891 in direkter Anwendung bedeutet, wird klar aus dem Gegensatz zur Sicherungshypothek, bei der § 1138 nach § 1185 II nicht gilt: Nach § 891 wird nur vermutet, daß die Hypothek besteht, soweit die Forderung nachgewiesen ist (so bei der Sicherungshypothek). Dagegen ist nach § 1138 bei der Geltendmachung der Verkehrshypothek der Nachweis der Forderung entbehrlich.

Bsp.: Auf dem Grundstück des E ist eine Hypothek für eine Forderung des G gegen E eingetragen. Wenn die Entstehung der Forderung bestritten und nicht beweisbar ist, kann G aus einer **Verkehrshypothek** nach §§ 1138, 891 gegen E vorgehen. Anders bei einer **Sicherungshypothek:** Hier nutzt der allein anwendbare § 891 dem G nichts, weil diese Vorschrift ohne den Nachweis der Forderung kein Recht *des G* vermutet (ebensogut kann ein Recht *des E* vorliegen, also eine Eigentümergrundschuld). Weder § 1138 noch § 891 nützen endlich, wenn G aus der Forderung gegen E klagt. Bei der Verkehrshypothek (und nur bei dieser) ist es also denkbar, daß G zwar einen dinglichen Titel gegen E erlangt, aber keinen persönlichen.

2. Vermutungen bei der Behandlung von Fällen

546 Wenn es in Klausuren auf die dingliche Rechtslage ankommt, prüfen Studenten nicht selten zunächst anhand der §§ 1006, 891, 2365 die vermutete Rechtslage. Das ist regelmäßig sinnlos: Vermutungen gewinnen ja erst dann Bedeutung, wenn sich die wirkliche Rechtslage nicht feststellen läßt. Diese Feststellung ist aber meist das Ziel der Aufgabe, und seine Erreichung wird durch Vermutungen nicht gefördert. Diese sind also nur dort heranzuziehen, wo in der Aufgabe die zur Feststellung der wirklichen Rechtslage nötigen tatsächlichen Angaben fehlen. Und das ist auf der dinglichen Seite äußerst selten.

Wenn es wirklich auf Vermutungen ankommen soll, wird meist sogar ausdrücklich gesagt sein, ein bestimmter Umstand sei nicht mehr feststellbar, vgl. das Bsp. oben Rdnr. 545.

3. Allgemeine Voraussetzungen des redlichen Erwerbs

547 Der Erwerb vom Nichtberechtigten und — soweit zulässig — auch vom Berechtigten ohne Verfügungsbefugnis hat zwei allgemeine Voraussetzungen:

a) Rechtsgeschäftlicher Erwerb

Es muß *rechtsgeschäftlicher Erwerb* vorliegen, weil nur für ihn ein Bedürfnis nach Vertrauensschutz besteht. Unanwendbar sind die Redlichkeitsvorschriften dagegen beim Erwerb in der Zwangsvollstreckung und kraft Gesetzes.

Bsp.: E ist Eigentümer eines Grundstücks, als dessen Eigentümer aber der redliche B eingetragen ist. B hat bei G ein hypothekarisch gesichertes Darlehen aufgenommen und zahlt es noch vor Unredlichwerden zurück: Da der Erwerb der Eigentümergrundschuld kraft Gesetzes (§§ 1163 I 2, 1177 I) erfolgt, steht diese dem E und nicht nach §§ 892 f. dem B zu.

Nur eine scheinbare Ausnahme hiervon ist § 898 ZPO. Denn beim Erwerb nach §§ 894, 897 ZPO ersetzen das Urteil die Einigungserklärung des Veräußerers und die Wegnahme durch den Gerichtsvollzieher die Übergabe: Hier findet also rechtsgeschäftlicher Erwerb in den Formen der Zwangsvollstreckung statt.

Zweifelhaft ist dagegen der Fall von

BGH NJW 1986, 1487 f. (vereinfacht): An dem Grundstück des E ist für G eine erstrangige Grundschuld eingetragen; H hat eine nachrangige Grundschuld. Als G die Zwangsvollstreckung in das Grundstück betreibt, befriedigt H den G und vollstreckt nun seinerseits aus der auf ihn übergegangenen (§§ 268 III 1, 1150, 1192 I) erstrangigen Grundschuld. E wendet dagegen ein, er habe mit G vereinbart, dieser dürfe auf die Grundschuld erst dann zurückgreifen, wenn er bei einer bestimmten anderen Person keine Befriedigung gefunden habe.

Nach §§ 1192 I, 1157 S. 1 kann diese (dingliche) Einrede an sich auch dem H entgegengehalten werden. Da H diese Abrede nicht gekannt hatte, kommt aber nach §§ 1192 I, 1157 S. 2, 892 redlicher einredefreier Erwerb des H in Betracht. Solchen Erwerb hat der BGH jedoch verneint: Der Erwerb der Grundschuld sei hier nicht rechtsgeschäftlich erfolgt, sondern als gesetzliche Wirkung der Zahlung.

Dem hält *Canaris* (NJW 1986, 1488 f., vgl. weiter *Rimmelspacher,* WM 1986, 809 ff.; *Reinicke-Tiedtke,* ebenda 813 ff.) entgegen: Die Auffassung des Grundschulderwerbs als gesetzlicher beruhe nur auf dessen »gesetzestechnischer Einkleidung«. Wirtschaftlich jedoch sei die Ablösung durch H zum Erwerb der Grundschuld des G und damit typischerweise im Vertrauen auf das Grundbuch erfolgt. Das müsse für die Anwendung des § 892 genügen. Auch sollten die §§ 1150, 268 III die Stellung des Ablösungsberechtigten gegenüber einem rechtsgeschäftlichen Erwerb stärken, anstatt sie zu schwächen. Ich möchte dem zustimmen.

b) Verkehrsgeschäft

Der Erwerb muß durch ein Verkehrsgeschäft erfolgen (vgl. *Westermann* 548 § 85 III 1 b). Daran fehlt es nicht schon bei unentgeltlichem Erwerb: Dieser ist vielmehr auch vom Nichtberechtigten möglich und wird nur schuldrechtlich rückgängig gemacht (oben Rdnr. 382—389). Dagegen wird das Vorliegen eines Verkehrsgeschäfts in zwei Fallgruppen verneint:

aa) Wenn auf der **Erwerberseite nur Personen** stehen, die **zugleich auch Veräußerer** sind. Dieser Fall ist bei völliger Identität von Erwerber und Veräußerer gegeben (z. B. der als Eigentümer eingetragene Nichtberechtigte bestellt sich eine Eigentümergrundschuld). Er liegt aber auch dann vor, wenn neben dem Erwerber noch andere Personen auf der Veräußererseite stehen (z. B. Auflassung eines Grundstücks von einer OHG an einen Gesellschafter oder von einer Erbengemeinschaft an einen Erben). Dagegen ist im umgekehrten Fall redlicher Erwerb möglich, nämlich wenn auf der Erwerberseite noch andere Personen neben dem Veräußerer stehen: z. B. Auflassung eines Grundstücks von einem Gesellschafter an die OHG.

Allerdings müssen jeweils alle an dem Erwerbsakt beteiligten Gesamthänder redlich sein. Unredlichkeit des einbringenden Gesamthänders kann daher den Erwerb ausschließen.

549   bb) Bei Rechtsgeschäften, die eine **Vorwegnahme der Erbfolge** darstellen. Hier verdient der Erwerber keinen Schutz, weil ihm auch der gesetzliche Erwerb durch Erbgang keine bessere Rechtsstellung verschafft hätte, als sie seinem Erblasser zustand (oben Rdnr. 547).

III. Einzelfragen zum Grundbuch*

1. Widerspruch für einen Nichtberechtigten

550   Der öffentliche Glaube des Grundbuchs wird außer durch widersprechende Angaben auf einem Brief (§ 1140) auch durch einen Widerspruch im Grundbuch zerstört, § 892 I 1. Nach allgemeiner Ansicht (etwa *Baur* § 18 B III 1) muß der Widerspruch allerdings gerade für den Berechtigten eingetragen sein.

Bsp.: B ist fälschlich als Eigentümer eines dem E gehörenden Grundstücks eingetragen. Ein Dritter D erwirkt mit der Behauptung, in Wahrheit sei er Eigentümer, die Eintragung eines Widerspruchs. Wenn danach B an den redlichen Z veräußert, erwirbt dieser nach § 892: Nur ein Widerspruch für E hätte diesen Erwerb verhindert.

2. Der Widerspruch bei Veräußerungsketten

551   Fraglich ist die Wirkung des Widerspruchs bei Veräußerungsketten.

RGZ 129, 124 ff.: Der Bucheigentümer B bestellt dem unredlichen H eine Hypothek. Danach wird für den Eigentümer E ein Widerspruch gegen das Eigentum des B eingetra-

---

*   Dazu *Wiegand*, Der öffentliche Glaube des Grundbuchs, JuS 1975, 205 ff.; *Tiedtke*, Erwerb unbeweglicher Sachen kraft guten Glaubens, Jura 1983, 518 ff.

gen. Schließlich tritt H die Hypothek an den redlichen G ab. G klagt aus der Hypothek gegen den inzwischen als Eigentümer eingetragenen E.

Die Entscheidung hängt davon ab, ob G die Hypothek nach § 892 wirksam erworben hat. Das wäre ausgeschlossen, wenn der Widerspruch des E auch bei der Hypothek des H eingetragen worden wäre. Ebenso wird man redlichen Erwerb durch G für ausgeschlossen halten müssen, wenn die Hypothek für H erst nach Eintragung des Widerspruchs gegen das Eigentum des B bestellt worden wäre. Denn dann hätte G aus dem Grundbuch sehen können, daß ein redlicher Erwerb der Hypothek durch H nicht in Betracht kam. In *RGZ 129, 124 ff.* lag es aber anders: Der Erwerb durch H war nicht an dem (damals noch nicht eingetragenen) Widerspruch gescheitert, sondern an der Unredlichkeit, und diese geht aus dem Grundbuch nicht hervor.

Das RG hat hier trotzdem redlichen Erwerb durch G verneint: Der Widerspruch gegen das Eigentum richte sich gegen jede Verfügung, als deren Grundlage Eigentum nötig sei, und damit schon gegen die Hypothekenbestellung B—H. Aber das ist unrichtig: Der Widerspruch betrifft diese Hypothekenbestellung nicht, weil er bei ihrer Vollendung noch nicht eingetragen war. G konnte daher annehmen, H habe zumindest kraft Redlichkeit wirksam erworben; G ist also durch § 892 zu schützen (jetzt wohl h. M.; etwa *Westermann* § 85 II 5 b).

Dafür spricht zudem: Würde der Widerspruch gegen das Eigentum auch eine früher bestellte Hypothek erfassen, so könnte der Hypothekar sein Recht praktisch nicht mehr veräußern. Diese Beeinträchtigung müßte er hinnehmen, obwohl der Widerspruch ohne sein Zutun eingetragen worden ist: Er beruht ja auf einer Bewilligung des Bucheigentümers oder auf einer allein gegen diesen gerichteten einstweiligen Verfügung (§ 899 II). Und für diese einstweilige Verfügung brauchte der Widersprechende nicht einmal darzutun, daß das Grundbuch auch hinsichtlich der Hypothek unrichtig ist!

3. Vormerkung und Widerspruch beim redlichen Erwerb

Während der Widerspruch redlichen Erwerb verhindern kann, vermag die Vormerkung[2] ihn in bestimmten Fällen zu ermöglichen. 552

RGZ 121, 44 ff.: B verkauft das Grundstück, als dessen Eigentümer er fälschlich eingetragen ist, an den redlichen K und läßt diesem eine Auflassungsvormerkung eintragen. Danach erwirkt der Eigentümer E einen Widerspruch gegen die Eintragung des B. Endlich wird K auf die Bewilligung des B hin als Eigentümer eingetragen. E verlangt von K

2 Zu ihr *Knöpfle,* JuS 1981, 157 ff.; *Tiedtke,* Die Auflassungsvormerkung, Jura 1981, 354 ff.; *P. Schwerdtner,* Die Auflassungsvormerkung, Jura 1985, 316 ff. Zu einer Spezialfrage (Vormerkung für künftigen Anspruch) auch *Hepting,* NJW 1987, 865 ff.

Herausgabe des Grundstücks (§ 985) und die Zustimmung zu seiner, des E, Eintragung als Eigentümer (§ 894).

Beide Ansprüche sind nur begründet, wenn E sein Eigentum nicht durch redlichen Erwerb des K verloren hat. Ein solcher Erwerb scheint daran zu scheitern, daß K erst als Eigentümer eingetragen wurde, als der Widerspruch für E schon im Grundbuch stand (§ 892 II gilt nur für die Kenntnis, nicht für den Widerspruch!). Ein anderes Ergebnis kann nur die vor dem Widerspruch eingetragene Auflassungsvormerkung für K herbeiführen. Dabei stellen sich zwei Fragen.

553   a) Die Vormerkung für K war **von dem Nichtberechtigten** B **bewilligt.** K kann also Rechte aus der Vormerkung nur nach §§ 892 f. wirksam erworben haben. Ist der redliche Erwerb einer Vormerkung möglich?

Das wird heute für die bewilligte Vormerkung allgemein bejaht (etwa *BGHZ 28, 182 ff.; Baur* § 20 III 1 b). Dem ist zuzustimmen: Allerdings begründet die Vormerkung noch kein Recht des Vorgemerkten an dem Grundstück; § 892 ist daher unanwendbar (anders *Wunner*, NJW 1969, 113 ff.). Aber die infolge der Vormerkung eintretende dingliche Gebundenheit des Bewilligenden (§§ 883 II, 888) läßt die Bewilligung doch wie eine Verfügung über das Grundstück erscheinen, so daß § 893 wenigstens entsprechend anzuwenden ist. Ebenso kann nach § 2367 diejenige Vormerkung kraft Redlichkeit erworben werden, die ein durch *Erbschein* Legitimierter bewilligt hat: *BGHZ 57, 341 ff.* Dagegen gibt es bei Fehlen des vormerkungsgesicherten Anspruchs unzweifelhaft keinerlei Redlichkeitsschutz: Für das Bestehen des Anspruchs sagen Grundbuch und Erbschein ja nichts (vgl. unten Rdnr. 555).

554   b) Fraglich ist weiter, wie die von K redlich erworbene Vormerkung **gegen den Widerspruch** für E **wirkt.** In Betracht kommt Unwirksamkeit des Widerspruchs nach § 883 II. Aber diese Vorschrift paßt nicht direkt, weil die Eintragung des Widerspruchs keine Verfügung über das Grundstück bedeutet. Dennoch läßt die h. M. (etwa *Baur* § 20 VI 2 c) den Widerspruch nicht gegenüber dem vorgemerkten Erwerbsgläubiger wirken. Das ist richtig: Die Vormerkung kann ihre Aufgabe nur erfüllen, wenn sie den Vorgemerkten nicht bloß gegen abweichende Verfügungen des Veräußerers schützt, sondern auch gegen andere Beeinträchtigungen seines Erwerbs. In *RGZ 121, 44 ff.* hat daher K mit Hilfe der redlich erworbenen Vormerkung das Grundstückseigentum erworben, § 892. So hat im Ergebnis auch das RG entschieden[3].

---

3 Anders aber *Goetzke* und *Habermann*, JuS 1975, 82 ff. (gegen sie mit Recht *BGH* NJW 1981, 446/447); *Wiegand*, JuS 1975, 205/212.

4. Vormerkung und Erbgang

Einen eigenartigen Sonderfall behandelt *BGH* NJW 1981, 447 f.: Dort hatte der **554a**
redliche Erwerber einer Auflassungsvormerkung den Verkäufer, der ihm die
Vormerkung bewilligt hatte, beerbt. Der Vormerkungsgläubiger verlangte von
dem inzwischen eingetragenen wahren Eigentümer die Zustimmung nach
§§ 883 II, 888. Der BGH hat einen solchen Anspruch verneint: Die Vormerkung sei erloschen, weil auch der gesicherte Anspruch auf Übereignung durch
Konfusion (Zusammenfallen von Gläubiger und Schuldner) erloschen sei. Das
Ergebnis überrascht, weil der Erwerb des vorgemerkten Gläubigers an seiner
Stellung als Alleinerbe scheitern soll (und zudem an Zufälligkeiten des zeitlichen Ablaufs, vgl. *Wacke*, NJW 1981, 1577 ff.). Mir ist die Richtigkeit fraglich,
zumal der BGH die zu erwägende analoge Anwendung von § 889 mit einem
einzigen Satz abgelehnt hat. Das Ergebnis des BGH verteidigt aber *Ebel*, NJW
1982, 724 ff.

5. Spätere Entstehung des vorgemerkten Anspruchs

Bei Nichtbestehen des vorgemerkten Anspruchs gibt es keine Vormerkungs- **555**
wirkungen (vgl. oben Rdnr. 553). Wie aber, wenn dieser Anspruch nachträglich
entsteht?

> *BGHZ 54, 56 ff.* (dazu *Lüke*, JuS 1971, 341 ff.; *Espenbaum*, JuS 1981, 439 ff.): V ver-
> kauft sein Grundstück an K. Beide sind über einen Kaufpreis von 200 000.— DM einig,
> doch geben sie in dem notariellen Kaufvertrag zur Steuerersparnis nur 175 000,— DM an.
> Alsbald wird für K eine Auflassungsvormerkung eingetragen. Drei Wochen später wird
> eine weitere Vormerkung für D eingetragen, gerichtet auf Eintragung einer Dienstbar-
> keit. Endlich wird K als Eigentümer des Grundstücks eingetragen. D begehrt von K nach
> § 888 I die Zustimmung zur Eintragung der Dienstbarkeit.

Die Entscheidung hängt ab von den beiden Vormerkungen: War die Vormerkung für K wirksam, so ist die spätere Vormerkung für D nach § 883 II unwirksam: D hat dann keinen Anspruch gegen K. War jedoch die Vormerkung
für K unwirksam, so ist die Vormerkung für D wirksam mit der Folge von
§ 888 I.

Zweifel an der Wirksamkeit der Vormerkung für K ergeben sich aus folgendem: Der notarielle Kaufvertrag V-K ist wegen des falsch angegebenen Preises
nach § 117 I nichtig. Nichtig war zunächst auch der gewollte Kauf für 200 000,—
DM nach §§ 117 II, 313, 125. Dieser Vertrag wurde aber nach § 313 S. 2 mit Auflassung und Eintragung wirksam. Die Vormerkung für K kann also gegen die
Vormerkung für D nur dann nach § 883 II wirken, wenn

(1) die Vormerkung für K sich auf den Auflassungsanspruch aus dem dissimulierten (mündlichen) Vertrag bezieht (denn der simulierte notarielle Vertrag ist ja nie wirksam geworden), und

(2) entweder die Heilung nach § 313 S. 2 zurückwirkt oder der Anspruch aus dem dissimulierten Vertrag schon vor der Heilung einen künftigen oder bedingten Anspruch im Sinne von § 883 I 2 darstellt.

Der BGH verneint in erster Linie schon die Frage (1), wohl mit Recht: Die Eintragung der Vormerkung war unter Bezugnahme auf den notariellen Vertrag erfolgt, so daß die Vormerkung nur auf einen Anspruch aus diesem Vertrag bezogen werden konnte. Hilfsweise verneint der BGH aber auch noch die beiden Fragen zu (2): Eine Rückwirkung der Heilung nach § 313 S. 2 möge zwar dem Parteiwillen entsprechen. Aber das bedeute nichts im Verhältnis zu Dritten (ebenso h. M., etwa *OLG Hamm*, NJW 1986, 136, anders aber *Larenz* I § 5 S. 74). Und ein künftiger Anspruch bestehe vor der Heilung noch nicht, weil der Käufer den Anspruch nicht unabhängig vom Willen des Verkäufers begründen könne. Das trifft zu: Die Klage des D ist also begründet.

6. Redlicher Vormerkungserwerb durch den Zessionar

556 Von der eben behandelten Frage nach der Möglichkeit redlichen Erwerbs bei Bewilligung einer Vormerkung (oben Rdnr. 553) ist eine andere Frage streng zu unterscheiden: Kann eine Vormerkung bei Abtretung des vorgemerkten Anspruchs kraft Redlichkeit erworben werden? *BGHZ 25, 16 ff.* hat das Problem gestreift. Es würde etwa in folgendem Fall hervortreten:

> Der Bucheigentümer B verkauft das Grundstück an den unredlichen K und läßt ihm eine Auflassungsvormerkung eintragen. K tritt seinen Übereignungsanspruch an den redlichen D ab. Danach erwirkt der Eigentümer E einen Widerspruch gegen die Eintragung des B. Endlich wird D als Eigentümer eingetragen. E verlangt von D Herausgabe des Grundstücks und Zustimmung zur Grundbuchberichtigung.

Auch hier kommt es für die §§ 985, 894 darauf an, ob D das Grundstück nach § 892 zu Eigentum erworben hat. Das müßte wegen § 892 I 1 an dem Widerspruch für E scheitern, wenn dieser nicht durch die Vormerkung ausgeschaltet wird. Die Vormerkung ist hier jedoch — im Gegensatz zu oben Rdnr. 553 — für einen unredlichen Käufer bestellt worden; K konnte sie also nicht wirksam erwerben. Möglich bleibt nur ein Erwerb durch den redlichen Zessionar D. Dazu werden zwei Ansichten vertreten:

a) Die eine **verneint** die Möglichkeit redlichen Erwerbs der Vormerkung durch D: Der Erwerb der Vormerkung erfolge bei Abtretung des vorgemerkten Anspruchs nicht durch Rechtsgeschäft, sondern analog § 401 kraft Gesetzes (vgl. oben Rdnr. 547)[4].

b) Dagegen **lassen redlichen Erwerb** der Vormerkung durch den Zessionar des vorgemerkten Anspruchs **zu** etwa *BGHZ 25, 23 f.; Westermann* § 85 IV 4 und *Wunner,* NJW 1969, 116 ff. *Wunner* begründet das damit, daß der Erwerb der von § 401 erfaßten akzessorischen Nebenrechte ebenso erfolge wie der des Hauptrechts. Folglich habe D mit dem vorgemerkten Übereignungsanspruch auch die Vormerkung rechtsgeschäftlich erworben. Anders *Westermann:* Unabhängig von dieser Konstruktionsfrage sei D schutzwürdig.

c) Auch ich möchte heute die Entscheidung nicht mehr davon abhängig machen, ob der Erwerb des Nebenrechts nach § 401 als gesetzlicher oder rechtsgeschäftlicher anzusehen ist (vgl. auch oben Rdnr. 547). Eindeutig beantworten läßt sich das ohnehin nicht, weil der Erwerb nach § 401 als gesetzliche Folge eines rechtsgeschäftlichen Erwerbs eine Mittelstellung einnimmt. Für wesentlich halte ich vielmehr die Frage nach dem **Bedürfnis:** Muß wirklich die Verkehrsfähigkeit von Übereignungsansprüchen dadurch gesteigert werden, daß man den redlichen Erwerb einer Vormerkung zuläßt? Dabei ist zu bedenken, daß die Vormerkung nur das regelmäßig recht kurze Übergangsstadium bis zur Eintragung überbrücken soll, also bloß eine **vorläufige** Rechtsposition sichert. Es liegt hier ganz anders als bei der Sicherungshypothek, die für eine sehr lange Zeit gedacht sein kann. Zudem geht es bei der Sicherungshypothek um **Geldforderungen.** Und bei ihnen ist das Bedürfnis nach Verkehrsfähigkeit viel größer, weil die Möglichkeit zur Gläubigerauswechslung die Bereitschaft zur Kreditgewährung fördert. Daß die Redlichkeit hinsichtlich des Bestehens einer Sicherungshypothek geschützt wird (freilich nur, wo die Forderung wirklich besteht: § 1185 II), besagt also nichts für die Vormerkung. Für diese möchte ich daher die Möglichkeit redlichen Erwerbs nach wie vor verneinen; so mit anderer Begründung *Kupisch,* JZ 1977, 486/495, wie hier im wesentlichen *Tiedtke,* Jura 1981, 354/367 ff.

557

---

4 So *Baur* § 20 V 1 b; *Medicus,* AcP 163 (1963) 1 ff.; *Reinicke,* NJW 1964, 2373 ff. und im Ergebnis auch *Wiegand,* JuS 1975, 205/212 f.; *Canaris,* Festschr. Flume I (1978) 371/389 f.; NJW 1986, 1488/1489 (die Vormerkung werde von § 401 nur als unselbständiger Annex der Forderung behandelt).

IV. Einzelfragen zum Besitz*

1. Der Nebenbesitz

558   Bei den §§ 934, 931 ist das Problem des Nebenbesitzes viel erörtert worden.

a) Der Ausgangspunkt der Lehre

Ausgegangen ist die Lehre vom Nebenbesitz von folgendem »berühmten« Fall.

RGZ 135, 75 ff.; 138, 265 ff.: E verkauft an V Zucker und behält sich das Eigentum vor. Der Zucker wird bei dem Lagerhalter L für E eingelagert. V gibt sich aber schon vor Restkaufpreiszahlung als Eigentümer aus und veräußert den Zucker durch Abtretung seines angeblichen Herausgabeanspruchs gegen L an den redlichen K. L stellt dem K einen Namenslagerschein aus, bestätigt aber zugleich dem E, daß er den Zucker für diesen verwahre. Wer ist Eigentümer des Zuckers?

Da V Nichteigentümer war, kann K den Zucker von ihm nur kraft guten Glaubens nach den §§ 934, 931 erworben haben. Da V von L nicht Herausgabe des Zuckers verlangen konnte (§ 934 Fall 1), also nicht mittelbarer Besitzer war (§ 868), hängt die Entscheidung davon ab, ob K wenigstens (mittelbarer) Besitzer des Zuckers geworden ist (§ 934 Fall 2).

aa) Die Rspr. (RG aaO.) bejaht Eigentumserwerb des K: Da der unmittelbare Besitzer L den K als seinen Oberbesitzer anerkannt habe, sei dieser mittelbarer Besitzer geworden. Daher sei § 934 Fall 2 anwendbar.

bb) Dagegen lehnt die Literatur überwiegend[5] den Eigentumserwerb des K ab: Das doppeldeutige Verhalten des L habe gerade darauf abgezielt, den mittelbaren Besitz des E nicht eindeutig zu zerstören. E und K stünden also, ohne Mitbesitzer zu sein, als mittelbare Besitzer nebeneinander. Und ein solcher Nebenbesitz genüge für § 934 nicht: Die §§ 932 ff. verlangten, daß der Erwerber besitzrechtlich näher an die Sache herankomme als der Eigentümer.

---

*   Dazu *Wiegand,* Der gutgläubige Erwerb beweglicher Sachen nach §§ 932 ff. BGB, JuS 1974, 201 ff.; Fälle des gutgläubigen Erwerbs außerhalb der §§ 932 ff. BGB, JuS 1974, 545 ff.; *Tiedtke,* Erwerb beweglicher (und unbeweglicher) Sachen kraft guten Glaubens, Jura 1983, 460 ff. Vgl. weiter *Schmitz,* Grundfälle zum Eigentumserwerb an beweglichen Sachen, JuS 1975, 447 ff.; 572 ff.; 717 ff.; 1976, 169 ff.

5   Etwa *Baur* § 52 II 4 c bb; *Westermann* § 48 III; *Wolff-Raiser* § 69 A. 22., *Medicus,* Festschrift H. Hübner (1984) 611 ff., mit anderer Begründung (die Eigentumsvermutung aus § 1006 III soll sich auf das Bestehen eines Herausgabeanspruchs gründen) im Ergebnis weithin auch *Picker,* AcP 188 (1988) 511 ff.; das BGB pflegt jedoch Vermutungen an Sichtbares und nicht an unsichtbare Ansprüche zu knüpfen. Anders aber *Tiedtke,* Jura 1983, 460, 465, 468, 469.

Dem ist zuzustimmen. K hätte den Zucker nach § 934 Fall 2 also nur durch Erlangung des unmittelbaren Besitzes oder dadurch erwerben können, daß L seine besitzrechtliche Beziehung zu E eindeutig abgebrochen hätte. Da L das vermieden hat (und es typischerweise aus Angst vor dem Staatsanwalt auch vermeiden muß), ist E Eigentümer geblieben. Der Lagerschein spielt hier schon deshalb keine Rolle, weil nur der Orderlagerschein Traditionspapier ist (§ 424 HGB).

b) Der Fall von BGHZ 50, 45

Anwendbar ist die Lehre vom Nebenbesitz möglicherweise auch im Fall von   559

BGHZ 50, 45 ff.: V verkauft eine Maschine an K und liefert sie unter EV. Noch vor voller Kaufpreiszahlung nimmt K bei C einen Kredit auf. Zur Sicherheit übereignet K dem C die Maschine unter Vereinbarung eines Besitzkonstituts; dabei gibt K sich als Eigentümer aus. C seinerseits tritt bald darauf alle Rechte aus dieser SiÜ sicherheitshalber an D ab. V und D streiten um das Eigentum.

aa) Sicher ist hier: V hat sein Eigentum nicht dadurch verloren, daß C von K gutgläubig Eigentum erworben hätte. Denn der Erwerb des C erfolgte in der Form von § 930; Eigentum konnte C also von dem nichtberechtigten K nach § 933 nur durch Übergabe erwerben, die hier fehlt. Erworben hat C folglich nur das dem K wirklich zustehende Anwartschaftsrecht. Hinsichtlich des Eigentums war C demnach bei seiner Veräußerung an D Nichtberechtigter: D war auf § 934 angewiesen.

bb) *BGHZ 50, 45 ff.* hat die Voraussetzungen der 1. Alternative dieser Vor-   560
schrift bejaht: C sei durch das mit K vereinbarte Besitzkonstitut mittelbarer Besitzer geworden und habe seinen Herausgabeanspruch an D abgetreten. Danach hätte D zu Lasten des V Eigentum erworben. Der BGH (aaO. 51 f.) hat die Bedenklichkeit dieses Ergebnisses gesehen, aber gemeint, es gleichwohl hinnehmen zu müssen; zu dessen Begründung *Michalski*, AcP 181 (1981) 384/416 ff.

Gezweifelt hat *BGHZ 50, 48 f.* an dem mittelbaren Besitz des C nur unter dem rechtlichen Gesichtspunkt von § 139 (unter Hinweis auf *Wolff-Raiser* § 69 A. 18): Ist das Besitzkonstitut K-C deshalb nichtig, weil der mit dem dinglichen Geschäft primär beabsichtigte Eigentumserwerb des C gescheitert ist? Der BGH hat das verneint, weil C doch wenigstens das Anwartschaftsrecht des K habe erwerben können. Aber m. E. paßt § 139 hier überhaupt nicht: Zwar mag man annehmen, daß bei § 930 Einigung und Besitzkonstitut Teile einer Geschäftseinheit (Übereignung) bilden. Aber die Einigung K-C war nicht (etwa wegen §§ 134, 138) nichtig, sondern sie hat nur den Übereignungserfolg nicht herbeigeführt. Solche bloße Erfolglosigkeit meint § 139 nicht (gegen die Anwendbarkeit von § 139 auch *Michalski* aaO. 388 ff.: Die Rechtsfolge der Nichtigkeit passe für Tathandlungen wie die Übergabe nicht).

561 cc) Zum richtigen Ergebnis führt m. E. auch hier der Nebenbesitz: Wenn K es vermieden hat, den mittelbaren Besitz des V eindeutig zu zerstören (dazu *Hermann Lange*, JuS 1969, 162/164), standen V und C als mittelbare Nebenbesitzer nebeneinander. Mehr als diesen Nebenbesitz konnte dann C auf D nicht übertragen, weil es keinen gutgläubigen Erwerb des Besitzes gibt. Und der Erwerb des bloßen Nebenbesitzes genügt für § 934 nicht. Die Rechtsfigur des Nebenbesitzes bedeutet also nur einen Ausdruck für die richtige Wertung: Wer nicht näher an die Sache heranrückt, als der Eigentümer ihr noch steht, soll nicht zu dessen Lasten von einem Nichtberechtigten erwerben. Vgl. dazu *A. Wacke*, Das Besitzkonstitut als Übergabesurrogat (1974) 54 ff.

> *Bassenge* bei *Palandt* § 868 Anm. 1 b bb hält im Fall von *BGHZ 50, 45 ff.* Nebenbesitz für unannehmbar: Wenn K die Maschine (unbefugt) an C übereigne, zerstöre er damit das Besitzmittlungsverhältnis zu V. Aber das überzeugt nicht: Die Übereignung ist nur aus der Sicht des C eindeutig. Daneben wird K jedoch regelmäßig die Kaufpreisraten an V weiterzahlen und diesem auch sonst die Übereignung an C verhehlen: K hofft eben typischerweise, daß sein Doppelspiel von niemandem bemerkt wird. Damit bleibt das Verhalten des Besitzmittlers bei der für den Besitz gebotenen Betonung des Faktischen (§ 116 S. 1 gilt nicht!) mehrdeutig.

c) Nebenbesitz beim Anwartschaftsrecht?

562 Manche (etwa *Paulus*, JZ 1957, 41 ff.; *Westermann* § 19 III 4 a) nehmen Nebenbesitz auch in folgendem Fall an:

> K hat Ware von V unter Eigentumsvorbehalt gekauft. Zur Sicherung für einen Kredit überträgt K sein Anwartschaftsrecht an der Ware nach § 930 seinem Gläubiger G.

Dieser Fall unterscheidet sich von dem oben b genannten dadurch, daß K hier nicht sein angebliches Eigentum veräußert, sondern nur das ihm wirklich zustehende Anwartschaftsrecht. Dann aber spricht gegen die Annahme eines Nebenbesitzes von V und G, daß G — anders als V — nicht Eigenbesitzer ist. Denn G weiß ja, daß die Ware noch dem V gehört. Daher ist der Gegenansicht der Vorzug zu geben (etwa *BGHZ 28, 16/27; Baur* § 59 V 2 b): G hat erststufigen mittelbaren Fremdbesitz und V letztstufigen mittelbaren Eigenbesitz. Allerdings fällt von hier aus die Erklärung schwer, wie sich G in das ursprünglich direkte Besitzmittlungsverhältnis zwischen V und K einschieben kann. Letztlich geht diese Ungereimtheit aber auf die Anerkennung der Anwartschaft als selbständiges Recht zurück.

2. Der Geheißerwerb

Weitere Probleme des gutgläubigen Mobiliarerwerbs ergeben sich beim sog. »Geheißerwerb«: Die Übergabe erfolgt nicht zwischen den Parteien des Erwerbsgeschäfts, sondern unter Einschaltung eines Dritten.

a) Die Übergabe durch einen Dritten auf Geheiß des Veräußerers

Für gutgläubigen Erwerb nach § 932 genügt es nicht, daß der Erwerber den Be-   **563**
sitz überhaupt erhält. Vielmehr muß er ihn gerade vom Veräußerer erhalten,
weil der Veräußerer nur dann als Eigentümer ausgewiesen ist (vgl. § 932 I 2). Der
Übergabe durch den Veräußerer wird es aber gleichgestellt, daß ein Dritter die
Sache auf Geheiß des Veräußerers übergibt. Vgl. dazu *von Caemmerer*, JZ 1963,
586 ff.; *Wadle*, JZ 1974, 689 ff.; *Tiedtke*, Jura 1983, 460/463 f.; *Flume*, Festschr.
Ernst Wolf (1985) 61 ff.

> *Bsp.:* V hat an K eine Maschine verkauft und geliefert. K stellt aber noch vor der Ab-
> nahme fest, daß die Maschine nicht die vereinbarten Maße hat, und stellt sie daher sofort
> wieder dem V zur Verfügung. V verkauft die Maschine an D und weist K an, die Maschine
> gleich an D weiterzusenden. K tut das.

Wenn hier die Maschine dem V gehörte, hat D das Eigentum von V nach
§ 929 S.1 erworben, obwohl die Übergabe durch K erfolgt ist. Und wenn die
Maschine dem V nicht gehörte, ist gutgläubiger Erwerb des D nach § 932 I 1
möglich.

Der Grund für die Gleichstellung der Übergabe durch den Veräußerer selbst   **564**
und der Übergabe auf sein Geheiß hin ist: Daß der Dritte dem Geheiß des Veräußerers zu folgen bereit ist, weist diesen ebenso wie eigener Besitz als den Her-
ren der Sache aus. Daraus ergibt sich aber auch die Grenze der Gleichstellung:
Der Dritte muß sich **wirklich dem Geheiß** des Veräußerers **unterordnen**; es
darf nicht nur der Anschein einer solchen Unterordnung entstehen.

> *BGHZ 36, 56 ff.:* K hat bei V Kohle bestellt und im voraus bezahlt; die Kohle soll auf
> Abruf geliefert werden. Noch vor der Lieferung überträgt V seinen Kohlenhandel auf D.
> Als K abruft, veranlaßt V den D durch Täuschung zur Lieferung an K.

Der BGH hat gutgläubigen Erwerb der zunächst dem D gehörenden Kohle
durch K bejaht, m. E. zu Unrecht (ebenso *von Caemmerer* aaO.). Die wirkliche
Befolgung eines Geheißes entspricht nämlich dem Rechtsscheintatbestand des
Besitzes. Daß K an die Unterordnung des D unter ein Geheiß des V glauben
konnte, bedeutet also nur guten Glauben an das Vorhandensein des Rechts-
scheinträgers. Dieser Glaube ist aber nicht geschützt; nötig ist stets der durch
den wirklich vorhandenen Rechtsscheinträger gestützte gute Glaube an das
Recht.

> Das zeigt auch folgendes *Bsp.:* D erklärt dem G, er wolle ihm zum Geburtstag ein Kla-
> vier schenken. Das Klavier wird dann dem G auch pünktlich von Leuten des Händlers H
> gebracht. D hatte aber den H zu der Lieferung durch die Lüge veranlaßt, G wolle ein Kla-
> vier zur Ansicht. Hier kann G nicht von D nach § 932 erwerben, weil die Übergabe durch
> H nicht wirklich auf Geheiß des D erfolgt ist.

BGH JZ 1975, 27 ff. (mit Anm. *v. Olshausen*) läßt es offen, ob *BGHZ 36,
56 ff.* weiter zu folgen sei. Jedenfalls aber müsse es für § 932 genügen, wenn die

Lieferung des Dritten »objektiv betrachtet aus der Sicht des Erwerbers« als Leistung des Veräußerers erscheine. Nach meiner Ansicht reicht jedoch auch das nicht; ebenso im Ergebnis *v. Olshausen* aaO.: Der Eigentümer müsse die Sache in dem Bewußtsein liefern, daß ein anderer sie im eigenen Namen an den Empfänger veräußert habe.

b) Die Übergabe an einen Dritten auf Geheiß des Erwerbers

565 So wie für die §§ 929 S. 1, 932 I 1 Übergabe durch einen Dritten auf Geheiß des Veräußerers genügt (oben Rdnr. 563 f.), soll nach *BGH* NJW 1973, 141 f. auch Übergabe an einen Dritten auf Geheiß des Erwerbers ausreichen. Die Kombination beider Regeln ergibt die Möglichkeit zu einer Übereignung, bei der weder Veräußerer noch Erwerber je Besitz haben! Kritisch dazu *Wadle*, JZ 1974, 689 ff., zurückhaltend auch *BGH* JuS 1976, 396 *(K. Schmidt)*: Ob die Aushändigung der Sache an einen Dritten selbst dann der Übergabe an den Erwerbsaspiranten gleichstehe, wenn dieser nicht wenigstens mittelbarer Besitzer werde, solle offenbleiben. Vgl. weiter *BGH* NJW 1982, 2371 f. (sehr komplizierter Sachverhalt!) mit *K. Schmidt*, JuS 1982, 858. Speziell bei der Durchlieferung im Streckengeschäft (A verkauft an B und dieser an C; die Lieferung erfolgt auf Geheiß des B von A direkt an C) ist der doppelte Geheißerwerb des B jedoch anerkannt und auch wirtschaftlich sinnvoll; vgl. unten Rdnr. 671.

3. Veräußerung unter Zustimmung des dritten Besitzers

566 Praktisch nicht ganz selten sind die Fälle, in denen ein Nichtbesitzer veräußert, aber der Besitzer der Veräußerung zustimmt. Hier ist Erwerb kraft guten Glaubens möglich, wenn der Erwerber den zustimmenden Besitzer ohne grobe Fahrlässigkeit für den Eigentümer gehalten hat, *BGHZ 56, 123 ff.* (sehr verwickelter Sachverhalt, vgl. *Wieser*, JuS 1972, 567 ff.): Auch hier weist ja der Besitz denjenigen als Eigentümer aus, an dessen Eigentum der Erwerber glaubt und glauben darf.

4. Guter Glaube an die Verfügungsmacht

567 a) Soweit das **bürgerliche Recht** das Vertrauen auf die Verfügungsmacht des Veräußerers schützt (vgl. oben Rdnr. 534), meint es regelmäßig den **Berechtigten** ohne Verfügungsmacht. Auch § 1244 bildet keine Ausnahme: Hier weiß der Erwerber zwar, daß der Veräußerer nicht Eigentümer ist. Aber der Erwerber glaubt doch, der Veräußerer habe ein Pfandrecht (oder den Vorschriften über die Rechtmäßigkeit der Pfandveräußerung sei genügt, vgl. § 1243 I).

b) Weit darüber hinaus geht das **Handelsrecht** in § 366 HGB. Hier wird der gute Glaube an die Verfügungsmacht des **Nichtberechtigten** allgemein geschützt. Bei § 366 HGB weiß der Erwerber also, daß der Veräußerer kein Recht an der Sache hat, glaubt aber irrig, der Berechtigte habe der Verfügung durch den Veräußerer zugestimmt. Hauptfall ist der Verkaufskommissionär (§§ 383 ff., vgl. auch 406 HGB), der ja im eigenen Namen über fremde Sachen verfügt. Unter § 366 HGB fällt aber auch die bei Eigentumsvorbehalt und Sicherungsübereignung häufige **Veräußerungsermächtigung.**

Bsp.: Der Kleinhändler K erhält vom Großhändler V Waren. K weiß, daß V die Waren vom Fabrikanten F unter Eigentumsvorbehalt bezogen hat. K glaubt aber ohne grobe Fahrlässigkeit, F habe den V zur Weiterveräußerung ermächtigt. Hier kann K nach §§ 366 I HGB, 932 gutgläubig Eigentum erwerben, während § 932 allein nichts nützen würde. Ausreichend wäre § 932 dagegen, wenn K ohne grobe Fahrlässigkeit glaubte, V habe seine Schuld bei F beglichen und sei daher Eigentümer geworden.

Nach *BGHZ 77, 274 ff.* soll jedoch guter Glaube des K regelmäßig dann zu verneinen sein, wenn K (etwa durch AGB) die Abtretung der gegen ihn gerichteten Kaufpreisforderung des V ausgeschlossen hat (§ 399 Fall 2). Denn K müsse damit rechnen, daß V seinerseits nur unter verlängertem EV erworben habe. Dann aber sei V zur Weiterveräußerung an K nicht ermächtigt, weil der Erstveräußerer wegen des Abtretungsverbots nicht die Kaufpreisforderung V—K als Gegenwert für das Eigentum erwerben könne. Und daß K mit einem verlängerten EV des Erstveräußerers rechne, zeige gerade das Abtretungsverbot. Das leuchtet ein (vgl. oben Rdnr. 532 a).

c) Weiter reicht aber § 366 HGB nicht: Weder schaltet er § 935 aus, noch schützt er etwa den guten Glauben an die **Geschäftsfähigkeit** des Veräußerers. Abzulehnen ist auch die von vielen[6] bejahte Ausdehnung des § 366 HGB auf Mängel der **Vertretungsmacht** des Veräußerers, also auf Veräußerungen in fremdem Namen. Denn für das Handelsrecht typisch und daher nach § 366 HGB schutzwürdig ist nur das Handeln in eigenem Namen. Für Mängel der Vertretungsmacht dagegen genügen die Regeln über die Anscheins- und Duldungsvollmacht sowie § 56 HGB. Diese Regeln gelten dann auch gleichermaßen für die dinglichen Erfüllungsgeschäfte wie für die ihnen zugrundeliegenden Verpflichtungen, während sich § 366 HGB auf die dingliche Seite beschränken und Raum für einen Bereicherungsausgleich lassen würde.

---

6 Etwa *Baumbach-Duden-Hopt,* HGB 26. Aufl. 1985 § 366 Anm. 2 B; *K. Schmidt,* HaR § 22 III und JuS 1987, 936 ff., dagegen aber etwa *Wiegand,* JuS 1974, 545/548; *Tiedtke,* Jura 1983, 460/474, kritisch auch *W. Bosch,* JuS 1988, 439 f.

V. Der Erbschein*

1. Das Prinzip

568 Beim Erbschein befolgt das BGB eine andere Regelungstechnik als bei den übrigen Rechtsscheinträgern. Denn nach den §§ 2366 f. wird der durch den Erbschein Ausgewiesene im Verhältnis zu redlichen Dritten nicht schlechthin als der Berechtigte behandelt. Vielmehr soll nur der Inhalt des Erbscheins in den Grenzen des § 2365 als richtig gelten. Für die wichtigste Fallgruppe (ein Nichterbe ist im Erbschein als Erbe bezeichnet) bedeutet das: **Der Erwerb vom Scheinerben wird ebenso beurteilt wie ein Erwerb vom wahren Erben.** Dabei verlangt die h. M. mit Recht nicht, daß der Erwerber den Erbschein gekannt hat (anders *Parodi*, AcP 185, 1985, 362 ff.).

Daher kann sich § 2366 mit den verschiedensten Erwerbsvorschriften verbinden: Ist der Erbe selbst verfügungsberechtigt, so wird von dem durch Erbschein legitimierten Nichterben nach § 2366 in Verbindung mit den Vorschriften über den Erwerb vom Berechtigten (etwa §§ 398, 873, 925, 929 ff.) erworben. Fehlt dagegen dem Erben die Berechtigung oder ist er Berechtigter ohne Verfügungsmacht, so verbindet sich § 2366 mit den Vorschriften über den Erwerb vom Nicht(verfügungs)berechtigten (etwa §§ 135 II, 892, 932 ff.). Und wenn hiernach ein redlicher Erwerb unmöglich ist (etwa wegen § 935 oder bei Forderungen), wird er auch durch § 2366 nicht möglich.

2. Fallgruppen

569 Diese Funktion der §§ 2366 f. mögen folgende Beispiele zeigen (dabei heißt der Erblasser X, der wahre Erbe E und der durch Erbschein legitimierte Nichterbe SE).

a) Mobiliarsachenrecht

(1) X besaß eine ihm gehörende bewegliche Sache. SE findet sie im Nachlaß und veräußert sie an K.

Hier kann K nach §§ 2366, 929 Eigentum erwerben. Das Kriterium der groben Fahrlässigkeit (§ 932 II) spielt also keine Rolle, ebensowenig § 935: K erwirbt ja wegen § 2366 nach derselben Vorschrift, nach der er von E erwerben

---

* Dazu *Wiegand*, Der öffentliche Glaube des Erbscheins, JuS 1975, 283 ff.

würde, und bei einem Erwerb von E sind die §§ 932, 935 unanwendbar. An § 935 würde der Erwerb des K wegen § 857 nur dann scheitern, wenn SE nicht durch Erbschein legitimiert wäre.

(2) X hatte von einem Dritten ein diesem gehörendes Buch entliehen. SE findet es im Nachlaß und veräußert es an K.

Hier kommt ein Erwerb des K nach §§ 2366, 929 nicht in Betracht: X und folglich auch E hätten ja nicht nach § 929 veräußern können. Wohl aber kann K von SE ebenso wie von E nach §§ 932, 929 (in Verbindung mit § 2366) erwerben, wenn SE durch Erbschein legitimiert ist.

(3) X hatte das Buch dem Eigentümer D gestohlen. SE veräußert es wie vorher an K.

Hier wirkt nun endlich § 935: K hätte wegen dieser Vorschrift von E nicht erwerben können; folglich ist auch ein Erwerb von SE unmöglich.

b) Immobiliarsachenrecht

(1) X war Bucheigentümer eines dem D gehörenden Grundstücks. SE veräußert das 570 Grundstück an K.

Zwei Möglichkeiten sind hier denkbar: Einmal kann SE über § 40 I 1 GBO an K übereignet haben, ohne selbst zuvor ins Grundbuch eingetragen worden zu sein. Dann richtet sich der Erwerb des K nach §§ 2366, 873, 925, 892. Zum anderen kann sich SE zunächst auch selbst als Eigentümer haben eintragen lassen. Dann bedarf es des Erbscheins nicht mehr: K erwirbt von SE einfach nach §§ 873, 925, 892.

(2) X war Bucheigentümer eines dem D gehörenden Grundstücks; D hatte gegen die Eintragung des X einen Widerspruch erwirkt. SE veräußert das Grundstück an K.

Redlicher Erwerb des K ist hier jedenfalls unmöglich: Da der Widerspruch den Redlichkeitsschutz durch das Grundbuch zerstört, hätte K auch von E nicht erwerben können. Im vorigen Fall (1) kommt § 892 — der hier durch den Widerspruch ausgeschaltet wird — eben in jeder der beiden Paragraphenketten vor.

(3) SE erlangt die Eintragung als Eigentümer eines Nachlaßgrundstücks. E erwirkt gegen diese Eintragung einen Widerspruch, doch wird der Erbschein für SE einstweilen nicht eingezogen. SE veräußert das Grundstück an K.

Da das Grundstück hier wirklich zum Nachlaß gehört, hätte K es von E nach §§ 873, 925 erwerben können. Daher scheint § 2366 auch einen Erwerb von SE zu ermöglichen. Aber man wird umgekehrt entscheiden müssen: SE hat hier seinen Erbschein dazu verwendet, ins Grundbuch zu kommen (§ 35 I GBO). Danach tritt SE nicht mehr als Erbe auf, sondern als eingetragener Eigentümer (anders bei Veräußerung nach § 40 GBO!). Und da SE das nicht wirklich ist, bedarf es für einen Erwerb durch K des hier wegen des Widerspruchs ausgeschalteten § 892 (ebenso im Ergebnis *Fikentscher,* Schuldrechtspraktikum 1972, 142).

c) Forderungserwerb

571   (1) X hatte eine Forderung gegen S. SE tritt diese Forderung an K ab.

K erwirbt die Forderung bei Redlichkeit von SE nach §§ 2366, 398. Daß das Zessionsrecht im allgemeinen keinen Redlichkeitsschutz kennt, steht nicht entgegen: K wird ja wegen des Erbscheins so behandelt, als erwürbe er vom Gläubiger E.

(2) X hatte eine Forderung gegen S, doch hatte S noch kurz vor dem Erbfall an X geleistet. SE, der den Schuldschein im Nachlaß findet, tritt die vermeintliche Forderung an K ab.

Hier hilft auch § 2366 dem K nicht: Da § 405 nur das Vertrauen auf den Schuldschein über eine Scheinschuld schützt, hätte K die Forderung auch von E nicht erwerben können.

(3) SE verkauft einen Nachlaßgegenstand an D und tritt die Kaufpreisforderung an K ab.

Nach § 2019 I (dazu unten Rdnr. 603 a ff.) gehört die Kaufpreisforderung zum Nachlaß, steht also dem E zu. Von diesem könnte K sie folglich erwerben. Daher kann er es auch nach §§ 2366, 398 von SE.

d) Leistung auf eine Nachlaßforderung

572   (1) Der Nachlaßschuldner S zahlt an SE.

(2) K, der einen Nachlaßgegenstand von SE gekauft hat, zahlt den Kaufpreis an SE.

Bei (1) wird S wegen des Erbscheins nach § 2367 so behandelt, als habe er an E gezahlt, und wird folglich frei. *Bei (2)* dagegen gelten schon die §§ 2019 II, 407 I: K wird durch die Leistung an seinen Verkäufer SE unabhängig davon frei, ob dieser durch einen Erbschein ausgewiesen war.

§ 23　Das Eigentümer-Besitzer-Verhältnis und der Erbschaftsanspruch*

Das Eigentümer-Besitzer-Verhältnis (EBV) und der Erbschaftsanspruch bilden die Regelung eines dinglichen Herausgabeanspruchs (§§ 985, 2018) und seiner nichtdinglichen Folgeansprüche (vgl. oben Rdnr. 452—454). Seine Bedeutung stammt weniger daher, daß die »Vindikationslage« (die Voraussetzung seiner direkten Anwendung ist, vgl. unten Rdnr. 582 f.) sehr häufig vorkäme. Vielmehr ergibt sich die Anwendbarkeit des EBV meist indirekt aus Verweisungen (z. B. § 292 bei der Forderung, über §§ 818 IV, 819, 820 I auch für den Bereicherungsanspruch; § 347 beim Rücktritt, auf den dann wieder § 467 für die Wandlung verweist). Wichtig ist das EBV zudem deshalb, weil es Folgerungen für zahlreiche **Konkurrenzfragen** ergibt (für §§ 275 ff., 812, 823). Besonders von ihnen wird hier die Rede sein (unten Rdnr. 582—602).

I. Zweck der Sonderregelungen

1. Hauptzweck der **Vorschriften über das EBV** ist der **Schutz des redlichen Besitzers** vor Bereicherungs- und Deliktsansprüchen (Mot. bei *Mugdan* III 219): Wegen § 935 und der Möglichkeit schwer erkennbarer Einigungsmängel oder Verfügungsbeschränkungen kann niemand sicher wissen, ob er wirklich das Eigentum oder ein dem Eigentümer gegenüber wirksames Recht zum Besitz erworben hat. Deshalb müßte jeder schon bei leichter Fahrlässigkeit Ersatzansprüche (§ 823 I) und sogar ohne jedes Verschulden Bereicherungsansprüche fürchten. Niemand könnte daher seines vermeintlich berechtigten Besitzes froh werden.

Allerdings muß diese h. M., die den Normzweck der §§ 987 ff. im Schutz des redlichen Besitzers sieht, für manche Fallgruppen die Anwendbarkeit der allgemeinen Vorschriften einräumen (z. B. beim Fremdbesitzerexzeß, unten Rdnr. 586). Daher ist versucht worden, den der h. M. entgegengesetzten Standpunkt zu begründen: Die §§ 987 ff. sollen die Anwendbarkeit der allgemeinen Delikts- und Bereicherungsvorschriften unberührt lassen. Vielmehr träten die §§ 987 ff. *neben* diese Vorschriften, teils (hinsichtlich der Verwendungen) brächten also eine zusätzliche Haftung teils des Besitzers, teils — hinsichtlich der Verwendungen — des Eigentümers (*Pinger*, Funktion und dogmatische Einordnung des EBV, 1973; Zusammenfassung auch in JR 1973, 268 ff.; Besprechung von *Berg*, NJW 1974, 736). —

---

* Dazu *Gernhuber*, BR § 44; *Berg*, Ansprüche aus dem Eigentümer-Besitzer-Verhältnis. 15 Fälle und 9 Regeln zu §§ 985—1003 BGB, JuS 1971, 522 f.; 636 ff.; 1972, 83 ff.; 193 ff.; 323 ff.; *Schiemann*, Das Eigentümer-Besitzer-Verhältnis, Jura 1981, 631 ff.; *G. Hager*, Grundfälle zur Systematik des EBV und der bereicherungsrechtlichen Kondiktionen, JuS 1987, 877 ff.

Nach meinem Urteil hat *Pinger* im einzelnen viele einleuchtende Argumente gefunden. Dagegen glaube ich nicht, daß seine Betrachtungsweise im ganzen der h. M. überlegen ist (gegen *Pinger* auch *Staudinger-Gursky* Rdnr. 4; 19 vor §§ 987 ff., zudem Rdnr. 16 vor §§ 994 ff.). Vielmehr dürfte sich das Gesetz leichter von dem Standpunkt aus verstehen lassen, den der Gesetzgeber selbst vertreten und etwa in § 993 I am Ende auch recht deutlich ausgedrückt hat: Der Besitzer soll gewisse Haftungsprivilegien haben, die ihm nach der allgemeinen Regelung nicht zustünden.

574a   2. Der eben für das EBV genannte Zweck, den redlichen Besitzer zu schützen, gilt an sich auch für den **Erbschaftsbesitzer.** Das ist, wer auf Grund eines ihm in Wirklichkeit nicht zustehenden Erbrechts etwas aus der Erbschaft erlangt hat, § 2018, und dessen Erben, *BGH* NJW 1985, 3068 (dazu kritisch *Dieckmann,* FamRZ 1985, 1247 f.). Nach *BGH* FamRZ 1985, 693/694 hört auch nicht auf, Erbschaftsbesitzer zu sein, wer sich inzwischen des angeblichen Erbrechts nicht mehr berühmt.

Bei der Erbschaft ist die Gefahr unrechtmäßigen Besitzes sogar noch größer, weil der erbrechtliche Erwerb des Nachlasses nicht durch Rechtsgeschäft erfolgt: Er kann daher auch nicht nach den Redlichkeitsvorschriften wirksam sein (vgl. oben Rdnr. 547).

a) Vorrangig wirkt beim Erbschaftsanspruch aber ein anderer Zweck: Der **Erbe soll vor dem Verlust von Nachlaßgegenständen geschützt werden.** Juristisch erhält er freilich den Nachlaß und den Besitz des Erblassers (§ 857) sogleich mit dem Erbfall. Tatsächlich erfährt er aber von dem Erbfall, seiner Erbenstellung oder dem Bestand des Nachlasses oft erst nach geraumer Zeit. Bis dahin ist die Gefahr von Verlusten groß. Ihr wollen die §§ 2018 ff. auf folgende Weise vorbeugen:

574b   aa) § 2018 ist ein **Gesamtanspruch.** Zwar kann der Erbe nicht einfach »den Nachlaß« herausverlangen, sondern er muß in seinem Klagantrag die einzelnen Gegenstände bezeichnen. Er kann jedoch alle diese Gegenstände in dem **Gerichtsstand** von § 27 ZPO (allgemeiner Gerichtsstand des Erblassers) einklagen, auch solche, die sich nie dort befunden haben.

Das ist wichtig vor allem bei **Grundstücken:** Hier müßten die Einzelklagen (§§ 894, 985) dort erhoben werden, wo das Grundstück liegt; wegen mehrerer Grundstücke an verschiedenen Orten müßte also bei verschiedenen Gerichten geklagt werden, § 24 ZPO. Nach § 27 ZPO ist das unnötig, wenn der Gesamtanspruch erhoben wird.

574c   bb) Nach § 2019 I findet **dingliche Surrogation** statt (dazu unten Rdnr. 603 a ff.). Der Erbe braucht also den vom Erbschaftsbesitzer weggegebenen Nachlaßgegenständen nicht nachzulaufen, sondern kann die erzielten Surrogate verlangen. Damit bleibt der Nachlaß seinem Wert nach zusammen, und § 27 ZPO wird noch wirksamer.

cc) Bei § 2018 ist — anders als bei § 985 — Anspruchsgrundlage nicht das Ei- **574d**
gentum, sondern die **Zugehörigkeit zum Nachlaß**. Daher können mit § 2018
auch Sachen herausverlangt werden, an denen der Erblasser nur den Besitz
hatte (etwa ein ihm verliehenes Buch).

dd) Der Erbschaftsbesitzer kann Nachlaßsachen **nicht** zu Lasten des Erben **574e**
ersitzen, solange der Erbschaftsanspruch nicht verjährt ist, § 2026. Die Frist
von § 937 I (10 Jahre) wird also durch die von § 195 (30 Jahre) überlagert.

ee) Der Erbschaftsbesitzer unterliegt ebenso wie andere Personen, die mit **574f**
dem Nachlaß in Berührung gekommen sind, einer **Auskunftspflicht,** §§ 2027 f.
Diesen Auskunftsanspruch kann der Erbe mit seinem Erbschaftsanspruch
nach § 2018 als Stufenklage koppeln, § 254 ZPO.

b) Beim Erbschaftsanspruch können der bezweckte Schutz des Besitzers **574g**
und der gleichfalls bezweckte Schutz des Erben zueinander in Gegensatz treten. Dann **entscheidet § 2029 zugunsten der §§ 2019 ff.:** Auch die Einzelan-
sprüche gegen den Erbschaftsbesitzer richten sich inhaltlich nach dem Erbschaftsanspruch. Die §§ 2018 ff. schließen also die §§ 985 ff. zwar nicht aus, bestimmen aber deren Inhalt. Wo dazu Anlaß besteht, sind also die §§ 2018 ff. stets
vor den Einzelansprüchen des Erben zu prüfen.

II. Übersicht zum Eigentümer-Besitzer-Verhältnis

Die gesetzliche Regelung des EBV ist in den Einzelheiten kompliziert, weil sich **575**
dort in wenigen Vorschriften **zwei Differenzierungen** überschneiden. Denn
die §§ 987 ff. unterscheiden erstens nach der **Qualität des Besitzers** (redlich,
unredlich usw.) und zweitens nach dem **Anspruchsziel** (Schadensersatz, Nutzungen, Verwendungen). Nimmt man diese Verschachtelung auseinander, so
ergibt sich folgendes Schema:

1. Unverklagter redlicher Besitzer

a) Besitzerlangung entgeltlich und weder durch verbotene Eigenmacht noch
durch strafbare Handlung: **Schadensersatz** nur ausnahmsweise, nämlich nach
§§ 991 II (dazu unten Rdnr. 585) und im Fremdbesitzerexzeß (unten
Rdnr. 586), sonst 993 I am Ende; **Nutzungen** § 993 I, aber bei Sachverbrauch
oder -veräußerung Bereicherungsansprüche (dazu unten Rdnr. 597—599);
Verwendungen §§ 994 I, 995 ff. (zur Konkurrenz mit der Verwendungskondiktion vgl. unten Rdnr. 892 ff.).

b) Besitzerlangung durch verbotene Eigenmacht oder strafbare Handlung **576**
(im zweiten Fall wird freilich Redlichkeit kaum denkbar sein): **Schadensersatz**

zusätzlich §§ 992, 823 I, 848, 849, 852 (vgl. unten Rdnr. 596); **Nutzungen** zusätzlich §§ 992, 823 I, 249, 252 (also Ersatz auch für schuldhaft nicht gezogene Nutzungen, die der Eigentümer selbst gezogen hätte); **Verwendungen** keine Besonderheiten (auch § 850 verweist auf das EBV).

577   c) Besitzerlangung unentgeltlich: **Schadensersatz und Verwendungen** keine Besonderheiten; **Nutzungen** zusätzlich § 988.

578   d) Besitzerlangung durch rechtsgrundlose Leistung des Eigentümers: **Schadensersatz und Verwendungen** keine Besonderheiten; **Nutzungen** zusätzlich §§ 812 I 1, 818 (vgl. unten Rdnr. 600 ff.).

2. Verklagter oder unredlicher Besitzer

579   a) Besitzerlangung weder durch strafbare Handlung noch durch verbotene Eigenmacht: **Schadensersatz** §§ 989, 990 I, im Verzug bei Unredlichkeit zusätzlich §§ 990 II, 286 f.; **Nutzungen** §§ 987, 990 I, 991 I (dazu unten Rdnr. 584), bei Verzug für den unredlichen Besitzer zusätzlich §§ 990 II, 286 I, 252 (also Ersatz auch für nicht gezogene Nutzungen, die der Eigentümer über § 987 II hinaus gezogen hätte); **Verwendungen** §§ 994 II, 995, 997 ff. (zur Konkurrenz mit der Verwendungskondiktion vgl. unten Rdnr. 892 ff.).

580   b) Besitzerlangung durch verbotene Eigenmacht oder strafbare Handlung: **Schadensersatz** zusätzlich §§ 992, 823 I, 848, 849, 852 (vgl. unten Rdnr. 596); **Nutzungen** zusätzlich §§ 992, 823 I, 249, 252 (vgl. oben Rdnr. 576); **Verwendungen** keine Besonderheiten (§ 850 verweist auf das EBV).

III. Die Redlichkeit beim Besitzerwerb durch Gehilfen

581   Vorweg soll eine Sonderfrage behandelt werden: Nicht selten hat der Besitzer den Besitz durch Gehilfen erworben. Soweit es dann auf seine Redlichkeit ankommt (etwa bei §§ 990, 996), entsteht die Frage, ob die Redlichkeit nach der Person des Besitzers selbst oder nach der seines Gehilfen zu beurteilen ist. Hinsichtlich des Rechtserwerbs nach den Redlichkeitsvorschriften (etwa §§ 892 f., 932 ff.) wird diese Frage durch § 166 klar beantwortet: Regelmäßig kommt es auf den Gehilfen an. Für die §§ 987 ff. dagegen paßt § 166 seinem Wortlaut nach nicht: Es geht hier ja nicht um »die rechtlichen Folgen einer Willenserklärung« (nämlich der Einigung), sondern um die Qualifikation des Besitzes.

Bsp.: Für den Kaufmann K erwirbt sein Gehilfe G bei dem Nichtberechtigten V Ware, die dem E gehört. Ob diese Ware nach §§ 932, 929, 935 Eigentum des K wird, entscheidet sich bei Fehlen einer Weisung des K wegen § 166 I nach dem guten oder bösen Glauben des G. Wenn die Ware nicht Eigentum des K geworden ist, besteht zwischen E und K ein EBV. Ist K insoweit als unredlicher Besitzer anzusehen?

Hier stehen sich im wesentlichen **zwei Ansichten** gegenüber (dazu letztens *Kiefner*, JA 1984, 189 ff.).

a) *BGHZ 32, 53 ff.; Hoche,* JuS 1961, 76 ff.; *Wolff-Raiser* § 13 II; *Eike Schmidt,* AcP 175 (1975) 165/168 und ausführlich *Schilken,* Die Wissenszurechnung im Zivilrecht (1983) 269 ff.: **§ 166 gilt entsprechend.** K würde also als unredlicher Besitzer nach § 990 haften, wenn G beim Erwerb der Ware bösgläubig war.

b) *Baur* § 5 II 1 c; *Westermann* § 14, 3: § 166 paßt nicht, sondern es gelten **Deliktsregeln:** K haftet nach § 990, wenn er selbst unredlich ist. Bei eigenem guten Glauben haftet er für bösgläubigen Erwerb durch G nur nach § 831, also wenn er sich für G nicht exkulpieren kann.

Die zweite Lösung verdient den Vorzug. Denn die §§ 987 ff. sind Sonderregeln insbesondere zum Deliktsrecht. Sie betreffen also ein Delikt, und dazu paßt nur § 831. Zudem weist *Westermann* aaO. mit Recht auf folgendes hin: Beschädigt G die Ware vor der Besitzergreifung, so haftet K für ihn nur nach § 831. Warum soll K nach §§ 166, 990 ohne Exkulpationsmöglichkeit zum Schadensersatz verpflichtet sein, wenn die Ware nach dem Besitzerwerb beschädigt wird? Das wäre ein Verstoß gegen die sonst geltende Regel, daß Haftungsunterschiede eher im Sinne einer Privilegierung des besitzenden Schädigers vorkommen.

IV. Verhältnis §§ 985 ff. BGB — Vertrag

1. Berechtigter und nicht so berechtigter Besitzer

Ist der Besitzer dem Eigentümer gegenüber zum Besitz berechtigt, so wird schon § 985 durch § 986 ausgeschlossen. Daher sind auch die §§ 987 ff. als Folgeansprüche der Vindikation ausgeschlossen: Die §§ 987 ff. richten sich also nur gegen den unrechtmäßigen Besitzer. Die Haftung des berechtigten Besitzers dagegen regelt sich allein nach Vertrags- und Deliktsrecht.   **582**

Zur Anwendung der §§ 987 ff. in Einzelfällen käme man nur, wenn man den berechtigten Fremdbesitzer als »nicht so berechtigten« Besitzer ansieht, soweit er die Grenzen seines Besitzrechts überschritten hat (**Fremdbesitzer im Exzeß**). Die Vorstellung eines »nicht so berechtigten Besitzers« ist aber für die §§ 987 ff. nicht gut möglich und wird heute überwiegend abgelehnt (vgl. etwa *Wolff-Raiser* § 85 A. 2; 34).

Bsp.: Der Mieter schlägt vertragswidrig Nägel in die Wand. Wie soll man ihn sich als nichtberechtigt vorstellen: Nur für die Zeit, in der er auf die Nägel schlägt? Oder nur hinsichtlich des Wandstückes, in dem die Nägel stecken?

2. Nichtberechtigter Besitzer

583 Ist dagegen der Besitzer dem Eigentümer gegenüber nicht zum Besitz berechtigt, so ist § 985 jedenfalls dann anwendbar, wenn er nicht durch ein anderes Abwicklungsverhältnis verdrängt wird (vgl. unten Rdnr. 590; 593). Insoweit besteht also die »**Vindikationslage**«, und daher sind auch die §§ 987 ff. anwendbar. Schwierigkeiten bestehen hier nur, wenn **ein dem Eigentümer gegenüber unwirksamer Vertrag** vorhanden ist. Ein solcher Vertrag kann die Haftung des Besitzers gegenüber dem Eigentümer mildern oder verschärfen.

a) Haftungsmilderung

584 Eine Milderung hinsichtlich der Pflicht zur Herausgabe von Nutzungen (§§ 990, 987) ergibt sich aus § 991 I.

Bsp.: B ist unrechtmäßiger redlicher Eigenbesitzer eines Hauses. Er vermietet das Haus an den unredlichen M. Könnte der Eigentümer E hier nach §§ 990, 987 von M Nutzungsersatz verlangen (also die Zahlung einer Nutzungsentschädigung), so könnte sich M seinerseits aus dem Mietvertrag an B halten, §§ 541, 537, 538 (aber § 539 S. 1). Das soll § 991 I verhindern.

§ 991 I schützt also bei Redlichkeit des Oberbesitzers den unredlichen Unterbesitzer hinsichtlich der Nutzungen so, als ob dieser selbst redlich wäre. Damit soll verhindert werden, daß der Schutz des redlichen Oberbesitzers durch den Rückgriff des vom Eigentümer belangten unredlichen Unterbesitzers aufgehoben wird. Nach diesem Gesetzeszweck wird die Anwendbarkeit von § 991 I fraglich, wenn der Rückgriff des Unterbesitzers (z. B. wegen § 539) ausgeschlossen ist.

b) Haftungsverschärfung nach § 991 II

585 Eine Haftungsverschärfung im Verhältnis zu §§ 989, 990 enthält dagegen § 991 II: Hinsichtlich der Schadensersatzpflicht soll auch ein redlicher Unterbesitzer dem Eigentümer gegenüber nicht besser stehen, als er seinem Oberbesitzer gegenüber steht. Denn soweit er diesem gegenüber mit einer Haftung rechnen mußte, verdient er auch gegenüber dem Eigentümer keinen Schutz.

Bsp.: Der nichtberechtigte Besitzer B (gleich ob redlich oder nicht) hat das Haus des E an den redlichen M vermietet. M zerstört fahrlässig eine Fensterscheibe. M müßte dem B die Scheibe ersetzen, wenn dieser Eigentümer wäre. Nach § 991 II soll daher M den Ersatz an den wirklichen Eigentümer E leisten; der Schutz des M durch § 993 I versagt. Jedoch wird M entsprechend § 893 I (§ 851 paßt nicht: keine bewegliche Sache!) zu schützen sein, wenn er den Ersatz gutgläubig an B geleistet hat.

c) Anderer Fremdbesitzerexzeß

Den in § 991 II ausgedrückten Gedanken wird man noch in weiteren Fällen an-   **586**
wenden müssen, die nicht unter den Wortlaut der Vorschrift passen.

Bsp.: Der Eigentümer E selbst vermietet eine Wohnung an M; der Mietvertrag ist nichtig. Hier kommt, wenn M eine Scheibe zerschlägt, ein Schadensersatzanspruch des E aus Vertrag nicht in Betracht. Und da eine Vindikationslage besteht, müßte M bei Redlichkeit durch § 993 I auch gegen einen Anspruch des E aus § 823 I geschützt sein. Das Ergebnis (M braucht die Scheibe nicht zu ersetzen) ist aber sinnlos, weil M nicht annehmen konnte, er dürfe sanktionslos Scheiben zerschlagen.

Allgemein wird man daher sagen müssen *(h. M.,* vgl. etwa *Baur* § 11 B I 3): Der *unrechtmäßige redliche Fremdbesitzer* haftet dem Eigentümer aus § 823 I insoweit auf Schadensersatz, *wie er bei Bestehen seines vermeintlichen Besitzrechts haften würde.* Er haftet also im Fall eines *Fremdbesitzerexzesses.* Auch ein ungültiger Vertrag schützt demnach nur insoweit, als der Schutz durch den Vertrag bei dessen Gültigkeit reichte.

3. Der nicht mehr berechtigte Besitzer

Heftig umstritten ist, ob § 985 (und damit auch die §§ 987 ff.) durch andere Ab-   **587**
wicklungsverhältnisse ausgeschlossen werden. Dieser Streit bezieht sich insbesondere auf den Fall, daß eine bis zum Eigentümer hinführende Vertragsbrücke, die den unmittelbaren Besitzer zunächst zum Besitz berechtigt hat, an einer Stelle zusammenbricht.

BGHZ 34, 122ff.: V hat an K ein Kraftfahrzeug unter Eigentumsvorbehalt verkauft und es ihm übergeben. Das Fahrzeug wird bei einem Unfall beschädigt. K läßt es — wozu er V gegenüber berechtigt ist (vgl. § 986 I 2) und nach dem Kaufvertrag meist sogar verpflichtet ist — reparieren, und zwar in der Werkstatt des U. Da K die Kaufpreisraten nicht zahlt, tritt V vom Kaufvertrag zurück. Kann V das Fahrzeug von U nach § 985 herausverlangen? Hat U wegen seiner Reparatur ein Zurückbehaltungsrecht nach § 1000?

Die für diesen Fall hauptsächlich vertretenen **drei Lösungsvorschläge** (unten a—c) sind sich darin einig, den U zu schützen. Doch erreichen sie diesen Schutz mit verschiedenen Mitteln: Die ersten beiden Vorschläge stimmen darin überein, daß V gegen U den Anspruch aus § 985 hat. Doch soll dem Anspruch die Einrede aus § 1000 (Weg a) oder die Einwendung aus § 986 (Weg b) entgegenstehen. Der dritte Vorschlag endlich (Weg c) verneint im Verhältnis V—U den Anspruch aus § 985 überhaupt.

a) Anwendung der §§ 994 ff. BGB

588 Der erste Weg ist der des BGH: Allerdings seien die Vorschriften über den Verwendungsersatz (§§ 994 ff.) und damit auch § 1000 nur auf den nichtberechtigten Besitzer anwendbar. Es genüge aber, daß das Besitzrecht des U **zur Zeit des Herausgabeverlangens** des V (durch dessen Rücktritt vom Kaufvertrag) erloschen sei. Kein Hindernis bilde dagegen, daß U seine Verwendungen noch vor dem Rücktritt des V und folglich noch als berechtigter Besitzer gemacht habe. Denn der (damals) berechtigte Besitzer dürfe nicht schlechter stehen als ein von Anfang an unberechtigter.

> *BGHZ 51, 250 ff.* (dazu *Berg*, JuS 1970, 12 ff.) hat aber die Grenze des so erreichbaren Schutzes klargestellt. Dort hatte U den Wagen nach der Reparatur an K herausgegeben, obwohl die Bezahlung ausblieb, und ihn erst später wieder an sich gebracht. Nach Rücktritt von dem Kauf verlangte V den Wagen von U heraus (§ 985). Der BGH hat hier ein Zurückbehaltungsrecht des U (§ 1000) wegen § 1002 verneint: Die Rückgabe des Wagens an den (damals noch besitzberechtigten) K stehe einer Herausgabe an den Eigentümer V gleich. Und da U seinen Anspruch auf Ersatz der Verwendungen nicht binnen eines Monats nach dieser Herausgabe gerichtlich geltend gemacht habe, sei der Anspruch nach § 1002 präkludiert. Wenn man den Ausgangspunkt des BGH akzeptiert, ist das konsequent.

b) Gutgläubig erworbenes Unternehmerpfandrecht

589 Der zweite Weg findet Anhänger vor allem in der Literatur (vgl. etwa *Baur* § 55 C II 2 a, ablehnend aber *Wiegand*, JuS 1974, 545/546 f.; *Reinicke-Tiedtke*, JA 1984, 202, 213 f.): U könne ein Werkunternehmerpfandrecht nach § 647 gutgläubig erwerben. Der Wortlaut von § 1257 (»entstandenes Pfandrecht«) schließe nicht aus, die Vorschriften über den gutgläubigen Erwerb eines rechtsgeschäftlichen Pfandrechts (§§ 1207, 932, 934 f.) auf gesetzliche Besitzpfandrechte entsprechend anzuwenden (anders *BGHZ 34, 153 ff.*). Von dieser Anwendbarkeit gehe auch § 366 III HGB aus, wenn dort der gutgläubige Erwerb gesetzlicher Pfandrechte auf Mängel der Verfügungsmacht erstreckt werde. Dieses gutgläubig erworbene Pfandrecht gebe dem U ein Recht zum Besitz nach § 986.

> Hier sei nochmals bemerkt, daß dem U mit einem Pfandrecht an dem zunächst wirklich bestehenden Anwartschaftsrecht des K nichts genutzt ist. Denn mit dem Anwartschaftsrecht wäre auch dieses Pfandrecht durch den Rücktritt vom Kaufvertrag erloschen, vgl. *BGHZ 34, 125* und oben Rdnr. 479.

c) Beschränkung auf vertragliche Rückgabeansprüche

590 Der dritte Weg wird vor allem von *L. Raiser* vertreten (Festschr. Wolff 1952, 123 ff.; *Wolff-Raiser* § 84 I 2; A. 16; JZ 1961, 529 ff. und öfter). Nach seiner Ansicht hat der Eigentümer, wenn er den unmittelbaren Besitz aufgrund eines Rechtsverhältnisses weggibt, den Inhalt seines Eigentums eingeschränkt: Zur Wiedererlangung des Besitzes stehe dem Eigentümer daher § 985 nicht mehr zur Verfügung. Vielmehr sei er auf den vertraglichen Rückgabeanspruch aus dem Rechtsverhältnis angewiesen, das der Besitzweggabe zugrunde gelegen habe. Nach dieser Auffassung ist also die Vindikation (ebenso wie ihre Folgeansprüche) gegenüber einem vertraglichen Rückgabeanspruch subsidiär.

Das bedeutet für den Ausgangsfall: V kann nicht aus § 985 gegen U vorgehen, sondern nur aus § 346 gegen K. Nach dieser Vorschrift kann V von K die Abtretung der Ansprüche verlangen, die K aus dem Werkvertrag gegen U hat. Fordert V aufgrund abgetretenen Anspruchs die Herausgabe von U, so kann dieser nach §§ 404, 320 seinen Vergütungsanspruch einwenden.

d) Bedenken

Jeder dieser drei Lösungsvorschläge stößt auf Bedenken. **591**

aa) **Gegen BGHZ 34, 122 ff.** (oben a) ist einzuwenden: Zunächst ist schon sein Argument doppelsinnig, der berechtigte Besitzer dürfe nicht schlechter stehen als der unberechtigte. Denn man könnte eine solche Schlechterstellung auch dadurch beheben, daß man dem unberechtigten Besitzer den Verwendungsersatz verweigert (vgl. *Raiser*, JZ 1961, 529 ff.). Zudem ist das Argument aus der angeblichen Schlechterstellung in anderer Hinsicht »schlicht irreführend« (so *Staudinger-Gursky* vor § 987 Rdnr. 9): Der berechtigte Besitzer steht insgesamt nicht besser oder schlechter als der nichtberechtigte, sondern anders (z. B. mag er einerseits die Nutzungen behalten können, während er andererseits ein Entgelt zahlen muß). Überdies bleibt unklar, als Besitzer welcher Qualität (z. B. redlich oder unredlich) man den U für die Zeit seiner Besitzberechtigung behandeln soll.

Endlich dürfte gegen den BGH folgendes sprechen (vgl. *Kaysers*, Der Verwendungsersatzanspruch des Besitzers bei vertraglichen Leistungen 1968, 111 ff.): U, der das Kraftfahrzeug aufgrund eines Vertrages mit K repariert, macht selbst keine Verwendungen. »Verwender« im Sinne der §§ 994 ff. dürfte vielmehr nur sein, wer den Verwendungsvorgang auf eigene Rechnung veranlaßt und ihn steuert[1]. Das trifft allein auf K und nicht auf U zu. Ganz entsprechend entscheidet man ja auch, wenn die Verwendung in einem Bau auf fremdem Boden besteht (z. B. *BGHZ 41, 157 ff.*, unten Rdnr. 877): Verwender ist nur der Bauherr; nicht etwa sind es die einzelnen an der Bauausführung beteiligten Unternehmer. Dabei kommt es auch auf die Besitzverhältnisse an dem

---

1 So etwa auch *Staudinger-Gursky* Rdnr. 10 ff. vor §§ 994 ff., anders aber *Berg*, JuS 1970, 14.

Arbeitsprodukt nicht an, weil von ihnen der Steuerungsvorgang nicht abhängt. Wichtig sind sie nur für die Möglichkeit, ein Zurückbehaltungsrecht nach § 1000 auszuüben.

592   bb) **Bei dem Weg über** §§ 647, 986 (oben b) entstehen Schwierigkeiten selbst dann, wenn man den redlichen Erwerb eines Unternehmerpfandrechts vom Nichtberechtigten generell anerkennt (vgl. *P. Schwerdtner,* Jura 1988, 251 ff.) oder wenn — wie im Fall von *BGHZ 68, 323 ff.* — ein solches Pfandrecht vereinbart ist. Zweifelhaft bleibt dann nämlich das Vorliegen von gutem Glauben nach den §§ 1257, 1207, 932: Darauf, daß ein Kraftfahrzeug dem gehört, der es fährt, darf man sich heute gewiß nicht ohne weiteres verlassen. Wenigstens bei der Veräußerung von Kraftfahrzeugen kann daher der Besitzer nur durch den Kraftfahrzeugbrief als Eigentümer ausgewiesen werden. Diesen Brief pflegt man aber nicht mitzuführen; nach ihm wird bei Reparaturaufträgen auch nie gefragt. Oft erkundigt sich der Unternehmer nicht einmal nach dem Eigentum des Bestellers. Trotzdem hat *BGHZ 68, 323 ff.* (bestätigend *BGH* NJW 1981, 226 f.) beim vereinbarten Pfandrecht guten Glauben des Unternehmers bejaht, wenn keine Anhaltspunkte für die Nichtberechtigung des Bestellers vorlagen[2].

BGHZ 68, 323 ff. zeigt zugleich, wie die Praxis sich hilft: In die AGB des Unternehmers wird eine Verpfändung des zu reparierenden Wagens aufgenommen (das hält gegen den BGH für unzulässig *Picker,* NJW 1978, 1417 f., kaum mit Recht: Auch *BGHZ 101, 307 ff.* hat die Verpfändungsklausel bei der Überprüfung nach dem AGBG nicht beanstandet). Damit erscheint das **Unternehmerpfandrecht als vertragliches,** und die Frage nach der Möglichkeit des gutgläubigen Erwerbs gesetzlicher Pfandrechte bleibt vermieden.

593   cc) **Der Weg Raisers** endlich (oben c) läßt für die Vindikation Raum nur noch bei unfreiwilligem Besitzverlust (so *Raiser* selbst: JZ 1961, 531 A. 8). Hier hilft aber bei beweglichen Sachen schon § 1007 II ohne Rücksicht auf das Eigentum. Die Vindikation verliert also für bewegliche Sachen ihren Sinn. Das entspricht nicht der gesetzlichen Regelung. Daß der Eigentümer sich durch freiwillige Weggabe des unmittelbaren Besitzes der schuldrechtlichen Rücktrittsregelung auch im Verhältnis zu Dritten unterwerfe, bleibt trotz *P. Schwerdtner,* JuS 1970, 64 f. eine nicht begründbare Behauptung.

Zudem führt die Ansicht *Raisers* noch zu einer Schwierigkeit, aus der ich keinen rechten Ausweg sehe: Wenn im Bsp. K in Konkurs gefallen ist (und gerade das sind ja die kritischen Fälle!), bevor er seinen Rückgabeanspruch aus dem Werkvertrag an V abgetreten hat, dann gehört dieser Anspruch zur Masse. Dagegen würde sich der Anspruch V—K aus dem Rücktritt (§ 346) nach § 69 KO in

---

2   Von mir in früheren Aufl. bezweifelt, aber wohl doch richtig, vgl. *Berg,* JuS 1978, 86 ff., aber auch *G. Müller,* VersR 1981, 499 ff.

eine Geldforderung verwandeln, die nur mit der Quote befriedigt wird. Wie soll V sein Kraftfahrzeug zurückbekommen, wenn der Konkursverwalter es nicht bei U auslöst? Analogie zu § 46 KO? Vgl. dazu *Berg*, JuS 1970, 12; für diese Analogie *Schwerdtner* aaO. 64 f.

Zugeben möchte ich *Raiser* nur, daß **zwischen den Parteien** des vertraglichen Rückabwicklungsverhältnisses (im Ausgangsfall also zwischen V und K) die §§ 987 ff. (nicht § 985!) ausgeschlossen sind.

Bsp.: E hat seinen Mietvertrag mit M zum 30. 4. wirksam gekündigt. M glaubt aber leicht fahrlässig, die Kündigung wirke erst zum 31. 5. Soll M hier etwa durch § 993 I gegen Ansprüche des E aus verspäteter Rückgabe (§ 557 I 2, II) geschützt sein? Das widerspräche dem vertraglichen Haftungsmaßstab von § 276 I 1.

e) Lösungsvorschlag

Zu wirksamer Hilfe für U muß man daher, soweit nicht eine Verpfändungsklausel (oben Rdnr. 592) wirkt, eine *vierte Lösung* erwägen[3]: Wenn V den K durch Vertrag verpflichtet hat, das Fahrzeug nötigenfalls reparieren zu lassen, so hat er damit in die Begründung der Situation *eingewilligt,* in der das Werkunternehmerpfandrecht nach § 647 kraft Gesetzes entsteht. Da diese Situation selbst durch Rechtsgeschäft hergestellt wird, liegt eine entsprechende Anwendung der §§ 183, 185 I nahe. U hat dann ein Werkunternehmerpfandrecht nicht kraft guten Glaubens, sondern deshalb erworben, weil die einer Verpfändung ähnliche Hingabe zur Reparatur **durch die Einwilligung des Eigentümers gedeckt** ist.

Dagegen hat *BGHZ 34, 125* eingewendet, das laufe auf eine unzulässige (oben Rdnr. 29) Verpflichtungsermächtigung hinaus. Aber das trifft nicht zu, weil K den V nicht zur Bezahlung der Reparaturrechnung verpflichtet. Weiter ist gesagt worden (*Raiser*, JZ 1958, 682), V wolle in solchen Fällen gerade nicht, daß seine Sache für die Vergütungsforderung hafte[4]. Das ist zwar richtig. Aber fraglich bleibt eben doch, ob V die konsentierte Reparatur von ihrer regelmäßigen gesetzlichen Folge, nämlich dem Werkunternehmerpfandrecht (§ 647), trennen kann. Dagegen spricht, daß V sonst die Möglichkeit hätte, sein Kraftfahrzeug durch Einschaltung des K pfandfrei reparieren zu lassen. Endlich wird geltend gemacht, § 185 passe nicht für die Entstehung eines gesetzlichen Pfandrechts (*Raiser* aaO.). Dieser Einwand trifft aber nur die direkte, nicht die entsprechende Anwendung. Für diese spricht vielmehr die Entwicklungs-

594

---

3 So *OLG Hamm* als Vorinstanz in *BGHZ 34, 122; Benöhr*, ZHR 135 (1971) 144 ff., Streitstand bei *LG Berlin*, NJW 1973, 630 f., ablehnend *Ossig*, ZIP 1986, 558 ff.
4 Ebenso *OLG Köln*, NJW 1968, 304 und *Berg*, JuS 1970, 13.

geschichte der gesetzlichen Pfandrechte: Diese sind entstanden durch die Normierung typischer Fälle der vertraglichen Verpfändung. Beide Pfandrechtsarten sind daher eng miteinander verwandt.

Bei zweifelhafter Zahlungsfähigkeit des K muß V eben für eine das Reparaturrisiko deckende Versicherung sorgen. Mir scheint das richtiger, als wenn man U auf dem Schaden sitzen läßt. Für Schutz des U, freilich unter zu schnellem Verzicht auf dogmatische Einordnung, auch *Jakobs,* Jur. Analysen 1970, 697 ff.

V. Verhältnis §§ 987 ff. BGB — Delikt

595   Soweit das EBV reicht — also bei Bestehen einer Vindikationslage —, sind die §§ 823 ff. regelmäßig ausgeschlossen, § 993 I. Denn andernfalls ließe sich der Schutzzweck des EBV speziell für den leicht fahrlässigen Besitzer (oben Rdnr. 574) nicht erreichen. Von dieser Subsidiarität des Deliktsrechts gibt es jedoch Ausnahmen (vgl. *K. Müller,* JuS 1983, 516 ff.):

1. Der unrechtmäßige Fremdbesitzer (der rechtmäßige haftet mangels einer Vindikationslage ohnehin deliktisch) **im Exzeß** fällt unter die §§ 823 ff. (oben Rdnr. 586).

596   **2.** Hat der Besitzer den **Besitz durch strafbare Handlung oder (schuldhafte) verbotene Eigenmacht erlangt,** so gibt § 992 den Weg zum Deliktsrecht frei. Die Vorschrift schließt damit aber nach h. M. (etwa *Westermann* § 32 IV 2 d) die Anwendbarkeit der §§ 987 ff. nicht aus. Das hat Bedeutung, weil Schadensersatzansprüche aus §§ 989, 990 erst nach 30 Jahren verjähren, Deliktsansprüche aber schon nach drei Jahren, § 852 (beginnend freilich erst mit Kenntnis des Geschädigten).

Bsp.: Der als gewalttätig bekannte B hat dem E sein Fahrrad weggenommen und es bis zum Ruin benutzt. Erst als B 10 Jahre später gestorben ist, wagt es E, Schadensersatzansprüche gegen den Erben des B zu erheben. Hier ist zwar der Anspruch aus §§ 992, 823 I (oder § 823 II mit § 242 StGB) verjährt. E hat aber noch den Anspruch aus § 990.

RGZ 117, 423/425 sieht den § 992 freilich etwas anders: Die Vorschrift wolle die Ersatzansprüche aus den §§ 987 ff. bis zum Umfang eines Deliktsanspruchs steigern , ohne sie auszuschließen. Daher sei die Verjährung für die in § 992 behandelten Ansprüche nach § 195 zu beurteilen. Daraus würde etwa folgen, daß auch der durch § 848 erweiterte Ersatzanspruch erst nach 30 Jahren verjährt, oder daß der nur leichtfahrlässige Eigenmachtsbesitzer 30 Jahre lang in Anspruch genommen werden kann. M. E. wäre das eine unnötige Haftungsverschärfung.

VI. Verhältnis §§ 987 ff. BGB — Bereicherungsrecht

1. Sachsubstanz und Übermaßfrüchte

Die §§ 987 ff. regeln nur die Ansprüche auf Schadensersatz und Nutzungen.   **597**
Weiter kann also auch ihre durch § 993 I bestätigte Ausschließlichkeit nicht reichen. Daher ist Bereicherungsrecht unbeschränkt anwendbar, soweit Veräußerung der Sache oder Verbrauch der Sachsubstanz in Frage stehen (Mot. bei *Mugdan* III 223). Das ergibt sich auch aus § 993 I: Selbst der redlichste Besitzer soll die »Übermaßfrüchte« nach Bereicherungsrecht ersetzen, also die Früchte, die auf Kosten der Sachsubstanz gezogen worden sind. Im einzelnen gilt dabei folgendes:

a) Sachverbrauch

Bei Verbrauch der Sache kann der ehemalige Eigentümer vom Verbraucher Ersatz nach den §§ 812 I 1, 818 verlangen. Das ist nach h. M. (vgl. unten Rdnr. 727) stets die Eingriffskondiktion, und zwar auch dann, wenn der Besitzer den Besitz durch Leistung (des Eigentümers oder eines Dritten) erlangt hat. Denn der Verbrauch ergreift nicht nur den Gegenstand dieser Leistung, also den Besitz, sondern auch das durch die Leistung gerade nicht erlangte Eigentum.

b) Sachveräußerung

Bei Veräußerung der Sache ist zu unterscheiden: **598**

    aa) Ist sie **dem Eigentümer gegenüber wirksam,** weil der Erwerber kraft seiner Redlichkeit erwerben konnte oder der Eigentümer genehmigt hat (§ 185 II 1), so gilt § 816 als Spezialfall der Eingriffskondiktion. Bei einer Kette unwirksamer Veräußerungen hat der Eigentümer die Wahl, welche Veräußerung er genehmigen will. Er wird sich dabei durch die Höhe des Erlöses (auf den der Anspruch nach h. M. geht; vgl. unten Rdnr. 721) und die Zahlungsfähigkeit des Veräußerers leiten lassen.

Bsp.: Der Dieb D verkauft eine Sache des E für 50 an den Hehler H. Dieser verkauft sie für 100 an den Großhändler G, dieser für 150 an den Kleinhändler K, dieser für 250 an den Verbraucher V. V endlich gebraucht die Sache einige Zeit und verkauft sie dann für 100 an W. Hier wird E die Veräußerung K-V genehmigen, um die von K erzielten 250 zu erhalten. Ist K zahlungsunfähig, kann E aber auch etwa die Veräußerung G-K genehmigen. Eine solche Genehmigung wird für E oft vorteilhafter sein als die Vindikation seiner inzwischen abgenutzten Sache (die Abnutzung braucht ja von redlichen Besitzern nicht ersetzt zu werden).

Unter Umständen »überlebt« diese Genehmigungsmöglichkeit nach § 185 II 1 sogar das Eigentum.

BGHZ 56, 131 ff.: Beim Eigentümer E gestohlenes Leder gelangt zu dem redlichen Händler H. Dieser verkauft es an verschiedene Betriebe, die das Leder weiterverarbeiten. E verlangt von H die Verkaufserlöse.

Wäre das Leder noch unverarbeitet, so gehörte es wegen § 935 noch dem E. Dieser könnte folglich als derzeitiger Eigentümer die zunächst unwirksamen Veräußerungen durch H genehmigen und sich so den Anspruch aus § 816 I 1 verschaffen. Die Verarbeitung hat dem E aber sein Eigentum nach § 950 entzogen; kann er trotzdem noch genehmigen? Der BGH bejaht das: Der mit § 816 beabsichtigte Schutz des Eigentümers sei gerade dann besonders dringend, wenn dieser sein Eigentum aus rechtlichen (hier: wegen § 950) oder tatsächlichen Gründen (etwa wegen Vernichtung oder Verbrauch der Sache) nicht mehr nach § 985 geltend machen könne. Daher müsse das weitere Schicksal des Eigentums im Verhältnis E-H bedeutungslos bleiben. Doch vgl. einschränkend *Medicus,* AT Rdnr. 1028 f.: § 185 II dürfte nur dann analog anzuwenden sein, wenn sich das verlorene Eigentum wenigstens in einem Wertersatzanspruch (§§ 946 ff., 951) fortsetzt.

599   bb) Ist dagegen die Veräußerung **dem Eigentümer gegenüber unwirksam,** also weder anfänglich wirksam noch nachträglich durch Genehmigung wirksam geworden, dann gilt § 816 I nicht. Nach herrschender und richtiger Ansicht (etwa *Westermann* § 31 IV 4) kann der Eigentümer in solchen Fällen den Erlös aus der unwirksamen Veräußerung auch **nicht über die §§ 985, 281** verlangen. Denn das würde dazu führen, daß der Eigentümer sein Eigentum behielte und gleichwohl den Erlös bekäme; er wäre also doppelt begünstigt. Umgekehrt würde hier der Veräußerer — selbst der redliche — doppelt belastet: Er müßte den Erlös herausgeben und hätte außerdem noch mit der Rechtsmängelhaftung (§§ 440, 325) seinem Käufer gegenüber zu rechnen. Damit wäre die »Opfergrenze« des § 985 überschritten: Der Besitzer soll nur herausgeben, was er zuviel hat, aber nicht auch noch aus dem eigenen Vermögen zuzahlen müssen. Zudem wäre der Veräußerungserlös ein *Eigentums*surrogat, während der Vindikationsschuldner ja nur den *Besitz* herauszugeben hat; auch deshalb paßt § 281 nicht für den Veräußerungserlös (*Jochem,* MDR 1975, 177 ff.).

Gegen einen unredlichen Besitzer bleiben Schadensersatzansprüche aus § 990 möglich, wenn er durch Veräußerung der Sache die Herausgabe vereitelt hat. Aber dieser Schadensersatz braucht nach § 255 nur gegen Übertragung des Eigentums geleistet zu werden. Auch hier kann also der Eigentümer nicht sein Eigentum behalten und noch zusätzlich dessen Wert verlangen.

2. Reguläre Nutzungen

Hinsichtlich der regulären Nutzungen dagegen bilden die §§ 987 ff. eine ab-   **600**
schließende Regelung, § 993 I. Insoweit sind Bereicherungsansprüche also ausgeschlossen.

a) Bereicherungsansprüche bei nichtiger Veräußerung

Die h. M. erkennt jedoch von diesem Grundsatz neben § 988 (vgl. oben
Rdnr. 385) noch eine weitere Ausnahme an. Diese ergibt sich aus folgendem:

Veräußert der Eigentümer E eine Sache an D und ist nur das obligatorische
Geschäft unwirksam, so ist kein EBV entstanden: Eigentum und Besitz befinden sich ja bei derselben Person. Die §§ 985 ff. gelten also nicht: E hat gegen D
einen Anspruch aus Leistungskondiktion auf Rückübereignung der Sache. Dieser Anspruch umfaßt nach § 818 I die von D gezogenen Nutzungen. Ist dagegen
auch das dingliche Geschäft (die Veräußerung) unwirksam, so besteht ein EBV:
E kann die Sache von D vindizieren, aber nach den §§ 987 ff. von dem redlichen
Besitzer D anscheinend keinen Nutzungsersatz verlangen. Danach stünde E
hinsichtlich der Nutzungen besser, wenn er sein Eigentum verloren hat, als
wenn er es behalten hätte! Zur Korrektur dieses unsinnigen Ergebnisses lassen
sich im wesentlichen (noch anders *Waltjen*, AcP 1975, 1975, 109/111 ff.) *zwei
Wege* finden:

(1) *RGZ (GS) 163, 348 ff.* und *BGHZ 32, 76 ff.* (94; dort weitere Angaben)
wollen durch **entsprechende Anwendung von § 988** helfen: Der rechtsgrundlose Besitzer sei dem unentgeltlichen gleichzustellen, weil auch der rechtsgrundlose Besitzer keine Gegenleistung zu erbringen brauche.

(2) Demgegenüber will die im Schrifttum herrschende Ansicht **Bereicherungsansprüche mit den §§ 987 ff. konkurrieren** lassen[5]. Diese Ansicht ist für
die Leistungskondiktion richtig (so ausdrücklich *Gernhuber*, BR § 44 IV 3 g),
und zwar aus folgendem Grund:

Bei **Zweipersonenverhältnissen** — also wenn der Besitzer den Besitz durch
eine Leistung des Eigentümers erhalten hat — führen die Lösungen (1) und (2)
zwar zum selben Ergebnis. Hat dagegen der Besitzer den **Besitz durch die Leistung eines Dritten erlangt,** fallen die Ergebnisse auseinander. Hier zeigt sich
die Überlegenheit der Lösung (2).

Bsp.: Der Dieb D hat eine Sache des E an den redlichen B verkauft, der Kaufvertrag ist
unerkannt nichtig.

---

5 So etwa *Baur* § 11 B II 3; *Westermann* § 31 III 1 b; *Wolff-Raiser* § 85 II 6; *Larenz* II § 70 I
   S. 572 f.

Nach der Ansicht (1) könnte hier E von B nach § 988 Nutzungsersatz verlangen, obwohl B den Kaufpreis an D gezahlt, also für den Erwerb ein Opfer gebracht hat. Dieses Opfer könnte auch im Verhältnis zu E nicht saldiert werden. Hier zeigt sich eben, daß man den rechtsgrundlosen Besitzer doch nicht einfach dem unentgeltlichen gleichsetzen darf!

Nach der Ansicht (2) dagegen kann nur D die Nutzungen von B kondizieren, weil B den Besitz durch Leistung des D erhalten hat. Und dem D vermag B seinen Anspruch auf Kaufpreisrückzahlung entgegenzuhalten. E seinerseits kann von D die Nutzungen, die er selbst gezogen hätte, nach §§ 823, 249 ersetzt verlangen. Soweit E die Nutzungen nicht gezogen hätte, kann er sie von D nach § 687 II oder Bereicherungsrecht fordern. Im Ergebnis kommen die von B herauszugebenden Nutzungen also auch hier zu E, aber auf dem Umweg über D. Dieser Umweg ist nötig, um dem B die Verrechnung seines Vermögensopfers nicht unmöglich zu machen. Vgl. auch unten Rdnr. 670.

In *BGHZ 37, 363/368 ff.* hat auch der BGH (zu § 816 I 2; vgl. oben Rdnr. 390) angedeutet: Der rechtsgrundlose Besitzer kann dem unentgeltlichen nur dann gleichgestellt werden, wenn der Erwerb ohne Vermögensopfer erfolgt. Wenigstens das müßte auch bei § 988 gelten.

b) Die Gegenansicht

601 Gegen beide Varianten der eben geschilderten h. M. wendet sich *Wieling,* AcP 169 (1969) 137 ff. Er hält es nämlich regelmäßig für gerechtfertigt, daß der rechtsgrundlose Besitzer nach § 993 I am Ende die Nutzungen behalten darf, während der um das Eigentum Bereicherte sie nach § 818 I herausgeben muß. Denn der Gesetzgeber habe diesen Unterschied gewollt und ihn bewußt anderweitig ausgeglichen: Der Schuldner nach Bereicherungsrecht müsse zwar die Nutzungen herausgeben, habe aber bei Redlichkeit den Vorteil aus § 818 III. Nach dieser Vorschrift dürfe er nämlich auch Aufwendungen absetzen, die im EBV keine ersatzfähigen Verwendungen (§§ 994 I, 995, 996) seien.

Bsp. von *Wieling* aaO. 147: Die Zahlung von Fracht ist regelmäßig keine notwendige (§ 994 I) oder werterhöhende (§ 996) Verwendung und wird also im EBV nicht vergütet. Dagegen kann der Bereicherungsschuldner den gezahlten Frachtbetrag nach § 818 III abziehen.

Wieling räumt freilich ein, daß diese Regelung gerade beim rechtsgrundlosen Leistungsaustausch (also in den oben a behandelten Fällen) einer Korrektur bedarf. Anders als die h. M. aber will *Wieling* § 993 I am Ende nicht einschränken, sondern ihn im Gegenteil auf die Leistungskondiktion ausdehnen: Auch der Bereicherungsschuldner dürfe entgegen § 818 I die Nutzungen behalten.

Wieling hat darin recht, daß sich der problemerzeugende Wertungswiderspruch (vgl. oben a) auch durch eine solche Ausdehnung des § 993 I beseitigen läßt. Aber ich halte das für den gegenüber der h. M. schlechteren Weg. Denn die Nichtigkeit des der Leistung zugrunde liegenden Vertrages bedeutet, daß dieser nicht durchgeführt werden soll. Demgegenüber bewirkt die Ansicht *Wielings,* daß der Vertrag hinsichtlich der Nutzungen bis zur Rechtshängigkeit (§ 987) oder zum Unredlichwerden (§ 990 I) eben doch durchgeführt wird. Das kann, wenn sich der Nichtigkeitsgrund erst spät herausstellt, sehr beträchtliche Folgen haben. Diese aber widersprechen regelmäßig dem Grund für die Nichtigkeitsanordnung. Vgl. auch unten Rdnr. 602 und zu einer ähnlichen Frage bei der Saldotheorie oben Rdnr. 227; 231.

c) Die Nutzungshaftung Minderjähriger

Wenn also der leistende Eigentümer die Nutzungen trotz § 993 I am Ende vom **602** Besitzer als dem Leistungsempfänger kondizieren kann, ergibt sich ein früher viel behandeltes Spezialproblem, das freilich inzwischen durch den Beginn der vollen Geschäftsfähigkeit schon mit dem vollendeten 18. Lebensjahr (§ 2) stark an Bedeutung verloren hat.

OLG Hamm, NJW 1966, 2357 ff.: Der minderjährige M mietet sich bei V ohne die Einwilligung seiner Eltern einen Pkw und benutzt ihn zwei Wochen lang. Gegenüber der Mietzinsforderung des V beruft M sich auf die Verweigerung der Genehmigung durch seine Eltern (§ 109). V erwidert, er verlange dann eben den Wert (§ 818 II) der Gebrauchsvorteile (§ 100) als Nutzungen (§ 818 I).

Das OLG hat die Klage des V aus zwei Gründen abgewiesen:

(1) Der Mietvertrag sei bis zur Verweigerung der Genehmigung nicht nichtig gewesen, sondern nur schwebend unwirksam. Auf einen solchen Vertrag aber werde während des Schwebezustandes **mit rechtlichem Grund** geleistet. Aber daran dürfte nur richtig sein, daß V bis zur Verweigerung der Genehmigung nicht kondizieren kann, sondern zunächst von seinen Rechten aus §§ 108 I, 109 Gebrauch machen muß. Nach der Verweigerung dagegen sind die ausgetauschten Leistungen regelmäßig (Ausnahmen §§ 814, 815) auch für die Zeit des Schwebezustandes zurückzugewähren. In Konsequenz der Ansicht des OLG dürfte ja auch umgekehrt M den etwa für die Schwebezeit vorausbezahlten Mietzins nicht zurückverlangen!

(2) Die Gebrauchsvorteile seien bei M **weggefallen (§ 818 III).** Dabei bleibt aber dunkel, worin hier ein solcher Wegfall liegen soll. Eher ist fraglich, ob M überhaupt einen vermögenswerten Vorteil erlangt hat. Dafür spricht auf den ersten Blick, daß der BGH die Annehmlichkeiten aus dem Besitz eines Pkw im Schadensrecht für kommerzialisiert hält (unten Rdnr. 824 ff.; das übersieht *Batsch,* NJW 1969, 1743/1746). Um den Geldwert dieser Annehmlichkeit scheint M bereichert zu sein, und zwar unabhängig davon, wieviel und wofür er den Pkw wirklich benutzt hat.

Trotzdem möchte ich im Ergebnis wie das OLG Hamm einen Anspruch des V verneinen (anders *Batsch* aaO., gegen ihn *Gursky,* NJW 1969, 2183 ff.): Welche Annehmlichkeiten sich ein Minderjähriger entgeltlich soll verschaffen dürfen, bestimmt nach den §§ 106 ff. sein gesetzlicher Vertreter. Diese Vorschriften betreffen zwar direkt nur eine rechtsgeschäftliche und nicht die bei § 812 in Frage stehende gesetzliche Vergütungspflicht. Aber auch diese (dem Betrage nach freilich bisweilen geringere) gesetzliche Vergütungspflicht widerspricht dem Schutzzweck des Minderjährigenrechts, weil sie den Minderjährigen ähnlichen Gefahren unkontrollierter Vermögensverluste aussetzt. Abgesehen von einer Deliktshaftung des M (etwa aus §§ 823 II BGB, 263 StGB mit 1 II, 3 JGG) kann er daher nach §§ 812, 818 nur ersatzpflichtig sein, soweit er durch die Benutzung des Pkw Kosten erspart hat, deren Entstehung dem Willen seiner Eltern entsprach. Vgl. zu einem entsprechenden Fall außerhalb des EBV oben Rdnr. 176 (Flugreisefall) und beim Sachverbrauch oben Rdnr. 231 (Saldotheorie); auch unten Rdnr. 899 dazu, inwiefern § 818 III bei der Begründung des Ergebnisses helfen kann.

3. Exkurs: Der Eigentumserwerb an Sachfrüchten

603 Für den Inhalt des Anspruchs auf Herausgabe von natürlichen Sachfrüchten ist stets die Vorfrage nach dem Eigentum zu beachten (vgl. *Medicus,* JuS 1985, 657 ff.): Soweit der Besitzer diese Sachfrüchte zu Eigentum erworben hat, muß er sie übereignen; andernfalls kann der Eigentümer der Muttersache sie mit dieser vindizieren (bei Verbrauch Wertersatz; oben Rdnr. 597).

Für den redlichen Besitzer folgt der **Eigentumserwerb aus § 955.** Streitig ist hier jedoch, ob bei **Abhandenkommen der Muttersache** § 935 entsprechend anzuwenden ist: Scheitert an dieser Vorschrift der Erwerb der Eier nach § 955, wenn das Huhn gestohlen ist? Eine Ansicht (etwa *Wolff-Raiser* § 77 III 4) bejaht die Analogie zu § 935, wenn das Ei bei dem Diebstahl schon im Huhn angelegt war, also mitgestohlen worden ist. Vorzuziehen dürfte aber die Gegenansicht sein (etwa *Westermann* § 57 II 3 c): Sie erspart die lästige Frage, wann das Ei zu entstehen begonnen hat. Bei Sachbestandteilen muß freilich § 955 stets durch § 935 ausgeschlossen sein.

Große Bedeutung hat das allerdings schon deshalb nicht, weil § 935 nur für bewegliche Sachen gilt. Bei diesen aber spielt der Erwerb »sonstiger zu den Früchten der Sache gehörender Bestandteile« (§ 955 I 1) praktisch keine Rolle (Schulbsp. hierfür sind Steine aus einem Steinbruch).

In jedem Falle brauchen der Eigentumserwerb nach § 955 und das Behaltendürfen nach §§ 987 ff. nicht übereinzustimmen. Dann ist die **Zuordnung nach § 955 vorläufig.**

Bsp.: Der redliche unentgeltliche Besitzer erwirbt zwar nach § 955 Eigentum, an Früchten und Bestandteilen, muß diese aber nach § 988 (durch Übereignung) herausgeben. Ausnahmsweise kann übrigens auch der umgekehrte Fall (Behaltendürfen trotz Nichterwerbs des Eigentums) vorkommen: Der unredliche Pächter erwirbt an den Früchten kein Eigentum, haftet aber bei Redlichkeit seines Verpächters wegen § 991 I dem Eigentümer der Muttersache nicht.

VII. Besonderheiten beim Erbschaftsanspruch

1. Dingliche Surrogation*

Die wichtigste Eigenart der §§ 2018 ff. gegenüber dem EBV ist die Surrogation nach § 2019 I: Zum Nachlaß gehört auch — d. h. es kann auch mit dem Anspruch aus § 2018 herausverlangt werden —, was der Erbschaftsbesitzer **durch Rechtsgeschäft mit Mitteln der Erbschaft** erwirbt. Der Erbe wird also kraft Gesetzes Eigentümer der vom Erbschaftsbesitzer derart erworbenen Sachen und Gläubiger der Forderungen. Beim Erwerb von Immobilien ist das Grundbuch unrichtig, soweit es den Erbschaftsbesitzer als Berechtigten nennt. Zum Zweck der Surrogation vgl. oben Rdnr. 574 c.

603a

a) Erwerb mit Mitteln der Erbschaft

Fraglich ist jedoch, was »Erwerb mit Mitteln der Erbschaft« bedeutet: Muß die Weggabe von Nachlaßgegenständen rechtlich wirksam sein, oder genügt schon die Weggabe des Besitzes? *Beispiele:*

603b

(1) Der Erbschaftsbesitzer ohne Erbschein verkauft aus dem Nachlaß einen Ring an K. Dieser erwirbt wegen §§ 935, 857 kein Eigentum. Wem steht die Kaufpreisforderung zu, dem Erbschaftsbesitzer oder dem Erben? Wem gehört das von K gezahlte Geld?

(2) Der Erbschaftsbesitzer ohne Erbschein zieht eine Nachlaßforderung ein. Wem gehört das vom Nachlaßschuldner S Geleistete?

Im Fall (2) ist »Erwerb mit Mitteln der Erbschaft« zweifellos zu verneinen: Gläubiger der Nachlaßforderung ist mit dem Erbfall der wahre Erbe geworden, § 1922 I. S hat also an einen Nichtgläubiger gezahlt und ist nicht befreit worden. Der Nachlaß hat daher keinerlei Opfer erlitten. Anders ist es nur, wenn der Erbe die Leistung des S genehmigt: Dann ist dieser befreit (§§ 362 II, 185 II 1 Fall 1), und der Leistungsgegenstand steht nach § 2019 I dem Erben zu.

---

*   Allgemeiner zur Surrogation vgl. *Gernhuber,* BR § 49; *M. Wolf,* JuS 1975, 643 ff.; 710 ff.; 1976, 32 ff.; 104 ff.

Im Fall (1) dagegen hat der Nachlaß immerhin den Besitz an dem Ring verloren. Würde man das für § 2019 I genügen lassen, so könnte der Erbe aber nicht nur den Kaufpreis verlangen, sondern auch noch von K den Ring vindizieren.

Daß K hier durch Zahlung des Kaufpreises an den Erbschaftsbesitzer freigeworden ist, selbst wenn die Kaufpreisforderung dem Erben zugestanden haben sollte, folgt aus §§ 2019 II, 407 I. Insoweit schützt das Gesetz also den redlichen Schuldner unabhängig vom Vorliegen eines Erbscheins. Der Unterschied zu Fall (2) besteht darin, daß im Fall (1) K nicht schon beim Erbfall Schuldner war, sondern er es erst durch ein Rechtsgeschäft mit dem Erbschaftsbesitzer geworden ist.

Die ganz h. M. (etwa *Heinr. Lange-Kuchinke* § 43 III 2 c) nimmt im Fall (1) trotz der Unwirksamkeit der Veräußerung Surrogation an; der Verlust des Besitzes genüge als Opfer des Nachlasses. Wenn man dem folgt, stehen Kaufpreisforderung und der Kaufpreis selbst spätestens von dem Augenblick an dem Erben zu, in dem der Ring aus dem Nachlaß weggegeben worden ist. Es bedarf daher einer Konstruktion, mit der man einen doppelten Erwerb des Erben vermeiden kann. Hierüber besteht Streit. Am richtigsten wird sein, daß der Erbschaftsbesitzer das Erlangte nur **Zug um Zug gegen Genehmigung** der Verfügung durch den Erben herauszugeben braucht (*Kipp-Coing* § 107 II 1). Der Erbe hat also die Wahl zwischen dem dinglichen Anspruch auf die unwirksam weggegebene Sache (Vindikation des Ringes von K) und dem dinglichen (Unterschied zu § 816 I 1 beim EBV!; vgl. oben Rdnr. 598) Anspruch auf den Erlös.

b) Mitverwendung von Eigenmitteln

603c   Erfüllt der Erbschaftsbesitzer einen Schuldvertrag nur teilweise aus dem Nachlaß und zum anderen Teil mit Eigenmitteln, so tritt auch die Surrogation nur teilweise ein. Entgegen dem Wortlaut von § 2019 I ist die Surrogation sogar ganz gehindert, wenn der Erwerb nicht von der Person des Erbschaftsbesitzers getrennt werden kann.

Bsp.: Der Erbschaftsbesitzer erwirbt mit Nachlaßmitteln einen **Nießbrauch**. Hier kommt nur ein schuldrechtlicher Anspruch des Erben aus §§ 2021, 818 II auf den Wert des Nießbrauchs in Betracht, wenn nicht der Erbschaftsbesitzer nach §§ 2023 f. Schadensersatz schuldet. Auch ist nach *BGH* NJW 1977, 433 die **Kommanditistenstellung** kein Surrogat der aus dem Nachlaß geleisteten Einlage.

c) Sachfrüchte

603d   Unter § 2019 I fallen nicht die vom Erbschaftsbesitzer gezogenen Sachfrüchte. Das folgt aus § 2020 Halbs. 2, der einen Eigentumserwerb des Erbschaftsbesitzers an den Früchten für möglich hält und es insoweit also bei § 955 beläßt. Doch fallen auch diese vom Erbschaftsbesitzer erworbenen Früchte unter

§ 2018; der Anspruch richtet sich dann nicht nur auf Herausgabe, sondern ausnahmsweise zugleich auf Übereignung.

d) Exkurs: Übersicht zur erbrechtlichen Surrogation

Im folgenden sei noch eine Übersicht über die erbrechtlichen Surrogationsfälle 603e
gegeben.

Außer in § 2019 ist im Erbrecht noch an zwei anderen Stellen dingliche Surrogation angeordnet: In § 2041 für das Verhältnis zwischen **Miterben** untereinander und in § 2111 für das Verhältnis **Vorerbe—Nacherbe**. Alle drei Vorschriften sind jedoch verschieden formuliert.

aa) § 2111 I stimmt mit § 2019 hinsichtlich des »Erwerbs mit Mitteln der Erbschaft« überein. Dagegen sagt § 2041 »Erwerb durch ein Rechtsgeschäft, das sich auf den Nachlaß bezieht«. Das ist weiter als die §§ 2019, 2111. Beispiele:

(1) Kauf eines Grundstücks zur Abrundung von Nachlaßgrundstücken. Hier ist die Beziehung auf den Nachlaß ohne weiteres gegeben, § 2041 also anwendbar. Die Anwendung der §§ 2019, 2111 würde dagegen voraussetzen, daß das neu erworbene Grundstück mit Nachlaßmitteln bezahlt worden ist.

(2) Kauf eines Kraftwagens, der keine Beziehung zum Nachlaß hat und auch nicht für diesen verwendet werden soll, aber mit Nachlaßmitteln bezahlt wird. Hier sind die §§ 2019, 2111 sicher anwendbar. Dagegen hatte *OGHZ 2, 226 ff.* die Anwendung von § 2041 abgelehnt, da eine subjektive Beziehung zum Nachlaß fehle. Anders heute die h. M. (etwa *Kipp-Coing* § 114 III 2): § 2041 wolle die Miterben gegen eine Verminderung ihrer Verwaltungs- und Teilungsmasse sichern. Daher müsse für § 2041 schon die objektive Beziehung zum Nachlaß genügen, die sich aus der Bezahlung mit Nachlaßmitteln ergebe. Dem ist zuzustimmen.

Ebenso wie § 2041 sind übrigens auch die *ehegüterrechtlichen* Surrogationsvorschriften formuliert: §§ 1418 II Nr. 3 (Vorbehaltsgut), § 1473 I (Gesamtgut); dazu noch § 1638 II (von der elterlichen Verwaltung ausgeschlossenes Kindesvermögen). Hier gilt dasselbe wie bei § 2041.

bb) Die §§ 2041 S. 1, 2111 I 1 nennen im Gegensatz zu § 2019 I auch, »was auf 603f
Grund eines zur Erbschaft gehörenden Rechts oder als Ersatz für die Zerstörung, Beschädigung oder Entziehung eines Erbschaftsgegenstandes« erworben wird. Ein sachlicher Unterschied zu § 2019 I besteht aber nur hinsichtlich der Sachfrüchte: Für sie tritt im Bereich der §§ 2041, 2111 Surrogation ein, während bei § 2019 I das nach § 955 (nicht durch Rechtsgeschäft) vom Erbschaftsbesitzer erworbene Eigentum nicht auf den Erben übergeht. Im übrigen dagegen gilt für den Erbschaftsanspruch sachlich dasselbe wie nach den §§ 2041, 2111: Daß etwa ein Schadensersatzanspruch wegen Zerstörung einer Nachlaßsache wenigstens im wesentlichen (abgesehen unter Umständen von Nutzungsschä-

den des Besitzers; vgl. unten Rdnr. 607) dem wahren Erben zusteht, folgt schon daraus, daß sein Eigentum verletzt worden ist und er den Schaden hat.

Hinsichtlich der Früchte ist beim Vorerben freilich zu beachten, daß diese ihm regelmäßig (Ausnahme § 2133) endgültig gebühren. Eine Surrogation findet dann nach § 2111 I 1 am Ende nicht statt.

2. Andere Einzelheiten des Erbschaftsanspruchs

603g   Abgesehen von § 2019 entsprechen die §§ 2020 ff. weitgehend dem EBV.

a) Schadensersatz

So laufen für die Haftung bei Rechtshängigkeit oder Unredlichkeit die §§ 2023, 2024 mit den §§ 989, 990 parallel. Die Sondervorschrift in § 2025 S. 2 gegenüber § 992 folgt daraus, daß der Erbschaftsbesitzer die Sachen des Nachlasses wegen § 857 fast immer durch verbotene Eigenmacht erworben haben wird. Daher würde auch der nur leicht fahrlässige Erbschaftsbesitzer fast immer nach § 823 haften, wenn § 2025 gegenüber § 992 keine Milderung brächte. Diese besteht darin, daß der Bruch des nur nach § 857 erworbenen Erbenbesitzes nicht genügt, um die Deliktshaftung auszulösen: Der Erbe muß den Besitz zunächst tatsächlich ergriffen und gegen diesen Besitz muß sich die Eigenmacht des Erbschaftsbesitzers gerichtet haben.

b) Nutzungen

603h   Eine auf den ersten Blick schwerwiegende Abweichung des Erbschaftsbesitzes gegenüber dem EBV ergibt sich aber aus den §§ 2020, 2021: Auch der redliche Erbschaftsbesitzer muß alle Nutzungen herausgeben, selbst die Sachfrüchte, die er nach § 955 zu Eigentum erworben hat (vgl. oben Rdnr. 603 d). Zudem haftet er für alles, was er nicht mehr herausgeben kann, nach Bereicherungsrecht. Indessen entspricht diese Regelung nur dem § 988: Sie trägt dem Umstand Rechnung, daß der Erbschaftsbesitzer den Nachlaß auf Grund eines vermeintlichen oder vorgeblichen Erbrechts besitzt und daher für den Erwerb kein Opfer gebracht hat.

Anders steht es nur für den vertraglichen Erbschaftserwerber, insbesondere den Erbschaftskäufer, der nach § 2030 einem Erbschaftsbesitzer gleichsteht: Er wird den Erwerb der Erbschaft regelmäßig bezahlt haben.

c) Verwendungen

603i   Eine echte Besserstellung des unverklagten redlichen Erbschaftsbesitzers (für den verklagten oder unredlichen vgl. §§ 2023 II, 2024) hinsichtlich der Verwendungen enthält § 2022: Dieser Erbschaftsbesitzer kann Ersatz aller Verwendungen fordern, nicht nur wie nach §§ 994—996 der notwendigen und der werterhöhenden, § 2022 I 1. Zudem können auch Aufwendungen ersetzt verlangt werden, die sich nicht auf bestimmte Gegenstände beziehen, also etwa die gezahlte Erbschaftsteuer, § 2022 II. Endlich wirkt das Zurückbehaltungsrecht nach §§ 2022, 1000 nicht nur für diejenige Nachlaßsache, der die Verwendung gegolten hat, sondern für den ganzen Nachlaß. Es wirkt also selbst dann, wenn die betreffende Sache nicht mehr vorhanden ist.

§ 2022 I 1 ordnet dabei eine Anrechnung der Verwendungen auf die nach § 2021 zu ersetzende Bereicherung an: Insoweit ist der Erbschaftsbesitzer also nicht auf das Zurückbehaltungsrecht angewiesen. Vielmehr findet wie bei § 818 III (vgl. oben Rdnr. 224) eine Saldierung statt.

d) Zahlung von Nachlaßschulden aus Eigenmitteln

Eine eigenartige Sonderrolle gegenüber § 267 spielt endlich § 2022 II; III. Die **603j** Vorschrift nennt nämlich den Fall, daß der (redliche) Erbschaftsbesitzer Nachlaßverbindlichkeiten aus Eigenmitteln gezahlt hat. Schuldner solcher Verbindlichkeiten ist aber regelmäßig der wahre Erbe. Da der Erbschaftsbesitzer diese fremde Schuld meist nicht tilgen wollte, ist der Erbe auch nicht nach § 267 befreit worden. Nach allgemeinen Regeln müßte also der Erbschaftsbesitzer das Geleistete von dem Nachlaßgläubiger mit der Leistungskondiktion zurückfordern (vgl. unten Rdnr. 948). Demgegenüber setzt aber § 2022 II; III voraus, daß der Erbschaftsbesitzer wegen seiner Leistung nicht nur das Zurückbehaltungsrecht, sondern sogar Ansprüche gegen den Erben haben kann. Das ist offenbar nur möglich, wenn die Leistung den Erben befreit hat. Dann kommt die Rückgriffskondiktion in Betracht (niemals dagegen wegen § 687 I ein Anspruch aus berechtigter Geschäftsführung ohne Auftrag).

Diese Unstimmigkeit wird folgendermaßen aufzulösen sein (*Kipp-Coing* § 107 IV 5 b; *Brox* Rdnr. 560): Der Erbschaftsbesitzer hat hinsichtlich solcher Zahlungen die Möglichkeit zu nachträglicher Änderung der Tilgungsbestimmung. Er erlangt so die **Wahl zwischen der Leistungskondiktion** gegenüber dem Empfänger (dem Nachlaßgläubiger) **und der Rückgriffskondiktion** gegen den Erben. Soweit er die Leistungskondiktion wählt, kann er das Geleistete nicht als Aufwendung gegen den Erben geltend machen. Soweit er dagegen die Rückgriffskondiktion wählt oder über §§ 2022 I 2, 1000 ff. zum Ziele kommt, ist der Erbe durch die Leistung dem Nachlaßgläubiger gegenüber befreit. Damit entfällt zugleich eine Leistungskondiktion gegen den Leistungsempfänger.

Bsp.: Der redliche Erbschaftsbesitzer B zahlt eine Nachlaßverbindlichkeit mit Eigenmitteln an den Gläubiger G. Gäbe es § 2022 nicht, müßte B das Gezahlte von G mit der Leistungskondiktion als *indebitum* zurückfordern. Diese Möglichkeit wird B durch

§ 2022 nicht genommen. B erhält aber durch diese Vorschrift weitere Möglichkeiten: Er kann das an G Gezahlte nach § 2022 I 1 auf die dem wahren Erben E geschuldete Bereicherung verrechnen. Wo das nicht möglich ist, kann B den Nachlaß zurückhalten (§§ 2022 I 2, 1000) oder sogar mit der Rückgriffskondiktion offensiv gegen E vorgehen. Freilich wird E demgegenüber die Beschränkung seiner Haftung auf den Nachlaß geltend machen dürfen.

Wertvoll sind diese zusätzlichen Möglichkeiten für B vor allem, wenn G zahlungsunfähig ist. Wenn B sich an E hält, ist allerdings dieser dem G gegenüber befreit. Freilich wird man auch hier zugunsten des E die §§ 406 f. entsprechend anwenden müssen (vgl. unten Rdnr. 952 am Ende): Danach wird E insbesondere geschützt, soweit er schon selbst an G geleistet hat.

IV. Abschnitt Ansprüche aus Delikt

§ 24 Probleme des Deliktsrechts*

I. Haftung aus Unrecht und Gefährdung

Das Deliktsrecht im weitesten Sinne (der für das Anspruchsschema maßgeblich 604
ist) umfaßt im wesentlichen vier Gruppen von Tatbeständen. Diese werden
hauptsächlich durch die folgenden Vorschriften gebildet:

1. Haftung aus **verschuldetem Unrecht:** §§ 823 I und II, 824—826, 830,
839.

2. Haftung aus **Unrecht in widerleglich vermutetem Verschulden:** §§ 831,
832, 833 S. 2, 834, 836—838 BGB, 7 III 1 Halbs. 2, 18 StVG, 44, 45 LuftVG.

3. Haftung aus **Gefährdung** ohne Rücksicht auf Unrecht und Verschulden:
§§ 231, 833 S. 1 BGB, 7 I, III 1 Halbs. 1 StVG, 1, 2 HaftpflG, 33 I, II 1, 3; 54 f.
LuftVG, 25, 26 AtomG, 22 II WHG und § 84 ArzneimittelG.

Die Anwendung der Vorschriften dieser Gruppe wird durch Rechtswidrigkeit und
Verschulden nicht ausgeschlossen (häufiger Fehler!). Die Gefährdungshaftung ist eben
keine Haftung bloß für rechtmäßiges Verhalten, sondern sie stellt die Fragen nach
Rechtswidrigkeit und Verschulden nicht.

4. Haftung für **fremdes Unrecht mit Fremdverschulden:** § 3 HaftpflG,
Art. 34 GG. Auch § 831 wird hierher gehören, wenn er doch noch entsprechend
dem Entwurf eines Gesetzes zur Änderung und Ergänzung schadensersatzrechtlicher Vorschriften umgestaltet werden sollte (vgl. unten Rdnr. 783).

---

* Dazu *Gernhuber*, BR § 40; *Deutsch*, Haftungsrecht I (1976) S. 1—416; *ders.*, Die
neuere Entwicklung der Rechtsprechung zum Haftungsrecht, JZ 1984, 308 ff.; *ders.*,
Unerlaubte Handlungen und Schadensersatz (1986); *Kötz*, Deliktsrecht (3. Aufl.
1983); *Mertens-Reeb*, Grundfälle zum Recht der unerlaubten Handlung, JuS 1971,
409 ff.; 525 ff.; 586 ff.; 1972, 35 ff.; *Kupisch-Krüger*, Grundfälle zum Recht der unerlaubten Handlungen, JuS 1980, 270 ff.; 422 ff.; 574 ff.; 727 ff.; 1981, 30 ff.; 347 ff.;
584 ff.; 737 ff.; *dies.*, Deliktsrecht (1983); *P. Schwerdtner*, Recht der unerlaubten
Handlungen, Jura 1981, 414 ff.; 484 ff.; *Canaris*, Schutzgesetze — Verkehrspflichten
— Schutzpflichten, 2. Festschr. Larenz (1983) 27 ff..

In der Gruppe 4 und den wichtigsten Vorschriften der Gruppe 2 gründet sich die Haftung nicht nur auf das eigene Verhalten des Schuldners, sondern auch auf fremdes Verhalten. Ich behandle diese beiden Gruppen daher später (unter Rdnr. 778 ff.) bei der Gehilfenhaftung. Hier bleiben also nur die Gruppen 1 und 3

II. Haftung aus verschuldetem Unrecht

605 Die mit Abstand wichtigsten Vorschriften dieser Gruppe sind die §§ 823 I, 823 II und 826. Auf sie beschränke ich mich hier (zur Sonderfrage der Verkehrssicherungspflicht vgl. unten Rdnr. 641 ff.; zu § 830 I 2 unten Rdnr. 789 ff.).

Bei § 823 ist streng zu beachten, daß dessen beide Absätze zwei grundverschiedene Anspruchsgrundlagen bilden. Jedenfalls in schriftlichen Arbeiten muß daher stets angegeben werden, welcher Absatz gemeint ist. Zudem muß bei § 823 I ein bestimmtes Rechtsgut und bei § 823 II das angewendete Schutzgesetz genannt werden.

Unter den Vorschriften dieser Gruppe unterscheiden sich am deutlichsten § 823 I einerseits und § 826 andererseits: § 823 I ist objektiv eng (Verletzung bestimmter Rechtsgüter) und subjektiv weit (jedes Verschulden). Dagegen ist § 826 subjektiv eng (Vorsatz) und objektiv weit (er schützt das Vermögen schlechthin). Zwischen beiden steht § 823 II: Seine objektiven und subjektiven Erfordernisse richten sich nach dem Schutzgesetz; der durch dieses beabsichtigte Schutz wird durch einen Schadensersatzanspruch ergänzt. Wenn das Schutzgesetz ganz ohne Verschulden verwirklicht werden kann, verlangt § 823 II 2 allerdings für eine Schadensersatzpflicht zusätzlich mindestens leichte Fahrlässigkeit.

1. Handlungs- oder Erfolgsunrecht?

606 Zunächst eine Bemerkung dazu, ob für die Anwendung der Vorschriften dieser Gruppe die im Anschluß an *BGHZ 24, 21 ff.* viel behandelte Streitfrage nach dem Wesen des Unrechts (Handlungs- oder Erfolgsunrecht) eine Rolle spielt (ausführlich dazu *Münzberg,* Verhalten und Erfolg als Grundlagen der Rechtswidrigkeit und Haftung, 1966). Der BGH hat in dieser Entscheidung zum Handlungsunrecht tendiert, nämlich angenommen, daß im Straßenverkehr Rechtswidrigkeit bei verkehrsrichtigem Verhalten ausgeschlossen sei. Das hat aber für die §§ 823, 826 im Ergebnis keine Bedeutung. Denn jedenfalls das von diesen Vorschriften vorausgesetzte Verschulden kann bei verkehrsrichtigem Verhalten nicht vorliegen. Die Anhänger des Erfolgsunrechts können demnach in solchen Fällen zwar noch Rechtswidrigkeit annehmen, doch scheitert für sie ein Schadensersatzanspruch am Fehlen

von Fahrlässigkeit. Schadensersatzrechtlich handelt es sich also nur um eine Frage der Begründung; sie wird bei den Verkehrssicherungspflichten besonders deutlich (vgl. unten Rdnr. 642 ff.).

2. Sonstige Rechte bei § 823 I BGB

Bei § 823 I beschränke ich mich hier (vgl. aber auch unten Rdnr. 641 ff. zu den Verkehrssicherungspflichten) auf die Problematik, welche anderen Rechtsgüter als die dort ausdrücklich genannten unter dem Schutz dieser Vorschrift stehen (vgl. *Frank*, JA 1979, 583 ff.). Zudem werden einige Grenzfälle der Eigentumsverletzung zu berühren sein (unten Rdnr. 613).

607

a) Besitz

Zu den »sonstigen Rechten« gehören sicher die **beschränkten Rechte an fremder Sache**. Auch das **Anwartschaftsrecht** wird man hierher zu rechnen haben, soweit es überhaupt Anerkennung verdient. Höchst zweifelhaft ist eine Antwort dagegen für den Besitz.

Bsp.: Der Mieter räumt nach wirksamer Kündigung die Wohnung im Hause des V nicht. Daraufhin setzt V den M gewaltsam auf die Straße. Daß V das nicht darf, folgt aus § 858 I; Gegenrechte des M ergeben sich aus §§ 859 I, III, 861. Aber kann M von V auch den Ersatz der Kosten verlangen, die er für Hotelübernachtungen ausgegeben hat (§ 823 I wegen Besitzverletzung)?

aa) **Unmittelbarer Alleinbesitz**

Nach der früher meist vertretenen Ansicht, der Besitz falle schlechthin unter § 823 I, wäre dieser Ersatzanspruch begründet. Schwierigkeiten würde dann freilich sofort die Frage bereiten, für wie lange Zeit M denn nun die Hotelkosten ersetzt verlangen kann. Das läßt sich ohne Rückgriff auf die Befugnis, die hinter dem Besitz steht, kaum beantworten (vgl. *BGH* NJW 1972, 625; 1979, 2034/2035).

Nach meiner Ansicht[1] ergibt sich die Lösung aus folgendem: Die Worte »sonstiges Recht« in § 823 I sind gedanklich mit dem Eigentum verbunden (Leben, Körper, Gesundheit, Freiheit sind keine Rechte, sondern Rechts- oder Lebensgüter!). Daher muß das »sonstige Recht« **eigentumsähnlich** sein. Das Eigentum hat neben der negativen Seite (**Ausschlußfunktion:** Abwehrrechte des Eigentümers) auch eine positive (**Nutzungsfunktion,** vgl. § 903). Der bloße Besitz ähnelt dem Eigentum zwar hinsichtlich der negativen Seite (§§ 861 f.),

---

1 AcP 165 (1965) 115 ff., ebenso *Esser-Weyers* § 55 I 2 b.

nicht aber hinsichtlich der positiven: Der Besitzer als solcher darf die Sache nicht gebrauchen oder sonst nutzen. Daher hat nur derjenige Besitzer eine eigentümerähnliche Position, dem das Gesetz außer den Abwehrrechten auch positive Befugnisse zuspricht (so wohl auch *BGH* JZ 1979, 403/404). So liegt es bei allen rechtmäßigen Besitzern, aber auch bei manchen unrechtmäßigen wie etwa beim entgeltlichen redlichen Besitzer vor Rechtshängigkeit: Er darf sogar im Verhältnis zum Eigentümer die Nutzungen behalten, §§ 987, 988, 990, 993 I (zweifelnd *BGHZ 79, 232/238*). Der schadensersatzrechtliche Schutz des redlich erworbenen Besitzes folgt zudem auch daraus, daß § 1007 III 2 auf die §§ 989, 990 verweist. Zu eng ist daher die Ansicht (etwa *Wieser*, JuS 1970, 557 ff., auch *T. Honsell*, JZ 1983, 531/532), nur der *berechtigte* Besitz falle unter § 823 I. *Wieser*, NJW 1971, 597 ff. ist denn auch zu einer unklaren Ausnahme gezwungen.

Der Ausgangsfall ist nach meiner Ansicht also wie folgt zu lösen: M hat einen Schadensersatzanspruch für die Zeit, für die er nach §§ 721, 765 a ZPO eine Räumungsfrist hätte erhalten können. Demgegenüber müßte die Ansicht, die auf das Besitzrecht abstellt, dem M jeden Schadensersatzanspruch versagen, wenn M vor der (rechtsgestaltenden) Entscheidung über seine Schutzrechte vertrieben worden ist. So wohl *BGHZ 79, 232/238;* nicht überzeugend dort das weitere Argument, die Frist nach § 765 a ZPO werde nur zur Räumung bewilligt und begründe daher keine Nutzungsbefugnis: Auch diese Frist dient ja nicht der Räumung, also dem Ziel des Gläubigers, sondern den Interessen des Schuldners.

Dabei ist die »Nutzungsfunktion« weiter zu verstehen als nur im Hinblick auf die eigentliche Sachnutzung. So kann der Besitzer auch sein Haftungsinteresse ersetzt verlangen (vgl. unten Rdnr. 837), das ihm durch die Einwirkung auf seinen Besitz entsteht. Ebenso ist das Interesse des Werkunternehmers daran geschützt, mit dem in seinem Besitz befindlichen Werk seine Vertragspflicht erfüllen (und damit die Gegenleistung verdienen) zu können, *BGH* NJW 1984, 2569/2570.

bb) Besondere Besitzformen

608   Die Anknüpfung des Besitzschutzes durch Schadensersatzansprüche an den absolut wirkenden Klageschutz nach §§ 861 f. läßt folgende Frage entstehen: Entfallen auch Schadensersatzansprüche, wo der Schutz nach §§ 861 f. nicht besteht? *BGHZ 32, 194/205* hat das für den **mittelbaren Besitzer** bejaht: Da dieser nach § 869 nur gegen Dritte geschützt sei, hafte ihm der unmittelbare Besitzer auch nicht nach § 823 I. Nur scheinbar dazu in Widerspruch steht *BGHZ 62, 243 ff.:* Dort sind Schadensersatzansprüche gegen einen **Mitbesitzer** zugelassen worden. Ich halte jetzt auch diese Entscheidung für richtig: § 866 beruht darauf, daß der Streit unter Mitbesitzern meist zum Rückgriff auf das Recht zum Besitz zwingt. Das soll durch § 866 für die §§ 861 f. vermieden werden. Bei § 823 I dagegen ist dieser Rückgriff ohnehin stets nötig, weil dort nicht bloß eine vorläufige Entscheidung gefällt wird.

cc) **Konkurrenzfragen**

Bei Schadensersatzforderungen aus der Verletzung beschränkter Sachen-   609
rechte, eines Anwartschaftsrechts oder des Besitzes entstehen eigenartige Kon-
kurrenzprobleme.

Bsp.: S zerstört fahrlässig eine Fensterscheibe in dem von M gemieteten Haus des E.
M verlangt von S Schadensersatz nach § 249 S. 2. Wie ist S vor einem Anspruch des E geschützt, wenn M den erhaltenen Betrag vertrinkt, statt dafür eine neue Scheibe einsetzen
zu lassen?

§ 851 paßt hier schon deshalb nicht direkt, weil keine bewegliche Sache vorliegt; auch kann S gewußt haben, daß M nur Mieter war. Man wird daher dem S
nur solche Ersatzleistungen zumuten können, die auch E gegenüber wirken:
Naturalrestitution nach § 249 S. 1 oder Ersatz der Kosten der bereits eingesetz-
ten Scheibe. Wenn M damit nicht zufrieden ist, braucht S in Analogie zu § 1281
nur an M und E gemeinsam zu zahlen: Dem S bleibt es so erspart, das dem M
zustehende Besitzerinteresse und das dem E gebührende Eigentümerinteresse
auseinanderzurechnen (das gelänge ohne Kenntnis des Innenverhältnisses
ebensowenig wie in dem Fall von § 1281). Vgl. auch *Wieser,* Festschr. Laufke
(1971) 135 ff.

b) **Forderungen**

Forderungen gehören nach h. M. nicht zu den »sonstigen Rechten«. Darüber   610
besteht Einigkeit, soweit die Forderung durch Einwirkung auf die Person des
Schuldners oder den Forderungsgegenstand beeinträchtigt worden ist.

Bsp.: S verletzt A, den Arbeitnehmer des G, so daß G seinen Anspruch auf Arbeitsleistung gegen A zeitweise verliert: G hat keinen eigenen Anspruch gegen S aus § 823 I.
Oder: S zerstört die Sache, deren Übereignung A dem G schuldet: Nur A, nicht G kann
den S aus § 823 I in Anspruch nehmen.

Dagegen unterstellen manche Eingriffe Dritter in die Forderungszuständig-
keit dem § 823 I: Die Zuständigkeit der Forderung, also ihre Zugehörigkeit
zum Vermögen des Gläubigers, sei eine absolute Rechtsposition[2]. Ich halte
diese Ausdehnung des § 823 I für unrichtig: Man kann die Forderung, die sicher
nur ein relatives Recht und daher nicht eigentumsähnlich ist, nicht von ihrer Zuständigkeit trennen. Zudem befremden die Ergebnisse dieser Ausdehnung des
§ 823 I. Das zeigt folgendes

Bsp.: G hat seine Forderung gegen S an Z abgetreten. S, der hiervon nichts weiß, leistet
an G und wird dadurch nach § 407 I befreit. S hat also durch seine Leistung auf die Forde-

---

2   So *Larenz* II § 72 I a; *Fikentscher* § 103 I 6 a, dagegen aber *Blomeyer* § 2 III 4 c; *Esser-*
Weyers § 55 I 2 b.

rungszuständigkeit eingewirkt, nämlich dem Z seine Forderung entzogen. Nach § 823 I müßte S dem Z hierfür schon bei leichter Fahrlässigkeit haften: S wäre also zwar von der ursprünglichen Schuld nach § 407 I freigeworden (hier schadet ihm nur Kenntnis der Abtretung), müßte aber gleichwohl Schadensersatz leisten! Damit wäre der von § 407 gewollte Schuldnerschutz unerträglich verwässert. G dagegen haftet dem Z ohnehin schon aus § 816 II und dem der Abtretung zugrunde liegenden Kausalverhältnis (etwa Forderungskauf); § 823 I ist also gegenüber Z unnötig.

Wie _Otte_, JZ 1969, 253 ff. überzeugend nachweist, ist ein genügender Schutz des Gläubigers durch andere Vorschriften zweifelhaft nur in Sonderfällen bei den §§ 793, 808: Der nichtberechtigte, aber redliche und unverklagte Inhaber eines Wert- oder Legitimationspapiers zieht die verbriefte Forderung wirksam ein und wird dann entreichert (so daß der Anspruch des Berechtigten aus § 816 II wegen § 818 III entfällt). Doch glaube ich wie _Otte_ aaO. 257 f., daß dann Ansprüche des Berechtigten gegen den Zahlungsempfänger nur nach §§ 989 f. und nicht nach § 823 I sachgerecht sind: Der redliche Empfänger darf nur wie der Besitzer gegenüber dem Eigentümer haften.

c) Recht am eingerichteten und ausgeübten Gewerbebetrieb

611 Weiterhin zweifelhaft ist das »Recht am eingerichteten und ausgeübten Gewerbebetrieb«. Es ist zwar von der Rspr. schon seit Jahrzehnten anerkannt, doch wird sein Schutz neuerdings mit Recht stark eingeschränkt. Tatsächlich kann ja auch in einer Wettbewerbswirtschaft der Gewerbebetrieb nicht wie das Eigentum in seinem Bestand geschützt werden: Kunden, Umsatz und Verdienstmöglichkeit sind dem Unternehmer nicht garantiert, sondern müssen von ihm selbst durch erfolgreiche Teilnahme am Wettbewerb ständig neu behauptet werden.

aa) Stromkabelfälle

612 Wie weit aber auch außerhalb des Wettbewerbsbereiches der Schutz des Gewerbebetriebes hinter dem des Eigentums zurückbleibt, zeigen etwa die Stromkabelfälle:

BGHZ 29, 65 ff.: Der Baggerführer des S hat durch Unachtsamkeit ein zur Fabrik des G führendes Stromkabel zerrissen. Die Fabrik liegt daher einen Tag lang still. G verlangt von S aus §§ 831, 823 I Ersatz des ihm hieraus entstandenen Schadens. Dabei kam als Schutzobjekt nicht das Eigentum an dem Kabel in Betracht (dieses gehörte dem Elektrizitätswerk), sondern nur der Gewerbebetrieb. — Der BGH hat hier einen Ersatzanspruch verneint: Der Schutz des Gewerbebetriebes durch § 823 I beschränke sich nämlich auf betriebsbezogene Eingriffe, und ein solcher liege nicht vor: Das zerrissene Kabel »hätte genausogut für die Stromlieferung an andere Abnehmer bestimmt sein können«. Diese Begründung überzeugt freilich kaum: Daß statt des A ebensogut der B hätte verletzt sein können, schließt einen Schadensersatzanspruch des A auch sonst nicht aus.

Später hat der BGH in den Stromkabelfällen einen Schutz des Betriebsinhabers auch nach anderen Vorschriften verneint: Die Bestimmungen der Landesbauordnungen, nach denen bei Bauarbeiten öffentliche Versorgungsleitungen zu schützen sind, bildeten keine **Schutzgesetze** nach § 823 II (so *BGHZ 66, 388 ff.* gegen *BGH* NJW 1968, 1279 ff.). Entsprechend soll § 317 StGB kein Gesetz zum Schutz einzelner Inhaber eines Telefon- oder Fernschreibanschlusses sein (*BGH* NJW 1977, 1147 f.). Und nach *BGH* NJW 1977, 2208 ff. kann der durch den Kabelbruch betroffene Betriebsinhaber Ersatzansprüche auch nicht auf eine **Verletzung des Vertrages** zwischen dem Besteller der Bauarbeiten und dem Bauunternehmer stützen: Dieser Vertrag habe weder Schutzwirkung für Drittgeschädigte, noch erlaube er dem Besteller eine Drittschadensliquidation (vgl. unten Rdnr. 838 ff.).

Anders liegen dagegen Fälle wie der von

BGHZ 41, 123 ff.: Wie in den vorigen Beispielen hatte ein Bagger die Stromversorgung eines Betriebes unterbrochen. Dieser Betrieb ist eine Brüterei: Die in den elektrischen Öfen liegenden, schon angebrüteten Eier verderben. — Hier hat der BGH als Schutzobjekt das **Eigentum** des Betriebsinhabers an den Eiern angesehen und Ersatz ihres Wertes nach § 823 I zugesprochen. Gegen diese Unterscheidung aber *G. Hager,* JZ 1979, 53 ff.: Er will mit Rücksicht auf den beschränkten Schutzzweck der Pflicht, Energieversorgungsanlagen nicht zu beschädigen, auch die »Verderbschäden« ohne Ersatz lassen.

bb) Einschränkung der Bewegungsfreiheit

In den Grenzbereich von Verletzung des Eigentums und des Gewerbebetriebes führt auch   613

BGHZ 55, 153 ff.: Der Schiffahrtsunternehmer S beliefert eine an einem Fleet liegende Mühle. Infolge eines Verschuldens der nichthoheitlich wegeunterhaltspflichtigen Bundesrepublik stürzt die Böschung ein; das Fleet wird so unpassierbar. Ein Schiff des S liegt bei der Mühle und ist durch den Einsturz eingesperrt; die übrigen Schiffe des S können von außerhalb des Fleets die Mühle nicht mehr erreichen. S verlangt von der Bundesrepublik Schadensersatz.

Der BGH hat einen solchen Anspruch wegen des **eingeschlossenen Schiffs** aus **Eigentumsverletzung** bejaht: Das Eigentum werde nicht nur durch Eingriffe in die Sachsubstanz verletzt, sondern auch durch eine Beeinträchtigung der Eigentümerbefugnisse. Diese liege darin, daß das eingesperrte Schiff seinem bestimmungsgemäßen Gebrauch als Transportmittel entzogen worden sei. Die Haftung aus Eingriff in den Gewerbebetrieb des S scheide insoweit wegen ihrer Subsidiarität aus.

In Konsequenz dieser Entscheidung verletzt das Eigentum auch, wer einen fremden Kraftwagen durch falsches Parken an der Abfahrt hindert. Eine Ersatzpflicht folgt hier also schon aus § 823 I, ohne daß für § 823 II der Schutzbereich von Vorschriften der StVO geprüft werden müßte.

Wegen der **ausgesperrten Schiffe** dagegen hat der BGH einen Anspruch verneint: Eine Eigentumsverletzung fehle, weil diese Schiffe in ihrer Eigenschaft als Transportmittel nicht betroffen seien. Und einem Eingriff in den Gewerbebetrieb mangele hier die Betriebsbezogenheit: Die Schiffbarkeit des Fleets gehöre selbst dann nicht zum Gewerbebetrieb, wenn für S die Belieferung der Mühle den Schwerpunkt seines Geschäfts bilde. Andernfalls würde der Gemeingebrauch zum sonstigen Recht bei § 823 I.

Mir leuchtet diese Unterscheidung wenig ein. Denn das eingesperrte Schiff konnte wenigstens noch bei der Mühle abladen, während die ausgesperrten Schiffe nicht einmal dazu in der Lage waren. Das Abstellen auf das Schutzobjekt (Eigentum und Gewerbebetrieb) verdunkelt hier die letztlich zu entscheidende Frage: Soll das Vertrauen (des S) auf die ordentliche Unterhaltung öffentlicher Verkehrswege geschützt werden? Der BGH hat das sehr kurz verneint (die Vorschriften über die Unterhaltspflicht für Gewässer seien keine Schutzgesetze). Danach hätte es nahegelegen, Schadensersatzansprüche ganz abzulehnen. Ich möchte eher umgekehrt entscheiden. Doch wären dann Ein- und Aussperrung gleich zu behandeln (anders *Möschel*, JuS 1977, 1/3: Sonst werde der Schutzbereich des Eigentums »uferlos«).

Bis zur 11. Aufl. hatte ich angenommen, die Fragestellung von *BGHZ 55, 153* sei durch § 7 I des neuen WasserstraßenG erledigt. Denn nach dieser Vorschrift ist die Unterhaltung der Bundeswasserstraßen »Hoheitsaufgabe des Bundes«. Folglich werde, so hatte ich geglaubt, für eine Pflichtverletzung nach § 839 BGB, Art. 34 GG gehaftet. Und nach diesen Vorschriften kommt es regelmäßig (vgl. aber unten Rdnr. 785 a) nicht auf die Art des verletzten Rechtsguts an, sondern auf den Schutzbereich der verletzten Amtspflicht.

Für den Fall des durch einen Fehler leergelaufenen Elbe-Seitenkanals hat aber *BGHZ 86, 152 ff.* (dazu *Müller-Graff*, JZ 1983, 860 ff.) den hoheitlichen Charakter der »grundsätzlich privatrechtlichen Verkehrssicherungspflicht« auch bei Bundeswasserstraßen verneint. Damit bleibt für einen Fehler bei der Verkehrssicherung § 823 I maßgeblich. In diesem Rahmen hat der BGH für das auf Schadensersatz klagende Unternehmen, das an dem Kanal den Umschlag und die Lagerung von Gütern betrieb, einen Anspruch verneint: Das Eigentum an den Betriebsanlagen sei nicht verletzt, weil diese benutzbar geblieben und nur die Kunden ausgeblieben seien (S. 155, mir fraglich: Was soll man mit Hafenanlagen ohne Wasser anfangen? Die sind doch nicht nützlicher als ein eingesperrtes Schiff!). Und für einen Eingriff in den Gewerbebetrieb soll die Betriebsbezogenheit fehlen.

Wenig glücklich scheint mir auch die Differenzierung in

BGH NJW 1977, 2264 ff.: Durch ein Verschulden des S kam es in dessen Tanklager zu einem Brand. Wegen der Explosionsgefahr wurde das benachbarte Betriebsgrundstück des G für zwei Stunden polizeilich geräumt. Für weitere fünf Stunden blockierten Polizei- und Feuerwehrfahrzeuge die öffentliche Zufahrt, so daß der Betrieb des G auch in dieser Zeit stillag. G verlangt von S wegen der sieben Stunden Schadensersatz.

Der BGH hat hier für die zwei Stunden der polizeilichen Räumung eine Eigentumsverletzung bejaht: Eine solche könne auch ohne Eingriff in die Substanz der Sache vorliegen, wenn deren Benutzung verhindert werde. Dagegen sei für die weiteren fünf Stunden ein Ersatzanspruch zu verneinen: Es wäre »abwegig«, in der kurzfristigen Störung des öffentlichen Verkehrs zu dem Grundstück des G eine Eigentumsverletzung zu sehen. Und für einen Eingriff in den Gewerbebetrieb fehle es an der Betriebsbezogenheit.

Auch hier zeigt sich, wie unsicher die **Abgrenzung der Eigentumsverletzung** ist[3]. Denn die Sperrung der Zufahrt kann die Nutzung des Betriebsgrundstücks ebenso nachhaltig verhindert haben wie die Räumung. Und selbst in den Stromkabelfällen (oben Rdnr. 612) kann die Unterbindung der Stromzufuhr die einzig denkbare Nutzung einer Sache (etwa eines Elektromotors oder einer Glühlampe) vollständig verhindern, ohne daß hierin eine Eigentumsverletzung gesehen würde.

cc) Gewerbebetrieb und Wettbewerbsrecht

Eine weitere Einschränkung für den Schutz des Gewerbebetriebs durch § 823 I bringt *BGHZ 36, 252/256:* Dieser Schutz diene im wesentlichen der Schließung von Lücken; bei Schädigungen im Wettbewerb könne Schadensersatz daher nur nach den Sondervorschriften des Wettbewerbsrechts (ggf. in Verbindung mit § 823 II) verlangt werden.　　　　　　　　　　　　　**614**

Damit ist m. E. der entscheidende Gesichtspunkt angesprochen: Der Gewerbebetrieb kann nicht in seinem Bestand geschützt werden, sondern nur gegen bestimmte Verhaltensweisen. Die Aufgabe besteht also darin herauszuarbeiten, welche Verhaltensweisen etwa im Wettbewerb oder im Arbeitskampf unerlaubt sein sollen (etwa *BAG* Betr. 1985, 1695/1696: rechtswidriger Sympathiestreik). Die Normen hierüber gehören dann als Schutzgesetze zu § 823 II. Soweit es solche Normen (z. B. im UWG oder im GWB) bereits gibt, braucht man § 823 I nicht. Und soweit sie noch fehlen, sollte man sie über § 826 entwickeln und nicht über § 823 I[4].

Insbesondere zur Abgrenzung gegenüber dem auf Tatsachenbehauptungen beschränkten § 824 bei unberechtigter Kritik der Produkte eines Gewerbebetriebes (**Warentests**) vgl. *Kübler*, JZ 1968, 542 ff. und AcP 172 (1972) 177 ff.; *Schricker*, ebenda 203 ff.;

3　Dazu *Möschel*, JuS 1977, 1 ff.; *Plum*, AcP 181 (1981) 68 ff.; *Medicus*, SBT § 138 II4.
4　Dazu *Deutsch*, JZ 1963, 385 ff. und zu Einzelheiten etwa *Fikentscher* § 103 II 1; *Esser-Weyers* § 55 I 2 c.

BGH ZIP 1988, 461/462 bejaht eine Tatsachenbehauptung, wenn eine Erklärung »gegenüber dem Leser Wahrheitsgehalt in Anspruch« nimmt, weil der Verkehr von der Belegbarkeit durch Tatsachen ausgeht.

Vgl. weiter zur negativen Beurteilung gewerblicher Leistungen durch den »Varta-Führer« *OLG Frankfurt,* NJW 1974, 1568 ff. und durch die »Stiftung Warentest« *BGHZ 65, 325 ff.* (Ski-Sicherheitsbindungen) mit weitem Spielraum für sachliche Kritik. Weiten Spielraum gewährt auch *BGHZ 90, 113 ff.* (dazu *P. Schwerdtner,* JZ 1984, 1103 ff.) der öffentlichen Kritik an einem Neubauvorhaben der Bundesbahn.

d) Allgemeines Persönlichkeitsrecht

615 Eine neuere Entwicklung ist die Anerkennung des *Persönlichkeitsrechts* als Schutzgut von § 823 I. Damit wird der vom BGB vernachlässigte Schutz der Ehre verstärkt, doch reicht das Persönlichkeitsrecht noch hierüber hinaus, etwa beim Schutz der Intimsphäre[5].

Dabei ist das Persönlichkeits*recht* eine juristische Mißgeburt. Denn die einzelnen Ausflüsse der Persönlichkeit wie Ehre usw. lassen sich von der Persönlichkeit selbst nicht trennen. Sie können daher auch nicht Objekt besonderer Rechte werden, sondern sind Teile der Persönlichkeit (also des Rechtssubjekts) selbst. Deshalb stehen sie auf einer Stufe mit Leben, Körper, Gesundheit und Freiheit, aber nicht mit dem Sacheigentum. Der Schutz der Persönlichkeit sollte daher zum Schutz der vier genannten Lebensgüter begründet werden; ein Persönlichkeitsrecht als »sonstiges *Recht*« ist abzulehnen. Dementsprechend war auch geplant, bei einer Neufassung des § 823 I die Persönlichkeit als Schutzgut außerhalb des »sonstigen Rechts« besonders zu nennen.

Bei der Rechtsanwendung besteht die Problematik des Schutzgutes »Persönlichkeit« darin, daß ihm die **klare Abgrenzung fehlt:** Der Schutz *einer* Person behindert regelmäßig die Entfaltungsfreiheit (und damit wohl auch das »Persönlichkeitsrecht«) einer anderen. Der Schutzumfang muß daher erst durch eine **Güter- und Interessenabwägung** festgestellt werden[6].

Hier sei nur auf eine oft verkannte Unterscheidung hingewiesen: Das »allgemeine Persönlichkeitsrecht« ist nicht etwa erst durch das sog. »*Herrenreiterurteil*« *(BGHZ 26, 349 ff.)* anerkannt worden, sondern schon durch *BGHZ 13, 334 ff.* (»*Leserbrief*«) und dann in vielen weiteren Entscheidungen. Die Neuerung durch das Herrenreiterurteil besteht vielmehr darin, daß dort erstmals im Widerspruch zu § 253 eine **Geldentschädigung wegen des immateriellen Schadens** durch die Persönlichkeitsverletzung zuerkannt worden ist. Die maßgeblich gewordene *Begründung* dafür hat der BGH aber erst später (in

---

5 Dazu etwa *P. Schwerdtner,* JuS 1978, 289 ff.; *Brahmer-Voegeli,* JA 1978, 374 ff.; *Stoll,* Jura 1979, 576 ff., auch *Medicus,* AT Rdnr. 1079 ff. mit dem Versuch einer Fallgruppenbildung.
6 So schon *BGHZ 13, 334/338,* Kasuistik bei *Larenz* II § 72 III a; *Esser-Weyers* § 55 I 1 c.

BGHZ 35, 363 ff., »*Ginsengwurzel*«) gefunden: Die starke Betonung der Menschenwürde durch Art.1 I GG zwinge dazu, deren Verletzung mit einer wirksamen zivilrechtlichen Sanktion auszustatten. Soweit die nach § 253 zulässige Naturalrestitution nicht ausreiche oder ganz unmöglich sei, müsse daher entgegen § 253 Geldersatz zugesprochen werden. Zugleich hat der BGH seine Ansicht aber dahin eingeschränkt, daß eine solche Genugtuung nur bei *erheblichen* Persönlichkeitsverletzungen gefordert werden könne.

Diese dem § 253 widersprechende Judikatur ist bedenklich. Denn aus dem GG läßt sich nicht begründen, daß Persönlichkeitsverletzungen gerade einer zivilrechtlichen Sanktion bedürfen. Daher widerspricht § 253 dem GG nicht. Allerdings wäre eine zivilrechtliche Sanktion wünschenswert. Da der Gesetzgeber ihre Durchsetzung gegen den Widerstand der (hauptsächlich betroffenen) Presse bisher nicht gewagt hat (dazu *Diederichsen*, Die Flucht des Gesetzgebers aus der politischen Verantwortung im Zivilrecht 1974, 56 ff.), hat die Rspr. sich eine solche Sanktion selbst geschaffen. Angesichts von Fällen wie den in *BGHZ 39, 124 ff.* (»*Fernsehansagerin*«) oder in *BGH JZ 1979, 349 ff.* (= *BGHZ 73, 120 ff.*) und 351 f. (mit Anm. *Deutsch;* Veröffentlichung aus rechtswidrig abgehörtem Ferngespräch) entschiedenen ist das freilich verständlich: Sie machen deutlich, daß der **Schutz vor der Presse** nicht weniger wichtig ist als der oft viel stärker betonte **Schutz der Presse**. So hat auch *BVerfGE 34, 269 ff.* die richterliche Korrektur des § 253 als mit dem GG vereinbar erklärt (dazu etwa *Kübler*, JZ 1973, 667 f.).

Übrigens soll ein Geldanspruch wegen einer Verletzung des Persönlichkeitsrechts auf die §§ 823 II BGB, 186 StGB gestützt werden können, *BGHZ 95, 212 ff.* Das kann für den Kläger aus Beweisgründen günstiger sein.

e) Ehe

Heftig umstritten ist der deliktische Schutz der Ehe[7]. Einerseits hat *BGHZ 6, 360 ff.* der Ehefrau einen **Beseitigungs- und Unterlassungsanspruch** (vgl. unten Rdnr. 628 ff.) gegen den untreuen Ehemann und seine in die Ehewohnung aufgenommene Geliebte gegeben. Damit ist der **räumlich-gegenständliche Bereich der Ehe** als absolut geschützte Position anerkannt worden (ebenso *BGHZ 34, 80/87*)[8]. Andererseits verneint der BGH aber in ständiger Rspr. einen Schadensersatzanspruch aus Eheverletzungen. 616

Bsp.: Die Ehefrau F wird ihrem Mann M mit D untreu. Aus dem Ehebruch der F wird ein Kind geboren. M bezahlt die Entbindungskosten und leistet dem Kind zunächst Unterhalt (§ 1591). Aus der Durchführung der Ehelichkeitsanfechtung entstehen dem M Kosten, die ihm das vermögenslose Kind nicht erstatten kann. Infolge der Ehescheidung verliert M eine einträgliche Beschäftigung im Betrieb seines Schwiegervaters und seine

---

7 Dazu *Gernhuber*, BR § 22 und FamR § 17; *Esser-Weyers* § 55 I 2 d.
8 Dazu kritisch *Struck*, JZ 1976, 160 ff., dem BGH zustimmend jedoch *OLG Celle*, NJW 1980, 711 (hierzu *Smid*, JuS 1984, 101 ff.).

Wohnung in dessen Haus. Endlich erkrankt M wegen der Aufregungen im Zusammenhang mit der Untreue der F. Kann M alle diese Schäden von F und D ersetzt verlangen?

aa) Argumente für die Ablehnung von Ersatzansprüchen

617   Hinsichtlich des **untreuen Ehegatten** begründet der BGH die Ablehnung von Ersatzansprüchen hauptsächlich damit, das Familienrecht regele die vermögensrechtlichen Folgen der Ehe abschließend *(BGHZ 23, 215 ff.)*. Hinsichtlich des **Dritten** führt der BGH im wesentlichen zwei Gründe an: Die Pflicht zur ehelichen Treue binde nur die Ehegatten und könne daher von dem Dritten nicht verletzt werden. Auch müsse ein Schadensersatzanspruch gegen den Dritten über den Gesamtschuldnerausgleich nach §§ 840, 426, 254 teilweise auf den untreuen Ehegatten zurückwirken und so die abschließende familienrechtliche Regelung stören *(BGHZ 23, 279 ff.)*. Später hat *BGH* JZ 1973, 668 f. mit Anm. *Löwisch* pauschaler argumentiert: Die Untreue des Ehegatten stelle im wesentlichen einen innerehelichen Vorgang dar, der nicht im Schutzbereich des Deliktsrechts liege. Und das müsse sich angesichts der engen Verbindung mit dem Verhalten des untreuen Ehegatten auch auf die Beteiligung des Dritten auswirken.

Nicht für ausgeschlossen hält *BGHZ 80, 235/238 ff.* jedoch Schadensersatzansprüche gegen die Ehefrau, wenn diese ihrem Ehemann vor der Eheschließung vorgespiegelt hatte, nur er komme als Vater des von ihr erwarteten Kindes in Betracht: Hier gehe es nicht um eine (allein vom Eherecht sanktionierte) Verletzung der ehelichen Treue, sondern um eine (noch dazu voreheliche) Täuschung.

bb) Der Gegenstandpunkt

618   In der Literatur halten manche (etwa *Gernhuber* § 17 III 1; *Larenz* II § 72 I a) die vom BGH gegen die Anwendung des § 823 I vorgebrachten Gründe mit Recht für nicht stichhaltig: Die angeblich abschließende Regelung durch das Familienrecht kann den Dritten nicht schützen. Wenn man den untreuen Ehegatten nicht für ersatzpflichtig hält, wird dieser auch nicht neben dem Dritten Gesamtschuldner und ist daher keinem Rückgriff aus § 426 ausgesetzt. Und daß ein Dritter die Ehe verletzen kann, folgte bisher schon aus § 172 StGB und gilt auch jetzt noch. Denn die Aufhebung dieser Vorschrift beruhte darauf, daß das *Strafrecht* hier nicht wirksam helfen kann; *rechtmäßig* ist der Ehebruch damit nicht geworden (und kann es wegen Art. 6 I GG auch nicht werden).

Auch die Literatur will freilich nur einen beschränkten Schutz gewähren: Zu ersetzen sei nur das **Abwicklungsinteresse**, nicht aber das Bestandsinteresse. Dabei umfaßt das erste die Schäden aus der Durchführung der Scheidung und der Ehelichkeitsanfechtung, das zweite dagegen allen Verlust von Vorteilen, der dem treuen Ehegatten aus der Nichtfortführung der Ehe entstanden ist

(Einzelheiten bei *Gernhuber* § 17 III 2; 3). Dabei folgt die Beschränkung auf das Abwicklungsinteresse aus dem begrenzten **Schutzbereich der Norm**[9].

Den Ersatz dieses Abwicklungsinteresses soll jedenfalls der Dritte schulden. Dagegen bestehen über die Ersatzpflicht des untreuen Ehegatten Meinungsverschiedenheiten: Manche wollen sie auf § 1353 gründen (etwa *Gernhuber* § 17 III 4; danach soll der Ersatz auch schon während der Ehe gefordert werden können), andere (vgl. *Palandt-Diederichsen* 1c vor § 1353) verneinen sie.

cc) Lösungsvorschlag

Nach meiner Ansicht begründet die Ehe zwar keine eigentumsähnliche Position und daher auch kein »sonstiges Recht«. Absolut geschützt ist aber »die Verbindung der Ehegatten zu geschlechtlicher Treue« (*Gernhuber* § 17 I 2). Sie fällt unter § 823 I in Analogie zu den dort genannten Lebensgütern. Als Verletzer tauglich ist jeder Dritte: Er muß das Abwicklungsinteresse ersetzen, wie auch beim Verlöbnis durch die §§ 1298 ff. nur das Abwicklungsinteresse geschützt ist. Einen Ersatzanspruch gegen den untreuen Ehegatten möchte ich freilich — anders als beim Verlöbnis — verneinen; insoweit halte ich mit dem BGH die familienrechtliche Regelung und diejenige durch § 93 a I ZPO für abschließend.   **619**

dd) Weitere Rechtsbehelfe

Neben dem deliktischen Schutz oder statt seiner kommen wegen der in dem Ausgangsfall genannten Schäden noch einige weitere Rechtsbehelfe in Betracht (vgl. *Engel,* Der Rückgriff des Scheinvaters wegen Unterhaltsleistungen, 1974):   **620**

(1) Soweit M dem Kind **Unterhalt** gewährt hat, geht der Unterhaltsanspruch des Kindes gegen D auf M über, so daß M ihn nach Anfechtung der Ehelichkeit gegen D geltend machen kann. Diese **Legalzession** wird im Anschluß an eine frühere Rspr. *(BGHZ 24, 9 ff.)* in § 1615 b ausdrücklich bestimmt (vgl. unten Rdnr. 906; 914). Freilich sind bei diesem Rückgriff auch die Verhältnisse des D zu berücksichtigen, § 1615 i III.

Neben dieser Legalzession bejaht *BGH* NJW 1981, 2183 f. aber auch einen **Bereicherungsanspruch** des Scheinvaters gegen das Kind. Und nach *BGHZ 78, 201 ff.* soll ein Bereicherungsanspruch auch gegen den Träger der Sozialhilfe gegeben sein, der zunächst für den Unterhalt des Kindes gesorgt und dann gegen den Scheinvater Rückgriff genommen hat (nach § 90 BundessozialhilfeG, vgl. unten Rdnr. 907 a).

(2) Die Legalzession umfaßt auch einen **Prozeßkostenvorschuß**, den M dem Kind für den Anfechtungsprozeß gewährt hat (*BGH* JZ 1968, 105 zu

---

9   Auch gegen diesen beschränkten Ersatz aber etwa *Esser-Weyers* § 55 I 2 d.

§ 1709 II alter Fassung). Denn wie bei § 1360 a IV ist ein solcher Vorschuß Teil des Unterhalts.

(3) *BGHZ 57, 229 ff.* hat das endlich auch ausgedehnt auf diejenigen **Kosten, die M in dem Anfechtungsprozeß selbst entstanden** sind.

(4) Wegen der **Entbindungskosten** (§ 1615 k) hatte *BGHZ 26, 217 ff.* dem M einen Bereicherungsanspruch gegen den letztlich zahlungspflichtigen D gegeben. Das ist jedoch bedenklich: M hätte den D nur dann befreit, wenn er auf dessen Schuld gezahlt hätte (vgl. unten Rdnr. 948). Daran fehlt es aber regelmäßig: M zahlt auf seine eigene Schuld gegenüber der Klinik, dem Arzt usw. Eher kann man erwägen, die Argumentation von *BGHZ 57, 229 ff.* (oben [3]) auf die Entbindungskosten auszudehnen: Immerhin dienen sie auch dem Kind, und D steht der Tragung dieser Kosten näher als M.

(5) Für die **Kosten des Scheidungsprozesses** M—F gilt § 93 a I ZPO: Sie werden regelmäßig gegeneinander aufgehoben. M kann seinen Kostenteil allenfalls von D nach Deliktsrecht verlangen: Im Verhältnis der Ehegatten untereinander dürfte § 93 a I ZPO eine abschließende Regelung sein, die durch Schadensersatzansprüche nicht in Frage gestellt werden darf.

3. Schutzgesetzverletzungen

621   Zu § 823 II läßt sich im allgemeinen nur wenig sagen, weil im Vordergrund die Problematik des im Einzelfall anzuwendenden Schutzgesetzes steht. Dessen voller objektiver und subjektiver Tatbestand müssen erfüllt sein. Bei Strafgesetzen sind also auch die strafrechtlichen Lehren über Schuld und Irrtum maßgeblich. Nur auf das Vorliegen eines Strafantrags wird bei § 823 II allgemein verzichtet.

a) Schutzgesetze

Ein Schutzgesetz kann vorliegen, wenn eine *Rechtsnorm* (gleich welcher verfassungsrechtlichen Qualität, Art. 2 EGBGB!) mindestens neben der Allgemeinheit auch den einzelnen schützen will. Solche Gesetze sind überaus zahlreich[10]. *BGH* NJW 1980, 1792 f. (dazu *H. Schlosser*, JuS 1982, 657 ff.) stellt deshalb mit Recht zusätzlich darauf ab, ob die schützenswerten Interessen des Geschädigten nicht schon durch andere Regeln ausreichend berücksichtigt werden. Das wird dort angenommen für die in §§ 27 III 1, 29 d I 1 StVZO bestimmte

---

10 Vgl. etwa *Palandt-Thomas* 9 f zu § 823, einschränkend aber *Knöpfle*, NJW 1967, 697 ff. und jetzt grundlegend *Canaris*, 2. Festschrift Larenz (1983) 27, 45 ff.

Pflicht zur Abmeldung von Kraftfahrzeugen, für die der Haftpflichtversicherungsschutz abgelaufen ist (zweifelhaft).

Fraglich ist der Schutzgesetzcharakter etwa bei § 858: Diese Norm will ja jedenfalls in erster Linie den Rechtsfrieden wahren und nicht den Besitzer schützen. Wer § 858 dennoch als Schutzgesetz ansieht (so *Pieper*, Festschr. OLG Zweibrücken, 1969, 232 ff.; *Wieser*, JuS 1970, 559; *T. Honsell*, JZ 1983, 531, 532 ff.), darf nicht die bei § 823 I geltende Begrenzung des Besitzschutzes (oben Rdnr. 607) illusorisch machen. Insbesondere darf nicht jeder unrechtmäßige Besitzer ersatzberechtigt sein. Dabei treten erhebliche Schwierigkeiten auf (vgl. *Pieper* aaO. 247 ff.). Am ehesten wird man einen ersatzfähigen Schaden verneinen können, wenn der verlorene Vorteil dem Besitzer nicht gebührte (so im Ergebnis auch *BGHZ 79, 232/237;* ähnlich *T. Honsell* aaO. 533 ff., allerdings m. E. in Einzelheiten unzutreffend).

b) Der Schutzbereich des Gesetzes

Daß eine Norm überhaupt Schutzgesetzcharakter hat, reicht aber für die Anwendung von § 823 II noch nicht aus. Vielmehr kommt es nach allgemeiner Ansicht weiter darauf an, ob der Schutzbereich der Norm auch den Geschädigten und die Art der Schadenszufügung umfaßt. Man spricht hier auch von **Rechtswidrigkeitszusammenhang.** 622

Fragen nach dem persönlichen und dem sachlichen Schutzbereich eines Gesetzes treffen zusammen in *BGHZ 29, 100 f.:* S ist Gesellschafter und Geschäftsführer einer GmbH. G hat dieser GmbH auf Kredit Waren geliefert, als diese bereits konkursreif (nämlich überschuldet, § 63 I GmbHG) war. In dem später angemeldeten Konkurs fällt G mit seinen Forderungen aus. Er verlangt nun von S persönlich Schadensersatz aus §§ 823 II BGB, 64 I GmbHG, weil S den Konkurs schuldhaft verspätet angemeldet habe: Bei rechtzeitiger Anmeldung des Konkurses wären die Lieferungen auf Kredit unterblieben.

Die erste Frage ist hier, ob § 64 GmbHG gerade die Gesellschaftsgläubiger schützen will, und zwar auch solche, die erst nach Eintritt der Konkursreife Gläubiger geworden sind. Das hat der BGH im Anschluß an das RG mit Recht bejaht: § 64 I GmbHG wolle das Schutzbedürfnis der Gläubiger befriedigen, das daraus folge, daß ihnen nur das Gesellschaftsvermögen hafte. Da die Antragspflicht des Geschäftsführers vom Eintritt der Konkursreife an fortbestehe, sei auch geschützt, wer erst später Gläubiger werde.

Die zweite Frage ist die nach dem sachlichen Schutzbereich: G hatte sich hier auf den Standpunkt gestellt, § 64 I GmbHG wolle die Teilnahme einer konkursreifen GmbH am Geschäftsleben verhindern, also Dritte davor schützen, durch Kreditgewährung an eine solche GmbH zu Schaden zu kommen. Wäre das richtig, hätte S die Kaufpreisbeträge voll ersetzen müssen. Der BGH (ebenso *BGHZ 100, 19/23; BAG* NJW 1975, 708/710) hat aber den Schutzzweck anders beurteilt: § 64 I GmbHG wolle nur eine weitere Verminderung der Quote verhindern. G könne also unter diesem Gesichtspunkt nur ersetzt verlangen, was er bei rechtzeitiger Antragstellung als Quote erhalten hätte. Nur wenn S die Kreditierung betrügerisch herbeigeführt habe, könne G aus §§ 826, 823 II BGB, 263 StGB die vollen Kaufpreisbeträge fordern.

Diese Beurteilung des sachlichen Schutzbereichs von § 64 I GmbHG durch den BGH ist allerdings zweifelhaft: Die Gegenansicht[11] bejaht mit guten Gründen eine Pflicht zur Offenbarung der Konkursreife mit der Folge, daß jeder Geschäftsabschluß mit einer solchen GmbH vermieden bleibt.

Eine gleiche Verpflichtung zum rechtzeitigen Konkursantrag besteht übrigens auch bei der **AG und der Genossenschaft**: §§ 92 II AktG, 99 I GenG; ebenso jetzt auch bei bestimmten »kapitalistischen« Formen von OHG und KG: §§ 130a, 177a HGB. *BGH* NJW 1988, 1789 ff. erstreckt die Haftung auf den **faktischen Geschäftsführer**, der zwar nicht zum Geschäftsführer bestellt ist, aber die Geschäfte der Gesellschaft tatsächlich besorgt. Bei allen Gesellschaftsformen kann diese Antragspflicht in einen schwer zu lösenden Konflikt führen, solange noch Sanierungsbemühungen Erfolg versprechen (der durch den Konkursantrag vereitelt würde). Vgl. dazu *BGHZ 75, 96, 107ff.* (Herstatt). Für den **Verein** ist übrigens in § 42 II 2 die Ersatzpflicht derjenigen Vorstandsmitglieder, die den Konkursantrag schuldhaft verzögern, gegenüber den Gläubigern ausdrücklich ausgesprochen. Hier braucht man also § 823 II nicht. — In Betracht kommt nach der Rspr. außerdem eine Haftung aus Verschulden bei Vertragsverhandlungen (vgl. oben Rdnr. 200a).

4. Vorsätzliche sittenwidrige Schädigung

623   Zu § 826 endlich gibt es eine kaum übersehbare Kasuistik (vgl. etwa *Palandt-Thomas* 8 zu § 826). Ich beschränke mich hier auf zwei allgemeinere und drei speziellere Fragen.

a) Vorsatz und Schaden

Bei § 823 I steht der Schaden nur auf der Rechtsfolgeseite der Norm. Das Verschulden braucht sich also nicht auf seinen Eintritt oder Umfang zu beziehen, sondern bloß auf die Rechtsgut- oder Rechtsverletzung. Diese ist dann mit dem zu ersetzenden Schaden nur durch Adäquanz und Rechtswidrigkeitszusammenhang verbunden. Ähnlich braucht bei § 823 II nur die Verletzung des Schutzgesetzes verschuldet zu sein. Soweit der Schaden nicht ausnahmsweise

---

11 So etwa *Graf Lambsdorff* und *Gilles,* NJW 1966, 1551 f.; *Kühn,* NJW 1970, 589 ff.; *Gilles* und *Baumgart,* JuS 1974, 226 ff.

(wie in § 263 StGB) zu dessen Tatbestand gehört, steht er also gleichfalls außerhalb des Verschuldens. In schroffem Gegensatz dazu muß bei § 826 der Schaden vom Verschulden — demnach vom Vorsatz — umfaßt sein: Schaden, den der Täter nicht (mindestens eventualiter) gewollt hat, ist aus § 826 nicht zu ersetzen.

BGH NJW 1963, 579 f.: Der Ehemann M kehrte 1945 aus dem Wehrdienst nicht zu seiner Familie zurück, sondern tat sich mit einer anderen Frau zusammen. An seine Familie schrieb M zunächst wahrheitswidrig, er sei in russischer Kriegsgefangenschaft. 1948 brach er den Briefwechsel ab und galt daher als verschollen. Daraufhin zahlte die Sozialversicherung Renten an die Angehörigen des M. Nach dessen Wiederauftauchen verlangte der Versicherungsträger die gezahlten Rentenbeträge von M zurück. Der BGH hat die Klage abgewiesen: Die für § 826 nötige Vorstellung des M, seine Angehörigen würden Fremdleistungen in Anspruch nehmen, sei nicht erweislich. Das ließ sich hier damit begründen, daß M annehmen konnte, seine Ehefrau stehe in einem Arbeitsverhältnis. Mit fortschreitendem Ausbau der sozialen Sicherung geraten solche Fälle aber zunehmend in den Bereich des dolus eventualis. Zudem kam hier als Anspruchsgrundlage noch § 823 II BGB mit § 170 b StGB als Schutzgesetz in Betracht, vgl. *BGH* NJW 1974, 1868 f.

b) Vorsatz und Sittenwidrigkeit

Vom Vorsatz umfaßt sein muß auch die Sittenwidrigkeit der Schädigung. Dabei braucht der Täter aber nach allgemeiner Ansicht nur die Tatsachen zu kennen, aus denen sich die Sittenwidrigkeit ergibt. Dagegen braucht er sein Verhalten nicht selbst als sittenwidrig erkannt zu haben. Diese Einschränkung soll verhindern, daß dem Täter seine eigenen laxen Anschauungen zugute kommen.   624

c) Eingriff in fremde Schuldverhältnisse

Die nach § 826 erhebliche Schädigung kann — im Gegensatz zu § 823 I (oben Rdnr. 610) — auch in der Beeinträchtigung von Schuldverhältnissen liegen, an denen der Täter selbst nicht beteiligt ist. Dabei fragt sich dann, unter welchen Voraussetzungen hier Sittenwidrigkeit angenommen werden muß.   625

Bsp.: E hat sein in X gelegenes Grundstück an die ortsfremde Brauerei K verkauft. Die in X ansässige Brauerei D erfährt davon. Sie will verhindern, daß K sich in X niederläßt, und bietet dem E daher einen höheren Kaufpreis. E verkauft und übereignet nun an D. Kann K von D aus §§ 826, 249 S. 1 Übereignung des Grundstücks verlangen? Soweit man das bejaht, kommt man zu einer Art *ius ad rem*, also zu einer Wirkung des Übereignungsanspruchs K—E gegen Dritte.

In solchen Fällen kann, wenn »Handeln im Wettbewerb« vorliegt, der Ersatzanspruch auch auf §§ 823 II BGB, 1 UWG gestützt werden; die Frage nach der Sittenwidrigkeit ist dort ebenfalls erheblich. Praktisch große Bedeutung hatte sie vor allem für die Stellung des Außenseiters gegenüber einer (jetzt nur noch für Verlagserzeugnisse zugelassenen, § 16 GWB) Preisbindung[12]. Die Rspr. hierzu war wenig einheitlich; im allgemeinen neigte sie aber dazu, die Sittenwidrigkeit leicht zu bejahen, so schon bei Verleitung zum Vertragsbruch und bei Ausnutzung fremden Vertragsbruchs zur Preisunterbietung.

Freilich soll nach *BGH* NJW 1969, 1293 ff. das einfache »Mitwirken« an fremdem Vertragsbruch (also das Ausnutzen einer sich bietenden Gelegenheit) nicht genügen, sondern ein »Hinwirken« auf den Vertragsbruch nötig sein. Andererseits wird aber ein »Hinwirken« auch dann für möglich gehalten, wenn der andere ohnehin schon zum Vertragsbruch entschlossen war.

Demgegenüber sollte festgehalten werden: Ob der Schuldner seine relative Verpflichtung erfüllt oder nicht, ist regelmäßig allein zwischen ihm und seinem Gläubiger sanktioniert. Dritte sind durch die Schuldnerpflichten nicht gebunden. Daher kann das »Verleiten zum Vertragsbruch« nur dann sittenwidrig sein, wenn der Dritte sich unerlaubter Mittel (etwa der Täuschung) bedient. Ein höheres Kaufpreisgebot allein (vgl. das Brauereibsp.) halte ich nicht für sittenwidrig, zumal K sich hier durch Vormerkung hätte sichern können. Auch das »Ausnutzen fremden Vertragsbruchs« kann nicht dadurch sittenwidrig werden, daß es zu einer an sich erlaubten Preisüberbietung verwendet wird.

d) Verhältnis von § 826 BGB zu § 138 BGB

626   Fraglich ist weiter das Verhältnis zwischen § 826 und § 138. Das wird schon an dem Brauereibsp. (oben Rdnr. 625) deutlich: Wenn man Sittenwidrigkeit des Kaufvertrages E—D annimmt, ist dieser nichtig, § 138 I. Und wenn man die Nichtigkeit auf das dingliche Vollzugsgeschäft ausdehnt, gehört das Grundstück noch dem E: K kann also nach wie vor die Übereignung aus dem Kaufvertrag von E verlangen, sofern E die an D übertragene Buchposition trotz § 817 S. 2 aus § 894 zurückzufordern vermag (dazu unten Rdnr. 697). Ein Anspruch des K gegen D aus § 826 ist dann unnötig. § 138 kann also, soweit er die schadenbringende Verfügung wirkungslos macht, die Entstehung des für § 826 erheblichen Schadens verhindern. Die nach § 138 zu beurteilende Wirksamkeit dieser Verfügung ist daher stets zu prüfen, bevor ein Schadensersatzanspruch aus § 826 bejaht werden kann.

Weiteres Bsp.: S überträgt seinem Kreditgeber G durch Sicherungsübereignung und Sicherungszession sein ganzes pfändbares Betriebsvermögen. S und G täuschen andere Kreditgeber hinsichtlich dieser Übertragungen und veranlassen sie so zu weiteren Krediten an S. Können diese Gläubiger sich aus § 826 an G halten? (Vgl. *Koller*, JZ 1985, 1013 ff. und zu § 419 oben Rdnr. 524).

---

12 Vgl. *Plaßmann*, JZ 1962, 463 ff.; 1963, 273 ff., auch *Deutsch*, JZ 1973, 585 ff.

Auch hier stellt sich für § 826 die Vorfrage, ob nicht die Sicherungsübertragungen an G nach § 138 I nichtig sind. Voraussetzung dafür ist, daß man Verfügungen nicht für »sittlich neutral« hält. Die Rspr. pflegt aber im Gegensatz zu ihrer Haltung in anderen Fällen (vgl. unten Rdnr. 697) § 138 I auch auf den Vollzug von Sicherungsvereinbarungen anzuwenden. Dennoch braucht § 138 nicht überall vorzuliegen, wo sonst § 826 gegeben wäre. Deshalb bleibt ein Bereich, in dem trotz vorsätzlicher sittenwidriger Schädigung die Verfügungen wirksam sind und daher § 826 anzuwenden ist.

So im Bsp.: Wenn nur G und nicht auch S auf Gläubigertäuschung ausgegangen ist, liegt § 138 I nicht vor. Dennoch können die getäuschten Gläubiger gegen G klagen, weil dieser sittenwidrig gehandelt hat. Die Sicherungsgeschäfte sind weiter dann wirksam, wenn S und G sich erst nach deren Durchführung zur Gläubigertäuschung entschlossen haben: Auch hier ist § 826 nötig. Vgl. auch *Baur* § 57 V 5.

e) Verweigerung der Aufnahme in einen Verein

§ 826 kann (zusammen mit § 249 S. 1) auch einen Anspruch auf Aufnahme in einen Verein begründen, wenn die Versagung der Aufnahme eine sittenwidrige Schädigung bedeutete. Die Rspr. hat das zunächst bei Wirtschaftsvereinen angenommen (etwa *BGHZ 29, 344 ff.:* Händlervereinigung; hier gilt zugleich § 27 I GWB). *BGH*NJW 1969, 316 ff. hält einen solchen Anspruch aber auch bei Idealvereinen (Sportverband) für denkbar, weil § 826 zugleich immaterielle Rechtsgüter schütze (§ 253 läßt ja Naturalrestitution auch bei Nichtvermögensschäden zu!). Voraussetzung für § 826 sei aber eine **Monopolstellung** des Vereins und regelmäßig auch, daß der Eintrittswillige die satzungsmäßigen Erfordernisse erfülle (einschränkend *BGHZ 63, 282 ff.*). *BGHZ 93, 151 ff.* läßt jedoch statt einer Monopolstellung genügen, daß der Verein »im wirtschaftlichen oder sozialen Bereich eine überragende Machtstellung innehat« und der Beitrittswillige am Beitritt wesentlich interessiert ist (dort grundsätzlich bejaht für die IG Metall). **627**

III. Die Ergänzung der Ansprüche auf Schadensersatz durch Unterlassungs- und Beseitigungsansprüche

1. Unterlassungsansprüche

Der Schutz durch Schadensersatzansprüche aus den §§ 823 ff. ist stets **repressiv**: Er setzt voraus, daß bereits ein Schaden eingetreten ist, und bezweckt dessen Ausgleich. Rechtspolitisch weit wertvoller ist demgegenüber die Verhinderung künftigen Schadens, also **präventiver** Schutz. Er kann gewährt werden durch einen Anspruch auf Unterlassung künftiger Rechtsverletzung. **628**

Bsp.: Der Unternehmer U hat davon erfahren, daß die Auskunftei A ihn aufgrund falscher Nachrichten in ihre Liste der säumigen Zahler aufnehmen will. Mit einem Schadensersatzanspruch gegen A aus § 824 müßte U warten, bis ihm Schaden entstanden ist (etwa durch die Kündigung von Krediten). Zweckmäßig wäre es, wenn U von A sofort verlangen könnte, daß A ihn nicht als säumigen Zahler bezeichne.

Das BGB kennt solche Unterlassungsansprüche für den Eigentümer und andere Inhaber eines absoluten Rechts (§ 1004 und ähnliche Vorschriften, vgl. oben Rdnr. 440 f.). Das ist der sogenannte **negatorische** Schutz. In gleicher Weise wie diese absoluten Rechte schützt das BGB auch bestimmte Rechtsgüter, die Rechten nur ähnlich sind (§§ 12, 862; **quasinegatorischer** Schutz). Dabei wird der Unterlassungsanspruch an Wiederholungsgefahr geknüpft, nämlich daran, daß »weitere Beeinträchtigungen zu besorgen« sind. Das erweckt den Eindruck, als müsse zunächst eine erste Beeinträchtigung hingenommen werden.

Gegenüber diesem Gesetzeswortlaut hat die Rspr. den Anwendungsbereich des Unterlassungsanspruchs jedoch in zwei Richtungen erweitert:

a) Der Anspruch wird **schon gegen die erste Beeinträchtigung** gewährt; es genügt, daß diese konkret bevorsteht. Statt von »Wiederholungsgefahr« sollte man daher besser von »Begehungsgefahr« sprechen. Daß bereits früher Beeinträchtigungen erfolgt sind, bedeutet lediglich ein Indiz für die Gefahr weiterer Störungen. Dabei wird der Unterlassungsanspruch gegen die erste Beeinträchtigung vielfach als »vorbeugend« bezeichnet. Das führt aber irre, weil *jeder* Unterlassungsanspruch vorbeugt. Vgl. *Baur,* JZ 1966, 381 f.; *Münzberg,* JZ 1967, 689 ff. Entgegen der früheren Rspr. wird es seit Jahrzehnten auch für unschädlich gehalten, daß die drohende Störung eine **Straftat** darstellt: Der Bedrohte soll sich also in jedem Fall selbst zivilrechtlich wehren können.

b) Unterlassungsansprüche werden auch gewährt, wenn die Bedrohung den in § 823 I genannten **Lebensgütern** oder denjenigen Interessen gilt, denen § 824 **und die Schutzgesetze von** § 823 II dienen. Man spricht in solchen Fällen oft von deliktischen Unterlassungsansprüchen. Doch ist auch diese Bezeichnung irreführend: Erfüllt zu sein braucht nämlich nicht auch der subjektive Deliktstatbestand der §§ 823 ff. (vor allem kann also Verschulden fehlen). Besser paßt daher die Bezeichnung als »ergänzender« Unterlassungsanspruch, insbesondere bei § 823 II als »schutzgesetzlicher«. Vgl. wieder *Baur* aaO.

2. Beseitigungsansprüche

629 § 1004 und die ihm ähnlichen Regelungen des negatorischen und quasinegatorischen Schutzes gewähren neben dem Unterlassungsanspruch noch einen Anspruch auf Beseitigung der bereits eingetretenen Beeinträchtigung. Auch das ist

gewohnheitsrechtlich auf die anderen deliktisch geschützten Rechtsgüter und Interessen übertragen worden. Neben dem ergänzenden Unterlassungs- gibt es also einen ergänzenden Beseitigungsanspruch.

Seine Voraussetzungen ähneln denen des Unterlassungsanspruchs: Insbesondere erfordert auch der Beseitigungsanspruch kein Verschulden. Allerdings muß hier die Beeinträchtigung so weit gehen, daß es schon etwas zu beseitigen gibt; Wiederholungsgefahr ist auch hier unnötig. Zudem kann nach *BGHZ 37, 187/191* der Beseitigungsanspruch sogar dann gegeben sein, wenn die Beeinträchtigung zunächst durch § 193 StGB gerechtfertigt war (Widerruf einer in Wahrnehmung berechtigter Interessen aufgestellten unwahren Behauptung).

Das Hauptproblem dieses Beseitigungsanspruchs, das aber in ganz gleicher Weise auch bei den gesetzlich geregelten Beseitigungsansprüchen auftaucht, ist folgendes: Der Inhalt dessen, was als **Beseitigung** verlangt werden kann, muß vom **Schadensersatz** (Naturalrestitution) abgegrenzt werden. Denn Schadensersatz kann der Verletzte nach §§ 823 ff. nur bei Verschulden des Täters fordern. Die Beseitigung muß also wesentlich enger sein, damit man über den Beseitigungsanspruch nicht zu einer Schadensersatzpflicht ohne Verschulden kommt[13]. Eine formelartige Abgrenzung ist m. E. noch nicht gelungen.

Anerkannte Fälle der Beseitigung sind etwa der Widerruf einer geschäftsschädigenden Behauptung; die Vernichtung rechtswidrig gemachter Tonbandaufnahmen; das Fortschaffen der durch Sprengung auf das Nachbargrundstück geflogenen Steine (nicht aber etwa der Ersatz der zersprungenen Fensterscheiben).

3. Beeinträchtigung durch verkehrsrichtiges Verhalten?

Da Unterlassungs- und Beseitigungsanspruch kein Verschulden voraussetzen, kann bei ihnen — anders als beim Schadensersatzanspruch (oben Rdnr. 606) — die Unterscheidung zwischen Erfolgs- und Handlungsunrecht Bedeutung erlangen: Wie, wenn eine Beeinträchtigung durch verkehrsrichtiges Handeln droht oder eingetreten ist? 630

Zu dieser schwierigen Frage kann ich hier nur kurz andeuten: Gewiß vermag sich der Unterlassungsanspruch nicht gegen erlaubtes Handeln zu richten. Denn was erlaubt ist, kann nicht zugleich verboten sein. Vom Erfolgsunrecht her muß man daher annehmen, daß das Unrecht des durch eine Handlung unmittelbar verursachten Erfolges auf diese Handlung ausstrahlt (vgl. unten Rdnr. 643). Ich möchte das jedenfalls für die »klassischen« Lebensgüter und Rechte

---

13 Dazu etwa *Larenz* II § 76; *Baur* § 12 IV 1 a; *Mertens,* NJW 1972, 1783 ff.; *Picker,* Der negatorische Beseitigungsanspruch (1972) sowie *BGH* VersR 1986, 687 f. (dort weiter Beseitigungsbegriff).

des § 823 I annehmen: Auch einem Kraftfahrer, der alle Verkehrsregeln beachtet hat, »erlaubt« die Rechtsordnung nicht, ein unvorhersehbar auf die Straße gelaufenes Kind zu überfahren. Ebenso ist eine Sprengung rechtswidrig, durch die trotz allen Handelns lege artis unvorhersehbar Steine auf das Nachbargrundstück fliegen. Wegen der Unvorhersehbarkeit kommt hier allerdings ein Unterlassungsanspruch nicht in Betracht. Aber für den Beseitigungsanspruch behält die Rechtswidrigkeit ihre Bedeutung (anders z.B. *Esser-Weyers* § 62 III 1, die aus § 1004 II folgern, maßgeblich sei eine von der Rechtswidrigkeit zu unterscheidende Duldungspflicht).

IV. Gefährdungshaftung[*]

631 Die Vorschriften dieser Gruppe entsprechen mit Ausnahme nur des § 22 II WHG insofern dem § 823 I, als sie die Verletzung bestimmter Lebensgüter oder Rechte voraussetzen. Jedoch tritt hier die Schadensersatzpflicht ohne Rücksicht auf Unrecht und Verschulden ein (vgl. schon oben Rdnr. 604 Nr. 3). Auf die Frage nach Handlungs- oder Erfolgsunrecht kommt es also nicht an.

Im folgenden beschränke ich mich auf wenige besonders wichtige Einzelfragen. Dabei gehe ich von der am häufigsten anzuwendenden Regelung aus, nämlich der durch das StVG; andere Haftungsfälle werden nur nebenbei kurz erwähnt.

1. Der Haftende

632 Die Haftung aus § 7 StVG trifft den **Halter.** Das ist nach der Rspr., »wer das Fahrzeug für eigene Rechnung in Gebrauch hat und die Verfügungsgewalt darüber besitzt, die ein solcher Gebrauch voraussetzt« *(BGHZ 13, 351/354).* Dabei bedeutet Verfügungsgewalt nicht Verfügungsmacht; entscheidend ist also nicht das rechtliche, sondern das tatsächliche Herrschaftsverhältnis.

Dieses wird freilich von einer gewissen Dauer sein müssen: Wer ein Auto für einen Tag leiht oder mietet, wird dadurch nicht zum Halter. Ebensowenig wird die Polizei zum Halter, wenn sie das Fahrzeug eines betrunkenen Fahrers sicherstellt (zudem handelt die Polizei nicht für eigene Rechnung). Halter ist dagegen regelmäßig der Leasingnehmer *(BGHZ 87, 133).*

Weil es auf die tatsächliche Herrschaft ankommt, ist die Begründung der Haltereigenschaft **kein Rechtsgeschäft.** Viele wollen aber zum Schutz nicht voll Geschäftsfähiger die Regeln über Rechtsgeschäfte entsprechend anwenden (etwa *Larenz* II § 77 II für § 833).

---

[*] Vgl. *Deutsch,* Gefährdungshaftung: Tatbestand und Schutzbereich, JuS 1981, 317 ff.

Vom Halter sprechen auch die §§ 833 BGB, 33, 53 f. LuftVG. Dagegen haftet nach §§ 1, 3 HaftpflG der **Betriebsunternehmer** und nach §§ 2 HaftpflG, 22 II WHG der **Inhaber der Anlage.** Neben dem Halter oder statt seiner haftet vereinzelt auch der **unbefugte Benutzer** (Schwarzfahrt, vgl. §§ 7 III 1 StVG, 33 II 1 LuftVG).

2. Probleme der Halterhaftung

Der Halter haftet nach § 7 StVG nicht für jedes mit dem Kraftfahrzeug verbundene Risiko. Vielmehr gilt nach § 7 I StVG die Haftung nur für Verletzungen »beim Betrieb eines Kraftfahrzeugs«; § 7 II, III 1 schränkt das noch weiter ein.   633

a) Der Betriebsbegriff

»Beim Betrieb« wird von der h. M. ganz weit verstanden, nämlich nicht maschinentechnisch (wenn das Fahrzeug durch seinen Motor bewegt wird), sondern im Hinblick auf den Betriebsvorgang, die Fahrt: Erst wenn diese abgeschlossen ist, befindet sich das Fahrzeug außer Betrieb. Dabei können zur Fahrt auch noch das Be- und Entladen rechnen (dazu *Tschernitschek*, NJW 1980, 205 ff.), ja sogar das Abstellen des Fahrzeugs auf einer Hauptstraße. Das Entladen gehört jedoch nicht schon wegen der dabei verwendeten Maschinenkraft zum Betrieb, wenn eine Sonderfunktion des Fahrzeugs als Arbeitsmaschine dominiert *(BGH* NJW 1975, 1886 ff.: vom Fahrzeugmotor betriebenes Gebläse zum Entladen von Getreide; *BGHZ 71, 212 ff.:* Einfüllen von Öl durch Motorkraft). Andererseits ist die körperliche Berührung zwischen dem Fahrzeug und dem Verletzten unnötig: *BGH* NJW 1973, 44 ff.; VersR 1988, 641 f.

Noch weiter ist der Betriebsbegriff bei der **Eisenbahn:** Hier wird nicht nur für den Zugbetrieb gehaftet, sondern für alle Vorgänge, die mit dem Bahnbetrieb überhaupt zusammenhängen (Unfälle beim Ein- und Aussteigen; zweifelhaft ist das für die weiteren Vorgänge beim Umsteigen).

b) Unabwendbares Ereignis

Nach § 7 II StVG ist die Halterhaftung ausgeschlossen bei einem »unabwendbaren« (also auch mit äußerster Sorgfalt nicht vermeidbaren) Ereignis. Man rechnet dazu etwa das unvermeidbare Aufschleudern von Steinen durch das Kraftfahrzeug oder das unvorhersehbare Hereinlaufen eines Kindes in die Fahrbahn (*KG* VersR 1981, 885). Diese Ausnahme führt aber dazu, daß der Halter gerade manche typischen Gefahren, die sich aus der hohen Geschwindigkeit und der daraus folgenden großen Wucht ergeben, nicht zu tragen braucht. Doch bringt § 7 II 1 eine Ausnahme von dieser Ausnahme: Das unabwendbare Ereignis darf »weder auf einem Fehler in der Beschaffenheit des Fahrzeugs noch auf einem Versagen seiner Verrichtungen beruhen«. Danach bleibt der   634

Halter für das Ungewöhnliche (Versagen der Bremsen) haftbar, während er für das Gewöhnliche (Aufschleudern von Steinen; langer Bremsweg) nicht haften soll. Doch differenziert *BGH* NJW 1974, 1510 f. hinsichtlich der aufgeschleuderten Steine: Ein unabwendbares Ereignis soll jedenfalls dann nicht vorliegen, wenn der Kraftfahrer mit dem Herumliegen loser Steine rechnen mußte (wie auf Baustellen). Und nach *BGH* NJW 1982, 1149 f. soll eine Entlastung nach § 7 II StVG auch dann scheitern, wenn äußerste Sorgfalt den Unfall zwar nicht verhindert, aber doch womöglich dessen Folgen gemildert hätte. Endlich ist der Halter nach § 7 III 2 StVG auch haftbar für den Betrieb des Fahrzeugs durch bestimmte Dritte.

In den anderen Regelungen der Gefährdungshaftung fehlen solche Ausnahmen ganz (LuftVG, hier nur eine Ausnahme für den Schwarzflug; AtomG) oder sind enger formuliert (regelmäßig **höhere Gewalt**: HaftpflG, aber bei Schienenbahnen innerhalb des Verkehrsraums öffentlicher Straßen wie nach StVG »unabwendbares Ereignis«; WHG).

c) Einschränkung nach dem Schutzzweck?

635 Fraglich ist, wie die Halterhaftung entsprechend ihrem Schutzzweck eingeschränkt werden muß.

BGHZ 37, 311 ff.: H hat seinen Lastwagen für eine Nacht dem D überlassen, damit dieser das Diebesgut aus einem Einbruch abfahren könne. Auf dieser Fahrt wird D von einem Polizisten P kontrolliert. Um den auf dem Trittbrett stehenden P zu töten, fährt D den Wagen gegen einen Betonmast und erreicht so sein Ziel. Das Land, in dessen Diensten P gestanden hat, macht gegen H die übergegangenen Ersatzansprüche der Angehörigen des P (§ 10 StVG) geltend.

Die Tötung des P ist hier kaum mehr als Unfall (vgl. § 7 II 1 StVG) zu bezeichnen, sondern viel eher als Mord. Zu entscheiden war daher, ob eine solche Verwendung des Fahrzeugs als Waffe noch im sachlichen Schutzbereich des § 7 StVG liegt. Dagegen spricht, daß § 33 I 1 LuftVG die Haftung ausdrücklich auf Schäden »durch Unfall« beschränkt, und daß für die Tierhalterhaftung eine entsprechende Ausnahme allgemein anerkannt ist: Wird ein Tier durch einen Dritten als Werkzeug benutzt, also ein Hund gehetzt oder eine Katze geworfen, so haftet der Halter nicht nach § 833 S. 1.

BGHZ 37, 311 (ähnlich *BGH* NJW 1971, 459 ff.) hat H dennoch aus § 7 StVG verurteilt: Der Schutzbereich dieser Vorschrift umfasse noch den Mord. Ich halte diese Entscheidung mit den auf den ersten Blick widersprechenden Regeln bei § 833 für vereinbar: Ein Kraftfahrzeug ist, anders als ein Tier, eine besonders gefährliche Waffe. Daher mag der Halter auch das gesteigerte Mißbrauchsrisiko tragen.

Sicher außerhalb des Schutzbereichs der Gefährdungshaftung liegt dagegen der Fall von *BGH* NJW 1968, 2287 f.: Durch eine unfallbedingte Untersuchung wird bei dem Verletzten eine Hirnarteriosklerose entdeckt und dieser deshalb früher in den Ruhestand versetzt. Gegen die hierdurch entstehende Verdienstminderung sollen weder § 7 StVG noch § 823 schützen. Zweifelhaft ist dagegen der Fall von *LG Hannover*, VersR 1986, 48 f.: Nach einem Motorradunfall landet ein Rettungshubschrauber, dadurch wird Vieh aufgeregt und verletzt (Zurechnung an den Motorradhalter verneint).

d) Haftungsausschluß gegenüber Nutznießern

Zu erwähnen ist endlich noch eine gegenüber bestimmten Personen bestehende   636 Ausnahme von der Halterhaftung: Nach §§ 8 a I 1 StVG, 45 LuftVG kommt sie regelmäßig den **Fahrgästen** nicht zugute, weil diese an dem Betriebsrisiko teilnehmen.

Allerdings ist diese Regel nur sehr lückenhaft durchgeführt. Denn die geschäftsmäßigentgeltlich mit einem Kraftfahrzeug beförderten Personen kommen gleichwohl in den Genuß der (hier sogar unabdingbaren, § 8 a II StVG) Gefährdungshaftung. Schlechthin wird gehaftet für Personen- und teilweise auch für Sachschäden bei der Eisenbahn (hier gleichfalls unabdingbar nach § 7 HaftpflG). Ein klares Prinzip steht dahinter nicht.

Eine Ausweitung des Rechtsgedankens der §§ 8 a I 1 StVG, 45 LuftVG findet sich aber in *BGH* NJW 1974, 234 ff.: Dort hatte sich jemand vom Halter ein Pferd erbeten, um seine bessere Reitkunst zu beweisen, und war dann verunglückt. Der BGH hat diesen Unfall mit Recht als nicht mehr vom Schutzzweck der Tierhalterhaftung umfaßt angesehen: Der Verletzte habe hier die Herrschaft über das Tier vorwiegend im eigenen Interesse und in Kenntnis der damit. verbundenen Tiergefahr übernommen. Ohne dieses Eigeninteresse hat aber auch der Reiter Ansprüche aus § 833 gegen den Halter: *BGH* NJW 1977, 2158 f.[14]; 1982, 1589; 1986, 2883.

3. Generalklausel für die Gefährdungshaftung?

Heute erscheint die Aufzählung der Unternehmen und Anlagen, für die nach   637 dem HaftpflG eine Gefährdungshaftung eintreten soll (§ 1: Eisenbahn; § 2: Leitungen), als zu eng. Eine geringfügige Erweiterung hatte freilich 1977 eine Änderung des § 2 HaftpflG gebracht: Seitdem wird auch für Dampf- und Flüssigkeitsleitungen gehaftet. Damit ist das unbefriedigende Ergebnis von *BGHZ 55, 229 ff.* erledigt: Dort hatte nach einem Rohrbruch ausströmendes Wasser ein Haus zerstört; der BGH hatte nur mit der Beweislastumkehr nach § 836 helfen können. Derzeit wird über die Einbeziehung der Schlepplifte in § 1

14 Dazu *Knütel*, NJW 1978, 297 ff.; kritisch *Deutsch*, NJW 1978, 1998 ff.

HaftpflG diskutiert. Auch war beabsichtigt, durch eine Änderung des Staatshaftungsrechts (vgl. unten Rdnr. 788) eine öffentlichrechtliche Gefährdungshaftung einzuführen und so der Fall der versagenden Ampelanlage befriedigend zu regeln (vgl. *BGHZ 54, 332 ff.* ohne Hilfe). Jedoch ist eine Generalklausel als Grundlage einer allgemeineren Gefährdungshaftung vorerst nicht zu erwarten (und wohl auch nicht wünschenswert). Daher können sich immer wieder Fälle ergeben, in denen man die Grundlage für eine Gefährdungshaftung vermißt. Die Praxis hilft hier (z. B. beim Umgang mit Waffen oder Giften) durch die (zum Verschulden führende) Annahme besonders strenger Sorgfaltspflichten.

4. Konkurrenzfragen

638 Neben der Gefährdungshaftung sind (bei Verschulden) die Vorschriften über die **Vertrags- und Deliktshaftung** unbeschränkt anwendbar (§§ 16 StVG, 12 HaftpflG, 42 LuftVG, Ausnahme nur § 48 LuftVG; sachlich kaum gerechtfertigt). Diese Häufung ist auch oft wichtig, weil der Ersatzanspruch aus Gefährdungshaftung Schwächen hat: Meist ist er durch **Höchstbeträge** beschränkt; er kann bisweilen schon in kurzer Zeit **verwirkt** werden (etwa § 15 StVG). Vor allem aber bringt er **kein Schmerzensgeld** (Ausnahmen: §§ 833 BGB, 53 III LuftVG). Endlich spielt die Frage nach dem Verschulden des aus Gefährdungshaftung in Anspruch Genommenen ohnehin stets eine Rolle, wenn dieser die Mitwirkung von Verschulden oder Betriebsgefahr des Geschädigten einwendet.

5. Zivilrechtliche Aufopferungsansprüche nach § 904 BGB

638a Verschuldensunabhängig wie die Ansprüche aus Gefährdungshaftung ist auch der Schadensersatzanspruch aus § 904 S. 2 aus bewußter und gewollter Einwirkung auf fremdes Eigentum (vgl. *BGHZ 92, 357 ff.*, oben Rdnr. 411). Aber dieser Anspruch hat einen völlig anderen Grund: Er bildet gleichsam den Ersatz für die nach § 904 S. 1 ausnahmsweise ausgeschlossene Untersagungsbefugnis des Eigentümers. Deshalb kann man hier von einem zivilrechtlichen Aufopferungsanspruch reden. Von diesem Zweck her ist zweifelhaft, gegen wen sich der Anspruch richten soll: gegen den Eingreifenden oder gegen denjenigen, zu dessen Gunsten der Eingriff erfolgt (z. B. G zerbricht einen Zaun des E, um den ins Eis eingebrochenen H zu retten: Schulden G oder H dem E Ersatz?). Ich neige eher zur Haftung des Eingreifenden; dieser wird freilich gegen den Begünstigten meist einen Anspruch aus §§ 683, 670 haben.

V. Beeinflussung durch Vertragsrecht

Wenn Deliktsansprüche mit Vertragsansprüchen konkurrieren, beeinflussen 639
sie diese Vertragsansprüche nicht. So bleibt etwa § 852 auf die Verjährung kon-
kurrierender Vertragsansprüche ohne Wirkung. Dagegen ist umgekehrt eine
Beeinflussung von Deliktsansprüchen durch das (als spezieller gedachte) Vertragsrecht sehr wohl möglich. Für eine solche Beeinflussung kommen vor allem
Haftungsmilderungen und Verjährungsabkürzungen des Vertragsrechts in Betracht; wirken sie auch für konkurrierende Deliktsansprüche?

(1) *BGHZ 54, 264 ff.* (vereinfacht): Der Kfz-Händler V läßt einen Kunden K eine Probefahrt machen. Dabei wird der Wagen durch Verschulden des K zerstört. V klagt nach
drei Jahren gegen K auf Ersatz.

(2) *BGHZ 55, 392 ff.* (dazu *Schlechtriem*, JZ 1971, 449 ff.): B läßt in seinen Anhänger
von U ein neues Doppelachsaggregat einbauen. U schweißt dieses Aggregat auf, obwohl
es hätte verschraubt werden müssen. Daher bilden sich am Rahmen des Anhängers Risse.
B macht Schadensersatzansprüche gegen U erst zwei Jahre nach dem Einbau geltend.

1. Das Problem

Der BGH hat hier bei (1) die kurze **Verjährung** nach §§ 606, 558 auch gegenüber dem Deliktsanspruch des V aus § 823 I durchgreifen lassen; K hat also
nicht zu zahlen brauchen. Ebenso haben entschieden *BGHZ 61, 227 ff.* für Deliktsansprüche gegen Hilfspersonen des Mieters und *BGH* NJW 1976, 1843 f.
für Deliktsansprüche gegen einen selbständigen Unternehmer, dem der Mieter
die Mietsache vertragsgemäß überlassen hatte: Hier entfaltet also die mietver-
tragliche Verjährung Schutzwirkung für Dritte (vgl. unten Rdnr. 938).

Bei (2) war zunächst fraglich, ob der Ersatzanspruch wegen der Risse im
Rahmen aus § 635 (dann § 638, also Verjährung) oder aus pV stammt (dann
§ 195, also keine Verjährung). Insoweit hat der BGH einen »engen und unmittelbaren Zusammenhang« zwischen Werk und Folgeschaden angenommen
(vgl. oben Rdnr. 356) und folglich die §§ 635, 638 bejaht. Anders als bei (1) hat
der BGH die Verjährung des Vertragsanspruchs hier aber nicht auch auf den
Deliktsanspruch aus § 823 I wegen der Beschädigung des Anhängers erstreckt;
dieser Anspruch sei vielmehr wegen § 852 noch unverjährt.

BGHZ 55, 398 begründet diese Verschiedenbehandlung so: Bei § 558 be-
stünden regelmäßig konkurrierende Deliktsansprüche (der Vermieter ist eben
meist zugleich Eigentümer oder wenigstens befugter Besitzer). Daher wäre die
kurze Verjährung nach Vertragsrecht bedeutungslos, wenn sie nicht auch den
Deliktsanspruch erfasse. Dagegen liege bei Werkmängeln weniger häufig zugleich eine Eigentumsverletzung vor. § 638 behalte also auch dann Bedeutung,

wenn der im Einzelfall konkurrierende Deliktsanspruch nach § 852 verjähre. Entsprechend argumentiert auch _BGHZ 66, 315/319ff._: Da ein Sachmangel beim Kauf nicht regelmäßig zur Verletzung von absolut geschützten Rechtsgütern des Käufers führe, verjähre der aus einer solchen Verletzung stammende deliktische Ersatzanspruch nach § 852 ohne Rücksicht auf § 477.

Für **Haftungsmilderungen** pflegt man die Frage nach der statistischen Häufigkeit der Konkurrenz nicht zu stellen: Insoweit bejaht man den Vorrang des Vertragsrechts ohne weiteres (z. B. für § 680, vgl. den Fall von _BGH_ NJW 1972, 475 ff., oben Rdnr. 433).

2. Lösungsvorschlag

640 Richtigerweise wird man wohl unterscheiden müssen: **Gesetzlich angeordnete Haftungsmilderungen** sind regelmäßig eine Prämie für Gefälligkeit, oder sie tragen Notsituationen Rechnung. Dieselben Erwägungen gelten auch gegenüber einer Deliktshaftung; darum muß diese in gleicher Weise gemildert sein (vgl. aber unten Rdnr. 930, wonach der BGH bestimmte Haftungsmilderungen im Straßenverkehr nicht gelten läßt). Bei **vertraglich vereinbarten Haftungsmilderungen** ist es eine Frage der Auslegung, ob die Vereinbarung auch für konkurrierende Deliktsansprüche gelten soll. Regelmäßig wird das zu bejahen sein, doch muß bei AGB die Unklarheitenregel von § 5 AGBG (oben Rdnr. 70) beachtet werden (aber auch sie fordert wenigstens gegenüber einem Kaufmann nicht allemal die ausdrückliche Erwähnung von Deliktsansprüchen: _BGH_ NJW 1979, 2148 f.). Dagegen ist für die **Verjährung** nicht recht einzusehen, warum es dem Deliktstäter nutzen soll, daß er auch noch einen konkurrierenden Vertrag verletzt hat. Deshalb möchte ich die Anwendung einer kürzeren vertraglichen Verjährung auf Deliktsansprüche regelmäßig verneinen, wenn nicht die vertragliche Verjährung durch den konkurrierenden Deliktsanspruch allgemein (fast) jede Bedeutung verlöre. Vgl. zu dem Fragenkreis _Schlechtriem_, Vertragsordnung und außervertragliche Haftung 1972, sowie rechtspolitisch _Deutsch_, Festschr. Michaelis 1972, 26 ff. _BGHZ 93, 64 ff._ mildert die kurze Verjährung nach § 558 immerhin dadurch, daß dort die Hemmung nach § 852 II ohne Rücksicht auf den Rechtsgrund des Anspruchs gelten soll.

§ 25   Die Verkehrssicherungspflichten*

Die Lehre von den Verkehrssicherungspflichten (VSPen, seit *RGZ 102, 372/375*   **641**
auch häufig »Verkehrspflichten« genannt) ist entstanden im Zusammenhang
mit der »rechtswidrigen Verletzung« der in § 823 I genannten Lebensgüter und
Rechte. Schon wegen des Streits um die Rechtswidrigkeit (oben Rdnr. 606) ist
die Situation bei den VSPen derzeit wenig klar. Die Schwierigkeiten steigen
noch dadurch, daß an dieser Stelle auch Gesichtspunkte der Tatbestandsmäßigkeit und der Kausalität hereinspielen. Eine ähnlich komplexe Problematik hat
sich auch bei den »Herausforderungsfällen« ergeben (vgl. unten Rdnr. 653).

I. Die Funktion der Verkehrssicherungspflichten

1. Die systematische Stellung

Nicht selten erscheinen die VSPen an zwei verschiedenen Stellen: **642**

a) **Erstens** beim Delikts*tatbestand*, nämlich im Rahmen des **Handlungsbe-
griffs:** Ein **Unterlassen** stehe einer Erfolgsherbeiführung durch positives Tun
(»verletzen« in § 823 I) nur dann gleich, wenn der Haftende zum Tätigwerden
mit dem Ziel der Erfolgsabwendung verpflichtet gewesen sei. In Betracht
komme hierfür insbesondere die allgemeine Grundpflicht, sein Verhalten im
Verkehr so einzurichten, daß andere nicht gefährdet würden. So *Larenz* I § 27
S. 457; II § 71 I a.

b) **Zweitens** erscheinen die VSPen bei *Larenz* II § 72 I c; d der Sache nach   **643**
auch bei der **Rechtswidrigkeit:** Bloß **mittelbare Verletzungshandlungen,** bei
denen der Verletzungserfolg nicht mehr im Rahmen des Handlungsablaufs
liege, könnten durch diesen Erfolg nicht ohne weiteres als rechtswidrig indiziert werden. Vielmehr ergebe sich in solchen Fällen die Rechtswidrigkeit erst
»aus der Verbindung der Ursächlichkeit mit einem Verhalten, das wegen seiner
Gefährlichkeit für die Rechtsgüter anderer von der Rechtsordnung mißbilligt
wird«. Hier betont *Larenz* II § 72 I d im Anschluß an *von Caemmerer*[1], auf die
Begehungsform (Tun oder Unterlassen) komme es nicht wesentlich an.

---

* Dazu vor allem *von Bar,* Verkehrspflichten (1980); *ders.,* Entwicklung und Entwick-
lungstendenzen im Recht der Verkehrs(sicherungs)pflichten, JuS 1988, 169 ff.; zudem
Mertens und *Steffen,* Verkehrspflichten und Deliktsrecht, VersR 1980, 397 ff.; 409 ff.;
Canaris, 2. Festschrift Larenz (1983) 27, 77 ff.; *G. Hager,* Zum Begriff der Rechtswidrigkeit im Zivilrecht, Festschr. Ernst Wolf (1985) 133 ff.
1 Hundert Jahre deutsches Rechtsleben, Festschr. Dt. Juristentag (1960) II 74 ff. = Ges.
Schriften I 481 ff.

2. Begründungsfunktionen der Verkehrssicherungspflichten

644 Dieses doppelte Vorkommen des VSPen führt zu der Frage, wo diese zu prüfen sind: beim Tatbestand oder bei der Rechtswidrigkeit oder an beiden Stellen (etwa bei einer mittelbaren Verletzung durch pflichtwidriges Unterlassen)?

a) Diese Schwierigkeit darf gewiß nicht eine Rückkehr zur alten Lehre bewirken, nach der die VSPen nur die Rechtswidrigkeit des Unterlassens begründen sollten (so etwa *Enneccerus-Lehmann,* Recht der Schuldverhältnisse, 15. Aufl. 1958 § 234 II 2). Dagegen spricht nämlich schon, daß insbesondere *von Caemmerer* aaO. den Begriff »Unterlassen« als wenig brauchbar erwiesen hat (vgl. weiter *Deutsch,* Haftungsrecht I [1976] S. 125 ff./130). Dieselbe Erkenntnis findet sich übrigens auch im Strafrecht: Dort ist die Rechtsfigur des »Unterlassens durch Tun« ein bezeichnender Beleg für die Abgrenzungsschwierigkeiten (vgl. *Sax,* JZ 1975, 137 ff.). Auch die heftige Diskussion über die passive Sterbehilfe (der Arzt beendet die lebensverlängernde Behandlung des unheilbar Kranken, vgl. etwa *Zimmermann,* NJW 1977, 2101 ff.) dreht sich weithin um die Unterscheidung von Tun und Unterlassen.

Bsp. für die zivilrechtliche Problematik: S lädt scharfkantige Blechabfälle auf seinem umzäunten Lagerplatz ab, vergißt aber, die Tür des Zaunes zu verschließen. Daher dringen Kinder ein; eines von ihnen verliert durch das Spielen mit dem Blech ein Auge. Wenn man hier das Gewicht auf das Abladen des Bleches legt (positives Tun), hat S das Kind bei Vorliegen von Adäquanz nach der traditionellen Lehre rechtswidrig verletzt. Betont man dagegen das Nichtverschließen der Tür (Unterlassen), so sind schon Tatbestandsmäßigkeit oder Rechtswidrigkeit zweifelhaft.

Beide Betrachtungsweisen brauchen freilich nicht zu verschiedenen Ergebnissen zu führen, weil man auch bei Betonung des positiven Tuns immer noch ein Verschulden des S verneinen kann. Aber daß die Begründung je nach der Betrachtungsweise verschieden ausfällt, mag doch befremden.

645 **b)** Zudem läßt die alte Lehre diejenige Funktion ganz unberücksichtigt, deren Erfüllung durch die VSPen immer wichtiger wird: nämlich zu begründen, warum ein **Handeln lege artis** auch dann **nicht rechtswidrig** ist, wenn es adäquat kausal eines der klassischen Lebensgüter oder Rechte des § 823 I verletzt. Denn auf eine solche Einschränkung der Rechtswidrigkeitsindikation kann man nicht verzichten:

In der Bundesrepublik sind in den letzten Jahren jeweils über 10 000 Menschen als Opfer des Straßenverkehrs getötet worden. Jede Automobilfabrik vermag also nach ihrem Anteil an dem Kraftfahrzeugbestand etwa zu berechnen, wieviel Tote auf ihre Fabrikate entfallen. Die Tötung von Menschen ist hier nicht bloß eine adäquate, sondern sogar eine statistisch sichere Folge von Produktion und Verkauf. Da es sich dabei um positives Tun handelt, müßte nach der traditionellen Lehre die Rechtswidrigkeit indiziert sein. Man brauchte daher, wenn man die Rechtswidrigkeit dennoch verneinen will, einen Rechtfertigungsgrund. Andernfalls muß man das Verschulden leugnen, was wegen der statistischen Gewißheit von Verletzungsfolgen Bedenken erweckt. Für die neue Lehre dagegen sind die Menschenopfer nur mittelbare Folgen: Rechtswidrigkeit (und wohl auch Tatbestandsmäßigkeit) von Produktion und Verkauf hängen davon ab, ob eine VSP verletzt worden ist.

3. Lösungsvorschlag

An dieser Stelle kann ich eine nach meiner Ansicht mögliche Lösung der genannten Schwierigkeiten nur andeuten: **646**

a) Um das doppelte Auftauchen der VSPen (oben Rdnr. 642 f.) auf eine einheitliche Funktion zurückzuführen, muß man eine Rechtsähnlichkeit von Unterlassen und mittelbarer Verletzung (im Sinne von *Larenz*) feststellen. Diese Ähnlichkeit dürfte darin liegen, daß beim Unterlassen wie bei der bloß mittelbaren Verletzung die **Adäquanz zur Indikation rechtswidriger Tatbestandserfüllung nicht ausreicht.** Beim **Unterlassen** ist das evident.

Bsp.: G fällt über eine auf der Straße liegende Bananenschale und verletzt sich. Hier ist es sinnlos zu sagen, jeder andere habe den objektiven Tatbestand des § 823 I in indizierter Rechtswidrigkeit erfüllt, weil er die Bananenschale nicht weggeschafft habe.

Ähnlich liegt es aber auch bei der **mittelbaren Verletzung:** An Entwicklung, Produktion und Vertrieb etwa von Kraftfahrzeugen waren und sind Millionen von Menschen beteiligt. Auch hier wäre es sinnlos, für sie alle die Erfüllung des Tatbestandes des § 823 I in indizierter Rechtswidrigkeit anzunehmen, weil durch die Kraftfahrzeuge mit Gewißheit Menschen getötet und verletzt werden.

Hieraus folgt die **einheitliche Funktion der VSPen:** Sie sollen den Vorwurf der rechtswidrigen Erfüllung eines Deliktstatbestandes auf einen wesentlich engeren Personenkreis beschränken, als er durch die Adäquanz bestimmt wird. Denn allein für diesen engeren Kreis läßt sich sinnvoll erwägen, ob deren gefährliches Handeln durch ergänzende Unterlassungsansprüche (vgl. oben Rdnr. 628) soll verhindert werden können.

b) Diese einheitliche Funktion ergibt denn auch den Ort, an dem die VSPen **647** zu prüfen sind: gemeinsam mit der haftungsbegründenden Kausalität bei der **Zurechnung des** tatbestandsmäßigen unvorsätzlichen **Verletzungserfolgs zu einer bestimmten Person** als dem Verletzer.

Das bedeutet etwa in dem Blechbsp. von oben Rdnr. 644: Zunächst wird für den Tatbestand von § 823 I die im Schutzbereich der Norm liegende Körperverletzung festgestellt. Dann wird gefragt, ob dieser Erfolg dem S zuzurechnen ist: (1) weil S eine VSP verletzt hat (vgl. unten Rdnr. 652), und (2) als hinreichende Folge dieser Verletzung. Damit ist dann die Rechtswidrigkeit ebenso indiziert, als ob S das Kind unmittelbar durch positives Tun verletzt hätte (etwa durch einen Schlag): Die Indikation kann nur noch durch Rechtfertigungsgründe aufgehoben werden. Zu prüfen bleibt dann weiter bloß die subjektive Vorwerfbarkeit zum Verschulden (vgl. unten Rdnr. 659).

II. Begründung und Umfang von Verkehrssicherungspflichten

648   Hier geht es jetzt um die sowohl nach der alten wie nach der neuen Lehre für das Ergebnis wesentliche Frage, aus welchen Umständen sich eine VSP ergibt und welchen Umfang sie hat.

1. Verkehrseröffnung

Der einleuchtendste Grund für eine VSP ist die (willentliche) Eröffnung eines Verkehrs: Daß der, der einen Verkehr eröffnet, dann auch für die Gefahrlosigkeit des Verkehrs sorgen muß, ist im Grunde nur eine Konsequenz aus dem Verbot des *venire contra proprium factum*. Denn ein solches widersprüchliches Verhalten fällt etwa demjenigen zur Last, der Kunden in seinen Gefahrenbereich lockt und sie dort ohne den nach der Verkehrsanschauung zu erwartenden Schutz läßt[2].

Zum Verhältnis der Verletzung von VSPen zur *culpa in contrahendo* vgl. oben Rdnr. 199.

2. Einwirkung auf einen bestehenden Verkehr

649   VSPen werden aber auch durch Einwirkungen auf einen Verkehr begründet, den der Einwirkende nicht selbst eröffnet hat. Wer etwa Bauarbeiten an einer öffentlichen Straße durchführt, hat für den Schutz der Passanten zu sorgen. Ein gesetzliches Beispiel hierfür sind die Pflichten, die in den §§ 836 bis 838 für die Nutznießer an einem Bauwerk vorausgesetzt werden. Diese Vorschriften erlauben auch Rückschlüsse darauf, wem in anderen Fällen die VSP obliegt. Noch allgemeiner ergeben sich VSPen schon durch die Teilnahme an einem Verkehr; gesetzliche Beispiele hierfür bilden die in der StVO geregelten Pflichten aller Verkehrsteilnehmer.

---

2   Kritisch zu dieser Begründung aber *Marburger,* Jur. Analysen 3 (1971) 481/502 A. 90.

3. Sicherungspflichten außerhalb eines Verkehrs

Endlich werden VSPen auch da angenommen, wo kein »Verkehr« im üblichen 650
Sinne vorliegt, weil es sich nicht um Fortbewegungs- oder Beförderungsvorgänge handelt. Hierhin gehört vor allem die seit zwei Jahrzehnten immer wichtiger gewordene **Produzentenhaftung**[3]: Wer ein Produkt herstellt oder importiert und es anderen überläßt (»es in den Verkehr bringt«), muß die aus dem Produkt anderen drohenden Gefahren nach Möglichkeit gering halten. Unterläßt er das schuldhaft, so haftet er jedem, der befugtermaßen in den Gefahrenkreis der Sache gekommen ist. Entsprechendes gilt auch für die Gefahren aus anderen gewerblichen Leistungen.

Die Grundsatzentscheidung *BGHZ 51, 91 ff.* hat diese deliktische Produzentenhaftung wesentlich wirksamer gemacht: Wenn eine Person oder Sache bei der bestimmungsmäßigen Verwendung eines Industrieerzeugnisses durch einen Fertigungsfehler verletzt wird, soll der Hersteller seine Schuldlosigkeit an diesem Fehler beweisen müssen. Das bedeutet eine **Beweislastumkehr**, die der BGH mit einer Analogie zu den §§ 831—834, 836 und bestimmten Fällen der positiven Vertragsverletzung begründet hat.

In *BGHZ 51, 91 ff.* hatte ein Tierarzt die Hühner des klagenden Bauern gegen Hühnerpest geimpft. Diese verendeten jedoch. Die betreffende Charge des vom beklagten Impfstoffwerk bezogenen Serums war nämlich durch eine bakterielle Verunreinigung wieder aktiv geworden. Ob diese Verunreinigung auf ein Verschulden des Impfstoffwerkes zurückging, ließ sich nicht feststellen. Trotzdem hat der BGH aus § 823 I verurteilt.

Freilich betrifft *BGHZ 51, 91 ff.* direkt nicht den ganzen Bereich der Produzentenhaftung. Denn bei ihr sind folgende *Fallgruppen* zu unterscheiden (vgl. *von Caemmerer*, Ius Privatum Gentium, Festschr. Rheinstein 1969, 659 ff.):

(1) **Konstruktionsfehler,** die allen Produkten anhaften,

(2) **Fertigungs- oder Kontrollfehler,** die nur einzelne Stücke (»Ausreißer«) eines ordentlich konstruierten Produkts betreffen,

(3) **Anleitungsfehler (Instruktionsfehler):** Das Produkt selbst ist in Ordnung, doch fehlt bei allen oder einzelnen die Warnung des Verbrauchers vor falscher Anwendung oder unvermeidlichen Nebenfolgen,

(4) nach dem bei der Produktion erreichten Stand von Wissenschaft und Technik **unvermeidbare Fehler** oder *unvorhersehbare* schädliche Nebenfolgen.

---

3 Dazu etwa *Diederichsen*, Die Haftung des Warenherstellers (1967); *ders.*, NJW 1978, 1281 ff.; *Schmidt-Salzer*, Produkthaftung (1973); *ders.*, Entscheidungssammlung Produkthaftung (1976 ff.); *G. Hager*, Zum Schutzbereich der Produzentenhaftung, AcP 184 (1984) 413 ff., *Kullmann*, Die Rspr. des BGH zur deliktischen Haftung des Herstellers für Schäden an der von ihm hergestellten Sache, BB 1985, 409 ff.

Die Beweislastumkehr nach *BGHZ 51, 91 ff.* (und später *BGHZ 59, 303/ 309:* Lieferung verunreinigten Wassers durch eine Gemeinde) betrifft zunächst nur die Gruppe (2). Doch ist bei den Gruppen (1) und (3) weithin entsprechend zu entscheiden: so für Anleitungsfehler *BGH* NJW 1972, 2217 ff. (dazu *Rebe*, JuS 1974, 429 ff.); 1975, 1827/1829 und für einen Konstruktionsfehler *BGHZ 67, 359/362.* Immerhin muß aber nach *BGHZ 80, 186/191 ff.* ein durch einen Anleitungsfehler Geschädigter zunächst Tatsachen beweisen, aus denen sich für den Hersteller ein Anlaß zu einer Warnung ergab.

Dagegen läßt sich in den Fällen der Gruppe (4) ein Verschuldensvorwurf schon ex definitione nicht erheben. Hier paßt also die vom BGH aufgestellte Verschuldensvermutung nicht; vielmehr ließe sich eine Produzentenhaftung nur als Gefährdungshaftung begründen. Das ist von der Zivilrechtlichen Abteilung des 47. DJT 1968 mit großer Mehrheit abgelehnt worden. Gegen eine solche Gefährdungshaftung spricht denn auch, daß Neuentwicklungen (also der »technische Fortschritt«) letztlich jedem zugute kommen. Daher sollten sie nicht durch unübersehbare Risiken behindert werden. Vielmehr muß, wo einzelne von »Fortschrittsfehlern« erheblich betroffen werden, ein billiger Ausgleich auf Versicherungsbasis oder durch die Allgemeinheit erfolgen. Einen Spezialfall regelt § 84 ArzneimittelG.

Trotzdem wird diese Rechtslage aufgrund einer EG-Richtlinie vom 25. 7. 1985 (abgedruckt etwa in VersR 1985, 922 ff.) durch ein **ProdukthaftungsG** geändert werden. Danach sollen für Verletzungen von Leben, Körper, Gesundheit oder Eigentum durch Fehler eines Produkts der Hersteller oder der Importeur **verschuldensunabhängig** haften. Allerdings gibt es davon gewichtige Ausnahmen:

Nicht gehaftet werden soll für Fehler, die nach dem Stand von Wissenschaft und Technik im Zeitpunkt des Inverkehrbringens noch nicht erkannt werden konnten (das ist eine wesentliche Hinneigung zum Verschuldensprinzip). Auch soll ein Produkt nicht allein deshalb als fehlerhaft gelten, weil später ein verbessertes entwickelt worden ist. Insgesamt führt die Regelung so nicht wesentlich über die von der Rspr. geschaffene Verschuldenshaftung hinaus. In manchem bleibt die neue Haftung sogar hinter der alten zurück. So umfaßt die neue Haftung kein Schmerzensgeld, und Sachschäden werden nur ersetzt, soweit sie 1125 DM überschreiten. Damit bleibt der Rückgriff auf die von der Rspr. geschaffene Verschuldenshaftung auch weiter nötig. Vgl. etwa *Medicus*, SBT § 77 III 4; *Schlechtriem*, SBT Rdnr. 847; *ders.*, VersR 1986, 1033 ff.

4. Verschärfungen und Erweiterungen der Produzentenhaftung

650a   Die Rspr. hat die Produzentenhaftung seit *BGHZ 51, 91 ff.* noch in mehreren Punkten verschärft oder erweitert.

a) Verantwortlichkeit leitender Angestellter

Nach *BGH* NJW 1975, 1827 ff. soll die für diese Haftung bezeichnende Beweislastumkehr nicht nur den Hersteller selbst treffen, sondern auch einen »Produktionsleiter in herausgehobener und verantwortlicher Stellung« (dort den als Geschäftsleiter tätigen Kommanditisten der Hersteller-KG). Das ist bedenklich, weil der leitende Mitarbeiter als solcher weder am Produktionsgewinn teilhat noch die Unternehmenspolitik bestimmen kann, auch nicht über die Beweismittel des Unternehmens zu verfügen braucht[4].

b) Haftung für Schäden an der Kaufsache selbst

Zweitens ist die Produzentenhaftung verschärft worden durch   **650b**

BGHZ 67, 359 ff.: Die Maschinenfabrik V verkaufte an den Fabrikanten K eine Reinigungsanlage mit elektrisch beheizten Drähten. Der Heizstrom sollte bei Flüssigkeitsmangel durch einen Schwimmerschalter (Wert wenige DM) unterbrochen werden. Da dieser nicht funktionierte, kam es durch Überhitzung zu einem Brand, der die Reinigungsanlage (Wert 20 000 DM) und Vorräte des K (Wert 50 000 DM) zerstörte. K fordert von V 70 000 DM als Schadensersatz.

Gegenüber den gewöhnlichen Sachverhalten der Produzentenhaftung hat dieser Fall zwei Besonderheiten: Zum einen besteht zwischen dem Produzenten V und dem geschädigten Verbraucher K ein **Vertrag**, so daß der wesentliche Grund für die Verschärfung der deliktischen Haftung fehlt. Trotzdem hat der BGH (S. 363) hier mit dem Deliktsrecht und der Beweislastumkehr gearbeitet (die Vertragshaftung war nach § 477 verjährt; zur Nichtanwendung des § 477 auf Deliktsansprüche vgl. oben Rdnr. 639). Die Gegenargumente von *Lieb*, JZ 1977, 345 f. haben sich nicht durchgesetzt. — Zum anderen und vor allem aber hat der BGH (S. 364 f.) dem K Schadensersatz auch wegen der gekauften Reinigungsanlage selbst zuerkannt: Diese sei nicht insgesamt schadhaft geliefert worden (dann bloße Vermögensverletzung), sondern der Schaden habe sich zunächst auf den Schwimmerschalter begrenzt und erst von da aus die schon dem K gehörende Reinigungsanlage ergriffen (kritisch *Rengier*, JZ 1977, 346 f., auch *LG Karlsruhe*, JZ 1987, 828 ff.).

Der BGH hat seine Ansicht inzwischen mehrfach bestätigt, zunächst in NJW 1978, 2241/2242 f. (dazu *Kraft*, JuS 1980, 408 ff.). Dort war ein gebrauchter Sportwagen mit vorschriftswidriger Bereifung verkauft worden. Durch Platzen eines Reifens wurde der Wagen beschädigt. Kaufvertragliche Ersatzansprüche (§ 463 S. 1; der Verkäufer hatte »einwandfreien technischen Zustand« zugesagt) waren nach § 477 verjährt. Der Käufer soll jedoch bei Ver-

---

4 Dazu *von Marschall*, VersR 1976, 411/414, auch *Lieb*, JZ 1976, 526 ff.; *Larenz*, Festschr. Hauß (1978) 225/238 f.; *Leßmann*, JuS 1979, 853 ff.

schulden des Verkäufers einen Deliktsanspruch haben (§ 823 I): Durch die Beschädigung des Wagens sei ein zusätzlicher Schaden entstanden, der bei der Lieferung noch nicht vorgelegen habe und durch rechtzeitige Auswechslung der Reifen hätte vermieden werden können.

Hinzugekommen sind dann die beiden Entscheidungen *BGHZ 86, 256 ff.* und *BGH* NJW 1983, 812 ff. Dabei betrifft die erste Entscheidung mehrfache Beschädigungen eines Pkw, weil der Gaszug nicht funktionierte und der Wagen deshalb auch dann noch weiter beschleunigte, wenn der Fuß vom Gaspedal weggenommen worden war. Hier hat der BGH einen Deliktanspruch des Käufers gegen den Hersteller für möglich gehalten: Die weiteren Schäden an dem Wagen seien nämlich nicht »**stoffgleich**« mit dem Unwert, welcher der Kaufsache von Anfang an wegen des Mangels anhaftete *(BGHZ 86, 256, 259)*. Dagegen hat *BGH* NJW 1983, 812 ff. solche Stoffgleichheit für Schäden bejaht, die sich aus dem Einsatz einer mangelhaften Kfz-Hebebühne ergeben haben. Indessen wird man zweifeln müssen, ob das Kriterium der Stoffgleichheit zu einer einigermaßen sicheren Abgrenzung verhilft[4a].

c) Haftung für Wirkungslosigkeit

650c   Drittens ist die Produzentenhaftung verschärft worden durch *BGHZ 80, 186; 199 ff.* Beide Entscheidungen betreffen Ansprüche von Obstbauern gegen die Erzeuger von Spritzmitteln. Diese Mittel hatten zwar zunächst die gewünschte Wirkung gegen Apfelschorf. Später wurden sie jedoch wirkungslos, weil sich ein neuartiger Pilz gebildet und ausgebreitet hatte, der gegen die Spritzmittel resistent war. Die Obstbauern verlangten Ersatz für den Verlust ihrer Ernte: Bei rechtzeitiger Warnung vor der Resistenz hätten sie den Pilz durch ein anderes Mittel abgewehrt.

Der BGH hat solche Ansprüche aus § 823 I wegen des Wirkungsverlustes des Produkts für möglich gehalten. Er hat auch eine Verpflichtung des Herstellers bejaht, sich über einen solchen Verlust auch dann noch zu informieren, wenn das Mittel bereits in den Verkehr gebracht worden ist, und notfalls die Verbraucher zu warnen. Die Klagen sind jedoch deshalb abgewiesen worden, weil eine schuldhafte Pflichtverletzung nicht nachgewiesen war (zur Beweislast für einen Anleitungsfehler vgl. oben Rdnr. 650). Auf derselben, eine Haftung des Herstellers (dort: einer undichten Dachdeckfolie) grundsätzlich bejahenden Linie liegt *BGH* NJW 1985, 194 f.: Wer zum Schutz von Personen oder Sachen bestimmte, aber wirkungslose Produkte in den Verkehr bringe, könne aus § 823 I ersatzpflichtig sein, wenn es wirksame Produkte gebe.

4a   Vgl. dazu *Stoll*, JZ 1983, 501 ff.; *Schmidt-Salzer*, BB 1983, 534 ff.; *Brüggemeier*, VersR 1983, 501 ff.; *Harrer*, Jura 1984, 80 ff.; *Nickel*, VersR 1984, 318 ff.; offengelassen in *BGH* NJW 1985, 194/195. Wichtig jetzt *Steffen*, VersR 1988, 977 ff.

d) Der Kupolofenfall

BGHZ 92, 143 ff. (dazu *Baumgärtel*, JZ 1984, 1108; *Marburger-Herrmann*, JuS 1986, 354 ff.): S betreibt einen genehmigten Kupolofen, dessen Emissionen die vorgeschriebenen Grenzwerte nicht erreichen. Trotzdem ist der auf einem nahen Betriebsparkplatz abgestellte Pkw des (bei einer anderen Firma beschäftigten) G an Lack, Glas und Chromteilen beschädigt worden. G führt das auf Eisenoxyd aus dem Kupolofen des S zurück und verlangt Schadensersatz.

650d

Hier hat der BGH die §§ 906 II 2 BGB, 14 S. 2 BImSchG als mögliche Anspruchsgrundlagen verneint, da G nicht Eigentümer oder Besitzer des Parkplatzgrundstücks sei. Daher bleibe nur § 823 I. Hierfür hätte G nach allgemeinen Regeln außer der Kausalität (die der BGH unterstellt hat) auch Rechtswidrigkeit und Verschulden des S nachweisen müssen. Insoweit hat der BGH jedoch entsprechend § 906 II eine Beweislastumkehr angenommen und sich dabei (aaO. S. 350 f.) auf seine Rspr. zur Produzentenhaftung berufen: Ebenso wie der geschädigte Verbraucher habe auch der durch Immissionen Geschädigte keinen Einblick in die Verhältnisse, aus denen der Schaden stamme; andererseits gehöre es zur VSP des Emittenten, seine Emissionswerte zu kontrollieren. Der Emittent könne daher eher als der Geschädigte die »emissionsträchtigen Vorgänge« aufklären.

e) Der Hondafall

BGHZ 99, 167 ff. (dazu *Kullmann*, BB 1987, 1957 ff.; *Schmidt-Salzer*, BB 1987, 721 ff.): Der Sohn des Klägers war mit einem Honda-Motorrad bei hoher Geschwindigkeit tödlich verunglückt. Unfallursache war die Instabilität des Motorrads infolge einer erst vom Vorbesitzer angebrachten, nicht von Honda produzierten Lenkradverkleidung. Den Beklagten (Honda und deren Importeur) wurde vorgeworfen, die Benutzer der Honda-Motorräder nicht rechtzeitig vor den Gefahren aus der Lenkradverkleidung gewarnt zu haben.

650e

Die Besonderheit dieses Falles liegt darin, daß das von den Beklagten zu verantwortende Motorrad an sich nicht gefährlicher war, als es Motorräder nun einmal sind. Zu entscheiden war also, ob sich die **Produktbeobachtungspflicht** auch auf von Dritten produziertes Zubehör erstreckt. Die Vorinstanz (OLG München) hatte das nur für solches Zubehör bejaht, das der Produzent der Hauptsache selbst empfahl. Der BGH (aaO. S. 174 ff.) geht jedoch darüber hinaus: Er erstreckt die Beobachtungspflicht auch auf **übliches Zubehör,** insbesondere wenn dessen Anbringung (z. B. durch Ösen an dem Produkt) vorbereitet ist und das Hauptsachenprodukt ohnehin an der Grenze der »Sicherheitserwartungen der Benutzer« liegt. Aus der Pflicht zur Produktbeobachtung folgt dann eine Pflicht zur **Warnung der Benutzer,** deren schuldhafte Verletzung eine Haftung aus § 823 I begründen kann.

5. Haftung für technische Arbeitsmittel

651 Einen Teilbereich der VSPen regelt das G über technische Arbeitsmittel v. 24. 6.
1968, BGBl. I 717; dazu *Lukes*, JuS 1968, 345 ff., Neufassung BGBl. 1979 I
1432. Danach müssen technische Arbeitsmittel bis hin zum Spielzeug nach den
allgemein anerkannten Regeln der Technik möglichst gefahrlos beschaffen
sein. Andernfalls können die Produktion oder das Inverkehrbringen behörd-
lich untersagt werden. Zivilrechtliche Bedeutung hat diese Regelung als
Schutzgesetz nach § 823 II, doch führt die so begründete Verschuldenshaftung
nicht über die VSPen hinaus.

6. Anwendung der Sicherungspflichten

652 Entschieden sei noch das Blechbsp. von oben Rdnr. 644: Einen Verkehr auf
dem Abladeplatz hat S nicht eröffnet. Fraglich ist aber, ob er für einen schon bestehenden Verkehr eine Gefahr geschaffen hat. Hinsichtlich von Erwachsenen
ist das zu verneinen: Man darf sich darauf verlassen (**Vertrauensgrundsatz**),
daß diese nicht rechtswidrig in ein umzäuntes Grundstück eindringen, wo keine
Anhaltspunkte für das Gegenteil vorliegen. Hätte sich ein Metalldieb an dem
Blech verletzt, müßte S also keinesfalls Ersatz leisten. Gegenüber Kindern aber
gilt der Vertrauensgrundsatz nicht; andererseits braucht man nicht überall und
immer mit dem Auftauchen von Kindern zu rechnen. Ich möchte daher die
Verletzung einer VSP des S nur dann annehmen, wenn das **Eindringen von
Kindern wahrscheinlich** (nicht bloß adäquat) war: etwa weil es schon öfter
vorgekommen ist oder sich in der Nähe ein Kinderspielplatz befand. Vgl. als
ähnliche Fälle etwa *BGH* JZ 1973, 631 f.; 1975, 285 f., beide mit Anm.
D. Schwab; OLG Hamm, VersR 1972, 1147 f.; *OLG Stuttgart*, VersR 1977,
64; *OLG Celle*, VersR 1984, 46. — Vgl. auch *Picker*, AcP 183 (1983) 369/
503 f.; *Jan Schröder*, AcP 179 (1979) 567 ff. zur **VSP gegenüber Unbefugten.**
Jan Schröder, FamRZ 1979, 643 f. verneint die Bedeutung des Vertrauensele-
ments für die Begründung von VSPen; mit Recht anders *von Bar*, Verkehrspflichten (1980) 117 ff.; MünchKomm-*Mertens*, § 823 Rdnr. 190 f.; 204.

7. Die Herausforderungsfälle

653 a) Eine besondere Problematik, die eine ähnliche Wertung wie bei den VSPen
erfordert, begegnet auch bei den Herausforderungsfällen. Beispiele dafür bilden

(1) *BGH* JZ 1967, 639 ff. mit Anm. *Deutsch:* Am Pkw des S brannte die hintere Kenn-
zeichenbeleuchtung nicht ordentlich. Deswegen wollte eine Polizeistreife den S anhal-
ten. Dieser hatte aber keine Fahrerlaubnis und flüchtete mit überhöhter Geschwindig-

keit, um der Kontrolle zu entgehen. Bei der anschließenden wilden Verfolgung verunglückte das Polizeifahrzeug. Muß S den dabei entstandenen Schaden ersetzen?

(2) *BGHZ 58, 162 ff.*: Durch einen von S verschuldeten Verkehrsunfall wurde die Fahrbahn gesperrt. Einige nachfolgende Kraftfahrer warteten nicht auf die Räumung der Unfallstelle, sondern umfuhren sie über den neben der Fahrbahn verlaufenden Geh- und Radweg. Dabei entstanden erhebliche Schäden, derentwegen die straßenbaulastpflichtige Stadt von S Ersatz verlangt.

(3) *BGHZ 63, 189 ff.* mit Anm. *Deutsch*, JZ 1975, 375 ff.: Der 17jährige S sollte einen Jugendarrest verbüßen, weil er ohne Fahrerlaubnis mit einem Moped gefahren war. Deshalb sollte der Polizist P den S in der Wohnung seiner Eltern festnehmen. S flüchtete durch das Toilettenfenster. P sprang hinterher und fiel in eine Ausschachtung unter dem Fenster. Muß S den Schaden aus der Verletzung des P ersetzen?

Diesen Fällen ist gemeinsam, daß das Handeln des Schädigers S erst auf dem Umweg über einen von S nicht gewollten Entschluß des Geschädigten oder eines Dritten zum Schaden führt (neben den Fällen von unten Rdnr. 834 gleichfalls als **psychische Kausalität** bezeichnet). Der BGH hat mit Recht gezögert, dem S die Schädigung schon dann zuzurechnen, wenn dieser Entschluß die adäquate — also nicht ganz unwahrscheinliche — Folge aus dem Handeln des S war (vgl. dazu *Görgens*, JuS 1977, 709 ff.). Vielmehr soll eine solche Zurechnung voraussetzen, daß der Geschädigte oder der Dritte sich zu seinem Entschluß herausgefordert fühlen durfte *(BGHZ 57, 25/31)*. Damit erhält die Rspr. die Möglichkeit, diesen Entschluß auf seine Vernünftigkeit zu kontrollieren und insbesondere das von dem Dritten eingegangene Risiko gegen die Dringlichkeit des Anlasses abzuwägen.

Freilich ist dem BGH eine überzeugende Begründung für das Ergebnis dieser Abwägung nicht immer gelungen. So leuchtet wenig ein, daß im Fall (3) der namentlich bekannte S das Verfolgungsrisiko tragen soll, zumal der BGH ähnliche Fälle umgekehrt entschieden hat (NJW 1971, 1982 f.; 1976, 568 f., ablehnend *Händel*, NJW 1976, 1204). Dagegen dürfte die Haftung des S im Fall (1) mit dem BGH zu bejahen sein: Hier mußte die wilde Flucht des unbekannten S den Anschein erwecken, als liege Schlimmeres vor.

Abgelehnt hat der BGH eine Haftung des S im Fall (2). Mir ist das jetzt (anders früher) sehr zweifelhaft, vgl. *Staudinger-Medicus* § 249 Rdnr. 69: Zwar sind hier in erster Linie diejenigen ersatzpflichtig, die durch das Umfahren den Geh- und Radweg zerstört haben. Und das Risiko, daß diese Schädiger nicht mehr feststellbar sind, gehört in den Risikobereich der straßenbaulastpflichtigen Stadt. Andererseits befinden sich aber auch die Anlieger im Schutzbereich der Vorschriften über den Straßenverkehr (z.B. bei Verletzung durch ein schleuderndes Auto); das müßte auch für den Straßeneigentümer gelten.

b) Diese »Herausforderungsrechtsprechung« wird aber eingeschränkt 653a durch *BGH* VersR 1978, 1141 f. = NJW 1979, 712 (dazu *Ebel*, JuS 1980,

865 ff.): Bei einem Manöver war ein Weidezaun zerstört worden. Hierdurch konnten zwei Kühe entlaufen. Sie wurden nicht wiedergefunden und sind offenbar von einem Dritten gestohlen oder unterschlagen worden. Die Vorinstanz *(OLG Schleswig)* hatte eine Haftung der verklagten Bundesrepublik wegen dieser Kühe abgelehnt, weil der Entschluß zum Diebstahl nicht herausgefordert gewesen sei. Demgegenüber hat der BGH den Ersatzanspruch wegen der Kühe bejaht: Die Notwendigkeit einer solchen Herausforderung sei nur für schadensträchtige Entscheidungen des Geschädigten selbst entwickelt worden. Das ist freilich ungenau, weil etwa in *BGHZ 58, 162/167* von eben Fall (2) auch hinsichtlich des Entschlusses der dritten Kraftfahrer von »Herausforderung« gesprochen wird. Auch unter Wahrscheinlichkeitsgesichtspunkten lag dort der Entschluß zur Umfahrung des Hindernisses eher näher als im Weidezaunfall die Entscheidung des Dritten, sich die Kühe anzueignen. Trotzdem dürfte die Beurteilung dieses Falles aus einem auch vom BGH angedeuteten Grund richtig sein: Die zerstörte Umzäunung sollte nämlich gerade auch vor dem endgültigen Verlust der Kühe schützen; daher kann die Beeinträchtigung dieses Schutzes die Ersatzpflicht für den Verlust begründen.

653b   c) Gewissermaßen ein Gegenstück zu den Herausforderungsfällen findet sich in

BGH NJW 1986, 1865 f.: Zwei 14- oder 15-jährige Realschüler A und B mischen Kaliumchlorat und Schwefelpulver, um einen Raketentreibstoff herzustellen. Die Stoffe stammen aus dem Chemiebaukasten des A. Während dieser kurzzeitig den Raum verlassen hat, spannt B das Rohr mit dem Gemisch in einen Schraubstock und treibt mit dem Hammer ein dünneres Rohr von oben hinein. Bei der — nahezu unvermeidlichen — Explosion verliert B ein Auge. Er verlangt von A einen Teil (§ 254!) seines Schadens ersetzt.

Der BGH hat hier trotz Bejahung der Deliktsfähigkeit (§ 828 II) eine haftungsrechtliche Zurechnung an A verneint, obwohl das verhängnisvolle Handeln des B dem gemeinsamen Plan entsprochen hatte: Weder gebe es ein allgemeines Gebot, andere vor Selbstgefährdung zu bewahren, noch ein Verbot, sie zur Selbstgefährdung psychisch zu veranlassen. Die Ausnahme hiervon bilde eine Herausforderung des selbstgefährdenden Verhaltens durch eine billigenswerte Motivation. Daran aber fehle es hier; für B habe sich bloß das »entschädigungslose allgemeine Lebensrisiko« verwirklicht.

653c   Eine solche »billigenswerte Motivation« findet sich dagegen mit großer Deutlichkeit in

BGHZ 101, 215 ff.: Der Arzt A hatte die 13-jährige T nach einem Sportunfall behandelt und ihr die vermeintlich unheilbar geschädigte linke Niere entfernt. Alsbald stellte sich heraus, daß T nur diese eine Niere hatte. Deshalb entschloß sich die Mutter M der T, eine ihrer Nieren zu spenden. M verlangt von dem für A verantwortlichen (§§ 31, 89) Landkreis Ersatz.

Der BGH hat diesen Anspruch aus § 823 I bejaht: Auch der Schaden der M sei dem Handeln des A (die Niere der T hätte erhalten werden können) haftungsrechtlich zuzurechnen. Das Einverständnis der M mit der Entfernung ihrer Niere rechtfertige nicht auch gegenüber A. Im Ergebnis hat danach A ein Delikt gegenüber T und M begangen (kritisch *Stoll*, JZ 1988, 153 ff.) Ich halte das Urteil für richtig.

III. Zusammenfassung

Zusammenfassend lassen sich folgende Regeln formulieren: 654

1. Wer eine Gefahrenquelle für andere schafft oder unterhält, muß die Vorkehrungen treffen, die erforderlich und zumutbar sind, um die Gefahren nicht wirksam werden zu lassen.

2. Wer durch Nichtbeachtung dieser Pflicht adäquat bewirkt, daß eines der 655 Lebensgüter oder Rechte des § 823 I verletzt wird, wird als Verletzer behandelt: Er hat den Tatbestand des § 823 I in indizierter Rechtswidrigkeit erfüllt.

Dabei ist 2 nur dann genau, wenn man die VSPen bei § 823 I ansiedelt. Dagegen spricht, daß die durch die Gerichte geschaffenen VSPen vielfach den durch Schutzgesetz bestimmten (und daher zu § 823 II gehörenden) völlig gleichen. In vielen Orten etwa ist die Streupflicht durch Gemeindesatzung oder ähnliches geregelt. Wer eine solche satzungsmäßige Pflicht nicht erfüllt, handelt schlechthin rechtswidrig, also auch dann, wenn niemand verletzt wird; eine Verletzung löst nur zusätzlich die Sanktion des § 823 II aus. Inwiefern soll das anders sein, wenn eine Streupflicht gleichen Inhalts nicht auf Satzung, sondern letztlich auf Richterrecht beruht? Die konstruktive Gleichstellung wird erreicht, wenn man dieses Richterrecht selbst als Schutzgesetz im Sinne von § 823 II ansieht (vgl. oben Rdnr. 621). Freilich wird diese Einordnung der VSPen nur vereinzelt vertreten[4b]. Wenn man ihr folgt, muß die Regel 2 lauten: »Wer diese Pflicht nicht beachtet, handelt rechtswidrig. Seine Haftung für die schädlichen Folgen bestimmt sich nach § 823 II.«

4b So etwa *Deutsch,* JuS 1967, 157; *von Bar,* Verkehrspflichten (1980) 157 ff., dagegen aber mit guten Gründen *Canaris,* 2. Festschr. Larenz (1983) 27, 77 ff.; *Picker,* AcP 183 (1983) 369/496 ff.

IV. Einzelheiten zur Verkehrssicherungspflicht

1. Haftung bei Einschaltung von Gehilfen

656   Sehr häufig wird die Erfüllung von VSPen anderen Personen übertragen (dazu *Vollmer*, JZ 1977, 371 ff.).

Bsp.: Der Hauseigentümer E hat den Hauswart H angestellt und ihn mit der Erfüllung der VSPen betraut. H versäumt das, so daß ein Dritter D verletzt wird. Kann D von E Ersatz verlangen?

§ 278 ist hier unanwendbar: Er erfordert eine Sonderverbindung, wie sie nur ein Schuldverhältnis zwischen Gläubiger und Schuldner schafft, und läßt nicht schon die allgemeine, jedermann gegenüber bestehende VSP genügen. Andererseits paßt aber auch § 831 nicht recht: Die Anstellung des H hat nichts daran geändert, daß E selbst verkehrssicherungspflichtig geblieben ist. Denn Substitution, also einseitige Auswechslung des Schuldners, sieht das Gesetz nur ausnahmsweise in ganz anderem Zusammenhang (in §§ 664 I 2, 691 S. 2) vor. E kann sich also nicht dadurch exkulpieren, daß er seine Sorgfalt bei der Auswahl des H nachweist. Anders liegt es nur, wenn eine Rechtsnorm die Übertragung der Ausführung zuläßt, wie das bisweilen in Ortssatzungen über die Streupflicht geschieht: Dann bleibt bei dem Übertragenden keine Aufsichtspflicht mehr zurück *(BGH* NJW 1972, 1321 ff.).

In den Regelfällen dagegen geht nach der h. M. (etwa *Esser-Weyers* § 55 V 2 b) die VSP des E mit der Anstellung des H in eine **Aufsichtspflicht** über: E muß sich in angemessenen Abständen davon überzeugen, daß H die VSP erfüllt. Wenn E das nicht getan hat, haftet er nicht aus § 831, sondern aus der Verletzung seiner zur Aufsichtspflicht gewordenen VSP.

Beides geht allerdings ineinander über, denn die Rspr. stellt auch bei § 831 I 2 für die ordentliche Auswahl auf den Zeitpunkt der Schadenszufügung ab (unten Rdnr. 813). Die Aufsichtspflicht aus § 823 dürfte allenfalls quantitativ schärfer sein.

657   Eine Sonderform der Aufsichtspflicht endlich ist die **Organisationspflicht**[5]: Großbetriebe müssen so organisiert sein, daß die Erfüllung der VSPen letztlich durch eine Person kontrolliert wird, für die eine Haftung des Betriebsinhabers selbst (regelmäßig über § 31) besteht. Ein gutes Bsp. dafür ist der Fall von *BGH* NJW 1980, 2810/2811: Dort beurteilt der BGH die Pflicht eines Verlages, Dritte gegen unwahre Behauptungen (Beteiligung an nationalsozialistischen Menschenversuchen) in einem Sachbuch dieses Verlages zu schützen, überaus streng.

5 Dazu *Esser-Weyers* aaO.; *Hassold*, JuS 1982, 583 ff., kritisch *Steindorff*, AcP 170 (1970) 93/103 ff.

2. Haftung des eingeschalteten Gehilfen

In der Begründung fraglich ist die Haftung desjenigen, der die Erfüllung einer   **658**
fremden VSP übernommen hat (also im Bsp. von oben Rdnr. 656 die Haftung
des H), gegenüber dem durch Schlechterfüllung verletzten Dritten. Dazu ausführlich *P. Ulmer*, JZ 1969, 163 ff. Auf den Übernahmevertrag (im *Bsp.* den
Dienstvertrag E—H) läßt sich die Haftung nicht stützen, weil dieser regelmäßig keine Außenwirkung hat (anders nur, wenn er Vertrag mit Schutzwirkung
für Dritte ist, vgl. unten Rdnr. 844 ff.). Zudem braucht eine Verletzung dieses
Vertrages nicht vorzuliegen, nämlich weil der andere Partner mit der Nachlässigkeit einverstanden ist (so z. B. im Fall von *OLG Düsseldorf,* NJW 1973,
249 f.: Der Besteller billigt die mangelhafte Befestigung einer schweren Platte
durch einen Handwerker, die dann herunterfällt und einen Dritten verletzt).
Haften kann der Übernehmer daher nur *aus einer eigenen VSP,* weil er selbst einen Verkehr gefährdet hat: oft dadurch, daß er den primär Sicherungspflichti-
gen in Sicherheit wiegt und so von eigenem Handeln abhält. Allein auf diese
Gefahr kommt es an und nicht auf die Wirksamkeit des Übernahmevertrages.

3. Abgrenzung zum Verschulden

Schwierigkeiten bereitet die *Abgrenzung* der Verletzung einer VSP von dem   **659**
Verschulden in Form der Fahrlässigkeit. Denn die Beachtung der im Verkehr
(objektiv) erforderlichen Sorgfalt (§ 276 I 2) deckt sich weitgehend mit der Formulierung für den Inhalt der VSP (oben Rdnr. 654). Der wesentliche Unterschied besteht aber darin, daß bei der Fahrlässigkeit gefragt wird, aus welchen
subjektiven Gründen die VSP objektiv nicht erfüllt worden ist.

Bsp.: E ist als Hauseigentümer streupflichtig. Er versäumt aber zu streuen, weil er
plötzlich schwer erkrankt, oder weil sein sonst zuverlässiger Wecker nicht abläuft. Hier
hat E die Streupflicht objektiv verletzt (was besonders deutlich wird, wenn sie durch Satzung angeordnet ist). Ihn trifft aber unter den genannten Voraussetzungen kein Verschulden.

V. Abschnitt   Ansprüche aus ungerechtfertigter Bereicherung*

§ 26   Übersicht zum Bereicherungsrecht

I. Funktionen der §§ 812 ff. BGB

1. Bereicherungs- und Rücktrittsrecht

Eine wichtige Aufgabe der §§ 812 ff. ist die Rückgängigmachung von auf mangelhafter schuldrechtlicher Grundlage ausgetauschten Leistungen. Insoweit berühren sich die §§ 812 ff. mit den Rücktrittsvorschriften, §§ 346 ff. Zwischen beiden Rückabwicklungsformen bestehen aber Unterschiede: 660

a) Der konstruktive Unterschied

Der erste ist ein nur konstruktiver: Beim Rücktritt wird das gültige Schuldverhältnis hinsichtlich seiner primären Hauptleistungspflichten in ein Rückgewährschuldverhältnis umgewandelt. Dagegen ist bei den §§ 812 ff. das auf die Primärleistungen gerichtete Schuldverhältnis entweder schon von Anfang an unwirksam (Nichtigkeit), oder es fällt rückwirkend fort (Anfechtung), oder es endet für die Zukunft ersatzlos (Kündigung). Durch die §§ 812 ff. wird also nicht ein altes Schuldverhältnis mit einem neuen Inhalt fortgesetzt, wie das die §§ 346 ff. tun, sondern ein neues, gesetzliches Schuldverhältnis begründet.

---

*   Vorwiegend didaktisch orientierte Literatur zum Bereicherungsrecht (die übrige wird im folgenden im Sachzusammenhang genannt): *Gernhuber*, BR §§ 45—47; *Koppensteiner-Kramer*, Ungerechtfertigte Bereicherung (1975); *Reeb*, Grundfälle zum Bereicherungsrecht, JuS 1972, 390 ff.; 591 ff.; 706 ff.; 1973, 92 ff.; 227 ff.; 366 ff.; 494 ff.; 624 ff.; 769 ff.; 1974, 172 ff.; 317 ff.; 513 ff. sowie als Buch: Grundprobleme des Bereicherungsrechts (1975); *Loewenheim-Winckler*, Grundfälle zum Bereicherungsrecht, JuS 1982, 434 ff. mit vielen Fortsetzungen bis JuS 1987, 541 ff.; *Beuthien-Weber*, Ungerechtfertigte Bereicherung und GoA (2. Aufl. 1987); *P. Schwerdtner*, Ungerechtfertigte Bereicherung, Jura 1982, 192 ff.; 255 ff.; 309 ff. Vgl. zudem umfassend *Reuter-Martinek*, Ungerechtfertigte Bereicherung (1983, dazu *Schlechtriem*, ZHR 149, 327 ff.; *Weitnauer*, Betr. 1984, 2496 ff.) und informativ zu den neuesten Entwicklungen *Schlechtriem*, Rechtsprechungsübersicht zum Bereicherungsrecht, JZ 1984, 509 ff.; 555 ff.

b) Unterschiede im Haftungsmaßstab

661 Der zweite Unterschied betrifft den Rückabwicklungsmaßstab: Nach Bereicherungsrecht ist grundsätzlich nur herauszugeben, was der Schuldner wenigstens dem Werte nach (§ 818 II) noch hat, § 818 III. Dagegen findet nach Rücktrittsrecht eine Verschuldenshaftung statt, soweit das Empfangene nicht mehr vorhanden ist, § 347. Aber diese Unterscheidung gilt nicht ausnahmslos.

aa) Einerseits gilt die **Verschuldenshaftung** des Rücktrittsrechts (§§ 347, 987, 989; vgl. auch § 351) in einigen Fällen (§§ 818 IV, 819, 820 I) auch für die Rückabwicklung nach den §§ 812 ff. Denn die in § 818 IV genannten »allgemeinen Vorschriften« sind (neben § 291) über § 292 wieder die §§ 987, 989. Hier haftet also auch der Bereicherungsschuldner bei schuldhaftem Verlust der Bereicherung auf Schadensersatz.

bb) Andererseits richtet sich bei dem wichtigen gesetzlichen Rücktritt in den Fällen des § 327 S. 2 (vgl. oben Rdnr. 286) auch die **Rücktrittshaftung nach Bereicherungsrecht,** also vor allem nach § 818 III.

Das hinter diesen auf den ersten Blick verwirrenden Ausnahmen stehende **Prinzip** lautet: Auch der Bereicherungsschuldner soll der vollen Verschuldenshaftung unterliegen, wenn er ausnahmsweise mit seiner Rückgewährpflicht rechnen mußte (§§ 818 IV, 819 I, 820 I) oder seine Unkenntnis sonst keinen Schutz verdient (§ 819 II). Umgekehrt soll der Rücktrittsschuldner ausnahmsweise das Privileg des § 818 III haben, wenn er mit dem Rücktritt nicht zu rechnen brauchte und diesen nicht zu vertreten hat, § 327 S. 2.

2. Bereicherungsfälle ohne Ähnlichkeit zum Rücktrittsrecht

662 Neben dieser rücktrittsähnlichen Funktion der §§ 812 ff. steht noch eine weitere: Es soll auch ungerechtfertigter Vermögenserwerb ausgeglichen werden, der nicht auf Leistung beruht, also ohne den Willen des Bereicherungsgläubigers eingetreten ist. Gerade diese schwer abgrenzbare Aufgabe hat das Bereicherungsrecht immer wieder in die Gefahr geführt, als ein übergeordnetes Billigkeitsrecht angesehen zu werden. Dahin gehört auch die häufig aufgestellte und etwa von *BGH* Betr. 1986, 1719/1720 wiederholte unzutreffende Behauptung, das Bereicherungsrecht unterliege »in besonderem Maße dem Gebot der Billigkeit«. In Wahrheit kann das Bereicherungsrecht aber weithin nur die anderswo (z. B. in der Eigentumsordnung) getroffenen Wertungen vollziehen. Das wird etwa an § 816 deutlich: Wer wozu berechtigt ist und welche Verfügungen eines Nichtberechtigten wirksam sind, wird vom Bereicherungsrecht nicht geregelt, sondern vorausgesetzt.

II. Wandlungen in der Lehre von der ungerechtfertigten Bereicherung

1. Die alte Einheitslehre

Der eben genannte Unterschied zwischen der rücktrittsähnlichen und der aus- 663
gleichenden Funktion findet sich auch im Wortlaut des § 812 I 1: Dort werden
genannt die Bereicherung »durch Leistung« und »in sonstiger Weise«. Die alte
Lehre hat gleichwohl beide Fallgruppen im wesentlichen nach nur einer Formel
zu lösen versucht. Sie hat nämlich aus den Worten »auf Kosten« in § 812 I 1 das
Erfordernis der **Unmittelbarkeit der Vermögensverschiebung** gefolgert.
Diese sollte vorliegen, wenn der Verlust des Bereicherungsgläubigers und der
Erwerb des Bereicherungsschuldners auf demselben Vorgang beruhen. Diese
Formel war aber teils unrichtig und teils zu unbestimmt. Die Schwierigkeiten
zeigt etwa folgender Fall:

RGZ 60, 24 ff.: S, ein untreuer Schalterbeamter der Post, hat Schulden bei G. Er fertigt
eine Postanweisung auf den Schuldbetrag an G ab, ohne das Geld eingezahlt zu haben.
Die Post hat an G ausgezahlt und verlangt nun von ihm das Geld zurück.

Der Fall betrifft die Situation, die meist vorliegt, wenn das Bereicherungsrecht schwierig wird: Es sind mehr als zwei Personen beteiligt. Deshalb ergibt
sich zunächst die Frage, **zwischen welchen beiden Personen** der Bereicherungsausgleich stattfinden hat. Dabei ist hier allerdings klar, daß als Berei-
cherungsgläubiger nur die Post in Betracht kommt; nur sie kann ja auch den
Wunsch haben, etwas zu fordern. Offen ist dagegen die Frage nach dem Bereicherungsschuldner: G oder S? Die Post muß sich hier G als Schuldner wünschen; denn S ist zahlungsunfähig und könnte zudem ohnehin nach §§ 823 II
BGB, 348 StGB sowie nach dem Beamtenrecht haftbar gemacht werden.

Für die danach entscheidende Frage, ob G Bereicherungsschuldner der Post
ist, hilft die Unmittelbarkeitsformel der alten Lehre nicht zuverlässig weiter:
Die Unmittelbarkeit wäre zu bejahen, wenn man nur auf die dingliche Rechtslage schaut. Denn das dem G übereignete Geld hat zuvor in Besitz und Eigentum der Post gestanden; insoweit ist die Vermögensverschiebung also unmittelbar zwischen der Post und G erfolgt. Andererseits könnte G aber durch die
Zahlung seine Forderung gegen S verloren haben. Insofern könnte die Zahlung
(unmittelbar?) doch das Vermögen des S vermehrt haben. Auch liegt der Gedanke nicht fern, die Forderung G—S als causa für die Zahlung anzusehen oder
den G wegen des Verlustes dieser Forderung als entreichert zu betrachten. Alle
diese Gesichtspunkte sind unter der Herrschaft der alten Lehre wirklich vorgetragen worden.

2. Die neuere Trennungslehre

664   Die neue Lehre[1] verzichtet demgegenüber weitgehend auf einheitliche, für alle Bereicherungsfälle geltende Aussagen. Sie unterscheidet vielmehr zwischen einzelnen Bereicherungstatbeständen. Ausgangspunkt ist dabei die Unterscheidung zwischen der Bereicherung durch Leistung (§ 812 I 1 Fall 1, *»Leistungskondiktion«*) und der Bereicherung in sonstiger Weise (§ 812 I 1 Fall 2). Zudem werden auch diese *»Nichtleistungskondiktionen«* nicht als einheitlicher Tatbestand aufgefaßt, sondern weiter zerlegt (wichtigster Unterfall: die Eingriffskondiktion; vgl. unten Rdnr. 703).

Eine solche Aufgliederung des Bereicherungsrechts mag zunächst befremden und als unbequem erscheinen, weil sie keine einheitliche Lösungsformeln mehr gestattet. Ihr großer Vorteil besteht aber darin, daß sie durch die Herausarbeitung und Unterscheidung einzelner Bereicherungstatbestände das Unmittelbarkeitserfordernis entbehrlich macht. Auch gelingt es ihr, den Eingriff zu präzisieren und sein (besonders bei § 951 oft problematisches) Verhältnis zur Leistung in den Griff zu bekommen.

3. Kritik und Abwägung

665   Die neue Lehre von der Unterscheidung zwischen Leistungs- und Nichtleistungskondiktionen wird noch oder schon wieder vielfach angegriffen.[2] Bisweilen wird auch eine Rückbesinnung auf das Unmittelbarkeitserfordernis der alten Lehre gefordert.[3] Diesen Kritikern ist zuzugeben, daß es Grenzfälle gibt, bei denen sich Leistung und Eingriff kaum unterscheiden lassen. Das gilt etwa für den *Flugreisefall (BGHZ 55, 128ff.,* vgl. oben Rdnr. 176): Ob dem Minderjährigen die Flugreise »geleistet« worden ist (durch Anweisung eines Platzes in dem Flugzeug) oder ob er sie sich durch Eingriff »genommen« hat, macht kaum einen Unterschied.

---

1   Grundlegend *von Caemmerer*, Bereicherung und unerlaubte Handlung, Festschr. Rabel I (1954) 333 ff. = Ges. Schriften I 209 ff.
2   Vgl. etwa *Kellmann*, Grundsätze der Gewinnhaftung (1969); NJW 1971, 862/863 f.; *Kaehler*, Bereicherungsrecht und Vindikation (1972), insbesondere 156 ff.; *Wilhelm*, Grundlagen und Grenzen des Anspruchs aus ungerechtfertigter Bereicherung (1973); JuS 1973, 1 ff., in Ansätzen auch *Lieb* in MünchKomm § 812 Rdnr. 4 ff.
3   *Ernst Wolf*, SchuldR II (1978) S. 412 ff., ähnlich *Joachim Wolf*, Der Stand der Bereicherungslehre und ihre Neubegründung (1980) 126 ff.; 164 ff. (wo aber nach meiner Ansicht die Mehrdeutigkeit der Unmittelbarkeit nicht ausgeräumt werden kann).

Trotzdem halte ich insgesamt die **Vorzüge der neuen Lehre** für so gewichtig, daß ich mich ihr im folgenden anschließe.[4] Diese Vorzüge zeigen sich insbesondere bei der Darstellung. Denn die neue Lehre trägt der Unterscheidung Rechnung, die das Gesetz selbst in § 812 I getroffen hat. Diese Unterscheidung kehrt auch in den §§ 813 ff. wieder. Zudem ist sie von der Rechtsprechung übernommen worden: etwa *BGHZ 68, 276/277; 72, 246/248 f.; 82, 28/30* (dazu unten Rdnr. 686).[5]

Endlich glaube ich nach wie vor, daß die Dogmatik des Bereicherungsrechts derzeit dringend einer gewissen Beständigkeit bedarf. Seit einiger Zeit ist zu sehen, daß Studenten sich selbst bei einfachen Bereicherungsfällen in eine Fülle von Theorien verstricken und dann zu keiner vernünftigen und konsequenten Lösung mehr gelangen. Auch besteht die Gefahr, daß die Rspr. eine Lehre einfach unbeachtet läßt, die ihre Erkenntnisse von gestern schon heute widerruft. Deshalb erscheint mir eine erneute Kehrtwendung nur dann vertretbar, wenn die Einheitslehre evidente und unbestreitbare Vorteile brächte. Das aber halte ich bisher für unbewiesen. In den **Ergebnissen** werden die Unterschiede ohnehin immer geringer; der Streit bezieht sich eher darauf, wie man diese Ergebnisse am besten verallgemeinerungsfähig **darstellen kann.** Eine umfassende Diskussion *dieser* Frage paßt aber keinesfalls in den hier gezogenen Rahmen (das zu *Jan Schröder,* FamRZ 1979, 643 f.).

Aus dem hier vertretenen Standpunkt folgt zunächst die gesonderte Behandlung der Bereicherung durch Leistung (unten Rdnr. 666 ff.). Anschließend wird aus den Fällen der Bereicherung in sonstiger Weise die wichtigste Untergruppe vorweggenommen, nämlich die Bereicherung durch Eingriff (unten Rdnr. 703 ff.). Es bleiben weitere wichtige Fallgruppen der Bereicherung in sonstiger Weise (vgl. unten Rdnr. 892 ff.; 945 ff.). Dagegen lasse ich die »Bereicherungsansprüche« des Wertpapierrechts (Art. 89 WG, 58 ScheckG) hier unbesprochen[6]: Diese Ansprüche unterliegen eigenen Regeln; die §§ 812 ff. sind auf sie unanwendbar.

---

4   Ebenso etwa *Koppensteiner-Kramer* passim; *Larenz* II § 68 pr. S. 523; *Esser-Weyers* § 47, 3; *Schlechtriem,* SBT Rdnr 635 ff.; *Staudinger-W. Lorenz* § 812 Rdnr. 1; *Köndgen,* in: Dogmatik und Methode, Festschr. Esser (1975) 55 ff.; *Pinger,* Was leistet der Leistungsbegriff?, AcP 179 (1979) 301 ff.; *Weitnauer,* Die Leistung, Festschr. von Caemmerer (1978) 255 ff.; *Schnauder,* Grundfragen zur Leistungskondiktion bei Drittbeziehungen (1981); *Reuter-Martinek,* Ungerechtfertigte Bereicherung (1983) 59 ff. (mit etwas anderer Terminologie). In der Sache nicht abweichend auch *Canaris* (dazu unten Rdnr. 667).

5   Vgl. *Mühl,* Wandlungen im Bereicherungsrecht und die Rspr. des BGH, in: De iustitia et iure, Festgabe von Lübtow (1980), 547 ff.

6   Vgl. § 29 I 2 bis zur 5. Aufl. oder etwa *Canaris,* WM 1977, 34 ff.

§ 27   Die Leistungskondiktion

I. Leistungsbegriff und Wertungsfragen

1. Das Abstellen auf den Leistungsbegriff

666   Ein Teil der jüngeren bereicherungsrechtlichen Literatur hatte in den Mittelpunkt der Leistungskondiktion den Leistungsbegriff gerückt: Leistung sei die bewußte, zweckgerichtete Mehrung fremden Vermögens (von *BGHZ 58, 184/188* als »gefestigte Rspr.« bezeichnet). Aus dieser Definition hat man vielfach die Lösung bereicherungsrechtlicher Fragen ableiten wollen. Denn die Leistungskondiktion wurde als **Rückabwicklung im Leistungsverhältnis** verstanden. Deshalb sollte Kondiktionsgläubiger der Leistende und Kondiktionsschuldner der Leistungsempfänger sein. Insbesondere bei den eigentlich problematischen Dreipersonenverhältnissen drehte sich folglich die Diskussion weitgehend um die Begriffe »Leistender« und »Leistungsempfänger« als die beiden Pole des »Leistungsverhältnisses«.

2. Der Rückgriff auf Wertungen

667   Gegen diese Art der Argumentation hat sich in einem grundlegenden Aufsatz *Canaris* gewendet.[1] Er bemängelt vor allem, bei der h. M. komme gegenüber der begrifflichen Herleitung die Begründung der Ergebnisse zu kurz. Daher bedürfe es einer Besinnung auf die maßgeblichen Wertungskriterien. Diese sieht *Canaris* aaO. 802 f. in den folgenden drei Punkten:

(1) Jeder Partei eines fehlerhaften Kausalverhältnisses sollen ihre Einwendungen gegen die andere Partei erhalten bleiben.

(2) Umgekehrt soll jede Partei vor Einwendungen geschützt werden, die ihr Vertragspartner aus seinem Rechtsverhältnis zu einem Dritten herleitet (das bedeutet die schon dem gemeinen Recht bekannte Unzulässigkeit der *exceptio ex iure tertii*).

(3) Das Insolvenzrisiko soll angemessen verteilt werden: Jede Partei soll das und nur das Risiko der Zahlungsunfähigkeit desjenigen tragen, den sie sich selbst als Partner ausgesucht hat.

---

1   Der Bereicherungsausgleich im Dreipersonenverhältnis, 1. Festschr. Larenz (1973) 799 ff., ergänzend in WM 1980, 354/367 ff.

Unter Anwendung dieser drei Regeln ist *Canaris* vielfach zu gleichen **Ergebnissen** gelangt wie die h. M. (was nicht verwunderlich ist, weil sich die h. M. bei ihrer Begriffsbildung meist von denselben Regeln hat leiten lassen). Bei einigen wichtigen Fragenkreisen haben sich jedoch **Abweichungen** gezeigt, und daraus hat *Canaris* weitere Kritik am Leistungsbegriff der h. M. hergeleitet.

Für dieses Buch nehme ich die Anregungen von *Canaris* gern auf. Denn gerade für eine Darstellung mit didaktischer Zielsetzung ist der ständige Blick auf die begründenden Wertungen sinnvoll. Um diese Begründung dreht sich daher die folgende Darstellung der wichtigsten Dreipersonenverhältnisse weit stärker als bis zur 7. Aufl. Andererseits läßt sich freilich weder ein didaktisches noch ein praktisches Bedürfnis danach verkennen, die Ergebnisse der Wertung in **griffigen Formulierungen** zusammenzufassen. Daher sei schließlich (unten Rdnr. 686) noch gefragt, inwieweit der Leistungsbegriff zu der gewünschten Formulierung verhelfen kann. Ein mit der Kontinuität brechender »Abschied vom Leistungsbegriff« (so *Canaris* 857, einschränkend *Larenz* II § 68 I a und wohl auch *Canaris* selbst: WM 1980, 354/369 f.) scheint mir erst in letzter Linie vertretbar. **668**

II. Einzelne Dreipersonenverhältnisse

1. Die Leistungskette

Bsp.: A verkauft und liefert (= übergibt und übereignet) eine Sache an B; B verkauft und liefert diese Sache weiter an C. **669**

a) Nichtigkeit eines Kausalverhältnisses

Wenn hier eines der Kausalverhältnisse nichtig ist, erfolgt die Kondiktion unzweifelhaft **zwischen den Partnern dieses Verhältnisses**, also A—B oder B—C. Ein **Durchgriff** des A auf C kommt nur ausnahmsweise in Betracht, nämlich **nach § 822**: wenn der Kauf A—B nichtig ist und B seinerseits die Sache nicht weiterverkauft, sondern weiterverschenkt hatte und dadurch entreichert ist. Dieser Durchgriff ist notwendig, weil ein Anspruch A—B an § 818 III scheitern würde, und er ist gerechtfertigt wegen der minderen Schutzwürdigkeit des unentgeltlichen Erwerbs durch C (vgl. oben Rdnr. 382 ff.).

Hier werden im Regelfall alle Wertungen von oben Rdnr. 667 eingehalten: Jeder Beteiligte hat nur mit seinem Partner zu tun. Durchbrochen werden die Wertungen zwar bei der Ausnahme nach § 822. Aber diese Durchbrechung rechtfertigt sich aus den eben genannten Gründen.

b) Doppelmangel

670 Problematisch sein könnte nur der Fall des *Doppelmangels: Beide* Kaufverträge sind nichtig. Auch dann aber soll A nicht direkt von C kondizieren können, sondern sich an B halten müssen, der seinerseits bei C kondizieren muß: Nur so bleiben die Einwendungen aus dem Verhältnis zwischen den Vertragsparteien (etwa § 273) erhalten (vgl. oben Rdnr. 390). Regelmäßig wird ja auch A die Wirksamkeit des Vertrages B—C gar nicht zuverlässig beurteilen können.

Wenn B noch nicht erfolgreich bei C kondiziert hat, kann man meinen, B brauche letztlich nur seinen Bereicherungsanspruch gegen C an A abzutreten: Es käme dann zu einer »Kondiktion der Kondiktion«. Damit wären jedoch die Wertungen (2) und (3) von oben Rdnr. 667 durchbrochen. Denn wenn A aus der abgetretenen Kondiktion des B gegen C vorgeht, ist er nach § 404 auch den Einwendungen des C gegen B ausgesetzt; auch muß A so das Risiko einer Insolvenz des C tragen. Bei A käme es also zu einer **Kumulation der Risiken** von B und C. Ob man das hinnehmen soll, wird gleich (unten Rdnr. 673) noch zu behandeln sein.

2. Die »Durchlieferung«

671 Von Durchlieferung im Streckengeschäft spricht man, wenn in dem Fall von oben Rdnr. 669 A eine bewegliche Sache auf Weisung des B direkt an C liefert. Hier bekommt also A direkt mit C zu tun; aus der Kette von oben Rdnr. 669 wird ein *Dreieck:*

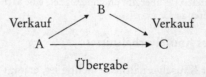

Dabei findet regelmäßig zwischen A und C nicht einfach eine Übereignung nach § 929 S. 1 statt. Denn A wird der Weisung des B oft nicht entnehmen können, daß C das Eigentum erhalten soll und nicht bloß den Besitz (vielleicht hat B an C nur unter Eigentumsvorbehalt liefern oder bloß vermieten wollen). Daher kann man keine Einigung A—C annehmen, sondern nur einen doppelten *Geheißerwerb:* A übereignet an B, indem er auf dessen Geheiß dem C übergibt; und B übereignet ggf. an C weiter, indem A als Geheißperson des B übergibt (*BGH* NJW 1986, 1166 f.). Vgl. oben Rdnr. 563 f.

a) Der Lösungsansatz

672 Behandelt werden die Fälle der Durchlieferung nach h. M. im ganzen ebenso wie die der Leistungskette (oben Rdnr. 669 f.), weil wertungsmäßig kein Unter-

schied besteht (auch hier bleibt das Verhältnis B—C dem A fremd): A hat den Durchgriff auf C nur ausnahmsweise unter den Voraussetzungen des § 822. Dagegen findet die Kondiktion regelmäßig bloß zwischen den Partnern des fehlerhaften Kausalverhältnisses statt, und beim Doppelmangel ergibt sich die Frage einer Kondiktion der Kondiktion (oben Rdnr. 670).

b) Die Kumulation von Risiken

Die dabei eintretende Kumulation der Risiken wird für diese Konstellation und überhaupt für die Anweisungsverhältnisse (unten Rdnr. 674) bekämpft von *Canaris* aaO. 811 ff.: Die hier sich zeigende Preisgabe der Regeln (2) und (3) von oben Rdnr. 667 sei nicht gerechtfertigt. Denn B habe durch seine Weisung an A zur Lieferung an C selbst die Gefahr geschaffen, daß Einwendungen oder die Insolvenz des C die Rückabwicklung stören könnten. Diese Risiken müsse also bei wirksamer Weisung (sonst vgl. unten Rdnr. 676) B tragen und nicht A. Folglich richte sich die Kondiktion A—B nicht auf Abtretung der Kondiktion B—C, sondern auf Ersatz des Sachwertes. 673

Diese Ansicht von *Canaris* ist auf Zweifel gestoßen, weil dem B bei Insolvenz des C ein Schaden droht.[2] Überwiegend hat *Canaris* jedoch Zustimmung gefunden.[3] Zur Begründung wird gesagt, B schulde dem A deshalb von vornherein Wertersatz, weil er seinerseits durch die Weisung an A über diesen Wert disponiert habe. Auch ein Wegfall der Bereicherung des B (wegen Undurchsetzbarkeit seiner Kondiktion gegen C) scheide aus, weil B mit seiner Disposition dieses Risiko übernommen habe (so *Larenz* aaO.; MünchKomm-*Lieb* aaO.). Ich stimme dieser Ansicht jetzt unter dem Vorbehalt zu, daß die Risikozuweisung an B nicht dem Schutzzweck der den Bereicherungsausgleich veranlassenden Nichtigkeitsnorm widersprechen darf. Dabei ist zu bedenken, daß diese Risikozuweisung ähnlich der Saldotheorie (vgl. oben Rdnr. 224 ff.) eine **Einschränkung des § 818 III** bedeutet, die insbesondere auch mit den Wertungen des Rücktrittsrechts vereinbar sein muß. Vgl. *Reuter-Martinek*, Ungerechtfertigte Bereicherung (1983) 412 ff.

---

2 Etwa *Medicus*, NJW 1974, 538/542; *(Koppensteiner-)Kramer* 41 f.; 44.
3 Etwa *Köndgen*, in: Dogmatik und Methode, Festgabe Esser (1975) 55; 73 f.; *Larenz* II § 68 III b, im Ergebnis ebenso auch MünchKomm-*Lieb*, § 812 Rdnr. 40 f. mit weiteren Angaben.

3. Anweisungsverhältnisse

a) Die Bedeutungen von »Anweisung«

674 »Anweisung« ist ein in §783 definierter **Fachausdruck:** Er bezeichnet eine **schriftliche** Leistungsermächtigung, die demjenigen **ausgehändigt** wird, der den Leistungsgegenstand (meist Geld) letztlich erhalten soll. Die häufig vorkommende Spezialform ist der **Scheck.** Dagegen gibt es reine BGB-Anweisungen im Sinne von §783 kaum. So entspricht etwa die Postanweisung nicht dem §783, weil sie nicht dem Zahlungsempfänger ausgehändigt wird, sondern der angewiesenen Post. Die Postanweisung hat also eher die Funktion eines »Frachtbriefs«, der die Geldsendung auf ihrem Weg zum Empfänger begleitet.

Schon der Ausdruck »Postanweisung« zeigt aber, daß selbst im juristischen Sprachgebrauch das Wort »Anweisung« über den Rahmen von §783 hinaus verwendet wird, also insbesondere auch für bloß mündliche oder nicht dem Begünstigten ausgehändigte Leistungsweisungen. So kann man auch die Weisung B—A bei der Durchlieferung (oben Rdnr. 671) als »Anweisung« bezeichnen.

Bei der **Anweisung im weiteren Sinn** sind folgende Bezeichnungen für die Kausalverhältnisse üblich geworden: das Verhältnis des Anweisenden (B) zum Angewiesenen (A) heißt **Deckungsverhältnis,** das Verhältnis des Anweisenden zum Begünstigten (C, an den also geleistet werden soll) heißt **Valutaverhältnis.** Dagegen wird das Verhältnis zwischen dem Angewiesenen (A) und dem Begünstigten (C) bisweilen **Zuwendungsverhältnis** oder Vollzugsverhältnis genannt, weil dort die sichtbare Vermögensbewegung (= Zuwendung) stattfindet.

b) Lösung der Normalfälle

675 Behandelt werden die Anweisungen ebenso wie die Durchlieferung (oben Rdnr. 672 f.), weil auch hier insbesondere dem A das Valutaverhältnis B—C fremd ist: Bei Mängeln des Deckungsverhältnisses kommt es also zur Kondiktion A—B, bei Mängeln des Valutaverhältnisses zur Kondiktion B—C und bei Doppelmangel zur Kondiktion A—B und zur Kondiktion B—C. Dementsprechend ergibt sich auch hier die Frage nach einer Kumulation der Risiken bei A, für die das oben Rdnr. 673 Gesagte gilt. Und ein Durchgriff A—C ist wieder nur gemäß §822 möglich.

c) Insbesondere die fehlerhafte Anweisung

676 aa) Für Anweisungslagen viel erörtert worden ist die Problematik der fehlerhaften Anweisung.

BGHZ 61, 289 ff. (dazu *Wilhelm,* AcP 175, 1975, 304 ff.): B übergab dem C einen auf die Bank A gezogenen Scheck. Noch bevor C den Scheck bei A eingelöst hatte, entstanden zwischen B und C Schwierigkeiten. B sperrte daher den Scheck durch Schreiben an A; diese bestätigte B den Widerruf. Zugleich verlangte B den Scheck von C zurück. C legte den Scheck jedoch bei A vor; dort wurde er infolge eines Versehens eingelöst. A fordert den Scheckbetrag von C zurück.

Diese Rückforderung stellt einen Durchgriff dar. Denn der **Widerruf des Schecks** betrifft nur die Frage, ob die angewiesene Bank A gegenüber ihrem anweisenden Kunden B zur Einlösung des Schecks ermächtigt ist (Deckungsverhältnis): Diese Ermächtigung ist durch den bestätigten Widerruf entfallen; A kann also das Konto des B nicht mehr mit der ausgezahlten Schecksumme belasten und muß eine schon erfolgte Belastungsbuchung rückgängig machen. Dagegen ist C über das Valutaverhältnis bloß mit B verbunden. Nach der Regel von oben Rdnr. 675 bräuchte C also bloß eine Kondiktion des B zu fürchten, und auch diese nur bei Mängeln des Valutaverhältnisses.

Der BGH hat hier die Kondiktion A—C abgelehnt. Dabei hat er ausdrücklich offengelassen, wie zu entscheiden wäre, wenn eine gültige Anweisung von vornherein gefehlt hätte (S. 292, etwa bei Anweisung durch einen Geschäftsunfähigen oder bei Fälschung[3a]). Vielmehr hat sich der BGH auf den ihm vorliegenden Fall mit seinen Besonderheiten beschränkt: B hatte die Anweisung zunächst wirksam erteilt, und C kannte den Widerruf dieser Anweisung nicht. Dann wird man in der Tat mit dem BGH sagen müssen[4]: B hat mit der Übergabe des Schecks an C eine wirksame Leistungsbestimmung getroffen. Demgegenüber betrifft der Widerruf nur das Verhältnis B—A. Die Nichtbeachtung dieses Widerrufs geht also den C nichts an: Darüber muß zwischen A und B gestritten werden; C hat nur mit B zu tun. Und im Verhältnis zu B kann C den Einlösungsbetrag für den Scheck behalten, wenn ihm diese Summe von B geschuldet wurde[4a].

Den Gegenfall entscheidet *BGHZ 87, 393:* Dort war ein gesperrter Scheck irrtümlich eingelöst worden, und der Zahlungsempfänger wußte möglicherweise von der Sperre. Dieses Wissen hat der BGH als erheblich bezeichnet; die Bank soll also bei einem unredlichen Empfänger direkt kondizieren dürfen. Ein solcher Empfänger glaube nämlich nicht an eine Leistung des Anweisenden[4b]; hier wirke also der Widerruf auch im Außenverhältnis zum Empfänger. Dabei läßt der BGH offen, ob die Kondiktion der Bank eine Leistungskondiktion ist (aaO. 398), doch ist dies zu verneinen: Die Bank will ja nicht eine Pflicht gegen-

---

3a Ebenso *BGH* NJW 1984, 348 ff., dazu *Canaris,* JZ 1984, 627 ff.
4 Ebenso *Köndgen* aaO. 69 f., im Ergebnis auch *Canaris,* WM 1980, 354/356 ff. , vgl. weiter *Flume,* NJW 1984, 464 ff.
4a Ebenso *BGHZ 87, 246 ff.;* OLG Hamm, ZIP 1986, 907 ff.
4b Ebenso *OLG Hamm* aaO.

über dem Empfänger erfüllen, sondern ihre vermeintliche Pflicht gegenüber dem Anweisenden.

Eine Direktkondiktion der Bank beim Empfänger wird schließlich in Analogie zu §§ 816 (I 2), 822 auch zugelassen, »wenn der Empfänger nach der mit dem Anweisenden im Valutaverhältnis getroffenen Regelung die Leistung unentgeltlich erhalten hat und in der Person des Anweisenden die Voraussetzungen der §§ 818 IV, 819 nicht vorliegen« (*BGHZ 88, 232, 237,* dazu *Lieb,* JZ 1983, 960 ff.; *W. Lorenz,* JZ 1984, 190 f.; *Gottwald,* JuS 1984, 841 ff.). Auch hier könnte es sich wieder nur um eine Nichtleistungskondiktion handeln.

677   bb) Viel seltener als die Nichtbeachtung eines Widerrufs sind die Fälle des **gänzlichen Fehlens einer wirksamen Anweisung.** Hier soll nach der h. M. in der Literatur[5] A unmittelbar bei C kondizieren dürfen. Denn ohne wirksame Anweisung sei das Verhalten des A dem B nicht zurechenbar. Daher müsse B von der Rückabwicklung unberührt bleiben. Freilich muß man dann auch eine Tilgungswirkung der von A bewirkten »Scheinleistung« an C auf eine etwa bestehende Forderung C—B leugnen. C muß also an A selbst dann zurückzahlen, wenn er von B noch etwas zu fordern hat; für C gilt »Wie gewonnen, so zerronnen.«

Auch der BGH hat eine solche Direktkondiktion der irrtümlich ohne wirksame Anweisung zahlenden oder überweisenden Bank gegen den Empfänger mehrfach bejaht: *BGHZ 66, 362 ff.* (Einlösung eines vom Aussteller nicht unterschriebenen Schecks); *BGHZ 66, 372 ff.* (Überweisung an den falschen Empfänger); *BGHZ 67, 75 ff.* (Wechseleinlösung nach Konkurseröffnung über das Vermögen des zahlungspflichtigen Kunden); *BGH* NJW 1987, 185 ff. (irrtümliche Überweisung des zehnfachen Betrages). In allen vier Fällen (zu den drei ersten *K. Schmidt,* JuS 1976, 748 ff.) hatte jedoch der Empfänger den Mangel der Anweisung gekannt. Ob der BGH diese Kenntnis oder den Unterschied zwischen einer bloß mangelhaften Anweisung (so in *BGHZ 61, 289 ff.*) und deren gänzlichem Fehlen für entscheidend hält, ist noch nicht deutlich. Nach *BGHZ 69, 186/190* spricht wohl mehr dafür, daß die Zahlung der Bank für ihren Kunden diesem deshalb nicht als Leistung zugerechnet werden soll, weil er sie nicht veranlaßt hat. Die Unredlichkeit des Empfängers wäre dann gleichgültig[6]; für den Schutz des redlichen Empfängers genügt § 818 III.

Auch hier kann es sich nur um eine **Nichtleistungskondiktion** handeln: Die Bank hat ja gegenüber dem Empfänger keinen eigenen Zweck verfolgt (also

---

5   Etwa *Canaris,* 1. Festschr. Larenz 821 ff. mit Literaturangaben 801 A. 10; *(Koppensteiner-)Kramer* 47 f.; *Köndgen* aaO. 69, abweichend *Wieling,* JuS 1978, 801/807 ff.
6   So auch *Larenz* II § 68 III c; MünchKomm-*Lieb* § 812 Rdnr. 56 ff.; *Schlechtriem,* SBT Rdnr. 687 und besonders klar *Canaris,* JZ 1987, 201 ff., undeutlich *BGHZ 89, 376/ 381 f.*

nicht »geleistet«), sondern nur die vermeintliche Anweisung ihres Kunden ausführen (also an diesen »leisten«) wollen.

d) Die Anwendung auf RGZ 60, 24

Auf der Grundlage des Gesagten kann nun auch der Postanweisungsfall *RGZ* **678** *60, 24 ff.* von oben Rdnr. 663 gelöst werden: Hier fehlt nicht etwa eine wirksame Anweisung des untreuen Schalterbeamten an die Post. Vielmehr war die Post bloß über das Vorhandensein einer Deckung getäuscht worden: Der Beamte hatte die Einzahlung des zu überweisenden Betrages nur vorgespiegelt. Daher scheidet eine Direktkondiktion der Post gegen den Empfänger des Geldes aus. Für diesen ist vielmehr nur sein Verhältnis zu dem Beamten erheblich: Schuldete dieser, so darf der Empfänger das Geld behalten (ebenso *[Koppensteiner-]Kramer* 49 f.).

e) Die angenommene Anweisung

Bei der **Anweisung im technischen Sinn** des § 783 kann noch eine Besonder- **679** heit auftreten: Der Angewiesene wird durch (schriftliche) Annahme auch dem Anweisungsempfänger zur Leistung verpflichtet, § 784. Die aus dem Leistungsbegriff argumentierende Lehre stößt hier auf eine Schwierigkeit: Der Angewiesene (A) schuldet ja jetzt regelmäßig zwei Personen, nämlich dem Anweisenden (B) und dem Anweisungsempfänger (C). A will also mit seiner Zahlung an C beide Verbindlichkeiten erfüllen; er will demnach an B und C »leisten«. Wer ist bei solchem »Handeln im Doppelinteresse« (vgl. *Beuthien*, JuS 1987, 841 ff.) Leistungsempfänger, also Kondiktionsschuldner?

Trotz dieser begrifflichen Schwierigkeit läßt sich aber ein Ergebnis überzeugend begründen: Kondiktionsschuldner des A kann regelmäßig nur B sein. Denn die Annahme nach § 784 soll die Stellung des C verbessern, indem sie C einen eigenen Anspruch gegen A verschafft. Das darf auch bereicherungsrechtlich die Stellung des C nicht verschlechtern. C braucht also nach der Annahme weiterhin nur mit B abzurechnen und nicht auch mit A, wobei er diesem seine Einreden aus dem Verhältnis mit B nicht entgegenhalten könnte.[7]

4. Versprechen der Leistung an Dritte

a) Beim unechten Vertrag zugunsten Dritter, also wenn der Dritte keinen ei- **680** genen Anspruch gegen den Versprechenden hat, ist die bereicherungsrechtli-

---

7 Im Ergebnis ebenso *Canaris*, 1. Festschr. Larenz 805 ff.; *(Koppensteiner-)Kramer* 45 f.; *Larenz II* § 68 III g; MünchKomm-*Lieb* § 812 Rdnr. 44; *Reuter-Martinek* aaO. 485 f.

che Behandlung nach dem Gesagten klar: Kondiziert wird regelmäßig in dem fehlerhaften Rechtsverhältnis. Der Dritte braucht also nur herauszugeben, wenn sein Verhältnis zum Versprechensempfänger mangelhaft ist, und der Versprechende kann sich nur an den Versprechensempfänger halten. Abweichendes gilt wieder bloß unter den Voraussetzungen von § 822 (vgl. oben Rdnr. 669).

681   **b) Beim echten Vertrag zugunsten Dritter,** also wenn ein eigener Anspruch des Dritten gegen den Versprechenden besteht, liegt es zunächst ebenso wie bei der angenommenen Anweisung (oben Rdnr. 679): Der Versprechende ist zwar regelmäßig (vgl. § 335) zwei Ansprüchen ausgesetzt, die er beide erfüllen will. Die vom Leistungsbegriff her argumentierende Ansicht muß daher wieder auf Schwierigkeiten bei der Ermittlung des Leistungsempfängers stoßen. Aber auch hier paßt die Erwägung von oben Rdnr. 679: Die Zuwendung eines eigenen Leistungsanspruchs soll die Stellung des Dritten ebenso verbessern wie eine Annahme der Anweisung die Stellung des Anweisungsempfängers. Das muß sich bereicherungsrechtlich auswirken: Auch der durch den eigenen Anspruch begünstigte **Dritte braucht regelmäßig nur mit dem Versprechensempfänger abzurechnen** und nicht mit dem Versprechenden.

Gerade beim echten Vertrag zugunsten Dritter sind aber **zwei Ausnahmen** von dieser Regel zu beachten[8]:

682   **aa) Die erste Ausnahme** hängt damit zusammen, daß der echte Vertrag zugunsten Dritter oft zur **Versorgung des Dritten** verwendet wird (vgl. § 330). Darum werden hier besonders häufig die Voraussetzungen des § 822 erfüllt sein: Der Versprechensempfänger ist durch die Leistung des Versprechenden nicht bereichert, weil er sie ohne Entgelt an den Dritten geleistet hat. Dann kann der Versprechende vom Dritten kondizieren.

683   **bb) Und zweitens** kann, wie schon § 334 nahelegt, das Rechtsverhältnis Versprechender — Dritter ganz dem Rechtsverhältnis Versprechender — Versprechensempfänger **übergeordnet sein.** Auch dann muß der Versprechende direkt beim Dritten kondizieren können.

Um diese Frage geht es in dem viel erörterten[9] Fall von

BGHZ 58, 184 ff.: Der Kaufanwärter A schloß mit dem Bauträger B einen Kaufanwärtervertrag. Dabei wurde B durch den Direktionsassistenten C vertreten. Dieser nahm in zwei der drei Vertragsausfertigungen die Klausel auf, an eine Firma X seien 3% Makler-Courtage zu zahlen. X mahnte wenig später die Zahlung an und erhielt sie endlich auf ein

---

8 Vgl. *(Koppensteiner-)Kramer* 61 f.; *Köndgen* aaO. 68 f.; *Larenz* II § 68 III h; *Reuter-Martinek* aaO. 478 ff.

9 Etwa *Canaris,* NJW 1972, 1196 ff.; *Eike Schmidt,* JZ 1972, 406 ff.; *F. Peters,* AcP 173 (1973) 71 ff.

von ihr bezeichnetes Konto. Doch existierte X in Wahrheit nicht; hinter dem Konto stand C, der zusätzlich in die eigene Tasche verdienen wollte. A ficht die Maklervereinbarung nach § 123 an und verlangte die 3% von C zurück.

Hier ist zunächst schon die Bedeutung der Courtageklausel in den Verträgen A—B fraglich: Liegt ein Versprechen von A an B auf Leistung an X vor, oder hat X selbst, vertreten durch C, mit A kontrahiert? *Canaris* aaO. bejaht die zweite Möglichkeit: Da die für B bestimmte dritte Vertragsausfertigung die Courtageklausel nicht enthielt, habe A nicht annehmen können, daß C auch insoweit als Vertreter von B auftreten wollte. Wenn man dem folgt (was wohl richtig ist), kommt hier als Leistungsempfänger nur die mit C identische Firma X in Betracht: Die Klage ist begründet.

Nach der vom BGH gebilligten Auslegung durch die Vorinstanz stellt die Courtageklausel jedoch ein **Versprechen von A an B** (vertreten durch C) auf Leistung an X dar. Die Vorinstanz hatte dabei nur B (also den Versprechensempfänger) als Leistungsempfänger angesehen und daher die Klage abgewiesen. Dagegen hat der BGH einen Anspruch A—C bejaht. Der BGH hat sich nämlich der differenzierenden, etwa von *W. Lorenz* (AcP 168, 1968, 286 ff.; JuS 1968, 441 ff.) vertretenen Ansicht angeschlossen: Die Leistung an den Dritten könne »eine auf den Dritten bezogene Zweckrichtung« haben, und dann sei der Dritte Leistungsempfänger. So liege es etwa in den Fällen von § 330, aber auch in dem zu entscheidenden Fall: Durch die Nichtaufnahme in das dritte Vertragsexemplar sei die Maklervereinbarung schon äußerlich gegenüber dem Kaufanwärtervertrag abgesetzt worden; ihre Bedeutung betreffe hauptsächlich das Verhältnis A—X (= C).

Schlagwortartig formuliert lautet diese h. M. also: Beim echten Vertrag zugunsten Dritter ist **Empfänger der Leistung** des Versprechenden, wer **in engerer Verbindung zu dem mit dieser Leistung verfolgten Zweck steht.**

5. Leistung auf fremde Schuld

Sehr umstritten ist die bereicherungsrechtliche Behandlung der **Drittleistung** 684
nach §§ 267, 268, wenn also der Dritte aus eigenem Antrieb (ohne eine vermeintliche oder wirkliche Anweisung) auf fremde Schuld leistet. Wenn diese Schuld besteht und der Dritte gerade das Geschuldete leistet, wird der Schuldner befreit. Der Dritte kann sich also nicht an den Gläubiger halten (der ja zwar die Leistung erhalten, aber seine Forderung verloren hat), sondern nur an den befreiten Schuldner. Dazu bedarf es, wenn nicht ein Forderungsübergang nach § 268 III eintritt, der Rückgriffskondiktion von unten Rdnr. 950 ff. Anders verhält es sich, wenn die **Schuld,** auf die der Dritte geleistet hat, **nicht wirklich bestanden hat.**

Bsp.: Der Onkel A zahlt die vermeintlichen Mietschulden seines Neffen B beim Vermieter C. B hatte aber, was A nicht wußte, kurz vorher im Lotto gewonnen und die Schulden schon selbst bezahlt. Kann A kondizieren und von wem?

Hier wird vielfach eine **Leistung A—C** bejaht: Im Gegensatz zu den Anweisungsfällen sei es ja A (und nicht B), der C gegenüber den Leistungszweck bestimme. Daher dürfe A bei C kondizieren, und C könne diesem Anspruch keine Einwendungen aus seinem Verhältnis zu B entgegenhalten (etwa wegen inzwischen neu entstandener Mietschulden).

Doch hat sich im Anschluß an *Esser* eine Gegenansicht gebildet[10]: A verfolge einen Zweck (z. B. Schenkung) bloß gegenüber B. Daher könne A regelmäßig auch nur bei B kondizieren. Dagegen brauche C allein mit B abzurechnen (und könne dem B also auch die Einwendungen aus dem Mietverhältnis entgegenhalten). Entsprechend entscheidet für einen Fall von § 415 III (Erfüllungsübernahme) auch *BGHZ 72, 246/248 f.*[11]: A erbringe regelmäßig eine Leistung des B an C und leiste damit zugleich selbst an B. Anders soll es außer bei § 822 nur da liegen, wo A ein Ablösungsrecht (etwa aus §§ 268, 1142) wahrnehmen wolle: Dann verfolge A nämlich einen Zweck (die Ablösung) gegenüber C und nicht gegenüber B (insoweit zustimmend *[Koppensteiner-]Kramer* 59).

685 Mir selbst fällt eine Entscheidung für die (praktisch seltenen) Fälle der Drittleistung besonders schwer: Einerseits spricht für die Ansicht *Essers,* daß ein Streit über das Bestehen der zu tilgenden Forderung zwischen Gläubiger und Schuldner (C und B) ausgetragen gehört. Auch braucht das Nichtbestehen der Schuld nicht allemal den Zweck entfallen zu lassen, den der Dritte (A) gegenüber dem Scheinschuldner (B) verfolgt: Vielleicht etwa wollte der Onkel dem Neffen jedenfalls etwas schenken. Andererseits setzt *Esser* aber voraus, daß der Scheinschuldner B durch die Zahlung des A eine Kondiktion gegen C erwirbt. Und dem steht entgegen, daß B diese Zahlung nicht veranlaßt hat und sie ihm daher ebensowenig zugerechnet werden kann wie bei einer von vornherein unwirksamen Anweisung B—A (oben Rdnr. 677).

Ich möchte das letzte Argument für ausschlaggebend halten. Denn es gewährleistet die **Wertungsgleichheit mit den Anweisungsfällen,** die für das Bereicherungsrecht Modellcharakter haben. Dann bleibt für die **Rückabwicklung nur das Verhältnis A—C**[12]. Daß C gegen A dann keine Einwendungen aus dem Verhältnis C—B hat, ist nicht ungerecht: C konnte ja ohnehin mit einer

---

10 Etwa *Eike Schmidt,* JZ 1971, 601/606 f.; *Köndgen* aaO. 67 f.; *Wieling,* JuS 1978, 801 ff.
11 Dazu ablehnend *Weitnauer,* NJW 1979, 2008 ff., ergänzend *BGHZ 82, 28 ff.*
12 Ebenso die h. M., etwa MünchKomm-*Lieb* § 812 Rdnr. 108 f.; *(Koppensteiner-)Kramer* 57 ff. und im Ergebnis auch *Canaris* 847 f; *Esser-Weyers* § 48 III 4 a; anders konstruieren *Reuter-Martinek* aaO. 467 ff.

Zahlung des A nicht rechnen (»wie gewonnen, so zerronnen«, oben Rdnr. 677). Mit *Larenz* II § 68 III c wird man B aber dann als Kondiktionsgläubiger des C anzusehen haben, wenn A für B in berechtigter Geschäftsführung ohne Auftrag (vgl. oben Rdnr. 420 ff.) gehandelt hat (was jedoch bei Nichtbestehen der Forderung C—B meist ausscheidet): Dann wird die fehlende Anweisung B—A durch die Zurechnung nach Auftragsrecht (§§ 683, 670) ersetzt.

(Koppensteiner-)Kramer 59 bezeichnen die Kondiktion A—C bei § 267 als Nichtleistungskondiktion, bei Ausübung eines Ablösungsrechts durch A dagegen als Leistungskondiktion. Für zwingend halte ich diese Differenzierung nicht: Sie hängt davon ab, ob man die Tilgungsbestimmung A—C als Zwecksetzung im Sinne des Leistungsbegriffs genügen läßt, und das ist eine Definitionsfrage. Vgl. auch (mit anderem Ausgangspunkt) MünchKomm-*Lieb* § 812 Rdnr. 109.

6. Die Brauchbarkeit des Leistungsbegriffs

a) Bis hierhin habe ich auf die **Ableitung von Lösungen** aus dem Leistungsbegriff (oben Rdnr. 666) bewußt verzichtet und statt dessen wertungsbestimmte Argumente verwendet. Jetzt bleibt die vorhin (oben Rdnr. 668) schon angekündigte Frage, wie sich die hier begründeten Ergebnisse mit dem herkömmlichen Leistungsbegriff vertragen. Mit anderen Worten: Kann dieser Begriff die erwünschte Kurzformel für die anderweitig begründeten Ergebnisse sein? 686

Ich möchte das vorsichtig bejahen[13]: In den weitaus meisten Fällen treffen die Konsequenzen aus dem Leistungsbegriff in der Tat zu. So ergibt er insbesondere, daß es bereicherungsrechtlich nicht auf das dingliche Schicksal des Leistungsobjekts ankommt, sondern auf die Zwecksetzung. Beispielsweise ist es gleichgültig, daß der Angewiesene (A) sein eigenes Geld an den Anweisungsempfänger (C) zahlt: Daß bei C nur der Anweisende (B) kondizieren kann, beruht darauf, daß für die Leistung an C allein B den Zweck bestimmt und sich des A lediglich als »Leistungsgehilfen« bedient hat. Damit wird das Tatbestandsmerkmal »auf Kosten« in § 812 I 1 überflüssig gemacht: Es kommt nicht darauf an, wer durch die Leistung ein Recht verliert. In diesem Sinn ist auch der von *Kellmann,* JR 1988, 97 ff. geprägte Satz richtig: »Erfüllungshilfen kondizieren nicht« (nämlich nicht die Leistung, an der sie nur als Gehilfen mitgewirkt haben).

In dem hier angedeuteten Sinn argumentiert auch der BGH. So hat der VII. ZS zusammengefaßt *(BGHZ 82, 28/30):* »Entscheidend ist, welchen Zweck die Beteiligten nach ihrem zum Ausdruck gebrachten Willen verfolgt haben. Danach richtet sich auch die einer Zuwendung gegebene Zweckbestim-

---

13 Ebenso *Köndgen* aaO.; *Larenz* II § 68 I a S. 525 f., dagegen aber *Canaris* aaO.; MünchKomm-*Lieb* § 812 Rdnr. 25 ff.

mung, die wiederum für das Leistungsverhältnis maßgebend ist, innerhalb dessen der bereicherungsrechtliche Ausgleich zu vollziehen ist.« Zugleich betont der BGH freilich die Ablehnung »jeder schematischen Lösung«[13a].

Insbesondere bei den sehr häufigen Geldleistungen durch *Banküberweisung* (dazu *Möschel*, JuS 1972, 297 ff.; *Canaris*, WM 1980, 354 ff.; *Reuter-Martinek* aaO. 440 f.) sind die beteiligten Banken regelmäßig (vgl. aber oben Rdnr. 677) Leistungsgehilfen des Auftraggebers oder des Überweisungsempfängers; die Überweisung wird also bereicherungsrechtlich ebenso behandelt wie eine Barzahlung zwischen diesen beiden Personen.

Allerdings muß man sich der beschränkten Funktion des Leistungsbegriffs als Kurzformel bewußt bleiben: Er kann die Lösung nur für diejenigen Fälle angeben, die bei seiner Formulierung berücksichtigt worden sind. Diese Beschränkung zeigt sich insbesondere, wo ein Schuldner mehrere Gläubiger hat (oben Rdnr. 679; 681) oder wo ein Dritter leistet (oben Rdnr. 684 f.). Auch ist stets an die abweichende Wertung von § 822 zu denken (oben Rdnr. 669, 676).

686a   b) Von dem Gesagten weichen zumindest in der Terminologie erheblich ab *Kupisch* und — ihm weithin folgend — *Harder*[14]. Sie betonen, daß bei der echten Anweisung (vgl. oben Rdnr. 674) das BGB selbst von einer Leistung des Angewiesenen an den Anweisungsempfänger (also von A an C) spricht (etwa in §§ 783, 784 I). Gleiches soll auch aus §§ 362 II, 267 I folgen. Andererseits wollen aber *Kupisch* und *Harder* den Angewiesenen regelmäßig nicht vom Anweisungsempfänger kondizieren lassen, sondern — ebenso wie die h. M. es tut — vom Anweisenden. Nach dieser Ansicht fallen also das Leistungsverhältnis und die Leistungskondiktion auseinander: Die Leistungskondiktion macht nicht das rückgängig, was *Kupisch* und *Harder* als Leistung verstehen. Zur Begründung der Leistungskondiktion in Anweisungsverhältnissen muß daher zunächst eine Gesetzeslücke angenommen und diese dann durch Analogie gefüllt werden.

Der Nutzen dieser neuen Betrachtungsweise ist umstritten.[15] Ich gehöre nach wie vor zu den Skeptikern: Daß das BGB von einer Leistung des Angewiesenen an den Anweisungsempfänger spricht, braucht für die Leistungskondiktion nichts zu bedeuten (und bedeutet ja auch im Ergebnis für *Kupisch* und *Harder* nichts: Sonst könnten diese keine Gesetzeslücke annehmen). Für we-

13a Ebenso *BGHZ 89, 376/381; BGH* NJW 1984, 2205 f. mit vielen Belegen.
14   *Kupisch*, Gesetzespositivismus im Bereicherungsrecht (1978), dazu ergänzend in: De iustitia et iure, Festgabe von Lübtow (1980) 501 ff.; Festschrift Coing II (1982) 239 ff.; *Harder*, JuS 1979, 76 ff.; AcP 182 (1982) 372 ff.
15   Sehr kritisch *Canaris*, WM 1980, 354/369 f., auch *F. Peters*, AcP 179 (1979) 289 ff. und *Pinger*, AcP 179 (1979) 301/307 A. 42. Positiver aber etwa MünchKomm-*Lieb* § 812 Rdnr. 25 mit A. 38; *von Reinersdorff*, MDR 1981, 800 ff.

sentlich wichtiger halte ich die Risikoerwägungen von *Canaris* (oben Rdnr. 667): Erst deren Berücksichtigung rechtfertigt die Ergebnisse; dagegen bringt die Einführung einer neuen, von der üblichen abweichenden Terminologie die Gefahr einer Verwirrung.

c) Gewissermaßen gerade andersherum als *Kupisch* und *Harder* versucht es   **686b**
Hassold[16]: Er will die Vollzugsgeschäfte (z. B. die Eigentumsübertragungen) ebenso verlaufen lassen wie die Leistungskondiktionen, also vom Angewiesenen an den Anweisenden (A an B) und von diesem an den Anweisungsempfänger (B an C). Das läßt sich zwar bei der Übereignung beweglicher Sachen mit der Figur des Geheißerwerbs (oben Rdnr. 563 ff.) weithin durchhalten. Dagegen scheitert es schon bei Grundstücken, weil dort ein Eigentumserwerb des Anweisenden ohne Eintragung unmöglich ist. Daher halte ich auch den Preis, den die Ansicht von *Hassold* fordert, für zu hoch.

7. Irrtum über den Leistenden

Kein eindeutiges Ergebnis liefert der Leistungsbegriff endlich auch für eine im   **687**
Anschluß an *B GHZ 36, 30 ff.; 40, 272 ff.* viel behandelte Frage[17]: Bestimmt sich das Vorliegen eines Leistungsverhältnisses aus der Sicht des Leistenden oder des Leistungsempfängers?

Bsp.: Der Grundstückseigentümer E bestellt bei A ein schlüsselfertiges Haus und bezahlt den Festpreis. A kauft das in das Haus einzubauende Installationsmaterial im Namen des E bei B. B liefert das Material »wortlos« an die Baustelle; es wird eingebaut. A fällt in Konkurs; B verlangt von E Bezahlung.

Dieser Anspruch kann nicht auf einen Kaufvertrag B—E gestützt werden: Ein solcher Vertrag ist nicht zustande gekommen, wenn E das vollmachtlose Handeln des A nicht genehmigt (§ 177 I). In Betracht kommt aber eine Leistungskondiktion des Materialwertes (§ 818 II). Hierfür müßte zwischen B und E ein Leistungsverhältnis vorliegen. Das ist aber zweifelhaft: Zwar wollte B an E leisten, dem er sich vertraglich verpflichtet glaubte. Jedoch konnte E annehmen, das Material sei eine Leistung des A, der ja auch die Installation für das schlüsselfertige Haus schuldete. Zur Lösung dieser Frage gibt es im wesentlichen zwei Ansichten:

---

16 Zur Leistung im Dreipersonenverhältnis (1981), dazu *Harder,* AcP 182 (1982) 372 ff.; zur Sache *Flume,* Festschr. Ernst Wolf (1985) 61 ff.
17 Etwa *Baur-M. Wolf,* JuS 1966, 393 ff.; *Köndgen* aaO. 71 f. mit Angaben, dazu noch *Joerges,* JuS 1975, 514 ff.; *Wieling,* JZ 1977, 291 ff.; MünchKomm-*Lieb* § 812 Rdnr. 48 ff; *Reuter-Martinek* aaO. 454 ff.

a) Der Wille des Leistenden

Die ältere Lehre einschließlich des RG (vgl. die Angaben in JuS 1966, 395 A. 27) hatte auf die Willensrichtung des Leistenden abgestellt.[17a] Danach hätte im Bsp. B die Leistungskondiktion gegen E, die allerdings durch § 951 I 2 auf Wertersatz beschränkt wird.

Problematisch ist dann freilich, inwieweit E seine Zahlungen an A dem B nach § 818 III entgegenhalten kann (vgl. unten Rdnr. 725). Nach einer von *Esser* begründeten Ansicht soll zwar das Risiko einer abredewidrig handelnden Zwischenperson (nämlich des A) grundsätzlich bei E bleiben. Doch müsse E als entreichert gelten, wenn auch ein »objektiver Durchschnittsbetrachter« eine Leistung des A angenommen hätte und E im Vertrauen darauf an A gezahlt habe.

b) Die Sicht des Zuwendungsempfängers

Demgegenüber hat der BGH in beiden genannten Entscheidungen das Leistungsverhältnis vom Empfänger E her beurteilt[18]: Maßgebend sei, als wessen Leistung sich die Zuwendung »bei objektiver Betrachtungsweise aus der Sicht des Zuwendungsempfängers« darstelle. Die Literatur hat dem vielfach mit der Maßgabe zugestimmt, daß die §§ 133, 157 **mindestens entsprechend** anzuwenden seien: Entscheidend sei, was dem E nach den Auslegungsregeln über Willenserklärungen erkennbar geworden sei (so etwa *Baur-Wolf,* JuS 1966, 395 ff. mit weiteren Angaben; *Reuter-Martinek* aaO. 455 f.). Danach wäre E keiner Leistungskondiktion des B ausgesetzt, wenn er die Lieferung für eine Leistung des A halten durfte.

c) Lösungsvorschlag

688 Ich selbst halte folgendes für richtig: E ist nur schutzwürdig, wenn er im Vertrauen auf eine Leistung des A an diesen gezahlt hat. Das spricht gegen die Lösung des BGH: Nach ihr ist ja E selbst dann gegen eine Leistungskondiktion des B geschützt, wenn E schon vor der Lieferung des B oder überhaupt noch nicht an A gezahlt hat.

17a Ebenso in neuerer Zeit etwa *Flume,* JZ 1962, 281 f.; *Berg,* NJW 1962, 101 f.; *Canaris,* 1. Festschr. Larenz 826 f.; *(Koppensteiner-)Kramer* 51; *Köndgen* aaO. 71 f.; *Larenz* II § 68 III e 2; *Schlechtriem,* SBT Rdnr. 690; MünchKomm-*Lieb* § 812 Rdnr. 56, differenzierend *Esser-Weyers* § 48 III 6 b.

18   Ebenso etwa *BGH* JZ 1975, 27 ff. mit Anm. *von Olshausen,* dazu weiter *Lopau,* JuS 1975, 773 ff.; *BGHZ 72, 246/249,* anders *Weitnauer,* NJW 1979, 2008/2010 f.

Soweit E danach schutzwürdig ist, muß diese seine Schutzwürdigkeit mit der des B verglichen werden. Und da sprechen die überwiegenden Gründe für die **Schutzunwürdigkeit des B**: Er hat es ja nicht nur unterlassen, sich der Vollmacht des A zu vergewissern, sondern er hat überdies auch auf Kredit geliefert. Dagegen hat E an A erst gezahlt, nachdem dieser seine Leistung anscheinend erbracht hatte. Da also B ohne ausreichende Grundlage dem A vertraut hat, muß er den Schaden aus diesem enttäuschten Vertrauen tragen.

Eine dieser Bewertung entsprechende Konstruktion ist die von *Flume* aaO.: B erhält als Leistender, der dem E nicht verpflichtet war, gegen diesen die Leistungskondiktion. Jedoch kann E nach § 818 III abziehen, was er im Vertrauen auf eine Leistung des A an diesen gezahlt hat (dazu MünchKomm-*Lieb* § 812 Rdnr. 52 f.). Die Erwägungen gegen einen Abzug des Kaufpreises von unten Rdnr. 725 treffen hier nämlich nicht: B kondiziert ja mit der **Leistungskondiktion** den Wert (§ 818 II) seiner Leistung, während bei § 816 I 1 ein Fall der Eingriffskondiktion vorliegt.

Ausgeschlossen wird der Abzug durch § 819 I nur, wenn E bei seiner Zahlung an A die Rechtsgrundlosigkeit der Leistung des B *gekannt hat.* Dagegen sehe ich hier keine Handhabe zur Anwendung des Fahrlässigkeitsmaßstabs. Mir scheint auch das Argument *Essers* unbegründet, E solle grundsätzlich das Risiko abredewidrigen Handelns des A tragen: B hat sich auf die von A behauptete Innenvollmacht verlassen und ist daher nur in den Fällen der Duldungs- und Anscheinsvollmacht zu schützen. Es besteht kein Anlaß, diese Wertung in Abweichung von § 819 I zu korrigieren.

III. Gründe für die Leistungskondiktion*

Im Anschluß an die gemeinrechtliche Terminologie wird die Leistungskondiktion üblicherweise in **Fallgruppen** untergliedert. Kriterien hierfür bilden die Umstände, auf denen der Mangel des die Leistung rechtfertigenden Grundes beruht (vgl. *Reuter-Martinek* aaO. 125 ff.). Bedeutung hat diese Einteilung vor allem für den Ausschluß der Kondiktion (§§ 814, 815, 817 S. 2) und für die Haftungsverschärfung (§§ 819, 820).

689

---

* Dazu unkonventionell *Kupisch,* JZ 1985, 101 ff.; 163 ff., gegen ihn *Weitnauer,* JZ 1985, 555 f.

1. Condictio indebiti

Am häufigsten begegnet die condictio indebiti des § 812 I 1 Fall 1: Der rechtliche Grund für die Leistung hat von Anfang an gefehlt. Gemeint sind hier Leistungen solvendi causa, also zur Tilgung einer Verbindlichkeit. Der Tatbestand der condictio indebiti wird daher häufig als »Leistung auf eine Nichtschuld« bezeichnet (es genügt auch eine Schuld aus schwebend unwirksamem Rechtsgeschäft, *BGHZ 65, 123 ff.*). Doch ist das noch zu eng. Denn erstens wird § 812 I 1 Fall 1 durch § 813 auch auf den Fall erweitert, daß die Schuld zwar besteht, aber mit einer **dauernden Einrede** behaftet ist. Und zweitens umfaßt die condictio indebiti darüber hinaus die **erfolglose Leistung** auf eine einredefrei bestehende Schuld.

Bsp.: Der Gattungsschuldner S liefert Ware von schlechterer als mittlerer Art und Güte. Nach § 243 I ist das (abgesehen von § 480) keine Erfüllung: S bleibt zur Lieferung mindestens mittelguter Ware verpflichtet. Er muß daher die gelieferte schlechtere Ware kondizieren können, obwohl er keineswegs auf eine Nichtschuld geleistet hat.

Der Grund für die condictio indebiti ist also der **Nichteintritt der** mit der Leistung bezweckten **Befreiung von einer einredefreien Forderung:** Der Leistungsempfänger soll hier die Leistung nicht behalten dürfen, weil er keine Forderung verloren hat, auf die er Erfüllung hätte verlangen können. Abweichendes gilt nur in den Fällen von § 814, also vor allem bei Kenntnis des Leistenden vom Fehlen seiner Verpflichtung.

Diese Vorschrift wird freilich allgemein sehr eng ausgelegt: Bloße Zweifel des Leistenden an seiner Verpflichtung genügen nicht; auch soll § 814 auf Leistungen unter Vorbehalt oder unter dem Druck einer drohenden Zwangsvollstreckung unanwendbar sein. Andererseits aber ist § 814 unstreitig auf den Fall des § 813 zu erweitern: Auch die Kenntnis einer dauernden Einrede schließt die Rückforderung aus.

2. Condictio ob causam finitam

690 Bei der condictio ob causam finitam (§ 812 I 2 Fall 1) hat die Forderung zwar im Augenblick der Leistung bestanden. Sie wäre aber später (etwa durch Eintritt einer auflösenden Bedingung) weggefallen, wenn sie nicht schon durch die Leistung erloschen wäre. § 814 gilt hier weder direkt noch entsprechend: Der Leistende war ja im Zeitpunkt seiner Leistung wirklich verpflichtet; daß er die bloße Möglichkeit kannte, seine Verpflichtung werde später wegfallen, ändert nichts an seiner Leistungspflicht und genügt daher für § 814 nicht.

Höchstens entsprechend anwendbar könnte der für die condictio ob rem bestimmte § 815 sein. Aber auch das ist zu verneinen.

BGH JZ 1968, 381 f. mit Anm. *W. Lorenz:* M und F hatten 1949 geheiratet. Dann bauten beide auf einem der F gehörenden Grundstück ein Haus als Familienwohnung. Nachdem die Ehe 1956 aus Alleinverschulden des M geschieden worden war, verlangte dieser die von ihm zu dem Hausbau beigesteuerten Mittel von F heraus.

Das OLG Bamberg hatte als Vorinstanz die Klage abgewiesen: Vereinbarter Zweck der Beteiligung des M an dem Bau sei die Errichtung einer Familienwohnung gewesen. Diesen Zweck habe die Scheidung auf die Dauer vereitelt. Doch stehe der condictio ob rem (§ 812 I 2 *Fall 2)* des M § 815 entgegen, weil M durch seine Eheverfehlungen selbst die Zweckerreichung vereitelt habe.

Der BGH ist dem nicht gefolgt: In solchen Fällen gehe es nicht um Zweckverfehlung, sondern um späteren Wegfall des Rechtsgrundes, also um die condictio ob causam finitam nach § 812 I 2 Fall 1. Auf sie aber sei § 815 auch nicht entsprechend anwendbar, weil die Vorschrift ähnlich wie § 162 nur ein treuwidriges Verhalten während des Schwebezustandes bis zum Eintritt des bezweckten Erfolges betreffe. Daher sei der Anspruch des M begründet. Doch müsse M sich seine Ersparnis daraus anrechnen lassen, daß der Unterhaltsanspruch der F (damals § 58 EheG, jetzt §§ 1569 ff., besonders § 1577) gemindert sei, weil sie wegen des eigenen Hauses keine Aufwendungen mehr für eine Wohnungsmiete habe (zweifelhaft: Daß der Unterhaltsanspruch bloß im Rahmen der Bedürftigkeit der F besteht, ist kein besonders auszugleichender Vorteil). Fragen kann man sich nur, ob solche Fälle nicht eher zum Wegfall der Geschäftsgrundlage passen (vgl. *Lorenz* aaO. 383).

3. Exkurs: Andere Ausgleichsansprüche bei gemeinsamer Lebensführung

Wirklich ist in neuerer Zeit der BGH gegenüber Bereicherungsansprüchen **zwischen Ehegatten** nach Trennung der Ehe mit Recht sehr zurückhaltend. Vielmehr argumentiert er eher mit dem **Wegfall der Geschäftsgrundlage** (etwa *BGH* NJW 1972, 580). Für die Annahme eines solchen Wegfalls soll aber nicht schon genügen, daß die Ehegatten sich bei Voraussicht der Trennung anders verhalten hätten. Vielmehr fordert *BGH* NJW 1974, 1554/1555 zusätzlich eine nach Treu und Glauben unzumutbare Vermögensverschiebung, also Unzumutbarkeit. Und diese verneint *BGHZ 65, 320 ff.* grundsätzlich, wenn die Ehegatten im Güterstand der Zugewinngemeinschaft gelebt hatten: Dann genüge der **Zugewinnausgleich** nach §§ 1372 ff. den Billigkeitserfordernissen. Nach *BGHZ 82, 227/230 ff.* (dazu *Holzhauer,* JuS 1983, 830 ff.) sind die Regeln über den Wegfall der Geschäftsgrundlage selbst dann unanwendbar, wenn der Wert der Zuwendung den Anspruch des Empfängers auf Zugewinnausgleich übersteigt (auf den die Zuwendung nach § 1380 angerechnet wird). Dann soll nämlich genügen, daß der Empfänger die Zuwendung seinerseits als Zugewinn (zur Hälfte, § 1378 I) auszugleichen hat.

690a

Problematisch bleiben vor allem die **Fälle ohne Zugewinnausgleich**[18a]: nämlich bei Gütertrennung und bei nichtehelichen Lebensgemeinschaften. Hier arbeitet *BGHZ 84, 361 ff.* **bei Gütertrennung** mit einem »**familienrechtlichen Vertrag eigener Art**« (über den Erwerb eines Grundstücks und den Bau eines Familienwohnheims), dessen Geschäftsgrundlage der Fortbestand der Ehe bilde. Ein Ausgleich soll erfolgen, wenn »beim Scheitern der Ehe die Früchte der geleisteten Arbeit in Gestalt einer meßbaren Vermögensmehrung beim anderen Ehegatten noch vorhanden sind« (aaO. S. 368, zurückhaltend aber *BGH* NJW 1983, 2933 f. für eine Zuwendung, die erst die Zuneigung des Partners gewinnen soll). Beim Vorliegen einer entsprechenden Vereinbarung kommt auch die Annahme einer **BGB-Gesellschaft** »zum Zwecke des Erwerbs und Haltens eines Familienwohnheims« zwischen den Ehegatten in Betracht (*BGH* NJW 1982, 170 ff., dazu kritisch *K. Schmidt*, AcP 182, 1982, 481 ff.). Der Ausgleich erfolgt dann über §§ 730 ff.

Diese Annahme einer BGB-Gesellschaft ist auch zwischen den Partnern einer nichtehelichen Lebensgemeinschaft möglich. Fehlt jedoch — wie meist — eine Vereinbarung, dann soll ein Ausgleich für einseitige Beiträge eines Partners regelmäßig nicht verlangt werden können[19]. In gleichem Sinn formuliert *BGH* NJW 1986, 374 f. (dazu *Battes*, JZ 1986, 240 f.): In einer nichtehelichen Lebensgemeinschaft seien im Zweifel keine verbindlichen Abreden gewollt. Wo es sich ausnahmsweise anders verhalte, lasse sich nicht allgemein vermuten, die Abrede solle nur für die Dauer der Gemeinschaft gelten.

Im Einzelnen hat *BGHZ 77, 55 ff.* den Erben des verstorbenen Partners jeden Ausgleichsanspruch sogar wegen Rückzahlungen von fast 40 000 DM verweigert, die dieser Partner allein auf ein gemeinsam aufgenommenes Darlehen geleistet hatte[19a]. Auch der im Zweifel hälftige Gesamtschuldnerausgleich nach § 426 soll durch diese »Eigenart« der Beiträge zu einer nichtehelichen Lebensgemeinschaft verdrängt werden. *BGH* NJW 1981, 1502 f. gewährt aber aus § 670 wenigstens einen Anspruch auf Ersatz derjenigen Kosten, die wegen eines Darlehens noch nach dem Ende der Lebensgemeinschaft angefallen sind; *OLG Frankfurt*, NJW 1985, 810 f. hilft mit Geschäftsführung ohne Auftrag.

18a Dazu *Schulte*, ZGR 1983, 437 ff.; *Diederichsen*, NJW 1983, 1017 ff.; *Joost*, JZ 1985, 10 ff.; *Roemer*, BB 1986, 1522 ff.; *Steinert*, NJW 1986, 683 ff.; *Schlüter-Belling*, FamRZ 1986, 465 ff. sowie umfassend *de Witt-Huffmann*, Nichteheliche Lebensgemeinschaft (2. Aufl. 1986), letztens *Coester/Waltjen*, NJW 1988, 2085 ff.
19 *BGHZ 77, 55/58 f.; 84, 388 ff.; BGH* NJW 1981, 1502 f. (dazu *Lippert*, JuS 1982, 17 ff.); *BGH* NJW 1983, 1055; 2375 f.; 1986, 374 f.; *BGH* FamRZ 1983, 791 ff.; 1213 ff.; *OLG Frankfurt* FamRZ 1984, 1013 ff.; *OLG Oldenburg*, NJW 1986, 1817 f.
19a Wenn *Eheleute* für ein gemeinsam aufgenommenes Darlehen gesamtschuldnerisch haften, soll nach dem Ende der Ehe § 426 I 1 regelmäßig nicht ausgeschlossen sein: *BGHZ 87, 265 ff.*

Daneben will der BGH vereinzelt die §§730ff. entsprechend selbst dann anwenden, wenn eine Vereinbarung und daher eine BGB-Gesellschaft fehlen. *BGHZ 84, 388ff.* (bestätigend *BGH* NJW 1986, 51 ff.) bejaht eine solche entsprechende Anwendung, »wenn beide Partner durch gemeinschaftliche Leistungen einen Vermögensgegenstand erworben und hierbei die Absicht verfolgt haben, einen — wenn auch nur wirtschaftlich — gemeinschaftlichen Wert zu erwerben, der von ihnen nicht nur gemeinsam genutzt werden, sondern ihnen nach ihren Vorstellungen auch gemeinsam gehören sollte«. Und das soll »zumindest ebenso« gelten, »wenn die Partner durch beiderseitige Arbeit, finanzielle Aufwendungen und sonstige Leistungen zusammen ein gewerbliches Unternehmen aufbauen, betreiben und als gemeinsamen Wert betrachten und behandeln«. Dahinter steht wohl die Absicht, auch denjenigen Partner einer Lebensgemeinschaft zu schützen, der den Abschluß einer Ehe mit Zugewinnausgleich nicht hat durchsetzen können. Doch fehlt hier einstweilen noch die dogmatische Klarheit.

4. Condictio ob rem

Die schwierigste und meistumstrittene Gruppe ist die condictio ob rem (causa **691** data causa non secuta, § 812 I 2 Fall 2). Kondiktionsgrund ist hier der Nichteintritt des mit der Leistung »nach dem Inhalte des Rechtsgeschäfts bezweckten Erfolges«. Dafür genügen nicht schon einseitige, wenngleich vom Empfänger erkannte Erwartungen des Leistenden (*BGH* NJW 1973, 612f.). »Erfolg« bei der condictio ob rem kann auch nicht die Erfüllung einer Verbindlichkeit sein, weil bei Ausbleiben der Erfüllung die condictio indebiti zuständig ist (oben Rdnr. 689). Es bleiben zwei Möglichkeiten:

a) Leistung ohne Verpflichtung

Entweder man beschränkt die condictio ob rem überhaupt auf die Fälle, in denen die Leistung nicht auf eine Verpflichtung hin erfolgt[20]. Dann muß der Leistende ja etwas anderes beabsichtigen als die Erfüllung. Als solche anderen Zwecke kommen in Betracht die Begründung eines Rechtsverhältnisses (etwa Barkauf, Handschenkung), das Erlangen einer nicht geschuldeten Gegenleistung (z.B. einer Erbeinsetzung, die eine Dienstleistung vergüten soll) oder überhaupt ein nicht geschuldetes Verhalten des Empfängers (z.B. eine

---

20 So etwa *Esser-Weyers* § 49 II; *Larenz* II § 69 II, vgl. auch *BGH* JZ 1975, 330 f.: Vorrang der Rechtsfolgen des Wegfalls der Geschäftsgrundlage, zustimmend *Schlechtriem,* SBT Rdnr. 653, ablehnend aber *D. Liebs,* JZ 1978, 697 ff.; *Battes,* AcP 178 (1978) 337/ 372 ff.

bestimmte Verwendung des überlassenen Geldes, eine Eheschließung: *OLG Stuttgart*, NJW 1977, 1779 f.).

b) Leistung zu einem Erfolg jenseits der Erfüllung

Oder aber man erstreckt die condictio ob rem auch auf Leistungen, mit denen eine Verbindlichkeit erfüllt werden sollte und erfüllt worden ist. Dann muß der bezweckte Erfolg, dessen Nichteintritt die Kondiktion begründet, ein über die Erfüllung hinausgehender sein[21].

c) Insbesondere die enttäuschte Vergütungserwartung

692   Diese Problematik zeigt sich etwa an folgendem

> *Bsp.:* Die Haushälterin H dient dem S 20 Jahre lang nur gegen Kost, Wohnung und ein Taschengeld, weil sie als seine Erbin vorgesehen ist. Aber kurz vor seinem Tode ändert S sein Testament und setzt D zum Alleinerben ein.

Hier hat zwischen H und S jedenfalls dann ein wirksamer Dienstvertrag bestanden, wenn die Erbeinsetzung nicht versprochen werden sollte (sonst §§ 2302, 139, aber wohl »faktischer Vertrag«). Soweit dieser Dienstvertrag reicht, hat H solvendi causa auf eine bestehende Verpflichtung geleistet. Aber dieser Vertrag bedeutet hier nur eine Teilregelung (trotz *Welker* aaO. S. 113 f.): Bloß der durch Kost, Wohnung und Taschengeld gedeckte Teil der Dienste wird also solvendi causa geleistet. Dagegen paßt für den übrigen Teil die condictio ob rem. Diese betrifft also **nur Leistungen, die nicht auf eine** (eigene oder fremde) **Verpflichtung hin erbracht worden sind.**

Die neuere Rspr. von BGH und BAG neigt freilich dazu, die Fälle der enttäuschten Vergütungserwartung für eine Dienstleistung über § 612 statt über § 812 zu lösen (einschränkend *LAG Mainz*, FamRZ 1983, 489). Für diesen vertraglichen Vergütungsanspruch beträgt aber die Verjährungsfrist nur zwei Jahre, § 196 I Nr. 8, die bei der Geltendmachung meist abgelaufen sein werden. Hilfe kann dann nur die Annahme einer Stundung (§ 202 I) bringen. Vgl. etwa *BGH* NJW 1965, 1224 f.; *BAG* NJW 1970, 1701 f. Nach *BAG* NJW 1978, 444 soll die Verjährung beginnen, sobald ein (jederzeit möglicher) Widerruf der Zusage über die Erbeinsetzung zugegangen ist.

d) Übertreibungen

693   Bisweilen geht die Rspr. allerdings weit über die Grenzen der condictio ob rem hinaus.

---

21 Das läßt die Rspr. bisweilen genügen, so *BGH* NJW 1984, 233 (Verfehlen des Schenkungszwecks); ebenso wohl auch *Fikentscher* § 99 III 2 b, teils auch *Welker*, Bereicherungsausgleich wegen Zweckverfehlung? (1974); *D. Liebs*, JZ 1978, 697 ff.

BGHZ 44, 321 ff.: N hatte von seiner Tante T ein Grundstück auf 30 Jahre gepachtet. In einem Testament der T, dessen Kosten N bezahlt hatte, war N als Alleinerbe eingesetzt worden. Daraufhin errichtete N in der Hoffnung, das Pachtgrundstück zu erben, auf diesem ein Gebäude. Später setzte T aber einen Dritten D als Erben ein. Nach dem Tode der T verlangt N von D den Wert des Gebäudes ersetzt.

Der BGH hat dieser Klage aus § 812 I 2 Fall 2 stattgegeben. Das ist doppelt falsch: Erstens war die Errichtung des (allein von N genutzten) Gebäudes keine Leistung an die T; schon deshalb kam die condictio ob rem als eine Form der Leistungskondiktion nicht in Betracht.[22] Und zweitens war die Erbeinsetzung nicht der durch die Errichtung des Gebäudes bezweckte Erfolg. Nach § 812 I 2 Fall 2 hätte N daher allenfalls die Testamentskosten kondizieren können. Wegen des Gebäudes stand ihm nur die Verwendungskondiktion zu.

5. Condictio ob turpem vel iniustam causam

a) Ein letzter spezieller Tatbestand der Leistungskondiktion ist die condictio   **694** ob turpem vel iniustam causam, § 817 S. 1. Große Bedeutung kommt ihr nicht zu. Denn bei Leistungen solvendi causa greift regelmäßig schon die condictio indebiti ein, weil das der Leistung zugrunde liegende Verpflichtungsgeschäft nach § 134 oder § 138 nichtig ist. Selbständige Bedeutung hat § 817 S. 1 nur in folgenden Fällen:

aa) **Das Grundgeschäft ist gültig,** weil ein Gesetzes- oder Sittenverstoß allein durch den Empfänger für die §§ 134, 138 nicht genügt. Das gilt etwa bei erpreßten Leistungen: Hier trifft den Leistenden kein Vorwurf.

bb) **Die condictio indebiti ist durch § 814 ausgeschlossen,** weil der Leistende das Fehlen einer Verbindlichkeit kannte.

cc) **Die condictio ob rem versagt,** weil der vereinbarte Erfolg eingetreten ist oder einer der Ausschlußgründe von § 815 vorliegt.

b) Das früher zweifelhafte Verhältnis zwischen § 817 S. 1 und dem **straf-**   **695** **rechtlichen Verfall** des Geleisteten an den Staat ist jetzt durch § 73 I 2 StGB sachgerecht geregelt: Die Verfallanordnung unterbleibt, soweit der Verletzte den Vermögensvorteil beanspruchen kann (vgl. *Mayer,* NJW 1983, 1300).

c) Der schwierigste Teil des § 817 ist der in S. 2 bestimmte **Anspruchsaus-**   **696** **schluß.**[23] Fast einig ist man sich hier bloß über zwei notwendige Korrekturen

---

22 So zutreffend *Esser-Weyers* § 49 II bei A. 23, zweifelnd *BGH* NJW 1970, 136 f.
23 Dazu etwa *H. Honsell,* Die Rückabwicklung sittenwidriger oder verbotener Geschäfte (1974, stark einschränkend); *Dauner,* JZ 1980, 495 ff.

des Gesetzeswortlauts: Erstens muß § 817 S. 2 auch dann gelten, wenn **nur dem Leistenden** (und nicht zugleich dem Leistungsempfänger) ein Gesetzes- oder Sittenverstoß zur Last fällt: Der Empfänger darf bei einwandfreiem Verhalten nicht schlechter stehen als bei makelhaftem. Und zweitens schließt § 817 S. 2 nicht bloß die Kondiktion nach § 817 S. 1 aus, sondern ebenso **die übrigen Arten der Leistungskondiktion** nach § 812. Darüber hinaus gibt es aber zahlreiche **Streitfragen.** Erwähnt seien die folgenden:

697   aa) Ist § 817 S. 2 auch auf **andere als Bereicherungsansprüche** (z. B. aus §§ 985, 894, 667) anzuwenden? Die Rspr. (etwa *BGHZ 39, 87 ff.; BGHZ 63, 365/369)* verneint das ständig mit der Begründung, § 817 S. 2 bilde wegen seines Strafcharakters im Zivilrecht einen Fremdkörper und dürfe daher nicht ausgedehnt werden. Aber die These vom Strafcharakter ist falsch: Bei beiderseitiger Sittenwidrigkeit wäre es sinnlos, den einen Täter zum Vorteil des anderen zu bestrafen. Überdies führt diese Rspr. zu seltsamen Ergebnissen. Da sie nämlich in besonders schweren Fällen der Sittenwidrigkeit auch das Vollzugsgeschäft nach § 138 nichtig sein läßt, macht sie gerade hier § 817 S. 2 praktisch unwirksam.

RGZ 145, 152 ff.: M hatte seiner Ehefrau F ein Grundstück übereignet, um sie zur Erhebung der Scheidungsklage zu veranlassen (M selbst konnte damals als schuldiger Teil die Scheidung nicht erreichen; anders jetzt §§ 1564 ff.). Die Ehe war dann auch auf Klage der F geschieden worden. Das RG hat hier angenommen, die (damals noch bejahte; zur heutigen Rechtslage vgl. *Gernhuber* § 26 I 6) Unsittlichkeit erfasse nicht nur den Abfindungsvertrag, sondern auch die Übereignung. M konnte daher das Grundstück nach §§ 894, 985 zurückverlangen! Dagegen wäre er bei Sittenwidrigkeit nur des Grundgeschäfts an § 817 S. 2 gescheitert.

Um solche Absurditäten zu vermeiden, muß man entweder an der Wirksamkeit des Vollzugsgeschäfts festhalten (übliche Begründung: Es sei »sittlich indifferent«). Doch läßt sich das wenigstens bei § 134 häufig nicht durchführen, weil das Verbotsgesetz auch den dinglichen Vollzug ergreift. Und bei § 138 I dürfte das dingliche Geschäft dann nichtig sein, »wenn die Unsittlichkeit gerade im Vollzug der Leistung liegt« (*BGH* NJW 1985, 3006/3007). Daher bleibt wohl nur übrig, **§ 817 S. 2 als allgemeine Rechtsschutzversagung** aufzufassen, die alle Ansprüche ausschließt, zu deren Begründung sich der Gläubiger auf eigenes gesetz- oder sittenwidriges Verhalten berufen muß (»nemo auditur turpitudinem suam allegans«). Diese vorzugswürdige Ansicht findet in der Literatur viele Anhänger[24].

---

24 Etwa *Baur* § 5 IV 3 a; *Flume* § 18, 10; *Larenz* II § 69 III b, mit Einschränkungen auch *Esser-Weyers* § 49 IV 2.

In *RGZ 145, 152ff.* kann M daher weder kondizieren noch vindizieren. Denn sowohl die Nichtigkeit des Abfindungsvertrages wie etwa auch die Nichtigkeit der Übereignung ergeben sich daraus, daß M sich sittenwidrig verhalten hat: Das darf ihm selbst keinen Vorteil bringen.

Bisweilen würde die Anwendung des § 817 S. 2 freilich sinnwidrigerweise **698** den gesetz- oder sittenwidrigen Zustand beständig machen. Das gilt etwa für die **Bordellpacht** (soweit sie auch heute noch für nichtig gehalten wird, etwa wegen eines besonders hohen Pachtzinses; vgl. *BGHZ 63, 365ff.*): Wäre hier die Rückforderung des Bordells durch den Verpächter ausgeschlossen, könnte der Pächter das Bordell längere Zeit und mit höherem Gewinn betreiben. Daher muß § 817 S. 2 weichen (*BGHZ 41, 341ff.,* dazu etwa *Esser-Weyers* § 49 IV 3).

bb) Bei Ausdehnung des § 817 S. 2 über das Bereicherungsrecht hinaus wird **699** eine andere Frage um so dringender: **Welches ist die Leistung,** deren Rückforderung § 817 S. 2 ausschließt? Beispiele:

(1) G überläßt dem S ein Darlehen unter Verabredung eines wucherischen Zinses.

(2) G vermietet Zimmer zu einem horrenden Mietpreis an Gastarbeiter.

(3) G überläßt dem S Auslandsvermögen zur Verwaltung, um es der Devisenbewirtschaftung zu entziehen (vgl. *BGHZ 39, 87ff.:* »Gerhart Hauptmann«).

In allen Fällen können die obligatorischen Verträge nach § 138 nichtig sein (bei der Wuchermiete von (2) kommt freilich auch eine geltungserhaltende Reduktion auf den angemessenen Mietzins in Betracht, vgl. *Medicus*, AT Rdnr. 709). Bei solcher Nichtigkeit kann bei (1) und (2) die vereinbarte übermäßige Vergütung nicht verlangt werden; bei (3) sind Geschäftsführungsansprüche ausgeschlossen. Nach der heute überwiegenden Meinung bedeutet § 817 S. 2 aber nicht auch den Ausschluß der Rückforderungsansprüche, wenn die Überlassung nach der Parteivereinbarung nicht endgültig sein sollte. Wo die Leistung nur in der Überlassung auf Zeit besteht, hindert also § 817 S. 2 die Rückforderung bloß für diese Zeit[25].

Konstruktive Schwierigkeiten ergeben sich freilich, wenn Darlehen, Miete oder Auftrag *auf unbestimmte Zeit* geschlossen sind: Wie lange soll dann die Rückforderung ausgeschlossen sein? M. E. ist eine Kündigung des nichtigen Vertrages mit den gesetzlichen Fristen zuzulassen. Diese Kündigung kann zwar den Vertrag nicht vernichten, aber doch die Gebrauchsüberlassung und damit die nach § 817 S. 2 nicht rückforderbare Leistung zeitlich beschränken.

---

25 So etwa *Esser-Weyers* II 2 § 49 IV 3; *Flume* § 18, 10 e; f; *Larenz* aaO., für Fall (1) auch *RGZ 161, 52ff.; BGH* NJW 1983, 1420/1422. *Schlechtriem*, SBT Rdnr. 659 bringt freilich zutreffend die Einschränkung, die Gesetz- oder Sittenwidrigkeit dürfe nicht schon in der Kapitalüberlassung selbst liegen.

700   cc) Fraglich ist weiter, wie es sich mit der **Vergütungspflicht** für die wucherische Leistung verhält: Daß das wucherische Entgelt nicht gezahlt zu werden braucht, folgt aus der Nichtigkeit der Abrede. Aber kann der Leistende nicht wenigstens ein **angemessenes Entgelt** verlangen (vgl. die Fälle (1) und (2) von oben Rdnr. 699)? Die h. M. verneint das (etwa *RGZ 161, 52 ff.; BGH* NJW 1962, 1148 f.; 1983, 1420/1423): Der Empfänger brauche die Nutzungen nicht nach § 818 zu vergüten, da § 817 S. 2 den fehlenden Rechtsgrund ersetze. Diese Begründung überzeugt aber nicht: Ob § 817 S. 2 dem Empfänger die Nutzung ohne jede Vergütung lassen will, ist ja gerade die Frage. Für ihre Verneinung spricht, daß § 817 S. 2 sonst doch den verfehlten (oben Rdnr. 697) Strafcharakter erhielte[26].

Eine Pflicht zur Vergütung der rechtsgrundlosen Nutzung bejaht auch *BGHZ 63, 365/368,* und zwar aus §§ 990, 987. Aber diese Vorschriften sind allenfalls dann anwendbar, wenn zwischen den Parteien ein Eigentümer-Besitzer-Verhältnis besteht[27]. Und ich sehe nicht ein, warum die Vergütungspflicht bei der Wuchermiete (dort besteht ein EBV) anders zu entscheiden sein soll als beim Wucherdarlehen (wo ein EBV fehlt).

Zu einer Zahlungspflicht kommt auf eigenartige Weise auch *BGHZ 75, 299/ 303 ff.* (dazu *Dauner,* JZ 1980, 495/499ff.). In dem dort zu entscheidenden Fall hatte A Arbeiter angeworben und aus eigener Tasche entlohnt, sie aber dann bewußt gesetzwidrig einem anderen Unternehmer U überlassen. A verlangte von U die in dem Überlassungsvertrag vereinbarte Vergütung, hilfsweise den Wert der von den überlassenen Arbeitern dem U geleisteten Dienste. Hier hat der BGH den Vergütungsanspruch an § 134 und den Wertersatzanspruch an § 817 S. 2 scheitern lassen. Doch sei U um den Betrag bereichert, den er durch die Zahlungen des A an die Arbeiter erspart habe. Insoweit scheint der BGH an eine Art Rückgriffskondiktion A—U zu denken (sie paßt freilich deshalb nicht recht, weil A an die Arbeiter auf eigene Schuld und nicht auf die Schuld des U geleistet hat). Und auf diese Kondiktion soll § 817 S. 2 unanwendbar sein. — Eher als diese Konstruktion überzeugt freilich das vom BGH (aaO. S. 306) gleichfalls verwendete Argument, die Bezahlung der Arbeiter werde durch das Verbotsgesetz nicht mißbilligt. Aber Gleiches gilt in den Ausgangsfällen von oben Rdnr. 699 auch für die Zahlung einer angemessenen Gegenleistung.

701   dd) Der Einwand aus § 817 S. 2 gilt unzweifelhaft auch gegen **Rechtsnachfolger** des Leistenden. Die Rspr. (etwa *BGH* NJW 1962, 483 f.) macht aber eine

---

26 Vgl. *Flume* § 18, 10 f. und *Medicus,* Gedächtnisschr. Dietz (1973) 61 ff., ähnlich *Larenz* II § 69 III b S. 562 A. 3 und jetzt auch *Esser- Weyers* § 49 IV 3, kritisch aber *Dauner,* JZ 1980, 495/502 f., im Ansatz anders (Herleitung aus § 817 S. 1) *Reifner,* JZ 1984, 637, 640.

27 Auch insoweit kritisch *Emmerich,* JuS 1975, 396; *H. Honsell,* JZ 1975, 439/441.

Ausnahme für den **Konkursverwalter:** Dem Leistungsempfänger solle die Leistung nur auf Kosten des Leistenden verbleiben, nicht auch auf Kosten von dessen Konkursgläubigern. Aber eine bessere Rechtsposition, als sie der Gemeinschuldner hatte, kann den Konkursgläubigern nur durch die Konkursanfechtung verschafft werden.

6. Condictio sine causa

Als Kategorie der Leistungskondiktion wird oft noch die condictio sine causa   702
erwähnt. Die hierzu üblicherweise aufgeführten Fälle gehören aber teils nicht zur Leistungskondiktion, teils lassen sie sich bei den anderen Kategorien (oben Rdnr. 689—694) unterbringen. Die condictio sine causa ist, wie auch ihr farbloser Name zeigt, schon historisch ein Verlegenheitsprodukt. Sie ist regelmäßig entbehrlich (vgl. *Schlechtriem*, SBT Rdnr. 650) und höchstens in ganz seltenen Fällen anwendbar: So etwa, wenn die beabsichtigte Einigung über einen mit der Leistung bezweckten Erfolg (vgl. § 812 I 2 Fall 2) gescheitert ist (z. B. wegen Dissenses).

§ 28   Die Eingriffskondiktion*

I. Begriff

Die Leistungskondiktion macht eine durch Leistung bewirkte Vermögensver-   703
schiebung rückgängig. Den Gegensatz dazu bilden die **Nichtleistungskondik-tionen,** § 812 I 1 Fall 2. Ihr wichtigster Unterfall ist nach der jetzt allgemein akzeptierten Terminologie die Eingriffskondiktion. Hier hat sich der Bereicherte etwas durch eigene Handlung (den »Eingriff«) selbst verschafft. Kondizierbar ist das durch den Eingriff Erlangte, wenn es nach der Rechtsordnung einem anderen gebührt.

---

* Dazu *Hüffer,* Die Eingriffskondiktion, JuS 1981, 263 ff.; *Schlechtriem,* Güterschutz durch Eingriffskondiktionen, in: Ungerechtfertigte Bereicherung, Symposion für König (1984) 57 ff.; *Reuter-Martinek,* Ungerechtfertigte Bereicherung (1983) 232 ff.

II. Eingriffsobjekt und Eingriff

Eingriffsobjekt und Eingriffstatbestand bedürfen näherer Bestimmung.

1. Kriterien

704 Dazu sind im wesentlichen *drei Wege* eingeschlagen worden:

a) Der erste Weg stellt ab auf die **Rechtswidrigkeit.** So hatte schon *Fritz Schulz,* der »Entdecker« der Eingriffskondiktion, den kondiktionsauslösenden Eingriff durch seine Rechtswidrigkeit charakterisieren wollen (AcP 105, 1909, 1 ff.). Eine Variante dieser Ansicht ist die Meinung von *H. H. Jakobs* (Eingriffserwerb und Vermögensverschiebung, 1963): Er stellt ab auf die Rechtswidrigkeit der Verwendung fremden Guts.

705 **b)** In jüngerer Zeit haben sich um eine Präzisierung der Eingriffskondiktion vor allem bemüht *Kellmann,* Grundsätze der Gewinnhaftung, 1969 und *Kleinheyer,* JZ 1970, 471 ff.: Sie bezeichnen als Tatbestand der Eingriffskondiktion die »Ausnützung eines fremden, gegenständlich identifizierbaren Rechtsobjekts« (*Kellmann* S. 84; 110 ff.) oder die »Inanspruchnahme eines dem Gläubiger vorbehaltenen Rechtsguts« (*Kleinheyer,* JZ 1970, 474 ff., zustimmend *Koppensteiner[-Kramer]* S. 95).

706 **c)** Eine letzte Ansicht bestimmt den kondiktionsauslösenden Eingriff durch seinen Widerspruch zur rechtlichen Güterzuordnung; Eingriffsobjekt ist hier der **Zuweisungsgehalt fremden Rechts.**[1]

2. Die sachlichen Unterschiede

707 Diese auf den Zuweisungsgehalt abstellende Ansicht unterscheidet sich von den anderen beiden Meinungen wie folgt:

a) **Enger** ist sie insofern, als sie nicht jeden rechtswidrigen Eingriff und jede Inanspruchnahme eines fremden Rechtsguts betrifft.

Bsp.: A, der Hausarzt der berühmten Schauspielerin S, berichtet in seinen Memoiren über die Krankheiten seiner Patientin. Das ist sicher ein rechtswidriger Eingriff in die

---

1 So schon *Wilburg,* Die Lehre von der ungerechtfertigten Bereicherung nach österr. und dt. Recht (1934), aus neuerer Zeit ähnlich *von Caemmerer,* Festschr. Rabel I (1954) 352/396 ff. = Ges. Schriften I 228/272 ff.; *Esser-Weyers* § 50 I 1; *Larenz* II § 68 II S. 532 f. und jetzt auch *BGHZ 82,* 299/306, ebenso wohl *Schlechtriem,* SBT Rdnr. 664 ff. Ausführlich *Reuter-Martinek* aaO. 248 ff.

Intimsphäre der S und die Inanspruchnahme eines Rechtsguts der S. Die hierauf abstellenden Ansichten müßten also zu einer Eingriffskondiktion S—A kommen. Dagegen muß die Lehre vom Zuweisungsgehalt zunächst fragen, ob der hier verletzte Teil der Intimsphäre einen vermögensrechtlichen Zuweisungsgehalt hat. Das ist zweifelhaft und eher zu verneinen.

Oder *BGH* NJW 1964, 1853: Der Mieter M hat ohne Erlaubnis seines Vermieters V untervermietet. Die Überlassung des Mietbesitzes an den Untermieter ist hier nicht nur vertragswidrig, sondern auch rechtswidrig: V kann sich hiergegen auch im Verhältnis zum Untermieter wehren (§ 986 I 2). Trotzdem erlangt V nach Ansicht des BGH (vgl. *Söllner,* JuS 1967, 449 ff. und unten Rdnr. 719) keine Eingriffskondiktion: Die Nutzung der Mietwohnung durch Untervermietung war dem V nicht zugewiesen; der Untermietzins »gebührte« ihm nicht. Vgl. auch unten Rdnr. 833 zu der schadensersatzrechtlichen Seite des Falles.

b) Andererseits kann die Lehre vom Zuweisungsgehalt aber auch **weiter** sein 708 als die auf die Rechtswidrigkeit abstellende Ansicht. Denn vereinzelt kommen als Eingriffe in den Zuweisungsgehalt auch **rechtmäßige Eingriffe** in Betracht. Freilich sind solche Fälle recht selten. Denn wo ein Eingriff durch Rechtsgeschäft oder Gesetz erlaubt ist, wird mit der Erlaubnis meist die Zuweisung bestimmt. Zudem kann die rechtsgeschäftliche Erlaubnis eine Leistung darstellen, so daß dann für die Rückabwicklung die Leistungskondiktion zuständig ist. Das gilt etwa, wenn E sein Grundstück unwirksam an P verpachtet hat: P muß die gezogenen Nutzungen auf die Leistungskondiktion des E hin erstatten. Und wo das Gesetz einen Eingriff erlaubt, sorgt es oft schon selbst für den gewünschten Ausgleich (etwa §§ 904 S. 2, 906 II 2).

Vielfach passen denn auch die Fälle nicht, die als Beispiele für eine Eingriffskondiktion aus rechtmäßigem Eingriff genannt werden.

(1) Der Hausmeister H, der die Zentralheizung eines Miethauses mit den vom Vermieter V angeschafften Kohlen befeuern soll, verwendet versehentlich eigene Kohlen. Vgl. etwa *von Caemmerer* aaO. 352; *Kleinheyer,* JZ 1970, 472.

(2) Bereicherung durch einen Naturvorgang (*Fikentscher* § 99 IV 2 d δ): Die Kühe des E grasen die Wiese des N ab.

Allerdings fehlt bei (1) die Rechtswidrigkeit, weil H mit seiner Kohle nach Belieben verfahren konnte. Trotzdem paßt der Fall nicht zur Eingriffskondiktion: Es war ja nicht V, der die Kohle verheizt und sie sich so nutzbar gemacht hat. Vielmehr kann man den Verbrauch eher als Verwendung des H auf das Mietshaus ansehen, so daß die Verwendungskondiktion gegeben ist (unten Rdnr. 898). Und bei (2) liegt immerhin Rechtswidrigkeit im Sinne des Erfolgsunrechts vor: Sie zeigt sich daran, daß N von E aus §§ 862, 1004 die Entfernung der eingedrungenen Kühe verlangen konnte.

3. Lösungsvorschlag

709   Meine eigene Ansicht ergibt sich aus folgendem:

a) Einerseits halte ich die Polemik für unrichtig, die *Kellmann* und *Kleinheyer* gegen den Begriff »Zuweisungsgehalt« gerichtet haben: *Kellmann* aaO. 90 ff. irrt, wenn er bei den absoluten Rechten die Ausschließungsfunktion in den Vordergrund stellt und die **Nutzungsfunktion** nur als Reflex wertet (dagegen auch *Kleinheyer*, NJW 1971, 650): Daß ich eine mir gehörende Semmel essen darf, ist eher die Hauptsache als ein Reflex aus den mir zustehenden Ansprüchen nach §§ 985, 1004 (vgl. § 903). Und *Kleinheyer* (JZ 1970, 473) hat Unrecht mit seiner Behauptung, der »Zuweisungsgehalt« erlaube die Begründung jedes gewünschten Ergebnisses, das Gesetz gebe über die Zuweisung von Erträgen oder Befugnissen nur »in den seltensten Fällen Auskunft«. Denn damit unterschätzt *Kleinheyer* die **Modellfunktion der Eigentumsregelung** im BGB: Die dort insbesondere durch §§ 903, 987 ff. erteilten Zuweisungen lassen sich vielfach auf andere Rechte übertragen.

Zuzugeben ist freilich, daß das Abstellen auf den Zuweisungsgehalt bei so unbestimmten Rechtspositionen wie dem Gewerbebetrieb oder dem allgemeinen Persönlichkeitsrecht **nicht formelhaft** ein bestimmtes Ergebnis liefern kann. Aber das ist nicht anders, wenn man mit *Kellmann* einen Eingriff in ein »gegenständlich identifizierbares Rechtsobjekt« fordert: Trifft das für Gewerbebetrieb und Persönlichkeitsrecht zu? Dagegen verlangt *Kleinheyer* einfach ein »Rechtsgut«, und das liegt in beiden Fällen gewiß vor. Aber gerade daß *Kleinheyer* hier so ohne weiteres zur Bejahung einer Eingriffskondition gelangt, macht bedenklich: Was deliktischen Schutz erhält, muß nicht stets auch kondiktionsrechtlich geschützt sein.

710   **b)** Damit ist zugleich gesagt, daß nach meiner Ansicht **Rechtswidrigkeit nicht** für den kondiktionsauslösenden Eingriff **genügen darf.** Denn sie bedeutet nur Verbotensein des Eingriffs oder des durch ihn geschaffenen Zustandes. Hieraus folgt aber noch nicht, daß der vom Verletzer gezogene Vorteil gerade dem Verletzten gebührte. Das zeigt sich besonders deutlich beim Besitz: Seine Verletzung ist nach § 858 auch dann rechtswidrig, wenn dem Besitzer (etwa wegen seiner Unredlichkeit) keinerlei Nutzungen gebühren.

Ein solcher Zuweisungsgehalt wird weiter verneint für die nur durch Schutzgesetz gesicherten Positionen und für das sogenannte Recht am eingerichteten und ausgeübten Gewerbebetrieb. Zweifelhaft ist der Zuweisungsgehalt für das allgemeine Persönlichkeitsrecht sowie für das Warenzeichen (für dieses bejahend *BGHZ 99, 244 ff.*). Dagegen haben Patent und Gebrauchsmuster sicher einen Zuweisungsgehalt. Vgl. im einzelnen etwa *Reuter-Martinek* aaO. 249 ff.; MünchKomm-*Lieb* § 812 Rdnr. 211 ff. (mit etwas anderem Ansatz); *Fikentscher* § 99 IV 1, 2 a aa; *Koppensteiner(-Kramer)* 91 ff.; *Schlechtriem*, SBT Rdnr. 664 ff., speziell zum Gebrauchsmuster *BGHZ 68, 90 ff.* mit Anm. *Bälz* in JZ 1977, 519 ff.; zum Persönlichkeitsrecht *Schlechtriem,* Festschr. Hefermehl (1976) 445 ff. Für die Verwendung eines fremden Namens in der Werbung bejaht eine Eingriffskondiktion aber *BGHZ 81, 75 ff.* (»Carrera«).

c) Endlich trete ich der auf den Zuweisungsgehalt abstellenden Ansicht auch **711** darin bei, daß es der **Rechtswidrigkeit** für die Eingriffskondiktion **nicht bedarf.** Rechtmäßige kondiktionsauslösende Eingriffe sind allerdings selten (vgl. oben Rdnr. 708), kommen aber doch vor. Hierhin gehört etwa § 816 II: Wer als Zedent die Leistung des Schuldners noch annimmt und damit nach § 407 dem Zessionar die Forderung entzieht, handelt nicht notwendig rechtswidrig (vgl. oben Rdnr. 610). Hier stützt sich die Eingriffskondiktion also schon auf die Verletzung des relativen Rechts.

d) **Insgesamt** halte ich demnach die auf den Zuweisungsgehalt abstellende **712** Ansicht (oben Rdnr. 706) für den besten Ausgangspunkt: Diese läßt insbesondere genügend Raum dafür, das Bereicherungsrecht sachgerecht vom Deliktsrecht zu unterscheiden. Freilich wird diese Aufgabe nicht schon durch die Bezugnahme auf den »Zuweisungsgehalt« gelöst. Vielmehr muß diese Formel erst mit Inhalt gefüllt werden, wofür bei vermögensrechtlichen Positionen oft ein Blick auf die gesetzliche Regelung des Eigentums weiterhilft.

III. Die Parteien der Eingriffskondiktion

1. Der Gläubiger

Die Bestimmung des Gläubigers der Eingriffskondiktion bereitet keine **713** Schwierigkeiten: Es ist derjenige, »auf dessen Kosten« eingegriffen worden ist, weil ihm der durch den Eingriff erlangte Vorteil zugewiesen ist. Solche Zuweisungen ergeben sich nicht nur aus dem Sachenrecht, sondern auch aus dem Schuldrecht: Wenn etwa der Eigentümer seine Sache vermietet hat, erzeugt der Eingriff eines Dritten in ihren Gebrauch eine Eingriffskondiktion des Mieters.

2. Der Schuldner

Keine Schwierigkeiten bereitet auch die Bestimmung des Schuldners, wenn der **714** Eingriff nur durch eine Person erfolgt ist, die zugleich den Vorteil davon hat. Zweifel können dagegen auftauchen, wenn mehrere an einem Eingriff beteiligt sind.

a) Die unberechtigte Verfügung

Den wichtigsten Fall dieser Art regelt § 816: Kondiktionsschuldner ist nur der Verfügende (§ 816 I 1) oder der Leistungsempfänger (§ 816 II; zu § 816 I 2 vgl. oben Rdnr. 383).

Etwa bei § 816 I 1 greifen ja sowohl der Veräußerer wie der Erwerber in das Eigentum des Berechtigten ein, weil beide in der dinglichen Einigung zusammenwirken. Auch haben beide einen Vorteil: Der Veräußerer wird von der gegen ihn gerichteten Übereignungsforderung des Erwerbers frei, und der Erwerber erhält das Eigentum.

b) Unberechtigte Nutzungsüberlassung

715 Jedenfalls nicht direkt unter § 816 fällt dagegen die unberechtigte Überlassung zur Nutzung.

Bsp.: V hat erfahren, daß der Strandkorbvermieter E plötzlich erkrankt ist. V vermietet daher die Strandkörbe des E an gutgläubige Dritte (M). Den Erlös behält V für sich. Hier kommen auf den ersten Blick sowohl V wie auch M als Schuldner einer Eingriffskondiktion des E in Betracht.

aa) Manche (etwa *Larenz* II § 69 IV a S. 566) wollen hier § 816 entsprechend anwenden; dann wäre nur der »verfügende« V Schuldner der Eingriffskondiktion. Demgegenüber soll sich die Kondiktion nach *Fikentscher* § 99 IV 2 *a* gegen V *und* M richten können; E soll als Schuldner denjenigen heraussuchen müssen, der bereichert ist.

Aber beide Ansichten haben Schwächen. Gegen die analoge Anwendung von § 816 spricht nämlich, daß dieser eine **wirksame Verfügung** verlangt, während E von M jederzeit hätte vindizieren können. Und gegen das Abstellen auf die Bereicherung spricht, daß diese gerade zweifelhaft ist: Wenn M den bereits an V gezahlten Mietzins nicht als Entreicherung abziehen kann (vgl. unten Rdnr. 725), sind jedenfalls beide bereichert.

716 bb) Nach meiner Ansicht ergibt sich die Lösung regelmäßig aus den §§ 987 ff.: Während der Besitzzeit des M bestand zwischen ihm und E eine Vindikationslage. Daher wird M als redlicher entgeltlicher Besitzer durch § 993 I am Ende gegen jeden Anspruch des E wegen der gezogenen Nutzungen geschützt. E kann sich daher allein an den unredlichen (mittelbaren) Besitzer V halten. Nur diese Lösung paßt auch zu § 541: M wird ja von der Pflicht zur Zahlung des Mietzinses an V nicht schon dadurch befreit, daß sich die dingliche Nichtberechtigung des V herausstellt. Befreiend wirkt vielmehr nur eine Eviktion des M durch E, die aber zugleich auch den Eingriff in das Eigentum des E beenden würde.

Die Schutzwirkung des § 993 I für M versagt wegen der §§ 990, 987 nur dann, wenn M unredlich (oder verklagt, § 989) gewesen wäre. Für diesen Fall paßt aber auch die analoge Anwendung von § 816 I 1 sicher nicht: Der Unredliche erwirbt ja bei § 816 kein Eigentum und ist daher gleichfalls nicht geschützt. Deshalb halte ich die Regelung durch die §§ 987 ff. regelmäßig für ausreichend; eine analoge Anwendung von § 816 auf die unberechtigte Vermietung oder Verpachtung ist unnötig.

Das bewährt sich auch bei **unentgeltlicher Nutzungsüberlassung:** Hätte V einen Strandkorb an M *verliehen,* so könnte E von M nach § 988 Nutzungsersatz verlangen. Die analoge Anwendung von § 816 I 2, die zu demselben Ergebnis führen würde, ist also wiederum überflüssig.

cc) Ein Bedürfnis nach analoger Anwendung des § 816 ist daher nur denkbar, **wo die §§ 987 ff. nicht gelten:** Wenn der Sachnutzer keinen Besitz erhalten hat, oder bei der Rechtspacht (§ 581 spricht im Gegensatz zu § 535 nicht von »Sache«, sondern von »Gegenstand«!). Hier dürfte die Analogie möglich sein, wenn die Nutzungsüberlassung dem Berechtigten gegenüber faktisch wirksam geworden ist.   717

c) Unberechtigter Sachverbrauch

Schwierig ist die Bestimmung des Kondiktionsschuldners endlich auch, wenn mehrere am unberechtigten Verbrauch einer Sache beteiligt sind.   718

Bsp.: Der Bauunternehmer U baut aufgrund eines Werkvertrages mit dem Besteller B in dessen Grundstück unberechtigt Material des E ein.

Als Schuldner für die Eingriffskondiktion des E kommen B (wegen seines Erwerbs nach §§ 94, 946) und U in Betracht. Hier beim Verbrauch helfen im Gegensatz zu dem Fall oben Rdnr. 715, wo es um die Nutzung ging, auch die §§ 987 ff. nicht weiter (vgl. oben Rdnr. 597). In solchen Fällen bestimmt die h. M. den Kondiktionsschuldner auch nicht mittels einer Analogie zu § 816. Vielmehr werden diese meist dem Problemkreis des Verhältnisses zwischen Leistung und Eingriff zugeordnet; vgl. unten Rdnr. 727 ff.

IV. Der Inhalt der Eingriffskondiktion

1. Die allgemeine Eingriffskondiktion

Was der Berechtigte mit der Eingriffskondiktion im einzelnen verlangen kann, ist umstritten.   719

RGZ 97, 310 ff.: E und N sind Grundstücksnachbarn. N hat das durch eine Dienstbarkeit gesicherte Recht, auf dem Grundstück des E ein Eisenbahngleis zu unterhalten und über dieses Güterwagen zu der auf seinem Grundstück betriebenen Fabrik fahren zu lassen. N kauft weiteres Gelände und vergrößert seine Fabrik; über das Grundstück des E läßt er jetzt Wagen auch auf das neugekaufte Land laufen.

Hier hat N seine durch die Dienstbarkeit festgelegte Berechtigung überschritten und so in das Eigentum des E eingegriffen. Ein Schadensersatzanspruch des E aus § 823 I mag allerdings am Fehlen des Verschuldens oder eines in Geld meßbaren Schadens scheitern. Wohl aber hat das RG eine Eingriffskondiktion E—N bejaht.

Diese Entscheidung ist nicht zweifelsfrei. Denn der Fall ähnelt dem von *BGH* NJW 1964, 1853 (unberechtigte Untervermietung durch den Mieter, vgl. oben Rdnr. 707): Auch in dem vom RG entschiedenen Fall hätte E selbst das Gleis ja nicht nutzen dürfen. Ein Unterschied besteht aber in folgendem: In dem Untervermietungsfall war der Mieter Besitzer, während in dem Dienstbarkeitsfall die Gleisanlage im Besitz des E stand. Ob dieser Unterschied entgegengesetzte Entscheidungen rechtfertigt, ist mir allerdings zweifelhaft.

Wenn man die Gewährung einer Eingriffskondiktion durch das RG akzeptiert, lassen sich für ihren Inhalt **drei Möglichkeiten** denken:

(1) N muß den **Mehrgewinn** herausgeben, den er durch die unberechtigte Mehrbenutzung der Gleisanlage erzielt hat.

(2) N schuldet, was er durch diese Mehrbenutzung **erspart** hat, also etwa die Mehrkosten, die bei der Beförderung durch Lastkraftwagen über öffentliche Straßen entstanden wären.

(3) N hat den **Wert** der Mehrbenutzung zu ersetzen. Dieser Wert besteht in dem Betrag, der für die Gestattung einer solchen Mehrbenutzung gewöhnlich verlangt und bezahlt wird.

Die wohl h. M. stellt mit Recht ab auf den **Wert des Erlangten** im Sinne der Lösung (3). Daher spielt es keine Rolle, ob die erweiterte Fabrik des N rentabel arbeitet (was nach Lösung (1) erheblich wäre) und ob durch den Bahntransport Kosten erspart worden sind (worauf Lösung (2) abzielt)[2].

2. Der Spezialfall § 816 I 1

720 Anders ist der Meinungsstand dagegen für den in § 816 I 1 geregelten Spezialfall der Eingriffskondiktion.

---

2 So etwa *RGZ 97, 312* und jetzt auch *BGHZ 82, 299/307 f.; 99, 244/248;* von Caemmerer aaO. 356 ff.; *Fikentscher* § 99 IV 1; *Larenz* II § 70 I am Ende und Festschr. von Caemmerer (1978) 209/218 ff.; *Schlechtriem,* SBT Rdnr. 715. Abweichend aber, nämlich regelmäßig für den Mehrgewinn, *Koppensteiner(-Kramer)* 161 ff. und die dort S. 162 Genannten; vgl. auch *Reuter-Martinek* aaO. 538 ff.

BGHZ 29, 157 ff.: A, ein Angestellter der Weberei E, entwendet dort Stoff und veräußert ihn an die Färberei F. Diese veräußert den Stoff nach Bearbeitung an den Händler H, der ihn an seine Kunden verkauft. E verlangt von H nach § 816 I 1 den Kaufpreis, den dieser von den Kunden erzielt hat.

Die Anwendbarkeit von § 816 I 1 auf die Veräußerungen durch H ergibt sich hier aus folgendem: Da A nur Besitzdiener des E war, hatte E den unmittelbaren Besitz an dem Stoff ohne seinen Willen verloren. Nach § 935 waren also zunächst alle Veräußerungen des Stoffes unwirksam. Auch ein Eigentumserwerb der Färberei nach § 950 lag wegen des verhältnismäßig geringen Wertes der Färbung nicht vor. E konnte daher nach seiner Wahl eine der Veräußerungen durch Genehmigung wirksam machen (§ 185) und so das Erfordernis einer wirksamen Veräußerung in § 816 I 1 herbeiführen (vgl. oben Rdnr. 598).

Für den Inhalt des Anspruchs E—H aus § 816 I 1 werden mehrere Ansichten vertreten.

a) Der Verfügungserlös

Der BGH aaO. hat, einer ständigen Rspr. folgend, als Inhalt des Anspruchs den **721** Kaufpreis bezeichnet, den H von seinen Kunden erhalten hat. Dabei sollen zwei Umstände grundsätzlich keine Rolle spielen: nämlich erstens, daß E ja ungefärbten (also weniger wertvollen) Stoff verloren hat, und zweitens, daß die von H erzielten Erlöse möglicherweise über dem Wert des (gefärbten) Stoffes lagen. Nur für nicht näher bezeichnete Härtefälle hat der BGH (S. 161) angedeutet, seine Lösung könne über § 242 korrigiert werden.

Ebenso *Esser-Weyers* § 50 II 2c mit folgender Einschränkung: Hätte der Verfügende den Gewinn auf jeden Fall gemacht (etwa weil er bei Kenntnis der wahren Lage eigene Sachen veräußert hätte), so sei er nur um die *Ersparnis* bereichert. Er brauche daher auch nur die ersparten eigenen Sachen zu übereignen.

b) Der Wert

Demgegenüber lassen manche in der Literatur bei § 816 I 1 ebenso wie bei der **722** allgemeinen Eingriffskondiktion den Wert maßgeblich sein (vgl. etwa *Larenz* II § 69 IV a S. 565 mit Angaben, wohl auch *Schlechtriem*, SBT Rdnr. 720). Dabei bleibt aber vielfach offen, welcher Wert gemeint ist: der des gefärbten oder der des ungefärbten Stoffes.

Wenn der Verkaufserlös den Wert unterschreitet, will allerdings auch diese Ansicht nur auf den Verkaufserlös haften lassen. Für den redlichen Veräußerer ergibt sich das aus § 818 III.

c) Kritik und Lösungsvorschlag

723 Zu diesem Meinungsstreit ist kritisch zu sagen:

Die Rspr. stützt ihre Ansicht vor allem auf den Wortlaut des § 816 I 1 (»das durch die Verfügung Erlangte«). Auch die Literatur sieht hierin vielfach ein — sie allerdings nicht überzeugendes — Argument für die Ansicht der Rspr. Damit wird aber dem Gesetzgeber eine Ungenauigkeit unterstellt: Weder die von dem Veräußerer zunächst erlangte Kaufpreisforderung noch der schließlich erlangte Kaufpreis stammen ja wirklich aus der Verfügung über fremdes Gut. Vielmehr ist die Kaufpreisforderung durch den Abschluß des Kaufvertrages und der Kaufpreis durch eine Leistung des Erwerbers erlangt worden.

Demgegenüber kann man das Gesetz aber auch ganz wörtlich nehmen: Der Veräußerer **erlangt** durch seine wirksame Verfügung die **Befreiung von der gegen ihn gerichteten Forderung,** die dem Erwerber aus dem Grundgeschäft (z.B. Kauf) zusteht. Diese Befreiung selbst kann nicht herausgegeben werden. Also muß der Veräußerer nach § 818 II ihren Wert ersetzen. Und dieser bestimmt sich nach dem Wert des Gegenstandes, auf dessen Leistung die Forderung gerichtet war; das Ergebnis entspricht also der Ansicht oben Rdnr. 722.

Die hier gegebene Begründung hat außer dem Vorzug der Gesetzestreue noch einen weiteren Vorteil: Sie läßt § 816 I 1 nicht als Durchbrechung der Regel vom Vorrang der Leistung gegenüber der Eingriffskondiktion erscheinen (vgl. unten Rdnr. 728). Denn der Veräußerer hat zwar den Kaufpreis durch eine Leistung des Erwerbers erhalten, nicht aber auch die — herauszugebende — Befreiung von seiner Verbindlichkeit: Diese Befreiung stammt vielmehr aus dem in der unberechtigten Verfügung liegenden Eingriff.

Die hier vorgetragene Betrachtungsweise bietet freilich allein noch keine Gewähr dafür, daß die Lösung auch wertungsmäßig richtig ist. Doch ergibt sich das m.E. aus folgendem: Die beiden Ansichten oben Rdnr. 721 und 722 unterscheiden sich, wenn eine **Sache über ihrem Wert veräußert** wird. Solche Mehrerlöse werden aber nicht einfach »aus der Sache« erlangt. Vielmehr beruhen sie regelmäßig auf der persönlichen Geschäftstüchtigkeit des Veräußerers. Diese über die Eingriffskondiktion ohne weiteres dem Berechtigten zukommen zu lassen, ist daher nicht gerechtfertigt (so auch *Larenz* aaO.). *Esser-Weyers* § 50 II 2 c betonen zwar, gerade auch die Gewinnerzielung gebühre nur dem Rechtsinhaber. Aber damit wird zu einseitig auf die Rechtsinhaberschaft abgestellt und der eigene Beitrag des Veräußerers vernachlässigt. — Einwände gegen die hier vertretene Ansicht sind deshalb m.E. nur aus dem systematischen Zusammenhang des § 816 I 1 möglich: Der folgende S. 2 geht wohl davon aus, daß der unentgeltliche Veräußerer nichts erlangt, obwohl auch er von einer Verpflichtung befreit worden sein kann, nämlich wenn er die Schenkung zunächst wirksam versprochen hatte.

d) Sachverbesserungen

Für den Fall von *BGHZ 29, 157ff.* (vgl. oben Rdnr. 720) folgt aus der hier ver- 724
tretenen Ansicht: Da die Verfügung des H durch die Genehmigung des E wirksam geworden ist, hat H Befreiung von den auf Eigentumsverschaffung gerichteten Forderungen seiner Abkäufer erlangt. Gegenstand dieser Forderungen
war der *gefärbte* Stoff. Daher muß H dem E den Wert des *gefärbten* Stoffes ersetzen. Wenn H den Stoff über seinem Wert verkauft hat, kann er den erzielten
Mehrerlös bereicherungsrechtlich behalten.

Damit bekommt E auch den Betrag, um den F den Wert des Stoffes durch die
Färbung erhöht hat. Aber das wird dadurch korrigiert, daß dem F insoweit eine
Verwendungskondiktion gegen E zusteht: Die Färbung hat sich ja als eine Verwendung auf eine fremde Sache herausgestellt. Das hat sich auch durch die von
E ausgesprochene Genehmigung nicht geändert, weil diese nur auf die genehmigten Verfügungen des H zurückwirkt (§ 184). Daher besteht kein Anlaß,
dem H in Analogie zu den §§ 996, 999 I ein Abzugsrecht gegenüber der Eingriffskondiktion des E zu gewähren.

e) Abzug des gezahlten Preises?

Es bleibt noch die Frage, ob H den an seinen Vormann F gezahlten Erwerbs- 725
preis für den Stoff abziehen darf. Eine ständige Rspr. (etwa *BGHZ 14, 7ff.*) verneint das. Sie stützt sich dabei einmal auf ein nicht tragfähiges Kausalitätsargu-
ment: Die Zahlung des Erwerbspreises sei keine Folge der Bereicherung, sondern ihre Ursache. Zweitens aber wird folgender Gesichtspunkt angeführt: Vor
der Weiterveräußerung durch H habe E den Stoff von diesem vindizieren können. Der Vindikation gegenüber sei eine Berufung auf den an F gezahlten Preis
ausgeschlossen gewesen, weil dieser keine Verwendung auf den Stoff darstelle;
für die Eingriffskondiktion aus § 816 I 1, die an die Stelle der Vindikation getre-
ten sei, müsse dasselbe gelten (so etwa *BGHZ 55, 176/179f.*).

Auch dieses Argument ist nicht so sicher, wie es scheint: Die Eingriffskondiktion braucht keineswegs in jeder Hinsicht dieselben Eigenschaften zu haben
wie die Vindikation. Besser ist der in der Literatur (etwa *Esser-Weyers* § 51 II 1c;
Larenz II § 70 II) verwendete Hinweis auf die Ansprüche, die H aus §§ 440, 325
gegen seinen Vormann F hat: Dem H ist die Inanspruchnahme seines (ihm ja
bekannten) Vertragspartners eher zuzumuten als dem E die Suche nach
dem (ihm vielleicht unbekannten) Schädiger. Ganz überzeugt aber auch dieses
Argument vor allem dann nicht, wenn E den Verlust seines Eigentums durch
Genehmigung selbst herbeigeführt hat[3]. Eine neue Argumentation fin-

---

3 Vgl. etwa *Strutz*, NJW 1968, 141 ff.; *Schnitzler*, JZ 1972, 270 ff.

det sich bei *Rengier,* AcP 177 (1977) 418/434 f.: Zwar habe H den Erwerbspreis im Vertrauen darauf bezahlt, den Stoff behalten zu dürfen. Aber dieses Vertrauen habe F hervorgerufen und nicht der kondizierende E; dem E könne der Vertrauensschaden des H also nicht zugerechnet werden.

3. Zusammenfassung

726   Insgesamt ergibt sich damit für die Ansprüche aus dem Eingriff in fremdes Gut folgende Steigerung:

a) Aus der allgemeinen Eingriffskondiktion oder bei Verfügungen aus § 816 I 1 schuldet der Eingreifende **unabhängig von seinem Verschulden den Wert** (oben Rdnr. 719; 723). Soweit er weniger als den Wert erlangt hat, kommt Bereicherungswegfall nach § 818 III in Betracht. Hierfür muß der Eingreifende aber unverklagt gewesen sein (§ 818 IV) und darf die Unrechtmäßigkeit des Eingriffs nicht gekannt haben (§ 819 I).

b) **Bei Verschulden** kann der Eingreifende dem Berechtigten zusätzlich auf **Schadensersatz** aus § 823 I haften. Diese Haftung wird aber bei Vorliegen einer Vindikationslage vielfach durch die §§ 989, 990, 993 I eingeschränkt (Ausnahmen vor allem §§ 991 II und 992).

c) Einen den Sachwert und den Schaden übersteigenden **Mehrerlös** kann der Berechtigte nur nach §§ 687 II, 681, 667 herausverlangen (anders die Rspr.). Voraussetzung dafür ist, daß der Eingreifende den Mangel seiner Berechtigung zu dem Eingriff **kannte.**

Bei der Verletzung von **gewerblichen Schutzrechten und Urheberrechten** gewährte eine ständige Rspr. das Recht auf Gewinnherausgabe freilich auch im Rahmen des Schadensersatzanspruchs. § 97 I 2 UrheberRG hat das dann kodifiziert. Erklären kann man diese Irregularität nur damit, daß die reguläre Schadensberechnung gerade bei solchen Verletzungen besonders schwierig ist. Vgl. oben Rdnr. 418.

V. Leistung und Eingriff

727   Eine Bereicherung »durch Leistung« schließt eine Bereicherung »in sonstiger Weise« schon begrifflich aus. Denn »in sonstiger Weise« bedeutet eben »anders als durch Leistung«. Logisch zwingend folgt daraus der Vorrang der Leistung gegenüber den Nichtleistungskondiktionen aber nur **im Zweipersonenverhältnis:** Hier kann, was »durch Leistung« erlangt worden ist, nicht zugleich »in anderer Weise« erlangt worden sein. Dagegen können **im Dreipersonenverhältnis** eine Leistung (durch eine Person) und etwa ein Eingriff (in das

Recht einer anderen Person) durchaus zusammentreffen[4]. Aber auch hier kommt man durch das Weiterdenken gesetzlicher Wertungen (etwa des § 816 und der Vorschriften über den redlichen Erwerb von Nichtberechtigten) häufig zu einem **Vorrang der Leistung gegenüber den Nichtleistungskondiktionen.** Doch sind manche Einzelheiten zweifelhaft[5].

1. Vorrang nur für das durch Leistung Erlangte

Gewiß ist zunächst: Der Vorrang der Leistungskondiktion kann nur für das gelten, was gerade durch Leistung erlangt ist.

BGHZ 55, 176 ff.: D stiehlt beim Eigentümer E zwei Jungbullen und veräußert sie an F. Dieser verwertet sie gutgläubig in seiner Fleischwarenfabrik. E verlangt von F Wertersatz.

Hier hat F wegen § 935 von D durch Leistung nur den **Besitz** erlangt. Dagegen hat er sich das **Eigentum** nach § 950 selbst verschafft. Daher ist F der Eingriffskondiktion des E aus §§ 951, 812 ausgesetzt[6].

2. Die Fälle des § 816 I

Sicher umgekehrt zu entscheiden ist dagegen, wenn **durch die Leistung rechtsgeschäftlich Eigentum verschafft wird:** Dann hat der Verlierer des Eigentums gegen den Erwerber regelmäßig selbst dann keine Eingriffskondiktion, wenn Leistender ein Dritter ist. Denn gerade das ist ja der Fall des redlichen Erwerbs vom Nichtberechtigten. Und für ihn stellt § 816 I 1 klar, daß der Rechtsverlierer nur von dem (entgeltlichen) Veräußerer kondizieren kann (vgl. oben Rdnr. 714). Bloß bei unentgeltlicher Veräußerung richtet § 816 I 2 die Kondiktion gegen den Erwerber. 728

Ob dieser § 816 I 2 eine Ausnahme darstellt (so *Larenz* II § 69 IV b) oder die Regel ausdrückt, hängt davon ab, wie man den Vorrang der Leistungs- gegenüber der Eingriffskondiktion formuliert: Eine Ausnahme bildet § 816 I 2, wenn man sagt, ein Erwerb durch Leistung sei nur mit der Leistungskondiktion (also auch nur vom Leistenden) und nicht mit der Eingriffskondiktion (also auch nicht von Dritten) angreifbar. Dagegen wird § 816 I 2 zur Regel, wenn man

---

4 Ungenau noch die 9. Aufl., vgl. MünchKomm-*Lieb,* § 812 Rdnr. 22.
5 Vgl. etwa *H. P. Westermann,* JuS 1972, 18 ff.; *Reuter-Martinek* aaO. 399 ff.; *(Koppensteiner-)Kramer* 114 ff.; *Fiedler,* JR 1975, 314 ff.; zu § 951 auch *U. Huber,* JuS 1970, 342 ff.; 515 ff.
6 Mißverständlich *Ehmann,* NJW 1971, 612 ff., gegen ihn *Larenz* II § 68 III f.

sagt: Nur wer selbst etwas leistet, ist für die Rückforderung auf die Leistungskondiktion angewiesen; wer nicht geleistet hat (wie bei § 816 I der Berechtigte), kann dagegen die Nichtleistungskondiktion verwenden. Von diesen beiden Formulierungen stellt die erste *(Larenz)* auf den Empfänger und die zweite
(so zunächst *Esser,* zustimmend *Eike Schmidt,* AcP 175, 1975, 165/170) auf den
Verlierer ab.

Welche der beiden Formulierungen vorzuziehen ist, hat bei § 816 I keine
praktische Bedeutung: Die Frage, was Regel ist und was Ausnahme, bleibt angesichts der in § 816 I getroffenen Sachentscheidungen theoretisch.

3. Verallgemeinerung auf weitere Fallgruppen?

729 Die praktische Bedeutung zeigt sich aber sofort, wenn man den Anwendungsbereich von § 816 I verläßt.

> *BGHZ 56, 228/239 ff.* (vereinfacht): Der Baustoffhändler H liefert dem Bauunterneh-
> mer U Baumaterial unter EV. U baut das Material in das Grundstück des E ein, bevor er
> den Kaufpreis an H bezahlt hat.

Hier war U bei dem Einbau Nichteigentümer. Der Eigentumserwerb des E
nach §§ 946, 93, 94 beruht also zwar auf einer Leistung, nämlich auf dem Einbau
durch U, aber nicht auf einer Leistung des Rechtsverlierers H. Damit wird der
Unterschied in den Formulierungen für den Vorrang der Leistungskondiktion
bedeutsam: Nach *Larenz* ist die Eingriffskondiktion des H gegen E (§§ 951,
812) ausgeschlossen, weil E durch Leistung erworben hat; nach *Esser* ist sie
nicht ausgeschlossen, weil nicht H das Eigentum geleistet hat.

BGHZ 56, 228/240 f. hat (wie schon vorher *BGHZ 40, 272/279*) im Sinne
der Formulierung von *Larenz* entschieden, also die Klage des H gegen E abgewiesen. Ich halte die **Entscheidung des BGH für richtig,** wenn E das Baumate-
rial auch dann kondiktionsfrei erworben hätte, wenn es ihm vor dem Einbau
von U nach § 932 übereignet worden wäre[7] (vgl. oben Rdnr. 728; also im wesentlichen bei gutem Glauben des E und wenn das Material nicht abhandenge-
kommen ist). Ob eine solche Übereignung wirklich vorangeht oder nicht, darf
keinen Unterschied machen.

---

7 Im Ergebnis ebenso etwa *Baur* § 53 c II 2 a; *von Caemmerer,* Festschr. Rabel I 372 f. =
   Ges. Schriften I 249; *Schlechtriem,* SBT Rdnr. 693, dagegen aber etwa *U. Huber,* JuS
   1970, 342/346; *H. H. Jakobs,* JuS 1973, 152 ff. Etwas anders auch *Reuter-Martinek*
   aaO. 405, doch vgl. *W. Lorenz,* JZ 1984, 615.

4. Den Erwerberschutz ausschließende Wertungen

Daraus folgt zugleich die Entscheidung für den Fall, daß abhandengekomme- 730
nes Material aufgrund eines Vertrages eingebaut wird: Wäre es zunächst (wegen §935 wirkungslos) übereignet und dann vom Grundstückseigentümer
selbst eingebaut worden, so wäre dieser der Eingriffskondiktion des Alteigentümers ausgesetzt (oben Rdnr.727). Man wird kaum anders entscheiden können, wenn der Einbau gleich durch den Lieferanten erfolgt[8].

Beim Einbau durch den Lieferanten wird man sagen müssen, das Material sei
(anders als das durch eigene Verarbeitung erworbene Fleisch von *BGHZ 55,
176*, vgl. oben Rdnr. 727) durch dessen Leistung erlangt worden. Insofern bedarf also die Formulierung einer Korrektur, wer etwas durch Leistung erlangt
habe, sei insoweit keiner Eingriffskondiktion ausgesetzt. Daß in abgelegeneren
Fällen auch noch weitere Korrekturen nötig sind, macht *H. P. Westermann*, JuS
1972, 18 ff. wahrscheinlich (zustimmend *[Koppensteiner-]Kramer* 119 f.). Die erwähnte Formulierung ist also bloß eine **Faustregel**; sie steht unter dem Vorbehalt, daß nicht besondere Gründe zu einem abweichenden Ergebnis führen[9].
Aber mit dieser Maßgabe gilt: **Wer etwas durch Leistung erhalten hat,
braucht darüber nur mit der Leistungskondiktion abzurechnen.**

5. Insbesondere Fehler bei der Zwangsvollstreckung

Zur Problematik des Verhältnisses zwischen Leistungskondiktion und Nicht- 730a
leistungskondiktion gehört wohl auch der Fall von

BGHZ 68, 276 ff.: E erwirbt in der Zwangsversteigerung ein Grundstück des S. Wegen
eines Irrtums des Vollstreckungsgerichts des Landes L erhält der letztrangige Gläubiger
H 9000 DM mehr ausbezahlt als ihm aus der Teilungsmasse gebührte; dagegen muß E
über sein Gebot hinaus diesen Betrag an den vorrangigen Gläubiger G nachzahlen. E verlangt diesen Schaden wegen Amtspflichtverletzung von L ersetzt. L verweist demgegenüber auf §839 I 2: E habe einen Bereicherungsanspruch gegen H.

Der BGH hat einen solchen Anspruch verneint (und also die Klage E—L für
begründet gehalten): Eine Leistungskondiktion E—H scheide aus, weil E nicht
an H geleistet habe (sondern an S). Und eine Eingriffskondiktion E—H lehnt
der BGH mit dem Argument ab, es fehle hier an der »Unmittelbarkeit der Vermögensverschiebung«: H sei nicht aus dem Vermögen des E befriedigt worden,
sondern aus dem des S.

---

8 Ebenso *Westermann* § 54, 3; *von Caemmerer* aaO.; *Larenz* II § 68 III a; *Schlechtriem*,
   aaO., anders jetzt aber *Kellmann*, JR 1988, 97/100 Fn. 13.
9 Noch vorsichtiger *Esser-Weyers* § 50 IV: »grobe empirische Faustregel«; eine ausnahmslos geltende Regel bejahen dagegen *Reuter-Martinek* aaO. 406.

Im Ergebnis ist das gewiß richtig, doch dürfte bei der Begründung ohne die unklare »Unmittelbarkeit« auszukommen sein (vgl. zum Tatbestandsmerkmal »auf Kosten« bei der Nichtleistungskondiktion *Larenz* II § 68 pr.): Weil H die 9000 DM im Rechtssinn durch Leistung des S erhalten hat, braucht er bei Nichtvorliegen einer Ausnahme darüber nur mit S im Wege der Leistungskondiktion abzurechnen (vgl. oben Rdnr. 728).

VI. Abschnitt   Einwendungen

§ 29   Übersicht

I. Einwendung und Einrede

1. Die Einrede im Prozeßrecht

In der ZPO heißt »Einrede« jede Tatsachenbehauptung des Beklagten, mit der   731
dieser sich anders als durch Bestreiten der klagebegründenden Behauptungen
des Klägers verteidigt: Er macht eine **Gegennorm** geltend. Diese kann dem materiellen Recht oder dem Prozeßrecht angehören.

2. Die Terminologie im materiellen Recht

Im materiellen Recht heißen diejenigen Einreden im Sinne des Prozeßrechts,   732
mit denen Gegennormen aus dem materiellen Recht geltend gemacht werden,
Einwendungen. Man teilt sie nach der Wirkung (vgl. oben Rdnr. 16) ein in
rechtshindernde (ein Anspruch entsteht nicht), **rechtsvernichtende** (ein entstandener Anspruch geht wieder unter) und **rechtshemmende** (der entstandene Anspruch bleibt zwar bestehen, wird aber in seiner Durchsetzung ge-
hemmt).

Dabei heißen die rechtshemmenden Einwendungen in der materiellrechtlichen Terminologie **Einreden.** Nach h. M. soll wenigstens ein Teil ihrer Wirkungen davon abhängen, daß der Schuldner sich auf sie beruft. Viele lassen es genügen, daß diese Geltendmachung außerhalb des Prozesses erfolgt. Doch ist eine
solche außerprozessuale Willensäußerung wohl nur ein Indiz für den maßgeblichen Willen im Prozeß selbst; jedenfalls kann der Beklagte sich im Prozeß noch
anders entscheiden und auf die Einrede verzichten (*Larenz,* AT § 14 II).

Die praktische Bedeutung dieses Erfordernisses der Berufung auf die Einrede ist gering (am ehesten noch wirkt es im Versäumnisverfahren, vgl. oben Rdnr. 219–221 zu
§§ 273, 320). Zudem müssen auch manche anderen Gegenrechte, die nicht Einrede im
technischen Sinn sind, erst durch Gestaltungsakt ausgeübt werden (z. B. Anfechtung,
Aufrechnung). Daher hat *P. Schlosser,* JuS 1966, 257/264 ff. die Sonderstellung der Einreden in Zweifel gezogen, teils mit guten Gründen (vgl. *Medicus,* AT Rdnr. 96 ff.).

3. Die Wirkungsdauer materiellrechtlicher Einreden

733   Endlich kann man die Einreden des materiellen Rechts noch unterscheiden
nach der Dauer ihrer Wirkung. So hemmen manche Einreden den betroffenen
Anspruch **dauernd** (sie sind peremptorisch, z. B. §§ 222, 478). Bei anderen ist
die Hemmung dagegen nur **vorübergehend** (sie sind dilatorisch, z. B. Stundung, §§ 273, 320). Innerhalb der dauernden Einreden unterscheidet § 813 I
weiter danach, ob die in Unkenntnis der Einrede erbrachte Leistung mit der
Leistungskondiktion zurückgefordert werden kann. Außerdem gibt es noch
andere Verschiedenheiten (vgl. *Jahr*, JuS 1964, 125/127).

II. Funktion einer Einteilung der Einwendungen

734   1. Die oben Rdnr. 732 genannte Einteilung der materiellrechtlichen Einwendungen in rechtshindernde, rechtsvernichtende und rechtshemmende hat für
den Anspruchsaufbau **nur geringen Wert.** Denn die rechtshindernden Einwendungen haben in diesem Aufbau ohnehin keinen eigenen Platz: Sie werden
beim Anspruchsgrund neben dessen positiven Voraussetzungen geprüft (vgl.
oben Rdnr. 16). So ist etwa für Vertragsansprüche im Rahmen des Vertragsschlusses außer dem Konsens auch die nötige Geschäftsfähigkeit festzustellen.
Die Abgrenzung zwischen den Anspruchsvoraussetzungen und den rechtshindernden Einwendungen hängt mit der prozessualen Darlegungslast zusammen; bei unstreitigen Sachverhalten spielt sie daher keine Rolle.

Aber auch der Unterschied zwischen rechtsvernichtenden und rechtshemmenden Einwendungen wiegt gering. Zu dem Erfordernis der Berufung auf die
Einrede vgl. schon oben Rdnr. 732; auch kann die Wirkung einer (bloß rechtshemmenden) Einrede so weit reichen, daß von den Anspruchswirkungen fast
nichts mehr übrig bleibt: Der Übergang zur (rechtsvernichtenden) Einwendung wird damit fließend.

735   2. **Beim Anspruchsaufbau** werden an erster Stelle die anspruchsbegründenden Normen mit den dazugehörenden Hilfsnormen erörtert. Von da her
gelangt man an zweiter Stelle zu der Frage, ob der entstandene Anspruch wieder erloschen ist oder der Durchsetzbarkeit ermangelt, also zu den rechtsvernichtenden und rechtshemmenden Einwendungen. Eine Einteilung der Einwendungen, die das Auffinden der Einwendungsnormen erleichtern soll, muß
folglich den **Zusammenhang mit den Ansprüchen**, um deren Vernichtung
oder Hemmung es geht, beachten. Dabei werden freilich im folgenden nur die
wichtigsten Einwendungen erwähnt.

III. Einteilung von den Ansprüchen her

1. Einwendungen gegen alle Ansprüche

Manche Einwendungen kommen als Gegenrecht gegenüber Ansprüchen aller 736
Art in Betracht; sie sind also stets zu bedenken.

a) Das gilt etwa für die **Erfüllung und ihre Surrogate**; vgl. dazu unten
Rdnr. 750 ff.

b) Gegen Ansprüche aller Art eignet sich auch das **Zurückbehaltungsrecht** 737
nach §§ 273, 274. Freilich müssen die Ansprüche hier aus »demselben rechtlichen Verhältnis« stammen (Konnexität). Dafür genügt sicher ein nichtiger Vertragsschluß (vgl. oben Rdnr. 225). Die Rspr. läßt aber darüber hinaus schon einen wirtschaftlichen Zusammenhang ausreichen: § 273 soll überall gelten, wo
es treuwidrig wäre, den einen Anspruch ohne Berücksichtigung des Gegenan-
spruchs geltend zu machen. Dieser Zusammenhang kann bei dauernder Geschäftsverbindung sogar zwischen Ansprüchen aus verschiedenen Verträgen
bestehen. Ausgeschlossen ist § 273 allerdings, wo Aufrechnung möglich wäre,
also bei gleichartigen Leistungen: Hier wäre eine Verurteilung zur Leistung
Zug um Zug (§ 274 I) sinnlos.

c) Endlich stehen alle Ansprüche als Zweipersonenverhältnis unter dem Ge- 738
bot von **Treu und Glauben**. Daher kommt § 242 mit seinen konkreten Ausprä-
gungen (wie z. B. Verwirkung) stets in Betracht.

2. Einwendungen gegen fast alle Ansprüche

Andere Einwendungen können sich gegen fast alle Ansprüche richten. Sie sind 739
daher von der Anspruchsnorm her nur selten auszuschließen.

a) Fast alle Ansprüche können **abgetreten** (§§ 398 ff.) oder **befreiend übernommen** (§§ 414 ff.) werden. Damit endet das Recht des alten Gläubigers oder
die Verpflichtung des alten Schuldners. Gleiche Wirkung wie die rechtsgeschäftliche hat auch die Legalzession (§ 412).

Zu denken ist hier insbesondere an **§ 116 SGB X** (früher § 1542 RVO): Er
verhindert sogar, daß der Verletzte überhaupt Gläubiger des von der Zession
erfaßten Ersatzanspruchs wird. Denn die Vorschrift erfordert für den Rückgriff nicht — wie die anderen Legalzessionsnormen — die eigene Leistung des
Rückgriffsgläubigers, nämlich des Sozialversicherungsträgers, sondern läßt
schon seine Leistungs*verpflichtung* genügen. Daher kommt es auch für den
Verjährungsbeginn nach § 852 I nicht auf die Kenntnis des Verletzten von Tat

und Täter an: *BGHZ 48, 181 ff.* Entscheidend ist vielmehr die Kenntnis des »neuen« Gläubigers, also des Sozialversicherungsträgers.

740   **b)** Fast alle Ansprüche können auch verjähren, freilich mit sehr verschiedenen Fristen. Unverjährbarkeit folgt vor allem aus §§ 194 II, 898, 902, 924.

741   **c)** Die meisten Ansprüche können auch **rechtsgrundlos oder durch unerlaubte Handlung erworben** werden, so daß ihnen die §§ 821, 853 entgegenstehen.

742   **d)** Endlich kommt bei vielen Ansprüchen (Ausnahme vor allem: Ansprüche auf Geldzahlung) Beendigung durch **Unmöglichkeit** (§ 275) in Betracht.

3. Einwendungen gegen Vertragsansprüche

743   Eine besonders wichtige Gruppe von Einwendungen richtet sich gegen vertragliche Ansprüche.

a) Das gilt zunächst für die **Anfechtung,** §§ 119—124, 142—144; vgl. oben Rdnr. 132 ff.; 135 ff.; 149 f. Hier wird der Vertrag mit allen aus ihm hervorgegangenen Ansprüchen rückwirkend beendet; die Rückabwicklung erfolgt nach Bereicherungsrecht (vgl. oben Rdnr. 660). Der Anfechtung ähnelt der dem Abzahlungskäufer durch § 1 b AbzG und dem »Haustürkäufer« durch § 1 HausTWG eingeräumte **Widerruf** binnen einer Woche seit der Belehrung über das Recht oder der vollständigen Vertragserfüllung.

744   **b)** Gleichfalls gegen Vertragsansprüche wirkt der **Rücktritt** mit seiner Sonderform bei Kauf und Werkvertrag, nämlich der **Wandlung** (§§ 462, 467, 634 IV). Hier wird der auf Erfüllung gerichtete Vertrag in ein Rückgewährschuldverhältnis verwandelt, und zwar auch so weit schon erfüllt worden war. Vgl. oben Rdnr. 660.

Im Gegensatz dazu steht die **Kündigung** (meist bei Dauerschuldverhältnissen, aber auch beim Werkvertrag: §§ 643, 649, 650 I, zudem § 671): Sie läßt regelmäßig die Vergangenheit unberührt und betrifft nur die Zukunft.

745   **c)** Gegen Ansprüche aus gegenseitigen Verträgen richten sich die §§ 320, 321 (vgl. oben Rdnr. 219 f.).

746   **d)** Ebenfalls nur den gegenseitigen Vertrag betreffen die §§ 323 I, 325 I 3 (vgl. oben Rdnr. 289): Der Anspruch auf die Leistung erlischt wegen Unmöglichkeit der Gegenleistung, ohne daß es eines Rücktritts (wie bei §§ 325 I 1 und 2, 326) bedarf.

4. Einwendungen gegen handelsrechtliche Ansprüche

Nur Ansprüche aus beiderseitigen Handelsgeschäften (§§ 343 f. HGB) betrifft   747
das kaufmännische Zurückbehaltungsrecht nach §§ 369 ff. HGB. Im Gegensatz zu § 273 ist hier also eine besondere Konnexität (vgl. oben Rdnr. 737) unnötig. Auch ist § 369 HGB insofern für den Berechtigten günstiger, als er wegen der pfandrechtsähnlichen Ausgestaltung durch die §§ 371, 372 HGB nach § 49 I Nr. 4 KO ein Absonderungsrecht im Konkurs gewährt (§ 273 hat diese Wirkung nur ausnahmsweise beim Verwendungsersatz, § 49 I Nr. 3 KO).

5. Einwendungen gegen Schadensersatzansprüche

Gegen alle Ansprüche auf Schadensersatz richten sich der Einwand einer beachtlichen Reserveursache (unten Rdnr. 848 ff.) und der des Schadenswegfalls   748
durch Eintritt eines ausgleichungsfähigen Vorteils (unten Rdnr. 854 ff.).

Dagegen wirkt § 254 rechtshindernd: Soweit das Mitverschulden reicht, entsteht der Ersatzanspruch erst gar nicht.

6. Einwendungen gegen einzelne Ansprüche

Endlich bleiben noch zahlreiche Einwendungen, die sich nur gegen bestimmte   749
einzelne Ansprüche richten. So bezieht sich § 519 auf den Erfüllungsanspruch aus dem Schenkungsversprechen, § 531 beendet die Schenkung als Rechtsgrund, § 1000 betrifft die Vindikation sowie über §§ 1007 III 2, 1065, 1227 auch diese Ansprüche (zur analogen Anwendung auf andere dingliche Ansprüche vgl. oben Rdnr. 454), und so weiter. Diese Einwendungen sind regelmäßig zumindest durch Verweisung bei dem Anspruch geregelt, auf den sie sich beziehen, und lassen sich daher leicht finden.

§ 30   Erfüllung und Erfüllungssurrogate*

I. Erfüllung

750   Die Erfüllung ist der normale Erlöschensgrund für alle Arten von Ansprüchen. Voraussetzung ist nach § 362 I die Bewirkung der geschuldeten Leistung an den Gläubiger.

1. Der Leistende

Der Schuldner kommt in dieser Definition nicht vor. Das entspricht § 267 I: Regelmäßig kann statt des Schuldners auch **ein Dritter** leisten (Ausnahme z. B. § 613 S. 1). Eine andere Frage ist, wie weit der Schuldner **Hilfspersonen** zuziehen darf: Das kann ihm selbst dann erlaubt sein, wenn Drittleistung ausgeschlossen ist. Denn für ein Verschulden der Hilfspersonen muß der Schuldner nach § 278 einstehen. Dagegen ist § 278 bei Leistung durch einen Dritten unanwendbar: Dort fehlt die Einschaltung durch den Schuldner (vgl. unten Rdnr. 801).

Bedeutung erlangen kann der Unterschied zwischen einer Leistung des Schuldners durch Hilfspersonen und einer Drittleistung auch für die Bestimmung des Gläubigers bei der Leistungskondiktion (vgl. oben Rdnr. 684—686).

2. Der Leistungsempfänger

751   **An den Gläubiger** muß die Leistung nach § 362 I bewirkt werden, doch ist nach Abs. 2 bei Leistung **an einen Dritten** § 185 anwendbar. Der Gläubiger kann also insbesondere einen Dritten zum Leistungsempfang ermächtigen: Das ist der unbedenkliche Teil der Einziehungsermächtigung (vgl. oben Rdnr. 30).

Zudem kann ein Dritter **kraft Gesetzes empfangsermächtigt** sein. Die wichtigsten Fälle sind §§ 370 (Quittung; nur die echte!), 407—409 (bei nicht mitgeteilter Zession oder unrichtiger Zessionsanzeige), § 56 HGB (vgl. oben Rdnr. 109) und die Legitimation durch ein Wertpapier: §§ 793 I 2, 807, 808 I BGB, Art. 40 III WG. Zur gesetzlichen Empfangsermächtigung sind zwei Probleme zu erörtern:

---

*   Dazu *Gernhuber*, Die Erfüllung und ihre Surrogate (1983); *ders.*, BR § 50.

a) Nach §§ 407—409 muß der Gläubiger die Leistung an den Nichtgläubiger 752
»gegen sich gelten lassen«. Kann der Schuldner, statt die Erfüllungsfolgen zu
wählen, auch die Folgen der Nichterfüllung geltend machen?

Bsp.: Der Altgläubiger A tritt seine Forderung dem Neugläubiger N ab, ohne den
Schuldner S zu benachrichtigen. S, der eine Forderung gegen N hat, zahlt an A. Dann fällt
N in Konkurs.

Wenn S hier nach § 407 I durch die Leistung an A auch ohne seinen Willen befreit wäre, erhielte er im Konkurs des N bloß die Quote. Da die §§ 407 bis 409 jedoch den Schuldner schützen wollen, wirken sie nur, wenn dieser sich darauf
beruft (*RGZ 83, 184/188; BGHZ 52, 150/153*): S kann also von A kondizieren
(§ 812 I 1 Fall 1: condictio indebiti) und seine fortbestehende Schuld an N durch
Aufrechnung mit seiner Forderung tilgen (§ 53 KO).

b) Unter § 808 I fällt auch das **Sparbuch.** Hier kann unter besonderen Um 753
ständen die Legitimationswirkung fraglich sein[1].

BGHZ 28, 368 ff.: Die Eltern lassen für ihre Tochter T auf deren Namen ein Sparbuch
anlegen und zahlen 3000 DM ein. Für Rückzahlungen wird eine Kündigungsfrist von
12 Monaten vereinbart. Die dreizehnjährige T verschafft sich heimlich das Buch und hebt
binnen zwei Wochen 2500 DM ab. Das Geld verbraucht sie. Die Eltern leugnen die Wirksamkeit der Auszahlung.

Wäre T hier Gläubigerin der Sparforderung gewesen, so käme es auf die Zuständigkeit eines **Minderjährigen** zum befreienden Empfang von Leistungen
an (vgl. oben Rdnr. 171). Die Vorinstanz hatte jedoch (für den BGH bindend)
festgestellt, die Forderung stehe den Eltern zu. Daher paßt § 808 I direkt: Die
Sparkasse hat an einen nichtberechtigten Inhaber des Sparbuchs geleistet.

Anerkanntermaßen versagt die Legitimationswirkung nach § 808 I, wenn
der Leistende die Nichtberechtigung des Inhabers kennt. Obwohl das für die
Sparkasse nicht zutraf, hat der BGH den Eltern recht gegeben: Die Legitimationswirkung reiche nur so weit, wie die Leistung nach der Urkunde erfolgen
dürfe. Das sei hier wegen der fehlenden Kündigung nicht der Fall.

Gegen diese Begründung läßt sich der Einwand denken (so die 8. Aufl.), die
Kasse *dürfe* immerhin auch ohne Kündigung auszahlen. *BGHZ 64, 278 ff.* (dagegen *Schraepler,* NJW 1976, 23 ff.) verweist demgegenüber auf § 22 I des G
über das Kreditwesen (KWG) mit dem Verbot, von der Einhaltung der dort bestimmten Kündigungsfristen allgemein abzusehen. Daher sei insbesondere eine Abrede des Sparvertrages nach § 134 nichtig, der Inhaber des Sparbuchs

---

1 Dazu allgemein *Schraepler,* NJW 1973, 1864 ff.; *Pflug,* ZHR 140 (1976) 175 ff. Die Erstreckung auf das Postsparbuch ohne Berechtigungsnachweis bejaht *BGH* NJW
1986, 2104 f.

solle berechtigt sein, auch das ungekündigte Kapital in Empfang zu nehmen. Der BGH folgert daraus, eine Leistung ohne vorherige Kündigung sei nicht die »versprochene«, und nur bei deren Erbringung werde der Schuldner durch § 808 I geschützt. Mir bleibt demgegenüber fraglich, ob das KWG wirklich eine Einschränkung des § 808 bezweckt.

Nach *BGH* NJW 1976, 2211 f. soll die Legitimationswirkung von § 808 auch dann nicht eintreten, wenn das Sparbuch einen **Sperrvermerk** bis zur Volljährigkeit des Berechtigten enthält (dort hatte der gesetzliche Vertreter des berechtigten Kindes das Guthaben abgehoben und für sich verbraucht). Damit dürfte der Zweck des Vermerks richtig getroffen sein. Und nach *BGH* NJW 1988, 2100 f. soll eine **Aufhebung der Sperre** nur mit dem wahren Gläubiger vereinbart werden können; nicht dagegen mit jemandem, der nur durch Sparbuch und Reisepaß des Gläubigers legitimiert ist.

3. Das Bewirken der Leistung

754   Bewirkt werden muß die geschuldete Leistung. Es genügt also nicht, daß der geschuldete Erfolg ohne Leistung eintritt, etwa durch Zufall (das freizuschleppende Schiff kommt durch eine Sturmflut frei). Solche Zweckerreichung befreit den Schuldner zwar gleichfalls, doch verdient dieser anders als bei Erfüllung die Gegenleistung nicht (vgl. oben Rdnr. 159).

4. Die richtige Leistung

755   Gerade die geschuldete Leistung muß bewirkt worden sein. Bei der Gattungsschuld sind die §§ 243 I BGB, 360 HGB zu beachten. Doch kann der Käufer nach § 480 auch schlechtere Sachen erfüllungstauglich machen, indem er Minderung wählt (vgl. oben Rdnr. 260).

II. Erfüllungssurrogate

756   Wie die Erfüllung wirken Annahme an Erfüllungs Statt (§ 364 I), Hinterlegung unter Verzicht auf das Rücknahmerecht (§ 378), Aufrechnung (§ 389) und mit Einschränkungen auch der Erlaß (§ 397, häufigstes Vorkommen im Rahmen eines Vergleichs, § 779). Von den Problemen aus diesem Bereich seien die folgenden drei erörtert.

1. Die Inzahlunggabe gebrauchter Sachen

Mit der Annahme an Erfüllungs Statt wird im Anschluß an *BGHZ 46, 338 ff.* oft in Verbindung gebracht die Inzahlunggabe gebrauchter Sachen beim Kauf neuer[2]. Solche Abreden begegnen bisweilen auch heute noch insbesondere beim Handel mit Kraftfahrzeugen. Zwei Komplikationen sind denkbar.

(1) Der in Zahlung zu gebende Altwagen wird vor der Ablieferung zerstört. Der Händler V verlangt dann auch für denjenigen Teil des Neuwagenpreises Geld, der durch die Hingabe des Altwagens getilgt werden sollte. Dagegen will sich der Käufer K vom Vertrag lösen, da er so viel Geld nicht aufbringen kann oder will.

(2) Der Altwagen ist mangelhaft, etwa weil K die Fahrleistung zu niedrig angegeben oder einen Unfall verschwiegen hat. V weist deshalb den Altwagen zurück und verlangt für den Neuwagen den vollen Preis. K will unter diesen Umständen den Neuwagen nicht mehr.

BGHZ 46, 338 f.[3] hat es in einem Fall vom Typ (2) gebilligt, daß die Vorinstanz die Vereinbarung über den Altwagen als Einräumung einer **Ersetzungsbefugnis** für K gedeutet hatte: Dieser dürfe einen Teil des Kaufpreises für den Neuwagen durch Hingabe des Altwagens tilgen. Hierin liege eine Abrede über eine Annahme an Erfüllungs Statt. Daher sei § 462 über § 365 anwendbar: V könne nach Wandlung der Vereinbarung über den Altwagen den vollen Listenpreis für den Neuwagen verlangen. Entsprechend ergibt diese Konstruktion auch für Fälle vom Typ (1) die volle Zahlungspflicht des K: Seine Ersetzungsbefugnis erlischt durch Unmöglichkeit.

Hieran ist kritisiert worden (vgl. *Larenz* II 11. Aufl. § 63 II), der BGH beachte zu einseitig die Interessen des V. Dagegen bleibe unberücksichtigt, daß K den vollen Listenpreis niemals habe zahlen wollen und vielleicht auch durch einen günstigen Verrechnungspreis für den Altwagen einen Vorteil erhalten sollte. *Larenz* (zustimmend *Mayer-Maly*, 1. Festschr. Larenz 1973, 673 ff.) nimmt daher mit Recht einen **gemischten Vertrag aus Kauf und Tausch** an, ergänzt um die Befugnis des K, statt des Altwagens Geld zu leisten (weil V regelmäßig an dem Altwagen nicht interessiert ist). Dann ist bei (1) der Tauschteil des Vertrages unmöglich geworden, was auch auf den Vertragsrest ausstrahlt. K wird also nach § 275 frei, wenn er die Zerstörung des Altwagens nicht zu vertreten hat und verliert den Anspruch auf die Gegenleistung nach § 323; anderenfalls gilt § 325. Und bei (2) bezieht sich das Wandlungsbegehren des V auf den ganzen Vertrag. Wenn V den Verkauf des Neuwagens retten will, muß er also hinsichtlich des mangelhaften Altwagens Minderung wählen: Diese be-

---

2 Dazu *Oehler*, JZ 1979, 787 ff.; *H. Honsell*, Jura 1983, 523 ff.; *Gernhuber*, Erfüllung aaO. 178 f.
3 Bestätigend *BGHZ 89, 126 ff.*, dazu *Schulin*, JZ 1984, 379 f.; *Schwark*, JR 1984, 239 f.

wirkt, daß K den mangelbedingten Minderwert des Altwagens in Geld ausgleichen muß. Freilich soll nach *BGH Z 83, 334 ff.* bei der Inzahlunggabe eines Gebrauchtwagens für sog. Verschleißmängel die Gewährleistung unter bestimmten Umständen »stillschweigend« ausgeschlossen sein.

Noch anders wird die Inzahlungnahme jetzt ganz überwiegend gehandhabt, um die Mehrwertsteuerpflicht des Händlers beim Weiterverkauf des Gebrauchtwagens zu vermeiden: Der Händler vermittelt lediglich den Weiterverkauf für den Kunden (**Agenturvertrag**). Dabei übernimmt der Händler das Risiko, daß ein bestimmter Mindestpreis erzielt wird. Zugleich stundet er dem Kunden in dieser Höhe den Kaufpreis für den Neuwagen. Zur Sicherung des Kunden soll diese Vereinbarung nur aus wichtigem Grund gekündigt werden können. Vgl. *BGH* NJW 1978, 1482 f.; *Medicus,* SBT § 76 II; *Behr,* AcP 185 (1985) 401 ff.

2. Unbare Zahlung

757 Geldschulden werden vielfach statt durch Barzahlung durch Überweisung auf ein Bank- oder Postgirokonto des Gläubigers getilgt. Das fällt unter § 362 I, ist also Erfüllung, wenn man auch die Überweisung als »geschuldete Leistung« wertet. Tut man das dagegen nicht, so kommt nur Annahme an Erfüllungs Statt in Betracht, und dazu bedarf es nach § 364 I des Einverständnisses des Gläubigers.

Zwar wird dieses Einverständnis schon mit der Mitteilung der Kontonummer erklärt. Und auch wenn der Schuldner das Konto durch einen Dritten erfahren hat, wird der Gläubiger mit der Überweisung oft wenigstens nachträglich einverstanden sein. Aber bisweilen kommt ihm die Überweisung ungelegen: etwa wenn sein Konto überzogen ist und ihm deshalb von der Bank nichts ausgezahlt wird. Dann hängt das Freiwerden des Schuldners von der Wertung der Überweisung ab.

BGH NJW 1953, 897 f. hat Erfüllung verneint[4]. Auch bedeute die Errichtung des Kontos noch nicht das für § 364 I nötige Einverständnis. Aber zumindest ist seitdem der bargeldlose Zahlungsverkehr noch üblicher geworden. Daher sollte man heute die Überweisung wenigstens dann unter § 362 I fallen lassen, wenn sie nicht ausgeschlossen wird und entweder es sich um einen größeren Betrag handelt oder der Gläubiger keine Vorsorge für die Annahme von Barzahlungen getroffen hat (ähnlich *Gernhuber,* Erfüllung aaO. 194 ff.; 199 f.).

---

4 Ebenso in anderem Zusammenhang jetzt auch *BGH* ZIP 1986, 1042/1044, dazu kritisch *Canaris,* ebenda 1021 ff.

Freilich kann **in Sonderfällen** auch Abweichendes gelten. Das zeigt der Fall von

OLG Hamm, NJW 1988, 2115 f.: Eheleute hatten gemeinsam eine Trinkhalle betrieben; wegen der dabei entstandenen Verluste wies das auf den Namen der Ehefrau F lautende Konto einen Schuldsaldo von 6000 DM auf. Zur Sicherung hatte die Mutter des Ehemanns M ein Sparbuch hinterlegt. Die Ehe wurde geschieden; M zahlte 2400 DM Unterhalt an F auf deren defizitäres Konto. Daraufhin gestattete die Bank der Mutter des M eine entsprechende Abhebung von ihrem Sparbuch.

Hier hat das OLG die Leistung des M mit Recht nicht als Erfüllung der Unterhaltsschuld gelten lassen: Im Ergebnis war diese Leistung ja nicht der Gläubigerin F zugute gekommen, sondern der Mutter des zahlenden M. Zudem widerspricht es ganz allgemein dem Zweck einer Unterhaltsleistung, wenn diese auf ein defizitäres Konto erfolgt und daher nicht für den Unterhalt verwendet werden kann.

3. Teilklagen und Aufrechnung

Von Forderungen, die über hohe Beträge lauten, wird oft aus Kostengründen 758 zunächst nur ein *Teil* eingeklagt (meist etwas mehr als die Revisionssumme, das sind derzeit 40 000 DM, § 546 ZPO, einschränkend § 554 b I ZPO, der aber seinerseits einschränkend auszulegen ist: *B VerfG* NJW 1981, 39 ff.). Kann jetzt der Beklagte eine Aufrechnung gerade gegen den eingeklagten Teil richten, oder muß er sich auf den Rest der Forderung verweisen lassen?

Bsp.: G meint, von S 100 000,— DM fordern zu können, und klagt davon 50 000,— DM ein. S erklärt die Aufrechnung mit einer älteren Gegenforderung von ebenfalls 50 000,— DM.

Die hier von S gewünschte Wirkung der Aufrechnung wäre für G besonders ungünstig, weil die Klagforderung rückwirkend wegfiele (§ 389). Damit erschiene die Klage als von Anfang an unbegründet, so daß G auch die Prozeßkosten tragen müßte. Trotzdem ist anerkannt, daß der Aufrechnende den Teil der Hauptforderung bestimmen kann, gegen den er aufrechnen will (vgl. *BGHZ 56, 312/314*). Zudem gilt das Verbot der Teilleistung von § 266 für die Aufrechnung nicht: § 389 (»*soweit* sie sich decken«) impliziert nämlich die nur teilweise Tilgung durch Aufrechnung. Daher kann S hier die Klage des G wirklich zum Scheitern bringen. G vermag das nur dadurch zu verhindern, daß er seinerseits schon vor dem Prozeß durch Aufrechnung die Gegenforderung des S tilgt und dann aus der ihm verbliebenen Restforderung klagt.

BGHZ 56, 312 ff. betraf freilich einen etwas anderen Fall: Dort hatte S nicht aufgerechnet, sondern sich gegen den eingeklagten Teil einer Werklohnforderung auf Minderung berufen. Das hat der BGH nicht zugelassen: Im Gegensatz zur Aufrechnung betreffe die Minderung die ganze Werklohnforderung und nicht einen Teil; S könne daher die Wirkung der Minderung nicht gegen einen bestimmten Teil der Forderung richten. Aber diese Begrifflichkeit überzeugt schon deshalb kaum, weil auch der BGH die Minderung schließlich doch gegen einen bestimmten Teil der Forderung wirken läßt, nämlich den nicht eingeklagten. Besser wäre das Ergebnis des BGH m. E. so zu begründen: Das Schutzbedürfnis des Klägers gegenüber der Minderung wiege schwerer, weil er diese im Gegensatz zur Aufrechnung nicht vor dem Prozeß selbst vollziehen könne.

§ 31   Der Verlust von Einwendungen

759   Einwendungen gehen verloren, wenn die Voraussetzungen der sie begründenden Norm nicht mehr vorliegen. So erlischt etwa ein Zurückbehaltungsrecht mit der Forderung, derentwegen es ausgeübt wird. Das ist selbstverständlich. Daneben gibt es aber noch weitere Gründe für den Verlust von Einwendungen. Davon soll hier die Rede sein.

I. Übertragung von Wertpapieren

1. Schuldrecht und Sachenrecht

760   Im Wertpapier verbinden sich die schuldrechtliche Forderung und das dem Sachenrecht angehörende Eigentum am Papier. Gerade die Frage, ob eine Einwendung eine Veräußerung »überlebt«, ist in Schuld- und Sachenrecht verschieden geregelt. Beispiele:

(1) S verspricht dem G durch Vertrag eine Leistung. G tritt seine Forderung aus diesem Versprechen an N ab. Wenn jetzt S sein Versprechen gegenüber G nach § 119 anficht, fällt die Forderung rückwirkend weg. Das kann S nach § 404 auch dem N entgegenhalten: Der Mangel der Forderung ist also »veräußerungsbeständig«.

(2) S übereignet dem G eine bewegliche Sache, dieser übereignet sie weiter an N. Ficht jetzt S seine Übereignung an G nach § 119 an, so wird G zwar rückwirkend Nichtberechtigter. Bei gutem Glauben hat N aber trotzdem nach §§ 932, 142 II wirksam Eigentum erworben. Hier ist der Eigentumsverlust des S also durch die Veräußerung G–N endgültig geworden; der Mangel der Übereignung S–G ist »nicht (genauer: nur beschränkt, nämlich nur gegenüber einem Bösgläubigen) veräußerungsbeständig«.

Es ist nun offenbar unzweckmäßig, wenn bei Wertpapieren für die verbriefte Forderung andere Regeln gelten sollen als für das verbriefende Papier.

Denn sonst kann es geschehen, daß Gläubiger der Forderung und Eigentümer des Papiers verschiedene Personen sind. Daher muß sich der Gesetzgeber entscheiden: Entweder er überträgt die sachenrechtlichen Regeln auf die verbriefte Forderung und macht diese damit dem einwendungsfreien Erwerb kraft Redlichkeit zugänglich. Oder aber er läßt das Eigentum am Papier nach Zessionsrecht übergehen und schneidet damit regelmäßig (Ausnahme § 405) jeden gutgläubigen Erwerb ab.

2. Die beiden Wertpapiertypen

Der Gesetzgeber hat von jeder dieser beiden Möglichkeiten Gebrauch gemacht (vgl. *Medicus*, SBT § 117 I):   761

a) Die erste **(Primat des Sachenrechts)** gilt bei den zum Umlauf bestimmten Papieren, die damit für den Verkehr geeignet werden. Das sind die Inhaber- und die technischen Orderpapiere (Wechsel, Scheck und die sechs in § 363 HGB genannten Papiere), auf die manche die Bezeichnung »Wertpapier« beschränken wollen. **Hier folgt** also grundsätzlich **das Recht aus dem Papier dem Recht am Papier.**

Mit diesem Primat des Sachenrechts darf nicht die ganz andere sachenrechtliche Wirkung verwechselt werden, die drei der erwähnten Orderpapiere für die Übergabe der in ihnen genannten Ware haben: Die Übergabe des Papiers ersetzt die Übergabe der Ware. Solche »*Traditionspapiere*« sind der Orderlagerschein (§ 424 HGB), der Ladeschein (§ 450 HGB) und das Konossement (§ 650 HGB). Nach *BGHZ 49, 160 ff.* kann Ware, über die ein Traditionspapier ausgestellt worden ist, abweichend von § 931 sogar nur unter Übergabe dieses Papiers übereignet werden. Entsprechend schützt nach *BGH* NJW 1979, 2037 f. § 934 nicht den guten Glauben daran, über die Ware gebe es keinen Namenslagerschein und keine die Abtretung des Herausgabeanspruchs erschwerenden Vereinbarungen. Kein Traditionspapier ist aber der **Kraftfahrzeugbrief.** Vielmehr gilt für ihn **§ 952 analog:** Wenn das Kraftfahrzeug durch Einigung und Übergabe (oder ein Surrogat) übereignet wird, geht also das Eigentum an dem Brief kraft Gesetzes auf den Erwerber über (*BGH* NJW 1978, 1854 f.).

b) Den zweiten Weg **(Primat des Schuldrechts)** hat der Gesetzgeber dagegen in § 952 gewählt: **Hier folgt das Recht am Papier dem Recht aus dem Papier.** Diese Regel gilt insbesondere für das **Sparbuch:** Dieses gehört dem Gläubiger der verbrieften Forderung. Ausnahmsweise ist freilich bei Hypotheken, Grund- und Rentenschulden ein redlicher Erwerb des Pfandrechts (und damit auch des Eigentums am Papier) nach §§ 1155, 892, 1138, 1192 I, 1199 I möglich.   762

3. Sonderregeln für den Verlust von Einwendungen

763 Allerdings ergibt sich bei den sachenrechtlichen Wertpapieren (oben Rdnr. 761) die Möglichkeit zu einredefreiem Erwerb der Forderung kraft Redlichkeit meist nicht direkt aus den §§ 932 ff. Denn vielfach gibt es Sonderregelungen (am wichtigsten § 796 BGB, Art. 16 II, 17 WG, dazu *U. Huber,* Festschr. Flume II 1978, 83 ff.). Nach ihnen stehen nicht alle Einwendungen gleich. Vielmehr sind gerade hinsichtlich der Veräußerungsbeständigkeit **drei Gruppen** zu unterscheiden:

    a) **Persönliche Einwendungen** aus dem Verhältnis des Schuldners zu einem bestimmten Inhaber, wie z. B. Stundung oder ungerechtfertigte Bereicherung, wenn der Rechtsgrund für die Hingabe des Wertpapiers fehlt (z. B. die Kaufpreisforderung ist durch Wandlung erloschen). Solche Einwendungen gehen bei Veräußerung des Wertpapiers regelmäßig unter; nur ganz ausnahmsweise (Art. 17 WG) wirken sie gegen den Erwerber.

764   b) **Dingliche Einwendungen bei zurechenbar veranlaßtem Rechtsschein** wertpapiermäßiger Haftung. Hierhin gehören die meisten Einwendungen wie Irrtum und arglistige Täuschung, sogar die Nichtigkeit der Hingabe des Wertpapiers wegen Wuchers. Alle diese Einwendungen gehen verloren, wenn das Papier von einem gutgläubigen Dritten erworben wird (entsprechend Art. 16 II WG); sie sind also nur beschränkt veräußerungsbeständig.

765   c) **Dingliche Einwendungen ohne zurechenbar veranlaßten Rechtsschein** wertpapiermäßiger Haftung. Dazu gehören etwa die Einwendungen der Fälschung (vgl. Art. 7 WG) oder der mangelnden Geschäftsfähigkeit: Sie wirken gegen *jeden* Inhaber des Wertpapiers ohne Rücksicht auf dessen Redlichkeit, sind also voll veräußerungsbeständig.

    Weitere Einzelheiten gehören ins Wertpapierrecht. Vgl. etwa *Canaris*, Einwendungsausschluß im Wertpapierrecht, JuS 1971, 441 ff. sowie in *A. Hueck-Canaris*, Recht der Wertpapiere (12. Aufl. 1986) § 9.

II. Übertragung pfandrechtsgesicherter Forderungen

766 Außer durch Verbriefung (oben Rdnr. 760 ff.) kann eine Forderung noch auf andere Weise mit einer körperlichen Sache verbunden werden: An der Sache wird ein Pfandrecht für die Forderung bestellt. Auch dann tritt die Frage auf, ob eine Veräußerung der Forderung dem Schuldrecht oder dem Sachenrecht untersteht. Im zweiten Fall kann die Rechtsstellung des redlichen Erwerbers besser sein, als es die Position des Veräußerers gewesen ist.

1. Akzessorische Pfandrechte

Hypothek und Mobiliarpfandrecht sind der gesicherten Forderung akzesso-   767
risch. Insbesondere bestimmt sich die Zuordnung des Sicherungsrechts nach
der Zuordnung der Forderung (Zuständigkeitsakzessorietät): Mit der Übertragung der Forderung geht das Sicherungsrecht auf den neuen Gläubiger über.
Vgl. *Medicus*, JuS 1971, 497/499 f.; *Gernhuber*, BR § 26.

a) Dieses Denkmodell wird konsequent durchgeführt beim **Mobiliarpfandrecht:** Die Forderung ist nach den §§ 398 ff. abzutreten, und das Pfandrecht folgt nach § 1250. Der neue Gläubiger erwirbt das Pfandrecht also, ohne
daß hinsichtlich der Pfandsache eine Übergabe oder ein Surrogat nötig wäre.
Vielmehr kann er sich den Besitz notfalls nach §§ 1227, 985 verschaffen.

Bei diesem Pfandrechtserwerb kraft Gesetzes gibt es für die Forderung
keine sachenrechtliche Komponente. Insbesondere gelten für Einwendungen
allein die §§ 404 ff. Der neue Gläubiger muß sich dieselben Einwendungen entgegenhalten lassen wie der alte, und zwar sowohl bei Geltendmachung der
Forderung wie bei Geltendmachung des Pfandrechts (§ 1211).

b) Kraft Gesetzes zusammen mit der Forderung wird zwar auch die **Hypo-**   768
thek erworben, § 1153. Aber hier kann die gesicherte Forderung nicht einfach
nach §§ 398 ff. übertragen werden. Vielmehr bedarf es regelmäßig der Formen
des Immobiliarsachenrechts: bei der **Buchhypothek** der Einigung und Eintragung (§§ 1154 III, 873), bei der **Briefhypothek** der Einigung mit schriftlicher
Abtretungserklärung und der Briefübergabe oder eines Surrogats (§§ 1154 I,
1117), wobei die Schriftform der Abtretungserklärung durch Eintragung der
Abtretung ersetzt werden kann (§ 1154 II). Eine Ausnahme bildet nur die
Höchstbetragshypothek: Hier kann die Forderung von der Hypothek getrennt und nach §§ 398 ff. übertragen werden, § 1190 IV.

Soweit die Forderung nach §§ 873, 1154 übertragen wird, ist hinsichtlich des   769
Verlustes von Einwendungen zu unterscheiden:

Bei der **Sicherungshypothek** kann der Schuldner nach § 404 alle Einwendungen gegen die Forderung auch dem neuen Gläubiger entgegenhalten. Diese
wirken nach § 1137 allemal auch gegen die Hypothek (§ 1185 II schließt § 1138
aus!). Genau wie beim Mobiliarpfand (oben Rdnr. 767) hat hier also der neue
Gläubiger weder bei der Durchsetzung der Forderung noch bei der Durchsetzung des dinglichen Sicherungsrechts eine bessere Position als der alte. Die
durch Sicherungshypothek oder Mobiliarpfand gesicherte Forderung ist eben
nicht verkehrsfähiger als eine ungesicherte.

Anders ist es bei der Normalform der Hypothek, die deshalb auch **Ver-**   770
kehrshypothek heißt. Hier beschränkt § 1138 durch die Verweisung auf § 892

die Möglichkeit des Eigentümers, die Haftung seines Grundstücks dadurch abzuwehren, daß er nach § 1137 auf Einreden des persönlichen Schuldners zurückgreift: Diese Möglichkeit entfällt bei Redlichkeit des Erwerbers. Damit geht hier aber anders als bei verbrieften Forderungen (oben Rdnr.760 ff.) nicht die Einrede gegen die Forderung selbst verloren, sondern nur die Wirkung der Einrede gegen die Hypothek. Das bedeutet eine Beschränkung der Durchsetzungsakzessorietät: Entgegen § 1137 kann die Hypothek ausnahmsweise durchgesetzt werden, wo die persönliche Schuldklage scheitern würde; vgl. oben Rdnr.545.

Von § 1138 zu unterscheiden ist § 1157: Beide Vorschriften verweisen zwar wegen Einreden auf § 892. Aber während § 1138 Einreden gegen die Forderung betrifft, deren Wirkung von § 1137 auf die Hypothek erstreckt wird, meint § 1157 die direkt gegen die Hypothek gerichteten Einreden: Auch diese können durch redlichen Erwerb verlorengehen.

2. Die Sicherungsgrundschuld

771   Des Unterschieds wegen sei hier nochmals (vgl. oben Rdnr.493) die durch Sicherungsgrundschuld gesicherte Forderung erwähnt. Dort ist die Verbindung zwischen Forderung und dinglichem Sicherungsrecht nicht akzessorisch, sondern **fiduziarisch,** nämlich auf dem Sicherungsvertrag beruhend. Daher ist rechtstechnisch vieles anders als bei der Hypothek: Die Grundschuld folgt bei der Übertragung nicht der Forderung, sondern muß selbständig übertragen werden; auch fehlt für die Einreden gegen die Forderung eine dem § 1137 entsprechende Vorschrift. Trotzdem wird ein der Durchsetzungsakzessorietät ähnliches Ergebnis erzielt, weil die Einreden aus dem Sicherungsvertrag und die Bereicherungseinrede unter §§ 1192 I, 1157 fallen. Der dadurch gewährte Schutz ist bereits geschildert worden: oben Rdnr.496; 499—501; 506—508.

III. Feststellungsverträge

772   Im Schuldrecht herrscht Typenfreiheit. Daher sind nach § 305 Verträge möglich, in denen eine Partei gegenüber der anderen eine Verpflichtung anerkennt, ohne daß dadurch ein neuer Schuldgrund geschaffen werden soll (so daß die §§ 780—782 jedenfalls nicht direkt passen). Solche **deklaratorischen (bestätigenden) Schuldanerkenntnisse** kommen etwa in folgenden Beispielen in Betracht:

(1) A und B sind in einen Verkehrsunfall verwickelt. A hat getrunken und will deshalb verhindern, daß die Polizei gerufen wird. Er erklärt daher dem B: »Ich habe die Alleinschuld« oder »Ich will für Ihren Schaden aufkommen«. Kann B eine Klage allein auf die-

ses Versprechen gründen? Kann A sich damit verteidigen, in Wahrheit sei B alleinschuldig oder doch wenigstens mitschuldig?

(2) Der Bauunternehmer U will von seiner Bank B Kredit. Als Sicherheit bietet U der B die Zession von Kundenforderungen an, unter anderem einer Forderung gegen K. B fragt bei K an, ob die Forderung in Ordnung gehe. Als K bejaht, erhält U den Kredit. Kann K der B jetzt noch entgegenhalten, U habe nur mangelhaft gebaut und könne daher nicht die volle Vergütung verlangen? Oder der Bauvertrag mit U sei wegen arglistiger Täuschung angefochten? — Einer solchen Forderungsanerkennung gegenüber dem Zessionar ähnelt die **Drittschuldnererklärung** nach § 840 I Nr. 1 ZPO; diese ist aber kein deklaratorisches Schuldanerkenntnis (so jedoch *OLG München*, NJW 1975, 174 ff., dagegen *Benöhr*, NJW 1976, 174 f.), sondern bloße *Wissenserklärung:* Sie bindet den Drittschuldner nicht, sondern kehrt nur die Beweislast um und begründet bei schuldhaft falscher Auskunft eine Schadensersatzpflicht nach § 840 II 2 ZPO: *BGH* NJW 1978, 44 f.

Dabei ergeben sich die folgenden Probleme[1].

1. Rechtliche Bindung

Zunächst muß durch Auslegung ermittelt werden, ob überhaupt eine rechtliche Bindung vorliegt (vgl. oben Rdnr. 371 f.). Zweifelhaft ist das insbesondere bei nicht hinreichend überlegten Äußerungen an der Unfallstelle (vgl. *LG Essen,* NJW 1972, 1721). Wo die Bindung verneint wird, ist die Äußerung nur ein (frei zu würdigendes und auch die Beweislast nicht notwendig umkehrendes) Indiz für die Leistungspflicht des Anerkennenden: so z. B. *BGHZ 66, 250 ff.* für das Anerkenntnis der Zahlungspflicht durch einen Versicherer. 773

In den Beispielen kann die Bindung bei (2) nicht verneint werden: Bei einer Anfrage durch eine Bank mußte K damit rechnen, daß es um Geld ging und daher mehr als eine unverbindliche Auskunft erwartet wurde. Und bei (1) spricht es für eine Verbindlichkeit, wenn sich B — dem A erkennbar — auf dessen Auskunft verläßt und auf polizeiliche Feststellungen verzichtet. Immerhin hat *BGH* NJW 1984, 799 f. in einem ähnlichen Fall die Bindung verneint: Die Erklärung, an einem Unfall alleinschuldig zu sein, soll regelmäßig keinen rechtsgeschäftlichen Charakter und daher nur beweisrechtliche Folgen haben. Ähnlich unterscheidet *BGH* Betr. 1985, 2402 f. für die Bestätigung, ein Darlehen empfangen zu haben, zwischen einer bloßen Wissenserklärung und einer Erklärung mit rechtsgeschäftlicher Bedeutung.

2. Folgen der Bindung

Wo eine Bindung überhaupt bejaht wird, bleibt durch Auslegung deren Umfang festzustellen: Das Anerkenntnis kann entweder nur die **Beweislast um-** 774

---

1 Dazu etwa *Larenz* II § 65 II; *Lindacher,* JuS 1973, 79 ff. und umfassend *Kübler*, Feststellung und Garantie (1967).

kehren mit der Folge, daß die Unfallschilderung des Anerkenntnisempfängers als richtig vermutet wird (das sieht als Regelfall an *OLG Celle,* VersR 1980, 482 f.; die Abgrenzung gegenüber der Ansicht von *BGH* NJW 1984, 799 f. ist zweifelhaft). Der Anerkennende kann aber auch mit materiellrechtlicher Wirkung auf einzelne **Einwendungen verzichten** wollen. Davon können bloß bestimmte einzelne Einwendungen oder alle Einwendungen aus einem bestimmten Umstand betroffen sein (z. B. alle Einwendungen aus Baumängeln). Schließlich mögen auch Bestehen und Durchsetzbarkeit eines Anspruchs überhaupt außer Streit gestellt werden sollen.

Vor allem für diesen letzten Fall paßt die Bezeichnung als »deklaratorisches« Anerkenntnis nicht, wenn die Schuld erst begründet wird. Trotzdem bleibt ein Unterschied zu Schuldversprechen und -anerkenntnis nach §§ 780 f.: Diese sind als abstrakte Verträge bei Fehlen einer causa kondizierbar (§ 812 II; vgl. oben Rdnr. 43). Dagegen ist das »deklaratorische« Anerkenntnis kausal und bedarf daher keiner weiteren causa mehr, um kondiktionsfest zu sein.

Bei der Ermittlung des Umfangs der Bindung ist die Rspr. mit Recht zurückhaltend: Nach *BGH* JZ 1968, 633 f. soll das Anerkenntnis nur die Einwendungen ausschließen, die dem Anerkennenden bekannt sind (ähnlich *BGH* NJW 1973, 2019 f.; 1984, 1346 f.). Und *BGH* NJW 1971, 2220 erlaubt einem Geschäftsungewandten sogar noch die Berufung auf die Nichtigkeit eines Vertrages wegen Versagung der nötigen Genehmigung, mit deren Erteilung der Anerkennende nur gerechnet hatte.

In den Beispielen ist danach A bei (1) z. B. nicht gehindert vorzubringen, er habe erst jetzt erfahren, daß B keine Fahrerlaubnis besitze. Und bei (2) kann K noch die Baumängel und Anfechtungsgründe geltend machen, die ihm bei dem Anerkenntnis unbekannt waren.

3. Schriftformerfordernis?

775   Je mehr Streitpunkte ein »deklaratorisches« Anerkenntnis erledigt, um so gefährlicher wird es für den Anerkennenden. Diese Gefahr ist noch größer als bei einem abstrakten Anerkenntnis nach § 781, das bei irrtümlicher Erteilung kondizierbar ist, während das »deklaratorische« Anerkenntnis keiner weiteren causa bedarf (vgl. oben Rdnr. 774). Daher ist es erwägenswert, das Schriftformerfordernis von §§ 780 f. (vgl. aber §§ 782 BGB, 350, 351 HGB) auf das deklaratorische Anerkenntnis auszudehnen (so *Larenz* II § 65 II S. 489 mit Angaben). Doch ist das unnötig, wenn man mit der Rspr. den irrtümlich Anerkennenden schon durch einschränkende Auslegung des Anerkenntnisumfangs schützt (vgl. oben Rdnr. 774).

775a   Lehrreich für die Abgrenzung zwischen deklaratorischem und konstitutivem Schuldanerkenntnis ist *BGH* NJW 1980, 1158 f. Dort hatte eine Ehefrau F ihrem Ehemann M in einem Schuldschein bestätigt, von ihm zur Abdeckung bestimmter Schulden 150 000 DM darlehensweise erhalten zu haben. Nach der Scheidung machte M diesen Betrag geltend. Demgegenüber bestritt F den Erhalt des Geldes; der Schuldschein habe nur gegenüber Dritten Bedeutung erlangen sollen. Hier hatte die Vorinstanz (OLG Stuttgart) ein deklaratorisches Schuldanerkenntnis bejaht: Mit ihm habe F auf die Einwendung verzichtet, die Auszahlung des Darlehens sei unterblieben. Dagegen hat der BGH mit Recht ein konstitutives Schuldanerkenntnis angenommen, wenn M und F das Darlehen nur als fiktiven Schuldgrund angegeben hatten: Dann habe nicht einmal ein Zweifel zwischen den Parteien bestanden, den ein deklaratorisches Schuldanerkenntnis hätte ausräumen können. Wenn F das Schuldanerkenntnis bei Fehlen einer Gegenleistung schenkweise erteilt habe, sei also nach § 518 I 2 die (hier fehlende) notarielle Beurkundung nötig. Die Geltendmachung scheitere folglich an § 125. Entsprechend entscheidet *BGH* VersR 1981, 1158/1160 für ein Schuldanerkenntnis nach einem möglicherweise bloß vorgetäuschten Unfall.

4. Exkurs: Sachenrechtliche Feststellungsverträge

Im Fall von *BGHZ 98, 160 ff.* (dazu *Henckel*, JZ 1987, 359 ff.) war zwischen den Parteien streitig, ob AGB Vertragsinhalt geworden waren, die einen Eigentumsvorbehalt enthielten. Im Laufe dieses Streits erkannte der Erwerber endlich den EV an. Später wurde jedoch erneut gestritten: Der Erwerber machte wieder die Unwirksamkeit des EV geltend; auch eine (konkludent erklärte) Rückübereignung an den Veräußerer komme nicht in Betracht, weil das für § 930 nötige Besitzkonstitut fehle. **775b**

Demgegenüber hat der BGH (aaO. S. 165 ff.) einen wirksamen Feststellungs-(Bestätigungs)vertrag über das Eigentum bejaht. Er bedeute, daß zwischen den Vertragsparteien über das Eigentum nicht mehr gestritten werden könne. Die Voraussetzungen der §§ 929 ff. bräuchten nicht erfüllt zu sein. Andererseits kämen aber auch eine Wirkung gegenüber Dritten und ein gutgläubiger Erwerb vom Nichtberechtigten nicht in Betracht. Im Ergebnis wird damit dem Feststellungsvertrag über eine sachenrechtliche Frage bloß eine relative Wirkung zuerkannt.

IV. Fremdfinanzierte Abzahlungsgeschäfte*

1. Abzahlungskauf und ähnliches

776　Beim wichtigsten Abzahlungsgeschäft, nämlich beim Abzahlungskauf, wird der Kredit häufig nicht vom Verkäufer V gegeben (weil dieser selbst nicht das dazu nötige Kapital hat). Vielmehr erhält der Käufer K ein Darlehen von einer Teilzahlungsbank B: Dieses wird direkt an V ausgezahlt und tilgt die Kaufpreisschuld des K (sog. **B-Geschäft**)[2]. K ist dann der B aus Darlehen statt dem V aus Kauf verpflichtet. Wirtschaftlich gesehen droht auch hier der Verlust von Einwendungen: Nichtigkeit des Kaufvertrages sowie Nichterfüllung, Schlechterfüllung oder Rücktritt durch V können ja nicht ohne weiteres dem Rückzahlungsanspruch der B entgegengehalten werden.

Besonders deutlich wird die Gefahr des Verlustes von Einwendungen bei der **fremdfinanzierten Ehevermittlung auf Abzahlung:** Wenn hier der Kunde das als Vergütung an den Ehemakler ausgezahlte Darlehen zurückzahlen muß, wird § 656 ausgeschaltet. M. E. sollte man das nicht zulassen[3]. Zu der »modernen« Variante der elektronischen **Partnervermittlung** vgl. *OLG Bamberg*, NJW 1984, 1466 f. mit Anm. *Hahn.*

Beim **Abzahlungskauf** geht die ganz h. M. von der **Trennung von Kauf und Darlehen** aus. Doch wird den daraus für K drohenden Gefahren auf mehreren Wegen begegnet. Schon an anderer Stelle ist erwähnt worden, daß K unter Umständen wegen einer Täuschung durch V auch gegenüber B nach § 123 anfechten kann, und daß B dem K zur Aufklärung über die Gefahren der Trennung verpflichtet sein soll (oben Rdnr. 149). Dem ist hier hinzuzufügen:

Nach der Rspr. des BGH[4] soll sich K gegen den Anspruch auf Darlehensrückzahlung nach § 242 wehren können, »wenn und soweit es der Schutzzweck des AbzG — nämlich zu verhindern, daß der Abzahlungskäufer trotz des Rücktritts des Verkäufers vom Vertrage oder trotz des Verlustes der Kaufsache (§ 5 AbzG) zur Weiterzahlung der Raten verpflichtet bleibt — gebietet« (*BGHZ 57, 112/114*). Nach einer anderen Formulierung soll die Aufspaltung des wirtschaftlich einheitlichen Abzahlungsgeschäfts in zwei rechtlich getrennte Verträge nicht dazu führen dürfen, »den Käufer rechtlos oder schlechter zu stellen, als er ohne die Einschaltung einer Finanzierungsbank stehen

---

*　Dazu allgemein *Gernhuber*, BR § 17 II und *ders.*, Austausch und Kredit im rechtsgeschäftlichen Verbund, 1. Festschr. Larenz (1973) 455 ff.; *Vollkommer-Koch,* Der Einwendungsdurchgriff bei drittfinanzierten Rechtsgeschäften, Jura 1980, 469 ff.

2　Dazu etwa *Esser,* Tübinger Festschr. Kern (1968) 87 ff.; *Emmerich,* JuS 1971, 273 ff.; *Gilles,* JZ 1975, 305 ff.

3　Dazu *Köbl,* NJW 1972, 1441 ff.; 2129 ff.; *Gilles,* JZ 1972, 377 ff.; *Berg,* JuS 1973, 548 ff.; *Finger,* JZ 1979, 583 ff.

4　Etwa *BGHZ 37, 94 ff.; 47, 233 ff.; 57, 112 ff.; 83, 301 ff.*

würde« (*BGH* NJW 1973, 452/453). Beide Formulierungen verbindet etwa *BGHZ 66, 165/168. BGH* NJW 1979, 868 f. bestätigt, daß der »**Einwendungsdurchgriff**« auch außerhalb des Anwendungsbereichs des AbzG stattfinden kann (etwa *BGH* NJW 1980, 41 ff.: fremdfinanzierter Vertrag über den Bau einer Eigentumswohnung). Nach *BGHZ 83, 301 ff.; 95, 350 ff.* soll der Einwendungsdurchgriff nicht durch Allgemeine Geschäftsbedingungen ausgeschlossen werden können. *BGHZ 91, 9 ff.* erstreckt das Widerrufsrecht aus § 1 b AbzG auf den Darlehensvertrag: Der Käufer sei dann dem Darlehensgeber weder aus § 1 d AbzG noch aus § 812 zur Rückzahlung des an den Verkäufer ausgezahlten Darlehens verpflichtet; nach *BGHZ 91, 338 ff.* soll Gleiches für den bloßen Kreditantrag gelten. Endlich bejaht *BGH* Betr. 1984, 1390 f. die Schutzwirkung des AbzG entgegen § 425 I auch für bestimmte Personen, die im Interesse des Käufers neben diesem die Rückzahlung des Kredits übernommen haben.

Die vom BGH für die **Voraussetzungen des Einwendungsdurchgriffs** gebrauchten Formulierungen sind nicht ganz bestimmt und bedeuten auch nicht völlig dasselbe. Im einzelnen hat der *BGH* (etwa NJW 1973, 452 ff.) insbesondere bei **Sachmängeln** § 242 bejaht, wenn K von V keine Gewährleistung erlangen konnte, nicht Vollkaufmann war (analog § 8 AbzG) und zudem den Eindruck haben mußte, daß ihm V und B als einheitliche Vertragspartner gegenüberstünden. Nach *BGH* NJW 1979, 2194 f. (dazu *Dittmers*, NJW 1980, 177) soll es für den Einwendungsdurchgriff sogar genügen, daß dem Käufer die Inanspruchnahme des Verkäufers unzumutbar ist. Auch soll die **Rücktrittsfiktion** des § 5 AbzG ausgelöst werden, wenn B aufgrund des ihr (üblicherweise) übertragenen Sicherungseigentums die Kaufsache an sich nimmt *(BGHZ 57, 112 ff.)*. Dagegen zeigt sich die rechtliche Selbständigkeit des Darlehens vor allem bei **Leistungsunfähigkeit des Verkäufers** (die den Käufer ja auch träfe, wenn er nur mit dem Verkäufer zu tun hätte) und hinsichtlich der **Verjährung:** Der Anspruch auf Darlehensrückzahlung verjährt nicht wie die Kaufpreisforderung nach § 196 I Nr. 1 in zwei (oder nach § 196 II in vier) Jahren, sondern nach § 195 in 30 Jahren *(BGHZ 60, 108 ff.)*. Zudem sollen nach *BGH* NJW 1973, 1275 f. der Bank keine Einwendungen entgegengehalten werden können, die sich erst aus einem weiteren, neben dem Kauf herlaufenden Vertrag mit dem Verkäufer ergeben (dagegen kritisch *OLG Stuttgart*, NJW 1977, 1926 ff. mit weitausholender Begründung).

In der Literatur werden Lösungen diskutiert, die den Rückgriff auf den konturlosen § 242 vermeiden sollen: Nach *Larenz* (Festschr. Michaelis 1972, 193 ff., vgl. auch *Vollkommer*. 1. Festschr. Larenz 1973, 703 ff.) seien Kauf und Darlehen unter bestimmten Voraussetzungen »dasselbe rechtliche Verhältnis« im Sinne von § 273 I: K könne also auch wegen Ansprüchen gegen V die Leistung an B verweigern und umgekehrt. Insoweit würde dann freilich das Erfordernis des § 273 aufgegeben, daß Anspruch und Gegenanspruch wechselseitig, also zwischen denselben Personen bestehen müssen (bedenklich). Demgegenüber will *Gernhuber* (1. Festschr. Larenz 1973, 455 ff.) die Abhängigkeit beider Geschäfte voneinander mit der neuen Kategorie des »rechtsgeschäftlichen Verbundes« erfassen. In größerem Rahmen (Bedeutung hat hier insbesondere auch die Frage nach der zulässigen Zinshöhe, dazu grundlegend *BGHZ 80, 153 ff.* und letztens *Koziol,* AcP 188, 1988, 183 ff.) behandelt den **Konsumentenkredit** das ausführliche Gutachten von *Hadding* zum 53. DJT (1980). Im Anschluß an eine EG-Richtlinie (Text in NJW 1988, 1959 ff.) wird jetzt ein **VerbraucherkreditG** geplant.

Als weiterer Typ ist hier noch zu erwähnen die **fremdfinanzierte Unfallhilfe** (dazu *Köndgen,* JZ 1976, 483 ff.; *Ickinger,* VersR 1976, 906 ff.): Der bei einem Verkehrsunfall Geschädigte läßt sich die Kosten der Schadensbeseitigung (Reparatur, Mietwagen usw.) bei Abtretung der Ersatzansprüche gegen den Drittschädiger von einer (mit den Reparatur- oder Mietwagenunternehmen verbundenen) Bank vorfinanzieren. Wenn hierdurch der Geschädigte von der rechtlichen Schadensabwicklung entlastet werden soll, ist auch das Darlehen nach § 134 wegen Verstoßes gegen das RechtsberatungsG nichtig: *BGH* JZ 1976, 479 ff.

In *BGH* NJW 1980, 1514 ff. erscheint zudem der fremdfinanzierte **Mitarbeitervertrag** (»Organisationsleitervertrag«): Auch hier sollen die eben für den Abzahlungskauf geschilderten Regeln gelten. Dagegen verneint *BGH* NJW 1981, 389 ff. deren Anwendbarkeit auf den drittfinanzierten **Beitritt zu einer Abschreibungsgesellschaft** jedenfalls dann, wenn dabei der Gesichtspunkt der Steuerersparnis im Vordergrund steht (zweifelhaftes Argument). Überhaupt ist es fraglich, ob der Einwendungsdurchgriff auch für den Kauf von Grundstücken gelten soll (dazu *Baudenbacher,* JZ 1985, 661 ff.). *BGH* NJW 1987, 1813 f. bejaht ihn immerhin für den Kauf eines Privatschulbetriebs.

2. Leasing

776a Mit dem Wort »Leasing« werden sehr verschiedene Geschäfte bezeichnet (vgl. etwa *Larenz* II § 63 II; *Schlechtriem,* SBT Rdnr. 250 ff.). Für die Anwendung des AbzG und insbesondere des durch dieses ermöglichten Einwendungsdurchgriffs kommt nur das sog. **Finanzierungsleasing** in Betracht. Bei diesem erhält der Leasingnehmer (LN) die Sache für eine — gemessen an deren »Lebensdauer« — verhältnismäßig lange Zeit. Und die für fremdfinanzierte Abzahlungsgeschäfte kennzeichnende Dreipersonenbeziehung entsteht nur, wenn als Leasinggeber (LG) nicht der Hersteller der Sache auftritt, sondern ein Dritter: Dieser übernimmt dann regelmäßig den Erwerb und die Finanzierung der vom LN beim Hersteller ausgesuchten oder bestellten Sache. Anders als ein Vermieter (§§ 535 f.) verpflichtet sich der LG aber nur zur Überlassung und nicht auch zur Instandhaltung der Sache. Vielmehr hat hierfür der LN zu sorgen (zur Vereinbarkeit mit § 9 AGBG vgl. letztens *Lieb,* BB 1988, 946 ff.); der LG tritt lediglich seine Ansprüche gegen den Hersteller an den LN ab.

Eine Anwendung des AbzG auf solche Leasinggeschäfte scheitert meist schon an § 8 AbzG: Diese werden vor allem von eingetragenen Kaufleuten durchgeführt. Ausnahmsweise aber sind LN auch **Nichtkaufleute,** etwa Angehörige freier Berufe (z. B. für Computer). Der BGH wendet dann das AbzG über dessen § 6 nur an, wenn der Vertrag darauf abzielt, die Sache »ihrer Substanz nach auf Dauer auf den LN zu übertragen«. Als Indiz dafür wird ein Erwerbsrecht des LN angesehen; genügen soll aber auch, daß der Gebrauchswert der Sache in der Vertragszeit aufgezehrt wird. Das soll nach den Umständen beurteilt werden, die dem LN beim Vertragsschluß erkennbar sind (*BGHZ 94, 195 ff.* und öfter). Nicht ausreichen soll dagegen eine vom LN übernommene Verpflichtung, die Sache auf Verlangen des LG zu erwerben; auch nicht der Umstand, daß die Leasingraten insgesamt die Aufwendungen des LG übersteigen (*BGH* NJW 1987, 2082 ff.). Andererseits läßt *BGH* NJW 1985, 129 f. eine **Wandlung** des LN, die an der Vermögenslosigkeit des Herstellers scheitert, gegenüber dem LG auch ohne das AbzG schon nach § 9 AGBG wirken (kaum zutreffend).

VII. Abschnitt   Sonderfragen

Die vorhergehenden Abschnitte I bis V gingen von der Einteilung nach An-   **777**
spruchsgrundlagen aus, und Abschnitt VI behandelte Einwendungen. Einige
wichtige Fragen lassen sich aber in dieses Schema nicht recht einfügen, weil sie
weder von einer Anspruchsgrundlage noch von einer Einwendung abhängen.
Kennzeichnend für das Auftauchen dieser Fragen ist vielmehr das **Anspruchsziel**: Schadensersatz (unten Rdnr. 778 ff.; 815 ff.), Verwendungsersatz (unten
Rdnr. 874 ff.) und Rückgriff (unten Rdnr. 905 ff.).

§ 32   Schadensersatzpflichten aus dem Verhalten Dritter*

I. Handlungs- und Gefährdungshaftung

Regelmäßig ist jede Person nur für ihr eigenes Handeln verantwortlich; Aus-   **778**
nahmen hiervon sind die Haftung für das Verhalten von Organen, Vertretern
und Gehilfen. Dieses **Prinzip der Verschuldenshaftung** gilt aber nur für die
Normen, in denen die Verantwortlichkeit überhaupt an **menschliches Handeln** geknüpft ist. Den Gegensatz dazu bildet die **Gefährdungshaftung** (vgl.
oben Rdnr. 604; 631 ff.): Hier hat eine Person (der Halter oder Unternehmer)
für ein sachlich begrenztes Risiko einzustehen regelmäßig ohne Rücksicht darauf, wer die Gefahr verwirklicht. Insoweit umfaßt also die Gefährdungshaftung
auch eine Haftung für fremdes Handeln, ohne daß es einer besonderen Zurech-
nungsnorm bedürfte.

Bsp.: H ist Halter eines Kraftfahrzeugs. Sein Fahrer F verletzt mit diesem Fahrzeug
den G. Hier haftet H dem G im Rahmen der §§ 10 ff. StVG schon nach § 7 I, III 2 StVG als
Halter auf Schadensersatz. § 831 ist insofern also unnötig; gebraucht wird er nur, wenn G
mehr verlangt, als ihm nach dem StVG zusteht (insbesondere Schmerzensgeld!).

---

* Dazu *H. Westermann*, Haftung für fremdes Handeln, JuS 1961, 333 ff.; 382 ff.; *Ku-
  pisch*, Die Haftung für Erfüllungsgehilfen (§ 278 BGB), JuS 1983, 817 ff.; *ders.*, Die
  Haftung für Verrichtungsgehilfen (§ 831 BGB), JuS 1984, 250 ff.; *K. Schreiber*, Die
  Haftung für Hilfspersonen, Jura 1987, 647 ff.

Ausgenommen von dieser gegenständlich bestimmten Haftung sind aber die Folgen von gewissen Fällen der unbefugten Benutzung (»**Schwarzfahrt**« und »**Schwarzflug**«). Vgl. § 7 III StVG, 33 II LuftVG.

II. Tatbestandsgruppen

779 Die Vorschriften über die Verantwortlichkeit für das Verhalten Dritter lassen sich unter verschiedenen Gesichtspunkten gliedern (vgl. *H. Westermann* aaO.). Am wichtigsten ist die Einteilung nach der Verantwortung innerhalb oder außerhalb einer **Sonderverbindung** (dazu *Medicus,* JuS 1986, 665/668 ff.).

1. Haftung für alle zum Ersatz verpflichtenden Handlungen

Beide Haftungsarten werden nach h. M. (etwa *Palandt-Heinrichs* § 31 Anm. 1 b) umfaßt vor allem von den §§ 31, 86, 89: Für die Haftung der juristischen Person soll es hier genügen, daß das **Organ** irgendeine zum Schadensersatz verpflichtende Handlung begangen hat. Dasselbe gilt für die **Reederhaftung** nach §§ 485, 510 HGB, 3 BinnSchG. Alle diese Vorschriften begründen demnach allein keinen Schadensersatzanspruch und bilden daher auch allein keine Anspruchsgrundlage. Vielmehr muß stets eine andere Norm (z. B. §§ 280, 823 I) mitzitiert werden, aus der sich die Voraussetzungen der Schadensersatzpflicht ergeben.

Eine andere, nach meiner Ansicht (vgl. *Medicus* AT Rdnr. 1135) zutreffende Ansicht wendet dagegen die §§ 31 usw. nur außerhalb einer Sonderverbindung an: Die Organperson selbst haftet ja aus der Sonderverbindung nicht persönlich, so daß bei ihr auch keine »zum Schadensersatz verpflichtende Handlung« vorliegt. Nach dieser Auffassung gehört die Organhaftung zu den Fällen von unten Rdnr. 781 ff.; innerhalb einer Sonderverbindung wird für die Organperson also nach § 278 gehaftet (vgl. unten Rdnr. 780: die Organperson ist »gesetzlicher Vertreter«).

Bei **Delikten** haften das Organ (oder bei §§ 485, 510 HGB, 3 BinnSchG das Besatzungsmitglied) und die juristische Person (oder der Reeder) stets nebeneinander: Auch das Organ persönlich entgeht der Anwendung des Deliktsrechts nicht. Eine Ausnahme macht *BGH* NJW 1974, 1371 ff. jedoch bei § 831, wenn ein Verrichtungsgehilfe einer GmbH geschädigt hat: Hier hafte als Geschäftsherr nur die GmbH und nicht auch deren Geschäftsführer persönlich, der den Verrichtungsgehilfen eingestellt hatte.

2. Haftung in einer Sonderverbindung

Nur die Haftung innerhalb einer Sonderverbindung betrifft für **Erfüllungsge-** 780
hilfen und gesetzliche Vertreter vor allem § 278: Er erweitert das, was der aus
dieser Sonderverbindung Verpflichtete zu vertreten hat. Daher ist auch § 278 allein nicht Anspruchsnorm. Vielmehr kann er nur gemeinsam mit einer anderen
Norm (etwa §§ 280, 286) zitiert werden: § 278 füllt dort ebenso wie die §§ 276,
279 das Tatbestandsmerkmal des »Vertretenmüssens« aus.

Eine konkurrierende **eigene Vertragshaftung** des Erfüllungsgehilfen (oder — so auch
im folgenden — des gesetzlichen Vertreters) dem Geschädigten gegenüber ist hier regelmäßig undenkbar: Der Erfüllungsgehilfe selbst ist ja nicht Partner der Sonderverbindung. Dagegen kann er dem Geschädigten **deliktisch** haften. Auch kommt bei Mängeln
der Vertretungsmacht neben der Haftung des angeblich Vertretenen aus culpa in contrahendo in Verbindung mit § 278 eine Eigenhaftung des Gehilfen aus § 179 in Betracht (vgl.
oben Rdnr. 120). Zu weiteren Fällen einer Eigenhaftung des Gehilfen bei culpa in contrahendo vgl. oben Rdnr. 200.

Gleichfalls auf eine Sonderverbindung beschränkt, aber noch schärfer als
§ 278 sind die §§ 431, 456 HGB. Hier haften nämlich Frachtführer und Eisenbahn für »**ihre Leute**« (= Bediensteten) schlechthin ohne Rücksicht darauf, ob
sich der Beförderungsschuldner gerade ihrer zu der konkreten Beförderung
bedient hat. Denn der Zusatz in den §§ 431, 456 HGB (»deren er sich zur Ausführung der Beförderung bedient«) bezieht sich nur auf die vorher genannten
»anderen Personen«, nicht auf die »Leute« (Bediensteten).

Zweifelhaft ist aber, ob der Beförderungsschuldner auch für solche Leute haften soll,
deren Anstellung den Schadenseintritt nicht wenigstens erleichtert hat. *H. Westermann*
aaO. 340 bringt folgendes *Bsp.:* Der Frachtführer S hat seinen Fahrer F mit der Beförderung der Ware des G beauftragt. Der von F gesteuerte Lkw stößt mit einem Wagen zusammen, den D, ein anderer Fahrer des S, lenkt. Dabei wird die Ware des G zerstört. *H. Westermann* verneint hier die Haftung des S für D nach § 431 HGB: D hätte ebensogut als
Fahrer eines Dritten den Zusammenstoß verschulden können.

3. Haftung außerhalb einer Sonderverbindung

Die Haftung außerhalb einer Sonderverbindung betreffen vor allem die §§ 3 781
HaftpflG, 831 (sowie nach zutreffender Ansicht auch die §§ 31, 86, 89, vgl.
oben Rdnr. 779).

Dabei bedeutet »außerhalb einer Sonderverbindung« nicht, daß zwischen dem Geschädigten und dem Ersatzpflichtigen keine Sonderverbindung bestehen darf. Gemeint
ist vielmehr nur, daß es auf das Bestehen einer Sonderverbindung nicht ankommt: Die
Schädigung muß jedenfalls ein Delikt, sie kann aber zugleich auch eine Vertragsverletzung sein.

a) Haftung für Repräsentanten

Die (häufig übersehene) Haftung des Unternehmers für seine Repräsentanten nach § 3 HaftpflG bedeutet Verantwortlichkeit für fremdes Unrecht und fremdes Verschulden. Hinsichtlich des Beweises gelten die allgemeinen Regeln: Der Geschädigte muß Unrecht und Verschulden des handelnden Repräsentanten nachweisen. Das wird ihm allenfalls durch eine Beweisführung prima facie erleichtert. Eine Exkulpation des Unternehmers (wie bei § 831; vgl. unten Rdnr. 782) kommt hier nicht in Betracht, weil eigenes Unrecht und Verschulden des Unternehmers für § 3 HaftpflG überhaupt bedeutungslos sind.

§ 3 HaftpflG kann **mit § 831 konkurrieren.** Dabei ist § 831 für den Geschädigten dann günstiger, wenn dieser ein Verschulden des Repräsentanten nicht nachweisen und der Unternehmer sich nicht exkulpieren kann. Zudem kann Schmerzensgeld immer nur über §§ 831, 847 verlangt werden.

Die **Eigenhaftung des Repräsentanten** richtet sich nach § 823; sie tritt also in den Fällen von § 3 HaftpflG stets ein.

b) Haftung für Verrichtungsgehilfen

782 Komplizierter ist die Struktur von § 831. Hier braucht der Verrichtungsgehilfe nur rechtswidrig gehandelt zu haben; dann wird vermutet, daß die rechtswidrige Schädigung kausal auf ein Verschulden des Geschäftsherrn zurückgeht. Die Exkulpation des Geschäftsherrn entkräftet diese Vermutung. Dabei genügt, daß entweder die Kausalitäts- oder die Verschuldensvermutung widerlegt wird.

Das hat der BGH in seiner berühmten Entscheidung zum **Handlungsunrecht** *(BGHZ 24, 21 ff.,* vgl. oben Rdnr. 606) nicht genügend berücksichtigt. Dort kam in Betracht, daß der Kläger durch verkehrsrichtiges Verhalten der Verrichtungsgehilfen der Beklagten verletzt worden war. Der BGH hat für diesen Fall die Haftung der Beklagten aus § 831 deshalb abgelehnt, weil das verkehrsrichtige Verhalten der Gehilfen einen Rechtfertigungsgrund bilde; für § 831 fehle also eine rechtswidrige Schädigung.

Dieser im Ergebnis zweifelhafte konstruktive Aufwand war hier überflüssig (so mit anderer Begründung auch *Eike Schmidt,* AcP 175, 1975, 165/170): Bei Nachweis verkehrsrichtigen Verhaltens der Gehilfen wäre nämlich zugleich die Kausalitätsvermutung von § 831 I 2 widerlegt gewesen. Denn auch ein sorgfältig ausgesuchter und überwachter Gehilfe kann sich nicht besser als verkehrsrichtig verhalten (so ständig das RG und etwa *BGHZ 12, 94 ff.,* später auch *BGH* VersR 1975, 447/449).

Im Ergebnis kommt es daher für § 831 trotz des anscheinend abweichenden Wortlauts weitgehend auch auf das **Verschulden des Verrichtungsgehilfen** an, nämlich auf dessen **Fehlverhalten,** doch wird dieses als Bestandteil der Kausalität vermutet. Ohne Verschulden des Gehilfen haftet der Geschäftsherr nach

§ 831 regelmäßig nur in zwei Fällen: Einmal, wenn der Mangel des Verschuldens auf den §§ 827, 828 beruht. Und zum anderen, wenn der Gehilfe einem Verkehrskreis angehört, der nur minderen Sorgfaltsanforderungen unterliegt (z. B. alte Leute). In beiden Fällen wird zugleich die Exkulpation des Geschäftsherrn mangels sorgfältiger Auswahl regelmäßig mißlingen.

Die **Eigenhaftung des Gehilfen** richtet sich nach §§ 823 ff. Sie setzt zwar zusätzlich Verschulden des Gehilfen voraus, doch wird dieses nach dem eben Gesagten regelmäßig gegeben sein.

c) Reformpläne

Die Exkulpationsmöglichkeit bei § 831 ist oft als ungerecht empfunden worden. Daher ist man vielfach ins Vertragsrecht ausgewichen, um zu der schärferen Gehilfenhaftung nach § 278 zu gelangen: etwa bei der culpa in contrahendo und dem Vertrag mit Schutzwirkung für Dritte, vgl. unten Rdnr. 800. Schon 1967 hat daher ein Referentenentwurf den § 831 in eine Haftung des Geschäftsherrn für die rechtswidrige und schuldhafte Schadenszufügung durch den Gehilfen **ohne Exkulpationsmöglichkeit** ändern wollen. Auch für eine spätere Stufe der Überarbeitung des Schuldrechts sind ähnliche Änderungen vorgeschlagen worden (vgl. vor allem *von Bar,* in: Gutachten und Vorschläge zur Überarbeitung des Schuldrechts II, 1981, S. 1681/1758 f., 1762, 1776 f.). 783

Doch würde durch solche Änderungen der Unterschied zu § 278 nicht völlig beseitigt. Denn erstens muß der Verrichtungsgehilfe im Gegensatz zum Erfüllungsgehilfen »sozial abhängig« sein (vgl. unten Rdnr. 811). Und zweitens läßt sich eine Haftung für den gesetzlichen Vertreter auch weiterhin nur über § 278 begründen. Die Frage nach dem Bestehen einer Sonderverbindung (vgl. unten Rdnr. 798—800) würde also durch die Änderung des § 831 nicht für alle Fälle bedeutungslos.

d) Ähnliche Haftungsfälle

Der Haftung des Geschäftsherrn für Verrichtungsgehilfen ähneln die §§ 831 II, 832. Während aber § 831 eine Sorgfaltspflicht bei der Anstellung des Gehilfen postuliert, fehlt ein solches Merkmal in § 832: Hier werden die Sorgfaltspflichten nicht erst durch eine Handlung (nämlich die Anstellung) begründet, sondern sie ergeben sich aus der Aufsichtspflicht über den Minderjährigen. 784

Die Bedeutung der §§ 831 II, 832 II liegt darin, daß ebenso wie bei den §§ 834, 838 eine Verletzung der *vertraglichen* Aufsichtspflicht ausnahmsweise (vgl. oben Rdnr. 658) zu *deliktischer* Haftung führt. Dabei besteht die Vertragshaftung des die Aufsichtspflicht Verletzenden nur gegenüber dem Vertragspartner, die Deliktshaftung zumindest gegenüber Dritten. Im Verhältnis der

§§ 831, 832 und ihrer beiden Absätze zueinander bestehen mannigfache Konkurrenzmöglichkeiten.

Bsp.: Die Kinderschwester S beaufsichtigt das fünfjährige Kind K fahrlässig schlecht; daher steckt dieses die Scheune des G in Brand. Hier haftet K dem G wegen § 828 I allenfalls nach §§ 823 I, 829. S haftet dem G nach § 832 II. Die Eltern des K, die S angestellt haben, können dem G nach § 831 I und § 832 I haften: nach § 831 I, weil S Verrichtungsgehilfin war, und nach § 832 I, weil die Überlassung des K an die schlecht ausgesuchte S eine Verletzung der gesetzlichen Aufsichtspflicht der Eltern über K bedeutet. S endlich haftet den Eltern wegen Schlechterfüllung des Dienstvertrages, wenn diese aus ihrer Haftung gegenüber G einen Vermögensschaden haben (Haftungsinteresse, vgl. unten Rdnr. 837). Dagegen kommt wegen dieses Schadens eine Delikthaftung der S gegenüber den Eltern nicht in Betracht (anders, wenn diese selbst eine Eigentumsverletzung erlitten hätten, vgl. *OLG Karlsruhe*, OLGZ 1977, 326 ff.).

4. Insbesondere Amts- und Staatshaftung

a) Die derzeitige Gesetzeslage

784a   Nach § 839 haftet der Beamte für bestimmte Pflichtverletzungen, und nach Art. 34 GG übernimmt der Staat (genauer: die Körperschaft, die dem Beamten das fehlerhaft ausgeübte Amt anvertraut hat: *BGHZ 53, 217 ff.*) diese Haftung. Damit ist die Verantwortlichkeit **zweistufig** geordnet: § 839 **begründet** die Haftung, und Art. 34 GG **verlagert** sie auf den Staat. Man spricht hier von »mittelbarer Staatshaftung« oder »Amtshaftung«.

Das **StaatshaftungsG** (StHG) vom 26.6.1981 hat dieses komplizierte und nur historisch erklärbare System durch eine **einstufige** Haftungsordnung ersetzen wollen: Die Haftung sollte unmittelbar und nicht erst auf dem gedanklichen Umweg über eine Haftung des handelnden Beamten den Staat treffen (zu Einzelheiten vgl. unten Rdnr. 788). Doch hat das *B VerfG* dieses Gesetz durch Urteil vom 19.10.1982 **für nichtig erklärt** (NJW 1983, 25 ff.): Eine solche unmittelbare Staatshaftung gehöre (anders als § 839) sachlich nicht mehr zum bürgerlichen Recht, sondern zum öffentlichen Recht. Und hierfür fehle dem Bund nach Art. 70 ff. GG die Gesetzgebungskompetenz.

Derzeit ist nicht zu sehen, wie die Neuordnung der Haftung für staatliches Unrecht voranschreiten soll. Daher gehen die folgenden Bemerkungen noch von den § 839 BGB, Art. 34 GG aus, die nach der Aufhebung des StHG einstweilen unverändert weitergelten.

b) Die Amtshaftung

785   Die nach diesen Vorschriften begründete Haftung ähnelt derjenigen nach § 3 HaftpflG: Verschulden ist nur bei dem handelnden Beamten nötig, nicht dage-

gen bei dem regelmäßig letztlich haftenden Staat. Doch weicht § 839 insofern von der Haftung nach § 3 HaftpflG ab, als er nicht nur Schäden aus der Verletzung bestimmter deliktisch geschützter Güter umfaßt. Vielmehr genügt für die Amtshaftung regelmäßig **jeder Vermögensschaden,** der durch die Verletzung einer dem Geschädigten gegenüber bestehenden Amtspflicht herbeigeführt worden ist.

Einschränkungen der Amtshaftung ergeben sich außer nach § 839 I 2; II; III vor allem aus zwei Gesichtspunkten:

aa) Erstens muß die Amtspflicht **gerade dem Geschädigten** gegenüber bestehen. Darum ging es etwa in

BGHZ 58, 96 ff.: Bei einem Verkehrsunfall wird G von dem Kfz des S verletzt. S ist bei dem ausländischen Versicherer A haftpflichtversichert; A fällt in Konkurs. G verlangt von der Bundesrepublik Schadensersatz: Diese habe den A nicht hinreichend geprüft und diesem daher die Zulassung zum Betrieb der Kfz-Haftpflicht-Versicherung nur unter Verstoß gegen Amtspflichten erteilt.

Der BGH hat die Klageabweisung gebilligt: Die Amtspflicht zur Überprüfung der Haftpflichtversicherer bestehe nicht gegenüber dem einzelnen Verkehrsopfer (m. E. zweifelhaft). Dagegen bejaht *BGHZ 74, 144 ff.* eine gegenüber dem einzelnen Einleger gegenüber bestehende Amtspflicht des Bundesaufsichtsamts für das Kreditwesen, ein »Wertbriefe« ausgebendes Unternehmen daraufhin zu überprüfen, ob es unerlaubt genehmigungsbedürftige Bankgeschäfte (Entgegennahme von Einlagen) betreibt. Ebenso soll nach *BGHZ 75, 120 ff.* das Bundesaufsichtsamt gegenüber den Einlagegläubigern einer Bank (Herstatt!) Amtspflichten haben, wenn bekannt wird, daß die Bank ihr Eigenkapital durch umfangreiche Devisentermingeschäfte gefährdet[1].

bb) Zweitens kann nach dem **Zweck der Amtspflicht** auch der Ersatz für **785a** bloße **Vermögensverletzungen** ausnahmsweise **ausgeschlossen** sein.

BGH NJW 1973, 463 ff. (dazu *Brandenburg,* JuS 1974, 710 ff.): Der Frachtführer G befördert mit Lkw einen Container des E. Dabei wird der Container beschädigt, weil ein Ast zu tief in die Straße ragt. G muß dem E Ersatz leisten und verlangt den an E zu zahlenden Betrag nun seinerseits von dem für die Verkehrssicherung zuständigen Land ersetzt.

Wäre hier die Verkehrssicherung privatrechtlich zu beurteilen, so hätte nach § 823 I nur E als Eigentümer des beschädigten Containers von dem Land Ersatz verlangen können, nicht aber G (wenn man nicht auch den berechtigten Besitz des G an dem Container für verletzt hält). Der BGH hat angenommen, das beklagte Land habe durch die öffentlich-rechtliche Ordnung der Verkehrssicherung diesen Umfang der Ersatzpflicht nicht erweitern wollen. Darum falle das Vermögen als solches hier nicht in den Schutzbereich der Amtspflicht; ebenso *BGHZ 66, 398 ff.* Ähnlich stellt auch *BGHZ 69, 128/138 ff.* für die Amtshaftung der Bundesrepublik Deutschland auf den Eingriff in den Gewerbebe-

---

1 Zu diesem wichtigen Fragenkreis »Wirtschaftsaufsicht und Haftung« vgl. *Papier,* JuS 1980, 265 ff.; *Kopf-Bäumler,* NJW 1979, 1871 ff.; *Püttner,* JZ 1982, 47 ff.

trieb der durch den Fluglotsenstreik betroffenen Reiseunternehmen und nicht einfach auf deren Vermögensschaden ab.

c) Die Eigenhaftung des Beamten

786 Die Eigenhaftung des Beamten gegenüber dem Geschädigten wird ausgeschlossen, soweit Art. 34 GG reicht, also grundsätzlich bei Ausübung öffentlicher Gewalt. Hier kommt dann nur ein Rückgriff der haftenden Anstellungskörperschaft gegen den (zumindest grobfahrlässigen) Beamten nach dem Beamtenrecht in Betracht.

Dagegen ist eine **Eigenhaftung** des Beamten aus § 839 denkbar,

(1) wenn dieser nicht in Ausübung öffentlicher Gewalt gehandelt, aber doch eine Amtspflicht verletzt hat (z. B. der selbstliquidierende beamtete Arzt an einer Universitätsklinik, *BGHZ 85, 393 ff.*),

(2) wenn die Haftung der Anstellungskörperschaft durch eine besondere Vorschrift ausgeschlossen ist.

Dabei sind aber folgende, die Eigenhaftung **einschränkende Gesichtspunkte** zu bedenken:

(1) Außerhalb des Bereiches der Ausübung öffentlicher Gewalt kann der Staat für den Beamten nach §§ 89, 30, 31, 831 oder auch wegen Vertragsverletzung in Verbindung mit § 278 haften. Diese privatrechtliche Staatshaftung bildet für den Geschädigten eine anderweitige Ersatzmöglichkeit, die seinen Anspruch gegen den nur fahrlässig handelnden Beamten nach § 839 I 2 ausschließt.

(2) Soweit die Amtshaftung nach Art. 34 GG durch besondere Vorschriften ausgeschlossen ist, muß stets geprüft werden, ob diese Vorschriften nicht auch die Beamtenhaftung aus § 839 ausschließen wollen. Für den Postdienst ist das jetzt durch § 11 III des G über das Postwesen vom 28. 7. 1969 (*Sartorius* Nr. 910) klargestellt: Die Eigenhaftung trifft nur die vorsätzlich handelnden Bediensteten (Beispiele: *BGH* VersR 1988, 1112 ff.; *OLG Koblenz*, VersR 1986, 771 f.: vorsätzliche Nichtbeachtung von Sicherheitsvorschriften durch Postbedienstete).

Nach *BVerwG* NJW 1975, 1333 f. muß die Bundespost dem geschädigten Benutzer Namen und Anschrift der handelnden Bediensteten angeben. Auch neigt der BGH mit Recht dazu, die wenig zeitgemäßen Haftungsausschlüsse der Bundespost eng auszulegen: z. B. *BGHZ 66, 302 ff.* (fehlende Unterrichtung eines Fernsprechkunden von einer plötzlichen starken Gebührensteigerung, die auf unbefugter Benutzung des Anschlusses beruhte; lesenswert!)

(3) Der Beamtenbegriff ist da, wo § 839 allein gilt, wesentlich enger als in der Verbindung von § 839 mit Art. 34 GG. Denn für den unmodifizierten § 839 ist das Beamtenrecht maßgeblich. Dagegen genügt für § 839 in Verbindung mit

Art. 34 GG jede Person, der öffentliche Gewalt anvertraut ist (also insbesondere auch Angestellte).

d) Die Notarhaftung

Eine wichtige Spezialvorschrift aus dem Bereich der Beamtenhaftung ist § 19   **787**
BNotO für den Notar. Dieser ist nach § 1 BNotO nicht eigentlich Beamter; für ihn tritt auch die Amtshaftung nach Art. 34 GG nicht ein. Andererseits haftet der Notar aber auch nicht ohne weiteres für Hilfspersonen nach § 278, weil er entweder selbst handeln muß oder seine Amtspflicht bei der Heranziehung der Hilfsperson enden kann: *BGH* NJW 1976, 847 f.

e) Die geplante Neuordnung

Die geplante, aber vorerst gescheiterte Neuordnung durch das Staatshaf-   **788**
tungsG² (vgl. oben Rdnr. 784 a) hatte vor allem die folgenden Änderungen vorgesehen (diese hier zu erwähnen ist deshalb sinnvoll, weil sie sachlich im wesentlichen unumstritten sind und daher auch von einer später doch noch kommenden Neuordnung erwartet werden können):

(1) Die **Subsidiarität** der Staatshaftung (§ 839 I 2) soll **beseitigt** werden. Das ist ohne Einschränkung zu begrüßen: Diese Subsidiarität mochte für die Eigenhaftung des Beamten noch sinnvoll gewesen sein, um dessen Entschlußfreudigkeit zu stärken. Für die Staatshaftung dagegen bedeutet die Subsidiarität ein sachlich ungerechtfertigtes Fiskusprivileg. Dementsprechend baut der BGH auch seit geraumer Zeit die Wirkung des § 839 I 2 ab: Die Lohnfortzahlung des Arbeitgebers (*BGHZ 62, 380 ff.*, dazu *Futter*, JZ 1975, 66 ff.) und eine Erhöhung der Grundrente nach dem BundesversorgungsG (*BGHZ 62, 394 ff.*) sollen keine »anderweitige Ersatzmöglichkeit« im Sinne von § 839 I 2 darstellen, ebensowenig Leistungen eines Kaskoversicherers *(BGHZ 85, 230 ff.)*. Und nach *BGHZ 68, 217 ff.* soll die Subsidiarität regelmäßig nicht gelten, wenn ein Amtsträger bei der Teilnahme am allgemeinen Straßenverkehr einen Unfall verursacht³.

BGHZ 75, 134 ff. verneint die Subsidiarität sogar für eine Haftung wegen einer Verletzung der hoheitlich ausgestalteten Straßenverkehrssicherungspflicht. In dem dort entschiedenen Fall hatte die Frau F mit dem Wagen ihres Mannes M unvorsichtig einen noch unfertigen Weg der Gemeinde G befahren. Dabei wurde der Wagen beschädigt, als er gegen einen verkehrswidrig über das

---

2 Dazu etwa *Papier*, NJW 1981, 2321 ff.; *Schwerdtfeger,* JuS 1981, 1 ff.
3 Dazu etwa *Lässig*, JuS 1978, 679 ff.; *Stoll*, Festschr. Hauß (1978) 349 ff.; *Kahlke*, VersR 1981, 604 ff. Allgemein zur Subsidiarität *Medicus*, JuS 1977, 637 ff.

Straßenniveau herausragenden Kanaldeckel stieß: Nach Ansicht des BGH soll M sich hier an G halten können und braucht sich nicht nach § 839 I 2 auf Ansprüche gegen F verweisen zu lassen. Dagegen wird Subsidiarität der Amtshaftung bejaht, wenn ein schädigender Amtsträger bei der Teilnahme am Straßenverkehr Sonderrechte nach § 35 I StVO in Anspruch nimmt, *BGHZ 85, 225 ff.*

(2) Die Staatshaftung soll **kein Verschulden** mehr voraussetzen, sondern bloß noch Rechtswidrigkeit. Daneben soll eine Haftung für Rechtsverletzungen durch das Versagen technischer Einrichtungen treten (z. B. Verkehrsampel; für sie läßt aber schon jetzt nach Landesrecht [Nordrhein-Westfalen] haften *BGHZ 99, 249 ff.*). Vgl. dazu *Bender*, VersR 1975, 581 ff.; *Peine*, JZ 1987, 824 f.; *Schäfer*, VersR 1988, 470 f. Doch soll in bestimmten Fällen kein Geldersatz geschuldet werden, »wenn die Pflichtverletzung auch bei Beachtung äußerster Sorgfalt nicht hätte vermieden werden können«.

(3) Die **Eigenhaftung** der für den Staat handelnden Personen dem Geschädigten gegenüber soll **ganz entfallen,** so daß gegen diese nur der Rückgriff aus dem Dienstverhältnis bleibt.

5. Mehrheit von Deliktsbeteiligten

789   Als eine letzte Fallgruppe aus dem Bereich der Haftung für Dritte kann man endlich noch den immer wichtiger werdenden § 830 I 2 verstehen[4]: Ein an einer unerlaubten Handlung Beteiligter muß unter Umständen auch für Schäden einstehen, die nicht er verursacht hat, sondern möglicherweise ein anderer Beteiligter (»alternative Kausalität«). Die Bedeutung dieser Vorschrift hat sich inzwischen von der Wirtshausschlägerei zum Straßenverkehr und zu gewalttätigen oder sonst unerlaubten Demonstrationen verlagert. Dabei geht es vor allem um drei Fragen:

(1) Gilt § 830 I 2 auch gegen Personen, die nur aus Gefährdung haften?

(2) Ist ein räumlicher und zeitlicher Zusammenhang zwischen dem Tätigwerden der mehreren Beteiligten nötig?

(3) Greift § 830 I 2 auch dann ein, wenn die Haftung eines Beteiligten für den ganzen Schaden feststeht?

790   **Frage (1)** ist zu bejahen. So können aus § 830 I 2 auch haften der Kfz-Halter (*BGH* NJW 1969, 2136 ff.) und der Tierhalter (*BGHZ 55, 96 ff.*). Die Problematik der weiteren Fragen (2) und (3) zeigt sich gut in

---

4   Dazu etwa *Ries*, AcP 177 (1977) 543 ff.; *Brehm*, JZ 1980, 585 ff.; *Schantl*, VersR 1981, 105 ff.

BGHZ 55, 86 ff.: S gerät mit seinem Pkw schuldhaft von der Straße ab. Dabei wird von den mitfahrenden Eheleuten die Frau F verletzt, vielleicht auch der Mann M. Beide werden dann in einem Krankenwagen abtransportiert. Dieser stößt 15 Min. nach dem Unfall und 2,5 km von der Unfallstelle entfernt mit einem von D schuldhaft ins Schleudern gebrachten Lkw zusammen. F wird erneut verletzt; M ist jedenfalls jetzt verletzt.

Zu **Frage (2)** hat hier der BGH zwar eine in der Literatur (*Gernhuber*, JZ 791 1961, 148/152) vertretene Ansicht abgelehnt, §830 I 2 meine nur die Beteiligung an der Auseinandersetzung über die Schadensteilung. Andererseits hält der BGH aber wohl auch nicht mehr streng an der alten Regel fest, Schadensursache müsse ein »tatsächlich einheitlicher, örtlich und zeitlich zusammenhängender Vorgang« sein. Vielmehr billigt der BGH die Ansicht der Vorinstanz (OLG Hamm): §830 I 2 sei anwendbar, wenn wegen des Zusammenhangs mehrerer Ereignisse deren Ursächlichkeit für einen Schaden nicht mehr festgestellt werden könne. Das trifft in *BGHZ 55, 86* zu. Ein weiterer häufiger Anwendungsfall ist, daß ein Opfer eines Verkehrsunfalls auf der Straße liegenbleibt und dort noch von weiteren Fahrzeugen überfahren wird; welches Fahrzeug welche Verletzungen verursacht hat, läßt sich nicht mehr feststellen (vgl. *BGH* NJW 1969, 2136 ff. und *BGHZ 72, 355 ff.*, dazu unten Rdnr. 792 a).

In diesen Zusammenhang gehört auch die viel diskutierte **Grohnde-Ent-** 792 **scheidung** *BGHZ 89, 383 ff.* Dort ging es um die Haftung einzelner Demonstranten für die Schäden aus einer gewaltsamen Großdemonstration auf dem Gelände des künftigen Kernkraftwerks Grohnde. Dabei hat der BGH die zentrale Frage, inwieweit man eine solche räumlich und zeitlich weit ausgedehnte Großdemonstration als eine einzige unerlaubte Handlung ansehen kann, im Ansatz verneint. (Abweichendes gilt für eine überschaubare Hausbesetzung, *BGHZ 63, 124 ff.*, sowie für eine Kleindemonstration, *OLG Hamm*, VersR 1985, 505 f.). Das hat Folgen vor allem für den hier in erster Linie anwendbaren »strafrechtlichen Teil« von §830 (Abs. 1 S. 1, Abs. 2), der auf Mittäterschaft, Anstiftung und Beihilfe abstellt. Dabei geraten strafrechtliche Probleme in den Vordergrund, aber auch die Frage, welche der von den Demonstranten verletzten Vorschriften Schutzgesetze (§823 II) zugunsten der Verletzten darstellen (dazu ausführlich *Stürner*, JZ 1984, 525 ff.). Zu §830 I 2 hat der BGH lediglich geäußert, die Vorschrift diene nicht der Überwindung von Zweifeln hinsichtlich der Teilnahme an einer unerlaubten Handlung. Insbesondere könne nach §830 I 2 nicht ein Teilnehmer für Schäden verantwortlich gemacht werden, die womöglich schon entstanden waren, bevor dieser Teilnehmer sich der Demonstration verantwortlich angeschlossen hatte (dazu *Stürner*, JZ 1984, 525/526). Diese Ansicht trifft zwar zu, doch ist möglicherweise schon die Fragestellung zu eng. In dem hier gezogenen Rahmen kann die Problematik aber nur angedeutet und nicht mit der nötigen Ausführlichkeit behandelt werden.

792a   Zu Frage (3) von oben Rdnr. 789 endlich ist zu bedenken: In *BGHZ 55, 86*
hätte man sich wenigstens für F auf den Standpunkt stellen können, S hafte
schon nach den Regeln der Adäquanz für allen Schaden. Denn durch die erste
Verletzung der F habe S den Krankentransport nötig gemacht, mit dem wegen
der besonderen Eile die Gefahr weiterer Verletzungen adäquat verbunden gewesen sei. In solchen Fällen hält insbesondere *Gernhuber*, JZ 1961, 148 § 830 I 2
für unanwendbar: Die Vorschrift setze voraus, daß ein Ersatzanspruch nach
den allgemeinen Regeln an der Unmöglichkeit des Kausalitätsnachweises
scheitere. *BGHZ 55, 86 ff.* ist dem nicht gefolgt: Ein durch § 830 I 2 geschütztes
Interesse an der Inanspruchnahme des Zweittäters könne auch bestehen, wenn
der voll haftende Ersttäter nicht feststellbar oder vermögenslos sei. Mir geht
diese Auffassung des § 830 I 2 allerdings zu weit: Gerade in den vom BGH gemeinten Fällen müßte ja auch der Zweittäter mit seinem Rückgriff (§§ 840 I,
426) gegen den Ersttäter scheitern, so daß ihn die volle Haftung besonders hart
träfe.

Der BGH hat denn auch seinen ursprünglichen Standpunkt mehr und mehr
abgeschwächt. So hat *BGHZ 60, 177 ff.* die Unanwendbarkeit des § 830 I 2 eingeräumt, wenn möglicherweise der Geschädigte den Schaden mitverursacht
hat. Und nach *BGHZ 67, 14 ff.* soll für § 830 I 2 jedenfalls in der Regel kein
Raum sein, wenn ein Beteiligter aus erwiesener Verursachung haftet. *BGHZ
72, 355 ff.* endlich hat die ältere Rspr. ganz aufgegeben: Dort hatte zunächst A
den Mofafahrer M angefahren, so daß dieser auf die Fahrbahn stürzte und dort
liegenblieb. Wenig später bremste B mit seinem Wagen nicht rechtzeitig, erfaßte
daher den M und schleifte ihn 13 m weit mit. M starb bald darauf. Hier hat der
BGH (kritisch *Fraenkel*, NJW 1979, 1202 f.) Ersatzansprüche gegen B wegen
des Todes mit Recht verneint: Dieser Tod sei jedenfalls eine adäquate Folge des
ersten Zusammenstoßes, nämlich der durch ihn bewirkten hilflosen Lage des
M, und daher dem A zuzurechnen; § 830 I 2 scheide dann aus (dazu *Deutsch*,
NJW 1981, 2731 ff.). Eine Haftung des B kommt nach dieser Ansicht nur in Betracht, wenn die tödliche Verletzung nachweislich erst aus dem zweiten Zusammenstoß stammt: Dann braucht man § 830 I 2 für die Haftungsbegründung ja
nicht; die Haftung beruht vielmehr auf § 823 I.

III. Einzelfragen der Organhaftung

1. Handelsgesellschaften

793   Die Organhaftung nach § 31 (oben Rdnr. 779) gilt, abgesehen von den Erweiterungen in den §§ 86, 89, nach heute ganz h. M. weit über den rechtsfähigen Verein hinaus. Sie umfaßt nämlich alle Handelsgesellschaften mit eigener Rechts-
persönlichkeit, überdies sogar die OHG und die KG.

Dabei wird der **Organbegriff weit** gefaßt: Es genügt, daß »durch die allgemeine Betriebsregelung oder Handhabung bedeutsame, wesensmäßige Funktionen der juristischen Person (dem Organ) zur selbständigen, eigenverantwortlichen Erfüllung zugewiesen sind«, daß also das Organ die juristische Person auf diese Weise repräsentiert (*BGHZ 49, 19ff.*). Nicht entscheidend ist die Vertretungsmacht (*BGH* NJW 1972, 334f.: Chefarzt). Unter §§ 30, 31 kann z.B. auch der Leiter einer Bankzweigstelle fallen: *BGH* NJW 1977, 2259ff.

2. Andere Personenvereinigungen

Fraglich dagegen ist die Haftung bei der BGB-Gesellschaft und beim nicht- **794** rechtsfähigen Verein, für den § 54 S. 1 auf das Recht der Gesellschaft verweist.

a) BGB-Gesellschaft

Bei der BGB-Gesellschaft gestaltet sich nach der h. M. die Haftung folgendermaßen:

Im rechtsgeschäftlichen Bereich (dazu etwa *Flume*, PersGes 318ff., teils abweichend) ist auszugehen von der Vertretungsmacht, die nach § 714 im Zweifel der Geschäftsführungsbefugnis entspricht. Der danach vertretungsberechtigte Gesellschafter kann alle übrigen rechtsgeschäftlich als Gesamtschuldner (§ 427) verpflichten. Unterläuft bei der Erfüllung einer solchen Verpflichtung ein Verschulden des handelnden Gesellschafters, so haben die übrigen dieses wegen § 425 zwar nicht schon als Gesamtschuldner zu vertreten. Doch ist § 278 anwendbar, wenn der handelnde Gesellschafter von den übrigen in die Erfüllung eingeschaltet war (unten Rdnr. 801). Das liegt vor, wenn dieses Handeln durch den Gesellschaftsvertrag oder einen Beschluß gedeckt ist.

Auf § 278 kommt es nicht an, wo das **Verschulden ausnahmsweise Gesamtwirkung** hat, weil sich nämlich »aus dem Schuldverhältnis ein anderes ergibt« (so § 425 I). Das gilt insbesondere für die **Anwaltssozietät:** Hier haften für ein Verschulden eines Sozius auch die übrigen (*BGHZ 56, 355ff.*). Die als Sozii auftretenden Anwälte nehmen nämlich eine Art gemeinsamen »guten Ruf« für sich in Anspruch: Man erwartet von ihnen gemeinsam mehr als von jedem einzelnen Sozius. Diesem Anspruch muß dann regelmäßig auch eine Haftung aller für alle entsprechen (ähnlich wie bei der OHG, deren Kredit gleichfalls auf der Haftung aller Gesellschafter beruht, zustimmend *Flume*, PersGes 319ff.). Nach *BGHZ 70, 247ff.* gilt die Gesamtwirkung selbst dann, wenn nur nach außen der Anschein des Bestehens einer Sozietät hervorgerufen worden ist. *BGHZ 97, 273ff.* erweitert diese Regel auf die eine **Gemeinschaftspraxis** betreibenden **Ärzte.**

795   Bei Delikten[5] paßt § 831 weithin schon deshalb nicht, weil regelmäßig der handelnde Gesellschafter den übrigen gleichberechtigt ist: Es fehlt die für § 831 nötige Weisungsgebundenheit (vgl. unten Rdnr. 811). Daher kann die Vorschrift allenfalls dann angewendet werden, wenn ein Gesellschafter ausnahmsweise weisungsgebunden für die Gesellschaft handelt.

> *Bsp.* für die Haftungslage nach der h. M. (vgl. *BGHZ 45, 311 ff.*): Ehemann M und Ehefrau F betreiben gemeinsam eine *kleine* Tankstelle (also nach § 4 II HGB keine OHG, bei der § 31 eingreift, sondern BGB-Gesellschaft). F schraubt an dem Wagen eines Kunden K das Bremsventil nicht ordentlich zu, so daß die Bremsen ausfallen und K bei einem Unfall verletzt wird. K verlangt von F und M als Gesamtschuldnern Schadensersatz einschließlich eines Schmerzensgeldes.

> Hier ist der Anspruch gegen F aus Vertrag und aus den §§ 823 I, 847 begründet. Für einen Vermögensschaden haftet auch M aus Vertragsverletzung mit § 278, sofern er nach §§ 714, 427 durch F gesamtschuldnerisch verpflichtet worden war. Schmerzensgeld dagegen könnte M nur aus Delikt schulden. Aber § 831 paßt nicht, weil F weder als Ehefrau noch als gleichberechtigte Gesellschafterin den Weisungen des M unterworfen war.

> Eine schärfere Deliktshaftung ließe sich nur mit einer **Analogie zu § 31** begründen. Diese wird jetzt im Anschluß an *Fabricius* (Gedächtnisschr. Rudolf Schmidt 1966, 171 ff.) immer häufiger vertreten[6]. Vorzugswürdig scheint mir demgegenüber die differenzierende Ansicht von *Sellert* aaO. 101 ff. (gegen ihn aber *Flume,* PersGes S. 322 Fußn. 151), ähnlich schon *Nitschke,* NJW 1969, 1737 ff.: Entscheidend ist die **Organisation der konkreten BGB-Gesellschaft.** Ist die Geschäftsführung nach § 709 und § 711 geregelt, so fehlt die Ähnlichkeit mit der von § 31 vorausgesetzten Repräsentation durch das Organ, also durch den handelnden Gesellschafter: Dieser Gesellschafter kann bei § 709 nicht allein handeln, und bei § 711 hängt er von dem Widerspruchsrecht der anderen Gesellschafter ab. Repräsentation läßt sich daher nur bei einer Organisation nach § 710 bejahen; folglich läßt sich § 31 analog auch nur auf derart geordnete BGB-Gesellschaften anwenden.

b) Nichtrechtsfähiger Verein

796   Besser paßt § 31 für den nichtrechtsfähigen Verein, dessen Vermögen wirklich durch den Vorstand repräsentiert wird. Hier hatte zwar das RG, dem Wortlaut des § 54 S. 1 gehorchend, die Regeln über die BGB-Gesellschaft angewendet.

---

5 Dazu letztens etwa *Flume,* Festschr. H. Westermann (1974) 119 ff. und PersGes 339 ff.; JurPers 393 ff.; *Sellert,* AcP 175 (1975) 77 ff.; *Beuthien,* Betr. 1975, 774 ff.; *Lindacher,* JuS 1982, 36 ff.

6 So letztens *Beuthien,* Betr. 1975, 775 mit weit. Angaben in A. 63, dazu *Flume,* PersGes 322, 343 f.; JurPers 393 ff.: aus § 31 aber keine persönliche Haftung der Gesellschafter!

Doch mehren sich jetzt mit Recht die Stimmen, die auf den nichtrechtsfähigen Idealverein § 31 analog anwenden wollen[7], der freilich nur zu einer Haftung mit dem Vereinsvermögen führt. Eine nebenherlaufende persönliche Haftung der Mitglieder aus §831 ist dann abzulehnen. Dementsprechend beschränkt man regelmäßig auch die Haftung aus Rechtsgeschäften des Vorstands auf das Vereinsvermögen (Vollmachtseinschränkung durch Satzungsauslegung). Daneben tritt bei jedem nichtrechtsfähigen — insoweit anders als beim rechtsfähigen — Verein die persönliche Haftung der handelnden Organpersonen nach § 54 S. 2. Diese persönliche Haftung gilt auch dann, wenn der Handelnde Vertretungsmacht hat oder der vertretene Verein nach § 177 genehmigt. Ausgeschlossen werden kann § 54 S. 2 nur durch die vereinbarte Beschränkung der Haftung auf das Vereinsvermögen.

3. Organhaftung bei Überschreitung der Vertretungsmacht?

Problematisch wird die Organhaftung, wenn das Organ dadurch Schaden anrichtet, daß es seine Vertretungsmacht überschreitet (vgl. oben Rdnr. 121). 797

> *Bsp.:* Ein Vorstandsmitglied V einer AG, das nur zur Gesamtvertretung berechtigt ist (vgl. §78 II 1 AktG), schließt allein ein Rechtsgeschäft mit D ab. Die AG verweigert die Genehmigung nach § 177. Dann ist sie an das Rechtsgeschäft sicher nicht gebunden, und V haftet nach § 179. Aber haftet daneben auch die AG aus culpa in contrahendo mit § 31?

Hier ist einerseits zu bedenken, daß die Beschränkung der Vertretungsmacht die juristische Person gegen rechtsgeschäftliche Schädigungen durch das Organ schützen soll. Bei juristischen Personen des öffentlichen Rechts kann durch Beschränkungen der Vertretungsmacht zudem eine Aufsicht bezweckt sein. Andererseits soll nach dem Sinn der §§ 31, 89 die juristische Person im Rechtsverkehr nicht besser stehen als eine natürliche Person. Daher ist eine Organhaftung für culpa in contrahendo zu bejahen, wenn das Organ wenigstens **für die Anbahnung von Vertragsverhandlungen zuständig** war (ähnlich *Flume*, JurPers 391). Freilich dürfte diese Haftung besser mit § 278 zu begründen sein als mit § 31 (vgl. oben Rdnr. 779). Daneben kommt auch eine **Deliktshaftung** nach § 31 in Betracht (etwa für einen Betrug durch die Organperson, *BGHZ 98, 148 ff.*).

Bei **Körperschaften des öffentlichen Rechts** taucht die gleiche Frage auch beim Formmangel auf, vgl. *Flume* 15 III 4 b. *BGHZ 6, 330 ff.* (bestätigend *BGHZ 92, 164/175 f.*) hat die Haftung für culpa in contrahendo hier grundsätzlich anerkannt. Freilich macht der BGH die Einschränkung, das negative Interesse dürfe dem positiven nicht

---

7 Vgl. etwa *H. Westermann*, JuS 1961, 336; *Larenz*, AT §10 VI 4; *Medicus*, AT Rdnr. 1157; *Sellert*, AcP 175 (1975) 98 ff.; *Flume*, JurPers 393; *Palandt-Heinrichs* § 54 Anm. 6 a.

gleichkommen; m.E. zu Recht (vgl. oben Rdnr.185, anders aber *Flume*, JurPers 392 Fn. 82). Zurückhaltend auch *BGH* NJW 1972, 940 ff. bei Mängeln der Vertretungsmacht.

IV. Einzelfragen zu § 278 BGB

1. Sonderverbindung

798   § 278 setzt eine Sonderverbindung voraus. Dazu genügt jedes gesetzliche oder vertragliche Schuldverhältnis, unter Umständen auch ein öffentlich-rechtliches (*BGHZ 54, 299 ff.*, dazu *Götz*, JuS 1971, 349 ff.). Besonders zu erwähnen ist folgendes:

a) Dingliche Ansprüche

Ausreichend ist schon die durch einen dinglichen Anspruch geschaffene Sonderverbindung. Auf die Anwendbarkeit von § 278 kommt es aber erst dann an, wenn etwa im Eigentümer-Besitzer-Verhältnis das Verschulden des Besitzers rechtserheblich ist (§§ 987 II, 989, 990).

Bsp.: Der redliche Besitzer B gibt vor Rechtshängigkeit seinem Angestellten A eine dem E gehörende Sache in Verwahrung. Wenn die Sache durch Verschulden des A untergeht, haftet B nicht: E würde ja auch für eigenes Verschulden nicht haften. Dagegen ist B nach Rechtshängigkeit oder Unredlichwerden im Rahmen der §§ 989, 990 für A nach § 278 verantwortlich.

Hiermit nicht verwechselt werden darf die andere Frage, ob sich die Unredlichkeit des B aus seiner eigenen Person oder aus der des A bestimmt. Vgl. dazu oben Rdnr. 581.

Ebenso wie der Herausgabeanspruch aus § 985 genügt für § 278 auch der Beseitigungsanspruch aus § 1004. Daher haftet der Gläubiger, der in eine schuldnerfremde Sache vollstreckt hat, für seinen Rechtsanwalt, der trotz Nachweises des Drittrechts die Sache erst verspätet freigibt (*BGH* JZ 1973, 29 ff. mit Anm. *Henckel):* § 771 ZPO schließt hier den materiellrechtlichen Beseitigungsanspruch nicht aus, sondern begrenzt nur seine Durchsetzung.

b) Nachbarliches Gemeinschaftsverhältnis

799   Umstritten ist die Anwendbarkeit von § 278 BGB im »nachbarlichen Gemeinschaftsverhältnis« (vgl. *Brox,* Zur Lösung nachbarrechtlicher Interessenkollisionen, JA 1984, 182 ff.):

BGHZ 42, 374 ff.: A und B sind Nachbarn; ihre Häuser haben eine gemeinsame Giebelmauer, die auf der Grundstücksgrenze steht. Im Krieg wird das Haus des A zerstört. Beim Wiederaufbau belastet D, der Architekt des A, die Giebelmauer so stark, daß diese Schaden leidet. B verlangt von A Schadensersatz.

Der BGH hat hier zunächst die Frage aufgeworfen, ob die Nachbarschaft allein eine Sonderverbindung begründet. Das hat er mit der h. M. verneint (vgl. etwa *Baur* § 5 II 1 c cc): Das »nachbarliche Gemeinschaftsverhältnis« beschränke nur die Rechtsausübung in bestimmtem Umfang, erzeuge aber keine selbständigen Ansprüche. Dem ist zuzustimmen.

Weitergehend aber *Westermann* § 63 IV 2: Die Nachbarschaft müsse jedenfalls dann als Sonderverbindung angesehen werden, wenn ein Nachbar Maßnahmen trifft, bei denen ihm besondere Sorgfaltspflichten im Interesse des anderen Nachbarn auferlegt sind. Ob man hier mit *Westermann* eine Sonderverbindung annimmt, entscheidet vor allem über die Haftung für den **Architekten** bei Schäden durch unsachgemäße Grundstücksvertiefung (§§ 909, 278) und beim Überbau. *BGHZ 42, 63 ff.* wendet dort § 166 an; kaum mit Recht, weil der Überbau einem Rechtsgeschäft nicht einmal ähnelt. *BGH NJW 1977, 375* verneint dagegen die Zurechnung eines Verschuldens des **Bauunternehmers** und seiner Gehilfen.

In *BGHZ 42, 374 ff.* kam aber zu der bloßen Nachbarschaft noch die **gemeinsame Giebelmauer** hinzu. Für gemeinsame Grenzeinrichtungen verweist § 922 S. 4 auf die §§ 741 ff. (vgl. § 743 II) und damit auf das Recht der Sonderverbindungen. Deshalb hätte hier § 278 angewendet werden sollen (*Baur* aaO., aber str.).

Der BGH (S. 379 f.) hat § 278 dennoch abgelehnt. Die Begründung überzeugt nicht: Die hinsichtlich der gemeinschaftlichen Einrichtungen bestehenden Rechte und Pflichten seien »sachenrechtlicher Natur«. Daraus folgt keineswegs die Unanwendbarkeit von § 278, weil dieser keine *schuldrechtliche* Sonderverbindung voraussetzt. Allerdings halten *BGHZ 72, 289 ff.; 85, 375 ff.* bei Grundstücksvertiefungen, die einem Gebäude auf dem Nachbargrundstück die Stütze entziehen, einen **verschuldensunabhängigen nachbarrechtlichen Ausgleichsanspruch** aus § 906 II 2 für möglich, der freilich nicht auf vollen Schadensersatz geht.

c) Andere Fallgruppen

Darüber hinaus hat man noch in einigen weiteren Fallgruppen eine Sonderverbindung konstruiert, vor allem bei der **culpa in contrahendo** (vgl. oben Rdnr. 199 f.) und dem **Vertrag mit Schutzwirkung für Dritte** (vgl. unten Rdnr. 844—846). Ein Ziel dieser Konstruktionen ist es gerade, § 831 mit seiner lästigen Exkulpationsmöglichkeit zu vermeiden und die Anwendbarkeit von § 278 zu begründen. Insoweit könnte diesen Konstruktionen durch eine Novellierung des § 831 (vgl. oben Rdnr. 783) weithin der Anlaß entzogen werden. Jedenfalls wichtig bleiben aber Fälle wie der von

800

BGHZ 95, 144 ff. (dazu *K. Schreiber,* JR 1986, 110): Auf dem Grundstück des E ist für das Grundstück des G ein Wegerecht eingetragen. G verpachtet das herrschende Grundstück an P. Dieser benutzt den Weg übermäßig und beschädigt hierdurch das dienende Grundstück. E verlangt von G Schadensersatz.

Ein solcher Anspruch kann wegen Verletzung der gesetzlichen Pflicht aus § 1020 S. 1 begründet sein, wenn G nach § 278 das Verhalten des P zu vertreten hat (§ 831 scheidet hier schon deshalb aus, weil P gegenüber G nicht weisungsgebunden ist). Diese Verantwortlichkeit hat der BGH entgegen einem früheren Urteil mit Recht bejaht: § 1020 S. 1 begründe (ebenso wie Satz 2) ein gesetzliches Schuldverhältnis (und damit eine Sonderverbindung) zwischen den beiden beteiligten Eigentümern.

2. Einschaltung durch den Schuldner

801 Erfüllungsgehilfe im Sinne von § 278 ist nur derjenige, dessen sich der Schuldner zur Erfüllung seiner Verbindlichkeit bedient. Der Schuldner muß den Gehilfen also in die Erfüllung eingeschaltet haben; der Gehilfe muß mit dem Willen des Schuldners tätig geworden sein. Dafür folgende *Fälle:*

(1) G läßt seinen von S fahrlässig beschädigten Kraftwagen in der Werkstatt des U reparieren. Auf einer Probefahrt fährt U den Wagen zu Schrott.

(2) S hat es übernommen, den geisteskranken G zu pflegen. Als S eines Tages ausbleibt, springt U, der Untermieter des G, ein. U gibt dem G falsche Medizin, so daß er schwer erkrankt.

In beiden Fällen hat S für das Verhalten von U nicht nach § 278 einzustehen. Zwar war S bei (1) nach §§ 823 I, 249 S. 1 zur Reparatur des Wagens verpflichtet (daß S die Reparatur vielleicht gar nicht selbst ausführen konnte, spielt keine Rolle). Aber hier hat nicht S, sondern G den U eingeschaltet (und damit den Weg über § 249 S. 2 gewählt). Und bei (2) ist U als Geschäftsführer ohne Auftrag eingesprungen; seine Einschaltung beruht also gleichfalls nicht auf dem Willen des S.

Ähnlich liegt der Fall, daß ein vom Schuldner unbeauftragter Dritter an den Gläubiger nach § 267 leistet: Der Schuldner haftet für ihn nicht nach § 278 (vgl. oben Rdnr. 750).

Mit der Ablehnung des § 278 **in Fall (1)** ist aber noch nicht entschieden, daß S nicht für den von U angerichteten weiteren Schaden aufkommen müßte. Eine solche Ersatzpflicht des S besteht vielmehr, wenn der weitere Schaden noch adäquate Folge des von S zuerst angerichteten ist. Dabei kann S nicht geltend machen, U sei Erfüllungsgehilfe des G, so daß dieser sich ein Verschulden des U nach §§ 254 II, 278 selbst anrechnen lassen müßte. Denn einer solchen Anwendung des § 278 steht die Risikoerwägung von unten Rdnr. 820 entgegen.

Das war heftig umstritten; wie hier entscheidet aber seit *BGHZ 63, 182ff.* die h. M. Ähnlich kann man auch **bei Fall (2)** fragen, ob das unsachgerechte Eintreten des U noch adäquate Folge des Ausbleibens des S und daher von diesem zu verantworten ist.

Bei der Heranziehung von **weiteren Hilfspersonen** durch den Erfüllungsgehilfen ist zu unterscheiden: War der Schuldner hiermit einverstanden, so haftet er auch für diese weiteren Hilfspersonen nach § 278. Abweichendes gilt nur dort, wo ausnahmsweise **Substitution** erlaubt ist (vgl. §§ 664 I 2, 691 S. 2). War dagegen der Schuldner nicht einverstanden, so liegt in der Einschaltung weiterer Hilfspersonen regelmäßig schon ein Verschulden des ersten Erfüllungsgehilfen, für das ebenfalls § 278 gilt.   802

3. Grenzen des § 278

Weisungsgebunden wie der Verrichtungsgehilfe (vgl. unten Rdnr. 811) braucht   803
der Erfüllungsgehilfe nicht zu sein. Daher kommt nach *BGHZ 62, 119ff.* sogar ein Notar als Erfüllungsgehilfe in Betracht (dazu aber einschränkend *Lüderitz,* NJW 1975, 1ff.). Trotzdem wendet *Fikentscher* § 54 I 3 § 278 auf **Monopolbetriebe** wie Bahn und Post nicht an. Zur Begründung verweist er erstens auf die Monopolstellung solcher Unternehmen. Doch hindert diese den Schuldner rechtlich nicht, selbst zu befördern. Und rein tatsächlich zur Heranziehung von Erfüllungsgehilfen gezwungen sind die meisten Schuldner. Zweitens führt *Fikentscher* zur Begründung an, die Anwendung von § 278 könnte die schuldnerfreundliche Holschuldregel (§ 269) weitgehend in ihr Gegenteil verkehren. Aber das ist schief: Wo wirklich Holschuld (oder Schickschuld) vorliegt, kommt § 278 schon deshalb nicht in Betracht, weil der Transport dann nicht mehr zur Erfüllung der Verbindlichkeit gehört. Anzusetzen ist vielmehr bei der Frage, wie weit die in § 278 enthaltene Garantie des Schuldners bei der Bringschuld oder anderen erfolgsbetonten Schulden reichen soll.

a) Die Reichweite der Garantie des Schuldners

Die Problematik zeigt sich etwa in folgender Fallgruppe: 804

S schuldet dem G die galvanische Verzinkung von Blechen binnen bestimmter Frist. (1) Der von S benutzte Strom aus dem öffentlichen Netz fällt wegen eines schuldhaften Fehlers in dem Elektrizitätswerk für drei Tage aus. (2) Die eigene Stromversorgung des S fällt wegen eines Verschuldens seiner Arbeiter für drei Tage aus. In beiden Fällen kann S nicht rechtzeitig leisten. Gerät er in Schuldnerverzug (§§ 285, 278)?

Allerdings ersetzt S bei (1) die eigene Stromversorgung durch die Abhängigkeit vom öffentlichen Netz, so daß der Grund für die Anwendung von § 278 an sich vorläge. Wenn man die Vorschrift dennoch nicht anwendet, so läßt sich das

m. E. am besten damit erklären, daß der Verkehr die Abhängigkeit von öffentlichen Versorgungsträgern hinnimmt. Die in § 278 bestimmte Garantiehaftung paßt hier nicht: Niemand kann glauben, S wolle das Funktionieren dieser öffentlichen Versorgung garantieren. Daher muß die Vertragsauslegung nach § 157 ergeben, ob der Schuldner auch für von ihm nicht zu kontrollierende Gehilfen einzustehen hat: *Lüderitz*, NJW 1975, 1/6 ff.

Davon weichen die folgenden anderen Begründungen wohl nur in Nuancen ab: Treu und Glauben (so *BGHZ 50, 32 ff.*: Nichthaftung für ein Versehen der Bundesbahn), oder: Geschuldet werde von vornherein nur die »Abgabereife« der Leistung an den eigenverantwortlichen Dritten (*Esser-Eike Schmidt* § 27 I 1).

Bei (2) dagegen liegt der Grund für das Versagen nicht so eindeutig außerhalb des Garantiebereichs. Hier ist also § 278 anzuwenden. Dazu paßt, daß die Versorgung aus dem öffentlichen Netz schon wegen des Verbundsystems wesentlich zuverlässiger zu sein pflegt als die aus einer eigenen Anlage.

Schwierigkeiten bereitet dann freilich eine **weitere Variante**: S hat außer dem Anschluß an das öffentliche Netz auch ein eigenes Notstromaggregat; beide fallen aus. Müßte hier S für sein eigenes Personal nach § 278 haften, so schadete ihm letztlich die Vorsicht, die in der Installation des Aggregats liegt. Daher muß man in solchen Fällen die Haftung verneinen.

b) Der Umfang der Verpflichtung des Schuldners

805   Die Rspr. zu Kauf und Werklieferungsvertrag legt allerdings noch eine andere Frage nahe: Fällt nicht die Stromversorgung schon deshalb aus dem Bereich von § 278, weil S nicht Strom schuldet, sondern nur die Verzinkung von Blechen?

BGHZ 48, 118 ff.: Die Weberei V liefert von K bestellten Trevira-Stoff mangelhaft, weshalb K Schaden entsteht. Der Mangel geht darauf zurück, daß der von V mit der Ausrüstung des Stoffes beauftragte D schuldhaft schlecht gearbeitet hat. Der BGH hat hier eine Haftung des V für D nach § 278 abgelehnt: Auch bei Vorliegen nicht eines Kaufes, sondern eines Werklieferungsvertrages K-V sei V nicht zur Herstellung des Stoffes verpflichtet gewesen, sondern nach § 651 I 1 nur zur Übergabe und Übereignung. In *diese* Pflicht sei D nicht eingeschaltet worden.

Dagegen sprechen aber schon die Eingangsworte des § 651 I 1: »Verpflichtet sich der Unternehmer, das Werk . . . herzustellen«. Die Vorschrift leugnet also keineswegs die Pflicht des Unternehmers zur Herstellung des Werkes. Daher wäre D bei Annahme eines Werklieferungsvertrages Erfüllungsgehilfe des V gewesen. Entsprechend ist bei reinen Werkverträgen (vgl. das Bsp. oben Rdnr. 804) zu entscheiden: Geschuldet wird grundsätzlich nicht nur die Endleistung (Übergabe des fertigen Werkes), sondern auch die Werkherstellung mit den nötigen Vorbereitungen. Die Nichthaftung für ein Verschulden des Elektrizitätswerks kann deshalb nicht einfach damit begründet werden, es sei kein Strom geschuldet gewesen. Anders liegt es bei einem Werklieferungsvertrag hinsichtlich derjenigen Personen, die dem Unternehmer bloß Einzelteile für die Herstellung des Produkts liefern (z. B. *BGH* NJW 1978, 1157 f.: Ventile für eine Heizungsanlage, oder beim Werkvertrag *BGHZ 95, 128 ff.*: Gründungsarbeiten durch einen Vorunternehmer): Für solche Personen dürfte ebenso wie für Lieferanten eines Verkäufers § 278 ausscheiden (vgl. unten Rdnr. 806).

c) Insbesondere das Herstellerverschulden beim Kauf

Noch problematischer ist die Anwendbarkeit von § 278 bei reinen Kaufverträ- **806** gen. Diskutiert wird hier insbesondere, inwieweit der Verkäufer ein Verschulden des Herstellers wie eigenes zu vertreten hat.

Regelmäßig liegt der Verkauf erst nach Fertigstellung des Produkts. Dann wird § 278 vielfach mit der Begründung abgelehnt, der Produzent könne in die Erfüllung der erst später entstandenen Verbindlichkeit des Verkäufers nicht mehr eingeschaltet werden (vgl. etwa *H. Westermann,* JuS 1961, 341). Aber das überzeugt nicht, weil sich der Verkäufer die Vorteile der Arbeitsteilung auch durch den Einsatz Dritter schon *vor* Abschluß konkreter Einzelverträge zunutze machen kann. Insbesondere beim Beschaffungskauf würde es zu Zufallsergebnissen führen, wenn die zeitliche Reihenfolge zwischen dem Handeln des Dritten und dem Kaufabschluß über die Anwendbarkeit von § 278 entscheiden sollte.

Daher muß man hier auf das **Auftreten des Verkäufers** abstellen: Danach hat derjenige Verkäufer, der bloß als »Verteiler« auftritt, mit Herstellung und Prüfung der Ware nichts zu tun. Hier ist also der Hersteller nie Erfüllungsgehilfe (anders *Esser-Eike Schmidt* § 27 I 2). Dagegen erwartet der Verkehr von demjenigen Verkäufer, der seine Sachkunde herausstellt und sich meist auch bezahlen läßt (»Fachgeschäft«), eine eigene Prüfung der Ware wenigstens auf erkennbare Mängel. Soweit solche Verkäufer ihre Prüfungspflicht schuldhaft verletzen, haften sie für eigenes Verschulden.

4. Der gesetzliche Vertreter

Nach § 278 hat der Schuldner auch ein Verschulden seines gesetzlichen Vertre- **807** ters wie eigenes zu vertreten. Problematisch ist diese Vorschrift vor allem, wenn man sie über § 254 II 2 auch im Deliktsrecht anwendet (dazu unten Rdnr. 865—871). Abgesehen davon ist folgendes bemerkenswert:

a) Diese Alternative des § 278 ist **mißverständlich formuliert** (vgl. *Esser-Eike Schmidt* § 27 II).

Bsp.: Das fünfjährige Kind K schuldet dem G Übereignung eines Grundstücks. V, der verwitwete Vater des K, leistet trotz Mahnung erst verspätet. G verlangt von K aus § 286 I Ersatz seines Verzugsschadens.

Schuldnerverzug des K liegt hier nach § 285 nicht vor, wenn K die Nichtleistung nicht zu vertreten hat. Nach §§ 276 I 3, 828 I ist K selbst verschuldensunfähig. Daher wäre es sinnlos, dem K ein (untechnisches; V selbst ist ja nicht Schuldner des G!) Verschulden des V »wie eigenes« zuzurechnen. Gemeint sein kann vielmehr nur, daß K so haften muß, wie V als Schuldner haften würde. Dem K wird also nicht nur das Verschulden des V zugerechnet, sondern auch dessen Verschuldensfähigkeit: Da K durch V im Rechtsverkehr repräsentiert wird, werden **alle haftungsbegründenden Merkmale** bei K und V **zusammengerechnet.**

808   **b)** Unter den Begriff des »gesetzlichen Vertreters« bei § 278 rechnet man allgemein auch die Personen, die meist als »**Partei kraft Amtes**« bezeichnet werden (Konkurs-, Zwangsverwalter, Testamentsvollstrecker usw.). Das ist richtig: Auch die »Partei kraft Amtes« repräsentiert den Schuldner im Rechtsverkehr ebenso wie ein gesetzlicher Vertreter.

809   **c)** Ein Unterschied zwischen § 278 und § 31 folgt aus § 278 S. 2 einerseits und § 276 II andererseits: Bei Erfüllungsgehilfen kann die **Haftung für Vorsatz** durch Individualvertrag im voraus ausgeschlossen werden, bei Organen nicht. Wegen der Ähnlichkeit des gesetzlichen Vertreters mit einem Organ wird man aber § 278 S. 2 auf den gesetzlichen Vertreter nicht anwenden dürfen (*Esser-Eike Schmidt* § 27 II 1 a, anders *Flume*, JurPers 397 f.). Gleiches muß für die Haftung für Organe aus Sonderverbindung gelten, wenn diese Haftung mit § 278 und nicht mit § 31 begründet wird (vgl. oben Rdnr. 779).

810   **d)** Wo **Gesamtvertretung** besteht, genügt ebenso wie bei der Organhaftung schon das Verschulden eines einzigen Vertreters (*RGZ 110, 145 ff.*). Das gilt insbesondere auch für die Eltern, § 1629 I 2.

V. Einzelfragen zu § 831 BGB

1. Die Weisungsgebundenheit

811   Für die Verrichtungsgehilfen des § 831 wird, anders als bei § 278 (vgl. oben Rdnr. 803), »soziale Abhängigkeit« vom Geschäftsherrn gefordert. Dieses Erfordernis folgt aus dem Haftungsgrund des § 831: Der Geschäftsherr wird als durch seinen Gehilfen »mittelbar handelnd« angesehen; deshalb wird ihm die von dem Gehilfen verursachte rechtswidrige Schädigung zugerechnet. Diese

Zurechnung setzt voraus, daß der Geschäftsherr die Tätigkeit seines Gehilfen zu steuern vermag. Die Rspr. läßt dafür schon genügen, daß der Geschäftsherr die Gehilfentätigkeit »jederzeit beschränken, entziehen oder nach Zeit und Umfang bestimmen kann« (*BGHZ 45, 311 ff.;* Einzelheiten bei *Sellert,* AcP 175, 1975, 77/79 ff.). Eine soziale Unterordnung des Gehilfen ist also unnötig. Daher kann man das irreführende Wort »soziale Abhängigkeit« durch den auch nicht genau treffenden, aber besseren Begriff »Weisungsgebundenheit« ersetzen (er kommt auch bei § 855 vor, ist aber dort wohl etwas enger).

Solche Weisungsgebundenheit wird beim Werkvertrag regelmäßig verneint, was freilich wegen § 649 nicht ganz zu der Definition der Rspr. paßt. Dagegen ist die Gebundenheit beim Dienstvertrag meist gegeben. Wohl zu weit geht aber *BGH* LM § 823 (Hb) Nr. 5, wo ein Rechtsanwalt im Verhältnis zum Mandanten noch Verrichtungsgehilfe sein soll. *Von Caemmerer,* Festgabe Weitnauer (1980) 261, 271 stellt auf die **Eingliederung** des weisungsgebundenen Gehilfen in das Unternehmen oder den Haushalt des Geschäftsherrn ab. Daran fehlt es für den Rechtsanwalt, aber z. B. auch für den Taxifahrer im Verhältnis zum Fahrgast. Ein Ehegatte kann im Verhältnis zum anderen nur durch die besondere Übernahme einer weisungsgebundenen Tätigkeit zum Verrichtungsgehilfen werden (z. B. Übernahme der Verwaltung des Vermögens des anderen Ehegatten). Vgl. das Bsp. oben Rdnr. 795.

2. Die Exkulpation

Für die Exkulpation nach § 831 I 2 ist besonders wichtig der **Nachweis sorgfältiger Auswahl** des Verrichtungsgehilfen. Die h. M. bezieht dieses Beweiserfordernis auf den Zeitpunkt der schädigenden Handlung. Das bedeutet zweierlei: **812**

a) Wer zunächst nicht sorgfältig ausgewählt ist, kann dennoch als sorgfältig ausgewählt gelten, wenn er sich seit der Anstellung bis zum Schadenseintritt **längere Zeit bewährt** hat. Dann läge nämlich sorgfältige Auswahl vor, wenn er kurz vor dem Schadenseintritt angestellt worden wäre.

Bsp.: G stellt den F als Fahrer ein, obwohl dieser kurz vorher wegen einer Trunkenheitsfahrt verurteilt worden ist. Zunächst führt F sich fünf Jahre einwandfrei. Erst dann greift er plötzlich wieder zur Flasche und verursacht betrunken einen Unfall: G kann sich exkulpieren.

b) Umgekehrt genügt aber auch die einmalige Sorgfalt bei der Anstellung nicht. Vielmehr muß der Geschäftsherr sich bei längerer Dienstzeit des Gehilfen davon überzeugen, ob dieser weiterhin als ordnungsgemäß ausgewählt angesehen werden kann. Man gelangt so zu einer gewissen **Kontrollpflicht** des Geschäftsherrn.   **813**

Bsp.: G stellt den bisher ordentlichen F als Fahrer an. Bald danach entdeckt F seine Liebe zum Alkohol; er erscheint über längere Zeit mehrfach betrunken zum Dienst. Wenn F dann einen Trunkenheitsunfall verschuldet, kann G sich nicht exkulpieren.

3. Aufsichts- und Organisationspflichten

814   Von der eben genannten Kontrollpflicht zu unterscheiden ist die den Geschäftsherrn treffende Aufsichtspflicht, wenn er dem Gehilfen die Erfüllung eigener Verkehrssicherungspflichten überläßt. Sie ist der dem Geschäftsherrn verbleibende Rest der Verkehrssicherungspflicht und gründet sich auf § 823 (vgl. oben Rdnr. 656); sie ist strenger als die Kontrollpflicht aus § 831 I 2. Zudem kommt vor allem bei Großbetrieben noch eine gleichfalls auf § 823 gestützte Organisationspflicht in Betracht (vgl. oben Rdnr. 657).

§ 33   Probleme des Schadensrechts*

I. Aufbaufragen

815   Bei der Erörterung von Schadensersatzansprüchen ist zweierlei zu unterscheiden:

     1. Die Frage, ob überhaupt ein ersatzfähiger Schaden entstanden ist, gehört zum **Tatbestand** der Anspruchsnorm. Denn das Regelungsproblem der Norm (ob der Schaden abgewälzt werden kann und auf wen) stellt sich bei Fehlen eines Schadens nicht. Doch genießt die Frage nach dem »Ob« des Schadens keinen logischen Vorrang vor anderen Tatbestandsmerkmalen. Daher ist insoweit die Reihenfolge der Prüfung logisch gleichgültig.

Wenn das »Ob« eines ersatzfähigen Schadens zweifelhaft ist, empfiehlt es sich allerdings, diese Frage gleich zu Anfang zu prüfen. Denn mit ihrer Verneinung kann man sich die Erörterung aller auf Schadensersatz gerichteten Anspruchsgrundlagen mit einem Schlag ersparen. Ein Beispiel bildet etwa die Schadensersatzklage wegen der durch Putzfrauen zerstörten »Fettecke« von Buys (vgl. *Richard-Junker*, JuS 1988, 686 ff., freilich im Ergebnis bedenklich).

816   **2.** Dagegen steht die Frage nach dem **Umfang des zu ersetzenden Schadens** meist auf der **Rechtsfolgeseite** der Anspruchsnorm. Zudem kann die Antwort auf diese Frage von der Eigenart der Anspruchsnorm abhängen. So gibt es etwa

---

*   Dazu grundlegend *Herm. Lange,* Schadensersatz (1979), zudem *Gernhuber,* BR §§ 41—43; *Deutsch,* Haftungsrecht I (1976) S. 417 ff.; *der.,* Unerlaubte Handlungen und Schadensersatz (1987); *Grunsky,* Art und Umfang des zu ersetzenden Schadens, Jura 1979, 57 ff.; *Medicus,* Schadensersatz und Billigkeit, VersR 1981, 593 ff.; *ders.,* Ansprüche auf Schadensersatz, JuS 1986, 665 ff.; *P. Schwerdtner,* Grundzüge des Schadensersatzrechts, Jura 1987, 142 ff.; 304 ff.; 475 ff.

für die Haftung aus §7 StVG in §12 StVG bestimmte Höchstbeträge. Auch können sich verschiedene Anspruchsnormen in ihrem »Schutzbereich« unterscheiden. Daher kann die Frage nach dem Anspruchsumfang nur im Anschluß an eine konkrete Anspruchsnorm erörtert werden. Und da meist nicht das »Ob« des Schadens zweifelhaft ist, sondern das »Wieviel«, wird man die Schadensfrage insgesamt häufig erst am Schluß der Anspruchsgrundlage zu prüfen haben.

II. Schadensbegriff und Ersatzarten

Ausgangsfall: Bei einem von S zu verantwortenden Unfall wird der Pkw des G beschädigt. Die Reparatur würde 1000,— DM kosten. Der recht alte Pkw war aber vor dem Unfall bloß 800,— DM wert. **817**

1. Die beiden Möglichkeiten der Schadensberechnung

Regelmäßig betrifft ein Schadensereignis wenigstens zunächst ein bestimmtes Vermögensstück (wie hier den Pkw des G). Dann gibt es zwei Möglichkeiten zur Erfassung des Schadens:

(1) Man kann den Schaden in der **Verschlechterung des Pkw** sehen. Schadensersatz bedeutet dann regelmäßig entweder

(a) Reparatur durch S (§ 249 S. 1) oder

(b) Zahlung der Reparaturkosten durch S (§ 249 S. 2, vielleicht — das ist streitig — auch § 250).

(2) Man kann den Schaden aber auch in der **Minderung** sehen, die der **Gesamtwert des Vermögens** des G durch den Unfall erlitten hat. Ermittelt wird dieser Minderwert, indem man den Wert des wirklichen Vermögens von dem Wert abzieht, den das Vermögen ohne das Schadensereignis hätte. Schadensersatz bedeutet dann den Ausgleich dieses Minderwertes durch eine Geldzahlung von S an G (§ 251).

In der äußeren Form sind also die Ersatzleistungen nach (1 b) und (2) gleich: S zahlt an G Geld. Aber der zu zahlende Geldbetrag wird verschieden berechnet: bei (1 b) nach den Reparaturkosten (im Bsp. 1000,— DM) und bei (2) nach der Vermögensminderung (im Bsp. 800,— DM abzüglich des Restwertes des beschädigten Pkw).

In solchen Fällen muß freilich berücksichtigt werden, daß der Geschädigte sich (etwa bei der Wahl von Wohnung und Arbeitsplatz) regelmäßig auf den

Besitz eines Kraftfahrzeugs eingestellt hat. Daher entstünden weitere Schäden, wenn der Geschädigte kein Ersatzfahrzeug erhielte. Um sie zu vermeiden, wird als Vermögensminderung der Betrag angesehen, der zur Anschaffung eines Ersatzwagens nötig ist (**Wiederbeschaffungswert**)[1].

2. Integritäts- und Wertinteresse

818   a) Beide Berechnungsweisen erfassen also den vollen Schaden (**Totalrestitution**). Daß im Bsp. bei (2) ein geringerer Betrag herauskommt als bei (1 b), bedeutet demnach keine Beschränkung des Schadensersatzes, wie sie etwa durch die Adäquanztheorie oder die Lehre vom Schutzbereich der Norm eintritt. Vielmehr beruht der Unterschied allein auf der **Verschiedenheit des** verwendeten **Schadensbegriffs:** Bei (1) wird der Schaden am Integritätsinteresse gemessen, also dem Interesse des Geschädigten daran, daß sein Vermögen in seiner konkreten Zusammensetzung erhalten bleibt. Dagegen wird der Schaden bei (2) an dem Wertinteresse (Summeninteresse) ermittelt, also dem Interesse des Geschädigten an der Erhaltung seines Vermögens nur dem Werte nach.

   Dabei bezeichnet man den Ersatz des Integritätsinteresses als **Naturalrestitution** (§§ 249 S. 1 und S. 2, vielleicht auch 250) und den Ersatz des Wertinteresses als **Geldersatz** (§ 251). Naturalrestitution sind also auch die Geldzahlungen nach §§ 249 S. 2 und vielleicht auch 250!

819   b) **Regelmäßig** schützt das BGB das **Integritätsinteresse.** Denn dessen Ersatz steht an der Spitze der Regelung (§ 249). Der Geschädigte soll eben nicht gezwungen sein, das betroffene Rechtsgut gleichsam an den Schädiger zu »verkaufen«. Ausnahmen hiervon gibt es nur bei Unmöglichkeit, Unzulänglichkeit (§ 251 I) oder Unzumutbarkeit (§ 251 II) der Naturalrestitution.

   Im Ausgangsfall ist § 251 II nach der Praxis regelmäßig erfüllt, wenn die Mehrkosten der Reparatur 30% des Wiederbeschaffungswerts übersteigen. Anders freilich, wenn G ein besonderes (auch immaterielles: *Medicus,* JuS 1969, 449/452 f.) Interesse an der Reparatur gerade dieses Wagens hätte. Vgl. *Grunsky,* Wert des verletzten Rechtsguts und Begrenzung der Wiederherstellungskosten, in: 25 Jahre Karlsruher Forum (1983) 101 ff.

3. Prognosefehler bei § 251 II

820   Fraglich wird die Anwendbarkeit von § 251 II, wenn sich das Mißverhältnis zwischen Herstellungsaufwand und Wertinteresse erst zu spät herausstellt.

---

1   Dazu etwa *BGH* NJW 1972, 1800 ff. mit *Medicus,* JuS 1973, 211 ff., ausführlich *Jordan,* VersR 1978, 688 ff.

Bsp.: Bei einem von S zu verantwortenden Unfall wird der Pkw des G beschädigt. In der Reparaturwerkstatt des U wird dem G gesagt, der Schaden lasse sich voraussichtlich für 500,— DM beheben. Nach Durchführung dieser Reparatur stellt sich aber ein bis dahin nicht erkennbarer weiterer Unfallschaden heraus, dessen Behebung nochmals 500,— DM kostet. G verlangt von S 1000,— DM. S will jedoch wegen § 251 II nur 700,— DM zahlen, da dies der Wiederbeschaffungswert (vgl. oben Rdnr. 817) ist.

RGZ 71, 212 ff. hat in einem ähnlichen Fall § 251 II angewendet und als Schadensersatz nur den geringeren Betrag zuerkannt: Wenn der Geschädigte die Reparatur selbst durchführen lasse, treffe ihn die Gefahr, daß diese sich zu spät als unwirtschaftlich herausstelle. Ich (JuS 1969, 451) halte das für unrichtig: Nach § 249 S. 1 kann G in erster Linie verlangen, daß S die Reparatur durchführen läßt. Dann trägt S das Reparaturrisiko und damit insbesondere auch die Gefahr von Prognosefehlern. Demgegenüber will § 249 S. 2 dem G nur den Zwang ersparen, die beschädigte Sache ausgerechnet dem Schädiger S anzuvertrauen: Allein aus diesem Grunde soll G die Reparatur selbst veranlassen dürfen. Zu diesem Normzweck paßt es nicht, das Reparaturrisiko auf G zu überwälzen (vgl. auch oben Rdnr. 801). Daher ist § 251 II im Bsp. richtigerweise unanwendbar. Entsprechend hat *RGZ 99, 172 ff.* den Schädiger die zusätzlichen Aufwendungen tragen lassen, die durch schuldlos erfolglose Herstellungsversuche des Geschädigten entstanden waren. Auch *BGH* NJW 1972, 1800 ff. belastet mit dem Prognoserisiko regelmäßig den Schädiger. Eine Ausnahme soll nur gelten, wenn der Geschädigte sich in zweifelhaften Fällen nicht um eine Einigung mit dem Schädiger bemüht hat (dazu *Medicus,* JuS 1973, 211/213).

III. Vermögens- und Nichtvermögensschaden

Für Nichtvermögensschäden läßt § 253 eine Geldentschädigung (also den Ersatz nach § 251, vgl. oben Rdnr. 817) nur ausnahmsweise zu (wichtigster Fall: Schmerzensgeld nach § 847 I). Diese Beschränkung ist zwar logisch selbstverständlich, weil ein für § 251 nötiges Wertinteresse (vgl. oben Rdnr. 818) bei Nichtvermögensschäden fehlt. Trotzdem wird § 253 in neuerer Zeit zunehmend als unbillig empfunden. Daher haben sich verschiedene Wege herausgebildet, auf denen § 253 mehr oder weniger beiseite geschoben wird. Die damit zusammenhängenden Fragen sind praktisch besonders wichtig. **821**

1. Naturalrestitution

Zweifelsfrei durch das Gesetz gedeckt ist freilich die Gewährung von Naturalrestitution. Dazu gehören die beiden Wege des § 249, also auch die Zahlung der Herstellungskosten nach § 249 S. 2.

Bsp.: G ist durch einen von S verschuldeten Unfall im Gesicht verletzt worden. Wenn G die Narben durch eine kosmetische Operation beseitigen läßt, fallen die Kosten hierfür nicht unter § 847, sondern unter § 249 S. 2. Das ist wichtig, wenn G nur einen vertraglichen Ersatzanspruch hat, auf den bloß § 249 S. 2 und nicht auch § 847 anwendbar ist.

Der Ersatzanspruch nach § 249 S. 2 besteht übrigens nach h. M. regelmäßig auch dann, wenn der Geschädigte die Herstellung, deren Kosten er fordert, nicht ausführen läßt: § 249 S. 2 verlangt nicht, daß der Geschädigte die Herstellung, deren Kosten er fordert, wirklich vornehmen läßt. Jedoch soll nach *BGHZ 63, 295 ff.* (dazu kritisch *Jochem,* JR 1975, 327 ff.) der Anspruch auf die Operationskosten nach § 242 ausnahmsweise ausgeschlossen sein, wenn diese Kosten bei einer geringfügigen Körperverletzung eine dem Verletzer unzumutbare Höhe erreichen: Der Geschädigte soll dann mit einem höheren Schmerzensgeld vorliebnehmen müssen. Und nach *BGHZ 97, 14 ff.* (dazu *Zeuner,* JZ 1986, 640 f.) soll bei einer Körperverletzung der Schadensersatz überhaupt auf die wirklich entstandenen Kosten beschränkt bleiben (m. E. richtig).

2. Kommerzialisierung

822 Bedeutungsvoller, aber auch hinsichtlich der Vereinbarkeit mit § 253 fraglicher ist die Tendenz zur Kommerzialisierung von Nichtvermögensgütern.

a) Die Fragestellung

Die hierfür wesentliche Fragestellung ist schon längst bekannt.

Bsp.: S verletzt den G, der sich auf dem Wege zu einer Theatervorstellung befindet. G muß wegen seiner Verletzung eilig einen Arzt aufsuchen und versäumt daher die Vorstellung; seine Karte verfällt. Umfaßt der dem G zu leistende Schadensersatz auch den Preis der Karte?

Das für die Karte bezahlte Geld hat G nicht durch das Verhalten des S verloren: G hatte ja das Geld schon vor dem Unfall und ohne auch nur äquivalenten Kausalzusammenhang mit diesem ausgegeben. Durch den Unfall eingebüßt hat G bloß den Besuch der Theatervorstellung, und der durch sie vermittelte Genuß ist ein immaterieller Wert. Dennoch wollen hier manche dem G den für die Karte gezahlten Preis ersetzen. Denn der wesentliche gesetzgeberische Grund für § 253 bestehe darin, daß die Schwierigkeiten bei der Umrechnung von Nichtvermögensgütern in Geld vermieden werden sollten. Und dieser Grund greife hier nicht ein: Das immaterielle Gut, die Theatervorstellung von einem bestimmten Platz aus sehen zu können, habe einen durch den Preis der Karte festgelegten Wert; dieser sei also kommerzialisiert (kritisch *Köndgen,* AcP 177, 1977, 1 ff.).

Danach würde § 253 hier nur ausschließen, daß G ein besonderes immaterielles Interesse an dem Besuch der Vorstellung geltend machen kann (**Affektionsinteresse**, Liebhaberwert), z. B. er höre gerade die Sängerin dieses Abends besonders gern; ihm sei die Aufführung daher mehr wert gewesen als der Preis der Karte.

b) Der Seereisefall

Von der Rspr. ist diese Tendenz aufgenommen worden in *BGH* NJW 1956, 823 1234 f. Dort war durch Verschulden eines Zollbeamten das Urlaubsgepäck eines Ehepaares nicht an Bord eines Vergnügungsdampfers gekommen. Den Eheleuten war der Genuß der Seereise gemindert, weil sie »nicht in gewohnter und angemessener Weise Wäsche und Kleidung wechseln« konnten. Der BGH hat den durch die Seereise (Preis 1800,— DM) erhofften Genuß als kommerzialisiert angesehen: Der Ehemann hat 100,— DM, die Ehefrau 200,— DM als Schadensersatz erhalten.

Gegen diese Entscheidung bestehen aber selbst dann Bedenken, wenn man die Kommerzialisierungslehre anerkennt. Denn kommerzialisiert ist nur der durch die Seereise insgesamt erhoffte Genuß. Dagegen ist der Teil dieses Genusses, der erst durch angemessene Kleidung vermittelt wird, weder ein quantifizierbarer Teil des Gesamtgenusses noch für sich kommerzialisiert. Ob man das durch § 287 ZPO überbrücken darf, ist sehr fraglich. Denn im Grunde gerät man so in den Schätzungsbereich, den § 253 verschließt (so auch *LG Freiburg*, NJW 1972, 1719 ff. mit guter Begründung). Man kann auch nicht mit *Grunsky* (Aktuelle Probleme zum Begriff des Vermögensschadens 1968, 84) argumentieren, ein Schiffsurlaub, bei dem die Mitnahme von Gepäck ausgeschlossen sei (nebenbei: gibt es das überhaupt?), koste weniger. Denn erstens werden ja nicht gleiche Schiffsreisen mit und ohne Gepäckbeförderung angeboten, so daß der Unterschied »seinen Preis« hätte. Und zweitens hat der BGH auch gar nicht auf einen Preisunterschied abgestellt, sondern auf die Beeinträchtigung des Genusses (daher die verschiedene Bemessung des Ersatzes für Ehemann und Ehefrau!).

c) Entschädigung für Nutzungsentgang

In der praktisch wichtigsten Fallgruppe geht es um den Ersatz der Vorteile, die 824 sich aus dem Besitz eines Pkw ergeben: Der Geschädigte behilft sich während der Reparaturzeit seines beschädigten Pkw ohne einen Mietwagen, verlangt aber doch (fiktive) Mietkosten ersetzt. Der BGH[2] hat dem mit gewissen Abzügen stattgegeben, weil die Annehmlichkeiten aus dem Besitz eines Pkw kommerzialisiert seien. Und *BGHZ 85, 115 ff.* (ergänzend *BGH* NJW 1983,

---

2 *BGHZ 40, 345 ff.; 45, 212 ff.* (dazu *Stoll*, JuS 1968, 504 ff.).

2139 f.) hat eine solche Nutzungsentschädigung auch auf den Fall der vertragswidrigen Vorenthaltung eines Pkw erstreckt.

aa) Stützen ließe sich eine solche Entschädigung für den Nutzungsentgang
auf § 249 S. 2: Naturalrestitution bedeutet, daß der Geschädigte während der
Reparaturzeit einen Ersatzwagen hat; die dafür nötigen Kosten muß der Schädiger vorschießen. Ob der Geschädigte dieses Geld dann wirklich für die Miete
eines Ersatzwagens verwendet, bleibt ihm überlassen (wie auch sonst bei § 249
S. 2, vgl. oben Rdnr. 821). Schlüssig ist das freilich nicht, wenn man den Anspruch nach § 249 S. 2 an die fortbestehende Möglichkeit der Herstellung
knüpft (so *Bötticher,* VersR 1966, 301 ff.; *Esser-Eike Schmidt* § 32 I 2a). Denn
der Geschädigte kann Ersatz für seinen Nutzungsausfall regelmäßig erst nach
der Reparatur erhalten: Ein dann noch gemieteter Wagen wäre kein Ersatzwagen mehr, sondern ein Zweitwagen. Freilich scheint wenigstens auf den ersten
Blick die Verknüpfung des Anspruchs nach § 249 S. 2 mit dem Fortbestand der
Herstellungsmöglichkeit wenig glücklich: Dem Schädiger käme so eine Verzögerung seiner Leistung zugute. Gegen dieses Argument aber *Medicus,* VersR
1981, 593/598 f.

Umstritten ist die Frage nach der Bedeutung des Fortbestehens der Herstellungsmöglichkeit auch in anderem Zusammenhang: Kann der Eigentümer eines beschädigten Kfz
seinen Schaden noch »auf Reparaturkostenbasis« (also über § 249 S. 2) berechnen, wenn
er den Wagen nicht repariert, sondern beim Kauf eines Ersatzwagens in Zahlung gegeben
hat? Bejahend *BGHZ 66, 239 ff.* für die Reparaturkosten, dagegen verneinend für den
Anspruch wegen des Nutzungsentgangs: Hinsichtlich der Nutzung soll die Wirklichkeit
maßgeblich sein, nämlich der Umstand, daß der Geschädigte alsbald einen neuen Wagen
erhalten hat. Vgl. dazu *Medicus,* Unmittelbarer und mittelbarer Schaden (1977) 15 f.; 37 ff.
und in Deutsches Autorecht (DAR) 1982, 352/358 ff.; *Grunsky,* NJW 1983, 2465 ff. Bei
Grundstücken soll nach *BGHZ 81, 385 ff.* nach einer Veräußerung nicht mehr auf Reparaturkostenbasis abgerechnet werden können.

825   bb) Vor allem *Bötticher* aaO. und im Ansatz auch *Esser-Eike Schmidt* kommen aber zu einem (dem Betrage nach anderen) Ersatz wegen des Nutzungs-
ausfalls auf folgendem Wege[3]: Der Pkw-Halter hat für den Pkw laufende Aufwendungen (Steuer, Versicherung, auch Zinsentgang für das investierte
Kapital). Mit diesen Aufwendungen will er die Nutzung des Pkw erkaufen. Die
Aufwendungen sind also vergeblich, solange die bezweckte Nutzung wegen
des schädigenden Ereignisses ausfällt. Das wird von manchen als Vermögensschaden angesehen, der über § 251 I zu ersetzen sei (**Frustrierungsgedanke**).

Sehr zurückhaltend gegenüber diesem Gedanken ist mit Recht die Rspr. So
will ihm *BGHZ 71, 234/237 ff.* (dazu *Eike Schmidt,* JuS 1980, 636 ff.) für vertragliche Ersatzansprüche nur das Gewicht einer widerleglichen Rentabilitäts-
vermutung geben: Man könne davon ausgehen, daß zur Erlangung eines Vor-

3 Vgl. *Esser-Eike Schmidt* § 31 III; *Eike Schmidt,* JuS 1980, 636 ff.

teils gemachte Aufwendungen durch diesen wieder eingebracht würden. Aber bei der nichtgeschäftlichen Verwendung eines Pkw paßt diese Vermutung von vornherein nicht.

cc) Nach dem Frustrierungsgedanken müßte Ersatz zudem konsequenter- **826** weise auch zugesprochen werden, wenn nicht der Pkw beschädigt (oder vorenthalten, *BGHZ 88, 11 ff.*), sondern der **Halter verletzt** wird und dessen Aufwendungen für den Pkw aus diesem Grunde vergeblich sind (so in der Tat *Frößler*, NJW 1972, 1795 f.). Aber wo ist dann die Grenze: Darf der Verletzte auch Ersatz des Mietzinses seiner Wohnung verlangen, die er wegen des Krankenhausaufenthalts nicht benutzen kann? Gegen einen solchen Ersatz bei Verletzung des Verfügungsberechtigten mit Recht *Zeuner*, AcP 163 (1964) 380 ff.; *BGH* NJW 1968, 1778 ff.: Die Verletzung beseitige zugleich den Bedarf des Verletzten nach einem Pkw. Wenn man diese Begründung akzeptiert, läßt sich der Frustrierungsgedanke m. E. nicht mehr halten. Ein weiteres, nach meiner Ansicht zwingendes Argument gegen den Frustrierungsgedanken bringt *Herm. Lange*, Schadensersatz (1979) S. 171: Der Geschädigte kann nicht (durch seine Aufwendungen) selbst darüber bestimmen dürfen, was einen Vermögensschaden darstellt und wie hoch dieser zu bewerten ist.

Nicht mit dem Frustrierungsgedanken vereinbar ist auch *BGHZ 55, 146 ff.*: G war von S derart verletzt worden, daß G eine für neun Jahre gepachtete Jagd mindestens ein Jahr lang nicht ausüben konnte. Der BGH hat einen Ersatz der auf dieses Jahr entfallenden und daher unnützen Ausgaben für die Jagd abgelehnt. Dabei hat er ausdrücklich auf die »Gefahr einer unübersehbaren Ausdehnung der Ersatzpflicht« durch die Frustrierungstheorie hingewiesen[4].

Nicht zu der von *Zeuner* aaO. vertretenen **Bedarfstheorie** paßt andererseits *BGHZ 63, 203 ff.*: Dort hatte jemand sein Auto deshalb nicht benutzen können, weil ihm zu Unrecht der Führerschein entzogen worden war. Obwohl der Bedarf nach einem Auto fortbestand, hat der 3. ZS eine abstrakte Nutzungsentschädigung verweigert: Der Geschädigte, so argumentierte der 3. ZS, hätte seinen Bedarf auch durch einen Mietwagen nicht decken können (aber doch durch einen Wagen *mit Fahrer!*). Ebenso hat derselbe Senat auch in *BGHZ 65, 170 ff.* entschieden (dazu *Hans Stoll*, JZ 1976, 281 ff.). Demgegenüber gewährt der (für Schadensersatzfragen im allgemeinen zuständige) 6. ZS die Nutzungsentschädigung selbst dann, wenn zwar der Eigentümer den Wagen nicht benutzen konnte, aber doch ein Familienangehöriger (*BGH* NJW 1974, 33 f.) oder sogar nur die Verlobte (*BGH* NJW 1975, 922 f.). Damit wird die Bedarfsfrage von der Person des Eigentümers weithin gelöst.

dd) Inkonsequent ist die Stellungnahme des BGH zur **Höhe der geschulde-** **827** **ten Nutzungsentschädigung**: Nach *BGHZ 56, 214 ff.* soll ein die gebrauchs-

---

4 Den Versuch einer Einschränkung bringt *Larenz*, Festgabe Oftinger (1969) 151 ff., doch hat *Larenz* I § 29 II c die Frustrationstheorie inzwischen ganz aufgegeben. Vgl. auch *Stoll*, JZ 1971, 593 ff.

unabhängigen Gemeinkosten (Steuer, Versicherung, Kapitalverzinsung usw.) maßvoll übersteigender Betrag als Entschädigung genügen. Der BGH gelangt so zu Summen in Höhe von etwa einem Drittel der (fiktiven) Mietwagenkosten. Aber damit spart dann der auf einen Mietwagen verzichtende Geschädigte doch überwiegend in die Tasche des Schädigers, was der BGH gerade vermeiden wollte. Auch paßt die Bezugnahme auf die Gemeinkosten nicht zur Ablehnung des Frustrierungsgedankens.

828   ee) Für die Lösung dürfte von folgendem auszugehen sein (anders noch die 9. Aufl., anders auch *Jahr,* AcP 183, 1983, 725 ff. unter Hinweis auf § 849): Es gibt heute kaum ein Gut, das nicht gegen Geld erhältlich wäre, und für die meisten Güter läßt sich auch ein Marktpreis ermitteln. Wenn man in allen diesen Fällen über die Kommerzialisierung zu einem Vermögensschaden kommen könnte, bliebe von § 253 nicht viel übrig: Die fortschreitende »Vermarktung« würde zu einer wesentlichen und rechtlich unkontrollierten Erweiterung des Geldersatzes führen. Daher **darf man in der Kommerzialisierung allein noch keinen hinreichenden Grund für die Annahme eines Vermögensschadens sehen** (ebenso *Herm. Lange,* Schadensersatz S. 167 f.). Das anerkennt auch der BGH, soweit er bei anderen Sachen als Kraftfahrzeugen einen abstrakt berechneten Geldersatz für den Nutzungsentgang verweigert (vgl. unten Rdnr. 829). Auch die Höhe der bei Kraftfahrzeugen gewährten Nutzungsentschädigung (vgl. oben Rdnr. 827) paßt nicht zur Kommerzialisierung.

Fragen muß man dann freilich, warum bei Kraftfahrzeugen überhaupt eine (wenn auch niedrige) abstrakte Nutzungsentschädigung gewährt wird. Man kann das — wenig befriedigend — mit der besonderen Rolle begründen, die das Kraftfahrzeug heute weithin spielt. Überzeugender scheint mir folgender Ansatz: Wenn der geschädigte Kfz-Halter nennenswerten Fahrbedarf hatte und daher einen Mietwagen genommen hat, muß der Schädiger die Mietwagenkosten (abzüglich der ersparten Abnutzung des eigenen Wagens des Geschädigten) ersetzen. Es liegt daher im Interesse der Schädiger (und ihrer Haftpflichtversicherer), den Geschädigten trotz seines Bedarfs davon abzuhalten, Mietwagenkosten entstehen zu lassen. Dafür mag sich die »abstrakte Nutzungsentschädigung« in Höhe von etwa einem Drittel der Mietwagenkosten eignen: Sie bedeutet dann eine dem Geschädigten für seine **Sparsamkeit** gewährte **Prämie** (vgl. *Staudinger-Medicus,* § 253 Rdnr. 33—36).

829   ff) Die eben angedeuteten dogmatischen Unzulänglichkeiten haben sich am deutlichsten bei der Frage gezeigt, ob die Rspr. zur Nutzungsentschädigung bei Kraftfahrzeugen **auf andere Sachen (insbesondere Grundstücke) auszudehnen** ist. Der V. ZS hat einen solchen Fall nach § 137 GVG dem GS mit einem ausführlich begründeten Beschluß vorgelegt und dabei gegen eine Ausdehnung votiert (NJW 1986, 2037 ff., dazu etwa *Zeuner,* JZ 1986, 395 ff.). Der GS hat jedoch entgegengesetzt entschieden (*BGHZ* 98, *212 ff.,* dazu etwa *Medi-*

cus, Jura 1987, 240 ff.; *Schiemann,* JuS 1988, 20 ff.): Ein Nutzungsrecht (insbesondere das Eigentum) erschöpfe sich nicht im bloßen »Haben«, sondern es solle dem Berechtigten die Verwirklichung seiner Lebensziele ermöglichen. Daß dies zeitweilig verhindert werde, dürfe nicht bloß monetär gesehen werden. Denn sonst werde derjenige unangemessen benachteiligt, der seine Güter nicht erwerbswirtschaftlich einsetze (und daher keinen nach § 252 erfaßbaren Gewinnentgang habe). Doch will der GS diesen Geldersatz auf »**Wirtschaftsgüter von allgemeiner, zentraler Bedeutung für die Lebenshaltung«** beschränken.

Diese Entscheidung kann die dogmatischen Zweifel kaum beenden. Schwer einzuordnen ist schon die eben genannte Beschränkung: Beim Schadensersatz (etwa bei den Reparaturkosten) spielt es ja auch sonst keine Rolle, ob die beschädigte Sache für die Lebenshaltung wichtig ist oder bloß dem Luxus dient. Auch sagt der GS fast nichts zur Höhe der Nutzungsentschädigung. Daß hierfür Anhaltspunkte fehlen, hängt notwendig mit einer Inkonsequenz der Entscheidung zusammen: Von der Ablehnung einer monetären Betrachtung führt eben keine Brücke zu einem Geldersatz, wenn man nicht an eine Art Schmerzensgeld denkt (dem aber § 253 entgegensteht). Anders gesagt: Der bloße Entzug der Gebrauchsmöglichkeit bedeutet nicht schon deshalb einen Vermögensschaden, weil er in manchen Fällen (vor allem bei gewerblicher Nutzung) einen solchen herbeiführt. Daß insbesondere auch der V. ZS nicht wirklich überzeugt worden ist, zeigt dessen neuere Entscheidung in NJW 1987, 771/772.

d) Freizeit und Urlaub

Umstritten sind die Kommerzialisierung und die Unanwendbarkeit von § 253 **830** endlich für die Freizeit und speziell für den Urlaub. Die Diskussion hat sich vor allem entzündet an

OLG Frankfurt, NJW 1967, 1372 f.: G hatte bei S einen Bungalow in Spanien gemietet. G reiste zwar mit seiner Familie termingemäß an, erhielt aber den Bungalow auch nach eintägigem Warten nicht. Daraufhin fuhr G wieder zurück. Er verlangt von S u. a. den Arbeitslohn für fünf Tage (vier nutzlose Reisetage und ein Wartetag). Das OLG hat ihm Recht gegeben: Die »ungestörte Ausnutzung von Urlaubstagen« sei weitgehend kommerzialisiert.

Gegen dieses Urteil ist eingewendet worden, ob ein Urlaub beeinträchtigt sei, hänge von den subjektiven Empfindungen des Betroffenen ab (*Heldrich,* NJW 1967, 1737 ff.). Das ist richtig und sollte vor einer Ausdehnung des Geldersatzes wegen verdorbener Freizeit warnen (so auch *BAG* NJW 1968, 221 ff.). Insbesondere bedeutet es noch nicht den Fortfall der Erholung, wenn bloß die geplante Art des Urlaubs vereitelt wird (so *BGHZ 60, 214 ff.*: Sauerland statt Adria; *80, 366 ff.*). Dagegen möchte ich in dem Bungalow-Fall für die fraglichen fünf Tage das Fehlen jeder Erholung nach der Lebenserfahrung (also objektiv) bejahen.

Mit gleicher Tendenz entscheidet *BGHZ 63, 98 ff.*[5]: Ein Fabrikant flog mit einem Reiseveranstalter für zwei Wochen an die rumänische Schwarzmeerküste. Die Reiseleistungen hatten schwerwiegende Mängel, die eine »Quelle ständigen Ärgers« bedeuteten. Hier ist dem Fabrikanten nicht nur eine Minderung des dem Veranstalter zu zahlenden Entgelts zuerkannt worden. Vielmehr hat der BGH auch die Urlaubszeit als solche für kommerzialisiert erklärt. Das gelte nicht nur für einen Arbeitnehmer, sondern auch für einen selbständigen Gewerbetreibenden: Dieser erkaufe sich die Urlaubszeit durch einen Verzicht auf Einnahmen oder die Einstellung einer Ersatzkraft. Wenn der mit diesem Opfer verfolgte **Erholungszweck »gänzlich oder in erheblichem Umfang«** verfehlt werde, müsse auch eine Entschädigung für die verdorbene Urlaubszeit gezahlt werden. Zugleich betont der BGH aber nochmals, daß Mängel der Reiseleistungen regelmäßig den Urlaub nicht schon als »vertan« erscheinen lassen könnten und daher allein durch Minderung der Gegenleistung auszugleichen seien. *BGHZ 77, 116 ff.* erstreckt den Ersatzanspruch auf den Fall der einfachen Nichtleistung (der Urlaub wurde zu Hause verbracht, vgl. *OLG München,* NJW 1984, 132 f.) und die nicht berufstätige Ehefrau.

Seit dem 1.10.1979 ist die Frage für den **Reisevertrag** (§ 651 a I) gesetzlich geregelt: Nach § 651 f II soll der Reisende bei Vereitelung oder erheblicher Beeinträchtigung der Reise auch wegen der nutzlos aufgewendeten Urlaubszeit eine »angemessene Entschädigung in Geld« verlangen können. Doch hat diese Norm **weitere** Probleme aufgeworfen. Denn es ist fraglich, ob dies jetzt (neben den §§ 847, 1300) eine weitere gesetzliche Ausnahme von § 253 bildet. Wenn man das bejaht (wozu ich neige), kann die Schadensberechnung von der Höhe des Arbeitsentgelts gelöst werden; auch können Personen ohne Arbeitseinkommen entschädigungsberechtigt sein. Dementsprechend hat *BGHZ 85, 168 ff.* einem Schüler eine Entschädigung wegen verdorbenen Urlaubs zuerkannt. Andererseits wird dann aber fraglich, ob außerhalb des Anwendungsbereichs der §§ 651 a ff. — also außerhalb eines Reisevertrags — noch eine Entschädigung wegen verdorbenen Urlaubs in Betracht kommt. Die Grundsatzentscheidung *BGHZ 86, 212 ff.* des (VI.) Deliktssenats verneint eine solche Entschädigung jetzt für **Deliktsansprüche** (anders noch *KG* NJW 1970, 474: Hundebiß vereitelt den Erfolg eines Kuraufenthalts). Freilich kann bei Körperverletzungen der »Urlaubsschaden« bei der Bemessung des Schmerzensgeldes berücksichtigt werden. Bei **Verträgen** außerhalb der §§ 651 a ff. (so z. B. der Mietvertrag über den Bungalow von OLG Frankfurt aaO.) soll entscheiden, ob eine »durch den Vertragskonsens geprägte Kommerzialisierung des Urlaubs-

---

5 Dazu *Grunsky,* NJW 1975, 609 ff.; *Stoll,* JZ 1975, 252 ff. und — überwiegend ablehnend — *H. Honsell,* JuS 1976, 222 ff.

genusses« vorliegt *(BGHZ 86, 212/216)*. *BGH* NJW 1985, 906 f. hat dem eine analoge Anwendung von § 651 f II hinzugefügt: Diese soll in Betracht kommen, wenn allein ein Ferienhaus oder eine Ferienwohnung für Urlaubszwecke geschuldet wird (wie im Ausgangsfall des OLG Frankfurt).

3. Erweiterung des § 847 I

Außer durch den Kommerzialisierungsgedanken kann die Wirkung des § 253   831
auch abgeschwächt werden durch die extensive Auslegung der Ausnahmevorschriften. Dazu eignet sich aber allenfalls § 847 I. Der BGH ist diesen Weg bisher nur einmal gegangen (*BGHZ 26, 349 ff.*: »Herrenreiter«, vgl. oben Rdnr. 615): Die Verletzung des Rechtes am eigenen Bild ähnele der Freiheitsentziehung. Aber damit sind die Grenzen der zulässigen Analogie sicher überschritten.

4. Verdrängung des § 253 durch das Grundgesetz

In der Rspr. durchgesetzt hat sich demgegenüber seit *BGHZ 35, 363 ff.* (»Gin-   832
sengwurzel«) der Gedanke, bei Persönlichkeitsverletzungen sei § 253 durch Art. 1 I GG außer Kraft gesetzt. Von den Bedenken hiergegen war schon oben Rdnr. 615 die Rede. Über Persönlichkeitsverletzungen hinaus trägt das Argument zudem sicher nicht.

5. Entgangene Gegenleistung für eine Benutzungserlaubnis

Ein letzter Versuch zur Einschränkung von § 253 läuft darauf hinaus, die Verlet-   833
zung darin zu sehen, daß der Verletzer nicht zuvor eine Erlaubnis des Verletzten eingeholt hat: Wenn der Verletzte diese nur gegen Entgelt erteilt hätte, bildet das Entgehen des Entgelts einen Vermögensschaden.

BGHZ 20, 345 ff.: Ein Hersteller von Motorrollern veröffentlichte Bilder des Schauspielers Paul Dahlke, die diesen auf einem Fabrikat der Firma zeigten. In Wahrheit gehörte der Roller dem Photographen; P. D. hatte nicht gewußt, daß die Aufnahmen zur Werbung für den Roller bestimmt waren. Der BGH hat den Photographen, der P. D. vorsätzlich getäuscht hatte, verurteilt: Als Schadensersatz geschuldet werde der Betrag, der an Schauspieler für die Gestattung derartiger Werbeaufnahmen üblicherweise gezahlt werde. Dieser Weg ähnelt dem oben Rdnr. 822 ff. erwähnten: Teilbereiche der Persönlichkeit können unter bestimmten Umständen kommerzialisiert sein.

Möglich ist das natürlich nur, wo es Anhaltspunkte für die Höhe eines solchen üblichen Entgelts gibt. Daher ist *BGHZ 26, 349 ff.* diesen Weg mit Recht nicht gegangen (die Werbung eines Brauereibesitzers für ein Sexualmittel kennt kein übliches Entgelt).

Diese für das Urheberrecht durch § 97 I 2 UrheberRG sanktionierte Art der Schadensberechnung nach der **entgangenen Lizenzgebühr** (zu ihr *Däubler,* JuS 1969, 49 ff.) wäre an sich auch beim Eingriff in Vermögensgüter denkbar. Der BGH macht aber von ihr regelmäßig keinen Gebrauch. Freilich kann der mit der Eingriffskondiktion zu fordernde Wertersatz zum selben Ergebnis führen (vgl. oben Rdnr. 719).

BGH NJW 1964, 1853: Der Mieter M hat ohne Erlaubnis seines Vermieters V untervermietet. Eine solche Erlaubnis wird häufig nur gegen eine Erhöhung des Mietzinses erteilt (vgl. § 549 II 2). Kann V von M nachträglich den Betrag verlangen, um den der Mietzins bei Einholung der Erlaubnis erhöht worden wäre? Der BGH hat das verneint. Anders *Neumann-Duesberg,* BB 1965, 729 ff., gegen ihn *Söllner,* JuS 1967, 449 ff. — Vgl. auch oben Rdnr. 707; 719 zu der bereicherungsrechtlichen Seite des Falles.

IV. Die Tendenzen zum Ersatz von Drittschaden

1. Drittschaden und mittelbarer Schaden

834 Zunächst sind hier zwei Begriffe klarzustellen, die oft verwechselt werden.

a) Schadensersatz erhält regelmäßig nur, wer selbst in seinen geschützten Rechtsgütern verletzt worden ist: der Eigentümer der zerstörten Sache bei § 823 I, der Gläubiger einer gestörten Verbindlichkeit. Ersetzt verlangen kann der Verletzte dann auch nur den ihm selbst entstandenen Schaden, also das *Gläubigerinteresse.* Im Unterschied dazu heißt der Schaden, der bei anderen Personen eintritt, Drittschaden. Er ist mangels einer Anspruchsgrundlage regelmäßig nicht ersatzfähig.

Kein Drittschaden liegt vor, wenn durch ein Ereignis gleichzeitig oder nacheinander mehrere Personen in ihren rechtlich geschützten Gütern verletzt werden. *Bsp.:* Eine Mutter erleidet beim Anblick ihres überfahrenen Kindes einen **Nervenschock.** Hier hat der Kraftfahrer zunächst den Körper des Kindes verletzt. Hieraus hat sich dann weiter eine Verletzung der Gesundheit der Mutter ergeben. Nur deswegen und nicht wegen der Verletzung des Kindes hat die Mutter einen Ersatzanspruch aus § 823 I, wenn man die »psychische Kausalität« genügen läßt (so die h. M. mit *BGHZ 56, 163 ff.;* Adäquanz liegt hier jedenfalls vor). Eine Abgrenzung des geschützten Personenkreises (sollen auch Fremde ersatzberechtigt sein?) versucht *Berg,* NJW 1970, 515 f. — Ein weiteres Bsp. bildet der »Nierenfall« von oben Rdnr. 653 c.

835 **b)** Vom Drittschaden zu unterscheiden ist der **mittelbare Schaden.** Dieser Begriff ist dem BGB zwar fremd: Dieses wollte den mittelbaren Schaden ebenso ersetzen wie den unmittelbaren. Aber die Lehre und die Vertragspraxis bedienen sich dieser Differenzierung manchmal zur Begrenzung des Ersatzes.

Dabei werden als »mittelbar« Schadensfolgen bezeichnet, die von dem die Ersatzpflicht begründenden Umstand weiter entfernt sind als der »unmittelbare« Schaden. Vgl. unten Rdnr. 850 f.

2. Sonderregelungen

Entgegen der oben Rdnr. 834 genannten Regel gewähren einige Sondervorschriften ausnahmsweise den Ersatz von Drittschaden. Sie gehören fast alle dem Deliktsrecht an: §§ 844, 845 BGB und entsprechend etwa die §§ 10 I 2, II StVG, 5 I 2, II HaftpflG, 35 I 2, II LuftVG. Nach den gesetzlichen Regeln für das Vertragsrecht kann Drittschaden nur nach § 618 III ersetzt verlangt werden, außerdem noch bei der Haftung nach § 701. Die Rspr. hat diesen Ersatz von Drittschäden zwar auf manche Werkverträge und Auftragsverhältnisse ausgedehnt. Dennoch bleibt der so zu erreichende Ersatz von Drittschaden in engen Schranken.

836

Problematisch ist unter den genannten Vorschriften freilich § 845. Überholt ist nämlich die Anwendung gerade für diejenigen Fälle, für welche die Vorschrift ursprünglich vor allem gedacht war: Die im Haushalt arbeitende Ehefrau wird verletzt, so daß eine Haushaltshilfe angestellt werden muß. Die dem § 845 zugrunde liegende Vorstellung sah das folgendermaßen: Aus § 823 I anspruchsberechtigt ist die Ehefrau, aber nur wegen ihres eigenen Schadens. Jedoch bringt die Kosten für die Haushaltshilfe regelmäßig der Ehemann auf. Insoweit fehlt also ein eigener Schaden der Frau. Und für den Ehemann bedeuten die Kosten bloßen Vermögensschaden, den er nach allgemeinem Deliktsrecht (Ausnahme § 826) vom Schädiger nicht ersetzt verlangen könnte. Diese Lücke wollte § 845 durch Gewährung eines besonderen Anspruchs für den Ehemann schließen. § 845 war daher schon früher unnötig, wo die Ehefrau selbst (etwa aus ihrem Vorbehaltsgut) die Aushilfskraft bezahlte.

Von dieser Grundvorstellung ist *BGHZ 38, 55 ff.* abgewichen: Seit der Durchführung der **Gleichberechtigung** brauche die Ehefrau ihre Arbeitskraft nicht mehr unentgeltlich im Haushalt einzusetzen. Vielmehr erfülle sie durch die Arbeitsleistung ihre Unterhaltspflicht (§ 1360 S. 2). Der Wegfall der Arbeitskraft **infolge Verletzung** bedeute also einen eigenen Schaden der Ehefrau. Daß der Mann diesen Wegfall durch Anstellung einer Hilfskraft ausgleiche, sei nach § 843 IV unbeachtlich. Insoweit war also § 845 unnötig geworden.

Noch einen Schritt weiter ist *BGHZ (GS) 50, 304 ff.* gegangen: Wenn der ersatzfähige Schaden an der Arbeitskraft der Ehefrau eintrete, brauche er dem Betrage nach nicht mit den Aufwendungen für eine Ersatzkraft zusammenzufallen. Vielmehr könnten diese nur einen Anhaltspunkt für die Schadensbemessung geben. Und nach *BGH* NJW 1974, 1651 ff. (dazu *Denck,* ebenda 2280 ff.)

soll nicht die von der verletzten Ehefrau gesetzlich geschuldete Arbeitsleistung maßgeblich sein, sondern die ohne die Verletzung tatsächlich erbrachte.

Die Rechtslage **bei Tötung** der Ehefrau, also wenn für sie ein eigener Ersatzanspruch nicht in Betracht kommt, behandelt *BGHZ 51, 109 ff.:* Dann sei der Ehemann nach § 844 II ersatzberechtigt. Denn da die Ehefrau durch die Haushaltsführung ihren Beitrag zum Familienunterhalt leiste, bedeute ihre Tötung den Ausfall des Unterhaltspflichtigen. Wesentlich ist diese Konstruktion insofern, als sich in den Sondergesetzen über die Gefährdungshaftung nur dem § 844 II entsprechende Vorschriften finden (etwa §§ 10 II StVG, 5 II HaftpflG), aber nicht auch solche, die dem § 845 gleichen. Die Ersatzpflicht des nach StVG oder HaftpflG Verpflichteten ist also durch die neue Auffassung von der Hausarbeit der Ehefrau erweitert worden.

Darüber hinaus ergeben sich aus der neuen Sicht noch weitere Fragen: Wie erfolgt die Entschädigung hinsichtlich der ausfallenden Dienstleistungen eines Ehegatten im **Beruf oder Geschäft** des anderen? Denn seit der Streichung des § 1356 II a.F. ist zweifelhaft, ob Dienste im Beruf oder Geschäft des anderen Ehegatten noch auf Gesetz beruhen (weil die gesetzliche Unterhaltspflicht erfüllt wird, so *Holzhauer*, JZ 1977, 729) oder nicht (so *Diederichsen*, NJW 1977, 217/220 f., der aber mit Recht trotzdem die Anwendbarkeit von § 844 II anstrebt.) *BGHZ 77, 157 ff.* stützt den Ersatzanspruch des überlebenden Ehegatten wegen der ihm geschuldeten Dienste des Getöteten auf § 844 II. Maßgeblich sei aber nicht die vor der Tötung tatsächlich erbrachte Unterhaltsleistung, sondern nur diejenige, die als ehelicher Unterhalt geschuldet gewesen sei (Abgrenzung sehr zweifelhaft). Dagegen wollen *BGHZ 77, 157/167; BGH* NJW 1969, 2005 ff. wegen ausfallender **Dienste der Kinder** (§ 1619) weiter § 845 anwenden (anders *Kilian* ebenda; zum Verhältnis zu einem eigenen Ersatzanspruch des Kindes *BGHZ 69, 380 ff.:* Dieser Ausspruch geht vor!). Bei § 844 II soll nach *BGH* NJW 1972, 1130 f.; VersR 1973, 84 ff. der **Ersatzanspruch** wegen des Ausfalls der Ehefrau zwischen dem Witwer und den gleichfalls unterhaltsberechtigten Kindern **geteilt** werden. Ein praktikabler Maßstab für diese Teilung läßt sich freilich kaum angeben. Daher dürfte der **Weg über § 432** vorzuziehen sein: Der Schadensersatz ist an alle Unterhaltsberechtigten gemeinsam zu leisten; die interne Aufteilung braucht den Schädiger nicht mehr zu kümmern (vgl. *Medicus*, JuS 1980, 697, 700 f.).

3. Haftungsinteresse

837   Gleichfalls noch keiner konstruktiven Anstrengungen zum Ersatz von Drittschaden bedarf es, soweit ein Haftungsinteresse des potentiellen Ersatzgläubigers reicht: Es macht den fremden Schaden zum eigenen. Ob das vorliegt, ist daher stets zuerst zu prüfen.

Bsp. (ein weiteres oben Rdnr. 350 am Ende): Ein Angestellter A des Kaufmanns S hat dem G, einem Vertragspartner des S, durch eine falsche Auskunft fahrlässig einen Vermögensschaden zugefügt. Hier hat S insofern einen eigenen Schaden, als er dem G aus Vertragsverletzung in Verbindung mit § 278 auf Schadensersatz haftet. Diesen Haftungsschaden kann S von A wegen schuldhafter Verletzung des Dienstvertrages ersetzt verlangen (wenn nicht die arbeitsrechtlichen Regeln über die Haftungsbeschränkung bei schadensgeneigter Arbeit eingreifen). Bevor S den Ersatzanspruch des G befriedigt hat, muß A dadurch Ersatz leisten, daß er den S von der Forderung des G befreit.

BGHZ 59, 148 ff. betont mit Recht, daß die Belastung mit Ansprüchen auch für eine völlig vermögenslose Person (entschieden für einen Verein) einen Schaden darstellt (anders das RG). Freilich wird hier der das Haftungsinteresse deckende Ersatzanspruch im Ergebnis meist dem geschädigten Dritten nützen, der nach Pfändung und Überweisung dieses Anspruchs gegen den Drittschuldner vorgehen kann.

4. Schadensliquidation im Drittinteresse

Soweit der potentielle Ersatzgläubiger keinen eigenen Schaden — auch kein Haftungsinteresse — hat, kommt die Schadensliquidation im Drittinteresse in Betracht. Bei ihr verlangt derjenige, in dessen Person die Voraussetzungen einer Anspruchsnorm mit Ausnahme des Schadens erfüllt sind, **fremden Schaden** ersetzt. Natürlich ist das nur da sinnvoll, wo der so konstruierte Anspruch oder der auf ihn geleistete Ersatz letztlich dem Geschädigten zugute kommt.

838

Bsp.: Der Versendungsverkäufer V hat die ordentlich verpackte Ware an den Käufer K abgeschickt. Unterwegs wird diese durch ein Verschulden der Transportperson T zerstört. Wenn hier V — wie regelmäßig — noch Eigentümer der Ware war, kann er an sich von T aus § 823 I oder aus dem Transportvertrag Ersatz verlangen. Wegen § 447 fehlt dem V aber ein Schaden: K muß den Kaufpreis ja trotz Zerstörung der Ware bezahlen (auch beim Gattungskauf wegen § 243 II). Der eigentlich geschädigte K hat aber für einen Anspruch gegen T keine Grundlage: § 823 I scheitert am fehlenden Eigentum (oder Besitz) des K, und den Transportvertrag hat K nicht abgeschlossen.

Da der Schaden hier aus einem für T zufälligen Grund, nämlich durch § 447, von V auf K verlagert ist, soll nach der herkömmlichen Ansicht V von T den Schaden des K ersetzt verlangen können. Diesen seinen Anspruch gegen T muß V dann nach §§ 275 I, 281 I als stellvertretendes Kommodum für die zerstörte Ware an K abtreten. Bei der Drittschadensliquidation wird das Schadenserfordernis der anspruchsbegründenden Norm also durch einen Trick erfüllt: Dem potentiell Ersatzberechtigten wird im Verhältnis zum Schädiger der fremde Schaden wie eigener zugerechnet.

Sehr kritisch gegenüber der Drittschadensliquidation ist freilich *Hagen,* Die Drittschadensliquidation im Wandel der Rechtsdogmatik (1971). *Hagen* will außer in den Fällen der mittelbaren Stellvertretung die Drittschadensliquidation durch andere Rechtsfiguren ablösen. Doch bleiben die Ergebnisse wohl im wesentlichen gleich[6].

5. Verträge mit Schutzwirkung für Dritte

839   Die Ausgangslage bei der Drittschadensliquidation wird gekennzeichnet durch das Auseinanderfallen von Ersatzberechtigtem und Geschädigtem. Eben diese Ausgangslage findet sich auch bei den üblicherweise so genannten Verträgen mit Schutzwirkung für Dritte. Beide Konstruktionen betreffen daher das gleiche Problem. So könnte man etwa beim Versendungskauf (oben Rdnr. 838) einen Schadensersatzanspruch für K auch dadurch gewinnen, daß man den Transportvertrag V—T als Vertrag mit Schutzwirkung für K konstruiert. Dann hat K gegen T direkt einen Ersatzanspruch. Umgekehrt ließen sich die üblicherweise unter Berufung auf eine vertragliche Schutzwirkung entschiedenen Fälle auch mit der Drittschadensliquidation lösen.

Bsp.: Das Kind K des Mieters M kommt in dem vernachlässigten Treppenhaus zu Fall und verletzt sich. Ein Deliktsanspruch des K gegen den Vermieter V möge daran scheitern, daß V sich für seinen Hauswart H exkulpieren kann (§ 831 I 2) und seine eigene Aufsichtspflicht erfüllt hat (vgl. oben Rdnr. 656). Hier pflegt man zu sagen, K stehe im Schutzbereich des Mietvertrages M—V. Man gelangt so mit Hilfe des rettenden § 278 zu einem vertraglichen Schadensersatzanspruch K—V. Das Ergebnis wäre wirtschaftlich gleich, wenn man M bei V den Schaden des K liquidieren ließe.

Der konstruktive Unterschied besteht in folgendem: Bei der Drittschadensliquidation wird der Schaden zur Anspruchsgrundlage, bei der vertraglichen Schutzwirkung die Anspruchsgrundlage zum Schaden gezogen. Im ersten Fall klagt also (vor einer etwa erfolgenden Abtretung) der Nichtgeschädigte, im zweiten der Geschädigte.

6. Abgrenzungsfragen

840   Hinsichtlich des Anwendungsbereichs beider Konstruktionen und ihrer Abgrenzung voneinander bestehen viele Zweifel[7].

---

6 Zustimmung zu *Hagen* etwa bei *Larenz* I §§ 27 IV b am Ende; 29 I b; *Esser-Eike Schmidt* § 34 IV 1, ablehnend dagegen *Berg,* JuS 1977, 365 f.
7 Dazu *Berg,* NJW 1968, 1325 f.; 1969, 1172 f.; 1978, 2018 f.; MDR 1969, 613 ff.; Jur. Analysen 2 (1970) 687 ff.; JuS 1977, 363 ff.; *Ries,* Grundprobleme der Drittschadensliquidation und des Vertrages mit Schutzwirkung für Dritte, JA 1982, 453 ff.

a) Die Rspr. hat lange die Drittschadensliquidation überwiegend bei Sach- und Vermögensschäden und den Vertrag mit Schutzwirkung für Dritte bei Körperschäden angewendet. Gegen diese Unterscheidung sprach aber, daß sich beide Konstruktionen von ihrem Ansatz her gleichermaßen zum Ersatz von Schäden aller Art eignen. Insbesondere läßt sich bei dem »Vertrag« mit Schutzwirkung für Dritte der Ersatz von Vermögensschäden nicht ausschließen. Der BGH hat die genannte Abgrenzung dann auch aufgegeben (*BGHZ 49, 350/354f.;* NJW 1968, 1929/1931; 1977, 2073/2074).

b) Richtig ist vielmehr die folgende, jetzt auch vom BGH (etwa NJW 1968, **841** 1931) mehrfach betonte Unterscheidung: Die **Drittschadensliquidation** bezweckt nur den Ausgleich einer vom Schädiger her gesehen zufälligen **Verlagerung des Schadens.** Dadurch wird also das kalkulierbare Risiko des Schädigers nicht erhöht: Er haftet nur, wo er eine Haftung erwarten mußte.

So in dem Bsp. von oben Rdnr. 838: T konnte nicht voraussehen, daß V wegen § 447 kein Schaden entstehen würde: V konnte ja mit K auch eine andere Regelung der Preisgefahr getroffen haben oder die Ware nicht kaufweise versenden.

Dagegen führt der **Vertrag mit Schutzwirkung für Dritte** zu einer **Vermehrung des Risikos:** Der Schuldner haftet in diesen Fällen nicht bloß, wenn der sich im Schutzbereich befindende Dritte geschädigt wird, sondern ebenso auch für Schädigungen des Gläubigers. Hier wird also nicht statt für Schäden des Gläubigers für die eines Dritten gehaftet. Vielmehr werden die Risiken gehäuft.

7. Einzelheiten

Daraus ergeben sich dann auch die Einzelheiten bei beiden Rechtsinstituten. **842**

a) Drittschadensliquidation

aa) Es muß wirklich eine **Schadensverlagerung** gegeben sein. Dafür ist erforderlich, daß der Schuldner mit dem **Schadenseintritt beim Gläubiger rechnen mußte** und sein Risiko daraufhin kalkulieren konnte. So argumentiert etwa *BGHZ 51, 91/95* in dem Hühnerpestfall (vgl. oben Rdnr. 650; vorher ebenso *BGHZ 40, 91 ff.):* Dort hatte ein Impfstoffwerk Impfstoff an einen Tierarzt verkauft. Deshalb brauchte das Werk nicht damit zu rechnen, der Arzt werde eigene Hühner impfen (und sie dann wegen eines Mangels des Impfstoffs verlieren). Daher konnte der Arzt nicht die Schäden der von ihm betreuten Hühnerhalter liquidieren.

Für die Drittschadensliquidation hätte sich dagegen geeignet der Fall von

BGHZ 49, 350ff.: M hatte von V Geschäftsräume in dessen Haus gemietet. V veräußerte das Hausgrundstück an K. Danach kam es wegen einer schon beim Vertragsabschluß vorhandenen Rauchrohröffnung zu einem Brand. Dabei wurden in dem Geschäft außer Waren des M auch solche eines Dritten D zerstört. D verlangt von K Schadensersatz.

Ein Ersatzanspruch hinsichtlich der Waren des D kann hier mangels Verschulden des K nur auf § 538 gestützt werden. Der Anwendung dieser Vorschrift scheint entgegenzustehen, daß den Mietvertrag nicht K abgeschlossen hatte, sondern V. Der BGH hat aber mit Recht bejaht, daß die Garantiehaftung aus § 538 auch den Erwerber des Mietobjekts trifft, der nach §§ 580, 571 in den Mietvertrag eingetreten ist.

Im übrigen hat der BGH (ebenso *BGH* JZ 1968, 304) angenommen, auch die Ware des D befinde sich im Schutzbereich des Mietvertrages K—M. Dagegen möchte ich hier eine typische Schadensverlagerung annehmen: K mußte damit rechnen, für alle Ware zu haften, die M in dem Laden aufbewahrte. Denn sie alle konnte dem M gehören. Daß in Wahrheit ein Teil davon im Eigentum des D stand, war für K rechtlich zufällig und daher kalkulatorisch bedeutungslos; ähnlich *Söllner,* JuS 1970, 159/164. Auch *BGHZ 70, 327ff.* betont, der Untermieter sei regelmäßig nicht in den Schutzbereich des Hauptmietvertrages einbezogen; er müsse sich mit den Vertragsansprüchen gegen seinen Vermieter (den Hauptmieter) begnügen.

843   bb) Die Drittschadensliquidation wird **ausgeschlossen durch** die Gefahr, daß der Schaden *beim Gläubiger und beim Dritten* eintreten kann. Denn dann handelt es sich um Fälle der **Risikohäufung.**

b) Vertrag mit Schutzwirkung für Dritte

844   Für den Vertrag mit Schutzwirkung für Dritte[8] müssen strengere Voraussetzungen gelten, weil der Schuldner dort durch die Risikohäufung belastet wird. Die — allerdings vielfach uneinheitliche — Rspr. kennt im wesentlichen drei Kriterien:

aa) Der Dritte muß sich in **Leistungsnähe** befinden, also den Gefahren einer Schlechtleistung etwa ebenso stark ausgesetzt sein wie der Gläubiger selbst. Das trifft z.B. bei der Wohnungsmiete für die Hausangehörigen des Mieters und beim Kauf einer Maschine für das vom Käufer für diese Maschine bestimmte Bedienungspersonal zu.

8 Dazu etwa *von Caemmerer,* Festschr. Wieacker (1978) 311 ff.; *P. Schwerdtner,* Jura 1980, 493 ff.; *Strauch,* JuS 1982, 823 ff.; *Aßmann,* JuS 1986, 885 ff. und kritisch *Ziegler,* JuS 1979, 225 ff.; *Sonnenschein,* JA 1979, 225 ff. (gegen sie *BGH* Betr. 1982, 2031). Zum Problembereich Mieter/Untermieter noch *E. Krause,* JZ 1982, 16 ff.

bb) Der Gläubiger muß ein **Interesse am Schutz des Dritten** haben. Ein sol- 845
ches Interesse kann sich vor allem daraus ergeben, daß der Gläubiger dem Dritten unterhaltspflichtig oder zum Ersatz verpflichtet ist, wenn der Dritte durch
die mangelhafte Leistung Schaden erleidet. Für den letzten Fall ist bei Bestehen
eines Dienstverhältnisses zwischen dem Gläubiger und dem Dritten besonders
an § 618 zu denken.

Für die Frage, wie intensiv der Gläubiger am Schutz des Dritten interessiert
sein muß, gibt es in der Rspr. zwei verschiedene Ansätze: Vor allem bei Körper-
und Sachschäden wird die Formulierung verwendet, der Gläubiger müsse »so-
zusagen **für das Wohl und Wehe des Dritten mitverantwortlich** sein, weil er
ihm zu Schutz und Fürsorge verpflichtet ist« (etwa *BGHZ 51, 91/95*). Dagegen
wird bei primären Vermögensschäden (wie sie z. B. durch eine unrichtige Auskunft entstehen können) auf dieses Erfordernis verzichtet: Auch wo es dem
Gläubiger nicht um das Wohl und Wehe eines Dritten gehen müsse, könne dieser Dritte in den Schutzbereich des Vertrages ausdrücklich oder **stillschweigend einbezogen** worden sein (so zuletzt *BGH* VersR 1986, 814/815 und vorher etwa *BGH* JZ 1985, 951 f., vgl. oben Rdnr. 371). Dies ist im Ansatz gewiß
richtig; § 305 läßt solche Vereinbarungen unbeschränkt zu. Nur droht durch
diese weite Formulierung eben die Gefahr, der die Wohl und Wehe-Rspr. vorbeugen wollte: nämlich daß durch die unbeschränkte Annahme von »stillschweigend« (besser: konkludent) vereinbarten Haftungserweiterungen die
Vertragshaftung ihre persönlichen Grenzen verliert und damit unkalkulierbar
wird. Ein Beispiel dafür bildet der »Konsulfall« von *BGH* JZ 1985, 951 f., dazu
die Anm. *H. Honsell* ebenda: Der dänische Konsul erkundigte sich bei einem
Sachverständigen telephonisch nach dem aktuellen Wert eines Grundstücks;
die daraufhin erteilte Auskunft soll auch eine Bank schützen, die das Grundstück beliehen hat.

cc) Die beiden eben aa und bb genannten Umstände müssen dem Schuldner 846
der Leistung **beim Vertragsschluß erkennbar** gewesen sein. Zu dieser Beschränkung kommt die Rspr. schon deshalb, weil sie die Schutzwirkung regelmäßig durch Vertragsauslegung nach § 157 gewinnt: Für diese kommen ja nur
die dem Erklärungsgegner erkennbaren Umstände in Betracht.

Gerade diese Herleitung der Schutzwirkung wird in der Literatur kritisiert:
Der angebliche Parteiwille sei meist nur fiktiv; in Wahrheit werde hier das Gesetz korrigiert. Zudem bestehe ein gleiches Korrekturbedürfnis auch bei gesetzlichen Schuldverhältnissen[9] und bei nichtigen Verträgen[10]. Man hat diese
Korrektur daher entweder auf die Annahme von Gewohnheitsrecht (*Gernhuber*) oder auf das Vertrauensprinzip (*Canaris*) stützen wollen. Aber auch

---

9 *Gernhuber*, Festschr. Nikisch (1958) 249/266 f., vgl. auch JZ 1962, 553 ff.
10 *Canaris*, JZ 1965, 475/477 f., ähnlich *U. Müller*, NJW 1969, 2169 ff.

wenn man das anerkennen wollte (dazu oben Rdnr.199), darf auf die von der Rspr. geforderte Erkennbarkeit für den Vertragsschuldner nicht verzichtet werden: Er muß sehen können, welches Risiko er eingeht.

8. Ansprüche Dritter bei Nichterfüllung?

847   Besondere Schwierigkeiten bereitet folgender Fall:

> *BGH*JZ 1966, 141 ff.: Der Erblasser E hatte eine Tochter T und eine Enkelin K, die von einem anderen, vorverstorbenen Kind des E stammte. E wollte T zur Alleinerbin einsetzen und K nur mit einem Vermächtnis bedenken. Zur Beratung über die dafür nötigen Maßnahmen holte T ihren Anwalt A. Da E kein privatschriftliches Testament errichten wollte, versprach A, alsbald mit einem Notar wiederzukommen. Dieses Versprechen hielt A trotz Mahnung nicht ein. E verstarb ohne Testament und wurde nach § 1924 von T und K je zur Hälfte beerbt. T verlangt nun von A Ersatz für die ihr entgangene Nachlaßhälfte abzüglich des Vermächtnisses und der Kosten der Testamentserrichtung.

a) Der BGH glaubte sich hier an die Feststellungen der Vorinstanz gebunden: Partner des Vertrages mit A über die Besorgung eines Notars war nur E (nicht auch T), und T sollte auch keinen Erfüllungsanspruch aus diesem Vertrag haben. Dennoch hat der BGH gemeint, T falle in den Schutzbereich des Vertrages. Daher ist T der geforderte Schadensersatz dem Grunde nach zuerkannt worden.

Aber das weicht von der sonstigen Rspr. ab: Der Schaden der T ist hier nämlich nicht durch Schlechterfüllung (»Verletzung einer Schutzpflicht«) des A entstanden, sondern durch schlichte Nichterfüllung der Hauptpflicht.

847a   b) Bis zur 9. Aufl. hatte ich daher die Entscheidung *BGH* JZ 1966, 141 ff. für *unrichtig* gehalten: Was T hier verlangt, sei Schadensersatz wegen Nichterfüllung. Und den könne sie nur fordern, wenn ihr auch ein Erfüllungsanspruch zugestanden hätte (also bei Vorliegen eines echten Vertrages zugunsten der T oder dann, wenn T selbst Partnerin des Vertrages mit A gewesen wäre). Vgl. dazu *W. Lorenz*, JZ 1966, 143. Doch neige ich jetzt zur entgegengesetzten Ansicht wegen des Arguments *von Caemmerers* (Festschr. Wieacker 321 f.), der Fall dürfe nicht anders entschieden werden als bei einem Formfehler der Urkundsperson; dann aber liege Schlechtleistung vor, und für einen Schadensersatzanspruch bestehe kein Hindernis. — Drittschadensliquidation scheidet hier übrigens schon deshalb aus, weil A mit einer Schadensentstehung bei E nicht zu rechnen brauchte (vgl. oben Rdnr. 842).

> Alle diese Schwierigkeiten bestehen nicht, wenn ein **Notar** einen Erwerb von Todes wegen durch einen Fehler bei der Testamentserrichtung vereitelt: Hier ergibt sich der Ersatzanspruch aus § 19 BNotO, der wie § 839 eine Haftung auch für Vermögensschäden Dritter bestimmt. Daher bedarf es hier keiner Drittschadensliquidation: *OLG Hamm*, NJW 1970, 1793.

c) Ganz anders löst solche Fälle *Kegel,* Festschr. Flume I 1978, 545 ff.: Das 847b
Versagen der Urkundsperson dürfe nicht zu einer **Verdoppelung der Erben-**
stellung führen, also dazu, daß es neben dem Erben kraft Erbrechts auch noch
einen kraft Schadensersatzrechts gebe. Daher habe die erbrechtliche Form hinter den »besseren« Erblasserwillen zurückzutreten: Der durch den Formfehler
Begünstigte (in *BGH* JZ 1966, 141 also K) müsse den Nachlaß an den durch
diesen Fehler Benachteiligten (also T) herausgeben; die Urkundsperson hafte
dann nur für Zusatzschäden (z. B. Rechtsverfolgungskosten). Mir scheint das
Hinweggehen über das erbrechtliche Formgebot jedoch allzu kühn.

V. Die Wirkung von Reserveursachen (»hypothetische Kausalität«)

1. Der Ausgangspunkt

Ein vieldiskutiertes Problem zeigt sich an folgendem 848

Schulfall: S zerschlägt durch Unachtsamkeit in einem Hotel eine Fensterscheibe. Wenig später zerstört eine Explosion alle Scheiben in der ganzen Gegend. Kann G, der Eigentümer des Hotels, von S trotzdem Ersatz verlangen?

Hier ist durch das Verhalten des S zunächst dem G ein Schaden entstanden.
Derselbe Schaden wäre aber wenig später auch durch die Explosion (»Reserveursache«) eingetreten. Diese hat freilich an der schon zerschlagenen Scheibe
nicht mehr wirksam werden können und ist insofern als Ursache für die Zerstörung dieser Scheibe hypothetisch geblieben. Dennoch scheint eine Schadensberechnung durch Vermögensvergleich (oben Rdnr. 817 [2]) zu ergeben, daß
G durch S keinen meßbaren Schaden erlitten hat: Auch ohne das Handeln des S
wäre die Scheibe jetzt (durch die Explosion) zerstört. Ein von S verursachter
Schaden des G scheint deshalb nur dann vorzuliegen, wenn die hypothetische
Zerstörung der Scheibe durch die Explosion einen Ersatzanspruch des G ausgelöst hätte (etwa gegen den Urheber der Explosion oder gegen eine Versicherung). Denn dieser Ersatzanspruch ist dem G entgangen, weil S die Scheibe
schon vorher zerstört hatte.

Daher besteht im wesentlichen Einigkeit über folgendes: Die Reserveursache bleibt unbeachtet, wenn sie selbst einen Ersatzanspruch des Geschädigten
ausgelöst hätte. In solchen Fällen braucht also die Problematik der »hypothetischen Kausalität« nicht aufgeführt zu werden. Vgl. etwa *BGH* NJW 1967,
551 f. und *Larenz* I § 30 I.

2. Der Streitstand

849 Dagegen herrscht im übrigen Streit. Dabei sind außer einer Meinung, nach der die Reserveursache sonst voll berücksichtigt werden soll (*Esser-Eike Schmidt* § 33 IV), im wesentlichen zwei Ansichten zu unterscheiden.

a) Die ältere, überwiegend auch vom RG vertretene Ansicht hat **Reserveursachen** regelmäßig **unbeachtet** lassen wollen: Der einmal entstandene Schadensersatzanspruch gegen den Erstschädiger gehe nicht wieder unter. Berücksichtigt werden sollten nur solche wertmindernden »**Schadensanlagen**«, die bereits bei dem ersten schädigenden Ereignis real gegeben waren.

Bsp.: S tötet fahrlässig den G. Dieser litt, wie sich bei der Sektion herausstellt, an einer Geschwulst und wäre in zwei Jahren ohnehin gestorben. Hier können die Hinterbliebenen des G von S den ihnen entgehenden Unterhalt nach § 844 II nur für zwei Jahre ersetzt verlangen. — Bloß für solche Fälle paßt übrigens auch der Name »überholende Kausalität«: Die mit der Geschwulst beginnende Kausalreihe wird durch eine andere, von S in Gang gesetzte überholt.

850 **b)** Eine neuere, oft auch vom BGH vertretene Ansicht spielt sich mit vielen Abweichungen im einzelnen auf folgende Linie ein: Es sei zu unterscheiden zwischen **verschiedenen Schadensarten** (vgl. oben Rdnr. 835), die *Larenz* I § 30 I S. 525 als »Objektschaden« und »Vermögensfolgeschaden« umschreibt: Beim ersten sei die Reserveursache stets unbeachtlich, beim zweiten dagegen beachtlich.

Bsp.: S zerstört fahrlässig den Kraftwagen des Handelsvertreters G. Bald darauf bricht wegen eines politischen Konflikts die Treibstoffversorgung zusammen; privater Kraftfahrzeugverkehr wird daher unmöglich. Hier muß S den Wert des zerstörten Wagens (= Objektschaden) voll ersetzen. Dagegen braucht er den Verdienst- oder Nutzungsausfall des G (= Vermögensfolgeschaden) nur solange zu vergüten, wie G den Wagen wirklich hätte benutzen können.

Entsprechend muß im Ausgangsfall (oben Rdnr. 848) S den Wert der Fensterscheibe trotz der folgenden Explosion ersetzen. Nur der Ersatz für den Nutzungsausfall des G wegen der Unbenutzbarkeit des Hotelzimmers wird von der Explosion zeitlich begrenzt.

851 **c)** Hiermit stimme ich im Ergebnis weitgehend überein, möchte aber etwas anders formulieren. Denn den wesentlichen Grund für die Verschiedenbehandlung der beiden Schadensteile sehe ich im **Zeitfaktor:** Der »nähere« Schaden (*Larenz:* Objektschaden) entsteht sofort mit der Verletzung. Insoweit trifft das Argument des RG zu, der einmal entstandene Schadensersatzanspruch solle nicht wieder nachträglich untergehen. Dafür spricht vor allem die Erwägung, insoweit habe der Geschädigte die Sachgefahr gegen die Risiken eingetauscht, die mit der Realisierung seines Ersatzanspruchs zusammenhängen. Deshalb sei es nicht angemessen, diese Risiken durch die Berücksichtigung

von Reserveursachen noch um die Sachgefahr zu vermehren. Dagegen entwikkelt sich der »entferntere« Schaden (*Larenz:* Vermögensfolgeschaden) erst im Lauf der Zeit. Deshalb kann man hier den Inhalt des Ersatzanspruchs nur unter Berücksichtigung später eintretender Umstände ermitteln. Dazu gehören Umstände, die dem Geschädigten günstig sind (z. B. verbesserte Verdienstmöglichkeiten). Dann liegt es nahe, auch die dem Geschädigten ungünstigen Umstände (wie z. B. Reserveursachen) zu berücksichtigen. Dabei mag man den sofort vorhandenen Schaden »unmittelbar« und den sich erst entwickelnden »mittelbar« nennen. Vgl. *Medicus,* Unmittelbarer und mittelbarer Schaden, 1977.

3. Berufung auf rechtmäßiges Alternativverhalten

Recht häufig wird eine Reserveursache in einer besonderen Form geltend gemacht: Der Schädiger wendet ein, er hätte den rechtswidrig verursachten Schaden auch rechtmäßig herbeiführen können (Berufung auf rechtmäßiges Alternativverhalten). **852**

> *BAG* NJW 1970, 1469 f.: S hat sich bei G zum 1.9. als Chefarchitekt verpflichtet. Zwei Wochen vorher teilt S dem G mit, er werde seinen Dienst nicht antreten. G sucht durch Inserate einen Ersatzmann und verlangt die Anzeigekosten von S ersetzt. Dieser wendet ein, er hätte jedenfalls mit einer Frist (zu ihrem Beginn vgl. *BAG* NJW 1974, 1399) von drei Monaten kündigen können; dann wären die Anzeigekosten gleichfalls (nur etwas später) entstanden.

Das BAG hatte diesen Einwand zunächst für unbeachtlich gehalten: Andernfalls bliebe der Arbeitsvertragsbruch des S weitgehend sanktionslos. Damit wurde jedoch die Präventivfunktion des Schadensersatzes überbewertet. Zuzustimmen ist vielmehr *von Caemmerer*[11]: Entscheidend ist, ob die verletzte Pflicht gerade den eingetretenen Schaden verhindern sollte; nur bei Fehlen dieses **Pflichtwidrigkeitszusammenhanges** hat die Berufung auf das rechtmäßige Alternativverhalten Erfolg.

> Danach hätte in *BAG* NJW 1970, 1469 der Ersatzanspruch **verneint** werden müssen: **853** Die verletzte Pflicht zum Arbeitsantritt sollte nicht die fristgemäße Kündigung verhindern. Vorsichtiger hat dann schon formuliert *BAG* NJW 1976, 644 f. (dem BAG folgend *Beitzke,* Sammlg. arbeitsrechtl. Entscheidungen 1976, 195 f.). Endlich haben sich *BAG* NJW 1980, 2375 f.; 1981, 2430 f.; 1984, 2846 (dazu *Beitzke,* Arbeitsrechtliche Praxis § 276 BGB Vertragsbruch Nr. 8) sogar ganz dem hier vertretenen Standpunkt angeschlossen und einen Anspruch auf Ersatz der Anzeigekosten verneint.

---

11 Das Problem der überhol. Kausalität (1962) 30 ff. = Ges. Schriften I 445 ff., ebenso etwa *Larenz* I § 30 I.

Anders zu bestimmen war der Zweck der verletzten Schutzpflicht dagegen in der berühmten Entscheidung zur Ersatzpflicht der Gewerkschaft nach dem schleswig-holsteinischen Metallarbeiterstreik: Die dort verletzte Friedenspflicht sollte einen Arbeitskampf möglichst ganz vermeiden und ihn nicht nur um einige Tage verschieben; die Gewerkschaft schuldete daher Ersatz des vollen Schadens und nicht nur des »Verfrühungsschadens« (*BAGE 6, 321 ff.*).

Jedenfalls unberücksichtigt bleibt aber beim Schadensersatzanspruch wegen eines rechtswidrigen Verwaltungsakts, daß der Gesetzgeber eine ausreichende Grundlage hätte schaffen können (*BGHZ 63, 319 ff.*): Das Erfordernis der Gesetzmäßigkeit der Verwaltung kann nicht durch eine bloß hypothetische Gesetzmäßigkeit ersetzt werden.

VI. Vorteilsausgleichung

854 Nicht selten wird das Vermögen des Geschädigten durch das schädigende Ereignis nicht nur vermindert, sondern zugleich auch vermehrt. So wird etwa der Hinterbliebene, der seinen Unterhaltsanspruch verloren hat (§ 844 II), häufig Leistungen aus einer Lebensversicherung oder als Erbe seines Unterhaltspflichtigen den Nachlaß erhalten. Bei der Schadensberechnung durch Vermögensvergleich (oben Rdnr. 817 [2]) scheinen alle diese durch das Schadensereignis hervorgerufenen Vorteile den Schaden von selbst zu mindern. Demgegenüber ist aber bei der Anrechnung solcher Vorteile Zurückhaltung geboten (vgl. *Thiele*, AcP 167, 1967, 193 ff.): Vor dem Vermögensvergleich hat eine **wertende Entscheidung** darüber stattzufinden, welche Posten in die Vergleichsrechnung eingestellt werden dürfen; vgl. zu dieser Vorteilsausgleichung *Herm. Lange*, JuS 1978, 649 ff.

1. Adäquanz

855 Lange hat man dieses Wertungskriterium in dem Gedanken der Adäquanz gesucht: Nur adäquat mit dem Schadensereignis zusammenhängende Vorteile sollten angerechnet werden. Das wird jetzt jedoch zunehmend aufgegeben: Es hat zwar einen guten Sinn, den Schädiger nur für adäquate — also vorhersehbare — Nachteile haften zu lassen. Aber es ist sinnlos, ihm einen Vorteil deshalb nicht zugute kommen zu lassen, weil er diesen nicht vorhersehen konnte[12].

---

12 So etwa *Esser-Eike Schmidt* § 33 V 3 pr.; *Larenz* I § 30 II a; *Herm. Lange*, JuS 1978, 649/651.

2. Fallgruppen

Daher findet sich in der neueren Literatur und Rspr. neben dem unbestimmten 856
Hinweis auf Treu und Glauben überwiegend die Bildung von Fallgruppen, in
denen die Anrechnung nicht erfolgen soll. Wichtig sind dabei vor allem die folgenden.

a) Mangel an Kausalität zwischen Vor- und Nachteil

Sicher ist zunächst, daß Vorteile nicht angerechnet werden können, die der Geschädigte ohnehin erhalten hätte. Das gilt etwa für den Stammwert der Erbschaft (*BGHZ 8, 325 ff.*); angerechnet werden kann nur, was ohne die Schädigung (etwa für Unterhaltsleistungen) verbraucht worden wäre (*BGH* NJW
1979, 760/761; vgl. *John,* JZ 1972, 543 ff.). Dabei muß die unbewiesen gebliebene Möglichkeit unbeachtlich sein, daß der Erblasser sich noch anders besin-
nen und die Erbschaft einem Dritten hätte hinterlassen können.

b) Vom Geschädigten »erkaufte« Vorteile

Von der Anrechnung auszunehmen sind weiter alle Vorteile, die der Geschä- 857
digte oder sein Erblasser durch Leistungen vor dem Schadensfall selbst erkauft
hat. Dazu gehören insbesondere Zahlungen von Versicherungen aus Anlaß des
Schadensfalls und die vertragliche Lohnfortzahlung des Arbeitgebers.

Ein anderer Ausdruck für diese Regel ist, daß die Versicherung oder der Arbeitgeber
einerseits und der Schädiger andererseits allenfalls unechte Gesamtschuldner sind (vgl.
unten Rdnr. 916): Der Schädiger wird durch die Leistung eines anderen Verpflichteten
nicht befreit; vielmehr geht häufig der Anspruch des Geschädigten gegen den Schädiger
auf den Zahlenden über.

c) Freiwillige Zuwendungen Dritter

Ähnlich wird bei freiwilligen Zuwendungen Dritter zu entscheiden sein: Der 858
Dritte kann den Schädiger entlasten, indem er nach § 267 auf dessen Ersatz-
schuld zahlt. Wenn der Dritte das nicht tut, wird er nur den Geschädigten be-
günstigen wollen; dann findet keine Vorteilsanrechnung statt (so etwa *BGHZ
10, 107 ff.* für freiwillige Leistungen des früheren Arbeitgebers; vgl. unten
Rdnr. 924). Ähnlich liegt auch der Fall von

BGHZ 49, 56 ff. (dazu *Hadding,* JuS 1969, 407 ff.): Der zur Vornahme von Schönheitsreparaturen verpflichtete Mieter M zieht aus, ohne diese erledigt zu haben. Der Vermieter V vermietet die Wohnung zum doppelten Mietpreis an D, der zudem noch die
Wohnung instand setzt. V verlangt von M 1200,— DM wegen der nicht ausgeführten Reparaturen.

Hier war dem M seine Primärpflicht zur Ausführung der Reparaturen spätestens dadurch unmöglich geworden, daß D die Wohnung instand setzte. Daher kommt für V nur noch ein Schadensersatzanspruch in Betracht (§ 325; der von den Instanzgerichten verwendete § 326 paßt nicht, weil Verzug den Fortbestand der Möglichkeit der Leistung voraussetzt). § 325 ist hinsichtlich seines Schadenserfordernisses auch begründet. Denn der BGH hat es mit Recht abgelehnt, die Leistung des von V beigebrachten D auf die Verpflichtung des M anzurechnen. Anders wäre nur zu entscheiden, wenn D sich dem M zur Instandsetzung verpflichtet hätte. Bei Angebotsüberhang am Wohnungsmarkt könnte der Fall übrigens zu oben Rdnr. 857 gehören: V mag die Instandsetzung durch D »erkauft« haben, indem er mit diesem einen geringeren Mietzins vereinbarte. Dann kommt die Leistung des D dem M schon deshalb nicht zugute.

Noch anders löst einen ähnlichen Fall *BGHZ 77, 301 ff.* (in gleichem Sinn auch *BGHZ 92, 363 ff.*, dazu *Sonnenschein*, JZ 1985, 430 ff.; *Emmerich*, JuS 1986, 16 ff.): Dort hatte ein Pächter die geschuldeten Schönheitsreparaturen nicht ausgeführt, doch waren diese durch einen nach dem Ende der Pacht erfolgten Umbau ohnehin nutzlos geworden. Der BGH hält hier eine durch Auslegung zu füllende Lücke des Pachtvertrages für denkbar: Dann entspreche es nach § 242 dem mutmaßlichen Willen der Vertragsteile, »dem Verpächter anstelle des wirtschaftlich sinnlos gewordenen Anspruchs auf Durchführung von Schönheitsreparaturen einen entsprechenden Geldanspruch zu geben (§ 157)«. Dagegen jetzt ausführlich *Rückert*, AcP 184 (1984) 105 ff. mit dem förderlichen Hinweis auf § 323 (aaO. 146 ff.): Wenn die Übernahme der Schönheitsreparaturen Teil der vom Mieter zu erbringenden Gegenleistung ist, kommt man auch ohne Verschulden des Mieters zu einem Ausgleich nach §§ 323 III, 818. Anders als den Anspruch auf die Schönheitsreparaturen beurteilt *BGHZ 96, 141 ff.* (dazu *Sonnenschein*, JZ 1986, 288 ff.) den Anspruch des Vermieters auf Beseitigung von Umbauten: Wenn dieser Anspruch sinnlos werde, könne der Vermieter keinen Geldausgleich verlangen.

d) Eigene überpflichtmäßige Anstrengungen des Geschädigten

859 Regelmäßig nicht anrechenbar sind endlich auch die Vorteile aus der eigenen Tätigkeit des Geschädigten, soweit diese über die Schadensminderungspflicht nach § 254 II 1 hinausgeht (*BGH* NJW 1974, 602 ff.; VersR 1987, 1239/1240).

Bsp.: Nach dem von S verschuldeten Tode ihres Ehemannes nimmt die Witwe G ihre bei der Heirat abgebrochene schriftstellerische Arbeit wieder auf und schreibt einträgliche Romane: Das geht regelmäßig über § 254 II 1 hinaus und kommt daher dem S nicht zugute (S ist ja auch an dem Risiko der Schriftstellerei nicht beteiligt).

Daß aber die Regel von der Nichtanrechenbarkeit der Erträge aus überpflichtmäßiger Arbeit auch Ausnahmen haben muß, zeigt der Fall von

BGHZ 55, 329ff.: S beschädigt den Fahrschulwagen des G. Während der Reparaturzeit müssen Fahrstunden ausfallen, an denen G 1500,— DM verdient hätte. G holt diese Stunden jedoch vollständig nach, obwohl er schon normalerweise von 6.30 bis 20 Uhr Fahrstunden erteilte.

Der BGH hat hier Vorteilsausgleichung deshalb in Erwägung gezogen, weil G nicht unbedingt seine Schadensminderungspflicht überschritten habe. *Lieb* (JR 1971, 371 ff.) widerspricht dem mit Recht: Angesichts des langen Arbeitstages des G hätte es ihm nicht als Mitverschulden (§ 254 II 1) angerechnet werden können, wenn er die Nachholung unterlassen hätte. Das Problem liegt hier vielmehr darin, daß G **insgesamt keine zusätzliche Arbeit** geleistet hat. In solchen Fällen wird man den Nachteil der nachgeholten Arbeit gegen den Vorteil der (obschon erzwungenen) Freizeit während der Reparatur verrechnen können. Allenfalls kommt zugunsten des G ein Ausgleich nach Art der arbeitsrechtlichen Mehrarbeitsvergütung in Betracht (*Lieb* aaO.).

3. Der ausgleichsbegründende Zusammenhang

Angesichts dieses umfangreichen Negativkatalogs kann man sich fragen, wann denn die Vorteilsausgleichung überhaupt zulässig ist (*Bsp.:* beim Schadensersatzanspruch wegen Verdienstentgangs die ersparten Fahrkosten, *BGH* NJW 1980, 1787 f.). Eine allgemeine **positive Formulierung** hierfür ist jedoch schwierig. *Thiele,* AcP 167 (1967) 193 ff. stellt auf den »notwendigen inneren Zusammenhang von Vorteil und Nachteil« ab. Eine solche Notwendigkeit soll nur dann gegeben sein, wenn der Vorteil nicht auch ohne den Nachteil hätte eintreten können. 860

Bsp. (von *Heck,* SchuldR § 15, 2): Ein Bauer erkrankt an einem eingeklemmten Bruch und muß zur Operation in die Stadt getragen werden. Der betrunkene Träger läßt die Bahre fallen: Der Bauer verstaucht sich zwar die Hand, aber die Einklemmung löst sich. *Heck* will hier die ersparten Operationskosten auf den Ersatzanspruch wegen der verstauchten Hand anrechnen. Anders *Thiele* aaO. 198: Der notwendige Zusammenhang fehle, da der Sturz die Einklemmung auch ohne die Verstauchung hätte lösen können (m. a. W.: Die Einklemmung ist nicht durch die Verstauchung gelöst worden, sondern durch den Sturz).

Aber die Formel *Thieles* paßt nicht überall. So müßte sie etwa in dem Fall von *BGHZ 49, 56ff.* zur Anrechnung führen: Wenn die Schönheitsreparaturen schon von M ausgeführt worden wären, hätte D die Wohnung nicht mehr instand setzen können.

Ähnlich liegt es bei der **Verletzung einer Ausbietungsgarantie** (*RGZ 91, 213ff.; 100, 255ff.*): S hat sich dem Hypothekengläubiger G verpflichtet, bei der Zwangsversteigerung des belasteten Grundstücks so viel zu bieten, daß die Hypothek des G gedeckt ist. Da S nicht bietet, muß G das Grundstück selbst ersteigern. Dem Anspruch des G auf Schadensersatz wegen Nichterfüllung hält S entgegen, G habe das Grundstück unter Wert erworben. *Thiele* 239 will diesen Vorteil anrechnen. Anders mit Recht das RG: Die Garantie habe G davor schützen sollen, das Grundstück selbst erwerben zu müssen; daher könne der Erwerb nicht als Vorteil angerechnet werden. S muß hier also den vollen Erwerbspreis ersetzen und das Grundstück selbst übernehmen. Anders kann aber zu entscheiden sein, wenn der Erwerb der gesicherten Forderung und des Grundstücks geschäftlichen Charakter haben: *RGZ 80, 155 ff.* und *Herm. Lange,* JuS 1978, 653.

4. Vorteilsausgleichung und normativer Schaden

861   Eigenartige Schwierigkeiten entstehen, wenn die Annahme eines Schadens beim Gläubiger auf einem juristischen Kunstgriff, nämlich dem »normativen Schadensbegriff« (dazu *Medicus,* JuS 1979, 233 ff.) beruht.

OLG *Celle,* NJW 1969, 1765 f.: Das Kind K wird von S verletzt und muß zur Heilung ins Krankenhaus. K verlangt die Krankenhauskosten von S ersetzt.

Hier scheint ein Abzug für die ersparten Kosten der häuslichen Verpflegung unmöglich: Diese Ersparnis ist ja nicht bei K eingetreten, sondern bei dessen Eltern. Trotzdem hat das OLG mit Recht anders entschieden: Der Schaden des K lasse sich nur über § 843 IV begründen; in Wahrheit liege er bei den Eltern. Daher müsse auch für die Vorteilsausgleichung auf die Eltern abgestellt werden.

VII. Vorhaltekosten

862   Ein weiteres Problem des Schadensersatzes ist etwa im Zusammenhang mit der Diskussion über die Rechtsfolgen von Ladendiebstählen erörtert worden: Es geht um Aufwendungen, die der Geschädigte schon vor der Schädigung gemacht hat, um diese zu verhindern oder deren Folgen gering zu halten.

1. Berücksichtigung von Vorhaltekosten

Dabei handelt es sich im wesentlichen um zwei Fallgruppen.

a) Typisch für die **erste Gruppe** ist

BGHZ 32, 280 ff. (dazu etwa *Niederländer,* JZ 1960, 617 ff.): Bei einem von S zu verantwortenden Unfall war ein Großraumtriebwagen der Bremer Straßenbahn-AG schwer beschädigt worden. Während der Reparaturzeit von 100 Tagen ließ die AG ersatzweise einen Triebwagen mit Anhänger aus ihrer Betriebsreserve fahren. Von S verlangte die AG außer den Reparaturkosten des Großraumtriebwagens auch Abschreibung, Verzinsung und Unterhaltungskosten für den Reservetriebwagen mit Anhänger ersetzt.

Der BGH hat das gebilligt, obwohl diese Kosten durch den konkreten Unfall nicht einmal äquivalent kausal bedingt waren: Wenn der Geschädigte nach § 254 II zur Geringhaltung von Schäden verpflichtet sei, müsse der hierdurch begünstigte Schädiger auch die nötigen Aufwendungen ersetzen. In einer späteren Entscheidung hat der BGH diese Regel mit der inzwischen anerkannten (*BGHZ 40, 345 ff.,* vgl. oben Rdnr. 824) Entschädigung für Nutzungsausfall koordiniert (*BGH* NJW 1966, 589 f.); vgl. auch *BGHZ 70, 199 ff.*

b) Die Fälle der **zweiten Gruppe** stammen von der *GEMA* (»Gesellschaft 863 für musikalische Aufführungs- und mechanische Vervielfältigungsrechte«). Diese verlangt von Personen, die von ihr — der GEMA — wahrgenommene Urheberrechte verletzen, das Doppelte des normalen Entgelts: Damit sollen die Kosten der umfangreichen Überwachungsorganisation auf die Rechtsverletzer abgewälzt werden. Der BGH hat diese umstrittene Praxis mehrfach gebilligt (*BGHZ 17, 376 ff.; 59, 286 ff.*). Dabei hat er freilich Verallgemeinerungen durch den Hinweis auf die besondere Verletzlichkeit von Urheberrechten vorgebeugt.

2. Bedenken

Gegenüber dieser Rspr. sind Bedenken anzumelden (vgl. etwa *Larenz* I § 29 II f 864 mit weiteren Angaben). Sie beruhen vor allem darauf, daß der Verzicht auf das Kausalitätserfordernis kaum mehr absehbare Konsequenzen haben kann: Müssen dann nicht z. B. auch die Kosten der Lenkradschlösser und der Diebstahlversicherung für Kraftfahrzeuge auf die ertappten Autodiebe abgewälzt werden?

Solche Konsequenzen haben sich etwa bei der Diskussion um die zivilrechtlichen Folgen von **Ladendiebstählen** gezeigt[13]. *Canaris* aaO. 523 ff. meint nämlich, die Kosten für die Überwachung (Warenhausdetektive, Fernsehkameras usw.) könnten auf die ertappten Warendiebe umgelegt werden (freilich nur bis zum Wert der gestohlenen Waren, S. 525). Ich halte hier schon das Ergebnis für befremdlich: Ein Diebstahl käme danach um so teurer, je aufwendiger die Waren bewacht werden. Demgegenüber sollte sich der Bewachungsaufwand eher dadurch bezahlt machen, daß er die Zahl der erfolgreichen Dieb-

---

13 Dazu etwa *Canaris,* NJW 1974, 521 ff.; *Wollschläger,* NJW 1976, 12 ff.; *Deutsch,* Verhandlungen 51. DJT 1976 I E 43 ff.; *Musielak,* JuS 1977, 531 ff.; *Hagmann,* JZ 1978, 133 ff.

stahlsfälle vermindert. In Wahrheit ist diese Bewachung ohnehin nur der Rest dessen, was früher bei personalintensiveren Verkaufsmethoden an Aufsicht gegeben war und gleichfalls nicht auf ertappte Diebe abgewälzt werden konnte.

Demgemäß hat denn auch *BGHZ 75, 230 ff.* (dazu *Deutsch*, JZ 1980, 102 ff.; *Pecher*, JuS 1981, 645 ff.) einen Anspruch auf Ersatz der Überwachungskosten verneint. Dagegen sind die durch den konkreten Diebstahl verursachten Kosten (Abwicklungskosten, übliche Fangprämie, dazu *LG Berlin*, Betr. 1984, 1029) dem Bestohlenen mit Recht zuerkannt worden.

VIII. Mitwirkendes Verschulden des Geschädigten

1. Verantwortlichkeit des Geschädigten für Dritte

865 Die am stärksten umstrittene Frage bei § 254 ist, welche Bedeutung § 254 II 2 mit seiner Verweisung auf § 278 hat.

a) Kind und Eltern

OLG Celle, NJW 1969, 1632 f.: Der fünfjährige K fährt auf seinem Kinderfahrrad aus einer Seitenstraße plötzlich in die vorfahrtberechtigte Hauptstraße. Dabei wird K von dem die Hauptstraße befahrenden S angefahren und verletzt. K fordert von S Schadensersatz. S möchte K dessen grob verkehrswidriges Verhalten oder die mangelnde Beaufsichtigung durch seine Eltern entgegenhalten.

866 Daß dem K sein **eigenes Fehlverhalten** nicht über § 254 I (oder § 9 StVG) schadet, wird fast allgemein angenommen. Denn das dort als Voraussetzung genannte Verschulden müsse für K wegen § 828 I verneint werden. Berücksichtigungsfähig könne daher nur das **Aufsichtsverschulden der Eltern** sein. Dazu gibt es zwei Ansichten:

867 aa) Eine in der *Literatur* vertretene Meinung (differenzierend aber *Larenz* I § 31 I d) sieht in § 254 II 2 eine **Rechtsfolgeverweisung auf § 278**. Danach soll K sich das Verschulden seiner gesetzlichen Vertreter anrechnen lassen müssen: Bei einer Rechtsfolgeverweisung stört es ja nicht, daß eines der Erfordernisse des § 278 (nämlich die Sonderverbindung zwischen K und S) bei der Schadensentstehung gefehlt hat.

bb) Die von der *Rspr.* (etwa *BGHZ 1, 248 ff.*) befolgte Ansicht dagegen versteht § 254 II 2 als **Rechtsgrundverweisung.** Daher verlangt sie für eine Verschuldensanrechnung nach § 278 die Existenz einer Sonderverbindung zwischen Schädiger und Geschädigtem. Danach kann dem K ein Verschulden seiner Eltern nur in zwei Fällen entgegengehalten werden: wenn eine Sonderverbindung K—S schon bei der Schädigung bestand, oder wenn das Verschulden bei der Schadensminderung (§ 254 II 1) unterläuft (denn dann hat die Schädigung selbst bereits einen Ersatzanspruch K—S und folglich eine Sonderverbindung erzeugt). Außer § 278 sollen zwar auch die §§ 831, 31 angewendet werden können. Aber diese Vorschriften passen für das Verhältnis Kind-Eltern nicht.

b) Andere Wege zur Entlastung des Schädigers

aa) Hiervon weichen schon im Ausgangspunkt ab *Esser-Eike Schmidt* §35 I 3 b: Auch sie kommen zwar zur Nichtanrechnung des Aufsichtsverschuldens außerhalb einer Sonderverbindung (aaO. III). Doch hat nach ihrer Ansicht das »Verschulden« in § 254 I eine andere Bedeutung als in §§ 276 I, 828. Denn in den §§ 276 I, 828 sei nur das haftbarmachende Verschulden geregelt. Dagegen betreffe § 254 I das anspruchsmindernde Fehlverhalten. Auf dieses sei § 828 **unanwendbar**. Danach müßte sich K also trotz Deliktsunfähigkeit sein eigenes Fehlverhalten anrechnen lassen. **868**

Übrigens kommt auch die Rspr. bisweilen zu ähnlichen Ergebnissen. Sie wendet nämlich § 829 bei § 254 **entsprechend** an: Wo die Verschuldensfähigkeit des Verletzten fehlt, soll ihm seine Mitwirkung an der Schadensentstehung wenigstens billigkeitshalber angerechnet werden können. Und dieses Billigkeitserfordernis wird bisweilen schon dann als erfüllt angesehen, wenn der Verletzte *wesentlich* an der Schadensentstehung beteiligt war (so das *OLG Celle* im Ausgangsfall: K soll einen Schadensteil selbst tragen; dagegen *Knippel*, NJW 1969, 2016 f.). Zurückhaltender demgegenüber *BGH* NJW 1969, 1762 f.: Diese Billigkeit setze zudem die dem § 829 entsprechenden Vermögensverhältnisse voraus, also insbesondere »Leistungsfähigkeit« des Kindes.

Nach *BGH* NJW 1973, 1795 f. soll § 829 auch nicht dadurch anwendbar werden, daß die Schadensfolgen für das Kind durch eine Sozialversicherung aufgefangen werden: Entscheidend sei nicht die Zumutbarkeit einer Schadensbeteiligung für den Geschädigten, sondern die Unzumutbarkeit der Belastung des Schädigers. Und nach *BGH* NJW 1979, 973 f. soll gegen solche Unzumutbarkeit sprechen, daß der Schädiger durch eine Haftpflichtversicherung geschützt wird.

bb) Ein weiterer Weg, auf dem man trotz Verneinung der §§ 254, 278 zu einer Entlastung des Drittschädigers kommen kann, ergibt sich aus folgendem (so *BGH* NJW 1979, 973 f.): Wenn auch der nachlässige Elternteil dem Kind haftet (insbes. aus § 823), ist er zusammen mit dem Drittschädiger **Gesamtschuldner**. Der Drittschädiger kann dann über § 426 gegen diesen Elternteil Rückgriff nehmen. Wenn dieser Rückgriff ausgeschlossen ist (z. B. nach § 67 II VVG), wird der Anspruch des Kindes gegen den Drittschädiger zu kürzen sein (vgl. unten Rdnr. 933 f.; dort auch in Rdnr. 932 zu der abweichenden Entscheidung *BGH* VersR 1988, 632 ff.). **868a**

c) Abwägung

869 **Dogmatisch vorzugswürdig** scheint mir die Ansicht von *Esser-Eike Schmidt*
(oben Rdnr. 868), und zwar aus folgendem Grund: Angenommen, K wäre aus
einem Gebüsch plötzlich auf eine Autobahn gelaufen und dort von S angefahren worden. Dann würde S weder aus § 823 (mangels Verschulden) noch aus
§ 7 I StVG (wegen § 7 II StVG: unabwendbares Ereignis) auf Schadensersatz
haften. Hier schließt also das eigene Verhalten des Geschädigten seinen Schadensersatzanspruch sogar völlig aus, ohne daß es auf Deliktsfähigkeit ankommt. Dazu paßt es nicht, wenn man gleich ungemindertem Schadensersatz
gewähren wollte, sofern K nur etwas weniger plötzlich aufgetaucht ist. Vielmehr dürfte es vorzugswürdig sein, auch die Anspruchsminderung ebenso wie
den Anspruchsausschluß unabhängig von der Deliktsfähigkeit des K zu beurteilen: Entscheidend ist dann nur, inwieweit K durch sein Fehlverhalten an der
Schadensentstehung mitgewirkt hat (vgl. *Staudinger-Medicus* § 254 Rdnr. 74).

Aussicht auf praktische Durchsetzung hat diese Ansicht freilich nicht; ihr
steht auch **rechtspolitisch** der Wunsch nach verstärktem Schutz von Kindern
im Straßenverkehr entgegen. Doch sind die Unterschiede zur h. M. geringer, als
es auf den ersten Blick scheinen mag: Viele Kriterien der Schuldfähigkeit von
§ 828 II finden sich bei der Schuld selbst wieder und können daher wenigstens
für beschränkt Deliktsfähige im Rahmen der Abwägung nach § 254 berücksichtigt werden. Zudem bringt die oben Rdnr. 868 a geschilderte Ansicht des
BGH unter Umständen eine Schadensbeteiligung der Eltern, so daß die Härte
der h. M. für den Schädiger zusätzlich gemildert wird.

d) Aufsichtspflichten

870 Von einem für § 254 wesentlichen Fehlverhalten kann man nur sprechen, wo die
Rechtsordnung ein anderes Verhalten fordert.

BGHZ 33, 136 ff. (leicht verändert): V, der Vormund des geisteskranken S, veruntreut
jahrelang eine für S eingehende Rente. Das wird möglich, weil das zuständige Vormundschaftsgericht des Landes B seine Kontrollpflicht über V schuldhaft vernachlässigt.

Der BGH hat hier umständlich und wenig überzeugend eine Begründung
dafür gesucht, warum S sich bei seinem Ersatzanspruch gegen B das Verschulden des V nicht anrechnen zu lassen braucht. Richtig dürfte sein: Eigenes Fehlverhalten des S kommt nicht in Betracht. Denn B und V hatten gerade die Aufgabe, dem S die Sorge für sein Vermögen abzunehmen. Und ein Verschulden
des V braucht S schon deshalb nicht zu vertreten, weil S keine Aufsichtspflicht
hat, in deren Erfüllung V (kraft Gesetzes) eingeschaltet sein könnte: Gerade das
Vormundschaftsgericht und nicht S sollte ja den V beaufsichtigen!

Entsprechend argumentiert jetzt mit dem Schutzzweck der verletzten Obliegenheit auch *BGHZ 96, 98 ff.* Daher wird es dort einem Krankenhausträger versagt, sich auf ein in einem Selbstmordversuch liegendes Mitverschulden eines Patienten zu berufen, der gerade wegen der Selbstgefährdung zu behandeln war: Diese Gefahr abzuwenden sei in der konkreten Situation allein Sache des Krankenhausträgers und nicht des Patienten gewesen.

e) Konkurrenz von Vertrags- und Deliktsansprüchen

Schwierigkeiten ergeben sich hinsichtlich der §§ 254 II 2, 278, wenn der Geschädigte Ersatz sowohl aus Delikt wie aus einem Vertrag fordern kann, der zu seinen Gunsten eine Schutzwirkung entfaltet.   871

BGH NJW 1968, 1323 f.: Das Kind K des Mieters M war von dem unzulänglich geschützten Balkon der Mietwohnung gestürzt. Auf Schadensersatz verklagt ist neben anderen auch der vom Hauseigentümer E angestellte Hausverwalter H. Der Streit geht darum, ob sich K im Verhältnis zu H ein Verschulden des M anrechnen lassen muß.

Die Nichtanzeige des Mangels an dem Balkon fällt hier nur dem M zur Last (§ 545), weil K nicht Mieter war. Dieses Verschulden des M könnte K also nur über §§ 254 II 2, 278 angerechnet werden. Das setzt nach der h. M. eine Sonderverbindung voraus. Der BGH hat hier eine solche Sonderverbindung H—K bejaht: K falle noch in den Schutzbereich des Hausverwaltervertrages E—H, daher sei der Anspruch K—H nach §§ 254 II 2, 278 gemindert. Das ist richtig, soweit sich der Anspruch des K gerade auf das Recht der Sonderverbindung stützt, also auf die Schutzwirkung des Vertrages E—H: Wenn K den Vorteil dieser Schutzwirkung ausnützt, muß er auch den Nachteil tragen. Doch meine ich im Gegensatz zum BGH, daß die Schutzwirkung dem K dann nicht schaden darf, wenn dessen Ersatzanspruch schon nach Deliktsrecht begründet wäre. Denn sonst würde die vertragliche Schutzwirkung, die doch dem K nützen soll, ihn in solchen Fällen schlechter stellen: Er erhielte wegen §§ 254 II 2, 278 weniger, als er ohne die Schutzwirkung nach Deliktsrecht bekäme[14].

2. Insbesondere die Bewahrungsgehilfen

Für den »Bewahrungsgehilfen« bestimmen einige Sondervorschriften, der Geschädigte müsse sich dessen mitwirkendes Verschulden wie eigenes anrechnen lassen (§§ 9 StVG, 4 HaftpflG, 34 LuftVG, 27 AtomG). Dabei ist aber der Begriff des Bewahrungsgehilfen ausdrücklich auf denjenigen beschränkt, der die tatsächliche Gewalt über eine **Sache** ausübt. Die Rspr. (oben Rdnr. 867; ebenso   872

---

14 Dazu *Medicus*, NJW 1962, 2081 ff., anders *Denck*, JuS 1976, 429 ff. (mich nicht überzeugend).

ein Teil der Literatur) gelangt daher zu verschiedenen Ergebnissen je nachdem, ob die Aufsicht über eine Sache oder über eine Person vernachlässigt worden ist.

Bsp.: X hat auf seinem Fahrrad sein Kind K und einen Koffer seiner Ehefrau F mitgenommen. X fährt nicht äußerst rechts und stößt daher mit dem zu schnell entgegenkommenden Kraftfahrer S zusammen. K wird verletzt, der Koffer wird beschädigt. Hier muß sich F auf ihren Ersatzanspruch gegen S das mitwirkende Verschulden von X anrechnen lassen (§§ 9 StVG, 254 BGB). Dagegen findet zu Lasten von K keine Anrechnung statt.

3. Pläne zur gesetzlichen Regelung

873   Der Referentenentwurf eines Gesetzes zur Änderung und Ergänzung schadensersatzrechtlicher Vorschriften vom Januar 1967 wollte den oben seit Rdnr. 865 geschilderten Streit um § 254 II 2 im Sinne der Annahme einer **Rechtsgrundverweisung** entscheiden: Neben § 278 sollten nämlich auch die §§ 31, 831, 839 genannt werden. Entsprechendes empfiehlt *Hohloch* (Gutachten und Vorschläge zur Überarbeitung des Schuldrechts I, 1981, 375/471 ff.). Doch wird das Problem überhaupt an Bedeutung verlieren, wenn — wie gleichfalls vorgeschlagen — § 831 dem § 278 angenähert wird. Doch gehören beide Problemkreise nicht zu den derzeit bearbeiteten Materien der Schuldrechtsreform.

§ 34   Verwendungen auf fremde Sachen

I. Terminologie

874   Das BGB spricht teils von Aufwendungen (z. B. in §§ 256, 257, 304, 526, 669, 683), teils von Verwendungen (z. B. in §§ 273 II, 450, 994 ff.). Beide Begriffe decken sich nicht.

1. Aufwendungen

Regelmäßig bedeutet »Aufwendung« allein das *freiwillig* erbrachte Vermögensopfer (vgl. dazu *Klaus Müller*, JZ 1968, 769 ff.). Nur ausnahmsweise werden unter diesen Begriff (vor allem bei den §§ 670, 683) auch bestimmte unfreiwillige Opfer (Schäden) gerechnet (oben Rdnr. 428 f.).

2. Verwendungen

Demgegenüber ist der Begriff der »Verwendung« teils weiter, teils aber auch 875 enger.

a) Weiter ist der Verwendungsbegriff insofern, als dem Verwendenden das Vermögensopfer nicht bewußt geworden zu sein braucht (so daß auch die Kategorie der »Freiwilligkeit« nicht paßt). Das zeigt sich besonders deutlich an den Verwendungen des redlichen Eigenbesitzers: Dieser glaubt ja, die in seinem Besitz befindliche Sache gehöre ihm. Daher kann er Verwendungen auf diese Sache nicht als Opfer erkennen. Vielmehr liegt nach seiner Ansicht nur eine Verschiebung innerhalb seines eigenen Vermögens vor.

Bsp.: B ist redlicher Besitzer eines dem E gehörenden Hausgrundstücks. B läßt das Dach des Hauses neu decken und bezahlt dafür 5000,— DM. Dieser Betrag kommt dem B nach seiner Vorstellung selbst zugute; er weiß nicht, daß in Wahrheit E begünstigt ist. — Allerdings spricht etwa § 2022 II, III bei insoweit gleicher Sachlage dennoch von »Aufwendungen«; die Terminologie des BGB ist in diesem Punkt also uneinheitlich.

b) Daß »Verwendung« gegenüber »Aufwendung« **enger** ist, kommt in 876 mehrfacher Hinsicht in Betracht.

aa) Eine Beschränkung des Verwendungsbegriffs wird verdeutlicht durch § 2381: Dort ist in Abs.1 von »Verwendungen« und in Abs.2 von »anderen Aufwendungen« die Rede. »Aufwendungen« erscheint hier also als der auch die »Verwendungen« umfassende Oberbegriff. Die »Verwendungen« des § 2381 I beziehen sich auf die Erbschaft; bei den »anderen Aufwendungen« des § 2381 II fehlt dieser Zusatz; ähnlich auch § 2022 III. Insofern kann man Verwendungen als »**gegenstandsbezogene Aufwendungen**« bezeichnen (insoweit im Ergebnis ebenso *Waltjen*, AcP 175, 1975, 109/135 f.; *Haas*, AcP 176, 1976, 1/13).

bb) Aber auch innerhalb des Rahmens der Gegenstandsbezogenheit hat der 877 BGH den Verwendungsbegriff weiter eingeschränkt. Von diesem sollen nämlich solche Aufwendungen ausgenommen sein, welche die Sache **grundlegend verändern.**

BGHZ 41, 157ff. (vgl. *BGHZ 27, 204ff.*): Der unrechtmäßige Besitzer B hat auf dem Grundstück des E einen Teil eines achtstöckigen Wohnblocks errichtet. E verlangt das Grundstück nach § 985 heraus; B macht ein Zurückbehaltungsrecht nach §§ 996, 1000 geltend. Der BGH hat § 996 abgelehnt: Die Bebauung habe den Charakter des Grundstücks (auf dem früher ein Altersheim betrieben worden war) verändert. In solchen Fällen bestehe auch für die Anwendung der §§ 994 ff. kein vernünftiges wirtschaftliches Bedürfnis.

Diese Begründung geht davon aus, solche sachändernden Aufwendungen seien nur dann richtig geregelt, wenn man sie nicht den Vorschriften über Verwendungen unterstellt. Das wird aber zu verneinen sein[1]. Auch der BGH hat die selbstgeschaffene Gesetzeslücke schließlich mit § 242 füllen müssen.

878   cc) **Nicht notwendig** ist für das Vorliegen von Verwendungen, daß sie den **wirtschaftlichen Wert** der Sache **erhöht** haben. Dieser Satz ist zwar für § 996 bedeutungslos, weil dort ohnehin nur werterhöhende Verwendungen ersetzt werden. Er kann aber etwa bei § 2022 I 1 eine Rolle spielen.

Bsp.: Der redliche unverklagte Erbschaftsbesitzer ruft den Tierarzt zu der erkrankten Nachlaßkuh. Die Kuh stirbt dennoch, vielleicht sogar schon vor Eintreffen des Arztes. Hier würde es an einer Werterhöhung fehlen.

Dennoch müssen hier dem Erbschaftsbesitzer die Arztkosten nach § 2022 I 1 ersetzt werden. Dieser könnte sie nämlich nach §§ 683, 670 selbst als Geschäftsführer ohne Auftrag ersetzt verlangen. Dann darf er aber als unverklagter redlicher Besitzer nicht schlechter stehen, weil er nicht einmal bewußt in fremde Angelegenheiten eingegriffen hat und ebenso wie der Geschäftsführer keine Nutzungen behalten darf (§ 2020). Daher ist die Beschränkung des Verwendungsbegriffs auf werterhöhenden Aufwand nicht allgemein richtig. Genügen muß vielmehr, daß der Aufwand einem Gegenstand zugute kommen sollte (so jetzt auch *Baur* § 11 C IV 1 b).

II. Arten der Verwendungen

879   Die Verwendungen werden üblicherweise eingeteilt in **notwendige, nützliche und luxuriöse.** Diese Unterscheidung spielt etwa für die §§ 994 ff. eine wichtige Rolle. Fraglich ist aber, **von wessen Standpunkt her** die Art einer Verwendung beurteilt werden soll. Beispiele:

(1) B ist redlicher Besitzer eines Hausgrundstücks. Als das Haus baufällig wird, läßt B es mit erheblichen Kosten abstützen. Nach den Plänen des Eigentümers E sollte das Haus jedoch abgerissen und das Grundstück anders bebaut werden. Dem E sind jetzt die von B errichteten Stützen nur im Wege.

(2) (von *Endemann*): Der redliche Besitzer B dressiert den Hund des E mit hohen Kosten. Da der Hund jetzt Kunststücke auszuführen vermag, würde ein Zirkus für ihn einen hohen Preis zahlen. E aber ist Bauer und braucht den Hund zur Bewachung; die Kunstfertigkeit des Hundes nutzt E nichts.

Legt man hier den von B verfolgten Zweck zugrunde, so sind bei (1) die Verwendungen notwendig und bei (2) wenigstens nützlich. E müßte sie also nach §§ 994 I 1, 996 ersetzen. Damit würde auf E ein erheblicher Druck dahin aus-

---

1   So auch *Haas* aaO. 13 ff.; *Staudinger-Gursky* Rdnr. 4 vor §§ 994 ff., anders *Waltjen* aaO. 136 f.

geübt, seinen eigenen Zweck aufzugeben und den Zweck des B zu übernehmen: Sonst wäre der als Verwendungsersatz zu zahlende Betrag praktisch verloren. Bei (2) kann E sogar gezwungen sein, den Hund zu verkaufen, um die Verwendungen überhaupt nutzbar machen zu können. Trotzdem wird man dem Urteil über die Notwendigkeit oder Nützlichkeit der Verwendungen nicht etwa den von E verfolgten Zweck zugrunde legen dürfen, und zwar aus zwei Gründen:

Der erste ist die **Unterscheidung in § 994**: Nach dessen Abs. 2 soll der verklagte oder unredliche Besitzer nach dem Recht der GoA behandelt werden. Für ihn soll also unterschieden werden je nachdem, ob die Verwendung dem Willen oder Interesse des E entsprach (dann §§ 683, 670) oder nicht (dann §§ 684, 812; vgl. unten Rdnr. 884). Der unverklagte redliche Besitzer muß besser behandelt werden. Deshalb liegt es nahe, daß für ihn der Wille des E unerheblich bleibt.

Und zweitens ist zu bedenken: Der unverklagte redliche Besitzer ist für **Zerstörung oder Beschädigung** der Sache nicht verantwortlich: Er soll seine Besitzerrolle ohne eigenen Verlust wieder beenden können. Die Änderung des Sachzwecks ähnelt einer Beschädigung. Konsequenterweise muß der Eigentümer daher auch eine solche Änderung hinnehmen; anders gesagt: Dem Besitzer darf daraus kein Nachteil entstehen, daß seine Verwendungen nicht der Zwecksetzung des Eigentümers entsprechen.

Insgesamt meine ich daher: Bei §§ 994 I, 996 sind Notwendigkeit und Nützlichkeit von Verwendungen jedenfalls dann an dem *vom Besitzer* verfolgten Zweck zu messen, wenn der Eigentümer diesen Zweck — notfalls durch Veräußerung der Sache — übernehmen kann. Bedeutung erlangt die Zwecksetzung des Eigentümers erst für den Verwendungsersatz nach Bereicherungsrecht[2].

III. Übersicht über die Rechtsfolgen aus Verwendungen

Verwendungen **auf die eigene Sache** treffen mit ihren Vorteilen und Nachteilen 880 ohnehin den Verwendenden. Hier kommen Rechtsfolgen und insbesondere ein Anspruch auf Verwendungsersatz regelmäßig nicht in Betracht. Ausnahmen bestimmt das Gesetz nur, wenn die Sache später einem Dritten zufällt (etwa §§ 2125, 2185, 2381). Auch eine abweichende Regelung durch Vertrag ist möglich und keineswegs selten. Sie begegnet etwa, wenn sich der Vermieter-Eigentümer die von ihm für die Renovierung der Mietwohnung aufgewendeten Kosten vom Mieter ersetzen läßt.

---

2 So *Westermann* § 54, 5 c; *Staudinger-Gursky* § 994 Rdnr. 6 und unten Rdnr. 899.

Eigentlich problematisch — und davon soll im folgenden allein die Rede sein — sind jedoch Verwendungen **auf fremde Sachen.** Denn hier trifft der Aufwand den Verwendenden, während der Vorteil einem anderen — meist dem Eigentümer — zufließt. Daher muß ein Ausgleich zugunsten des Verwendenden erwogen werden.

Umgekehrt kann es auch sein, daß die Verwendungen die Sache für den Eigentümer entwertet haben. So mag etwa der dressierte Hund in dem Bsp. (2) von oben Rdnr. 879 für den Bauern, dem er gehört, als Wachhund wertlos geworden sein: Er macht vor Einbrechern Männchen, statt sie zu beißen. Solche *negativen Verwendungsfolgen* können nur durch **Schadensersatzansprüche** und teilweise auch durch negatorische Beseitigungsansprüche ausgeglichen werden.

1. Inhalt des Verwendungsersatzes

881   Die nächstliegende Rechtsfolge aus Verwendungen auf fremde Sachen ist ein Ersatzanspruch für den Verwendenden. Dabei kann das Anspruchsziel verschieden sein:

a) Der Anspruch kann sich richten auf Ersatz des **Betrages der Verwendungen** ohne Rücksicht auf die durch sie bewirkte Werterhöhung. So liegt es etwa bei den §§ 994 I, 995, 2022 I. Danach kann etwa der redliche Besitzer vom Eigentümer die Kosten einer notwendigen Abstützung des Hauses selbst dann ersetzt verlangen, wenn dieses dennoch vor der Herausgabe infolge eines Erdbebens eingestürzt ist.

882   **b)** Der Anspruch kann umgekehrt bestimmt sein durch den **Wert des Verwendungserfolges** ohne Rücksicht auf den Betrag der hierfür aufgewendeten Kosten. Das gilt im Prinzip (vgl. aber unten Rdnr. 900) für die Verwendungskondiktion. Für den Verwendenden kann diese Lösung günstiger oder ungünstiger sein als die oben Rdnr. 881 genannte.

So bestimmt sich beim Bau auf fremdem Boden der Bereicherungsanspruch des Bauenden aus §§ 951 I 1, 812 I 1 Fall 2 regelmäßig nach dem Zeitwert des Gebäudes (bestr., z. T. anders der BGH). Dieser kann über, aber auch unter den Baukosten liegen.

883   **c)** Weiter ist eine **Kombination** der Berechnungsarten von oben Rdnr. 881 und 882 möglich: Ersetzt werden die aufgewendeten Kosten bis zum Wert des Verwendungserfolges. Diese Regelung ist etwa in den §§ 996, 2023 II und geringfügig modifiziert auch in § 102 vorgesehen. Sie ist von den drei genannten Arten die für den Verwendenden ungünstigste.

884   **d)** Ein differenzierter Berechnungsmaßstab endlich ist da anzulegen, wo das Gesetz auf die Vorschriften über die **Geschäftsführung ohne Auftrag** verweist (etwa in den §§ 547 II, 994 II; vgl. oben Rdnr. 406). Dann ist nämlich zwischen

berechtigter und unberechtigter GoA zu unterscheiden: Für Verwendungen, die dem wirklichen oder mutmaßlichen Willen des Eigentümers entsprechen, werden nach §§ 683, 670 die **vollen Kosten ersetzt**; es gilt also die oben Rdnr. 881 genannte Regelung. Dagegen kann für alle anderen Verwendungen, die der Eigentümer nicht genehmigt, nach §§ 684 S. 1, 818 II in der Regel **Wertersatz** verlangt werden.

Das ist auf den ersten Blick verwunderlich. Denn offensichtlich muß der Verwendende, der wie ein berechtigter Geschäftsführer behandelt wird, eher besser stehen als der Unberechtigte. Im Widerspruch dazu kann aber der Kostenersatz nach § 670 ungünstiger sein als der Wertersatz nach den §§ 684 S. 1, 818 II. Vgl. dazu unten Rdnr. 900.

2. Wegnahmerecht

In manchen Fällen gewährt das Gesetz dem Verwendenden statt eines Anspruchs auf Verwendungsersatz oder wahlweise neben diesem ein *Wegnahmerecht*. So etwa §§ 547 a, 601 II 2, 997, vgl. auch § 951 II. Allerdings gilt das nur für Verwendungen, die durch eine Sachverbindung (§ 997 I) oder das Hinzufügen einer »Einrichtung« (§§ 547 a, 601 I 2) bewirkt worden sind. Dabei ist »Einrichtung« insofern weiter, als hier die hinzugefügte Sache Eigentum des Verwendenden geblieben sein kann.   885

Bsp.: Der Mieter baut eine Badewanne ein. Sie wird nicht nach § 946 als wesentlicher Bestandteil Eigentum des Grundstückseigentümers, sondern gehört wegen § 95 II weiter dem Mieter. Das Wegnahmerecht entspricht in solchen Fällen der Vindikation.

Dieses Wegnahmerecht kann jedoch in vielen Fällen abgewendet werden: durch »angemessene Entschädigung« nach § 547 a II, durch Ersatz mindestens des Wertes des abgetrennten Bestandteils nach § 997 II. Überdies mindert die Wegnahme den Wert des Wegzunehmenden oft erheblich, und der Wegnehmende seinerseits ist nach § 258 S. 1 verpflichtet (vgl. unten Rdnr. 902). Daher ist das Wegnahmerecht wirtschaftlich meist viel weniger wert als ein Anspruch auf Verwendungsersatz. Deshalb sollte das Bestehen eines solchen Anspruchs stets zuerst geprüft werden, wenn nicht ausdrücklich nur nach einem Wegnahmerecht gefragt ist.

IV. Grundlagen für Ansprüche auf Verwendungsersatz

1. Vertrag

Vorrangig zu prüfen ist stets, ob zwischen dem Verwendenden und dem durch die Verwendung Begünstigten ein Vertrag besteht. Denn die durch diesen   886

geschaffene Regelung verdrängt, soweit sie reicht, alle anderen Anspruchsgrundlagen. So muß man etwa § 547 für den Mieter im Verhältnis zum Vermieter als abschließende Regelung ansehen.

BGH NJW 1967, 2255 ff.: M hat Räume von V gemietet, in denen vorher eine Droge-
rie betrieben worden war. Nach dem auf zehn Jahre fest geschlossenen Mietvertrag sollte
M diese Räume auf eigene Kosten zum Betrieb einer Gastwirtschaft umbauen. Als M den
Umbau hat durchführen lassen, wird ihm jedoch die Konzession verweigert. M zieht aus
und verlangt von V die Umbaukosten ersetzt.

Ohne die vorzeitige Vertragslösung wären alle Ansprüche des M durch den Mietvertrag ausgeschlossen. Das würde insbesondere auch für die §§ 946, 951, 812 gelten. Etwas
anderes kommt hier nur in Betracht, weil die zehnjährige Mietzeit nicht durchgehalten
worden ist, in der M seine Verwendungen »abwohnen« sollte. Der BGH hat hier § 812 I 2
Fall 1 angewendet (condictio ob causam finitam; vgl. oben Rdnr. 690). Dieser Anspruch
geht aber nicht auf den Wert der eingebauten Stoffe, sondern auf den Betrag, den V für
den Rest der vorgesehenen Mietzeit des M infolge des Umbaus an Miete mehr erzielen
kann.

Wie in diesem Bsp. entsteht bei Verträgen auch sonst häufig kein vertraglicher Anspruch auf Verwendungsersatz, weil das in der Verwendung liegende
Opfer bereits durch die Gegenleistung des anderen Teils abgegolten ist. Besonders deutlich zeigt sich das beim Werkvertrag: Der Werklohn umfaßt alle Aufwendungen des Unternehmers. Nur wenn der Werklohnanspruch wegen einer
Vertragsstörung entfällt, treten die »Auslagen« des Unternehmers in § 645 I
wieder hervor.

2. Überbau

887 Eine die allgemeinen Verwendungsregeln völlig ausschließende Sonderregelung gilt auch für den »entschuldigten« (also nach § 912 I zu duldenden) Überbau. Hier verdrängt der analog anzuwendende § 95 I 2 die §§ 94, 946; auch der
auf dem Nachbargrundstück stehende Teil des Bauwerks gehört also dem
Überbauenden (etwa *Baur* § 25 III 2 c aa). Daher fehlt schon eine Verwendung
auf das Nachbargrundstück; die Rechtsfolgen ergeben sich allein aus den
§§ 912 II ff. Gleiches gilt nach *BGHZ 62, 141 ff.* auch für den im Einverständnis
mit dem Eigentümer des überbauten Grundstücks erfolgten (»**rechtmäßigen**«) Überbau sowie für den **Eigengrenzüberbau** (der Eigentümer selbst baut
über die Grenze zwischen zwei ihm gehörenden Grundstücken; später gelangen diese in verschiedene Hände, vgl. *BGH* NJW 1988, 1078 f.).

Dagegen nimmt die h. M. beim **unentschuldigten** Überbau an, das Eigentum an dem
Bauwerk sei an der Grundstücksgrenze vertikal geteilt (*BGHZ 27, 204 ff.; Baur*
§ 25 III 2 a). Hier kann der Überbauende also Anspruch auf Verwendungsersatz haben.

3. Verarbeitung

Ansprüche auf Verwendungsersatz scheiden gleichfalls aus, wenn der Verwen- **888** dende durch Verarbeitung nach § 950 Eigentümer der vormals fremden Sache wird. Denn dann kommt der Verwendungserfolg dem Verwendenden ohne weiteres selbst zugute. Zu erörtern bleiben in diesem Fall also nur Ansprüche dessen, der sein Eigentum verloren hat.

4. Geschäftsführung ohne Auftrag

Nach Vertrag, Überbau und Verarbeitung ist bei der Prüfung von Ansprüchen **889** auf Verwendungsersatz die Geschäftsführung ohne Auftrag zu bedenken. Denn Verwendungen auf eine fremde Sache sind für den Verwendenden regelmäßig ein objektiv fremdes Geschäft. Wegen § 687 muß aber noch der Fremdgeschäftsführungswille hinzukommen, damit die §§ 683, 670 (berechtigte GoA) oder die §§ 684 S. 1, 812 (unberechtigte GoA) direkt anwendbar werden (vgl. oben Rdnr. 407 ff.). Ein solcher Fremdgeschäftsführungswille fehlt insbesondere, wenn der Verwendende das Geschäft für sein eigenes hält, etwa weil er glaubt, Eigentümer zu sein, § 687 I. Dann kann das Recht der GoA nur über § 994 II oder über ähnliche Verweisungsvorschriften angewendet werden. Dagegen kommt eine direkte Anwendung der GoA für Verwendungen in Betracht, die ein Miterbe über sein Notverwaltungsrecht aus § 2038 hinaus auf eine Erbschaftssache macht; die §§ 994 ff. stehen hier mangels einer Vindikationslage nicht entgegen (*BGH* NJW 1987, 3001 f.).

Bei Verwendungen aufgrund eines **unerkannt nichtigen Vertrages** sind m.E. die §§ 683, 670 durch § 687 I ausgeschlossen. Denn hier wollte der Verwendende nicht ein fremdes Geschäft besorgen, sondern eine eigene Pflicht erfüllen (vgl. oben Rdnr. 412). Daher kommen nur die §§ 994 ff. oder 812 I 1 Fall 1 (Leistungskondiktion) in Betracht (vgl. unten Rdnr. 894).

5. Eigentümer-Besitzer-Verhältnis und Erbschaftsanspruch

In ihrer Durchsetzbarkeit besonders gestaltete (§§ 1000—1003; 2022 I 2) An- **890** sprüche auf Verwendungsersatz gelten im Eigentümer-Besitzer-Verhältnis und beim Erbschaftsanspruch: §§ 994 ff., 2022 ff. Beide Vorschriftengruppen setzen nach richtiger Ansicht das Bestehen einer Vindikationslage im Zeitpunkt der Vornahme der Verwendungen voraus (vgl. oben Rdnr. 588; 591 gegen *BGHZ 34, 122 ff.*).

Vgl. dazu den Fall *BGH* NJW 1967, 2255 ff. (oben Rdnr. 886): Dort hatte M die Verwendungen während des Vertrages gemacht, diesen aber vorzeitig aufgelöst. Der BGH hat die Anwendbarkeit der §§ 994 ff. mit Recht verneint. Gewiß dürfte nichts anderes gelten, wenn M nach der Vertragslösung nicht gleich ausgezogen und daher nachträglich eine Vindikationslage entstanden wäre.

6. Bereicherungsrecht

891   Endlich bleibt für Ansprüche auf Verwendungsersatz das Bereicherungsrecht. Davon soll im folgenden ausführlich die Rede sein.

V. Insbesondere die Kondiktion von Verwendungen

1. Arten der Bereicherungsansprüche

892   Bereicherungsansprüche können dem Verwendungsersatz in verschiedener Weise dienen.

a) Leistungskondiktion

Soweit die Verwendung eine Leistung des Verwendenden darstellt, greift die Leistungskondiktion ein. Da jedoch die Leistung als »bewußte und zweckgerichtete Mehrung fremden Vermögens« definiert wird (oben Rdnr. 666), kommen die meisten Verwendungsfälle für die Leistungskondiktion nicht in Betracht (vgl. *M. Wolf*, AcP 166, 1966, 188 ff.; 206 ff.). Im einzelnen gilt folgendes:

aa) **Der redliche Eigenbesitzer** zuzüglich des grob fahrlässigen hält die Verwendung stets nur für eine Verschiebung innerhalb *seines Vermögens* (vgl. oben Rdnr. 875). Er leistet daher nicht an den Eigentümer.

893   bb) **Der den Mangel seines Besitzrechts kennende Eigenbesitzer** weiß zwar, daß die Verwendung von Rechts wegen dem Eigentümer zugute kommt. Aber er will das nicht, da er die Sache als ihm gehörend besitzt, § 872. Folglich leistet auch er nicht an den Eigentümer.

Bsp.: D stiehlt den Pkw des E und läßt ihn neu lackieren. Dann kann D von E Wertersatz (§ 818 II) für die Lackierung nicht nach § 812 I 1 Fall 1 verlangen. Vielmehr kommen nur Ansprüche nach §§ 850, 994 II in Betracht, wenn die Verwendung notwendig war. Zu der umstrittenen Konkurrenz von § 812 I 1 Fall 2 vgl. unten Rdnr. 895 ff.

894   cc) Als möglicher Gläubiger einer Leistungskondiktion bleibt also nur der **Fremdbesitzer:** Allein er kann durch eine Verwendung die Mehrung fremden Vermögens beabsichtigen.

Bsp.: V hat sein sehr verwohntes Haus für drei Jahre an den Bauunternehmer U vermietet. U soll als Gegenleistung keinen Mietzins zahlen, sondern das Haus renovieren. Der Vertrag V—U ist nichtig.

Hier müßte U den Wert der durchgeführten Renovierung von V mit der Leistungskondiktion ersetzt verlangen können. Fraglich ist das nur deshalb, weil zugleich eine Vindikationslage bestand und die §§ 994 ff. vom Bereicherungsrecht abweichen. Diese Abweichung zeigt sich besonders deutlich, wenn U die Nichtigkeit des Vertrages infolge grober Fahrlässigkeit nicht gekannt hat, also unredlicher Besitzer war: Für seine Kondiktion ist das unschädlich, während er nach den §§ 994 ff. Ersatz nur wegen notwendiger Verwendungen verlangen könnte (§ 994 II). *M. Wolf* aaO. 207 ff. eliminiert hier die Konkurrenzfrage, indem er die Leistung des U an V nicht als Verwendung auf das Haus gelten läßt. Aber ich sehe keine tragfähige Begründung dafür, daß eine Leistung nicht zugleich eine Verwendung soll sein können. Vielmehr wird man sagen müssen: Die Leistungskondiktion des Besitzers auf Verwendungsersatz ist hier neben den §§ 994 ff. ebenso anwendbar, wie man das umgekehrt für die Leistungskondiktion des Eigentümers auf Nutzungsersatz annimmt (vgl. oben Rdnr. 600). Folglich kann auch der grobfahrlässige U den Wert der Renovierung kondizieren (ebenso im Ergebnis *Staudinger-Gursky* vor §§ 994 ff. Rdnr. 25).

b) Verwendungskondiktion aus § 951 BGB

Verwendungen auf fremde Sachen bewirken häufig einen Rechtsverlust durch **895** Verbindung (§§ 946, 947 II). Wenn der Verwendende diesen Rechtsverlust selbst erleidet, nämlich weil er eigene Sachen mit der fremden verbindet, kommt für ihn ein Anspruch wegen Bereicherung in sonstiger Weise in Betracht, §§ 951 I 1, 812 I 1 Fall 2. Auch für diese Verwendungskondiktion ist ähnlich wie für die Leistungskondiktion (oben Rdnr. 894) das **Verhältnis zu den §§ 994 ff. fraglich.**

Bsp.: B besitzt unrechtmäßig ein Grundstück des E und errichtet darauf aus eigenem Material ein Haus. Vgl. auch den Fall von *BGHZ 41, 157ff.* (oben Rdnr. 877).

Hier könnte B von E nach Bereicherungsrecht Wertersatz auch bei grobfahrlässiger Unkenntnis von dem Mangel seines Besitzrechts verlangen. Dagegen ist er nach den §§ 994 ff. als unredlicher Besitzer wieder auf den Ersatz der notwendigen Verwendungen beschränkt, zu denen der Hausbau regelmäßig nicht gehört. Im übrigen bleibt ihm nur das bei Gebäuden wirtschaftlich meist wertlose Wegnahme- und Aneignungsrecht nach § 997.

aa) Zu dieser Konkurrenzfrage werden im wesentlichen **die folgenden An- 896** sichten vertreten:

(1) Der BGH hält über § 951 I begründete Bereicherungsansprüche neben den §§ 994 ff. für ausgeschlossen. In *BGHZ 10, 171 ff.* ist er allerdings dennoch zu einem Bereicherungsanspruch gelangt, indem er die sachverändernde Bebauung nicht als Verwendung angesehen hat (vgl. oben Rdnr. 877). Dagegen hat er in *BGHZ 41, 157 ff.* § 951 selbst in einem solchen Fall für ausgeschlossen gehalten: Die §§ 994 ff. bildeten eine **abschließende Regelung** auch für Aufwendungen ohne Verwendungscharakter.

Denselben Ausgangspunkt wie der BGH hat auch *Waltjen*, AcP 175 (1975) 109/132 ff. Sie will jedoch dem Besitzer dadurch helfen, daß sie bei nach §§ 994 ff. nicht ersatzfähigen Verwendungen weithin mit einer Genehmigung durch den Eigentümer arbeitet. Diese soll darin liegen, daß der Eigentümer die Sache in ihrer umgestalteten Form nutzt. Aber wenn die Sache einmal umgestaltet worden ist, kann der Eigentümer sie oft entweder nur in der neuen Form oder überhaupt nicht nutzen. Daß er auf die Nutzung nicht ganz verzichten will, kann dann auch nicht den Erklärungswert einer Genehmigung haben.

(2) *M. Wolf*, AcP 166 (1966), 199 ff. lehnt die vom BGH befürwortete Einschränkung des Verwendungsbegriffs ab. Zugleich hält er die §§ 994 ff. für eine abschließende Regelung. Er gelangt daher bei Vorliegen einer Vindikationslage zum vollständigen Ausschluß von Ansprüchen aus Bereicherung in sonstiger Weise (ebenso die ganz h. M., vgl. etwa *Staudinger-Gursky* vor §§ 994 ff. Rdnr. 23; *Reuter-Martinek*, Ungerechtfertigte Bereicherung [1983] 699 ff.).

(3) *Westermann*, §§ 33 I 3 b; 54, 5 c; ähnlich *H. H. Jakobs*, AcP 167 (1967), 370 ff. lassen die §§ 951, 812 im Prinzip **neben den** §§ 994 ff. gelten. Sie kommen so zu einer für den Besitzer, insbesondere den unredlichen, günstigen Lösung.

897   bb) Dazu ist **kritisch** zu sagen: Die Ansichten (1) und (2) vermeiden zwar einerseits jede Störung der §§ 994 ff. durch konkurrierende Bereicherungsansprüche. Sie führen aber andererseits dazu, daß der besitzende Verwender wesentlich schlechter steht als der nichtbesitzende. Denn dieser kann ja Verwendungsersatz nach Bereicherungsrecht verlangen, ohne durch die §§ 994 ff. beschränkt zu werden. Für eine solche Ungleichbehandlung sehe ich keinen einleuchtenden Grund. Zudem steht § 951 II 1 im Wege: Danach sollen die Vorschriften über den Verwendungsersatz unberührt bleiben; § 951 soll also offenbar *neben* jenen Vorschriften anwendbar sein.

Deshalb muß die Konkurrenzfrage im Sinne der Ansicht (3) gelöst werden ³. Allerdings gelangt man so zu einer erheblichen Besserstellung insbesondere des unredlichen Besitzers gegenüber den §§ 994 ff. Das läßt sich aber wie folgt begründen: Die §§ 994 ff. regeln nur die Verwendungen, die der Eigentümer

---

3 So auch *(Koppensteiner)-Kramer* 205 ff.; *Eike Schmidt*, AcP 175 (1975) 165/172; *Staudinger- W. Lorenz* Rdnr. 24 vor §§ 812 ff. und — freilich von einem anderen Ausgangspunkt her — *Pinger* (vgl. oben Rdnr. 574) 103 ff. Den Gegenstandpunkt vertreten vor allem mit bedenkenswerten Argumenten *Reuter-Martinek* aaO. 699 ff.

dem Besitzer **ersetzen muß,** um trotz § 1000 wieder in den Besitz seiner Sache zu gelangen. Daß das Gesetz den Kreis dieser Verwendungen eng zieht, und zwar besonders dem unredlichen Besitzer gegenüber, erklärt sich mit der Rücksicht auf den Eigentümer. Dieser läuft ja Gefahr, seine Sache nicht auslösen zu können, wenn der Betrag der zu ersetzenden Verwendungen seine liquiden Mittel übersteigt. Demgegenüber regeln die §§ 951, 812 die andere Frage, ob der Eigentümer die durch die Verwendungen bewirkte Wertsteigerung seiner Sache **ersatzlos behalten darf.** Insoweit steht der Eigentümer nicht unter demselben gefährlichen Zahlungszwang, der zum Sachverlust führen kann. Allerdings hat auch insoweit der Verwendende regelmäßig ein Zurückbehaltungsrecht (§ 273 II). Aber der Eigentümer kann doch den Bereicherungsanspruch und damit auch das auf diesem beruhende Zurückbehaltungsrecht abwenden, indem er die Wegnahme des bereichernden Verwendungserfolges verlangt. Das ergeben die Regeln über die aufgedrängte Bereicherung (vgl. unten Rdnr. 899): Der Eigentümer braucht nach Bereicherungsrecht nur zu ersetzen, was ihm *nach seiner eigenen Zwecksetzung* von den Verwendungen wirklich nützlich ist.

Mit anderen Worten: Die §§ 994 ff. bestimmen, was der Besitzer vom Eigentümer gegen Herausgabe der Sache jedenfalls verlangen kann. Demgegenüber regelt das Bereicherungsrecht, was der Eigentümer an den besitzenden oder nichtbesitzenden Verwender leisten muß, wenn er den Verwendungserfolg haben will. Ein Widerspruch besteht insoweit nicht zu den §§ 994—996, sondern allenfalls zu § 997 II letzter Teil. Denn dort heißt es, das Wegnahmerecht des Besitzers könne durch Ersatz des Wertes abgewendet werden, den der Bestandteil nach der Abtrennung hat. Das ist häufig (etwa beim Abriß eines Gebäudes) erheblich weniger als der Wert ohne die Abtrennung. Aber § 997 II fügt »mindestens« hinzu. Damit läßt er m. E. die Möglichkeit offen, daß der vom Eigentümer zur Abwendung der Wegnahme zu zahlende Betrag nach Bereicherungsrecht auch höher liegen kann.

Der Ausgangsfall (der unrechtmäßige Besitzer B hat auf dem Grundstück des E gebaut) ist also folgendermaßen zu lösen:

War B **unredlich,** so hat er gegenüber der Vindikation des E kein Zurückbehaltungs- und Befriedigungsrecht nach §§ 1000, 1003, weil seine Verwendungen nach den §§ 994 bis 996 nicht ersatzfähig sind. B bleibt insoweit nur das Wegnahmerecht nach § 997. Dessen Ausübung kann E aber abwenden, wenn er den B nach Bereicherungsrecht befriedigt (vgl. unten Rdnr. 899 f.).

War B **redlich,** so hat er zusätzlich die §§ 996, 1000, 1003. Insoweit **muß** E also zahlen, auch wenn ihm die Bebauung seines Grundstücks subjektiv ungelegen kommt. Eine Einschränkung ergibt sich hier aber daraus, daß die Werterhöhung noch bei der Rückerlangung des Besitzes bestehen muß (§ 996 am Ende).

c) Verwendungskondiktion außerhalb von § 951 BGB

898 Der Bereicherungsanspruch aus den §§ 951, 812 I 1 Fall 2 gründet sich auf den Rechtsverlust durch die §§ 946 ff. Er läßt also alle Verwendungen unberücksichtigt, die nicht in der Verbindung von Sachen bestehen, sondern etwa im Aufwand von Arbeit. Insoweit muß, wenn die Arbeit nicht als Leistung erbracht worden ist (dazu oben Rdnr. 894), ein Anspruch wegen Bereicherung in sonstiger Weise direkt aus § 812 I 1 Fall 2 hergeleitet werden können. Auch das ist eine Form der Verwendungskondiktion. Ihre Existenz ergibt sich daraus, daß etwa die §§ 547 II, 601 II 1, 687 II 2, 994 II auf § 684 S. 1 verweisen, der seinerseits ins Bereicherungsrecht weiterverweist.

§ 951 I 1 ist also streng genommen überflüssig, weil die Verwendungskondiktion ohnehin eingreift: Er stellt nur klar, daß der Rechtserwerb nach den §§ 946—950 nicht einen (gesetzlichen) Rechtsgrund hat.

Auch die § 994 ff., 2022 ff. umfassen Verwendungen, die nicht unter § 951 fallen, weil sie etwa in Arbeitsaufwand bestehen. Deshalb ergibt sich hier gleichfalls die Frage nach dem Verhältnis zum Bereicherungsrecht. Sie muß ebenso entschieden werden wie bei § 951 (vgl. oben Rdnr. 897).

2. Das Problem der aufgedrängten Bereicherung

899 Für die beiden Fälle der Verwendungskondiktion (oben Rdnr. 897 f.) entsteht häufig das Problem der aufgedrängten Bereicherung[4].

BGHZ 23, 61 ff.: P hatte vom Eigentümer E ein Grundstück gepachtet. Nach dem Pachtvertrag durfte P nur Kleinbauten errichten, die E nach dem Ende der Pacht zu ihrem Wert übernehmen sollte. P errichtete jedoch ein massives Gebäude. Nach der Kündigung verlangt er von E Wertvergütung für dieses vertragswidrig errichtete Gebäude nach den §§ 951, 812.

Oder das Bsp. von oben Rdnr. 893: Der Dieb hat den gestohlenen Pkw des E neu lackieren lassen und verlangt dafür mit der Verwendungskondiktion Eratz.

Das Besondere an diesen Bereicherungsansprüchen ist, daß E etwas vergüten soll, was er nicht haben wollte, was ihm also aufgedrängt worden ist. Gegen eine Leistungskondiktion schützt in ähnlichen Fällen § 814. Diese Vorschrift paßt aber für die Verwendungskondiktion nicht, weil die Verwendungen nicht zur Erfüllung einer Verbindlichkeit gemacht worden sind. Daher bedarf es hier einer anderen Einschränkung.

---

4 Zusammenstellung des Meinungsstandes bei *Haas,* AcP 176 (1976) 4 ff.; Münch-Komm-*Lieb* § 812 Rdnr. 258 ff., vgl. *Reuter-Martinek* aaO. 544 ff.

BGHZ 23, 61 ff. hat § 1001 S. 2 angewendet: E werde von der Verwendungskondiktion dadurch frei, daß er dem P das unerwünschte Gebäude zum Abbruch überlasse. Eine bessere, in der Literatur[5] häufig verwendete Argumentation ist die folgende: Soweit der Bereicherte die Beseitigung des Verwendungserfolges verlangen kann (z. B. aus §§ 823 I, 989, 990, jeweils mit 249; 1004), darf
er diesen **Beseitigungsanspruch** der Verwendungskondiktion einredeweise
entgegenhalten. Damit wird die Durchsetzung der Kondiktion dauernd ge-
hemmt: Der Verwendende bleibt praktisch auf die Wegnahme angewiesen.

Doch werden auch hiermit noch nicht alle Fälle der aufgedrängten Bereicherung erfaßt. Denn erstens braucht die Verwendung nicht immer eine Verletzung des Eigentums darzustellen, so daß Beseitigungsansprüche ausscheiden.
Z. B. darf man das Ausbessern von Roststellen an einem Pkw nicht ohne Gewalt als Schaden (§ 249) oder Beeinträchtigung des Eigentums (§ 1004) ansehen. Und zweitens kann § 1004 auch bei einer Eigentumsverletzung ausgeschlossen sein, weil die §§ 989 ff. entsprechend gelten (vgl. oben Rdnr. 454).

Bsp.: Der redliche unverklagte Besitzer B hat auf dem Grundstück des E einen Beton-
bunker errichtet. Dessen Abbruch würde B erheblich mehr kosten als nutzen. Hier
braucht B das Grundstück nur so herauszugeben, wie es ist; gegen den Beseitigungsanspruch des E ist er durch die analoge Anwendung von § 993 I am Ende geschützt. Vgl.
dazu *Baur*, AcP 160 (1961) 465/490 ff.

Auch in solchen Fällen darf das Fehlen eines Schadensersatz- oder Beseitigungsanspruchs nicht dazu führen, daß der Wert einer aufgedrängten Bereicherung unbeschränkt ersetzt verlangt werden kann. Vielmehr muß man entweder schon den Wert des Erlangten (§ 818 II) nach einem subjektiven Maßstab
begrenzen: Dann ist das Vermögen des Begünstigten nur insoweit vermehrt,
als dieser sich den Verwendungserfolg wirklich zunutze macht (vgl.
Koppensteiner[-Kramer] 171 ff. mit weiteren Angaben 173 f.). Oder man wendet, wie *Larenz* (Festschr. von Caemmerer 1978, 209/224 ff.) ausführlich begründet hat, § 818 III auch dann an, wenn das Erlangte für den Empfänger
schon anfangs keinen Nutzen bringt (und nicht erst später nutzlos wird). Nach
beiden Ansichten ist in dem Bunkerbsp. eine Kondiktion des B erst möglich,
wenn E den Bunker nutzt oder bei der Veräußerung des Grundstücks wegen
des Bunkers einen höheren Preis erzielt. Entsprechend erzeugt die Lackierung
des Pkw einen Bereicherungsanspruch nur, wenn der Eigentümer eigene Aufwendungen für eine neue Lackierung spart oder den Pkw zu einem höheren
Preis verkauft.

---

5 So etwa *Baur* § 53 c III 2 c, vgl. auch *M. Wolf,* JZ 1966, 476 ff.

3. Begrenzung der Verwendungskondiktion

900 Daneben besteht aber noch eine weitere Schwierigkeit bei der Bemessung des Inhalts einer auf Wertersatz gerichteten Verwendungskondiktion: Wie insbesondere die beiden Absätze von § 994 zeigen, sieht das BGB in dem Verwendungsersatz nach Bereicherungsrecht (§§ 994 II, 684 S. 1, 818 III) gegenüber dem Kostenersatz (§ 994 I) die für den Verwendenden ungünstigere Lösung. Dasselbe folgt aus einem Vergleich von § 683 mit § 684 S. 1 (vgl. oben Rdnr. 884). Im Widerspruch dazu kann aber der Wert des Verwendungserfolges höher sein als die zu seiner Erzielung aufgewendeten Kosten.

Bsp.: Der unrechtmäßige Besitzer B hat das Dach auf dem Hause des E durch einen Bekannten günstig für 4000,— DM decken lassen. Diese Reparatur hätte normalerweise 5000,— DM gekostet und ist daher auch so viel wert. Hier könnte B als redlicher unverklagter Besitzer von E nach § 994 I nur 4000,— DM verlangen. Dasselbe würde nach §§ 994 II, 683, 670 gelten, wenn B zwar unredlich war, aber die Erneuerung des Daches dem Willen des E entsprach. Dagegen könnte der unredliche B für eine Dachreparatur gegen den Willen des E nach §§ 994 II, 684 S. 1, 818 II 5000,— DM fordern.

Diese Besserstellung des »schlechteren« Besitzers ist sinnlos. Um sie zu vermeiden, muß man den Betrag des auf die Verwendungskondiktion hin zu leistenden Wertersatzes **durch die aufgewendeten Kosten begrenzen**[6]. Im Bsp. kann B also in keinem Fall mehr als 4000,— DM verlangen. Wohl aber erhielte er als unberechtigter Geschäftsführer nur weniger, wenn der Wert des neuen Daches unter 4000,— DM läge.

4. Abgrenzung der Aufwendungskondiktion

901 Keine Verwendungen liegen dagegen vor, wenn auf eine unwirksame Anweisung oder von einem Dritten nach § 267 auf eine nicht bestehende Schuld gezahlt wird. Denn in beiden Fällen ist die Zahlung keine Verwendung auf einen bestimmten Gegenstand (vgl. oben Rdnr. 876). Die zur Rückforderung gegebenen Nichtleistungskondiktionen (oben Rdnr. 677; 685) sind also keine Verwendungskondiktionen. Andererseits können sie aber auch keine Rückgriffskondiktionen sein (vgl. unten Rdnr. 950): In beiden Fällen ist ja der, auf dessen Schuld gezahlt worden ist, nicht frei geworden, und die Kondiktion richtet sich auch nicht gegen ihn. Die genannten Nichtleistungskondiktionen sind also von eigener Art; im Anschluß an die oben Rdnr. 876 geschilderte Terminologie kann man sie Aufwendungskondiktionen nennen.

---

6 So etwa *Baur* § 53 c III 2 c cc; *Klauser,* NJW 1965, 513/516 f.; *Haas,* AcP 176 (1976) 24, anders aber insoweit *Koppensteiner(-Kramer)* 174, auch *Reuter-Martinek* aaO. 548 f.

VI. Einzelfragen zum Wegnahmerecht

1. Gründe und Durchführung der Wegnahme

Viele Vorschriften des BGB räumen dem Verwendenden ein Wegnahmerecht 902
ein (§§ 500 S. 2, 547 a, 601 II 2, 997, 1049 II, 1216 S. 2, 2125 II). Dieses steht bisweilen wahlweise neben Ansprüchen auf Verwendungsersatz; in anderen Fällen dagegen bildet es das einzige Recht des Verwendenden.

Wenn es zur Wegnahme kommt, ist § 258 zu beachten: Der Wegnahmebe-
rechtigte muß die Sache auf seine Kosten in den vorigen Stand setzen. Er kann
also das Wegnahmerecht nur entweder ganz oder gar nicht ausüben. Daher
darf etwa beim unentschuldigten Überbau die Wegnahme nicht auf diejenigen
Teile des Bauwerks beschränkt werden, die sich mit Vorteil abtrennen lassen
(Türen, Fenster usw.): Wenn der Überbauende diese Teile haben will, muß er
den ganzen Überbau beseitigen (*BGH* NJW 1970, 754 f., noch immer dieselbe
Sache wie *BGHZ 27, 204; 41, 157*).

2. Wegnahmerechte und § 951 I 2 BGB

Problematisch ist für das aus einer Verbindung (§§ 946 f.) entstandene Weg- 903
nahmerecht § 951 I 2. Denn diese Vorschrift erklärt einen Wiederherstellungs-
anspruch für ausgeschlossen, während nach § 951 II 1 Wegnahmerechte unberührt bleiben sollen und in § 951 II 2 sogar noch erweitert werden (vgl. unten
Rdnr. 904). Das erscheint deshalb als widersprüchlich, weil die Wegnahme
nach § 258 die Wiederherstellung des alten Zustandes bedeutet.

Der Widerspruch ist so zu lösen (vgl. *H. H. Jakobs,* AcP 167, 1967, 350/
367 ff.): § 951 I 2 will nur verhindern, daß Bereicherungsansprüche auf die na-
turale Herausgabe des Erlangten gerichtet werden: Sie sollen auf Wertersatz
(§ 818 II) beschränkt bleiben, damit die Erfüllung des Bereicherungsanspruchs
nicht zur Vernichtung wirtschaftlicher Werte führt. Dagegen läßt § 951 I 2 ein
nicht auf die §§ 812 ff. gegründetes Wegnahmerecht unberührt. Dieses kann
nämlich deshalb eher zugelassen werden, weil es im Gegensatz zu der Kondiktion des Erlangten durch § 258 beschränkt ist (oben Rdnr. 902) und zudem
häufig von dem Eigentümer der Hauptsache durch Wertersatz abgewendet
werden kann. Ganz unberührt bleiben durch § 951 I 2 übrigens auch Schadens-
ersatz- oder Beseitigungsansprüche des Verwendungsempfängers (vgl. oben
Rdnr. 899).

3. Wegnahmerecht des Nichtbesitzers?

904   Problematisch ist schließlich auch § 951 II 2. Diese Vorschrift erweitert nach ihrem Wortlaut den § 997 auf den Fall, daß die den Rechtsverlust bewirkende Verbindung nicht vom Besitzer der Hauptsache durchgeführt worden ist. Streit herrscht darüber, ob dieses erweiterte Wegnahmerecht auch einem Nichtbesitzer zustehen soll (was nach § 258 S. 2 generell möglich ist)[7].

> *BGHZ 40, 272 ff.:* G hat in den Neubau des Grundstückseigentümers E Herde eingebaut. G wollte diese Herde an E leisten, E durfte den Einbau jedoch als Leistung eines Dritten ansehen. Der BGH hat Eigentumsverlust des G an den Herden nach § 946 angenommen und einen Bereicherungsanspruch gegen E (§§ 951, 812) wegen des Primats der Leistung verneint (vgl. oben Rdnr. 727). Für G kam daher nur ein Wegnahme- und Aneignungsrecht nach §§ 951 II 2, 997 in Betracht. G war jedoch nicht Besitzer des Grundstücks.

> Der BGH hat deshalb, dem engen Wortlaut von § 951 II 2 folgend, ein Wegnahmerecht für G verneint: Die Gewährung eines solchen Rechts auch an den Nichtbesitzer würde den Ausschluß des Wiederherstellungsanspruchs in § 951 I 2 völlig aushöhlen. Demgegenüber wendet die in der Literatur h. M. (vgl. *Baur-M. Wolf* aaO. mit weiteren Angaben) § 951 II 2 auch auf den Nichtbesitzer an. Einen Mittelweg geht *H. H. Jakobs* aaO. 387 ff.: Er erstreckt das Wegnahmerecht zwar auf den Nichtbesitzer, beschränkt es jedoch auf die Fälle, in denen dieser nicht einen mindestens gleichwertigen Anspruch auf Verwendungsersatz in Geld hat. Diese auf die Entstehungsgeschichte gestützte Interpretation erscheint vorzugswürdig; nach ihr ist das Wegnahmerecht des § 951 II 2 für denjenigen, der sein Eigentum durch Verbindung verloren hat, nur das letzte Hilfsmittel.

§ 35   Der Rückgriff (Regreß)

I. Übersicht

905   Der Rückgriff ist ebenso wie der Verwendungsersatz (oben Rdnr. 874 ff.) weithin ein Spezialfall des Aufwendungsersatzes. Dabei besteht die Besonderheit des Rückgriffs in folgendem: An den gewöhnlichen Fällen des Aufwendungsersatzes sind nur zwei Personen beteiligt: eine, die das in der Aufwendung liegende Opfer erbracht hat und dafür Ersatz verlangt; eine andere, die durch dieses Opfer begünstigt worden ist und es daher ersetzen soll. Dagegen sind an den

Rückgriffsverhältnissen ausnahmslos **drei Personen** beteiligt: Die eine (Leistender) hat eine Leistung erbracht und verlangt dafür Ersatz. Ihr Anspruch richtet sich aber nicht gegen den Empfänger dieser Leistung (die zweite Person, den Gläubiger). Rückgriffsschuldner ist vielmehr ein Dritter, den die Leistung irgendwie begünstigt hat, oder der zu der Leistung rechtlich stärker verpflichtet war als der Leistende. Dabei ist es **Ziel des Rückgriffs**, das in der Leistung liegende Opfer von dem Leistenden auf eine dritte Person abzuwälzen.

1. Rückgriffstechniken

Für diese Abwälzung kennt unser Recht verschiedene Rückgriffstechniken.   906

a) Legalzession (cessio legis)

Am häufigsten verwendet wird die Legalzession (*cessio legis*): Der Anspruch des Gläubigers gegen den durch die Leistung »begünstigten« Dritten erlischt nicht, sondern geht auf den Leistenden über. Die Begünstigung wird also dadurch vermieden, daß für den Dritten bloß ein Gläubigerwechsel stattfindet.

Der Vorteil einer solchen cessio legis für den Rückgriffsgläubiger ist, daß dieser mit der auf ihn übergehenden Forderung des Gläubigers auch Vorzugs- und akzessorische Sicherungsrechte erwirbt, §§ 412, 401. Ein Nachteil zeigt sich bei der Verjährung: Der Leistende muß sich als Rechtsnachfolger des Gläubigers den vor dem Übergang bereits verstrichenen Teil der Verjährungsfrist anrechnen lassen.

Eine cessio legis ist angeordnet etwa in den §§ 268 III, 426 II, 774 I, 1143 I, 1150, 1225, 1249, 1607 II 2, 1608 S. 3, 1615 b, 1584 S. 3 BGB, 67 VVG, 116 SGB X ([früher § 1542 RVO]; dort geht freilich der Anspruch sofort über, so daß sich auch der Verjährungsbeginn nach dem Zessionar richtet). Hierzu kommt § 4 LohnfortzahlungsG, der Schadensersatzansprüche des Arbeiters, der seinen Lohn weitererhält, auf den Arbeitgeber übergehen läßt.

b) Pflicht zur rechtsgeschäftlichen Abtretung

Eine unbequeme Ersatzlösung für die cessio legis ist der Weg, den das Gesetz   907
etwa in den §§ 255, 281 I gewählt hat: Hier geht der Anspruch des Gläubigers nicht schon kraft Gesetzes auf den Leistenden über, sondern muß eigens abgetreten werden. Nach dieser Abtretung ist die Stellung des Leistenden aber nicht anders als bei der cessio legis; insbesondere gilt auch hier § 401 (und zwar direkt, also nicht über § 412).

c) Übergang nach Anzeige

907a In der Mitte zwischen Legalzession und rechtsgeschäftlicher Abtretung steht endlich der eigenartige Rückgriffsweg von § 90 BundessozialhilfeG: Der regreßvermittelnde Anspruch gegen den Dritten geht infolge einer schriftlichen *Überleitungsanzeige* auf den Regreßgläubiger über. Ebenso § 37 Bundesausbildungsförderungs G (BAFöG); vgl. dazu *OVG Berlin*, NJW 1976, 988 f.: Für die Rechtmäßigkeit der Überleitungsanzeige genüge, daß der Geförderte *möglicherweise* einen Unterhaltsanspruch gegen seine Eltern habe. Doch hängt der Erfolg des Regresses letztlich davon ab, ob der Unterhaltsanspruch wirklich besteht. Dazu wichtig *BGHZ 69, 190 ff.*: Eine Zweitausbildung brauchen die Eltern regelmäßig nicht zu bezahlen (auch wenn diese nach öffentlichem Recht zu fördern sein sollte[1]). Wichtig dazu auch *BGH* NJW 1981, 574 ff. (abl. *E. Schwerdtner*, JZ 1981, 399 f.): Wegen § 1612 II können die Eltern selbst dem volljährig gewordenen Kind den Unterhalt regelmäßig naturaliter (also in ihrem Haushalt) gewähren. Dadurch können sie zugleich die Lebensführung des Kindes beeinflussen. Zu dieser Problematik vgl. *Gernhuber* § 42 III und zu Einzelheiten *BGH* NJW 1983, 2189 ff. (Anforderungen an die Bestimmung des Unterhalts durch die Eltern); *OLG Hamm*, NJW 1983, 2203 f. (das elterliche Bestimmungsrecht soll nicht dadurch unterlaufen werden können, daß ein Dritter dem Kind Geld leistet und von den Eltern Ersatz verlangt).

d) Besondere Rückgriffsansprüche

908 Statt oder neben der Forderungsabtretung kann das Gesetz für den Rückgriff auch einen eigenen, neuen Anspruch schaffen. Das hat für den Rückgriffsberechtigten den Vorteil, daß dieser Anspruch oft erst mit der Leistung entsteht und daher auch erst mit ihr zu verjähren beginnt. Andererseits gelten für diesen Anspruch die §§ 412, 401 nicht; etwa bestehende Sicherungsrechte gehen also verloren.

e) Kombinationsregresse

909 Deshalb kann das Gesetz auch, wo es dem Rückgriffsberechtigten die Vorteile beider Wege eröffnen will, die Möglichkeiten a und d kombinieren. Das tut besonders deutlich § 426: Sein Abs. 1 entspricht dem Weg d, sein Abs. 2 dem Weg a. Weitere Fälle eines eigenen Rückgriffsanspruchs sind die §§ 670, 683 (die allerdings nicht nur dem Rückgriff dienen, sondern allgemein dem Aufwendungsersatz). So kommt etwa auch der beauftragte Bürge zu einem doppelten Regreß: Zessionsregreß nach § 774 I, Mandats-(Auftrags-)regreß nach § 670 (vgl. unten Rdnr. 913).

---

1 Dazu vgl. *Diederichsen*, NJW 1977, 1776 ff.; *Wahrendorf*, JZ 1977, 798 f.

Der Unterschied zwischen den Wegen a und d zeigt sich auch im Prozeß. *Bsp.:* G ist von A und B durch eine unerlaubte Handlung geschädigt worden. G verklagt zunächst den A und wird rechtskräftig abgewiesen. Dann verklagt er B und erhält vollen Ersatz zugesprochen. Wenn B nun gegen A Rückgriff nehmen will, ist ihm der Weg über §§ 840, 426 II wegen § 325 I ZPO verschlossen. Ein Rückgriff nach §§ 840, 426 I wäre dagegen nicht gehindert: Insoweit ist B nicht Rechtsnachfolger des G.

f) Allgemeine Rückgriffskondiktion

Wo das Gesetz keine besondere Grundlage für einen Rückgriff geschaffen hat, kommt endlich ein Bereicherungsanspruch in Form der Rückgriffskondiktion in Betracht. Diese ist also in ähnlicher Weise subsidiär wie die Verwendungskondiktion (oben Rdnr. 886 ff.); sie kann daher erst am Ende besprochen werden (unten Rdnr. 948 ff.). 910

2. Rückgriffsgründe

Als Grund für einen Rückgriff genügt nicht schon, daß eine Leistung einen Dritten begünstigt hat. 911

Bsp.: Ersetzt der Brandstifter den Schaden, so wird damit auch die Feuerversicherung gegenüber dem Geschädigten frei. Trotzdem steht dem Brandstifter kein Rückgriff zu; er kann nicht etwa vom Geschädigten nach § 255 die Abtretung des Anspruchs gegen die Versicherung verlangen. Selbst eine Rückgriffskondiktion scheidet hier sicher aus.

a) Besondere Rückgriffsgründe

Die besonderen Rückgriffsgründe lassen sich etwas vereinfacht wie folgt gliedern:

aa) Die Gewährung eines Rückgriffs kann dem Umstand Rechnung tragen, daß **der Leistende** neben dem Begünstigten gleich- oder besserstufig **selbst schuldet.** Hier hat der Leistende nämlich im Verhältnis zum Gläubiger nur das getan, wozu er verpflichtet war, während im Verhältnis zum Mitschuldner eine solche Verpflichtung fehlen kann. Fälle dieser Art sind der Rückgriff unter Gesamtschuldnern nach § 426 (auch unter Mitbürgen, §§ 769, 774 II) oder der Rückgriff des Bürgen gegen den Hauptschuldner, § 774 I. Auch die §§ 67 VVG, 116 SGB X gehören hierher. Das Problem liegt hier in der Frage nach der abgestuften Stellung der mehreren Schuldner (vgl. unten Rdnr. 916—918).

bb) Häufig genügt es für den Rückgriff auch, daß der Leistende zwar selbst nicht Schuldner war, ihm aber doch ein **Rechtsverlust drohte,** den die Leistung verhindern sollte. Beispiele hierfür sind die §§ 268 III, 1143 I, 1150, 1225, 1249. 912

Eine Ausnahme besteht jedoch bei der **Gesamthypothek** im Verhältnis der Eigentümer der belasteten Grundstücke untereinander. Hat einer der Eigentümer bezahlt, so erwirbt er nämlich nicht schon aus der Gesamthypothek einen Rückgriff gegen die Eigentümer der anderen Grundstücke. Denn die §§ 1173 I, 1181 II bestimmen im Gegensatz zu §§ 1143 I, 1225 nicht den Forderungsübergang auf den Leistenden. Auch § 426 ist hier nicht entsprechend anwendbar: Die Gesamthypothek ist »regreßlos«. Nur soweit der Leistende aus einem Rechtsgrund außerhalb der Gesamthypothek Rückgriff nehmen kann, geht die Hypothek an den Grundstücken der Regreßschuldner auf ihn über, §§ 1173 II, 1182. Vgl. dazu *Baur* § 43 II; *Westermann* § 109 IV 4, V.

913   cc) Einen weiteren Rückgriffsgrund bildet die **Veranlassung** der Leistung **durch den Rückgriffsschuldner** selbst. Hierauf beruhen der Rückgriff des Beauftragten gegen den Auftraggeber, § 670, und der Anspruch des Arbeitnehmers gegen den Arbeitgeber bei Schädigung Dritter aus schadensgeneigter Arbeit (hier hat der Arbeitgeber die gefährliche Arbeit und damit mittelbar auch veranlaßt, daß der Arbeitnehmer dem Dritten ersatzpflichtig geworden ist).

Der Rückgriff nach § 670 steht auch dem Bürgen oder dem Verpfänder zu, wenn Verbürgung oder Verpfändung im Auftrag des Schuldners erfolgt sind. Hier verbindet sich also dann ähnlich wie bei § 426 der Rückgriff mittels einer cessio legis (oben Rdnr. 906: §§ 774 I, 1143 I, 1225) mit einem eigenen Rückgriffsanspruch. Zum Vorteil dieser Kombination vgl. oben Rdnr. 909.

914   dd) Eine vierte Gruppe von Fällen wird dadurch charakterisiert, daß das **Eintreten des Leistenden erwünscht** ist und dieser daher durch den Rückgriff schadlos gehalten werden soll. So liegt es bei dem berechtigten Geschäftsführer ohne Auftrag, § 683, und bei der Erfüllung von Unterhaltpflichten, wenn primär ein anderer den Unterhalt schuldet, §§ 1607 II 2, 1608 S. 3, 1615 b, 1584 S. 3.

b) Allgemeine Rückgriffskondiktion

915   Soweit schließlich ein solcher besonderer Rückgriffsgrund fehlt, kommt als schwächste Regreßform nur die Rückgriffskondiktion aus § 812 I 1 Fall 2 in Betracht (oben Rdnr. 910). Der Unterschied zu den vorher genannten »qualifizierten« Fällen zeigt sich sehr deutlich bei einem Vergleich der §§ 267, 268: § 268 erleichtert dem Ablösungsberechtigten nicht nur die Befriedigung des Gläubigers (§ 267 II gilt nicht; auch Hinterlegung und Aufrechnung sind möglich, § 268 II). Vielmehr ordnet § 268 III auch eine cessio legis und damit einen besonderen Weg für den Rückgriff an, während § 267 vom Rückgriff schweigt: Hier kommt eben, wenn nicht einer der genannten besonderen Rückgriffsgründe vorliegt (etwa berechtigte Geschäftsführung ohne Auftrag), nur die schwache Rückgriffskondiktion in Betracht.

II. Einzelfragen zu § 426 BGB*

Die allgemeinste und daher wichtigste Regreßnorm ist § 426. Hierzu gibt es je-   **916**
doch eine Reihe von Zweifeln.

1. Zweifel um den Anwendungsbereich von § 426 BGB

Fraglich ist schon, ob § 426 überall da gilt, wo von mehreren Schuldnern »jeder
die ganze Leistung zu bewirken verpflichtet, der Gläubiger aber die ganze Leistung nur einmal zu fordern berechtigt ist« (§ 421).

a) Die Rspr. hat das bisher durchweg verneint. Denn sie unterscheidet zwischen **echter und unechter Gesamtschuld:** Nur für die echte soll § 426 gelten,
für die unechte dagegen nicht. Als Kriterium für das Vorliegen echter Gesamtschuld ist bis vor kurzem angegeben worden ein **innerer Zusammenhang** der
mehreren Verpflichtungen im Sinne einer rechtlichen Zweckgemeinschaft.
BGHZ 59, 97/100 und *BGH* JZ 1984, 230, 231 lassen aber offen, ob an diesem
Erfordernis festzuhalten ist.

b) Demgegenüber hat die h.M. in der *Literatur* das Kriterium des »inneren   **917**
Zusammenhangs« schon seit einiger Zeit als nichtssagend abgelehnt. Statt dessen wird jetzt darauf abgestellt, ob die Verpflichtungen der mehreren Schuldner
wenigstens typischerweise »gleichstufig« oder »gleichrangig« sind (*Larenz* I
§ 37 I mit weit. Angaben): Nur dann soll § 426 anwendbar sein. Der Gegenfall
fehlender Gleichstufigkeit ist zunächst »scheinbare Gesamtschuld« genannt
worden; bisweilen wird für ihn die Bezeichnung »Gesamtschuld« sogar völlig
vermieden.

Dieser Ansicht obliegt es freilich anzugeben, unter welchen Voraussetzungen Gleichstufigkeit gegeben sein soll. Diese wird bejaht zunächst für die Fälle,
in denen das Gesetz Gesamtschuld anordnet (etwa §§ 427, 431, 769, 840). Doch
geht man darüber noch hinaus. So sollen Gesamtschuldner etwa auch Personen
sein, von denen die eine aus Delikt und die andere aus Vertrag für denselben
Schaden haftet (wichtiger von § 840 nicht erfaßter Fall). Und nach *BGHZ 85,
375/386 f.* soll es für eine analoge Anwendung von § 840 genügen, daß der eine
Schuldner aus Delikt auf Schadensersatz und der andere aus § 906 II 2 auf Ausgleich haftet.

---

*   Vgl. *Ehmann,* Die Gesamtschuld (1972); *Thiele,* Gesamtschuld und Gesamtschuldnerausgleich, JuS 1968, 149 ff.; *Reinicke-Tiedtke,* Gesamtschuld und Schuldsicherung...(1981); *Selb,* Mehrheit von Gläubigern und Schuldnern (1984); *Winter,* Teil-
schuld, Gesamtschuld und unechte Gesamtschuld (1985); *Preißer,* Grundfälle zur
Gesamtschuld im Privatrecht, JuS 1987, 208 ff.; 289 ff.; 628 ff.; 710 ff.; 797 ff.; 961 ff.

Eine allgemeine Formel für die gesetzlich nicht angeordneten Fälle der Gesamtschuld versucht *Larenz* aaO.: Bei rechtsgeschäftlich begründeten Pflichten entscheide der erkennbare Sinn und Zweck, bei gesetzlichen Pflichten könne eine Analogie (zu den gesetzlichen Gesamtschuldanordnungen) weiterhelfen. Der Annahme von Gesamtschuld stehe es entgegen, wenn das Gesetz einen der mehreren Schuldner im Innenverhältnis allein mit der Leistungspflicht belaste.

Für den praktisch häufigsten Fall der auf Schadensersatz gerichteten Schuld mehrerer hat *G. Dilcher* formuliert (JZ 1967, 113 ff.; 1973, 199 ff.): Gesamtschuld liege nur vor, wenn jeder Schuldner **an der Schadensverursachung beteiligt** gewesen sei. Wer dagegen ohne Verursachungsbeitrag hafte (z. B. der Schadensversicherer oder der Unterhaltsschuldner, vgl. § 843 IV), sei mit dem Verursacher nicht Gesamtschuldner.

9̣8   c) Eine jüngere Monographie von *Ehmann*[2] erweitert demgegenüber den Begriff der Gesamtschuld stark: Dieser soll sich mit § 421 decken und insbesondere auch die Fälle umfassen, in denen der Regreß durch einseitige Legalzessionsanordnung geregelt ist (wie im Verhältnis Hauptschuldner — Bürge durch § 774 I). Daß damit sachlich Verschiedenes in dem Begriff der Gesamtschuld zusammenkommt, will *Ehmann* durch eine Gruppenbildung ausgleichen.

2. Lösungsvorschlag

919   Ich selbst vermag zunächst *Ehmann* (oben Rdnr. 918) nicht zu folgen. Denn mir scheint die Frage nach dem Umfang der Gesamtschuld nur sinnvoll als Frage nach dem **Anwendungsbereich der Normen über die Gesamtschuld.** Die praktisch wichtigste dieser Normen ist § 426. Folglich sollte man von »Gesamtschuld« nur da sprechen, wo § 426 paßt. Daran fehlt es aber in allen Fällen einer speziellen, den § 426 verdrängenden Regreßregelung: Insbesondere bei spezialgesetzlichen Zessionsanordnungen paßt § 426 II sicher nicht, und auch § 426 I wird dort allgemein nicht angewendet.

Für die beiden übrigen Ansichten (oben Rdnr. 916 und 917) kommt es auf die Abgrenzung zwischen den Gesamtschuldfällen und den anderen Fällen von Schuldnermehrheit an. Dabei muß man auf die Funktion abstellen:

920   a) In den Fällen der **gesetzlichen Gesamtschuldanordnungen** besteht für den Gläubiger regelmäßig kein Unterschied hinsichtlich der Belangbarkeit sei-

2   Die Gesamtschuld (1972), dazu *Rüßmann,* AcP 175 (1975) 173 ff.; *Selb,* NJW 1975, 965. Anders als *Ehmann* auch *Goette,* Gesamtschuldbegriff und Regreßproblem (1974).

ner Schuldner: Jeder von mehreren Vertragspartnern (§ 427), Bürgen (§ 769) oder Deliktstätern (§ 840) kann unerreichbar, zahlungsunwillig oder insolvent sein. Dann bedeutet die Gesamtschuldanordnung die optimale Sicherheit für den Gläubiger: Er wird schon dann voll befriedigt, wenn nur ein einziger Schuldner leistungsfähig ist. Zudem entgeht er bei teilbarer Leistung der sonst durch § 420 begründeten Notwendigkeit, seine Forderung nach Maßgabe des ihm oft unbekannten Innenverhältnisses aufzuteilen.

b) Ganz anders verhält es sich etwa in den Fällen von §§ 67 VVG, 116 SGB X 921 (früher § 1542 RVO): Hier ist der Versicherungsträger ein typischerweise erreichbarer und solventer Schuldner. Auch ist der Anspruch gegen ihn von subjektiven Voraussetzungen (Verschulden) unabhängig und somit regelmäßig leicht beweisbar. Für den Gläubiger bedeutet also schon dieser Anspruch gegen den Versicherungsträger hinreichende Sicherheit. Daher ist der konkurrierende Anspruch gegen den Drittschädiger nicht mehr für den Gläubiger interessant, sondern nur noch für den in Vorlage gegangenen Versicherungsträger, und zwar als **Regreßmittel.** Deshalb betrachten die spezialgesetzlichen Zessionsanordnungen in den §§ 67 VVG, 116 SGB X allein diesen Gesichtspunkt.

c) Daraus folgt nun die Deutung der Abgrenzungskriterien »innerer Zu- 922 sammenhang« (oben Rdnr. 916) und »Gleichstufigkeit« (oben Rdnr. 917): Bei der (echten) Gesamtschuld dienen die mehreren Forderungen demselben Zweck, nämlich der Sicherung und Befriedigung des Gläubigers. Insofern hängen sie zusammen oder stehen auf gleicher Stufe. Dagegen sind in den übrigen Fällen die **Zwecke verschieden:** Der eine Schuldner sichert und befriedigt allein schon den Gläubiger, während der andere Schuldner typischerweise nicht an den Gläubiger leistet, sondern nur dem Regreß dient.

Freilich paßt diese Typik nicht überall. So kann man etwa bei § 774 I nicht sagen, die Forderung gegen den Hauptschuldner sei nur als Regreßmittel für den Bürgen und nicht auch als Befriedigungsmittel für den Gläubiger interessant. Daß das Verhältnis Bürge — Hauptschuldner nicht unter die §§ 421 ff. fällt, hat vielmehr einen anderen Grund: Die Forderung des Gläubigers gegen den Bürgen ist nach §§ 767 ff. der Hauptschuld akzessorisch. Sie ist also anders als nach §§ 422 ff. geregelt.

3. Der Rückgriff nach Lohnfortzahlung

Eines der praktisch wichtigsten »Versorgungsverhältnisse« im Sinne von oben 923 Rdnr. 921 ist das **Arbeitsverhältnis** geworden. Rückgriffsfragen tauchen hier auf, wenn der Arbeitgeber das Entgelt zahlen mußte, obwohl die Arbeit nicht geleistet worden ist aus einem Grund, den ein Dritter zu verantworten hat.

Ausgangsfall also: Der dem G zur Arbeit verpflichtete A wird durch einen von S zu verantwortenden Unfall zeitweise arbeitsunfähig.

a) Hier fragt sich zunächst, ob A von G die **Fortzahlung** von Lohn, Gehalt oder Besoldung **verlangen kann.** Das ist für viele Fälle durch (meist einseitig, nämlich zugunsten des A, zwingende) Normen bestimmt, etwa §§ 616 BGB, 63 HGB, 133 c II GewO, 1 LohnfortzahlungsG und die Beamtengesetze. Soweit eine solche Vorschrift fehlt, kann eine Fortzahlungspflicht vertraglich vereinbart werden (vgl. etwa *BGH* NJW 1971, 1136).

924   b) Soweit A die Fortzahlung verlangen kann, wird bei ihm ein von S zu ersetzender **Erwerbsschaden** fraglich. Man kann das sehen als Frage der Vorteilsausgleichung: Ein Erwerbsschaden ist zu bejahen bei Nichtanrechnung der Fortzahlung. Und eine solche Nichtanrechnung läßt sich rechtfertigen, weil die Fortzahlung von A erkauft worden ist (oben Rdnr. 857: auch die Fortzahlung ist ja ein Teil der von G geschuldeten Gegenleistung), oder weil eine Anrechnung dem sozialen Zweck der Fortzahlung widerspräche (oben Rdnr. 858). Auf das gleiche läuft es hinaus, wenn man den Schaden des A im Verhältnis zu S als »normativ« bezeichnet: Gemeint wird damit ein Posten, der rechtlich (meist wegen eines Rückgriffs) wie ein Schaden behandelt wird, ohne wirtschaftlich ein Schaden zu sein (vgl. *Medicus*, JuS 1979, 233 ff.). Konstruktiv anders zwar *Larenz* I § 30 II d: A liquidiere in Wahrheit den Schaden des G. Doch vgl. dagegen *Lieb*, JZ 1971, 358/361: Der Ausfall des A wird bei G häufig durch unbezahlte Mehrarbeit anderer ausgeglichen, ohne daß dem G ein meßbarer Schaden entstünde; der normative Schaden des A ist gerade unabhängig von den Verhältnissen bei G.

Ausdrückliche Anordnungen des Gesetzgebers über einen Erwerbsschaden des A trotz Fortzahlung fehlen. Die Überleitung des Ersatzanspruchs A—S auf G (s. sogleich) setzt aber den Erwerbsschaden voraus.

925   c) Endlich fragt sich dann, wie der nach oben Rdnr. 924 begründete Ersatzanspruch A—S zu G gelangt. Einer **Überleitung** an G bedarf es nämlich. Denn wenn überhaupt jemand, dann hat G einen Schaden. Diese Überleitung erfolgt in zwei Fallgruppen durch Legalzession: bei Arbeitern (§ 4 LohnfortzahlungsG) und Beamten (§§ 87 a BBeamtenG, 52 BeamtenrechtsrahmenG). Für alle übrigen Fälle, insbesondere für Angestellte, fehlt eine ausdrückliche Regelung. Die Praxis hilft sich hier mit einer Abtretung nach § 281. Denkbar wäre aber statt dessen auch die Annahme einer Legalzession in Analogie zu den gerade genannten Zessionsnormen. Der zur Gehaltsfortzahlung verpflichtete Arbeitgeber erfüllt ja auch dieselbe Funktion wie etwa ein Sozialversicherungsträger: Er soll zur Sicherung des zu versorgenden Gläubigers typischerweise in Vorlage gehen (vgl. oben Rdnr. 921).

4. Gleichheit des Schuldinhalts?

Regelmäßig schulden bei der Gesamtschuld mehrere Personen eine nach Art 926
und Umfang gleiche Leistung. Die neuere Rspr. läßt aber von diesem Erfordernis immer größere Abweichungen zu. Diese Erweiterung des Gesamtschuldbegriffs soll über § 426 einen Rückgriff auch in Fällen ermöglichen, in denen er durch Vertrag oder Gesetz nicht angeordnet ist.

BGHZ (GS) 43, 227ff.: Der Bauunternehmer U hat mangelhaft gebaut, der Architekt A hat seine Aufsichtspflicht verletzt. Der Bauherr H erhält seinen ihm hierdurch entstandenen Schaden von A ersetzt. A will gegen U Rückgriff nehmen. Vgl. *Wussow*, NJW 1974, 9ff.

Als Anspruchsgrundlage kommt § 426 in Betracht, wenn A und U Gesamtschuldner waren. Aber § 427 paßt schon deshalb nicht, weil beide sich nicht gemeinschaftlich verpflichtet hatten. Zudem schuldete zunächst nur A dem H Schadensersatz, während H von U vorerst (§ 634 I) bloß Mängelbeseitigung verlangen konnte, § 633 II 1. Dennoch hat der BGH hier Gesamtschuld angenommen, so daß dem A der Rückgriff gegen U nach §§ 426, 254 (vgl. unten Rdnr. 928) geöffnet war. *BGHZ 51, 275/277* anerkennt eine Gesamtschuld sogar dann, wenn H von U Wandlung verlangt (§ 634 I 3), so daß die Verpflichtungen von A und U sich in ihrem Inhalt noch stärker unterscheiden: Für die Gesamtschuld genüge, daß die Haftung von A und U auf demselben Mangel beruhe und die Leistung des einen dem anderen wenigstens teilweise zugute kommen könne. Nach *OLG München*, Betr. 1988, 1443 f. soll diese gesamtschuldnerische Haftung durch AGB nicht wirksam ausgeschlossen werden können.

5. Ansprüche auf Veräußerungserlös und Schadensersatz

Viel erörtert worden[3] ist die Entscheidung 927

BGHZ 52, 39ff.: D stiehlt bei E Geräte und verkauft sie an den gutgläubigen K. K veräußert die Geräte in seinem Geschäft an Dritte weiter. E genehmigt diese Veräußerungen (§ 185 II Fall 1) und verlangt von K den Erlös (§ 816 I 1). Wenig später erhält E von D vollen Ersatz seines Schadens. K verlangt jetzt von E aus eigenem und abgetretenem Recht des D den inzwischen gezahlten Veräußerungserlös zurück.

Hier ist vom Ergebnis her klar, daß E nicht den Veräußerungserlös und den vollen Schadensersatz behalten darf. *BGHZ 29, 157ff.* hatte diese Häufung auf folgendem Weg vermeiden wollen: Nach § 255 brauche D Ersatz für den Verlust der Geräte nur gegen Abtretung der Ansprüche aus dem Eigentum zu lei-

---

3 Dazu etwa *Kühne*, JZ 1969, 565 ff.; *Reeb*, JuS 1970, 214 ff.; *G. Dilcher*, JZ 1973, 199/201.

sten. Zu ihnen gehöre auch der Anspruch aus § 816 I. Wenn E den Veräußerungserlös bereits eingezogen habe, verwandele sich der Anspruch des D auf Abtretung in einen Anspruch auf Herausgabe des Erlöses. Dieser von D an K abgetretene Anspruch begründe die Klage K—E.

Dieser Konstruktion hat *von Caemmerer*, JR 1959, 462 ff. mit Recht entgegengehalten: Eine Abtretung des Anspruchs aus § 816 an D sei sinnlos, weil D von seinem redlichen Abnehmer K den Veräußerungserlös wegen des Kaufvertrages D—K doch nicht verlangen könne. Auch ist nicht einzusehen, warum K hier für seinen Anspruch den Umweg über D soll machen müssen.

Daher ist *BGHZ 52, 39* einen anderen Weg gegangen: D und K seien Gesamtschuldner des E gewesen, weil sie — wenn auch aus verschiedenen Gründen (§ 823 und § 816 I) — für den Verlust derselben Sache hafteten. Nach § 422 habe also die Zahlung D—E auch die Forderung E—K getilgt. Daher habe K nach der Leistung des D auf eine Nichtschuld gezahlt. Folglich könne K das Gezahlte mit der Leistungskondiktion von E zurückverlangen.

Diese Lösung ist angegriffen worden von *G. Dilcher*, JZ 1973, 199 ff.: Bei Schadensersatzansprüchen komme als Gesamtschuldner nur in Betracht, wer den Schaden mit *verursacht* habe, und daran fehle es bei K. Dem ist zwar zuzugeben, daß regelmäßig Gesamtschuldner eines Schadens nur die Mitverursacher sind (vgl. oben Rdnr. 917). Doch möchte ich eher eine Ausnahme von dieser Regel anerkennen als — wie *G. Dilcher* es will — § 255 in schwer begrenzbarer Weise ausweiten. Denn diese Vorschrift ist gegenüber § 426 nachteilhaft: Sie erfordert eine besondere Abtretung und erlaubt zudem keinen Teilregreß (anders § 426 analog § 254: unten Rdnr. 928). Daher nimmt der BGH sogar Subsidiarität von § 255 gegenüber § 426 an[4]. Im wesentlichen dürfte *BGHZ 52, 39* zutreffen.

Übrigens »stimmt« im Ausgangsfall die Konstruktion des BGH unter Umständen auch, wenn K vor D an E zahlt: Da K von D wegen §§ 440, 325 vollen Ausgleich verlangen kann, erwirbt K mit seiner Zahlung an E nach § 426 II den Anspruch E—D. Wenn D in Unkenntnis hiervon nochmals an E leistet, kann D nach §§ 412, 407 befreit werden (vgl. oben Rdnr. 752). K kann sich dann aus § 816 II an E halten und spart auch hier den Umweg über den (vielleicht insolventen) D.

Eine noch andere Lösungskonstruktion schlägt für den Ausgangsfall vor *Eike Schmidt*, AcP 175 (1975) 165/172: Mit der Entgegennahme des Schadensersatzes von D genehmige E die Veräußerung D—K. Damit falle K nachträglich als Kondiktionsschuldner des E weg (K hat jetzt rückwirkend als Berechtigter verfügt) und könne das auf seine Verpflichtung aus § 816 I 1 Geleistete seiner-

---

4 So *BGHZ 59, 97/102*, (dazu kritisch *Rüßmann*, JuS 1974, 229 ff.; *Larenz* I § 37 I A. 20); *BGH* JZ 1984, 230/232 (mit krit. Anm. *Reinicke-Tiedtke*).

seits kondizieren. Doch hat diese Konstruktion gegenüber der vom BGH gewählten den Nachteil, daß sie einer Genehmigungsfiktion bedarf. Auch versagt
sie, wenn D nur einen Teil des Schadens ersetzt.

6. Regreßbehinderung durch Haftungsbeschränkung

Besondere Fragen ergeben sich bei der Regreßbehinderung durch vertragliche **928**
oder gesetzliche Haftungsbeschränkung. Zur Einführung diene der Fall von

BGHZ 12, 213 ff.: S nimmt den G in einem Kraftfahrzeug mit; die Haftung des S wird
ausgeschlossen. Durch das Verschulden des S und eines Dritten D ereignet sich ein Unfall,
bei dem G verletzt wird.

Hier wären **ohne den Haftungsausschluß** S und D Gesamtschuldner des G
nach §§ 823, 840. Daher könnte D, wenn er an G vollen Schadensersatz geleistet
hat, nach § 426 gegen S Rückgriff nehmen. Für den Umfang dieses Rückgriffs
wird heute allgemein § 254 (oder hier §§ 9, 17 StVG) entsprechend angewendet;
diese Vorschrift wird demnach als »andere Bestimmung« im Sinne von § 426 I
angesehen. Inwieweit D gegen S Rückgriff nehmen könnte, hinge also im wesentlichen von dem Ausmaß ihrer Verschuldensbeteiligung an dem Unfall ab.

Nun ist aber **wegen des Haftungsausschlusses** S nicht Schuldner des G geworden; zwischen S und D kann also auch keine Gesamtschuld entstanden sein.
Folglich müßte ein Rückgriff D—S nach § 426 mangels einer Gesamtschuld
scheitern: Der vertragliche Haftungsverzicht G—S würde zu Lasten des an ihm
unbeteiligten D wirken. Entsprechend läge es, wenn S dem G wegen eines zwischen ihnen bestehenden Rechtsverhältnisses schon kraft Gesetzes (z. B. nach
§§ 708, 1359, 1664) nicht jede Fahrlässigkeit zu vertreten hätte und daher im
Einzelfall nicht haftete.

a) Lösung zu Lasten des privilegiert haftenden Schädigers

Diese Wirkung des Haftungsausschlusses zu Lasten eines Dritten durch Aus- **929**
schaltung des Rückgriffs nach § 426 hat der BGH im Ergebnis für unerträglich
gehalten. Er hat daher dem Drittschädiger D den Rückgriff gegen S genauso zugesprochen, als ob der Haftungsausschluß nicht bestünde (Rückgriff aufgrund
eines fingierten Gesamtschuldverhältnisses). Damit ist der Dreipersonenkonflikt G—D—S zu Lasten des S gelöst worden: S büßt über den Rückgriff des D
die Vorteile aus dem Haftungsverzicht des G teilweise wieder ein. So haben entschieden *BGHZ 12, 213 ff.* für den vertraglichen Haftungsverzicht und *BGHZ
35, 317 ff.* für die gesetzliche Haftungsbeschränkung nach § 1359.

930   Einen noch radikaleren Weg geht *BGHZ 46, 313 ff.* Dort hatten Bekannte einen Wagen für eine gemeinsame Heimfahrt gemietet; die Kosten sollten gleichmäßig verteilt werden. Derjenige, der als einziger eine Fahrerlaubnis hatte, steuerte den Wagen. Infolge seiner geringen Fahrpraxis kam er von der Straße ab; die Mitfahrer wurden verletzt. Deren Ersatzansprüchen hielt der Fahrer § 708 entgegen. Der BGH hat hier zwar das Vorliegen einer BGB-Gesellschaft angenommen. Er hat jedoch im Gegensatz zu *BGH* VersR 1960, 802 f. die Anwendung des § 708 unter anderem deshalb abgelehnt, weil der **Straßenverkehr keinen Raum für individuelle Sorglosigkeit** lasse. Konsequenterweise hat der BGH später auch die Haftungserleichterung nach § 1359 für den Straßenverkehr abgelehnt (*BGHZ 53, 352 ff.; 61, 101 ff.; 63, 51/57 ff.*)[4a], und gleiches müßte für die §§ 690, 1664 gelten. Vgl. *Deutsch*, JuS 1967, 496 ff.

Aber das Argument des BGH trifft nicht: Mit der durch das Verkehrsstrafrecht sanktionierten Pflicht zur Anwendung aller Sorgfalt ist eine zivilrechtliche Beschränkung der Haftung im Verhältnis zu bestimmten Personen sehr wohl vereinbar (so wohl auch *BGH* JZ 1972, 88 f. für den Luftverkehr, dazu *Brandenburg*, JuS 1974, 16 ff.). Andernfalls müßte man jeden Haftungsverzicht, auch den vereinbarten, im Straßenverkehr für unwirksam halten. So läßt sich also das Problem der Regreßbehinderung nicht lösen. Dem BGH folgt allerdings heute die h. M.[5]. Eine andere Begründung gibt *Larenz*, Festschr. H. Westermann (1974) 299 ff.: Fehlverhalten im Straßenverkehr betreffe typischerweise auch andere. Daher gebe es dort keine »eigenen Angelegenheiten« im Sinne des § 708.

931   Aber auch der von *BGHZ 12, 213; 35, 317* beschrittene Rückgriffsweg über ein fingiertes Gesamtschuldverhältnis ist ungangbar. Er führt nämlich zu der Konsequenz, daß der nur beschränkt haftende S nichts zu leisten braucht, wenn er für den Unfall allein verantwortlich ist: Gegen einen direkten Anspruch des Geschädigten G schützt ihn der Haftungsverzicht, und auch der Rückgriff eines Drittschädigers D kommt dann nicht in Betracht: D ist ja nicht ersatzpflichtig und braucht daher an G keinen Schadensersatz zu leisten. S steht also nach der Ansicht des BGH besser, wenn er allein verantwortlich ist, als wenn er bloß teilverantwortlich wäre. Das halte ich für unerträglich.

b) Andere Lösungsmöglichkeiten

932 Daher bleiben nur die beiden anderen denkbaren Wege: Entweder man läßt den Drittschädiger D auf dem ganzen Schaden sitzen, wenn der andere Unfall-

---

4a   Immerhin sollen Schadensersatzansprüche zwischen Ehegatten unter Umständen nicht unbeschränkt geltend gemacht werden können, vgl. zuletzt *BGH* NJW 1988, 1208 ff.

5   Vgl. etwa *E. Böhmer*, NJW 1969, 595 f., gegen ihn jedoch *Döpp*, ebenda 1472.

beteiligte S infolge eines Haftungsausschlusses nicht haftet und daher kein Gesamtschuldverhältnis entsteht. Dafür spricht immerhin, daß D auch dann den ganzen Schaden allein tragen müßte, wenn außer ihm ein Deliktsunfähiger oder ein Naturereignis an der Schadensentstehung mitgewirkt hätte.

Der BGH hat diese Lösung zu Lasten des Drittschädigers zunächst abgelehnt und entweder im Sinn von oben Rdnr. 929 oder unten Rdnr. 934 entschieden. Jetzt (*BGH* VersR 1988, 631/632 f.) hat er diese Lösung unter Aufgabe des in *BGHZ 35, 317 ff.* vertretenen Standpunkts aber doch in folgendem Fall vertreten: Ein Kind war durch das Verschulden seiner Eltern und der beklagten Stadt auf einem Spielplatz verletzt worden. Einer Haftung der Eltern stand § 1664 I entgegen. Der BGH hat hier der Stadt weder einen Rückgriff gegen die Eltern zugebilligt noch die Haftung gemindert; die Stadt mußte also endgültig den ganzen Schaden tragen. Einstweilen bleibt aber die Abgrenzung gegenüber den unten Rdnr 934 genannten Entscheidungen unklar.

Oder aber man kürzt den Anspruch des Geschädigten gegen den Drittschädiger von vornherein um den Betrag, den der Drittschädiger ohne den Haftungsausschluß durch den Rückgriff nach § 426 hätte ersetzt verlangen können. Das hat *Hans Stoll*, FamRZ 1962, 64 ff. für den vertraglichen Haftungsverzicht vorgeschlagen: Soweit der Geschädigte durch seinen Haftungsverzicht den Rückgriff des Drittschädigers vereitelt habe, sei sein Ersatzanspruch verwirkt. Beim gesetzlichen Haftungsausschluß (etwa § 1359) versage der Verwirkungsgedanke freilich.

c) Lösungsvorschlag

Mir scheint die zuletzt genannte Lösung zu Lasten des Geschädigten vorzugswürdig, und zwar ohne Beschränkung auf den vertraglichen Haftungsverzicht. Denn diese Lösung ist die gerechteste: Sie belastet denjenigen, dessen Interessen durch den vertraglichen oder gesetzlichen Haftungsausschluß ohnehin abgewertet sind[6].   **933**

Auch der BGH selbst hat diese Lösung in Teilbereichen übernommen.   **934**

BGHZ 51, 37 ff. (mit Anm. *Sieg* in JZ 1969, 263 f., vgl. auch JuS 1969, 293): Der Friseurmeister S stieß auf der Fahrt zu einer seiner Filialen aus eigenem Verschulden mit einer Straßenbahn der Stadtgemeinde D zusammen. Dabei wurde sein Lehrmädchen G schwer verletzt. Da es sich um einen Arbeitsunfall handelte, erbrachte die Berufsgenossenschaft B an G erhebliche Leistungen. Diese verlangt sie von D ersetzt.

---

6 So etwa *Jürgen Prölss,* JuS 1966, 400 ff.; *Medicus,* JZ 1967, 398 ff.; *Esser-Eike Schmidt* § 39 II 2 b; *Thiele,* JuS 1968, 149/157.

An sich wäre hier D der G aus § 1 HaftpflG ersatzpflichtig, und diesen nach damals § 1542 RVO (jetzt § 116 SGB X) übergegangenen Anspruch macht B nun geltend. Hätte es sich nicht um einen Arbeitsunfall gehandelt, so wäre neben D auch S (aus Verletzung des Ausbildungsvertrages und § 823 I) ersatzpflichtig gewesen. D hätte also wegen der von ihr zu zahlenden Beträge gegen S Rückgriff nehmen können (und zwar wegen der überwiegenden Mitverursachung durch S in vollem Umfang). Da aber ein Arbeitsunfall vorlag (der Unfall gehört hier nicht zur »Teilnahme am allgemeinen Verkehr«, weil S zu einer seiner Filialen fuhr), haftete S der G nach § 636 RVO nicht.

Der oben Rdnr. 929 geschilderten Rspr. hätte es entsprochen, D der G gegenüber für voll haftbar zu erklären und D dann aus einem fingierten Gesamtschuldverhältnis den Rückgriff auf S zu geben. Daher hätte die Klage B—D Erfolg haben müssen. Trotzdem hat der BGH sie abgewiesen: Nach dem Sinn von § 636 RVO dürfe B gegen D keinen Rückgriff nehmen, weil S ohne die Haftungsfreistellung durch § 636 RVO im Verhältnis zu D den Schaden allein hätte tragen müssen.

Dieser Entscheidung ist zuzustimmen. Doch paßt sie zu § 1542 RVO (nach dem B dieselben Rechte hat wie G) nur dann, wenn man auch der G keinen Anspruch gegen D gibt, also den Konflikt G—S—D zu Lasten von G löst. Dieser von *BGHZ 51, 37* noch offengelassenen Konsequenz hat sich *BGHZ 54, 177 ff.* weiter genähert (dazu *Helle*, NJW 1970, 1917 f.). Auch in *BGHZ 58, 355/359* läßt der VI. ZS es wieder offen, ob (entsprechend oben Rdnr. 933) der Ersatzanspruch des Verletzten gegen den Zweitschädiger von vornherein um den Verantwortungsanteil gekürzt werden müsse, der auf den privilegierten Erstschädiger entfalle. Zwar wollte der VII. ZS eine solche Kürzung nur annehmen, wenn die Haftungsfreistellung des einen Gesamtschuldners durch echten Vertrag zugunsten des anderen erfolgt sei (*BGHZ 58, 216/220*). Doch hat inzwischen der VI. ZS die Kürzung des Anspruchs gegen den außerhalb des Sozialversicherungsverhältnisses stehenden Zweitschädiger auch dann bejaht, wenn nicht der Sozialversicherungsträger klagt, sondern der Geschädigte selbst (etwa auf Schmerzensgeld): *BGHZ 61, 51 ff.*, außerdem *BGH* NJW 1976, 1975 f.; 1987, 2669 ff. (dazu *Burkert-Kirchdörfer*, JuS 1988, 341 ff.). Damit ist die Lösung zu Lasten des Geschädigten für den Bereich von § 636 RVO konsequent durchgeführt, und *BGHZ 94, 173 ff.* hat sie auf Beamte erweitert. Ob die Rspr. das auf weitere Haftungsprivilegien übertragen wird, bleibt abzuwarten: für § 1664 offenlassend *BGHZ 73, 190/195* (doch vgl. anders oben Rdnr. 932), für die besondere eherechtliche »Stillhaltepflicht« aus § 1353 (vgl. oben Rdnr. 930 Fn. 4 a) beim Schmerzensgeld verneinend *BGH* NJW 1983, 624 ff.

d) Ähnliche Problemlagen

935 Jedenfalls paßt die eben befürwortete Lösung am besten zur Behandlung einiger ähnlicher Fälle.

aa) Das trifft einmal für die Vorschriften zu, nach denen sich der Geschädigte ein Mitverschulden seines **Bewahrungsgehilfen** anrechnen lassen muß (vgl. oben Rdnr. 872).

Bsp.: G hat dem S einen Koffer zum Transport in einem Kraftwagen übergeben. Bei einem von S und einem Dritten D verschuldeten Unfall wird der Koffer zerstört. Hier muß sich G das Verschulden des S auf den Ersatzanspruch gegen D selbst dann anrechnen lassen, wenn neben D auch S für den Schaden haftet, so daß D gegen S Rückgriff nehmen könnte. Diese Lösung geht also zu Lasten des Geschädigten G.

bb) Auf derselben Linie liegt auch eine bekannte Entscheidung zur **schadensgeneigten Arbeit** des BAG.   936

BAGE 5, 1 ff., vgl. *BGHZ 27, 62/65:* Ein Arbeitnehmer S hatte einen Arbeitskollegen G bei schadensgeneigter Arbeit[6a] durch Fahrlässigkeit verletzt. Wenn hier G von S nach § 823 I Schadensersatz verlangen kann, kann S gegen den Arbeitgeber D nach arbeitsrechtlichen Grundsätzen einen Freistellungs- oder Ersatzanspruch haben. Der Schaden könnte also auf D weitergewälzt werden, obwohl dieser nach den §§ 636 f. RVO (damals §§ 898 f. RVO) seinen Arbeitnehmern nur bei Vorsatz oder der Teilnahme am allgemeinen Verkehr haften sollte.

Hier hatte der Geschädigte G seinen Ersatzanspruch gegen den Schädiger S sicher nicht verwirkt. Trotzdem hat das BAG diesen Anspruch mit Rücksicht auf die sonst eintretende Belastung des privilegiert haftenden Arbeitgebers verneint. Diese Haftungsfreistellung des Arbeitskollegen ist inzwischen in § 637 RVO übernommen worden, und zwar auch für die Fälle, in denen dem gemeinsamen Arbeitgeber kein Rückgriff droht.

cc) Genannt sei endlich noch die **Haftungsfreizeichnung zugunsten Dritter** (dazu *Blaurock,* ZHR 146, 1982, 238 ff.).   937

BGH JZ 1962, 570 f.: D hatte die Bewachung eines Bauplatzes dem Wachdienst W übertragen. Nach dem Vertrag sollte die Haftung des W für Schäden ausgeschlossen sein, die sich aus der Bedienung von Öfen ergaben. A, ein Arbeitnehmer des W, setzte durch unvorsichtigen Umgang mit einem Ofen einen Arbeitswagen in Brand. D verlangt von A Schadensersatz.

Hier hatte W ausdrücklich nur seine eigene Haftung ausgeschlossen. Der BGH hat aber mit Recht angenommen, dieser Haftungsausschluß erstrecke sich auf A, da W sonst den arbeitsrechtlichen Rückgriff des von D in Anspruch genommenen A fürchten müsse. Auch hier wird der Dreipersonenkonflikt also wieder zu Lasten des Geschädigten gelöst.

6a Dazu etwa *Gick,* JuS 1980, 393 ff.; *Brox-Walker,* Betr. 1985, 1469 ff.; *Dütz,* NJW 1986, 1779 ff.; *Richardi,* JZ 1986, 796 ff.; *Arens,* BB 1988, 1597 ff. sowie neuestens *BAG* Betr. 1988, 1603 ff.; 1606 f.

938   Noch darüber hinaus geht

BGHZ 49, 278 ff.: V hatte an M einen Kleinbus vermietet. F, der Fahrer des M, zerstörte den Bus fahrlässig. V klagt zwei Jahre, nachdem er das Fahrzeugwrack zurückerhalten hatte, aus § 823 I gegen F. Dieser beruft sich auf Verjährung.

Zwar war hier die Verjährung für F nach § 852 I noch nicht eingetreten. Wohl aber hätte M sich nach § 558 auf Verjährung berufen können, und zwar auch gegenüber einem deliktischen Anspruch (§ 831) des V (so schon *RGZ 66, 363 ff.*). *BGHZ 49, 280 f.* hat dann die Regel aus dem Wachdienstfall von JZ 1962, 570 f. auf die Verjährungsfrage erweitert: Wenn F aus schadensgeneigter Arbeit gegen M Rückgriff nehmen könne, müsse auch F sich auf die rasche Verjährung nach § 558 berufen dürfen: Andernfalls werde der durch § 558 beabsichtigte Schutz des M illusorisch.

Boeck, NJW 1969, 1469 ff. hat gegen diese Entscheidung eingewendet, sie erweitere die Schutzwirkung des Haftungsprivilegs von M unzulässig: Es fehle die auch beim Vertrag mit Schutzwirkung für Dritte nötige enge persönliche Beziehung zwischen M und F (vgl. oben Rdnr. 845). Doch überzeugt mich diese Kritik nicht. Denn die Erstreckung des § 558 auf F ergibt sich hier nicht erst durch eine Auslegung des Mietvertrages V—M zugunsten des F. Vielmehr folgt diese Erstreckung schon daraus, daß M selbst gegen den arbeitsrechtlichen Rückgriff des F geschützt werden soll. Die Begünstigung des F ist also nicht Selbstzweck, sondern nur ein Mittel, um dem M die kurze Verjährung nach § 558 ungeschmälert zu erhalten. Freilich versagt diese Argumentation, wenn der dritte Schädiger keinen Rückgriffsanspruch gegen den durch § 558 geschützten Mieter hat.

III. Sonderfragen beim Rückgriff des Bürgen

1. Bürgschaft und Pfandrecht

939   Viel diskutierte[7] Schwierigkeiten ergeben sich, wenn für eine Forderung verschiedene Sicherheiten bestehen:

Bsp.: Für die Schuld des S bei G hat B sich verbürgt und E an seinem Grundstück eine Hypothek bestellt. Zahlt S, so läuft alles glatt: Die Bürgschaft erlischt, die Hypothek wird Eigentümergrundschuld. Wenn aber B zahlt, müßte er nach § 774 I 1 die Forderung

---

7 Dazu etwa *Pawlowski,* JZ 1974, 124 ff.; *Finger,* BB 1974, 1416 ff, auch *Tiedtke,* BB 1984, 1 ff. sowie *Bayer-Wandt,* JuS 1987, 271 ff. (zu Sicherungsgrundschuld und Bürgschaft, zu *BGH* NJW 1982, 2308 f.), allgemeiner *Steinbach-Lang,* WM 1987, 1237 ff.

G—S erwerben, und zwar nach §§ 412, 401 gesichert durch die Hypothek am Grundstück des E. Zahlt umgekehrt E, so scheint nach § 1143 I 1 die Forderung G—S auf ihn überzugehen, und zwar gesichert durch die Bürgschaft des B, §§ 412, 401.

Danach sieht es so aus, als sei der zuerst leistende Sicherungsgeber im Vorteil: Er erwirbt mit der Forderung des Gläubigers die andere Sicherung und kann sich aus dieser befriedigen. Mit Recht wird das überwiegend für unerträglich gehalten. Am häufigsten werden die folgenden beiden Lösungen vertreten:

a) Der **Bürge** soll **bevorzugt** werden: Wenn er leistet, soll er die Hypothek 940 erwerben; dagegen soll die Bürgschaft erlöschen, wenn der Eigentümer des belasteten Grundstücks leistet. Begründet wird das mit § 776: Diese Vorschrift zeige, daß das Gesetz den Bürgen wegen seiner persönlichen Haftung besser stellen wolle als andere, nur mit einem bestimmten Vermögensstück haftende Sicherungsgeber. Denn es erlösche ja nicht auch umgekehrt die Hypothek, wenn der Gläubiger sein Recht gegen einen Bürgen aufgibt[8].

b) Die Regelung des Gesetzes für **Mitbürgen** (§§ 769, 774 II, 426) soll **ent-** 941 **sprechend** gelten. Das bedeutet: Wer zuerst zahlt, erwirbt das andere Sicherungsrecht im Zweifel zur Hälfte; das Risiko des Rückgriffs gegen den Hauptschuldner wird also unter die Sicherungsgeber verteilt[9]. Diese Lösung ist vorzugswürdig: Die §§ 1143 I 2, 1225 S. 2 verweisen auf § 774 und damit auf den Bürgenregreß; also sieht das Gesetz den Verpfänder- und den Bürgenregreß als gleichwertig an. Freilich kann zwischen den Beteiligten Abweichendes vereinbart werden (*BGH* NJW 1982, 2308 f.).

Warum verweist übrigens § 1143 I 2 nur auf § 774 I, während § 1225 den ganzen § 774 nennt? Antwort: Der entsprechende Fall zu § 774 II ist bei § 1143 die Gesamthypothek, § 1132 I 1, bei der sich ein Regreß nach §§ 1143 II, 1173 richtet, vgl. oben Rdnr. 912. Dagegen bestimmt sich der Rückgriff bei einer Mehrheit von Mobiliarpfändern für eine Forderung nach den §§ 1225, 774 II, 426.

2. Bürgschaft und Gesamtschuld

Schwierigkeiten bestehen auch, wenn Gesamtschuldner und Bürgen zusam- 942 mentreffen.

BGHZ 46, 14 ff. = NJW 1966, 1912 f. (dort mit Tatbestand): V hat an K einen Lastzug verkauft. K nimmt zur Finanzierung des Kaufpreises bei der Teilzahlungsbank T ein Dar-

---

8 So etwa *Reinicke-Tiedtke,* Gesamtschuld und Schuldsicherung . . . (1981) 252 ff.; *Larenz* II § 64 III mit weiteren Angaben, dagegen *Esser-Weyers* § 40 IV 3.
9 So etwa *Esser-Weyers* aaO.; *Westermann* § 103 II 5; *Wolff-Raiser* § 140 V 1; § 165 II; *Hüffer,* AcP 171 (1971) 470 ff.; *Finger,* BB 1974, 1416 ff.

lehen auf, für dessen Rückzahlung sich auch V als Gesamtschuldner verpflichtet. Zusätzlich verbürgt sich B. Als die Verpflichtung notleidend wird, zahlt B an T. B will gegen V Rückgriff nehmen.

a) Der BGH hat hier angenommen, B habe sich nur für K (und nicht auch für V) verbürgt. Daher wirke eine Zahlung des B an T im Verhältnis zu V ebenso wie eine Zahlung durch K. B erlange also nach § 774 I zwar den Anspruch T—K. Dagegen gehe der Anspruch T—V nicht auf B über, weil auch K diesen Anspruch bei eigener Zahlung nicht erworben hätte. Denn im Verhältnis K—V habe K das Darlehen allein aufzubringen, weil es wirtschaftlich den von K an V zu zahlenden Kaufpreis bilde. Der Anspruch T—V soll also durch die Zahlung B—T erloschen sein.

Daraus folgt weiter: Hätte V an T gezahlt, so wäre sein Rückgriff gegen K nach §§ 426 II, 412, 401 durch die Bürgschaft des B gesichert. Hätte dagegen K gezahlt, so wären V und B endgültig befreit.

Dieses Ergebnis überrascht. Denn danach kann ein **Bürge für nur einen Gesamtschuldner schlechter stehen als die übrigen Gesamtschuldner:** Diese können gegen ihn Rückgriff nehmen, er aber nicht gegen sie. Die landläufige Vorstellung, die Bürgschaft sei weniger gefährlich als ein Schuldbeitritt, wäre also insoweit unrichtig.

943   b) Demgegenüber bezweifeln *Esser-Eike Schmidt* § 39 III 3 c (andererseits dem BGH zustimmend *Esser-Weyers* § 40 IV 3) bei Gesamtschulden aus einheitlichem Schuldgrund (z. B. nach § 427) schon den Ausgangspunkt des BGH, nämlich die Beschränkung der Bürgschaft auf bloß einen Gesamtschuldner (hier auf K). Denn hier bestehe die Sicherheit für die abgelöste Forderung schlechthin.

944   c) Entgegen *Esser-Eike Schmidt* ist die Möglichkeit einer Bürgschaft für eine Einzelforderung aus einem Gesamtschuldverhältnis zu bejahen (so auch *Reinicke-Tiedtke,* oben Fn. 8, S. 255). Denn wegen § 425 kann sich die Gesamtschuld den einzelnen Schuldnern gegenüber verschieden entwickeln. Und da die Bürgenschuld nach § 767 I durch die Veränderungen der Hauptschuld mitbestimmt wird, muß sich feststellen lassen, welche Hauptschuld für die Bürgenschuld maßgeblich sein soll.

Bsp.: S und T schulden dem G gesamtschuldnerisch; B hat sich verbürgt. Nach Fälligkeit mahnt G allein den S; dann schuldet nach § 425 II auch nur dieser Verzugszinsen. Daß B nach § 767 I 2 für die Zinsschuld einzustehen hat, kann nur bejaht werden, wenn B sich nicht bloß für T verbürgt hat.

Dagegen glaube ich, daß das zwischen den Gesamtschuldnern geltende Ausgleichsverhältnis nicht ohne weiteres auch den Rückgriff des Bürgen bestimmen darf. Das zeigt gerade der Sachverhalt von *BGHZ 46, 14 ff.* sehr deutlich:

Letzten Endes soll K den Kaufpreis aufbringen; die Verpflichtungen von V und B sind nur Sicherungsmittel, deren Form von dem Verlangen der T bestimmt worden ist. Über den internen Ausgleich zwischen V und B (§ 426 I 1 analog) ist damit noch nichts gesagt. Vielmehr hängt alles davon ab, ob B im Verhältnis zu V und K deshalb die Bürgenstellung erhielt, weil er diesen gegenüber privilegiert sein sollte. Wenn das zu bejahen ist, wird man dem B den Rückgriff gegen V und K zu geben haben. Wenn sich dagegen ein solcher Wille zur Besserstellung des B nicht ermitteln läßt, möchte ich B entsprechend § 426 I 1 **dem V gleichstellen**. Denn bezogen auf das ganze Rechtsverhältnis sollten beide nur die Verpflichtung K—T sichern. Das paßt auch zu der oben Rdnr. 941 vertretenen Gleichstellung von Bürgen und Verpfändern.

In *BGHZ 46, 14 ff.* könnte dann also B bei Zahlungsunfähigkeit von K zur Hälfte gegen V Rückgriff nehmen. Entsprechend hätte V, wenn er die T befriedigt hätte, zur Hälfte von B Ausgleich verlangen können. Anders aber *Reinicke-Tiedtke* aaO. S. 255 ff.: Sie folgen im Prinzip dem BGH, erwägen aber (S. 260) eine auch »stillschweigend« zu treffende abweichende Ausgleichsvereinbarung.

IV. Der Rückgriff nach Geschäftsführungs- und Bereicherungsrecht

1. Rückgriff aus besonderen Gründen

Als Ausgangspunkt diene folgendes   945

Bsp.: S schuldet dem G; ein Dritter D zahlt diese Schuld. Dann ist S dem G gegenüber nach § 362 freigeworden (vgl. oben Rdnr. 750).

a) In vielen Fällen ist die Frage nach dem Rückgriff D—S unproblematisch: Hat D **auf Anweisung** des S gezahlt, so ist er bei der Anweisung auf Schuld durch seine Zahlung dem S gegenüber freigeworden, § 787 I. Folglich bedarf er keines besonderen Rückgriffs. Und wenn D im **Auftrag** des S gehandelt hat, steht ihm der Rückgriff nach § 670 zu. Endlich kommt, wenn D ein **Ablösungsrecht** hatte, eine cessio legis nach § 268 III oder den Sondervorschriften des Pfandrechts (§§ 1143 I, 1150, 1225, 1249) in Betracht. Die übrigbleibenden Fälle sind verhältnismäßig selten.

Nicht hierher gehört der **Bürge**. Denn er zahlt regelmäßig auf seine eigene Bürgenschuld, nicht auf die Verbindlichkeit des Hauptschuldners (ungenau insoweit der Wortlaut von § 766 S. 2). Die Bürgenzahlung hat daher mit § 267 nichts zu tun.

b) Bei den übrigen Fällen ist zunächst zu fragen, ob D als **berechtigter Geschäftsführer ohne Auftrag** gezahlt hat (vgl. oben Rdnr. 422 ff.). Er hat dann   946
über § 683 wieder den Rückgriff gegen S nach § 670. Bei der Zahlung von Unter-

haltsschulden kommt es hier nach § 679 auf einen entgegenstehenden Willen des S nicht an. D muß aber stets wissen, daß es sich um eine fremde Schuld handelt, § 687 I.

Insoweit sind manche Vorschriften des **Familienrechts** günstiger, die eine cessio legis vorsehen: §§ 1607 II 2, 1608 S. 3, 1615 b, 1584 S. 3. Denn diese cessio legis wird nicht dadurch gehindert, daß der Leistende sich selbst für in erster Linie verpflichtet hält (etwa weil er von den näheren Verwandten oder der Leistungsfähigkeit des geschiedenen Ehegatten nichts weiß). Ein Geschäftsführungsanspruch wäre hier durch § 687 I ausgeschlossen.

947   c) In dem so weiter eingeengten Feld ist die nächste Gruppe die **unberechtigte Geschäftsführung ohne Auftrag** (vgl. oben Rdnr. 422 ff.): D will zwar mit der Zahlung ein fremdes Geschäft besorgen, doch entspricht das nicht dem beachtlichen (§ 679) Willen des S. Hier verweist § 684 S. 1 auf Bereicherungsrecht, wenn S die Geschäftsführung nicht genehmigt; nach richtiger Ansicht (etwa MünchKomm-*H. H. Seiler* § 684 Rdnr. 3) ist das eine Rechtsgrundverweisung. Zu § 684 S. 1 kommt man auch bei der unechten Geschäftsführung in der Form der **Geschäftsanmaßung** über § 687 II 2 (vgl. oben Rdnr. 419). Hier ist allerdings Voraussetzung, daß S den D als Geschäftsführer behandelt, also sich die Leistung des D an G zunutze macht.

2. Abgrenzung zwischen Leistungs- und Rückgriffskondiktion

948   Die bedeutsamste Frage bei dieser Verweisung ins Bereicherungsrecht ist die Abgrenzung zwischen der Leistungs- und der Rückgriffskondiktion (zur Notwendigkeit einer eigenen Rückgriffskondiktion vgl. MünchKomm-*Lieb* § 812 Rdnr. 186).

a) Betrachten wir zunächst die **Leistung auf vermeintlich eigene Schuld** (dazu *Koppensteiner* [-*Kramer*] 113 f.).

Beispiele: (1) D glaubt irrtümlich, er habe sich für S bei G wirksam verbürgt, und zahlt »als Bürge« an G. (Wegen § 766 S. 2 darf die Bürgschaft hier freilich nicht bloß wegen Formmangels unwirksam gewesen sein!)

(2) D glaubt, sein Hund habe G gebissen, und ersetzt diesem den Schaden. In Wahrheit ist G von dem Hund des S gebissen worden.

Bei (1) stellt die Zahlung des D an G eine Leistung auf die eigene Bürgenschuld des D dar. Da diese Schuld in Wahrheit nicht bestand, hat D gegen G die Leistungskondiktion aus § 812 I 1 Fall 1 (condictio indebiti). Eine Rückgriffskondiktion D—S kommt hier schon deshalb nicht in Betracht, weil die Zahlung die Schuld des S nicht getilgt und S daher nichts erlangt hat.

Ganz ähnlich hat D **bei (2)** erkennbar auf seine eigene Deliktsschuld leisten und nicht als Dritter (§ 267) die Deliktsschuld des S erfüllen wollen. Daher steht wiederum dem D gegen G die Leistungskondiktion zu; S hat durch die Zahlung nichts erlangt und scheidet schon deshalb als Kondiktionsschuldner aus.

Die Leistung auf eine vermeintlich eigene Schuld löst daher fast immer nur die Leistungskondiktion des Leistenden gegen den Empfänger aus und nicht die Rückgriffskondiktion gegen den wirklichen Schuldner. Ausnahmen kommen nur nach unten Rdnr. 951 in Betracht.

b) Aber auch die **Leistung auf** eine (wirklich bestehende, sonst oben Rdnr. **949** 685) **fremde Schuld** soll nach einer von *Esser* begründeten Ansicht zu einer Leistungskondiktion führen: Geleistet sei, um den Rechtsgrund »berechtigte GoA« (mit dem Rückgriff nach §§ 683, 670) entstehen zu lassen, Kondiktionsgrund sei die Verfehlung dieses Zwecks. Und *Eike Schmidt*, AcP 175 (1975), 165/172 scheint deshalb eine von der Leistungskondiktion verschiedene Rückgriffskondiktion überhaupt für ausgeschlossen zu halten. Doch das wäre bei §§ 687 II 2, 684 S.1 sicher falsch: Hier fehlt ja mit dem Fremdgeschäftsführungswillen schon der Wille zur Mehrung des Vermögens. Aber auch bei Vorliegen des Fremdgeschäftsführungswillens braucht die unberechtigte GoA keineswegs immer daraus zu resultieren, daß eine beabsichtigte berechtigte Geschäftsführung mißlungen ist: Der Geschäftsführer (= zahlender Dritter) kann ja den entgegenstehenden Willen des Geschäftsherrn (= befreiter Schuldner) kennen (so *Koppensteiner[-Kramer]* 113 f.). Wenigstens dieser Fallbereich von § 267 bleibt also für die Rückgriffskondiktion.

Vgl. etwa das Bsp. bei *Koppensteiner* aaO.: D zahlt die Restkaufpreisschuld des Abzahlungskäufers S beim Verkäufer G. D will nämlich bei S in die Kaufsache vollstrecken, ohne eine Drittwiderspruchsklage (§ 771 ZPO) des G fürchten zu müssen. § 268 mit seinem Zessionsregreß paßt hier schon deshalb nicht, weil D vor der Pfändung an der Kaufsache noch keinerlei Recht hat.

3. Voraussetzungen der Rückgriffskondiktion

Danach kommt eine Rückgriffskondiktion nur unter folgenden Voraussetzun- **950** gen in Betracht:

(1) Es muß auf fremde Schuld geleistet worden sein; sonst ist der Schuldner nicht befreit worden.

(2) Diese Schuld muß wirklich bestanden haben; sonst kann es ja gleichfalls zu keiner Befreiung kommen.

(3) Endlich darf auch der Rückgriff nicht schon in anderer Weise geregelt sein (z. B. durch § 670 oder eine Legalzession, oben Rdnr. 945 f.). Denn dieser Rück-

griff aus anderen Vorschriften bedeutete, daß der Schuldner nur den Gläubiger gewechselt und daher gleichfalls nichts Kondiktionsfähiges erlangt hätte.

951   Demgegenüber will *von Caemmerer*, Festschr. Dölle I, 1963, 135/147 ff. = Ges. Schriften I 348 ff. den Anwendungsbereich der Rückgriffskondiktion wesentlich erweitern. Wer auf vermeintlich eigene Schuld geleistet hat, soll nämlich diese **Tilgungsbestimmung seiner Leistung nachträglich ändern** können: Er soll seine Leistung als auf die fremde Schuld erfolgt behandeln dürfen. Er erhält damit statt seiner Leistungskondiktion gegen den Empfänger eine Rückgriffskondiktion gegen den — nunmehr befreiten — Schuldner. Dieses Wahlrecht kann dem Leistenden sehr gelegen kommen.

Es möge etwa in dem Hundebsp. von oben Rdnr. 948 G unerreichbar oder ein vermögensloser Landstreicher und S wohlsituiert sein: Wenn hier D seine Zahlung an G nachträglich auf die Schuld des S »umdirigieren« könnte, dürfte er gegen S Rückgriff nehmen, weil er dessen Schuld bei G getilgt hat.

Ein solches Wahlrecht kommt am ehesten bei § 2022 II; III in Betracht: Wenn dort der redliche Erbschaftsbesitzer wegen seiner Leistungen auf Nachlaßverbindlichkeiten gegen den Erben Regreß nehmen kann, folgt daraus auch die Befreiung der Erben von diesen Verbindlichkeiten (vgl. oben Rdnr. 603 j). Gegen eine allgemeine Anerkennung des Wahlrechts bestehen jedoch erhebliche Bedenken[10]. So kann etwa S inzwischen schon selbst an G gezahlt haben; durch das Wahlrecht des D könnte S in die mißliche Lage kommen, nun seinerseits von G kondizieren zu müssen. Auch mag im Verhältnis S—G eine Aufrechnungslage bestanden haben, deren Ausnützung durch das Dazwischentreten des D vereitelt würde. Endlich wird im Konkurs des G durch das Wahlrecht des D die Masse verkürzt: Diese würde den Anspruch gegen S verlieren, was dem Sinn des § 15 KO widersprechen könnte. Ich möchte daher ein Wahlrecht des D wenigstens regelmäßig verneinen. Der BGH hat freilich ein solches Wahlrecht, ohne sich allgemein festzulegen, »jedenfalls im vorliegenden Fall« bejaht (nämlich für einen Unfallversicherungsträger, der irrtümlich Leistungen für ein verunglücktes Kind erbracht hatte und nun gegen dessen Vater Rückgriff nehmen wollte): *BGH* Betr. 1986, 1719 f.

4. Der »aufgedrängte« Rückgriff

952   Bei der Rückgriffskondiktion tritt noch eine weitere Frage auf, die dem Problem der »aufgedrängten Bereicherung« bei der Verwendungskondiktion

10 Vgl. etwa *W. Lorenz*, Rechtsvergleichung und Rechtsvereinheitlichung, Festschr. Institut Heidelberg (1967) 267 ff.; *Esser-Weyers* II 2 § 48 III 6 a; *Larenz* II § 68 III e 1, anders *Reuter-Martinek*, Ungerechtfertigte Bereicherung (1983) 473 ff., vermittelnd *Stolte,* Jura 1988, 246 ff.

ähnelt (vgl. oben Rdnr. 899). Denn bei unbeschränkter Zulassung der Rückgriffskondiktion könnte sich jeder durch Zahlung fremder Schuld zum Gläubiger des Schuldners machen.

Bsp.: D will das Grundstück seines Nachbarn N erwerben, doch ist dieser zum Verkauf nicht bereit. Daraufhin zahlt D die Schulden des N bei G und geht mit der Rückgriffskondiktion gegen N vor, um dessen Grundstück zur Zwangsversteigerung zu bringen.

Die bei der Verwendungskondiktion brauchbaren Hilfsmittel versagen hier offenbar: N hat gegenüber der von D herbeigeführten Tilgung seiner Schulden keinen Schadensersatz- oder Beseitigungsanspruch, den er der Kondiktion einredeweise entgegenhalten könnte. Und wenn die Forderung G—N einredefrei war, läßt sich auch die Bereicherung des N nicht leugnen (oben Rdnr. 899).

Fikentscher § 99 V 2 a[11] will gegenüber dem aufgedrängten Rückgriff mit § 814 helfen: D soll von N nur kondizieren können, wenn er sich zur Leistung an G irrtümlich für verpflichtet hielt. Ausnahmsweise will *Fikentscher* § 99 V 2 b den Rückgriff aber auch ohne einen solchen Irrtum zulassen, wenn »der Leistende ein schutzwürdiges eigenes Interesse mit der Leistung verfolgt«. Doch der auf die Leistungskondiktion zugeschnittene § 814 dürfte für den Rückgriff nicht passen: Wer als auftragsloser Geschäftsführer oder gar in Geschäftsanmaßung (§ 687 II, vgl. oben Rdnr. 949) fremde Schulden begleicht, weiß regelmäßig, daß er dazu nicht verpflichtet ist. Die für die Rückgriffskondiktion in Betracht kommenden Fälle würden § 814 zum Opfer fallen, und die Ausnahme des »schutzwürdigen eigenen Interesses« ist zu unbestimmt.

Demgegenüber ist zu bedenken, daß der Schuldner von Rechts wegen überhaupt nicht damit rechnen darf, seinen Gläubiger zu behalten: Die Forderungsabtretung ist nach § 398 ohne Mitwirkung des Schuldners möglich. Anders liegt es bloß bei rechtsgeschäftlichem Ausschluß der Abtretbarkeit nach § 399 S. 2. Nur wo die Rückgriffskondiktion eine Umgehung dieser Vorschrift bedeutet, wird man sie also für ausgeschlossen halten müssen. Andernfalls ist auch der »aufgedrängte Rückgriff« zulässig.

Ein sinnvoller Schuldnerschutz läßt sich jedoch über die §§ 404, 406 ff. erreichen[12]. Dafür spricht die Funktionsgleichheit des Rückgriffs nach Bereicherungsrecht mit einem Rückgriff nach Zessionsrecht, bei dem die §§ 404 ff. direkt oder über § 412 anwendbar sind. Zumindest darf der Gläubiger eines Bereicherungsrückgriffs nicht besser stehen als der eines Zessionsrückgriffs: § 268 (Abs. 3: Zessionsrückgriff) will den Gläubiger eher gegenüber § 267 (Bereiche-

---

11 Anders wohl *BGH* NJW 1976, 144; *von Caemmerer,* Festschr. Rabel I 360 ff. = Ges. Schriften I 237 ff.; MünchKomm-*Lieb* § 812 Rdnr. 105.
12 So *Canaris,* 1. Festschr. Larenz (1973) 799/845; MünchKomm-*Lieb* § 812 Rdnr. 106.

rungsrückgriff) privilegieren. Insbesondere bleiben also dem Schuldner auch beim Bereicherungsrückgriff analog § 404 und unabhängig von § 818 III alle Einreden erhalten, die dem ursprünglichen Gläubiger hätten entgegengehalten werden können. Auch kann analog § 407 noch eine Leistung an den alten Gläubiger befreien. Endlich verjährt der Bereicherungsanspruch wegen der Befreiung von einer Verbindlichkeit ebenso wie diese selbst *(BGHZ 89, 82, 87)*.

Register

(Die Angaben verweisen auf die Randziffern einschließlich der Fußnoten)
Die Hauptfundstellen sind durch *Kursivdruck* bezeichnet

Paragraphenregister

AbzG

1	305
1 a	40
2	304 f.
3	305
4	304
5	243; 294; 302 ff.; 776
6	149; 776a
8	69; 776; 776a

AGBG

1	68
2, 3	69
4	69; 187a
5	70 f.; 640
6	69; 75
9—11	71 ff.
9	74; 776a
10	73; 268
11	72
11 Nr. 7	72; 201
11 Nr. 8, 9	72
11 Nr. 10	318
11 Nr. 16	187
23	69
24	71; 96

AktG

78	797
82	117
92	622

AnfG

3	384; 389; 390
5	389
7	384; 389
11	389

AtomG

25, 26	604
27	872

BBeamtenG

87 a	925

BeamtenRRG

52	925

BGB

12	440
27	368
30, 31	779; 793 ff.; 867
42	622
48	368
54	794 f.
68, 70	531
86	779; 793 ff.
89	779; 793 ff.
94 f.	729 f.; 887
97	484
100	602
102	883
104 ff.	110
105	129; 218; 227
106 ff.	176; 203; 602
107	171 ff.; 540; 542
108	53; 218; 227; 602
109	177; 602
110	173 f.
114	171
117	126; 555
118	130
119 ff.	123 ff.; 743

2281	216
2286, 2287	395
2287	381; *386*; 390
2288	386
2289	18
2294 f.	216 f.
2301	44; 373; *391 ff.*
2302	692
2303	146
2306, 2308	148
2325	399; 401
2329	387; 390; 401
2346 ff.	217
2365 ff.	568 ff.
2365 f.	536
2365	531; 543; 546
2367	553; 572
2368, 2370	531
2380	276
2381	876; 880

BinnenSchG

3	779

BNotO

19	787; 847

BRAGebO

3	178

BSozHilfeG

90	620; 907 a

BWasserStrG

7	613

EGBGB

2	621

EheG

32	146

FGG

130	106

GBO

12	469
13	468
14	446
17	469
18	469
19	470
35	570
39	446; 470
40	570

GenG

99	622

GewO

115	39
133 c	923

GG

1	615; 832
3	836
34	613; *785 ff.*
129	190

GmbHG

2	127
4	108 a
13	200 b
35	115
63 f.	622

GWB

16	625
27	627

HaftpflG

1	604; 632 ff.; 637
2	604; 632; 637
3	604; 632; *781*; *783*

ZVG

Sachregister

W

Entscheidungsregister

10, 171	896	29, 157	720 ff.; 927
11, 1	63	29, 344	627
11, 190	194	30, 149	525 ff.
12, 94	782	32, 53	581
12, 213	928 ff.	32, 76	600
12, 267	300	32, 194	608
13, 334	615	32, 280	862
13, 351	632	32, 367	32
14, 7	725	33, 136	870
14, 114	534	33, 251	425
15, 241	304	33, 302	149
16, 54	142	34, 32	343 f.
16, 334	181	34, 80	616
17, 13	104	34, 122	587 ff.; 890
17, 299	194	34, 153	589
18, 212	61	34, 191	294
20, 71	34	35, 85	484
20, 159	515; 517 f.	35, 317	929; 931 f.
20, 345	833	35, 363	615; 832
21, 52	522	36, 30	687 ff.
21, 102	365 ff.	36, 56	325
21, 319	189; 192	36, 84	126
21, 378	127	36, 252	614
22, 90	67	37, 94	776
22, 186	402	37, 187	629
22, 312	467	37, 258	410 ff.
23, 61	899	37, 311	635
23, 215	617	37, 363	390 a; 600
23, 249	181; 186; 192	38, 55	836
23, 279	617	38, 270	410 ff.
23, 302	210; 211 b	39, 87	697; 699
24, 9	620	39, 124	615
24, 21	606; 782	40, 28	409 ff.
25, 16	556 f.	40, 42	62; 64
25, 124	42	40, 71	277
26, 142	178	40, 91	842
26, 178	523	40, 272	687 ff.; 729; 904
26, 217	620	40, 345	824 ff.; 862
26, 349	615; 831; 833	41, 30	454
27, 62	936	41, 95	395
27, 204	877; 887; 902	41, 123	612
28, 16	522; 562	41, 157	591; 877; 895; 902
28, 182	553	41, 341	698
28, 368	753	42, 63	799
29, 65	612	42, 374	799
29, 100	622	43, 174	537

5. BGH Betriebsberater

6. BGH FamRZ

7. BGH Jur. Rundschau

8. BGH Juristenzeitung

9. BGH LM

10. BGH NJW

1965, 293	187 a	1969, 2136	790 f.
1965, 812	183; 185	1969, 2237	501
1965, 1224	692	1970, 136	693
1965, 1475	484	1970, 657	524
1965, 1913	395	1970, 701	149
1966, 105	166	1970, 754	902
1966, 589	862	1970, 1038	176
1966, 1070	66	1970, 1915	179
1966, 1911	116	1971, 421	221
1966, 1912	942 ff.	1971, 424	352
1966, 1915	98	1971, 459	635
1966, 2307	347	1971, 557	179
1967, 33	260	1971, 559	489
1967, 551	848	1971, 701	116
1967, 2255	886; 890	1971, 1136	923
1968, 640	338	1971, 1747	220
1968, 986	149	1971, 1839	293
1968, 1297	612	1971, 1982	653
1968, 1323	871	1971, 2220	774
1968, 1379	117 f.	1972, 45	58
1968, 1471	502	1972, 150	14
1968, 1516	526	1972, 246	363
1968, 1778	826	1972, 334	793
1968, 1929	840 f.	1972, 475	433
1968, 2102	131	1972, 580	379; 690 a
1968, 2238	359	1972, 625	607
1968, 2287	635	1972, 678	371
1969, 40	308	1972, 820	60
1969, 91	255	1972, 940	797
1969, 316	627	1972, 1045	244
1969, 318	526	1972, 1130	836
1969, 605	384	1972, 1200	371
1969, 787	336	1972, 1321	656
1969, 875	301	1972, 1702	282
1969, 975	315	1972, 1800	817; 820
1969, 1110	221	1972, 2217	650
1969, 1167	181; 185	1972, 2268	543
1969, 1171	534	1973, 44	633
1969, 1205	411	1973, 141	565
1969, 1245	399	1973, 452	776
1969, 1293	625	1973, 463	785 a
1969, 1380	145	1973, 612	691
1969, 1625	150	1973, 1275	776
1969, 1708	70; 362	1973, 1605	195
1969, 1762	868	1973, 1645	34
1969, 2005	836	1973, 1790	175

1980, 1787	860		1985, 192	402
1980, 1792	621		1985, 194	650 c
1980, 2810	657		1985, 269	429
1981, 226	592		1985, 492	424
1981, 389	776		1985, 906	830
1981, 446	554		1985, 1838	75
1981, 447	554 a		1985, 2472	326
1981, 574	907 a		1985, 2693	165 b
1981, 1502	690 a		1985, 3006	697
1981, 2183	620		1985, 3068	574 a
1982, 170	690 a		1986, 51	690 a
1982, 275	496		1986, 374	690 a
1982, 569	128		1986, 586	200 a
1982, 1149	634		1986, 659	336
1982, 1589	636		1986, 842	308
1982, 1639	456; 469; 469 a		1986, 1035	133
1982, 1749	75		1986, 1166	671
1982, 2244	353; 356		1986, 1487	547
1982, 2308	939; 941		1986, 1675	86
1982, 2371	565		1986, 1865	653 b
1983, 392	362		1986, 1872	43
1983, 624	934		1986, 1985	522; 524
1983, 812	650 b		1986, 2037	829
1983, 1055	690 a		1986, 2104	753
1983, 1420	699 f.		1986, 2883	636
1983, 2189	907 a		1987, 185	677
1983, 2258	105		1987, 771	829
1983, 2375	690 a		1987, 1628	179
1983, 2376	402		1987, 1813	776 a
1983, 2933	690 a		1987, 2011	68
1984, 48	69		1987, 2082	776 a
1984, 233	691		1987, 2669	934
1984, 431	308		1987, 3001	889
1984, 480	395		1987, 3131	401
1984, 609	538		1988, 1078	887
1984, 797	379		1988, 1199	98
1984, 799	773 f.		1988, 1208	930 Fn. 4 a
1984, 803	522		1988, 1210	532
1984, 865	200 a		1988, 1321	194
1984, 1184	498		1988, 1326	193
1984, 1346	774		1988, 1378	200 Fn. 8
1984, 1347	86		1988, 1789	622
1984, 2014	150		1988, 2100	753
1984, 2205	686			
1984, 2569	607			
1985, 129	776 a			

10a. BGH NJW-RR

1988, 744	150

11. BGH VersR

1960, 802	930
1967, 157	369
1973, 84	836
1975, 447	782
1978, 1141	653a
1980, 384	369
1981, 1158	775a
1986, 37	357
1986, 329	101
1986, 687	629
1986, 699	200a
1986, 814	371; 845
1987, 1239	859
1988, 631	868a; 932
1988, 641	633
1988, 1112	786

12. BGH ZIP

1986, 562	200a
1986, 900	509
1986, 1042	757
1986, 1466	68
1987, 500	371
1988, 461	614
1988, 847	107

13. BayObLG

NJW	1967, 1912	172
NJW	1971, 514	476

14. KG

NJW	1970, 474	830
NJW	1977, 1160	212
VersR	1981, 885	634
NJW	1985, 682	88

15. OLG Bamberg

NJW	1984, 1466	776

16. OLG Bremen

NJW	1970, 1277	86

17. OLG Celle

NJW	1969, 1632	866; 868
NJW	1969, 1765	861
BB	1979, 858	363
NJW	1980, 711	616
VersR	1980, 482	774
VersR	1984, 46	652

18. OLG Düsseldorf

NJW	1973, 249	658
NJW	1975, 453	363
NJW	1980, 1966	42

19. OLG Frankfurt

NJW	1967, 1372	830
NJW	1973, 104	494
NJW	1974, 1568	614
BB	1979, 136	308
FamRZ	1984, 1013	690a
NJW	1985, 810	690a
Betr.	1986, 1065	179

20. OLG Hamburg

MDR	1973, 587	293
NJW	1983, 1502	179
VersR	1985, 371	341

21. OLG Hamm

NJW	1966, 2357	602
NJW	1970, 1793	847a
NJW	1970, 2067	491
VersR	1972, 1147	652
NJW	1975, 879	469
NJW	1975, 1035	442
NJW	1982, 1105	113
NJW	1983, 2203	907a
VersR	1985, 505	792
NJW	1986, 136	555
ZIP	1986, 907	676
NJW	1988, 2115	757

611

Besonders wichtige Entscheidungen

Hier werden einige besonders wichtige Entscheidungen nochmals kurz zusammengestellt: mit Fundstelle, Andeutung des Sachverhalts und dem wesentlichen Inhalt. Die Reihenfolge entspricht derjenigen, in der die Entscheidungen in diesem Buch besprochen worden sind.

BGHZ 91, 324 Sparkassenfall: Eine Bürgschaftserklärung wird ungewollt (also ohne Erklärungsbewußtsein) fahrlässig ausgesprochen. Der BGH hält diese Erklärung nicht für nichtig, sondern für anfechtbar (Rdnr. 130).

BGHZ 55, 128 Flugreisefall: Ein Minderjähriger erlangt rechtsgrundlos einen Flug von Hamburg nach New York. Obwohl der Minderjährige dort sofort wieder abgeschoben wird, bejaht der BGH einen Bereicherungsanspruch auf den Wert des Fluges (Rdnr. 176; 665).

RGZ 117, 121 Edelmannfall: Die Form des § 313 bleibt unbeachtet, weil der Versprechende sich auf sein »Edelmannswort« beruft. Das RG hat eine Verbindlichkeit abgelehnt (Rdnr. 181). Der BGH hat später unter Berufung auf § 242 bisweilen anders entschieden, besonders bemerkenswert BGHZ 23, 249 zur formlosen Hoferbenbestimmung (Rdnr. 181; 186; 192).

BGHZ 21, 319 Hamburger Parkplatzfall: Die bloße Benutzung einer gebührenpflichtigen Parkfläche soll selbst dann einen Vertragsanspruch auf das Entgelt begründen, wenn der Benützer die Zahlung von vornherein abgelehnt hat (Rdnr. 189; 192). Diese vieldiskutierte Entscheidung zum faktischen Vertrag ist aber später fast ohne Folgen geblieben.

RGZ 78, 239 Linoleumrolle: Schon aus den Eintritt in Vertragsverhandlungen sollen sich Sorgfaltspflichten ergeben, für deren Verletzung durch einen Gehilfen nach § 278 gehaftet wird. Diese Entscheidung bildet den Beginn der Tendenz, die schon durch § 823 I geschützten Rechtsgüter bei engem Kontakt zwischen Geschädigtem und Schädiger noch zusätzlich durch Ansprüche aus culpa in contrahendo (bzw. Vertrag mit Schutzwirkung für Dritte) zu schützen (Rdnr. 199).

BGHZ 93, 23 Kartoffelpülpe: Durch die leichtfahrlässige Verletzung einer Aufklärungspflicht wird das Erhaltungsinteresse des Beschenkten verletzt. Der BGH wendet die primär für Leistungs-

pflichten geltende Haftungsmilderung nach § 521 jedenfalls dann an, wenn die verletzte Schutzpflicht »im
Zusammenhang mit dem
Vertragsgegenstand steht«
(Rdnr. 209 a).

RGZ 99, 1 ostgalizische Eier: Bei
der Gattungsschuld wird
trotz § 279 für untypische
Leistungshindernisse (dort:
feindliche Besetzung) nach
§ 242 eine Garantiehaftung
des Schuldners verneint
(Rdnr. 268).

BGH NJW 1974, 1705 Lottofall:
Für eine unentgeltliche Geschäftsbesorgung (Erledi-
gung von Lottoscheinen)
wird ein Rechtsbindungs-
wille nicht schlechthin verneint, aber doch insoweit, als
aus einer Pflichtverletzung
hohe Schäden drohen (näm-
lich der Entgang von Lotto-
gewinnen, Rdnr. 372).

BGHZ 97, 372 Pillenfall: In einer
nichtehelichen Lebensge-
meinschaft unterläßt die
Frau abredewidrig empfäng-
nisverhütende Maßnahmen;
der Mann verlangt von ihr
Ersatz der Beträge, die er als
Vater für das daraufhin ge-
borene Kind aufwenden
muß. Der BGH hält den An-
spruch für unbegründet: Im
Zweifel fehle schon ein
Rechtsbindungswille; zu-
mindest sei für den Intim-
bereich eine Rechtsbindung
nicht möglich (Rdnr. 372 a).

RGZ 83, 223 Bonifatiusfall: Eine
Schenkungsofferte wird erst
überbracht, nachdem der
Versprechende gestorben
ist. Das RG hat § 2301 (und
damit Unwirksamkeit) be-
jaht; der BGH dürfte
heute anders entscheiden
(Rdnr. 392 ff.).

BGHZ 98, 226: »Goldene Worte«
des BGH zur Umgehung des
Erbrechts durch Geschäfte
unter Lebenden mit Wir-
kung auf den Todesfall: Hervorgehoben wird insbeson-
dere die Gefahr einer Be-
nachteiligung der Pflichtteilsberechtigten (Rdnr. 397).

BGHZ 68, 225: Grundsatzentscheidung zu der schwierigen Grenzziehung zwischen
Erb- und Gesellschaftsrecht
(Klärung gegenüber BGHZ
22, 186). Vgl. Rdnr. 402.

RGZ 135, 75; 138, 268 Zuckerfall:
Ein Lagerhalter mittelt unberechtigt einem Dritten den
Besitz an dem eingelagerten
Zucker, ohne das dem Einla-
gerer erkennbar zu machen.
Das RG hat hier bloßen »Nebenbesitz« des Dritten verneint und diesem vollen
(mittelbaren) Besitz zugesprochen; der Dritte konnte
daher nach § 934 Eigentümer
des Zuckers werden
(Rdnr. 558).

BGHZ 34, 122; 34, 153: Grundsatzentscheidungen zu den Rechten des Unternehmers, der ein dem Besteller nicht gehörendes Kraftfahrzeug repariert hat: Der BGH verneint die Möglichkeit, ein gesetzliches Unternehmerpfandrecht nach §§ 647, 1257 gutgläubig zu erwerben. Dagegen bejaht er ein Zurückbehaltungsrecht nach §§ 1000, 994, 996 (zweifelhaft insbesondere, wenn der Besteller zur Zeit der Reparatur noch ein Recht zum Besitz hatte, vgl. Rdnr. 587 ff.).

BGHZ 24, 21 Straßenbahnfall: Der BGH bejaht für Verletzungen im Straßen- und Bahnverkehr einen (vom Schädiger zu beweisenden)»Rechtfertigungsgrund des verkehrsrichtigen Verhaltens«. Die hiermit sich andeutende Hinwendung des BGH zum »Handlungsunrecht« ist aber fast folgenlos geblieben (Rdnr. 606; 782).

BGHZ 29, 65 Stromkabelfall; 41, 123 Bruteierfall; 55, 123 Fleetfall: Entscheidungen zur Abgrenzung der Eigentumsverletzung (mit unklarem Ergebnis) und zur Beschränkung des Schutzumfangs des Rechts am eingerichteten und ausgeübten Gewerbebetrieb (Rdnr. 612 f.).

BGHZ 65, 325 Ski-Sicherheitsbindung: Die Stiftung Warentest hat für ihre Tests gegenüber einer Haftung aus § 824 und wegen Verletzung des Rechts am Gewerbebetrieb weiten Spielraum (Rdnr. 614).

BGHZ 13, 334 Leserbrief: Anerkennung des Allgemeinen Persönlichkeitsrechts bei § 823 I. Dieses soll verletzt sein, wenn etwas als eigene Meinungsäußerung eines Anwalts dargestellt wird, was dieser nur namens seines Mandanten geäußert hat (Rdnr. 615).

BGHZ 26, 349 Herrenreiter; 35, 363 Ginsengwurzel: Gewichtige Eingriffe in das Allgemeine Persönlichkeitsrecht sollen zur Geldentschädigung (Genugtuung) auch wegen eines Nichtvermögensschadens verpflichten (Rdnr. 615; 831 f.).

BGHZ 51, 91 Hühnerpest: Mangelhaftes Serum läßt die geimpften Hühner erkranken. Diese Entscheidung bildet die Grundlage der Rechtsprechung zur Produzentenhaftung: Diese wird unter Umkehr der Beweislast für das Verschulden auf Deliktsrecht (regelmäßig § 823 I) gestützt (Rdnr. 650 ff.).

BGHZ 67, 359 Schwimmerschalter: Das Versagen eines kleinen

Teils der gekauften Maschine (nämlich des Schwimmerschalters) führt zu erheblichen weiteren Schäden. Hier hat der BGH die deliktische Produzentenhaftung bejaht, obwohl zwischen dem Produzenten und dem Geschädigten ein Vertrag bestand; zudem soll die Ersatzpflicht auch den über den Schwimmerschalter hinausreichenden Schaden umfassen (Rdnr. 650 b).

BGHZ 80, 186; 80, 199 Apfelschorffälle: Erweiterung der Produzentenhaftung auf Schäden aus der Wirkungslosigkeit des Produkts (nämlich von Spritzmitteln gegen Apfelschorf), wenn der Benutzer von der Verwendung eines anderen, wirksamen Produkts abgehalten worden ist. Doch wird hier die schuldhafte Verletzung der zugrunde liegenden »Produktbeobachtungspflicht« nicht ohne weiteres vermutet (Rdnr. 650 c).

BGHZ 92, 143 Kupolofen: Auf einem Betriebsparkplatz abgestellte Personenkraftwagen werden durch den Auswurf eines Kupolofens beschädigt (§ 823 I). Der BGH hat hier analog § 906 II für Rechtswidrigkeit und Verschulden des Emittenten eine Beweislastumkehr zugunsten des Geschädigten bejaht (Rdnr. 650 d).

BGHZ 99, 167 Hondafall: Der Fahrer eines Honda-Motorrads war verunglückt, weil dieses durch eine nicht von Honda stammende und erst später angebrachte Lenkradverkleidung instabil geworden war. Der BGH bejaht eine Produktbeobachtungs- (und eine daraus folgende Warnungs)pflicht des Motorradherstellers nicht nur für dessen eigenes unverändertes Produkt, sondern auch für übliches und gefährliches Zubehör (Rdnr. 650 e).

BGHZ 58, 162 Gehwegfall: Beschädigung eines Gehwegs durch Kraftfahrzeuge, die einer Unfallstelle ausweichen. Der BGH verneint insoweit eine Haftung des für den Unfall Verantwortlichen, weil dieser die Beschädigung des Gehwegs nicht »herausgefordert« habe (Rdnr. 653 f.).

BGHZ 101, 215 Nierenfall: Eine Tochter verliert durch einen ärztlichen Kunstfehler ihre einzige Niere; daraufhin spendet die Mutter eine ihrer Nieren. Der BGH läßt den Arzt (und den Krankenhausträger) aus § 823 I auch der Mutter auf Schadensersatz haften: Die Fehlbehandlung der Tochter habe das Opfer der Mutter herausgefordert und daher auch diese zurechenbar rechtswidrig verletzt (Rdnr. 653 c).

BGHZ 36, 30 Idealheimfall: Irrtum über den Leistenden bei Vertretung ohne Vertretungsmacht; wichtig zur Nutzbarmachung des Leistungsbegriffs durch den BGH; Abstellen auf den Erkenntnishorizont des Leistungsempfängers (Rdnr. 687 ff.).

BGH NJW 1964, 1853 unberechtigte Untervermietung: Der Vermieter soll gegen den Mieter weder die Eingriffskondiktion noch ohne weiteres Ansprüche auf Schadensersatz haben (Rdnr. 707; 719; 833).

RGZ 97, 310 Anschlußgleis: Die unberechtigte Mehrbenutzung eines Anschlußgleises soll auch bei Fehlen eines Schadens eine Eingriffskondiktion auf den Wert dieser Benutzung gewähren (Rdnr. 719).

BGHZ 55, 176 Jungbullen: Wer das Eigentum an gestohlenen Jungbullen erst durch Verarbeitung erwirbt, ist gegen die Eingriffskondiktion des Alteigentümers nicht deshalb geschützt, weil er den Besitz durch eine (entgoltene) Leistung des Diebes erhalten hatte (Rdnr. 725; 727; 730).

BGHZ 89, 383 Grohnde: Die Anwendung des § 830 auf die Teilnehmer an einer unfriedlich verlaufenden Großdemonstration wird eingeschränkt (Abgrenzung zu BGHZ 63, 124 für eine überschaubare Hausbesetzung, Rdnr. 792).

BGHZ 48, 118 Trevira: Der Lieferant ist nicht Erfüllungsgehilfe (§ 278) in dessen Verhältnis zum Käufer (Rdnr. 805). Das bedeutete eine Weichenstellung zugunsten der deliktischen Produzentenhaftung, die dann durch BGHZ 51, 91 (vgl. oben) wirksam geworden ist.

BGH NJW 1956, 1234 Seereise(Reisegepäck)fall: Der BGH gewährt eine Geldentschädigung dafür, daß auf einer Seereise das Gepäck nicht zur Verfügung stand: Einführung des Gedankens der Kommerzialisierung, orientiert am Reisepreis (Rdnr. 823).

BGHZ 40, 345: Übertragung des Kommerzialisierungsgedankens auf den zeitweisen Ausfall der nichtgeschäftlichen Nutzung eines Pkw: Dort entschieden für einen Betrag von 37,20 DM, aber mit Folgekosten von weit über einer Milliarde DM (Rdnr. 824 ff.; 862).

BGHZ (GS) 98, 212: Grundsatzentscheidung zu der mit BGHZ 40, 345 beginnenden Diskussion um eine Geldentschädigung für Nutzungsentgang: Bei deliktischer Verletzung (doch kann bei Vertragsverletzung kaum Abweichendes gelten) wird die Entschädigung über Kraftfahrzeuge hinaus bejaht für »Wirtschaftsgüter von allgemeiner zentraler Bedeutung für die Lebenshaltung« (dort bejaht für eine Villa). Die damit angedeutete Ausnahme für Luxusgüter ist aber weder hinsichtlich der Abgrenzung noch hinsichtlich der dogmatischen Einordnung klar (Rdnr. 829).

BGHZ 63, 98 Schwarzmeerküste: verdorbener Urlaub als Vermögensschaden anerkannt; jetzt Regelung in § 651 f II (Rdnr. 830).

BGHZ 20, 345 Paul Dahlke: Begründung eines Schadensersatzanspruchs mit dem Entgehen des Entgelts für eine Nutzungserlaubnis, wo eine solche von einem Schauspieler für Werbeaufnahmen entgeltlich erteilt zu werden pflegt (Rdnr. 833).

BGH JZ 1985, 951 Konsulfall: Über die Erteilung einer erkennbar wichtigen, aber unentgeltlichen Auskunft (über den Wert eines Grundstücks an den dänischen Konsul) wird ein Vertrag angenommen; dieser soll zudem Schutzwirkung für Dritte (die das Grundstück beleihende Hypothekenbank) haben (Abkehr von der Wohl- und Wehe-Rechtsprechung, vgl. Rdnr. 371; 845).

BGHZ 75, 230: Grundsatzentscheidung zu Schadensersatzansprüchen gegen den Ladendieb: Diese Ansprüche umfassen zwar eine angemessene Fangprämie, die der Bestohlene einem Dritten aus Auslobung schuldet, aber nicht auch einen Anteil an den allgemeinen Sicherungskosten (Rdnr. 864).

BGHZ 12, 213 Ausgangsentscheidung zur »Regreßbehinderung durch Haftbeschränkung«: Eine solche Beschränkung soll im Verhältnis zu einem Mitschädiger nicht wirken, so daß dieser aus einem »hinkenden Gesamtschuldverhältnis« nach § 426 gegen den privilegiert Haftenden Rückgriff nehmen kann. Doch hat der BGH diese Konstruktion insbesondere gegenüber den Haftungsausschlüssen des Sozialversicherungsrechts nicht durchgehalten (Rdnr. 928 ff.): Die Beteiligung des haftungsfreien Mitschädigers soll die Ersatzpflicht des Dritten mindern. Neuestens (VersR 1988, 631) läßt der BGH bisweilen aber auch den Dritten regreßlos allein auf dem ganzen Schaden sitzen (Rdnr. 932). Damit finden sich derzeit in der Rechtsprechung alle drei denkbaren Lösungen ohne klare Abgrenzung voneinander vertreten.

Deutsch

Unerlaubte Handlungen und Schadensersatz

Ein Grundriß

Von Prof. Dr. Erwin Deutsch

1987. XXVIII, 249 Seiten. Kartoniert DM 29,80
ISBN 3-452-20709-9
(= Academia Iuris, Lehrbücher der Rechtswissenschaft)

In der täglichen Praxis von Anwälten, Versicherungen und Gerichten kommt den »Unerlaubten Handlungen« und deren Rechtsfolgen eine immer größere Bedeutung zu (z. B. Verkehrsunfälle). Für die Ausbildung des juristischen Nachwuchses ist deshalb ein Grundriß unerläßlich, der hier die notwendigen Kenntnisse zuverlässig vermittelt.
Mit dem vorliegenden Lehrbuch bietet der Verfasser eine solche Darstellung. Er führt kompetent in das Recht der außervertraglichen Haftung ein. Dabei ist der Stoff übersichtlich und gut lesbar aufbereitet. Rechtsprechung und Literatur sind auf dem neuesten Stand.

Inhaltsübersicht:

Erster Teil
– Allgemeine Lehren

Zweiter Teil
– Haftungstatbestände
  A. Verschuldenshaftung
  B. Gefährdungshaftung
  C. Objektive Einstandshaftung

Dritter Teil
– Rechtsfolgen der Haftung
  A. Ersatz des Vermögensschadens und des immateriellen Schadens
  B. Abwehransprüche: Unterlassungs- und Beseitigungsklage
  C. Prozeß und Regreß

34 2 87

Carl Heymanns Verlag
Köln Berlin Bonn München